康有為思想研究

蕭公權著・汪榮祖譯

出版說明

一、蕭公權先生（一八九七—一九八一）一代通儒，士林共仰。民國六十八年春，本公司約請汪榮祖教授編輯〔蕭公權先生全集〕，其間因版權交涉與編校工作遷延時間，全集未克於先生生前出版，不勝遺憾。

二、全集計分九册，凡先生重要著作，均一一收入。

三、第一册收集先生自傳、書信、談話及紀念文字，滙為一編，名為〔道高猶許後生聞——自傳·書信·談話錄〕。

四、第二册係根據先生手書詩詞〔迹園詩稿〕、〔迹園詩續稿〕暨〔畫夢詞〕等三種，合為一帙，影印出版，名為〔小桐陰館詩詞〕。

五、第三册〔政治多元論〕（*Political Pluralism: A Study in Contemporary Political Theory*）為先生博士論文，特譯為中文出版。

六、〔中國政治思想史〕原於民國三十四年由上海商務印書館出版，今詳加校訂，增列相關論文暨索引，重排出版，並遵先生親囑，列入全集第四冊。

七、第五冊〔翁同龢與戊戌維新〕，原為英文著作，刊於〔清華學報〕新一卷二期，特譯為中文出版。

八、第六、七冊分別為先生英文專著〔十九世紀之中國鄉村〕(*Rural China, Imperial Control in the Nineteenth Century*) 及〔康有為思想研究〕(*A Modern China and a New World: K'ang Yu-wei, Reformer and Utopian, 1858-1927*) 二書，特聘專家迻譯為中文，陸續出版。

九、第八冊〔憲政與民主〕為先生論政之作，原書於民國三十七年出版於上海。

十、第九冊〔迹園文錄〕收輯先生中文雜著暨中譯英文論著二篇。

十一、先生治學精勤，著作富贍，除專書外，散見中外報章雜誌，網羅匪易，為求完備，特將本編未收英文短篇論文存目編為「蕭公權先生全集未收論著目錄」，附於〔迹園文錄〕書末，以供讀者參考。

弁言

〔康有為思想研究〕是蕭公權先生最後一部長篇學術巨著，原由英文撰寫，先以論文形式發表於學術期刊，後再滙集成書，補寫家世與生平兩篇以及教育改革一章，分為四編。今由汪榮祖譯成中文，列入蕭公權全集第七册。

蕭先生深入研究康有為，文長四十餘萬言，緣起於大批康氏未刊稿的出現。資料旣備，蕭先生以其精湛的哲學素養來治思想史，自如探囊取物，而且源源不絕。這批康氏未刊稿微捲卽由蕭先生贈與中央研究院近代史研究所而流傳臺灣的。

蕭先生以「平心」閱讀康有為的未刊稿之後，對這位中國近代史上的思想鉅子，有新的理解與論斷。當英文原著出版後，有些讀者認為作者於康雖有批評，然大體而言過於同情康氏，甚至有左袒之嫌。此種觀點多少受到民國以後革命史觀的影響。事實上，蕭先生本人早年撰寫〔中國政治思想史〕有關康有為一章時，亦有所不免。如謂康氏反對革命，「貌似成理，而實多強辭奪理」，並譴責康氏「背宗邦而忠於殊類，謬誤顯然」。又謂：「康氏以立憲為保皇之手段，故其所號召者為假民權。託孔子以為變法之口實，故其所號召者乃假維新。」這些觀點經深入檢證後，都有所修正，斯乃史家忠於文獻、實事求是的態度。故所謂過於同情云云，不過是以「公心述」而已。

「現代中國」與「新世界」乃是貫通全書的兩大要義，前者意指國家富強的追尋，而後者則在大同理想的尋求。是以康有為既是熱情愛國的改革家，又是沉思於遙遠的烏托邦建造者。粗心的讀者或以為這是一種矛盾現象，甚或指責作者未能妥為調和康氏思想上的不一致性。其實並不是不一致，而是分屬兩個不同的層次；既不在同一層次，便無矛盾可言。蕭先生已在書中明說：

> 這種不相同的見解並非不一致，而僅僅顯示康氏如何在他一生中的不同階段，扮演兩種不同的任務：在儒家原則上形成一改制哲學，以及建立一超乎儒家的廣泛哲學體系。關於後者，他經常超越今文經的範疇，超越既存制度與價值觀。關於前者，他遵從既被接受的社會與道德價值，以及注視制度改革的理論基礎。〔改制考〕與〔大同書〕並不相互抵消，而代表思想的兩個層次（見頁九四）。

這一段話足以化解認為康氏思想矛盾者的疑團。

蕭先生在這部書裏，時而作廣泛的比較研究，也就是說把康有為思想放在整個中國思想史的視野來觀察，因而每能見微知著。例如他首發康氏深受陸九淵與王守仁的影響；又如他首先指出康氏〔物質救國論〕實已發陳獨秀、吳稚暉等人的先聲；又如他在述論康氏經濟改革的主張時，涉及現代化的成敗問題，並旁及明治日本的現代化經驗；又如他推演康氏大同學說時，與世界上其他的烏托邦理論比而觀之，因而肯定康氏是一世界級的烏托邦建造者。類此，展示了一種精闢的「宏觀」。

精闢的「宏觀」之外，還有細緻的「微觀」。在縱橫的議論中，未曾忽略必要的考證。諸如〈大同書〉成書的年代（見頁四七）、康氏與廖平的糾葛（頁六三—六四），以及康氏是否真正的儒者（頁四三—四四）、對宗教的看法（頁一〇七），都能推見至隱，不偏不倚，作持平的解說，讀者可以覆按。

蕭先生雖着力於康有為思想的研究，然於康氏的性格情懷，落墨無多，而神貌自顯。當我們終卷之後，康氏那種欲與孔子比高的狂態，那種樂利自信的心胸，躍浮腦際，久久難忘。同時我們也不禁感歎，康氏對國家前途的憂慮，多「不幸而言中」，也不禁讚歎康氏對現代化以及工業化的見解，豈止沒有過時，反而更加真切。例如他一再強調譯書與派遣留學生的重要（參閱頁三五八、四九六—四九七），以及政治改良與經濟成功的密切關係（參閱頁三三三、三四〇、三四六）。他也見及工業化會導致世界化，因而在大同到來之前，工業化須不失為中國，也就是中國式的工業化（參閱頁五一二）。類此識見，真可說是與時益新。長久以來，國人視康有為「反動」，因其反革命。但革命未及一世紀，終發覺必須回頭走改革的路。改革之路，也就是康有為曾經指出的道路。這部書給我們提供了康氏道路的全圖。

此書卷帙浩大，翻譯費時，譯者以一人之力，抽課餘之暇，鍥而不捨，勉強完成，殊無握管吟哦、斟酌字句的時間，無論在信、達、雅上，皆難臻理想的境地，願海內外讀者，不吝指正。

蕭先生生前曾戲謂我曰，他的全集必是 Posthumous Works，不幸而言中，今屆指大師云亡已近六年矣！

汪榮祖　謹撰於維州柏堡之白舍

一九八七年九月廿三日

序言

當我完成〔中國鄉村〕一書，另找研究題目時，擔任華盛頓大學遠東與俄國學院的助理主任梅谷教授（Franz Michael）交給我一批康有為著作的微捲照片，那是由已故賴特女士（Mary Wright）在四十年代末，得自康同璧（康有為之女）的家藏。我發現此四大捲微片的內容，極為豐富，有的已經出版，有的仍是稿本，大部分為我前所未見。由於梅谷教授以及院中其他同仁的鼓勵，我開始對康有為的思想作深入的研究。恰在此時，康有為的外孫羅榮邦來我們的學院作訪問教授，他不但給我極有價值的建議，而且提供了更多的原始資料，我因而在特殊有利的條件下，從事此一研究計劃。早年當我寫〔中國政治思想史〕有關戊戌變法一章時，我只看到一小部分的康氏著作。對他思想瞭解的不夠，使我那時無法寫出有深度的文章。我現在有機會改正一些從前的誤解。

我的研究結果曾以論文形式，在〔華裔學誌〕（*Monumenta Serica*）、〔清華學報〕、〔崇基學報〕上發表。我現在重印這些論文合為一書，以符合近代中國研究會同事們的期望。除了一些小改動外，文字內容如舊。第三至第六，以及第八章曾載〔華裔學誌〕；第七章曾載〔清華學報〕；第十與第十一章曾載〔崇基學報〕。只有第一、第二和第九章是新寫的。由於寫作期間前後長達十年，並以單篇論文發表，不是前後相呼應的章節，因此書中重複與不一致之處難免。我已盡力免除這些弊病，但不可能盡除。這是我要向讀者致歉的。

我寫作此書的目標並不高，只想較為詳細地檢視康有為變法和大同思想的主要論點，並盡我所能將康氏思想與其所涉及所發展的歷史環境相聯繫。希望這本書不致於是羅榮邦教授所編〔康有為：傳記和綜論〕(*K'ang Yu-wei: A Biography and a Symposium*) 巨著的毫無價值的附篇。

我要在此感謝學院中同仁，在我研究期間給予的鼓勵和批評。我特別要謝謝梅谷教授首先建議這一題目，以及羅榮邦教授的慷慨相助。我很感激三家學報的編者，允許我重新發表他們已刊載過的文字。我也要向郎瑪格麗女士（Margery Lang）申謝，她精湛的編校技術，使有錯誤的原稿，轉化成可資印行的文章。最後我要向戴德華（George E. Taylor）致個人的敬意。由於他的領導，使遠東學院充滿和諧而具啓發的學術氣氛。在這一氣氛中從事學術研究，使我深感愉快而極有收穫。

蕭公權　一九七三年九月於華州西雅圖市

目次

第一編　家世與生平

第一章 家世

康有爲曾頗爲得意地說，康家十三世都是「士人」出身，未嘗有一人執過其他的行業[1]。這一說法並不很實在。從他家世看，十九世紀前並未出過著名的學者，而且有些族人絕不是士人[2]。康氏大約在南宋時自南雄遷至南海，住在西樵山北麓的銀塘鄉（又稱蘇村）。首先擇居於此的康氏祖先康建元，身世未明。康惟卿（建元後第九代）始讀書。康涵滄（第十三代）曾在湖南任幕友職，時約在清初，有爲認爲他是康家「創業傳緒之祖」[3]。

1 康有為，〔自編年譜〕（以下引作〔年譜〕），頁一；Jung-pang Lo, *K'ang Yu-wei: A Biography and a Symposium*, p. 23; Richard C. Howard, "K'ang Yu-wei (1858-1927): His Intellectual Background and Early Thought," pp. 296-300 簡略地說明了康有為的家庭背景。

2 康同璧，〔南海康先生自編年譜補遺〕（以下引作〔補遺〕），頁七五；Lo, *K'ang*, p. 144, n. 2. 另見康有為撰，「誦芬集序」，載〔康南海先生文鈔〕（以下引作〔文鈔〕），第五册，頁三三；又見〔康南海文集〕（以下引作〔文集〕），卷八，頁一。

3 康有為，「康氏家廟碑」。譯者按：此文已收入蔣貴麟編，〔萬木草堂遺稿外編〕，下册，頁五〇二。

康家的地位在十八世紀以及十九世紀初時，逐漸上升。康世堯（第十五代）「爲儒爲吏」。直到康輝（字文耀，第十七代）才於嘉慶九年（一八〇四）通過鄉試，稍有文名，後來成爲極具聲望的教師，前後有生徒千人。他尊崇程朱學派，並建立第一個祖廟，紀念惟卿公（康家第一個學者）。有爲曾說：「吾宗以孝弟爲禮學，昌自公始。」[4]

康式鵬（文耀之幼子、有爲之曾祖）承繼了家學，然他不再固守程朱學派，亦尊崇極受陸王影響的劉宗周。式鵬有子四人，除第三子自修生平未詳[5]外，餘子曾任小官。學修候選知府，道修「高行而篤學」，佐治耒陽縣（湖南省）；贊修（有爲之祖）篤守程朱，中道光丙午（一八四六）舉人，歷合浦、靈山、連州訓導（在廣東省）[6]。贊修長子達初，即有爲之父，受業於朱次琦（以朱九江聞於世），後有爲亦遊於九江之門。達初曾任江西知縣[7]。

有爲的祖上並非都是學者出身。達遷（贊修之次子）曾統兵數千於藍山（湖南省）平亂，既而入知縣，從馮子材入安南定亂[8]。達守（達遷之幼弟）則營實業而不仕，雖然他亦頗通經史[9]。式鵬兩位長兄（有爲之曾伯祖）之一亦經營商業。事實上，據有爲自謂，文耀的七十個後裔中，僅有十一人是「士人」。七十人中之十四人係文官或武官，由軍職而入仕，九人在政府機構

4 同上。關於康輝的進一步資料可看「留芬集序」，載〔文鈔〕，第五冊，頁三五；又見〔文集〕，卷八，頁三。
5 康有為，「康氏家廟碑」。
6 同上。有關有為祖父的進一步資料可看「連州遺集序」，載〔文鈔〕，第三冊，頁三六；又見〔文集〕，卷八，頁一二。
7 康有為，「康氏家廟碑」。
8 同上。
9 同上。

任職，但無科名。因此，自文耀至有爲歷五世（自十七世至廿一世）學者僅佔康氏家族的少數。康有爲所提及的十三世族人（自第九至第廿一）中，學者所佔的比例，也不見得比從事其他行業的來得高[10]。

有爲對他祖先從事學問之估計雖不確實，但未嘗沒有意義，對其家族作學者式之尊重，反映了他自身的志願，以及自我激勵。

他並不是認爲非學者身分的族人對他沒有好處，他特別感激其中二人。一是懿修（又名國熹），爲其叔祖之一，以布衣募集壯士，與紅巾戰，平定南海及鄰近三縣，以軍功而受知於左宗棠。懿修雖非學者，然亦好學，他藏書萬卷，有爲自小涉獵，自謂「得博羣籍，賴公書」[11]。另一人是國器，卽懿修之幼弟，在道光季年從軍。當太平軍於咸豐初入侵江西時，「募兵拒賊」。不久轉戰於江、浙、閩、粵間，所向有功。咸豐七年（一八五七）累遷至廣西布政使，十年（一八六〇），護理巡撫[12]。他是有爲族人中唯一得此顯榮者，有爲曾說，「吾宗光大自公爲之」[13]。懿修藏書以供有爲閱讀，國器則提供了較爲優越的境遇讓他俯讀和仰思。同治四年（一八六五）國器新授福建按察使，衣錦回里[14]。他建築了華麗的亭園和房舍，使鄉里生色。所建兩萬卷書樓

---

10 康有為，「康氏家廟碑」。
11 同上。
12 柯劭忞，〈清史稿列傳〉，卷二二〇，頁三—四；〈清史列傳〉，卷六二，頁二一—二八；繆荃孫編，〈續碑傳集〉，卷三九。
13 康有為，「康氏家廟碑」。
14 同上。並參看〈年譜〉，頁二；Lo, *K'ang*, p.25.

與澹如樓乃有爲常到之地。光緒十年（一八八四）有爲卽在澹如樓首次獲得哲學上的啟悟[15]。

同治四年，有爲八歲，在歡樂中過其童年。他的聰慧贏得長輩們的喜愛，使他能分享許多樂趣，如宴會、音樂、遊戲，以及於同治五年親見新樓之起[16]。他生平首次體會到豪奢的生活。不過這種生活並沒有斷了他追求學問之路，反而更加提醒他，猶如一種「伊璧鳩魯式的制力」（Epicurean urge）始終出現在他的一生中，憑添了他的思想和行爲的色彩。

他童年的快樂歲月並不很長。同治七年（一八六八），他僅十一歲，父親便已去世[17]。一家生計的擔子都落在他的寡母身上[18]，外家原是七世素封[19]。他與他的母親及幼弟在很不寬裕的情況下，共住了幾年。光緒六年時，窮得「不能出游，不能購書，乃至無筆墨」[20]。

有爲對他母親的敬愛，自不待言。他長久感恩於她，特別是他幼年多病而得到她的照顧，以及她對他的支持和嚴格的管敎，卽使他成年後亦如此。她用她的私房錢作家庭開支，事事不讓他操心，使他能全力讀書。她對他早年的引導和鼓勵，對他一生的事業尤其有助。民國二年（一九一三），他母親逝世後，有爲曾回憶道：

為少讀書無宦情，不欲就科舉。母強之曰：「汝祖以科第望汝，汝不可違。」及光緒乙

15 〔年譜〕，頁五，六—七；Lo, *K'ang*, pp. 39-42.
16 〔年譜〕，頁二；Lo, *K'ang*, p. 25.
17 〔年譜〕，頁三；Lo, *K'ang*, p. 26.
18 〔年譜〕，頁三，Lo, *K'ang*, p. 26.
19 康有為，「先妣勞太夫人行狀」，載〔哀烈錄〕，卷一，頁三。
20 〔年譜〕，頁五；Lo, *K'ang*, p. 36.

未成進士，則曰：「宦途多危，吾欲常見汝，不可仕也。」[21]

她不是一位溺愛孩子的母親。有爲在民國二年回憶道：「爲年雖五十，舉動起居，少失禮，必面譴，不少寬。」[22]我們可以說，他的母親以及姊妹的性格和才智使有爲敬佩，以致使他相信，女人的人格和智慧不下於男人，終於得到他的結論：傳統對女人的看法必須修正[23]。他愛他的母親，使他在逃亡期間常以母爲念，一有機會，卽往侍母[24]。

有爲很少提及他的父親。之所以如此可能是其父短暫的一生中，遊宦福建和江西兩省，大部分時間不在家。有爲的祖父以及叔伯們負起他早年讀書的責任。他尤與其祖父親近，像其他傳統式的中國祖父們一樣，對於長孫特別垂愛[25]，事實上是有爲的老師和伴侶。同治七年（一八六八）的春天，他父親剛去世不久，有爲就開始積極地讀書。如有爲所說，他的求知慾和進度都使他自己感到滿足：

公（祖父）日夜摩導以儒先高義、文學條理，始覽〔綱鑑〕而知古今，次觀〔大清會典〕、〔東華錄〕而知掌故，遂讀〔明史〕、〔三國志〕。（是年）六月為詩文，皆成

---

21 〔哀烈錄〕，卷一，頁二—六。

22 同上，頁五。

23 同上，頁一八—二二，「仲姊羅宜人墓誌」。參閱〔年譜〕，頁三，八；Lo, *K'ang*, p.28. 據趙豐田（「康長素先生年譜稿」，頁一七四），康有三姊妹，兩個年長於他。大姊最聰明，但三歲卽夭亡。二姊逸紅和三妹琼琚都是很了不起的女性。

24 〔年譜〕，頁二七，二八，二九；Lo, *K'ang*, pp.138-139. 另見〔補遺〕，頁二三，二四，四二，四四，五〇。參看 Lo, *K'ang*, pp. 103（未提到有為回到香港看母親），195（未提及他的母親），211（赴澳洲前回香港看母親），214（康帶他母親到鉢賒），217（他從新加坡到香港探視母親）。

25 康贊修，「聞長孫有為生」，載〔文集〕，卷八。

篇。於時，神鋒開豁；好學敏銳。日昃室闇，執卷倚簷柱，就光而讀，夜或申旦務盡卷帙。先祖聞之，戒令就寢，猶篝燈如豆於帳中，隱而讀書焉。頻閱邸報，知朝事，知曾文正、駱文忠、左文襄之業，而慷慨有遠志矣[26]。

一年後，當他十二歲時，祖父開始教他寫作制藝文，他援筆輒成，但並不好之[27]。

他的祖父既是風趣的友伴，也是認眞的老師。這位年老的連州公常帶他到附近風景區散步，並告訴他先賢的生平和學問，諸如兩廡之賢哲、寺觀之祖師，以及碑帖詩文中才名之士。有爲深受這些故事的啟示，而自比某些先賢。有爲說：

> 於時，動希古人，某事輒自以為南軒，某文輒自以為東坡，某志輒自以為六祖、邱長春矣。俛接州中諸生，大有霸視之氣[28]。

有爲由其祖父引導，初知理學，得窺史事，植下綜合論的種籽，奠下好學之基，並形成他終生不移的自信心。不過，他有一事與乃祖不合，即不願寫八股文以應試。同治九年（一八七〇）祖父發覺他不好八股文，於是專督責他爲此業[29]。

有爲的兩位叔父也曾教他讀書。知他早熟，他們在他祖父教他之前，已開始教讀。由於他們的教導，他五歲時已能背誦幾百首唐詩[30]。達棻（他父親的堂弟）開始教他爲文和讀〔書經〕。

---

26 〔年譜〕，頁三（同治七年）；Lo, *K'ang*, p. 28.
27 〔年譜〕，頁三（同治八年）；Lo, *K'ang*, p. 28.
28 〔年譜〕，頁三（同治八年）；Lo, *K'ang*, p. 28.
29 〔年譜〕，頁三（同治九年）；Lo, *K'ang*, p. 28 (1870).
30 〔年譜〕，頁一（同治元年）；Lo, *K'ang*, p. 24.

難懂之處讀幾遍就可以記得，那時他只有八歲[31]。達節（國器之子）教他作文，從同治十年（一八七一）至同治十三年（一八七四）時教時輟[32]。有爲對他二人都甚感念。

有爲對他的唯一弟弟有溥（以廣仁名世）亦敬愛有加。他比有溥大九歲，光緒六年（一八八○）一度曾教乃弟讀書，堂弟有銘和有霈也參加，教的是經史，並引導他們讀旁的書[33]。有溥和有霈後來積極參加變法。有霈曾負笈美國多年，並曾於本世紀初參與憲政黨。有溥則在北京加入變法運動，幫有爲提建議、作顧問，並創辦女校，以及其他改良活動，包括上海的反纏足會[34]。有溥於戊戌（一八九八）死難後，有爲哀慟逾恒。兩年後，當他流亡新加坡時，特請友人到北京找回有溥的遺骨埋葬[35]。

有爲於光緒二年（一八七六）與張妙華結婚[36]。他十九歲，她廿二歲[37]。他大都不在家，因此他們並沒有一個完整的婚姻生活。從戊戌年他出亡外國到宣統元年（一九○九）她與他在鉢賒（Penang）重聚，其間十餘年她一人照顧他的母親和全家。民國四年（一九一五），她抵押香港住宅以資助康梁的反袁運動[38]。她受他的敬重可見之於民國十一年她去世後，他「執拂送喪，悉

31 〔年譜〕，頁一（同治四年）；Lo, *K'ang*, p.25.

32 〔年譜〕，頁三（同治十年），四（同治十三年）；Lo, *K'ang*, p.28 (1871), p.29(1874).

33 〔年譜〕，頁五（光緒六年）；Lo, *K'ang*, p.36 (1880).

34 康有為，「康氏家廟碑」。

35 〔補遺〕，頁三；Lo, *K'ang*, p.184.

36 〔年譜〕，頁四；Lo, *K'ang*, p.32. 據趙撰「康長素先生年譜稿」頁一八○引康撰墓誌銘，她的名字是雲珠，妙華是她的字，她與有為訂婚時，有為年僅八歲。

37 〔補遺〕，頁八五。Lo, *K'ang*, p.240. 提及她死年為六十八歲，但略過了此處引用之資料。

38 〔補遺〕，頁六四；Lo, *K'ang*, p.229.

如古禮」，並銘其墓[39]。

有爲於光緒廿三年（一八九七）納妾[40]，因他已四十歲而尙無子嗣[41]。十年後，他在美國時又納一妾：何旃理係一粵籍留美女生，因見到他的像片而仰慕他，自願爲妾。她陪他旅行，作他的舌人（通譯）和秘書[42]。當她於七年後（一九一四）廿四歲時死去，有爲寫了「金光夢」以資悼念[43]。他納妾顯未符合他在〔大同書〕和〔孔子改制考〕中所闡述男女平等的原則[44]。不過，他並未違反當時被接受的傳統。身處社會的理想國未來到之時，他覺得不妨從當時一般士大夫之俗。

他經常提到他的孩子，尤其是兩個女兒——同薇和同璧——先後出生於光緒四年（一八七八）和光緒六年（一八八〇）[45]。他甚是愛護她們，讓她們受現代教育。她們常伴他在國內外旅行[46]。

39 〔補遺〕，頁八五。Lo, *K'ang*, p. 240 未提及此。

40 〔年譜〕，頁一五；Lo, *K'ang*, p. 78. 據趙撰「康長素先生年譜稿」（頁一九三），她娘家姓梁，她是有為長子之母。

41 他的長子名同籛，生於鉢賖。有為時年五十歲，高興之餘，作了一首詩，載〔不忍雜誌〕，六期，「文藝欄」，頁五四。另見張伯楨，〔南海康先生傳〕，頁五一，七四。

42 〔補遺〕，頁四一；Lo, *K'ang*, p. 210.

43 〔補遺〕，頁六二；Lo, *K'ang*, p, 227.

44 康有為，〔大同書〕，頁一九三—二五三。另參看康有為撰，〔孔子改制考〕，卷九，頁一五。

45 〔年譜〕，頁五。「（光緒四年）冬十二月廿一日，長女同薇生」，「（光緒六年）冬十二月廿二日，次女同璧生」（Lo, *K'ang*, pp. 34, 36). 羅氏於頁一四五註八中指出有為所示同璧生日不確。事實上，她生於一八八七年，卽光緒十三年，並非光緒六年（一八八〇）。有為及其妻妾一共生了九個孩子，三個早夭，見〔補遺〕，頁一五，四四，五一；張伯楨，〔南海康先生傳〕，頁七四；趙豐田，「康長素先生年譜稿」，頁一七四—一七五。

46 〔補遺〕，頁二三，六四；Lo, *K'ang*, pp. 193, 227.

同薇翻譯他所收藏的日文書，幫助他於光緒廿二年完成寫作十年之久的〔日本變政考〕[47]。她嫁給麥仲華，麥氏曾編纂〔皇朝經世文新編〕，收了八十餘位作者的變法文章，包括有為之作品在內[48]。有為說他的妻子選了這個女婿[49]。但很可能是他介紹這準新郎給丈母娘。同璧嫁給羅昌，羅是梁啟超的學生，在庚子年（一九〇〇）曾參與反慈禧太后的陰謀。她於光緒卅年赴美途中，在日本與他相遇[50]。

同璧於光緒廿七年（一九〇一）的春天與她的父親在鉢賧會面，然後陪伴他到印度、歐洲和美國旅遊。光緒廿八年歲暮，當他在印度時，他要她到香港探望她的祖母，然後再往歐美「演說國事」[51]。在她離開大吉嶺時，有為寫了十首詩送勉，其中兩首是：

> 美歐幾萬里，幼女獨長征。豈不憐孤弱？其如哀眾生！流涕言故國，□□□□□。女權新發軔，大事汝經營！
>
> 民權乃公理，憲法實良圖。此是因時藥，真為救國謨。光明佈宗旨，感激為馳驅。聖主猶無恙，蒼蒼意豈無[52]？

從這些詩句可見有為對她此行之重視，以及對她能力之估價。五年後，當他抵紐約時，她

---

47 〔年譜〕，頁一四；Lo, *K'ang*, p.76.
48 麥仲華輯〔皇朝經世文新編〕計廿一卷。戊戌年（一八九八）由上海大同書局出版。
49 〔補遺〕，頁三。Lo, *K'ang*, 183 未及此。
50 「羅文仲諱昌先生行狀」（稿本），頁一，三，四，二〇。另見〔補遺〕，頁三〇；Lo, *K'ang*, p.196.
51 〔補遺〕，頁二三。Lo, *K'ang*, p.193 說是她赴美「讀書並演說」。
52 〔補遺〕，頁二三。Lo, *K'ang* 未引這些詩。

每上完哥倫比亞大學的課後，即去見他[53]。

有爲與他孩子（以及孫子）之間的親密關係，亦可見之於他晚年繼續與他們一起作伴[54]，以及他從未忘記某子或某女的生日或忌辰[55]。一首寫於民國六年陰曆除夕的詩——「開歲忽六十」——最可看出他對子女們的感情：

除夕飲團欒，群兒鬧鼓吹。……嚴服事上帝，酒醴祀祖妣。燈燭爛廊檻，兒女歡饗饎[56]。

有爲在言行上都遵從傳統的家庭倫理觀。例如光緒三年（一八七七），當他驚悉祖父逝世後，十分哀痛：

吾少孤，自八歲依於大父，飲食教誨，耳提面命，皆大父為之，親侍十餘年。聞而哀毁，三日水漿不入口，百日內食鹽菜。及從父扶柩還……與諸父結苫廬，棺前縗絰，白衣不去，身不肉食，終是歲。於時讀喪禮，因考三禮之學，造次皆守禮法古，嚴肅儼恪，一步不踰[57]。

民國二年（一九一三）他母親去世時，同樣遵從古禮，一絲不苟[58]。翌年，流亡外國十五年

---

53 〔補遺〕，頁四〇—四一。參看 Lo, *K'ang*, p.205.

54 〔補遺〕，頁六四，一〇一。參看 Lo, *K'ang*, pp.227, 248.

55 如見〔年譜〕，頁六（一八八三）：「五月，三女同節生數月殤。」此段見稿本，但不見於油印本，Lo, *K'ang*, p.38 亦未譯。油印本〔年譜〕頁七（一八八六）：「四女同完生數月殤。」頁一〇（一八九〇）：「八月生子殤。」（見 Lo, *K'ang*, pp.43, 53. 另看〔補遺〕，頁一五，四四，五〇。）

56 〔補遺〕，頁七三。Lo, *K'ang*, p.232 未譯這幾句，但譯了結尾十聯。

57 〔年譜〕，頁四；Lo, *K'ang*, p.32.

58 〔補遺〕，頁六二；Lo, *K'ang*, p.226.

後，他重返故里，即到宗祠和祖墳祭掃，完全遵照儒家的傳統[59]。他在許多文章裏也擁護古禮，如在〔春秋董氏學〕中說，家和家庭倫理乃人生之最根本因素。仁固然是儒家道德的中心，但家乃是發揚以及執行道德的首要所在。孟子曰：「堯舜之道，孝弟而已。」[60]有爲特別提醒大家，儒家制訂三年喪並作〔孝經〕[61]。

並不是只有儒家重視家庭。墨子兼愛，「號稱尚同，而必施由親始」[62]。「佛教號稱寃親，平等眾生」，而亦先度其父、其妻、其子，後度他人[63]。有爲認爲孔子學說不僅與他教相通，而且順天理之自然[64]。所以說「事父孝，故事天明」。三綱實是天所制定[65]。有爲的家庭背景及其早年教育無疑決定了他的純粹舊倫理觀。

有爲甚至用舊道德來攻擊慈禧太后。戊戌政變後不久，他致友人一函中辯稱皇上無論在道德上或法律上，都沒有對慈禧盡孝道的義務，因她實非他的生母。有爲的原文是：

> 按六經諸說、朱子〔綱目〕、〔大清通禮律例〕，天子無以庶母為母者。皇上旣繼文宗，孝顯嫡后乃得為母，除此皆無母名，皇上亦無子義，則那拉后者，祇能為先帝之遺

59 「久亡還鄉祭先廟告祖文」，頁一六和「久亡還鄉祭告先墓文」，頁二六—二七，俱載〔哀烈錄〕，卷二。
60 〔孟子〕「告子下」，第二章。
61 康有為，〔春秋董氏學〕，卷六下，頁一；卷六上，頁二四。
62 很顯然的，有為指的是墨子之徒夷之所說，愛雖無差等，然必自父母始。
63 〔春秋董氏學〕，卷一，頁七—八。
64 同上。
65 同上，卷六下，頁一八—一九。

> 妾……故不知那拉之非母，皇上之非子者，則不敢聲其罪而討之[66]。

庚子事變起，有爲致湖廣總督張之洞和兩江總督劉坤一函中，亦數太后之罪，欲張、劉勤皇[67]。有人說太后自稱是「保守派」，並聲言「反對任何人焚毀祖宗牌位」[68]。她也被說成是靠儒家倫理來維護她的權威，以國母和攝政的身分，她自可要皇帝服從[69]。她確受到當時許多官僚和士大夫的擁護[70]。因此，有爲想打破她的立腳點，並不奇怪。他於變法失敗後，指責她違反儒家倫理，也不奇怪。戊戌年（一八九八）九月廿九日的上諭，斥康「糾約亂黨，謀圍頤和園，刼制皇太后」，因而有害禮教立國之旨[71]。很明顯的，有爲及其政敵都以儒家傳統作爲思想戰的武器。

接著的問題是爲什麼有爲後來拋棄了此一保守立場，而以家庭爲人類痛苦之淵，且預測家庭終將消失於烏托邦呢[72]？

有幾樣東西影響了他。佛教的出家思想，有爲自光緒五年（一八七九）研究佛理時，卽已熟悉[73]，從中他可能得到家庭阻礙快樂的啟示。一些親戚和朋友的不幸遭遇更加強了這一想法。例

66 康有為，「致蓮珊書」，〔萬木草堂遺稿〕，卷三，頁四〇。
67 〔補遺〕，頁四，頁九。Lo, *K'ang*, p.188 提及這些信，但未引述內容。
68 Der Ling, *Two Years in the Forbidden City*, p.175.
69 Li Chien-nung, *The Political History of China, 1840-1928*, p.99. cf. pp.187-190.
70 例如看葉德輝，「與許恪士觀察書」，載蘇輿，〔翼教叢編〕，卷六，頁三六。
71 陳寶琛等，〔德宗實錄〕，卷四二七，頁六（光緒二十四年八月一四日）。
72 康有為，〔大同書〕，頁二五五—二八九。
73 〔年譜〕，頁五；Lo, *K'ang*, p.34.

如，他甚以兩位姊妹——逸紅和瓊琚——的苦命而難過。逸紅與一不健康的年輕人訂婚，然後於同治十年（一八七一）嫁給病危的未婚夫，新郎於婚後十九天卽病逝。逸紅守寡四十三年，眼見其故夫兄弟的揮霍，親歷一個大家庭的衰敗後，於民國三年（一九一四）死亡[74]。瓊琚亦於婚後不久而守寡，並於光緒十四年窮困而死[75]。有爲甚以她們的不幸而痛苦，自慚未能對她們有所幫助。有爲的一個學生孔昭焱在一封信裏也訴說所遭遇的家庭問題，他希望作一個學者，但他的父母強迫他放棄學業以謀生計[76]。譚嗣同從小喪母，而被他父親的妾虐待[77]。光緒皇帝也遭他「母親」慈禧的虐待，當時許多寫文章的人常提到[78]。這些都使有爲感到：雖然他自己的經驗並非如此，雖然他信奉儒家倫理，但家庭畢竟不是純粹幸福的。

---

74 康有為，「仲姊羅宜人墓誌」，載〔哀烈錄〕，卷一，頁一八—二二。另見〔年譜〕，頁三；〔補遺〕，頁六二；Lo, *K'ang*, pp. 28, 227.

75 〔年譜〕，頁九；Lo, *K'ang*, p. 50.

76 此信收入蘇輿，〔翼教叢編〕，卷四，頁二一—二三。

77 梁啓超，「譚嗣同傳」（〔戊戌政變記〕第五章），〔飲冰室全集〕，册一，頁一〇六。

78 梁啓超，〔戊戌政變記〕，頁五七；Reginald F. Johnston, *Twilight in the Forbidden City*, p. 73; Der Ling, *Two Years in the Forbidden City*, p. 68.

第二章　生平

康有為譽滿天下，謗亦隨至，為最具爭論性的人物之一。那驚世震俗的思想使他引人注目（他似乎並不在意），也使他成名（此顯然使他陶醉）。他特殊的脾性和行為幾令他常在公眾注目之下，或頌讚，或唾罵[1]。我以為要瞭解他的思想，應從其性格著手，下文將簡略地檢視一些突出之點。

一

強烈的自信心，幾近乎自誇，是康有為性格最顯著的特徵。此一特徵，一些當時人以及後來

1 對康氏行為譴責最厲的，可見之於葉德輝，「長興學記駁議」，載蘇輿，〈春秋繁露義證〉，卷四，頁四〇。另參閱許應騤奏摺，載同書，卷二，頁三—五。葉氏顯對康加以毀謗，因所據並非事實。

的作者們都曾注意到[2]。他很早就自以爲有才。十二歲時看龍舟競賽，卽席寫出一首四十句的長詩，馬上得到「神童」的讚譽。他承受表面的稱讚，遂自以爲較其他同學高一等，「大有覇視之氣」[3]。此並非一時的。多年後，他仍然如此。當他卅一歲（一八八八）訪問北京時，與京裏的學者們鬪智。他回憶道：「是時，學有所得。超然物表而游於人中。倜儻自喜。」[4] 謙虛顯非他的美德。

康有爲很難自認有錯誤。當別人不同意他一些事時，他總認爲是別人的錯。他曾在一封可能寫於戊戌年後的信中說：「道之不行久矣，孤鶴之難鳴甚矣……哥伯尼創言地之繞日，乃至下獄，而今古天學者，莫不尊於哥伯尼。凡義之至正確者，未有不得勝者也。」[5]

征服眞理可以說是康有爲信仰的要義。生而自信給予他道德的勇氣和學問上的堅持。他在認知上毫無疑惑[6]，故很少注意旁人不同的意見。他甚愛明朝宰相張居正的名言：「吾平生學在師心，不但一時之毀譽有所不顧，雖萬世之是非，有所不計也。」[7] 此一不屈之自信使康氏無懼地與他認爲的惡勢力作戰，幾如一傳教士，不顧成規不計後果，向世界宣佈他所相信的眞理。

康有爲因而常受制於教條主義，如他的門人梁啟超於光緒廿六年（一九〇一）曾說：

先生最富於自信力之人也，其所執主義，無論何人，不能動搖之。於學術亦然，於治事

---

2 例如柯劭忞，〔清史稿列傳〕，卷二六〇，頁四。
3 〔年譜〕，頁一—三（一八六二—六九條）。Lo, *K'ang*, pp.24-27 曾譯此段。
4 〔年譜〕，頁八。
5 康有為，「致高麗某君書」，微捲一。見〔萬木草堂遺稿〕，卷五，頁四五八。
6 羅文仲（卽羅昌）於康逝世十週年演說，原稿藏羅榮邦處。
7 康有為，「與沈子培刑部書」，此函可能寫於一八八九，時康約卅一歲。

亦然，不肯遷就主義，以徇事物，而每鎔取事物以佐其主義……故短先生者，謂其武斷，謂其執拗，謂其專制[8]。

廿年後，梁仍未改變此一看法，並回顧助其師寫「新學僞經考」的經驗：

乃至謂「史記」、「楚辭」經劉歆羼入者數十條，出土之鐘鼎彝器皆劉歆私鑄埋藏以欺後世，此實為事理之萬不可通者，而有為必力持之……而有為以好博好異之故，往往不惜抹殺證據，或曲解證據……有為之為人也，萬事純任主觀，自信力極强而持之極毅，其對於客觀的事實，或竟蔑視，或必欲强之以說我[9]。

這種教條式的心態使他有時看不見現實。例如，戊戌年（一八九八）當皇帝下詔變法明定國事時（六月十一日），許多保守的官僚士大夫加強抵制康有爲的活動，他卻說：「舉國懽欣！」[10] 不過，反對的聲浪大得使他不能不承認大事不好，他說：「於是歲科試均廢八股而改策論矣，時八股士驟失業，恨我甚。直隸士人至欲行刺。」[11] 再舉一例，庚子那年（一九〇〇），他宣稱籌有巨款和相當數目的軍隊勤王，事實並沒有這回事。梁啟超就極力反對這種不符事實的做法，在致康函中說：「常作大言，與中山無異，徒使人見輕耳。」[12] 自信心固然爲一領袖所不可無，但若過於自信，則必損害信用，流於幻想，以至於自欺。

8 梁啓超，「南海康先生傳」，「飲冰室合集」，「文集」六，頁八七—八八。
9 梁啓超，「清代學術概論」，頁一二八—二九。
10 「年譜」，頁一一八。
11 「年譜」，頁二〇。
12 丁文江，「梁任公先生年譜長編初稿」，頁一〇五—一〇六。

自信心有時也令康油然而生與實況不符的樂觀，無怪乎康廣仁於政變前不久向一友人抱怨道：「伯兄規模太廣，志氣太銳，包攬太多，同志太孤，舉行太大。」[13] 廣仁感覺到環境日惡，一再勸他的伯兄離京回里[14]。但有為不聽，奮戰到底。廣仁自己未離開，以致因參加變法而就戮。

康有爲過分自信還使他作出欠考慮的判斷。梁啟超就說過：「先生腦筋最敏，讀一書，過目成誦，一事片言而決，凡事物之達於前者，立剖析之。」但可惜的是，這樣的判斷常常「不悉當者」[15]。陸乃翔和陸敦騤合寫的〔康南海先生傳〕亦說，康遇到問題時可以馬上作出決定，可以用幾句話打發很複雜、很困難的事務。因此，不喜歡他的人就說他武斷、執拗和專制[16]。康有爲在晚年亦自認，過去的一些看法由於未能深思熟慮而欠周。民國二年，他在一篇跋中後悔當年奏請皇上易服一事，他說人有時感情用事，設想不能周到[17]。

許多歷史因素導致戊戌變法的慘敗，但我們不能不設想，康有爲的性格使變法成功的希望更加渺茫。不過，還有一個問題：假如康有爲不那樣莽撞，不那樣感情用事，不那樣自信，他能夠發動這一變法運動嗎？

---

13 康廣仁，「致（何）易一書」，頁五八。此段並可見之於陳恭祿，「甲午戰後庚子亂前中國變法運動之研究」，頁一八九。
14 〔年譜〕，頁二二。
15 梁啓超，〔南海康先生傳〕，頁八八。
16 陸乃翔、陸敦騤，〔康南海先生傳〕，頁四七—四八。
17 〔不忍雜誌〕，第一期（一九一三），頁一五。

二

康氏相信自己具有非凡的德智能力，故必須帶頭爲人類服務。他十二歲時，就「岐嶷能指揮人事」[18]。有一度，他連孔夫子亦不稍讓。民國六年（一九一七）他寫道：

> 吾少嘗欲自為教主矣，欲立乎孔子之外矣，日讀孔氏之遺書，而吹毛求疵，力欲攻之[19]。

他雖終究拜服孔聖，但他未嘗放棄自身在聖賢之列的想法[20]。他知道要擠身聖賢之列，必須盡己爲人。這是他在感情上要求自己的，在理智上督促自己的。他對其他人的熱心——仁和不忍——是他心智的主要成分。思蒼生困苦，則悶然而哭[21]；並不止一次，口述他的人道胸懷。例如，他在解釋光緒廿年間（一八九〇年代）家鄉發生的一件麻煩事說：

> 既以大小無殊，但推惻隱之心，以行吾仁，不計禍患……不計成敗[22]。

18 〈年譜〉，頁三。

19 「參政院提議立國精神議書後」，〈不忍雜誌〉，第九、十期（一九一七），「教說」，頁九。

20 〈年譜〉，頁四（時一八七六鄉試落第）。康同璧，〈南海先生自編年譜補遺〉（以下引作〈補遺〉），頁七五（詩作於一九一七）。

21 〈年譜〉，頁五（見光緒四年條）。

22 〈年譜〉，頁一二。

這一原則在〔大同書〕裏說得更明白：「大地萬國之人類皆吾同胞……致其親愛矣。」[23]不管打什麼折扣，康有爲可能是那個時代最講原則之一人。

康有爲的言行既由其信念所支配，故不理會別人的感覺和社會成規，以至於成爲批評和彈劾的目標。他結婚時（一八七六年），爲了「原則」，拒絕鬧新房的風俗，不理會親友們的不高興[24]。光緒十九年（一八九三），他又爲了原則，不遵從行之已久的習慣，稱選拔他爲舉人的考官爲「師」，當然引起一般士大夫的譴責[25]。他連爲了自己的「偉大理想」，也不作學術上和人格上的讓步。光緒廿一年（一八九五）之秋，他到南京去找張之洞，要求贊助強學會的南方分會。時任兩江的張總督有意變法，待康氏以上賓，但很不贊成〔孔子改制考〕中的論點。康有爲拒絕修改或放棄他的任何意見，說他的意見來自大原則，不能因兩江總督的禮遇而改變。可預料到的，張之洞終於沒有支持他已答應贊助的強學分會[26]。戊戌年（一八九八）之春，康有爲接受皇帝歷史性的召見後，剛毅建議讓他在總理衙門供職；但他認爲此職有辱於他，乃拒絕赴任[27]。他自認清高，故不能在衙門裏行走。

有人或指責他自誇、高傲或爭權。辜鴻銘是一受過牛津大學教育的保守派，且曾在張之洞的幕府當英文秘書，稱康有爲和他的信徒們爲「極端派」，「自私自利而具野心，但又缺乏經驗、

23 〔大同書〕，頁四。
24 〔年譜〕，頁四。
25 〔年譜〕，頁一一。
26 〔年譜〕，頁一四。
27 〔年譜〕，頁一九—二〇。

判斷力和方向」[28]。僕蘭德（J.O.P. Bland）和班克豪斯（Sir Edmund T. Backhouse）也覺得「很難寬宥康有爲的個人動機，以及奪權的慾望」[29]。當代作者錢穆亦形容康有爲是一「領袖欲至高」之人[30]。

有一些與康氏接觸過的同時代人抱怨道，他待人跡近傲慢和專橫。陳少白曾報導他於戊戌年（一八九八）在日本與康氏會晤的經過：

> 不久康有為果然出來了，同時廳內還有二個人，由梁啓超介紹，一個是直隸人王照……我們一共七個人，圍着一張大圓桌坐下。王照—他是坐在我的左邊—就對我說：「請你先生評評理，我們住在這裏，言語舉動不能自由，甚至來往的信，也要他們檢查過，這種情形實在受不慣。」話還未了，康有為覺得不妙，就怱怱的對梁鐵君說：「你給我領他到外邊去，不要在這裏囉嗦罷！」梁鐵君起來强拉着王照出去[31]。

王照曾被認爲是一脾氣強烈的人[32]，此事也許不能全怪康。但梁啟超於光緒廿八年（一九〇二）致康函中所說應不能說是誹謗康。梁曾在〔新民叢報〕中發表了一篇反滿的革命文章。康大爲生氣，寫了一封罵梁的信。梁在回信中說了這樣一段：

---

28 Ku Hungming, *Papers from a Viceroy's Yamen: A Chinese Plea for the Cause of Good Government and True Civilization in China*, pp.5-6.

29 J. O. P. Bland and Edmund Backhouse, *China under the Empress Dowager: Being the History of the Life and Times of Tz'u-hsi*, p.189.

30 錢穆，〔中國近三百年學術史〕，頁七〇九。

31 素癡（張蔭麟），「康有為戊戌政變之新史料」，〔大公報〕「史地週刊」，民國二十五年七月廿四日。另可見之於翦伯贊等編，〔戊戌變法〕，第四册，頁三三三—三三四。

32 胡思敬，〔戊戌履霜錄〕，卷四。另可見之於翦伯贊等編，〔戊戌變法〕，第四册，頁八五。

來示謂此報為黨報，必全黨人同意，然（後）可以發言。無論黨人分處四方，萬無作成一文，徧請畫諾，然後發刻之理。卽以黨人之意論之，苟屬立憲政體，必以多數決議，恐亦畫諾者十之七八也[33]。

梁未遵照黨魁所制定的政策，應該受劾責；但康藉全黨人同意爲口實，實屬獨裁。英哲羅素曾說：「進步黨原要努力創造一座樂園，然經他們自我陶醉地運用他們的智慧和仁心後，卻創造出一個新的暴政。」[34]康顯未如此自我陶醉，並無意要製造暴政。不過，由於他過度的自信，難免不會掉進王安石曾經墜入的陷井。最近一位史家曾指出：「安石全心服膺不合正統的思想，以至於使他愈來愈專斷，而不能容忍旁人的意見。經常將旁人的意見認爲太尋常、太無價值，甚至於認爲是搗蛋。」[35]

三

康有爲的道德勇氣尙得之於一種信念，認爲上天曾給予他一種歷史性的使命。這一點，他與孔夫子沒有什麼不同。孔子相信，他的一生賦有天命[36]。康在民國六年（一九一七）寫的一首詩

33 丁文江編，〔梁任公先生年譜長編初稿〕，頁一五八。梁致康另一函，不接受康責梁「專擅行事」，見同書頁一九〇。
34 Bertrand Russell, *The Impact of Science on Society*, pp. 44-45.
35 James T.C. Liu, *Reform in Sung China: Wang An-shih (1021-1068) and His New Policies*, p. 68.
36 〔論語〕「八佾」，第四章；「述而」，第廿二章；「泰伯」，第八章；「子罕」，第五章；「憲問」，第卅八章。

裏，透露了此一信念，其中兩句曰：

吾生信天命，自得大無畏。

在同一首詩裏，他提到自己出生時的異兆：

維吾攬揆辰，五日月維二；

大火赤流屋，子夜吾生始[37]。

戊戌年抵日本後三月，他細述上天賦予的使命。在講完十一次死裏逃生後，他說：

而曲線巧奇，曲曲生之，留吾身以有待，其玆中國不亡，而大道未絶耶？……順天俟命，但行吾不忍之心，以救此萬民耳[38]！

信有天命，使他在好幾個場合中，克服恐懼和猶豫。光緒十四年（一八八八），他正要經御史上清帝第一書，由旅邸到目的地途中，受阻於菜市口，原來正有人被殺頭。此一不祥的巧合不禁令他三思：

為之動思念：吾上書而遇殺人，兆大不吉，家有老母，豈可遂死。旣而思：吾旣為救天下矣，生死有命，豈可中道畏縮？慷慨登車，從南繞道行[39]。

十年後，當他的弟弟廣仁鑒於形勢險惡，促他離京時，他回答道：

生死命也，我昔經華德里，飛磚掠面，若逾寸中腦死矣！假中風痰，頃刻可死。有聖主

37 〈補遺〉，頁七三，七五。參閱趙豐田，「康長素先生年譜稿」，頁一七五。
38 〈年譜〉，頁二九。
39 〈年譜〉，頁八。參閱陸乃翔與陸敦騤，〈康南海先生傳〉，上編，頁一四。

在上，吾以救中國，豈忍心去哉[40]？

到民國十三年（一九二四），天命仍然給他心理上的力量來復辟，雖然此種行動早已不行了。他曾說特殊的吉兆，能促成非人力或奔走所能之事[41]。

天命與迷信之間，差別殊小。戊戌政變前二日離京時，他的居室之牆，忽然傾覆，「心竊怪之矣」，不久事變作[42]。在此一個月前，他替譚嗣同和林旭看相，私下告訴梁啟超，二人「形法皆輕」，將來變法成功後，不足以當大任。他預測大難之將臨。他提到曹魏時管輅（二〇八－二五五）的術筮，能從看相預卜當時兩個官員的災難[43]。康說：「吾今懼矣！」但又說，「卓如福氣過人」，或可消弭譚、林之禍[44]。有二事可見，康不僅相信看相，還信風水。光緒三年（一八七七），他接受風水先生所說，而延遲埋葬他的祖父[45]。他自己也曾於民國十二年（一九二三）看風水——他到山東濟南城外的千佛山遊覽，檢視該地地形，特別是濟南城、黃河，以及鄰近丘陵的相對位置，他建議濟南城必須遷移，因它的現址不合符風水的基本原則[46]。

他的信仰大致與中國傳統相合。孔子相信天是眾所周知的[47]。〔易經〕基本上是一本占卜之

40 〔年譜〕，頁二二。參閱丁文江編，〔梁任公先生年譜長編初稿〕，頁五八。
41 「請莊士敦（Johnston）代奏游說經過」，載康有為，〔康南海先生墨跡〕，卷四。
42 〔年譜〕，頁二六。
43 管輅事見〔魏書〕，卷二九，「管輅傳」，注引「管輅別傳」。
44 〔年譜〕，頁二五。
45 〔年譜〕，頁四。
46 〔補遺〕，頁九四。風水事可閱 Joseph Needham, *Science and Civilisation in China*, 2: 259-264.
47 如見 Fung Yu-lan, *A History of Chinese Philosophy*, 1: 57-58.

書。〔中庸〕亦談鬼神之德，強調「禍福將至，善必先知之，不善必先知」[48]。據說孔子曾得一惡夢，一週前卽預知自己的死亡[49]。董仲舒以及其他公羊家學者，演繹古時的天神之說，並加以渲染預卜之重要[50]。固然，孔子有時不談鬼神，以加強人與人之間的義務[51]。荀子進而完全拒斥鬼神，以及一切迷信[52]。但當公羊學崛起於漢代時，荀子之說盡置諸腦後。康有爲旣承繼公羊學以及董仲舒之說，任意恢復兆示、地勢、與風水諸玩意，固不足爲怪。

四

康有爲尚表現出另一種性格：對生命的一種歡樂感。讀〔大同書〕者大都能注意到，他對人性所作之坦率的享樂主義式解釋，卽他所說：「人道無求苦去樂者也。」[53]這並不是一種空想的哲學創作，祇是他個人經驗和信念的表達。他的強烈慾望和感情，使他認爲肉體之享樂與舒服，是良好生活的當然因素。他早年卽已養成一種奢侈的習慣。他十三歲時，跟祖父到廣州城裏去

48 〔中庸〕第十六章，第廿四章。
49 〔禮記〕「檀弓上」。
50 Fung Yu-lan, *A History of Chinese Philosophy*, Vol. 2, Chaps. 2 and 3.
51 〔論語〕「先進」第十一章。
52 〔荀子〕「非相」（見首句）、「天論」（略看）。
53 〔大同書〕，頁九。

玩，「睹繁麗，日與友遨遊，不暇學也」（而兩年前他全心力學，曾一夜不眠讀畢全書）[54]。後來，他流亡在外國，也維持高水準生活。一九〇四年旅行於義大利時，他雇用了一個譯員，以及奧國籍的廚師。他的高貴時裝，使挽有女伴的羅馬紳士，坐在馬車裏，向他脫帽敬禮，把他當作來自中國的貴族[55]。他顯然喜歡這種讚賞。好像是，他將長期流亡當作快樂的旅遊，滿足他的遊癖，而無因挫敗嘗得苦果[56]。

他甚是欣賞西方的物質文明，經常讚美其所表現的華美生活。當他於己卯（一八七九）和壬午（一八八二）赴香港和上海時，該地的繁榮引起他對西學濃厚興趣[57]。後來，在光緒卅二、卅三年間，花城滿的加羅（Monte Carlo）使他著了迷：

> 一英人語我以歐遊日曾至滿的加羅乎？不可不一遊滿的加羅……滿的加羅宮室第一。滿的加羅服飾第一。飲食第一，戲樂第一，女亦第一。吾向僅聞巴黎之麗華而未知滿的加羅……及此親遊，雖以告者過，然其妙麗幾幾有以甲歐土者焉。

他除盡情詳述在那兒所見暢快之事外，更將讚美入其詩，稱之爲：「大地異境」[58]。

他對雅典的失望與對滿的加羅的興奮，正好是強烈的對比。他抱怨雅典「山陵枯索，飛塵滿

---

54 〈年譜〉，頁三。
55 康有為，「意大利遊記」，載〈歐洲十一國遊記〉，第一編，頁二—二七。
56 〈補遺〉，頁七五載康氏長詩，有句云：「一生不入官，好游有癖嗜。」康將其漫遊投射於其理想世界，詳見〈大同書〉，癸部，第二章，第一、二節。
57 〈年譜〉，頁五，六。
58 「滿的加羅遊記」，〈不忍雜誌〉，第九、十期，「瀛談」，頁一—六。

天，烈日炎熇，蒸人如甑，蓋失氣運久矣。感喟欷歔，不能自已」[59]。他對黃石公園也同樣感到乏味，於一九〇五年九月遊罷，數說那兒的山沒有樹，「石色枯黃，塵沙如山，蒸人若甑」。於是對此遊的定論是：「游凡六日，意與索然」[60]。對於人造奢華與自然景物之間，他的選擇是很顯然的。

他的享樂主義哲學可見不止一端，說得最明暢的是一九〇八年在希臘時所述的一段：

> 農業之國，務尚節儉；而工商之國，勢必享樂。……人類進步有其文化之指標，而文化由享樂之程度量之。聖人戒富豪特權淫逸以致覆滅……然若人人享樂，莫不富樂而能鑑賞美好，則不能謂之淫逸，而是進義理於至高之域[61]。

此一樂觀之哲學猶如「平民享樂主義」，自與康氏兼愛哲學有關，他於一九一八年指出：

> 吾既為人身，則惟愛吾身及吾同類……凡數千年聖哲之制作，大地之品物，吾皆宜享受之，而不必矯儉也[62]。

他既信人之慾望不宜壓制，更進而對宗教史作享樂的解釋。他於一九〇四年寫道，凡強制禁慾之宗教都不能興旺，而宜揚慾念的先知最爲成功。康氏認爲馬丁路德能創立新教，因其敢於無視獨身的誓言，娶尼姑爲妻。親鸞成爲日本本願宗的教主，因他敢於娶親和食肉[63]。的確，康氏

---

59 〈補遺〉，頁四三。

60 〈補遺〉，頁三四。

61 「雅典遊記」，〈不忍雜誌〉，第六期（一九一三），「瀛談」，頁四二。

62 「戊戌輪舟中絕筆及戊午跋後」，載翦伯贊等編，〈戊戌變法〉，第一冊，頁四一一。

63 「意大利遊記」，頁三〇。本願宗事可參閱 George Sansom, *A History of Japan to 1334*, 1: 425-426.

更進一步認爲，隨著大同的到來，一切加諸於人慾的限制將被除去，甚至性慾也可自由：

人之生而有生殖之器，則不能無交合色欲之事者，天也；以天之故則必不能絕，必不能絕則必有奸淫之事……雖有萬億婆羅門、佛、耶蘇欲捄之而欲絕其欲，而必不能使全世界人類絕交合之欲也……故大同之世，交合之事，人人各適其欲而給其求……固又有好男色者，雖索格拉底已有之矣……人情旣許自由，苟非由强合者則無由禁之[64]。

此簡直像放縱的六十年代美國。不過，康氏祇允許無限制的性慾自由在烏托邦的時代發生，那時人們的思想與行動將不受壞制度的引誘，將超越善惡，將不再受尋常規範的約束。在這種幸福時代到臨之前，限制人慾的道德與法律仍須尊重[65]。因此，他儘管雅不欲節奢，事實上卻過著與放任主義相左的規律生活[66]。他雖欣賞聲色，然其行爲仍不失爲一彬彬儒者[67]。

五

爲康有爲寫傳的某些作者認爲康氏一生中理論與實際常不一致，例如其中一位作者說：

---

64 「大同書」，頁四二〇。

65 「春秋董氏學」，卷六下，頁一六，曾論「有慾」。

66 丁文江編，「梁任公先生年譜長編初稿」，頁二七六，見徐蘇佛致梁啓超函。

67 梁啓超，「南海康先生傳」，頁六〇：「常嚴重，不苟言笑。成童之時，便有志於聖賢之學。鄉里俗子，笑之，戲號之曰『聖人為』，蓋以其開口輒曰聖人、聖人也。」徐蘇佛於一九〇八年夏致梁啓超書，亦以康之健康由於其生活有規律（見丁文江編，「梁任公先生年譜長編初稿」，頁二七六）。

他每天戒殺生，而日日食肉；每天談一夫一婦，而自己却因無子而娶妾；每天講男女平等，而其本家之女子未嘗獨立；每天說人類平等，而自己却用男僕女奴[68]。

康氏本人未嘗沒有覺察到這些不一致，但他有一解釋。蓋理論乃是將來的縮影，而實際必須符合目前的境遇。此一點在其論「殺生」一節，最爲明顯：

> 吾好仁者也，嘗戒殺一月矣，以今世必未能行也……大同之世，至仁之世也，可以戒殺矣[69]。

總之，人毋須因有烏托邦之遠景而漠視傳統規範。或如康氏所說：「凡法律務適宜於其地與其時，苟其適宜，必能使其人日以發達，愈發達，愈改良，遂至止於至善，故不可以大同之法爲是，小康之法爲非也。」[70]康是否已滿意解釋其言行的不一致，並不重要。也許他就是孟子所謂的「狂者」，亦爲孔子所略讚許。孟子曰：「何以是嘐嘐也，言不顧行，行不顧言。」[71]

有人懷疑康氏在冷靜理智上提倡變法維新，但在感情上仍然緬懷舊事物，他的弟弟廣仁說他「規模太廣，志氣太銳」[72]。梁啟超在一九〇一年說得更明確：

> 先生為進步主義之人，夫人而知之。雖然彼又富於保守性質之人也。愛質最重，戀舊最切，故於古金石好之，古書籍好之，古器物好之。篤於故舊，厚於鄉情，其於中國思想

---

68 陸乃翔、陸敦騤，〔康南海先生傳〕，頁四八。
69 〔大同書〕，頁四三四。
70 梁啓超，〔南海康先生傳〕，頁八四—八五對此說得甚明。
71 〔孟子〕「盡心下」第卅七章。
72 丁文江編，〔梁任公先生年譜長編初稿〕，頁五八。

界也，諄諄以保存國粹為言[73]。

康氏的「兩極」觀點還可以追溯一下他早年的純傳統教育，以及後來信奉公羊學與熱烈研讀西學的因緣[74]。

不論康氏既進步又保守的立腳點是什麼，二者都隨時間和境遇而改變。我們可以說梁啟超說康是「先時之人物也」[75]，並不太正確（事實上他自我矛盾）。康氏憑藉理想、熱情、和勇氣，成爲替傳統中國開拓進步之路的先鋒[76]。康氏當然具有這些優點，而且確是一拓荒者。但梁氏忽視了康氏心態的另一面，卽保守主義，也是梁氏已經指出的。不管如何說，如我已在上文所示，這位南海聖人在個人操守上，大致是尊重禮俗的[77]。

六

上述一些康氏性格的特點可從他大半生中觀察得到。不過在少年時代一段時間，他似乎感到茫然。他於一九一八年回憶道：

至十四歲（一八七一），覺吾身柔脆，有遺世思。十六歲（一八七三）於象岡新鄉樓邊拾

73 梁啓超，〔南海康先生傳〕，頁八八。
74 參閱本書第三章。
75 梁啓超，〔南海康先生傳〕，頁八七。
76 同上，頁五九。

〈紅樓夢〉殘本，竟夕讀之畢，如黃粱熟後，人世富貴聲色，比閱還而棄之，惘然無出世意[78]。

此畢竟是暫時性的一面。隨後不久他就立定志向，勤讀中外書籍，以達「平天下」的目標[79]。他變成一有自信、樂觀而自豪的人。這也是他親朋們所稔知的。

他對人生的看法後來又有改變。他的充分自信與樂觀卒歸於哲學式的寧靜，猶如他早年般的退縮。他於一八七九年後拒斥的道家觀點，重又好之。他雖從未明白承認此一轉變，但他於一九〇四年在義大利訪古墟時所說的一段話中，透露了一些端倪。

> 在昔沉滅，則為奇災大禍；在今發現，則為考古巨觀。微火山，吾安得見羅馬古民？微秦政，吾安得有萬里長城？天下之得失，固有反正兩例而各相成者。故言道者，不可離陰陽也……僅知偏至之論者，其所見幾何耶？抑何足與論道哉[80]？

換言之，康氏不再如早年以眞僞善惡爲絕對，而必須抑制僞惡以揚眞善。這一立場頗似老子的相對觀：「故有無相生，難易相成，長短相較，高下相傾」[81]；「故物或損之而益，或益之而損」[82]。

此一變化至康氏晚年得到了結論。他不再要革新中國，拯救世界，而盡情於他所說的「天

---

77 陸乃翔、陸敦騤，〈康南海先生傳〉，頁四七。
78 「跋戊戌與門人書」，載〈康南海先生墨跡〉，卷二。
79 〈年譜〉，頁五—六。
80 「意大利遊記」，頁一一。
81 〈道德經〉，二章。
82 同上，四十二章。

遊」。他的〔諸天講〕就是他神遊太虛的收穫[83]。在一九二三年，他自跋一八九八年致李提摩太函時，明白道出他所以作此「遊」的來由。

老夫既負衣帶，不能救，無補於國，埋恨無地，且作天遊[84]。

然則，康氏到晚年又重有少年時的「遺世意」，雖然在形式和理由上，並不完全相同。少年時乃童稚的迷惘，而老年時則是挫折後的無奈。

康氏曾透露他新看法的哲學含意。他寫道：因人生而有欲以及不免勞累受苦，不同的教主倡說「樂園」、「淨土」、以及「輪迴」以欲導人於快樂。不幸這些說法都不足以達到其所望的目的。因此，他自己提出解決痛苦的辦法：他神遊滿天星星的世界，自由自在，忘卻世俗的煩惱。他說：

曆刦無恙，日為天遊。吾身在此地星之人間，吾心游諸天之無量。陶陶然、浩浩然，俛視吾地星也，不及滄海之一滴也。俛視此人間世也，何止南柯之蟻國也[85]。

他說不再關心與人變法圖強，遂謂在宇宙的浩陶中，塵世之事何值一顧。人唯想像其為萬物之靈，實亦隸屬於天。他的遺世之心使他得到超脫之福。

康氏抑制痛苦的靈丹只顯示他自認沮喪，承認他一度奮鬪的偉大使命，將永遠不能實現[86]。

83 此書內容之討論可閱拙文 "K'ang Yu-Wei's Excursion into Science: The Lectures on the Heavens" (Lo, *K'ang*, pp. 375-409).

84 「跋戊戌致李提摩太書」，載〔康南海先生墨跡〕，卷三。

85 〔諸天講〕，「序」，頁二。此書約於民國十九年私印，作者之序作於民國十五年。

86 民國十一年當他受邀觀劇，看到戊戌時光緒皇帝與他的演出，不禁淚下。他寫了好幾首詩以誌感。見趙炳麟，〔柏巖感舊詩話〕，卷三，頁八，載〔趙柏巖集〕。錄此事與康之四首詩。康同璧，〔補遺〕，頁八五僅提及此事，未詳。Lo, *K'ang*, p. 240 則完全沒有提到這件有趣的事。

〔楚辭〕中的幾行詩句很可表達他的心情：

形穆穆以侵遠兮，
離人群而遁逸……
朝發軔於太儀兮，
夕始臨乎於微閭……
涉青雲以汎濫游兮，
忽臨睨夫舊鄉……
歷玄冥以邪徑兮，
乘間維以反顧[87]。

此時康氏已近生命的黃昏，寫〔諸天講〕後不到一年就與世長辭。他一生失望，但並不唉聲歎氣。

作爲一個「不設防」的人，康氏自有其缺點與錯誤，他並不是聖人。他的努力失敗，不能說是英雄。雖一度頗受人注目[88]，但情況迅卽轉變。歷史總是以現實的社會和政治標準衡量人。一

87 見〔楚辭〕「遠游」。

88 梁啓超，〔南海康先生傳〕，頁八八。卽在當時反對者的眼中，康也是一外表堂堂之人。Tse Tsan-tai (Hsieh Tsan-t'ai), (謝贊泰), *The Chinese Republic: Secret History of the Revolution*, p.11. 對康（時四十三歲）有如下的描述：「他看來是極聰明之人。他的才學與經驗俱豐……他擧止高傲而獨立。猛見之，不似一普通人。」胡思敬，〔戊戌履霜錄〕，（收入翦伯贊編，〔戊戌變法〕，第一册，頁三七四），也提到康之長鬚和銳利的目光，神采不凡。當客人來訪，每愼問來客本鄉的出產和名人，並用西式筆記於紙上，收入袋內。沈雲龍，〔康南海評傳〕，頁六九也記道：章士釗於民國十五年七月在天津時，往訪有為。「而有為年六十九矣！口辯懸河，聲若洪鐘，精神矍鑠，見者辟易。」章退語人曰：「二十年前，聞之服南海者曰，天下之醜詆南海者，其人直未嘗見之耳！見之，未有不易侮為敬者也……而今見之，仍信異人。」

個先知的預見不能成爲事實，便得不到掌聲。但是在思想的領域內，現實的裁判並不很相關。康有爲的改革與烏托邦思想畢竟對中國思想史有重要貢獻。因爲此一貢獻，他將長受學界的重視。

第二編　哲學思想

第三章　儒學新詁

二十年前，一位美國歷史學者曾說：康有爲是一有能力而能獨創的學人，在清帝國末葉，試圖將儒學與專制政體分離，以求儒學的復蘇[1]。十年後，另一美國學者又謂康係一偉大的改革者，重建儒學，作爲近代中國的宗教[2]。這兩種說法都說得不錯。但我們必須補充說，康氏之重建、或重新榷釋儒學，事實上帶動了影響深遠的思想維新。我們可推想到他之目的，乃是要爲革新制度立下一哲學基礎。我們也可說，在重建中產生的哲學立場使他深信：現有制度必須要大幅度的革新。檢視一下他重建儒學的內容和含意，不僅可使我們明瞭他的言行，而且更有助於判斷他在中國思想傳統中的地位。

---

1. H.G. Creel, *Confucius and the Chinese Way* (published in 1949 as *Confucius: The Man and the Myth*), p. 279. pp.101-102, 128, 144, 308 亦曾提到康氏。
2. Arthur F. Wright, *Buddhism in Chinese History*, p. 111.

第一節　尊儒還是叛儒？

一個不可避免的問題（其實在當時已經提出）：康氏既拒斥儒學的正統解釋，是否仍可視爲一忠實的儒者？康氏對創立儒學的聖人景仰備至；但是我們是否能排除這樣一個可能性，卽尊重其人，而事實上並不尊重其人之說？換句話說，康氏倒底是一忠實的信徒呢？還是一僞裝的叛徒？

很多康氏同時代的人，特別是反對變法者，都不認他是儒教圈內人。最維護傳統的葉德輝斥康爲「其貌則孔也，其心則夷也」[3]。有一些近代學者也同意這一說法[4]。自宋以降，斥人爲異端，逐人於儒教正統之外，是打擊反對者最方便的法門。例如，變法的王安石（一〇二一——一〇八六）被保守派指爲法家[5]。幾百年後的康有爲被其敵人斥爲「非儒」，自不奇怪。其他的一些學者對此一問題的答案，則很不相同。梁啟超辯稱，康氏對儒家經典異常的解釋，並不是要在假冒的儒家招牌下，設計自已的思想，而是要重現眞正的儒學[6]。若干現代學者

3 葉德輝，「與劉先端黃郁文兩生書」，載蘇輿輯，〔翼敎叢編〕，卷六，頁一七。
4 錢穆，〔中國近三百年學術史〕，頁七〇四—七〇八。
5 蕭公權，〔中國政治思想史〕，下册，頁四五七。
6 梁啓超，「論中國學術思想變遷之大勢」，〔飲冰室合集〕，〔文集〕，卷七，頁一〇一。

同意梁的說法，以康確是眞正的儒者——雖非正宗，還是孔子的門徒[7]。

解答康氏倒底是不是儒者的問題，並不困難。主要取決於如何瞭解儒學。假如把儒學等之於理雅各所說的「帝國儒教」（Imperial Confucianism）——即帝國政府以及士大夫們所認可的標準倫理道統，則我們可以說康氏實乃違背孔子的叛徒。假如儒學是指孔子本人所創的學說，且一個眞正的儒者必須接納這些學說，則康仍不能視爲儒者。康氏說他排斥僞經僞說，以顯揚眞正的孔夫子學說。這種說法很難成立。康所根據的主要是眞實的孔子學說存在於「微言大義」之中[8]，歷代多由今文家（特別是公羊家）口傳，是以與口傳不合的一切經義，皆屬虛僞。康氏唯有證實「微言大義」確由古之聖賢口口相傳，其說才站得住腳。但是不幸得很，孔子的口述傳統實在難以確定[9]。儒學自孔子死後經過不少蛻變，所謂儒分爲八[10]，此八儒的內容如何，吾人所知甚少，但我們知道，儒學的兩大支孟子和荀子給儒家思想以相當不同的說法。其他不同的說法可見之於二千年的歷史中。儒學淵流裏渣滓之多，使任何人投入中國思想史巨流中，都難以探得底下的岩石。因此凡是說能掌握孔子原來學說的全部知識，均不值一顧。

---

7 例如 K.S. Latourette, *A History of Modern China*, p. 92; Li Chien-nung, *The Political History of China, 1840-1928*, p. 146; Lin Mousheng, *Men and Ideas*, p. 215; Franz Michael and George E. Taylor, *The Far East in the Modern World*, p.197; Dai Shen-yu, "Mao Tse-tung and Confucianism," p. 4; Wolfgang Franke, *Die staatspolitischen Reformsversuche K'ang Yu-weis und seiner Schule*, p. 17.

8 簡略之解釋可見之於皮錫瑞，「春秋通論」，〔經學通論〕，頁一。

9 蕭公權，〔中國政治思想史〕，頁六七—七三；及「評吳康春秋三世說」，〔清華學報〕，八卷，一期（民國廿一年十二月），頁一—六。

10 〔韓非子〕「顯學第五十」。

我們也許可把儒學作第三種說法：不把它當作任何學派，或任何學者的複雜學說，而當作自西元前六世紀以來的一支廣泛的思潮。據此一看法，康有爲像他許多前輩和同輩一樣，可自稱是一儒者。他的確是一修正者，而非一泥古者。其實儒家名賢如孟子、荀子、董仲舒、朱熹、陸九淵和王守仁等都是修正派。這些人在解釋經典時也許不及康有爲之大膽，但他們畢竟予儒家傳統以新內容。康氏懷疑一些經書之僞；孟子就懷疑過「尚書」的可靠性[11]，卻仍在孔廟中據要津。康氏喜好怪異之公羊派學說，但別人也喜好，包括「皇清經解續編」中的許多清代學者[12]。康氏把外來的（西洋）思想注入儒學；一些最重要的宋儒也吸收外來思想，雖然他們的來自印度，而非西洋[13]。康氏被其門人比爲馬丁路德（此點下文將再討論），我們似乎不能因康氏反對古文而說他不是儒者，就像不能因馬丁路德反對羅馬教會而說他不是基督徒。

另有一點可令康氏確爲儒家之一員。他一生不斷呼籲政府和同時的學者尊孔。不論時代的劇變，他堅持孔子是最偉大的聖人，他的學說可爲人們社會和道德生活的最佳指針。事實上，民國之後，他因感到保存中國最好的國粹比社會和經濟的現代化更要緊，故對孔子也愈爲景仰。早在一八九五年，他就建議清廷予治經者以鼓勵，並遍設孔廟，以救道德的淪亡[14]。他於一八九八年作了同樣的建議，且更加強調。在是年七月的奏摺裏，他建議以儒爲國教，以孔子爲教主，以孔子的生年（西元前五五一）爲國史紀元之始，以及在全國各地遍建孔教會[15]。自一九一二至一九

11 「孟子」「盡心下」第三章。
12 「皇清經解續編」，出版於一八八〇年代，計一四三〇卷。
13 Carsun Chang（張君勱），*The Development of Neo-Confucian Thought*, chap. 6.
14 翦伯贊等編，「戊戌變法」，第二冊，頁一五〇。
15 康有為「奏議」，載「康南海先生文鈔」（以下引作「文鈔」），第五冊，頁一〇—一三。

二七年，他推行孔教會並重欲以孔教爲國教[16]。他聽說教育部禁止小學讀經很憤慨，試圖要求收回成命[17]。因此，康氏雖於戊戌前後拒斥僞經，批駁官定儒學，而今卻讚賞儒學之全部，贊同經中之每一字。若按邱吉爾所謂：「一個狂熱者不會改變他的想法和目標」，則康無疑是一尊孔的狂熱者。若謂康氏尊孔是爲了西化中國，吾人不能接受這種說法[18]。這種說法絕對不合二十世紀的康有爲，就是指戊戌時代的康有爲亦不中肯。

有人說，康之大同思想主取消家庭，足證他不夠格作儒學大家庭之一員，因家庭爲儒家道德生活和社會體制的基石。此說誠然，但也許我們可作如下的解釋：首先，康氏雖指出家庭的缺點以及最後必將消失，但他從未說在人類進步到不需要家庭之前，家庭可以取消。只要人類尚未臻道德的十全十美（雖然人類有發展十全十美道德的能耐），家庭以及其他的社會制度仍須繼續存在，發揮作用。再者，當人發展到可以取消家庭制度時，並不是說那時人已無愛心，而是說到那時愛心大得使有家與無家已無明顯的分別。到那時，人將愛所有的人，就像愛家人一樣。很顯然的，此一人類之愛基於儒家仁學，特別是有名的「禮運篇」所說的「老吾老以及人之老，幼吾幼以及人之幼」[19]。康氏可能超越傳統所謂仁的範圍，但他畢竟沒有違反仁學。

康氏堅決不出版主張無家庭社會的〔大同書〕，也值得注意。他在他學生們屢次請求後，最

---

16 〔文鈔〕，第五册，頁一二—一七；第六册，頁六三—六七；另閱〔康南海文集〕（以下引作〔文集〕），卷五，頁二一—九。

17 康有為，「與教育部總長范壽生勸改禁讀經令書」。

18 錢穆，〔中國近三百年學術史〕，頁七〇二—七〇九。

19 〔禮記〕，卷九。

後於民國二年只准發表一小部分，卽只談到一般性原則和政治理想的甲、乙二部[20]。其他部分，也就是他最激烈的社會理想，直到民國廿四年，他死後八年才出版。他告訴他的學生們，社會結構不同理論的宣揚和實踐應配合人類進步的不同階段。十九世紀的中國尚不能免除儒家的倫理和社會責任。他的烏托邦理想（超越儒家倫理）如果讓大眾知道，將會引起危險的後果，所以暫時不能發表。因此，我們可以這樣說，當康氏作爲一烏托邦哲學家時，他是超越儒家的；但作爲一實際的改革家，他仍然在儒家的範圍之內。

第二節　作爲儒者的康有爲

前已述及，康氏不接受當時的儒家傳統。他堅持要回到原來的、眞正的儒家，在當時已經式微的儒家[21]。眞正的儒家可經由對經籍的考證與清理錯誤的解釋而重現。最須清除的是荀子學說這一學統，其次是劉歆（前五三——二三）的僞經，再次是朱子（一一三〇——一二〇〇）所建立而影響深遠的理學傳統[22]。康氏大膽地向這些儒家傳統挑戰，難怪反對變法的文悌要斥責他，

20 衞德明（Hellmut Wilhelm）告訴我衞理賢（Richard Wilhelm）私人藏書目錄，其中第四九七種為〔大同書〕（*Die grosse Gemeinschaft*, 1919）。據衞教授說，此為私人間流傳之本，由作者贈其父。此顯然是載於〔不忍雜誌〕（從民國二年二月至十一月）之複印本。

21 錢穆，〔中國近三百年學術史〕，頁六三四引陳千秋，「長興學記跋」。

22 陸乃翔、陸敦騤，〔康南海先生傳〕，上編，頁二七—二九。

「欲將中國數千年相承大經大法，一掃刮絕」[23]。

文悌的指責並非完全無據。因康氏正要打倒皇家的儒學傳統——此一傳統植根於朱熹的理學，而成為朱熹所不能預見的統治者的思想工具。康氏所要用來取代此一傳統的是，如梁啟超所說的「進步」儒學，而不是「保守」儒學；是尊崇博愛，而非個人修身的儒家；是平等的而非專制的儒教[24]。康氏應用了儒家經典，但他對這些經典的看法確非傳統學者所有[25]。

康氏對他的看法很堅持，但並不具持久的一致性。他對不同經典的評價與時有異[26]。這些轉變可說是康氏思想發展的不同面貌。下引文字大約寫於一九〇一——〇二年間，很可看出他從少年到成年的重要歷程：

> 予小子六歲而受經，十二歲而盡讀周世孔氏之遺文。乃受經說及宋儒先之言。二十七歲而盡讀漢魏六朝唐宋明及國朝人傳注考據義理之說……始循宋人之途轍……既悟孔子不如是之拘且隘也；繼遵漢人之門徑……既悟其不如是之碎且亂也；……乃離經之繁而求之史……既乃去古學之偽而求之今文學……而得「易」之陰陽之變，「春秋」三世之義。曰：孔子之道大，雖不可盡見，而庶幾窺其藩矣，……乃盡舍傳說，而求之經文。讀至「禮運」，乃浩然而嘆曰：孔子三世之變，大道之真，在是矣。大同、小康之道，

---

23 文悌，「嚴參康有為摺」，載翦伯贊等編，「戊戌變法」，第二冊，頁四六四；亦見蘇輿，「翼教叢編」，卷二；以及朱壽朋，「東華續錄」（光緒朝），卷一四五，頁一四——一八。

24 梁啟超，「南海康先生傳」，載「飲冰室合集」，「文集」，卷六，頁六七。

25 陳恭祿，「甲午戰後庚子亂前中國變法運動之研究」，頁一〇三。

26 錢穆，「中國近三百年學術史」，頁六九〇——六九八亦指出一些摸稜的觀點。

發之明而別之精[27]！

此大致可謂忠實的自述。康氏雖未明指自廿歲後，何時轉變他的看法，但他在〔自編年譜〕中提供了一些線索。他指出當他廿三歲時（一八八〇），他曾撰寫〔何氏糾繆〕，顯然是攻擊何休（一二九——一八二）。何氏是〔春秋公羊解詁〕的作者以及今文學的大師。康氏自稱很快就發覺攻擊何氏的錯誤，立卽銷毀原稿[28]。很顯然的，他在光緒六年（一八八〇）仍然師法宋儒。在光緒九年（一八八三），他勤讀各種有關歷史、制度、音樂、聲韻、以及地理等書籍。這些書籍都是當時漢學家所致力的[29]。這似乎是他師法漢學家的時期，不過很快他又轉變了。

五年之後（一八八八），康氏「發古文經之僞，明今學之正」[30]。當時他卅一歲，也就是他講學長興里以及完成〔新學僞經考〕的前三年[31]。光緒十七年（一八九一），他公開與理學決裂，不久之後卽從事寫作第二本主要著作——〔孔子改制考〕。此書至光緒二十二年（一八九六）才完成[32]。到光緒十八年（一八八八）之後的若干年中，康氏才如他自述的「得〔易〕之陰陽之變，〔春秋〕三世之義」。

在上引文中，康氏指出當他「復求之經文」，發現了「禮運」中的大同小康之說；意指在他

---

27 康有為，「禮運注序」，頁一—二。
28 康有為，〔自編年譜〕（以下引作〔年譜〕），光緒六年（一八八〇）；Jung-pang Lo（羅榮邦），*K'ang Yu-wei: A Biography and Symposium*, p. 36. 梁啓超，〔清代學術概論〕，頁一二六曾很有啓示地寫道：「有為早年，酷好〔周禮〕，嘗貫穴之著〔政學通議〕，後見廖平所著書，乃盡棄其舊說。」
29 康有為，〔年譜〕，光緒九年（一八八三）；Lo, *K'ang Yu-wei*, p. 38.
30 康有為，〔年譜〕，光緒十四年（一八八八）；Lo, *K'ang Yu-wei*, p. 47.
31 康有為，〔年譜〕，光緒十七年（一八九一）；Lo, *K'ang Yu-wei*, p. 53.
32 康有為，〔年譜〕，光緒十八、廿、廿二年（一八九二、一八九四、一八九六），Lo, *K'ang Yu-wei*, pp. 54, 63, 76.

發現三世說之後，他才發現這一重要的理論。換言之，在光緒十八年之前，大同小康之說不可能是他社會哲學的指導原則。

不過，康氏本人不止一次暗示他早於光緒十、十一年間就已演成大同哲學。他在「禮運注」自序中，署光緒十年甲申冬至日，也卽是一八八四年十二月廿一日[33]。他又在民國八年（一九一九）首次發表的「大同書」前二部序中，說他是在光緒甲申年（一八八四）寫的，時年廿七歲[34]。但是他在「年譜」中則寫道，光緒十一年（一八八五）三月演成大同之說[35]。因此，康氏對其烏托邦思想建立的日期，自己也有點不一致。

錢穆甚疑康自定成書的日期。錢氏指出，康在「禮運注序」中所取的立場與其一八九〇年代早期講學長興里時的立場，並不相同。康並不曾在其講學大綱——「長興學記」中，提及大同與小康[36]。錢氏更指出，當時爲康氏得意弟子的梁啟超說，康要他研讀歷史、宋儒（陸王哲學）和西學。梁並沒有提到「禮運」、或大同與小康學說[37]。錢氏認爲，如康已於光緒十、十一年就已發現此一重要學說而不列入講學的課程中，是不可思議的事。錢氏作結論道，「禮運注」不可能寫於一八九〇年代前期，可能晚至光緒廿八年（一九〇二）左右才寫成[38]。

---

33 康有為，「禮運注序」，「文鈔」，第八册，頁一九。*Ta T'ung Shu*, trans. Laurence G. Thompson, p.13, 採信康所定之日期，卽認定康氏於光緒十年與十一年間撰成「禮運注」。

34 康親筆影本載錢定安編「大同書」（民國二四年）。

35 康有為，「年譜」，光緒十一。

36 「長興學記」今收入「康南海先生遺著彙刊」。錢穆，「中國近三百年學術史」，頁六三四—三四一曾綜述此文要點。

37 梁啓超，「三十自述」，載「飲冰室文集」，卷四，第十一，頁一六—一七。錢穆，「中國近三百年學術史」，頁六三八—六三九引此文，但未注意梁亦提及在光緒十七年康有為正撰寫「公理通」、「大同學」以及其他諸書，見本章附註57。

38 錢穆，「中國近三百年學術史」，頁六九八—六九九。

錢氏對「大同書」的日期也有疑問。他提醒大家：當光緒十一年至十三年康氏寫作「人類公理」——很可能是「大同書」的初稿——時，他已開始用公羊三世說；他不曾在這一著作中涉及大同和小康。後來，在光緒十一年和十六年當他完成「新學僞經考」與「孔子改制考」時，他才注意分辨經今古文，但仍未及大同小康之說。因此，他不太可能早在一八八〇年代就已完成「大同書」。有資格知道此事的梁啟超完全不認爲康於光緒十年寫成此書。梁說：「彼時尚未成書也。至辛丑壬寅（一九〇一——二）之間，先生避地印度時，始著成之。」[39]

錢穆的推論大體不誤，不過他不知上文（見注[27]）所說光緒十四年以前康不可能已發明大同之說的證據。

還有進一步的證據可支持錢說。錢氏提到的「人類公理」一書，雖有稿本，卻從未發表[40]。另一稿本「康子內外篇」，大約寫於同時，康氏「年譜」中曾提到[41]，也未遺失[42]。檢視這些稿本，可知此乃「大同書」的藍本。雖然對儒教價值的態度在稿本中不及在書中那樣激烈，但一般思想取向仍是很相同的。有一些在「大同書」中詳述的觀點，在稿本中已具雛型[43]。假如他的大同思想在光緒十年就已完成，而在光緒十一年到十三年寫的稿本中尚未成熟，自是不可能的事[44]。

39 同上，頁七〇〇註。
40 「實理公法」之稿本極可能是「人類公理」之一底本，此文今收入「萬木草堂遺稿」外編上册。
41 康有為，「年譜」，光緒十一、十二年（一八八五、一八八六）；Lo, *K'ang Yu-wei*, pp. 42, 43.
42 「康子內外篇」，今收入「萬木草堂遺稿」外編上册。
43 這些著作將於本書第十章析論之。
44 錢穆，「中國近三百年學術史」，頁六九九很正確地指出「大同書」成於光緒廿七—廿八年，但未注意這些早期著作以不同的方式為康氏的「主菜」作了準備。

若干「內證」還可更進一步證明〔大同書〕不可能成於光緒十年。在該書庚部第三章中，康氏提倡應用大同於商務時，提到天演學說[45]。康既不通英文，他所依據的最可能是嚴復於光緒廿二年譯就的湯麥士·赫胥黎(Thomas H. Huxley)的〔演化與倫理〕(*Evolution and Ethics*)，光緒廿四年出版，中譯本稱〔天演論〕[46]。梁啟超曾有緣先讀付梓前的嚴氏譯稿，並也讓康氏先讀爲快[47]。若康氏果然從嚴譯中得到演化這一概念，〔大同書〕當然不可能於光緒廿二年之前撰成。

當我們贊同錢穆所說：〔禮運注〕和〔大同書〕在光緒廿八年左右才完成時，應該指出前書雖可能是一新著，但後書卻是根據許多可追溯到一八八〇年代初稿的最後定稿。在近年輯成的康氏〔年譜續編〕中，有一段提到〔大同書〕。編者康同璧在指出〔禮運注〕完成於光緒廿八年三月（一九〇二年四月）後，有云：

> 同時演禮運大同之義……自甲申（一八八四，先君時年二十七歲）屬稿，初以幾何原理著〔人身公法〕，旋改為〔萬年公法〕，又改為〔實理公法〕。十餘年來……數易其稿，而卒成〔大同書〕十部[48]。

她繼說〔大學注〕完成於是年七月。因此，〔大同書〕似於光緒廿八年的四月至八月間定稿。

康氏於民國八年在一篇序言中提到他的〔大同書〕：

45 〔大同書〕，頁三五七。譯者湯普遜（L. Thompson）譯此詞為「天擇」（natural selection）。

46 嚴復，〔赫胥黎天演論〕。

47 丁文江，〔梁任公先生年譜長編初稿〕，上册，頁三三。另見梁啓超，「與嚴又陵先生書」，載〔飲冰室文集〕，卷一，頁一一〇。此函寫於光緒廿二年（一八九六）。

48 康同璧，〔補康南海先生自編年譜〕，頁六；〔南海康先生自編年譜補遺〕，頁一七—一八。參閱 Lo, *K'ang Yu-wei*, pp. 192-193.

> 光緒甲申（一八八四—一八八五）年廿七歲。法軍侵羊城，避居西樵山北之銀塘鄉。痛國難民困而作〔大同書〕，初意大同百年難見實行，而不意三十五年後國聯成立，遂親見大同。〔大同書〕計十部，甲乙兩部今始印行，餘部則猶須待之異日[49]。

這一段話予人一錯覺，卽康氏在光緒十、十一年間完成〔大同書〕。此一錯覺印象更由他自述的「至乙酉之年而學大定，不復有進」一語加深[50]。他應該說，他於光緒十、十一年間寫成〔大同書〕的初稿，表達他社會哲學的主要思想。

康氏在〔年譜〕中所記更加混淆視聽。他說甲申十二月（一八八四年十二月—一八八五年元月）讀了佛書和西書之後，突然醒悟，洞悉了宇宙與人生的奧秘。他因而覺得世上各國家、種族、和宗教都應統一，男女應該平等[51]——大家都知道這一觀點後來在〔大同書〕中充分發揮。早在光緒十一年，他說他致力研究數學並依幾何學演成〔人類公理〕，開大同之制的先河[52]。接著他敍述光緒十二年他的思想活動：

> 是歲作〔康子內外篇〕，「內篇」言天地人物之理，「外篇」言政教藝樂之事，又作〔公理書〕，依幾何為之者[53]。

下面一段述及他光緒十三年的著作，也值得注意：

---

49 「南海先生遺墨之三」，載〔大同書〕（民國廿四年本），頁八—一一。
50 康有為，「與沈子培刑部書」，約寫於光緒十五年。見〔萬木草堂遺稿〕，頁二六九。
51 康有為，〔年譜〕，光緒十一年（一八八五）：Lo, *K'ang Yu-wei*, pp. 40-42.
52 康有為，〔年譜〕，光緒十一年：Lo, *K'ang Yu-wei*, p.42.
53 康有為，〔年譜〕，光緒十二年（一八八六）：Lo, *K'ang Yu-wei*, p. 43.

是歲編〔人類公理〕，游思諸天之故則，書之而無窮也。作〔內外篇〕兼涉西學，以經與諸子推明太古洪水……中國始於禹夏之理……推孔子據亂、升平、太平之理，以論地球。以為養兵學言語皆於人智人力大損，欲立地球萬音院之說，以考語言文字。創地球公議院，合公士以談合國之公理，養公兵以去不會之國，以為合地球之計。其日所覃思，大率類是，不可勝數也[54]。

是則，康氏於光緒十年至十三年間似乎寫了不止一篇，可說是〔大同書〕的初稿。〔人身公法〕、〔人類公理〕、〔公理書〕和〔實理公法〕很可能都是同一著作的不同名稱[55]。不過，〔康子內外篇〕似是另一著作，代表與〔實理公法〕一書不同的見解。檢視此二書，可知前書對傳統道德和社會價值的尊重勝於後書[56]，我們不能說〔內外篇〕是〔大同書〕的先驅。

問題是：為什麼康氏在同時寫兩本見解不相同的書？也許可作這樣的推測，在光緒十年到十三年間，康氏雖已新獲大同之見，但尚未能擺脫儒家傳統的影響，他對他的理論尚未完全自信。他知道自己徘徊在兩種見解之間，不如把兩者都寫成書。後來，他思想較為成熟，遂拋棄了〔內外篇〕中較平和的見解，而繼續發揮〔實理公法〕中較激烈的思想，他自稱於光緒十年「寫成」〔大同書〕，並非完全無據；事實上，在那幾年，他確已譜成這一著作的中心概念，並完成初稿。

54 康有為，〔年譜〕，光緒十三年（一八八七）；Lo, *K'ang Yu-wei*, pp. 44-45.

55 Thompson, *Ta T'ung Shu*, pp. 13-14. 認為〔人類公理〕乃〔大同書〕之初稿，並相信撰成於光緒十至十一年，修正於光緒十三年。此說乃根據趙豐田，「康長素先生年譜稿」，載〔史學年報〕，二卷一期（一九三四），頁一八四。

56 尤可見之於〔實理公法〕第三至六節，以及〔康子內外篇〕中的「理學篇」與「性學篇」。

值得重視的是，康氏在〔實理公法〕與〔康子內外篇〕中，都未用〔公羊〕和「禮運」中的名詞。因光緒十四年後，他才信奉公羊學說，切斷與經古文的任何關係。光緒十四年前康氏所表達的大同思想，如他自述的，是來自大乘佛教和西學。不要忘記，他在光緒四年經歷一次精神上的刺激後，把全部時間放在研讀佛道典籍上。光緒十年，他重新研讀佛經，同時涉及自光緒五年開始閱讀的西書。大約在光緒十年冬（一八八四年的十二月，或一八八五年的元月），他已獲得在光緒十年到十三年著作中提到的主要論點，以至終於完成他的大同體制[57]。這些論點使他在光緒十四年重讀儒家經典時，得到新啟示。他雖早知公羊學說，但以前並無深刻印象，而今始見及新意義。不久，他開始引導一些學生進入他的大同哲學。梁啟超回憶道，在光緒十七年初作康氏學生時，他有幸與陳千秋共同聽到康氏講解〔公理通〕和〔大同學〕二書的詳細內容[58]。梁氏聽到大同說後，十分著迷，希望能夠傳播出去，康氏阻止，但並不完全成功[59]。幾年後，可能是光緒廿一年，康氏開始用大同一詞來說明他的社會哲學[60]。

在一八八〇年代早期，佛教與西方思想使康氏超越儒學傳統，並以新的眼光來看待經學，但他並不願放棄儒學。由於在光緒十四年所得的公羊學之助，使他對孔子的學說起了新的信心。他

57 康有為，〔年譜〕，光緒五、九及十年（一八七九、一八八三、及一八八四）；Lo, *K'ang Yu-wei*, pp. 34, 38, 40. 小野川秀美，「康有為の變法論」，頁一一二—一一三（英文摘要見頁六—七）得到相同的結論。

58 梁啟超，「三十自述」，頁一七。

59 梁啟超，〔清代學術概論〕，頁一三八。

60 丁文江，〔梁任公先生年譜長編初稿〕，頁二九有云，康黨曾於光緒廿三年之秋成立一出版公司，名之曰「大同譯書局」。此可見「大同」一詞此時已廣為康之門人所接受。

覺察到，如果把僞經清除掉，儒學仍是世界上最好的學說，包含了歐洲和印度聖哲的眞理。這一覺察給予他研治經典的新靈感。

此一研治的重要結果是〔孔子改制考〕和〔春秋董氏學〕，分別寫於光緒十八—二十二年和光緒二十一—二十二年[61]。康氏明白地指出，他寫前書是依據公羊春秋學，特別是董仲舒的〔春秋繁露〕、以及〔禮記〕、〔論語〕、〔孟子〕和〔荀子〕中所說的「王制」，以重建孔子所見的制度[62]。他未提及受到「禮運」——大同思想的淵源——的啟發。另一主要著作——〔春秋董氏學〕——於光緒二十四年在上海出版，仍以三世說和其他公羊學說爲主旨，然亦特別引述大同和小康，以及「禮運」中的名句。那是儒家著述中首次出現的概念[63]，也是康氏首次將「禮運」學說和公羊理論相結合。

我們可想及，康氏於一八九〇年代搜尋資料重建儒家王制時，重閱〔禮記〕而發現前所未注意到的重要性，而今他哲學思想發展到一新階段，自然使他能夠將「禮運」與〔春秋〕連在一起。此爲康氏以大氣魄治經的開始。他的重點雖暫時仍放在〔春秋〕上，但沒幾年之後，他對所有可靠的經書作全面性的商榷，他後來一些儒學著作的基礎就此奠立：如〔中庸注〕（一九〇一）、〔禮運注〕（一九〇一—〇二）、〔大學注〕（一九〇二）、〔論語注〕（一九〇二），以及〔孟子微〕（一九〇二）[64]。南海聖人因而終於成爲名正言順而獨立的儒家學者。

---

61 康有為，〔年譜〕，光緒十八、十九、二十及廿二年（一八九二、一八九三、一八九四及一八九六）；Lo, *K'ang Yu-wei*, pp. 54, 63, 76.

62 康有為，〔年譜〕，光緒十八年（一八九二）；Lo, *K'ang Yu-wei*, p. 54.

63 康有為，〔春秋董氏學〕，卷二，頁四。

64 康同璧，〔補康南海先生自編年譜〕，頁四，六—七；〔南海康先生自編年譜補遺〕，頁九，一五，一八，二一；Lo, *K'ang Yu-wei*, pp. 189, 192.

總而言之，康氏的儒學歷程有三階段。第一階段自他幼年開始到大約光緒九年當他從古典轉治漢學止，他大致順從傳統。第二階段大約始於光緒十四年，他叛離傳統，重返古典，歧視古文經以爲僞，以公羊〔春秋〕作重心的今文經爲眞。第三階段大約始於光緒十八年，到光緒二十八年結合〔春秋〕三世說與「禮運」大同升平說爲其社會哲學指標止，他從事全面性的研治儒家經典。

第三節　康氏對他前輩和同輩的態度

康氏對許多重要的儒家學者作或褒或貶的評價。唯一使他無條件信服的只有孔子本人——不是一般人所認可的孔子，而是他自己所認識的孔子。康氏的評論常帶敎主口吻，難免沒有偏見。但不管他對別人的內在估價如何不可靠，至少反映了他自己的信念。我們由此可略見他的哲學立場。

孔子的門徒中以顏子、曾子、子思、和孟子最有名。康氏很少提到顏子，可能因「回聖」沒有留下什麼著作。康氏顯然偏愛子思和孟子，但對曾子較輕視。他接受程頤（一〇三三—一一〇七）所說子思是〔中庸〕的作者，並認爲是孔學中最好的一篇[65]。他對孟子更熱心，可從下面一段引文中得知：

65 康有爲，「中庸注敍」（演孔叢書本，未註出版日期）。

子游受孔子大同之道，傳之子思，而孟子受業於子思之門，深得孔子春秋之學而神明之……孟子乎，真孔門之龍樹、保羅乎[66]?!

不過，康氏景慕孟子並不是毫無保留的。有一次他不以孟子有名的性善說爲然，而甚以荀子的性惡說具有價値。康氏寫道：

荀子之與孟子辨者，蓋深恐人之任性而廢學……是荀子言，未見有悖於聖言者也……然正惟從孟子之說，恐人皆任性[67]。

曾子及其〔大學〕和〔孝經〕在康有爲看來低於子思與孟子。康稱曾子只是「守約」之徒，誠如宋人葉適所說，未嘗聞孔子大道[68]。他甚輕曾子，認爲朱熹以〔大學〕爲曾子所作不確。他的理由很簡單：像曾子這樣的人寫不出如此重要的儒家經典；再者，全書僅提及曾子一次，沒有證據顯示他撰寫此書的任何一部分[69]。

在人性問題上，康氏站在荀子立場反對孟子，但整個說，他是反對荀子哲學的。他的譴責是相當徹底的：

浩乎孔子之道，蕩蕩則天，六通四闢……始誤於荀學之拘陋，中亂於劉歆之僞謬，末割於朱子之偏安，於是素王之大道，闇而不明，鬱而不發[70]。

---

66 康有爲，「孟子微序」，〔文鈔〕，第八册，頁一—二。

67 康有爲，「擬答朱蓉生先生書」，微捲一，今收入〔萬木草堂遺稿〕外編下，頁八三〇—八三一。

68 康有爲，「論語注序」（萬木草堂本）。

69 康有爲，「大學注序」，〔文鈔〕，第五册，頁八—九；〔文集〕，卷五，頁二一。

70 康有爲，「禮運注敍」，引見 Fung Yu-lan, *A History of Chinese Philosophy*, 2: 678.

康氏繼謂：

中國二千年來，凡漢、唐、宋、明，不別其治亂興衰，總總皆小康之世也。凡中國二千年儒先所言，自荀卿、劉歆、朱子之說，所言不別其真偽、精粗、美惡，總總皆小康之道也[71]。

換言之，荀子像曾子一樣，忽略了孔子的大道，以致首先導致偽經流傳，最後產生了理學[72]。漢儒中唯董仲舒受到康氏無保留的讚賞。董氏在公羊學中佔重要地位，曾撰〔春秋繁露〕，書中述及公羊學中許多最具代表性的論點[73]。康氏對董氏的態度，最可見之於〔春秋董氏學〕中的一段話。他引了一些前人讚董的話，然後說：

其傳師說最詳，其去先秦不遠，然則欲學公羊者，舍董生安歸？……大賢如孟、荀，為孔門龍、象，求得孔子立制之本，如〔繁露〕之微言、奧義，不可得焉！董生道不高於孟、荀，何以得此？然則是皆孔子口說之所傳，而非董子自為之也……故所發言，軼荀超孟，實為儒學羣書之所無，若微董生，安從復窺孔子之大道哉[74]?!

康氏曾稱孟子為「孔門之保羅」；但據此引文，則董仲舒較孟子尤為光輝，而〔春秋繁露〕較〔大學〕與〔中庸〕更具眞理。可注意的是，康氏讚董時在光緒二十三年，那時他的主要興趣

---

71 康有為，「禮運注敘」，〔文鈔〕，第八册，頁二。

72 梁啓超，〔清代學術概論〕，頁一三八—一三九。

73 董仲舒哲學思想可參閱 Fung Yu-lan, *A History of Chinese Philosophy*, vol. 2, chap. 2; Lin Mousheng, *Men and Ideas*, chap. 9; 蕭公權，〔中國政治思想史〕，第二册，頁二九三—三〇〇。

74 康有為，〔春秋董氏學〕，「自序」，頁一—二。

在〔春秋〕；而他評詁〔孟子〕和〔大學〕在光緒二十七—二十八年間，那時他的興趣已經超越〔春秋〕。此乃他從一個時期到另一個時期思想轉變和發展的佳例。

康氏大致對經古文有微詞，尤其是宋明理學，但並不一概抹殺。有時他對朱熹表示一定的尊敬。他承認像朱熹、張載、王守仁、甚至老子，對人類有重要的影響，即在不同之世值得敬重[75]。誠如梁啟超曾經指出的，康氏喜好陸九淵與王守仁[76]。

值得強調的是，宋明理學家對康氏思想形成的影響，要比他自己承認的多。檢視他的著作，特別是〔大同書〕，可見到康氏與張載（一〇二〇—七七）在哲學思想上近似之處。康氏博覽理學羣籍，不可能不細讀張載的〔西銘〕——書中深具儒家博愛感[77]，以及「禮運」中的大同觀。康氏雖承認張子的重要，但難以想像何以在這一點上，沒有聲明張載對他的啟發。也許他亟欲擺脫與理學的關係，特別是程朱一系，因而他覺得不宜將他的學術淵源歸之於董仲舒以後的儒家學者。張載可能與程朱太接近而使他不敢承認。不過，梁啟超毫不顧忌地明言康氏與陸王理學的思想關係。據梁氏說，康氏由朱次琦引導而窺陸王哲學[78]。朱氏是康氏光緒二年（一八七六）至四年（一八七八）間的老師，後來，光緒十六年（一八九〇）康氏在長興里講學時，又引導梁啟超進入理學[79]。

75 康有為，〔大同書〕，頁四一七。
76 梁啟超，〔南海康先生傳〕，頁六一。
77 張載〔西銘〕之英譯參見 Fung Yu-lan, *A History of Chinese Philosophy*, 2: 493-495. Carsun Chang, *Development of Neo-Confucian Thought*, pp. 178-180.
78 梁啟超，「論中國學術思想變遷之大勢」，頁九八—九九。
79 梁啟超，「三十自述」，頁一六。

康氏深受陸九淵和王守仁的影響並不奇怪。陸王自己叛離理學中的程朱傳統——帝國儒教的基礎。兩人亦與康有相同之處。陸氏早在幼年聽人誦讀程頤之語，心中卽感不快。他問：「伊川之言，奚爲與孔子、孟子之言不類？」另一次，他研讀古籍時，忽大省曰：「宇宙內事，乃已分內事；己分內事，乃宇宙內事。」陸九淵的哲學見解是：

宇宙卽吾心，吾心卽宇宙。東海有聖人出焉，此心同也，此理同也；西海有聖人出焉，此心同也，此理同也……千百世之下有聖人出焉，此心同也，此理同也[80]。

此說與康說極似。

陸氏吸引康氏者尙有一端。在語錄中，陸氏要「決破羅網，焚燒荆棘，蕩夷汚澤」。下引一段韻文最可見其高昂之氣：

仰首攀南斗，翻身依北辰；
舉頭天外望，無我這般人[81]。

陸氏甚具獨立與自信的知識勇氣，也正是康有爲的性格。

象山在致朱熹一函中早已先顯康氏抨擊儒經的無畏氣慨，有云：

古之聖賢，惟理是視……孟子曰：「盡信書，不如無書。吾於武成，取二三策而已矣。」或乖理致，雖出古書，不敢盡信也[82]。

---

80 黃宗羲，〈宋元學案〉（〈宋元明清四朝學案〉本），卷五八，頁一〇六六。
81 同上，頁一〇六九—七〇。
82 同上，頁一〇七三。

王守仁與康有爲相似之處，也甚明顯。守仁在「大學問」中回答的一段，很可放在康氏的「大同書」中：

> 大人者，以天地萬物為一體者也。其視天下猶一家，中國猶一人焉。若夫間形骸而分爾我者小人矣。大人之能以天地萬物為一體也，非意之也，其心之仁本若是。其與天地萬物而為一也[83]。

康氏之贊同陸王之學並不奇怪，他認爲陸王「直捷、明誠、活潑、有用」，因此，「自修及教育後進者，皆以此爲鵠焉」[84]。康氏不僅反對程朱理學，而且反對王守仁，確難令人相信[85]。很明顯的，陸王哲學事實上提供他反對程朱的靈感，並引導他恢復所謂「純」儒學[86]。但是，康氏對陸王哲學決非照單全收。此一哲學中有些思想對他毫無吸引力。如陸王的「心學」過分強調個人的道德，而忽略社會制度的探討。再者，陸王俱未分辨眞實的今文經和僞造的古文經，他們對公羊學也無特別興趣。

---

83 引見 Fung Yu-lan, *A History of Chinese Philosophy*, 2: 599. 參閱王守仁，〔王文成公全書〕，卷二，〔傳習錄〕，「答顧東橋書」。

84 梁啓超，〔南海康先生傳〕，頁六一。

85 Chan Wing-tsit (陳榮捷), "Trends in Contemporary Philosophy," in MacNair, *China*, pp. 312-313.

86 朱陸之爭可見黃宗羲，〔宋元學案〕，卷五八，頁一〇六七。Chang, *Development of Neo-Confucian Thought*, pp. 286-307. 康氏在傾向陸王哲學前，曾仰慕朱熹，此由光緒十五年，康氏訪朱氏授徒之廬山紫陽書院時，所作的兩首詩，可以清楚地看出。其中有句曰：「江右爭朱陸，晦菴（朱）寔太上。」另有句云：「實為新教主，後聖範一世。」詩見〔南海先生詩集〕（梁啓超手寫影本），卷二，頁二六。據〔年譜〕，頁九 (Lo, *K'ang Yu-wei*, p. 51)，康曾於光緒十五年秋至十六年春間，遊歷廬山以及江西與江蘇其他各地。

與康氏同時的儒者，有兩人必須一提，卽朱次琦（一八〇七—八一）和廖平（一八五三—一九三二）。康氏廿歲後曾是朱氏的學生，約三年之久（光緒二年秋天到四年冬天）。康後來超越他的老師，但他一直尊敬這位老師，並在許多地方表示他的感激。朱氏似對康氏的早期思想有影響，其影響可見之於康在光緒十六年（一八九〇）的講學中[87]，他也很可能幫助康氏決定其思想發展的一般趨向。朱氏對儒家不同學派的兼容態度[88]，足爲康氏後來折衷各種哲學和社會思想作好準備工作。康自認朱氏引導他直向孔子追尋最後的眞理。康氏在朱氏文集（康於朱死後編輯）序中，提到他所瞭解的朱氏之學：

> 厲節行於後漢，探義理於宋人，旣則舍（鄭）康成，釋（朱）紫陽，一一以孔子為歸[89]。

「舍康成」以及「釋紫陽」正是康氏所謂的拒斥古文經與程朱學派。此正是康氏於乃師死後不久所取的立場。

據康氏自謂，朱氏對康氏在學問與人格上的影響，具有決定性。他在光緒二年曾對他的老師熱情恭維：

> 其學……主濟人經世……掃去漢、宋之門戶，而歸宗於孔子。於是捧手受教，乃如旅人之得宿，盲者之親明。乃洗心絕欲，一意歸依，以聖賢為必可期，以羣書為三十歲前必可盡讀，以一身為必能有立，以天下為必可為……超然立於羣倫之表，與古賢豪君子為

---

87 梁啓超，〈南海康先生傳〉，頁六一。

88 柯劭忞，「儒林傳」，〈清史稿〉，卷一一四，頁三六—三七。

89 康有為，「朱九江先生佚文序」，載〈不忍雜誌〉，第三冊（一九一三年四月），頁九—一二；以及〈不忍雜誌彙編〉，初集（一九一四）卷五，頁一四—一五。參閱錢穆，〈中國近三百年學術史〉，頁六三九。

羣。信乎！大賢之能起人也[90]。

朱次琦不僅給與康氏以高度的自信，並且敎以批判的精神。康氏曾述及一有啟發性之事。在他離開朱氏前不久，他感到韓愈（七六八—八二四）幾百年來所享的聲名，有點名不副實。韓氏所關心的道，極爲膚淺，而所撰述的文章很少與道有關。韓氏一直是被公認爲極受尊重的學者，以及理學的先驅，康的批評當然是近乎不恭。朱氏向以嚴厲著稱，但對康的大膽說辭僅「笑責其狂」，康並未受到他意料中的責駡[91]。

康氏於光緒四年所受到的心智上的危機，使他與朱氏的關係告一段落。

> 至秋冬時，四庫要書大義，略知其概，以日埋故紙堆中，汩其靈明，漸厭之……忽絕學、捐書，閉戶謝朋友，靜坐養心，同學大怪之。……靜坐時忽見天地萬物，皆我一體，大放光明。自以為聖人則欣喜而笑；忽思蒼生困苦，則悶然而哭。……至冬辭九江，決歸靜坐焉[92]。

此一「危機」乃康氏思想歷程中的一個轉捩點，他脫離經書（見上引註27康文）而推向幾個方面的興趣：大乘佛教、政制與實際政治、以及西學[93]。不過，他不曾放棄儒學，亦未謝絕朱次琦。他開展了他的思想境界，奠立了以儒學爲根本的折衷哲學基礎。他仍然感激朱氏，例如他於

90 康有為，〔年譜〕，光緒二年（一八七六）；Lo, *K'ang Yu-wei*, pp. 30-31.
91 康有為，〔年譜〕，光緒四年（一八七八）；Lo, *K'ang Yu-wei*, p. 33.
92 康有為，〔年譜〕，光緒四年，（一八七八），秋、冬；Lo, *K'ang Yu-wei*, pp. 33-34.
93 康有為，〔年譜〕，光緒五年（一八七九）；Lo, *K'ang Yu-wei*, pp. 34-36.

光緒五年寫道：「吾自師九江先生而得聞聖賢大道之緒。」[94] 即使他的佛學，似亦來自儒家——王陽明的哲學。陽明不止一次用過「天地萬物皆我一體」之語。

康氏離開朱次琦後的幾年裏，又回到經書，但用一種新眼光來讀他所謂的故紙堆。至此，他全心致力於公羊學。

康氏與廖平的關係是另一回事。他倆雖同是公羊學家，但奇怪的是康對廖一直沈默。康氏對今文經和公羊學的大量著作中，完全沒有提到廖平，以至於被人認為有抄襲之嫌。廖氏本人即指控康氏偷他的見解，並說在光緒十四、十五年間，康曾取得其書一冊，並曾與康在廣州作過長談。兩人聚談可能是在光緒十五、十六年間。光緒十七年，康氏撰成〔新學偽經考〕[95]，而廖氏更加強調他的指控[96]。

廖氏受到好幾個學者的支持。反對公羊學和變法的葉德輝，在光緒廿四年說，「康有為之學得自廖平」[97]。梁啟超於光緒廿八年寫道，康見廖書後乃棄舊說，「有為之思想，受其影響，不可誣也」。梁氏認為廖學乃幾十年來公羊學發展的高峯，此乃無可否認的事實[98]。侯堮對康、廖俱表同情，在民國廿一年（廖平逝世之年）有言：假如康氏有關「偽經」與「孔子改制」之書猶

---

94 康有為，〔年譜〕，光緒五年；Lo, *K'ang Yu-wei*, p. 35.

95 錢穆，〔中國近三百年學術史〕，頁六四五—六四六，引廖平文。

96 錢穆，〔中國近三百年學術史〕，頁六四五—六四六，引廖平文。參閱張西堂，「廖平古學考序」，此序為民國廿四年重印廖書作。

97 葉德輝，「答友人書」，載蘇輿，〔翼教叢編〕，卷六，頁三一。

98 梁啟超，「論中國學術思想變遷之大勢」，頁九八—九九。參閱〔清代學術概論〕，頁一二六。

如悶雷轟擊中國思想界，則廖平之書可說是提供了「龐大的電力」[99]。錢穆大約在同時查考此事，所得的結論是，康確有抄襲之罪[100]。

兩個事實很清楚。第一，康氏如要盜取廖平的見解，他是有機會的。他在廖平發表「今古學考」、「闢劉篇」和「知聖篇」等文後一年，才出版他的〔新學偽經考〕（一八九一）和〔孔子改制考〕（一八九七）。當康仍在揭發何休的「錯誤」時，廖已經完成他有關「偽經」的著作。

第二，兩人的見解顯然很相似。當廖從事第三階段（始於一八八八）的「尊今文、貶古文」經研究時，他已深信古文經源自「劉歆及其門徒的發揮」，而獨今文經源自孔子。據此，廖氏乃撰「知聖篇」以贊揚今文學，撰「闢劉篇」以駁古文經[101]。廖氏又謂，孔子晚年有改制思想，不再接受周制，乃加入春秋時代決心改變周代典制者的行列[102]。廖平並強調，孔子在今文經中提出他改制的學說，故此「經」乃是眞正的聖人之言，並不是記錄古制古事的「史」[103]。這些見解基本上與康氏在〔偽經考〕與〔改制考〕中所論相同。

另外還有一重要的相同之點。廖平在他治經的「第四階段」（始自一八九八），泛論孔子所

---

99 侯堮，「廖季平先生評傳」。

100 錢穆，〔中國近三百年學術史〕，頁六四二—五二。

101 Fung Yu-lan, *A History of Chinese Philosophy*, 2: 708.

102 Ibid., pp. 706-707.

103 錢穆，〔中國近三百年學術史〕，頁六五二—六五三，引廖文。在頁六五二—六五三，錢氏引廖氏民國二年所寫頗為露骨的一段：「海外法政學說昌明，因時立法。三王且不同禮，五帝且不襲樂，果係古史……今日已萬不能見之實行，更何能推之萬世以後？此必須改為至聖立言，師表萬世，決非以往陳迹，而徑乃可以自立。」（引自廖之「世界哲理進化退化演說辭）

見的政治制度不僅適用於中國，而且適用於全世界；因孔子之計劃原可推至全球，六經所言有普遍性的價值，自可應用於中國以及外國[104]。而康氏給與儒學以相同的廣泛解釋。

相同處確甚醒目，康氏很容易襲用廖平的見解。不過，公平地說，我們不能完全否定康有獨自發現同一眞理的可能性。康讀書之多不下於廖，自能得到相同的結論[105]。畢竟，古文經的眞實性問題早已有人提出，公羊學的研究也遠早於廖平推演他的說法。康氏可能在見到廖平著作前，已受到較早的公羊家，如龔自珍（一七九二—一八四一）和魏源（一七九四—一八五六）的啟示[106]。康氏自己的業師朱次琦，在捨鄭康成之說時，可能已引導康對古文經傳統採取批評的態度。我們甚至可猜想，康氏於光緒五年（一八七九）初識西學時，雖是一鱗半爪，但可能使康較廖更易於對羣經作不尋常的解釋。

必須指出，他們兩人尚有重要的不同之處。康在民國六年重版〔僞經考〕時，在後序中說：

> 今世亦有好學深思之士，談今古之變，或闇有相合。惜其一面尊今文而攻古文，一面尊信僞〔周官〕……矛盾自限，界畛自亂……覩其尊僞〔周禮〕一事，而知其道不相謀[107]。

---

104 Fung Yu-lan, *A History of Chinese Philosophy*, 2: 713. 參閱錢穆，〔中國近三百年學術史〕，頁六四三—六六二；Ojima Sukema, "Six Stages in the Development of Liao P'ing's Theories," *Shina-gaku*, 2, no.9 (May 1922): 70-72.

105 康有為，〔年譜〕，光緒二、五、八、九、十年；Lo, *K'ang Yu-wei*, pp. 30-40.

106 康有為於民國六年重印〔新學僞經考〕時，有序譽劉逢祿、龔自珍和魏源，曾疑劉歆僞作。不過康氏强調，僞經乃其發現。康致廖函中否認受廖平啓示。此函寫於民國二年，收入康同璧輯之〔南海康先生年譜續編〕，頁七九。關於早期學者懷疑古文經，以及清代公羊學者諸事，可看梁啓超，〔清代學術概論〕，頁二三—二九；一一八—一二一。

107 康有為，〔年譜〕，頁六—七。引自錢穆，〔中國近三百年學術史〕，頁六四八。

康氏所指之士，就是廖平。康可能是在駁剿襲之譏。他的理由雖未說得充分，卻有些道理。廖平也舉出他們的不相同處，但聲言此乃康在盜取他的「知聖篇」與「闢劉篇」時，沒有抓住要點[108]。

對康、廖之異，說得較確切的是梁啟超（康之學生）和蒙文通（廖之學生）。梁氏指出：廖之公羊學研究有功於康，但康之受益於廖僅限於「春秋」公羊說此一主題上。康氏的哲學目標大不同於廖。廖的興趣僅止於學術，而康則主要在實際變法。梁氏以為此乃康之創獲[109]。蒙文通則分辨兩種不同的今文經學：其一源自漢代的魯學，以「穀梁傳」為起點[110]，主要依賴「周禮」來解釋今文經，廖平屬這一支。另一支源自齊學，以「公羊傳」為起點，依賴緯書解經[111]，康有為屬此派。因此，康雖可能襲用廖平之說，但畢竟屬於不同的儒家學派[112]。

在此可有兩種結論。其一，康獨自得出與廖相似的見解；其二，康襲用廖說，但用之於極不相同的目的。假如後說為是，康應該受到採用別人之說而不申明的批評。但前已述及，康氏在書中提及的僅少數人，如孔子、董仲舒和朱次琦——這些人的見解他幾可完全接受。他很少提及其他的人，雖用他們之說，但僅贊同一部分，如張載、王守仁，以及一些清代的公羊學者，特別是龔自珍和魏源二人。據梁啟超說，龔、魏實開以儒說論政的先河[113]。康拒絕提廖平，因他不以廖

---

108 「經語甲編」，卷一。引見錢穆，「中國近三百年學術史」，頁六四五。
109 梁啟超，「論中國學術思想變遷之大勢」，頁九九。
110 蒙文通，「井研廖季平師與近代今文學」。
111 Fung Yu-lan, *A History of Chinese Philosophy*, 第三章對緯書之淵源和性質略作解釋。
112 蒙文通，「井研廖季平師與近代今文學」。
113 梁啟超，「清代學術概論」，頁一二六。

爲他的先驅，雖接受廖的一些見解，但不以他爲「眞理」的共同發現者。假如這是抄襲，則康不僅冒犯了廖平，而且犯冒了所有他未提及的學者。

第四節　對羣經之解釋

(一)見解的轉變

梁啟超覺察到：堅持己見是康有爲的特性之一，所以當他於光緒十三年哲學思想成熟時，便不再求進[114]。梁氏在此不過重述康在一八八〇年代的自述[115]，如我前已指出的，此不够信實。康雖頑固、武斷，但他的見解仍隨時而變。他處理思想問題的哲學觀點和方法雖終身無大變，但他思考的重心和方向有重要的變化。

此可見之於他對經書的解釋與評價。他對孔子的景仰有他自己的特點，但他欣賞不同的經說。在光緒十四年之前，他似乎接受所有的經說，對可靠的聖人之言都一視同仁。就在光緒十四年，他開始歧視古文經，認是僞說，而以今文爲「眞」。因此，在光緒十七年出版的〔新學僞經考〕中[116]，他把所有的古文經，如〔周禮〕、〔春秋左氏傳〕，以及〔毛詩〕，都說成是劉歆的

114 同上，頁一四九。
115 康有為，「與沈子培刑部書」，見〔萬木草堂遺稿〕，頁二六九。
116 康有為，〔年譜〕，光緒十七年（一八九一）；Lo, *K'ang Yu-wei*, p.53;

僞作[117]。他一再強調此一看法，在下文中說得尤其明白：

> 始作僞，亂聖制者，自劉歆；布行僞經，篡孔統者，成於鄭玄（一二七—二〇〇）。閱二千年歲月……（學者）咸奉僞經為聖法……凡後世所指目為「漢學」者，皆賈、馬、許、鄭之學，乃新學，非漢學也；卽宋人所尊述之經，乃多僞經，非孔子之經也[118]。

一九一二年民國成立時，康氏放棄此一態度，而回到早年的尊經。他一再強調，凡儒家經典，不論今文或古文，都是中國優良傳統的寶庫，應該珍藏和廣泛地閱讀。當民國的教育部下令學生不必修習儒經，康氏寫了一長信給教育部長，強烈抗議，並要求收回成命[119]。

我們不難知道康氏何以轉變。前已述及，他於一八八〇年代放棄毫不批判的態度，一部分由於他博覽中外典籍，而開濶了他的思想境界。在光緒十一到十三年所形成的大同說新觀點自與古文經不合，重詁經書乃事不容緩，而他的修正觀點亦由此而產生。

康氏之轉變也可能一部分由於在光緒十四到十五年間接觸到廖平的思想。廖之思想很可能肯定了他自己對古文經的懷疑。同時，清帝國情況日壞使他深信唯有及時改革才能免於被西方列強瓜分；若不排除傳統內的思想阻礙，有效的改革是不可能的。此應是康氏兩部主要著作——〔新學僞經考〕（一八九一）和〔孔子改制考〕（一八九七）的思想和政治背景。

辛亥年（一九一一）情勢大變，康氏亟思以變法來保存的帝國以及儒家教條，已被民國所取

117 梁啓超，〔清代學術概論〕，頁一二七—一二九綜述此書主旨。
118 康有為，「敍錄」，〔新學僞經考〕（民國二十年重印），頁二—三。
119 康有為，「與教育部總長范壽生勸改禁讀經令書」。

代。康氏在情感上以及理智上都難以接受新政體。因此，他不再致力於變法，而努力復古——試圖恢復君主立憲以及以儒家為主的中國傳統。對他來說，問題已不再是分辨眞經或僞經，而是重新建立古典的權威作為同胞們的道德模範。所以，他又回到對儒家不批判的態度。

尚可注意的是，康有為在不同的時候對他認為可靠的某一經書，有不同的價值判斷。有時候，他對某一經書的估價，可從他對該書的重視看出。例如，他寫了兩本關於〔春秋〕的主要著作，註了〔論語〕和〔孟子〕，因為他認為這些書具有巨大重要性[120]。相反的，他對〔尚書〕（今文本）、〔易經〕和〔孝經〕用力至少。他沒有註評〔禮記〕的全部，只註了一部分[121]，將他的三種註本，分別成書[122]。他曾致力於今文的〔詩經〕，但他沒有寫出他自己認為可以發表的文章[123]。他視〔尚書〕不及〔春秋〕重要，因後者最得孔子大義，而前者只不過是往事的記錄。他於〔易經〕，少有作品，因覺此書對實際事務僅間接涉及，而實際事務乃是他最關心的。他之於〔詩經〕亦如此。他忽略〔孝經〕，可能是因為它代表曾子的哲學。據康氏之見，曾子未聞大義，在孔門中微不足道。

因此，在五經之中，康氏極為重視的僅有〔春秋〕、以及〔周禮〕的一部分。他偶而引用其

120 即〔春秋董氏學〕，寫於光緒廿一—廿二年，發表於光緒廿四年；〔春秋筆削大義微言考〕和〔孟子微〕撰於光緒廿七年；〔論語注〕撰於光緒廿八年。

121 陸乃翔、陸敦騤，〔康南海先生傳〕，頁五一—六五；〔康南海先生墨迹〕，第四冊，「附錄」中列舉康之已刊以及未刊篇目。微捲第二含「論游學」，微捲四含「毛詩禮徵」、「學記第四跋」、「少儀」以及「大戴禮記補注」。凡此皆康注〔禮記〕之殘文。

122 即〔大學注〕和〔禮運注〕。

123 微捲一含未成之〔詩經注〕手稿，以及一約四十章擬糾〔毛詩〕之誤的「毛詩禮徵」。

他經書以駁斥之，或每每引之以實其己說[124]，但只以此二經作爲他重建儒學的媒介。然就此二經而言，他並非給予相等的重視。從光緒六年到光緒廿八年，他從事於有關儒經的主要著述時，他先偏好『春秋』。到光緒廿四年之後，才轉向『周禮』。綜觀他對此二經的解釋，可知他一些重要的轉變，並可從而得知他由儒學中獲得政治和社會哲學的經緯。

(二)對『公羊傳』的解釋

康氏於一八八〇年代之末以及一八九〇年代之初，認爲『春秋公羊傳』是最完備和最可靠的儒家眞理。例如，他於光緒二十年（一八九四）曾說，「孔子雖有六經，而大道萃於『春秋』」[125]。三年後，對此一觀點說得更加徹底：

> 孔子之道何在？在六經……浩然繁博，將何統乎？統一於『春秋』[126]。

接著，康氏引用孟子之說來「證明」自己所言不虛。他說孟子提及孔子學說，只談『春秋』，不及其他。孟子特別重視『春秋』，因其最得孔氏之義。『春秋』有三傳。『左傳』僅載歷史，所以不明『春秋』要義，實與孔子學說無關，『穀梁傳』雖載孔氏學說，未及詳言。唯有『公羊傳』暢明『春秋』大義。

---

124 錢穆，『中國近三百年學術史』，頁六九一——六九七言及康對羣經之見解。
125 同上，頁六九二，引自康之『桂學答問』。
126 康有為，『春秋董氏學』序，頁一。

不過，康氏並不全依公羊之說，稟承其家法。他似僅取他認爲眞實的公羊說（或適合他自己說法的），而無視那些他所不贊同、不需要的。例如，在評估漢代公羊學二大家時，他極讚揚董仲舒而貶何休於次要地位[127]。不僅一次，康氏違離何休之說。最明顯的例子是，何氏在〔春秋公羊解詁〕的前言中，引孔子之言，說是「吾志在〔春秋〕，行在〔孝經〕」。何氏接著評述道，二書皆是聖人的創獲[128]。康氏盛稱〔春秋〕，而漠視〔孝經〕。事實上，他的大同思想中隱不見〔孝經〕的蹤影，傳統的人際關係在大同世界裏自毫無意義可言。

儘管康氏以董仲舒爲獨得儒家眞言[129]，但並不全取董氏之說。如他取其他公羊家之說一樣，僅取一部分。他隨意取用公羊學說，時常被人指爲污損了公羊學。朱一新是康氏所敬重的儒者，且二人常有來往，曾謂康氏欲以董仲舒來抗衡理學，竟能說出連董氏自己都不敢說的話[130]。葉德輝是康有爲的死敵，曾說康氏利用公羊說來達到自己的私見，足令西漢儒士痛哭[131]。的確，康氏對公羊學派有興趣並非是純學術的，而是其中所含有的社會和政治意義。他認爲公羊學的最大價值在於「今學口說，三統大義」，對實際事務有效，如他在光緒二十年所說的，可掃霾曀，頓釋宿滯[132]。梁啟超也說，康氏是用公羊學來變法的第一人[133]。梁氏也許言過其實，但他明言康氏所

127 同上，卷八，頁二。康並不是總是一致的，有時他把何休和董仲舒等量齊觀，如卷四，頁一和頁九。

128 何休，〔春秋公羊解詁〕（〔十三經注疏〕本），序，頁一。

129 康有為，〔春秋董氏學〕，卷二，頁二。

130 朱一新，「答康有為第一書」，見蘇輿，〔翼教叢編〕，卷一，頁一。

131 葉德輝，「輶軒今語評」，載蘇輿，〔翼教叢編〕，卷四，頁三。

132 康有為，「祭朱鼎甫侍御文」，〔文鈔〕，第四册，「祭文」，頁一。

133 梁啟超，〔清代學術概論〕，頁一三〇。

關心的並不是公羊學的學術研究。

不過，必須指出：公羊學本身易使康氏自由應用。首先，公羊學派一開始，學者就傾向於借實際政治來解釋儒學。康氏最尊敬的董仲舒就是一個好例子。當君權日見高張時，董氏乃重新解釋公羊學使其能中和一下皇帝的權威[134]。他的想法被後來的學者套用，甚至是爲了正好與董氏相反的目的；如在何休手中，公羊學就是增強而非減弱君權[135]。公羊學在清代復興時，學者如孔廣森（一七五二—八六）一時之間研究學術性的「春秋」之學，號稱十八世紀的「漢學」[136]。但此派的其他學者如莊存與（一七一九—八八）、劉逢祿（一七七六—一八二九）、魏源與龔自珍等，又把注意力移向實際政治[137]。假如像朱一新和葉德輝所說的，用公羊學應用於實際政治問題是不對的，則康有爲顯非第一個冒犯者。朱、葉二氏的批評唯有針對公羊學的傳統才算中肯。康氏的確說了董仲舒沒有說過的話，但此乃因他生活在不同的時代以及遭遇到不同的政治問題。可以想

134 蕭公權，〈中國政治思想史〉，頁二九六—二九七。錢穆曾於其「孔子與春秋」一文中詳論公羊學之政治意義。

135 蕭公權，〈中國政治思想史〉，頁三〇〇—三〇七。

136 梁啓超，〈清代學術概論〉，頁一二一。孔廣森之見可閱其〈春秋公羊通義〉（〈皇清經解〉本），特別是序文。柯劭忞，「儒林傳二」，〈清史稿〉，卷一一五，頁二五—二六有孔之略傳。

137 莊存與，〈春秋正解〉，卷三七五—三八七。梁啓超，〈清代學術概論〉，頁一二一認為莊乃清代今文學的啓蒙大師。劉逢祿，〈公羊春秋何氏釋例〉為此派主要著作之一。柯紹忞，〈清史稿〉，卷一一六，「儒林傳三」，頁一六—一八有略傳。錢穆，〈中國近三百年學術史〉，頁五二六—五二八曾估量劉氏在公羊學中之位置。魏源，〈公羊古微〉，十卷；〈春秋繁露注〉，十二卷；〈詩古微〉，十四卷；〈書古微〉，十二卷；皆載〈皇清經解續編〉。李慈銘，〈荀學齋日記〉，二集下，頁六七駁斥魏氏見解。參閱錢穆，〈中國近三百年學術史〉，頁五二九—五三二。龔自珍，〈定盦文集〉〈續集〉與〈文集補〉，收入四部叢刊。龔氏見解之略述可看梁啓超，〈清代學術概論〉，頁一一二；朱傑勤，〈龔定盦研究〉；侯外廬，〈近代中國思想學術史〉，第二册，第十二章。

像到，假如董仲舒和何休生於十九世紀，他們不會反對孔子改制以及用三統來肯定制度的變更。

公羊學啟發康氏的第二個特徵是此派在學術致知上不甚求史實之確切，說是孔子作〔春秋〕要在微言大義，而不在記錄史實[138]。康氏屢次在他所著有關〔春秋〕的文字中引用此一理論[139]，顯然因為他認為此可開啟自由解釋儒學的大門，不必顧及歷史和傳統。此一理論由公羊學說得更加任意：孔子傳其學說不僅是記錄在經書中，而且師徒口頭傳述，而「口述」乃是聖人最及時的言論。我們可以理解到何以康氏極重視公羊學理論。他不難堅持說，即使是〔春秋〕和〔公羊傳〕所載，也未披露儒學眞理的全貌。董仲舒的成名即因其超越〔春秋〕和〔公羊傳〕，以宏揚孔子未載的學說。而不幸的是過去二千年學者僅限於經書的研究，這種情形依康氏看來如「南轅而北其轍」一樣的愚蠢[140]。經書所載當然不是毫無價值，但其價值不過是有形的符號，其意義唯有在口述的聖人之言中才能理解[141]。康氏更謂朱熹曾怨〔春秋〕不可解。此因朱子未能一問孔子未形諸文字的學說，特別是改制之義。他不知聖人之口述無須證明，所口述者即眞理[142]。

然則，在康之心目中客觀並無了不起的學術價值，歷史也並無學術研究的實質意義。他認定「漢學」雜蕪繁冗，與他的思想觀點全不相符。因康氏作為公羊學派的信徒，並不計較史事之是否正確，歷史的意義只是在闡明孔子所發明的大義。神話與傳說只要能夠用之於此一原則，其價

---

138 例見劉逢祿，〔公羊春秋〕，卷六，頁一〇；陳澧，〔公羊遺書〕卷一，頁九。另參閱龔自珍，〔續集〕，卷二，頁五四—五六。

139 例如康有為，〔春秋董氏學〕，卷一，頁二；卷二，頁三。

140 同上，卷四，頁一；「春秋筆削大義微言發凡」，〔文鈔〕，第五冊，頁五—六；亦見〔文集〕，卷五，頁一八。

141 康有為，〔春秋董氏學〕，卷二，頁一二評論「詭名詭實」。閱梁啓超，〔清代學術概論〕，頁一二九—一三〇。

142 康有為，〔春秋董氏學〕，卷五，「辨言」，頁一。

值並不下於可靠的歷史事實。康氏曾評論董仲舒著作中有關九皇事說，孔子不僅提到九皇，實有一百七十二君，均在中國歷史上聞名的五帝之前。康氏以爲先皇之數並不重要，因孔子之意原在說明皇天輔德，但天命無常的大義，並不在給與正確的中國悠久歷史。康氏總結道，聖人「擬議之大，豈陋儒所能知哉」[143]。

很自然的，康氏的學術立場深受反對者的批判[144]。但是他的公羊學玄想雖然缺少歷史證據且沒有條理的分析[145]，卻深刻地影響了他的反傳統社會哲學。

公羊學統對康氏的思想尚有別的貢獻。公羊學中的兩個學說最爲顯著。一是說孔子乃是所有經書的制作之人，並不是述而不作之人。二是三世說，卽人類歷史的發展是經由「據亂世」、「升平世」、和「太平世」的過程，而人類的制作卽按此改進。是則到最後階段時，天下之人都生活在和諧的大一統之下，絕無前階段的鬪爭和歧視[146]。三統之說有同樣的重要性。據此說計有三種制度形式，以紅、白、黑三色代表，每一色根據不同的原則而適用於某一朝代。一個新朝代每採一新統來代替舊統，因此無一統可以永遠不被替代[147]。康氏不斷地根據這些學說立論，很少

143 同上，卷五，頁一二—一三評論「九皇五帝」。康並未一直堅持此說。在可能撰於早年的「民功篇」短文中，他以傳說裏的帝王自庖犧（伏羲）以下均為歷史人物。

144 特別是葉德輝，閱其「與石醉六書」及「與段伯猷茂才書」。

145 蕭公權，「吳康，〔春秋政治學說〕」（書評），頁一—六。

146 三世說之述論可閱何休，〔春秋公羊解詁〕，隱公元年十二月，論及「所見異辭」等。董仲舒，「楚莊王」，〔春秋繁露〕，卷一，起句為「春秋分十二時亦為三等」；孔廣森，〔春秋公羊通義〕，卷一一，頁一二；劉逢祿，「張三世例」，〔公羊春秋何氏釋例〕，卷一，頁一論及同句；同書，頁四；龔自珍，「五經大義終始問答」，〔續集〕，卷二，頁六一—六二。

147 董仲舒，「三代改制質文」，〔春秋繁露〕，卷七。

不將此與他的變法思想建立關係[148]。毫無可疑的，他深受公羊派解〔春秋〕的影響，自一八八〇年代開始卽努力致知於此。

㈢對其他經書的解釋

康氏對待其他的經書，與〔春秋〕有異；他不把這些經書作爲他哲學思想的泉源，而視作其他用途。他治這些經書時，他的思想已定型，他的改革哲學已明確。他不再從這些經書中求靈感，而把自己的觀點加諸這些經書，使其與〔春秋〕相呼應。

光緒廿七年到廿八年之間，康氏完成了五部經書的研究：〔禮運注〕（一九〇一—〇二）、〔中庸注〕（一九〇一）、〔孟子微〕（一九〇一）、〔大學注〕（一九〇二），以及〔論語注〕（一九〇二）。另一種著作——〔春秋筆削大義微言考〕是由未完成的舊稿重寫的，屬於其早期作品，故在此不論。

此五書顯然是康氏經由研治古經、佛學、西學、以及改革與流亡之餘而想重建儒學的一個結果。此一成果代表了他思想發展過程中的一個轉捩點——爲從公羊學建立儒學到他獨創自己哲學的中間階段，也就是反映了他從「儒家的馬丁路德」到成爲社會哲學家的「南海聖人」之間的轉變。在此容我簡述此一內容的全貌。

148 康有為，〔春秋董氏學〕，卷二，頁四；卷三，頁六；卷五，頁三，一〇—一一，一二。康氏在民國十三年的一封信中重申此義，「答朴君大提學論孔學」，微捲一。

「禮運注」據康自謂成於光緒十年，但實際上成於光緒廿七年至廿八年間，可能是他政變後最主要的有關經典之作。在此一小書中，他正式將大同與小康之說（取之於「禮運」）與三世說（取之於「春秋公羊傳」）掛了鈎[149]。此書之前，他僅偶然提到大同，但此後則視爲自己社會哲學的基石。

檢視此書可知康氏對其早期的儒學觀點已有所修正。最主要的修正之一是對荀子和朱熹的評論。在他早期的著作中，他對這兩人的評價甚是寬容，他僅抨擊劉歆之僞造孔子學說並阻礙了中國走向較高層次的社會發展。現在他同樣抨擊這三人。康氏說孔子之道先受損於荀子的武斷哲學，繼受惑於劉歆的僞造，最後敗壞於朱熹的偏見。結果，中國未能得到孔子之道的好處，終久停留在「小康」之世[150]。他繼謂：

> 康有為……正言曰：吾中國二千年來，凡漢、唐、宋、明，不別其治、亂、興、衰，總總皆小康之世也。凡中國二千年儒先所言，自荀卿、劉歆、朱子之說，所言不別其真、偽、精、粗、美、惡，總總皆小康之道也[151]。

我們記得在他早期著作論及「春秋」時，大同與小康受到同等的注意，並不歧視小康，因他認爲那是一正當的社會階段。但現在他全力貫注於大同，而感到中國停留在小康階段的遺憾。這一點在他一本論「春秋」的著作的自序中說得最透徹，此書草於若干年前，但與「禮運注」一書

149 康有為，「禮運注」。
150 同上，序言，頁一；「禮運注敘」，「文鈔」，第八冊，頁一。
151 同上，頁二。

同時完成：

> 漢世家行孔學……若推行至於隋唐，應進化至升平之世，至今千載，中國可先大地而太平矣。不幸當秦漢時……老子、韓非所傳……君尊臣卑之說，旣大行於歷朝。民賊得……愚制吾民……新莽之時，劉歆創造僞經……大攻公、穀……於是三世之說不誦於人間，太平之種永絕於中國……昧昧二千年，瞀焉惟篤守據亂世之法，以治天下……使我大地先開化之中國……蒙然、薾然、耗矣！衰落守舊不進等誚野蠻，豈不哀哉[152]？

上引兩文顯有差異，一壁康謂自漢至清爲據亂世，一壁則謂升平世。儘管如此，他所要說明者是一致的：中國失去進入大同世的機會，只因孔子的眞學說爲假學說所掩蓋。康說得很清楚，這些假學說與假制度不是別的，就是專制政制的本身，它是完完全全地反對大同世界的理想和實踐。康氏對荀子和朱熹看法的轉變也就是他對專制制度看法的改變。在戊戌變法時，他大致對旣有的政治秩序採取妥協的態度。他並不如反對者所說，要實施新制度，而是要在帝制結構內完成制度上以及其他方面的改革。他強調一點一滴進步的必要，以及企望越過升平而入太平的愚蠢。但戊戌政變的挫敗使他感到帝制不足以導致改革，於是在光緒廿八年他反對此一制度，乃具有思想上和制度上的分歧，他成了社會哲學家。

的確，康在〔禮運注〕中所提出的社會理想是十分反對帝制的：

> 孔子之道，其本在仁，其理在公，其法在平，其制在文，其體在各明名分，用在與時進化[153]。

---

152 「春秋筆削大義微言考自序」，〔文鈔〕，第五册，頁一—二；亦見〔文集〕，卷五，頁一一—一二。

153 同上，〔文鈔〕，第五册，頁一；亦見〔文集〕，卷五，頁一一。

他更具體的說法是：

> 天下為公，一切皆本公理而已。公者人人如一之謂，無貴賤之分，無貧富之等，無人種之殊，無男女之異……人人皆教養於公產，而不恃私產[154]。

據此，康氏顯已拒斥社會等級、家庭、與私產，凡此都是王政帝制的基石。換言之，他否定了存在於中國兩千年之久以及他原先承認的「儒教國」。

康氏對其他四部經書的處理，大致相同——他解釋經文完全依據他認可的孔子眞理，並藉之而表達他自己的意見。但仍有一相異之點。這些經書的內容較難與〔春秋〕和「禮運」相配合，因此康氏的解釋常常不得不曲意申說。他重新解釋這些「頑梗」的經文，也許是覺得如果不限於一、二種儒家經書，他的論點可以更加突出和可信。結果是，他雖於早年認爲〔春秋〕乃儒家眞理之所寄，而今則承認「眞經」亦見諸於其他的經書。因此，他乃說〔大學〕是儒家的寶典，爲孔子微言大義的渠道[155]。他讚揚〔中庸〕最能表達孔子學說[156]。他歌頌〔論語〕包含了大同學說最好的精意[157]。他重視〔孟子〕，因其指引了到孔子之路的捷徑[158]。

我們可舉一些例子來說明康氏的取向。在〔中庸注〕裏，他評論「君子之中庸也，君子而時

---

154 康有為，〔禮運注〕，頁四。
155 康有為，〔大學注序〕，〔文鈔〕，第五册，頁八—九；亦見〔文集〕，卷五，頁二一。
156 康有為，〔中庸注敍〕，〔文鈔〕，第五册，頁九—一〇；亦見〔文集〕，卷五，頁二一—二二。
157 康有為，〔論語注序〕，〔文鈔〕，第五册，頁一〇—一一；亦見〔文集〕，卷五，頁一九—二〇。在其〔長興學記〕，頁六，康氏表示了不同的見解。
158 康有為，「孟子微序」，〔文鈔〕，第八册，頁一—二。

中」說：

> 孔子之道有三統三世焉。其統異，其世異，則其道亦異。故君子當因其所處之時，觀其會通，以行其典禮，上下無常，惟變所適……然適當其時，則為此時之中庸，故謂之時中[159]。

在此可注意的是，康氏按照朱熹「時中」一辭的解釋，顯然是因爲此說與他所說孔子乃變法先知相符合。

不過，康氏也經常不按傳統的解釋以適合他自己的主張。〔中庸〕另有一段說，「得天下者有三重（去聲）」。朱熹按照另一宋儒的說法，以「三重」爲「議禮、制度、考文」[160]。康氏不之顧而以重爲重（陽平聲），乃以三重實卽公羊改制的三統。

有時候，康氏覺得難以曲爲申說以符己意，乾脆認爲是僞文——此爲他對待古文經的故技。在〔論語注〕裏提供了許多類此的實例[161]。例如在〔論語〕「述而第七」的第一章有云：「子曰，述而不作，信而好古，竊比於我老彭。」康氏的評論是：

> 按此竄改之偽古文也。雖非全行竄入，則孔子以不作好古稱老彭，而劉歆增改竄字原文，或是莫比二字[162]。

---

159 康有為，〔中庸注〕，頁三。

160 同上，頁三六。「三重」語出〔中庸〕第十九章。

161 值得注意的是，康氏並不認為〔論語〕是孔子言行的完全或必然無誤的記錄。參閱註155。

162 康有為，〔論語注〕，卷七，頁一。同書卷八，頁七提供另一例證。康氏論及〔論語〕「泰伯」第九章（子曰：「民可使由之，不可使知之。」）時有云：「〔論語〕、六經多古文竄亂……或為劉歆傾孔子偽竄之言，當削附偽古文中。」

康氏接著說，按照公羊派的緯書〔春秋緯〕，孔子制作新法以開來世，爲新王教主。康氏強調，聖人絕不自以爲述而不作。

因此康氏解釋（或誤解）此一經書的若干章節以適應他的公羊派學說。在此我們看到康氏重建儒學的最大努力，也可以說是他對儒家思想的最後貢獻。在下一個階段，他不再致力於儒家學說的解釋，而從事他自己哲學的建立。他對儒家經典的認識以及他增刪取捨儒家學說而納入他自己的哲學著作中，大致可歸納爲四部分：（甲）進化、（乙）政制、（丙）人倫、（丁）經濟。

（甲）康氏的進化觀是大家都知道的。他在〔論語注〕中寫道：「春秋之義，有據亂世，升平世，太平世。」[163] 不過他不再如他早年以爲三世乃一簡單的時間組合，而認爲是一複雜的組合羣，每一組合可再無限止的細分。下引一段雖難知其精確的意思，但似指不斷進化之意：

> 一世之中可分三世，三世可推為九世，九世可推為八十一世，八十一世可推為千萬世、為無量世……有亂世中之升平、太平；有太平中之升平、據亂[164]。

（乙）康氏對政治制度的看法值得明察。他認爲三世的每一世都有它相應的政治制度：絕對王政適於據亂世，君主立憲適於升平世，共和制度適於太平世。當人類從較低的社會層次發展到高層次，政府的形式也要相應改變。在〔論語〕中，孔子有言：「天下有道，禮樂征伐自天子出。」大夫不能控制政府，百姓亦不議論政治[165]。康氏批評此屢見的「不」字乃係誤植，誤植之

---

163 〔論語注〕，卷二，頁一〇。
164 同上，卷二，頁一一。
165 同上，卷一六，頁三—四。

人蓋不明孔子的眞正意思，因此必須刪去。康氏改正正文後說：

一統之君主專制，百世希不失。蓋由亂世而至升平，則君主或為民主矣……「政在大夫」，蓋君主立憲。……君主不負責任，故大夫任其政。大同天下為公，則政由國民公議，蓋太平制，有道之至也[166]。

康之解釋顯然是武斷的，但卻透露了他自己的政府主張。這一主張經略爲修正後，卽是他在〔大同書〕中政治哲學的要旨。

康氏以絕對王政爲最低級的政府，只適合於最低等的文明。它可存在，唯因人民尙未開化。這一點他在評論〔論語〕中的另一段時說得最爲明顯，此段說：「子曰：夷狄之有君，不如諸夏之亡也。」[167] 康氏說：

此論君主民主進化之理……蓋孔子之言夷狄中國，卽今野蠻文明之謂。野蠻團體太散，當立君主專制以聚之，據亂世所宜有也。文明世人權昌明，同受治于公法之下，但有公議民主，而無君主[168]。

爲了加強他的政府理論，康氏不惜對中國古史作大膽的新解釋。他說絕對王政不存在於先秦。舜時（西元前二二五五——二二〇五）的政府爲共和[169]。然則，古代中國已臻「文明」。再者，受到西元前七世紀以來孔子學說薰陶的中國，實不能視作「野蠻」。然而中國的老百姓確在

166 〔論語注〕，卷一六，頁三—四。
167 〔論語〕「八佾」，第五章。
168 康有為，〔論語注〕，卷三，頁三。
169 同上，卷一五，頁三。

專制下生活了二千年。他的結論很明顯：無論在理論上或實際內容上，帝制並非適合中國的政府形式。

不過，康氏並不主張中國立即推翻帝制。共和政體雖然優越，並不適合十九世紀的中國國情。民主僅適合大同之世——是人類未來所要達到的階段。從實際情況來考慮，君主立憲是當時中國唯一應當並且能夠採用的。康氏相信，當孟子說一個君主須與大夫及國人商討國事，已顯指此一政體[170]。孟子所見乃一適合升平世的優異體制，且已爲若干近代國家所採用[171]。當然，共和政治並不是一種夢想，一些國家如美國和法國已經實施。康氏評論孟子所說「民爲貴」[172]時有云：

> 此孟子立民主之制，太平法也……衆民所歸乃舉為民主，如美、法之總統然……近於大同之世[173]。

社會發展既不應抑阻也不應助長。當一個國家從據亂世進入升平世，若仍然抓住舊的政治制度不放，與試從據亂世躐等到大同世一樣的有大害。康氏將此一理論應用到中國而得到結論說：人民應能在政府中發言的時候到了，即是應該從傳統的專制王政轉化到君主立憲。下面一段話值得一引：

> 今當升平之時，應發自主自立之義，公議立憲之事，若不改法，則大亂生[174]。

170 〈孟子〉「梁惠王下」，第七章。
171 康有為，〈孟子微〉，「總論」；亦見〈文鈔〉，第八册，頁一〇。
172 〈孟子〉「盡心下」，第十四章。
173 康有為，〈孟子微〉，頁一〇。
174 康有為，〈中庸注〉，頁三六。

此文寫於光緒廿七年，時康氏深信，就義和團事件的悲劇看來，專制的帝政已不適合近代世界。不過，採用君主立憲使中國現代化的想法並非一時的權宜；那是康氏政治思想的一部分。

(丙)康氏有時用經典來表達他對人生價值與人際關係的看法。值得注意的，這些看法經常較接近被接受的儒家傳統，而非他自己對政治制度的看法。

康氏爲了配合他之拒斥專制，乃修正傳統的忠的觀念——被統治者不論任何情況下，都應完全且永久忠心於他們的君主。康氏曾長篇議論〔論語〕上微子遭殷王驅逐，箕子爲奴，比干冒犯國君而死[175]，有言：

> 三人之行不同，而同出於至誠惻怛之意，以撥亂救民……孔子同許其仁。……微子奔周為客，箕子陳疇武王，皆不忠矣。而孔子以與比干同稱，未嘗責微、箕之死節。蓋孔子立君臣，不過同以治民。(〔左傳〕有云)「若君為社稷死，則死之；為民亡，則亡之。若君無道而死亡，則非其私暱，誰敢任之？」宋賢不明此義，若一君之亡，當胥天下之民而為之死者，則無義甚矣，非孔子之道也[176]。

可注意者，康氏忠的觀念實與孔子一致[177]。康之自由觀顯示了西方思想對他的影響，但他決不允

---

175 〔論語〕「微子」。

176 康有為，〔論語注〕，卷一八，頁一。「若君為社稷死……」一段，引自〔左傳〕襄公廿五年，「春，齊崔杼弒其君光」，而康氏略加潤飾。

177 孔子主張之略述，閱蕭公權，〔中國政治思想史〕，頁七六。此點康見與孟子同（見同上頁九一）並與黃宗羲之見近似（見〔明夷待訪錄〕之「原君」和「原臣」）。龔自珍，〔續集〕，卷二，「古史鈎沈論」、「京師樂籍說」、「撰四等十儀」，隱含反專制政府之意，可為康之先驅。

許儒家的社會責任感被取代。此最可見之他對下面一段的解釋：「子贛曰：我不欲人之加諸我也，吾亦欲無加諸人。子曰：賜也，非爾所及也。」[178] 康氏說：

子贛不欲人之加諸我，自立自由也。無加諸人，不侵犯人之自立自由也。人為天之生，人人直隸于天，人人自立自由……人各有界，若侵犯人之界，是壓人之自由自立，悖天定之公理，尤不可也。子贛嘗聞天道自立自由之學，以完人道之公理，急欲推行于天下。孔子以生當據亂世，尚幼稚，道雖極美，而行之太早……至升平太平乃能行之[179]。

因此，作爲儒家學者的康有爲，尙未能立卽解除人對旁人的責任，而給予人以完全的個人自由。康氏強調說，根據孔子學說，所有的道德規範和社會關係都來自人性之根本[180]。這種關係旣不可避免，更不可缺少。他解釋道：

人生而有父母，同生而有兄弟，事業則有君臣，交遊則有朋友，皆人之不能離者。

康氏繼謂，與人共處之道是尊重別人的感覺、權利和利益：

惟君子責己而不責人，先自盡其子臣弟友之道焉。

同時，爲人父者、爲人君者、以及爲人兄者，都要盡與他們地位相合適的義務[181]。這些都與傳統的儒家道德觀極近似。

同樣也可說明康氏對人與自然間關係的看法。他評論〔中庸〕首章說：

---

178 〔論語〕「公冶長」，第十一章。
179 康有為，〔論語注〕，卷五，頁六。
180 康有為，〔中庸注〕，頁八—九。
181 同上，頁一〇—一一。

人非人能為，天所生也。性者，生之質也。稟於天氣以為神明，非傳於父母以為體魄者……循人人共稟受之性，則可公共互行[182]。

康氏並不是說稟受公共之性可以不顧與別人的關係。相反地，欲能公共互行必先要充分滿足對家人的社會和道德義務。康述之如下：

天地者，生之本；父母者，類之本。自生之本言之，則乾父坤母，眾生同胞，故孔子以仁體之。自類之本言之，則父母生養，兄弟同氣，故孔子以孝弟事之。……孔子立教在仁，而行之先起孝弟[183]。

但是社會責任僅是仁的起步而非終點。康氏借孟子所示而說道，仁愛既是生命不可缺少的原則，人們不僅要愛自己的親屬，還要愛其他人類，以至愛整個生物。人之愛要漸漸開拓，從較低的層次進入較高的層次。因此，在據亂世重點放在家族，而在太平世則一切人都須同樣看待。最後人們將推愛及於一切有生命者，以至於不再殺生與肉食[184]。種族歧視將完全消滅，華夷之間的界線不再存在。康氏對孟子所謂舜與文王乃東西夷之人的評論[185]，值得在此一引：

舜為太平世民主之聖，文王為撥亂世君主之聖……孔子祖述憲章，以為後世法程，其生自東西夷，不必其為中國也……後世有華戚頓其人，雖生不必中國，而苟合符舜文，固

---

182 同上，頁一。

183 康有為，〔論語注〕，卷一，頁三。〔中庸注〕，頁三有相似之敘述。參閱張載，〔西銘〕：「乾稱父，坤稱母……民吾同胞物吾與也。」見 Fung Yu-lan, *A History of Chinese Philosophy*, 2: 493. Carsun Chang, *Development of Neo-Confucian Thought*, pp. 178-179.

184 康有為，〔孟子微〕，「總論」；亦見〔文鈔〕，第八冊，頁四—五。

185 〔孟子〕「離婁下」，第一章。

聖人所心許也[186]。

文中提及華盛頓，可見康氏自光緒五年追求西學的影響。不過他的宇宙觀像孟子、張載、和王守仁，並未突破孔子學說。

（丁）此四部經書也表達了康氏的一些經濟思想。孔子曾說過「均無貧」[187]，孟子有井田的理想[188]。這些使康氏作出以下的議論：

蓋均無貧，安無傾。近美國大唱均貧富產業之說，百年後必行孔子均義，此為太平之基哉！但據亂世人少，專於農田；升平世人繁，兼於工商。然均平之義則無論農、工、商而必行者也[189]。

此爲康氏取孔子舊義以與近代觀念相結合的佳例。康氏認爲中國像其他所有的近代社會一樣，農業經濟必定趨向工商經濟，使他認爲，一味重視土地分配的傳統觀念，未能充分掌握近代的經濟趨向。因此他將平均觀從農界擴大到工商界。康氏在此又受到西方思想的啟示。他簡直將孔子的平均之義與社會主義等量齊觀。他說道：

太平大同之治亦不過均而已，均則無貧，今各國人羣會黨宗旨不出於此[190]。

西方的影響尚可見之於另一端。康氏一反中國歷朝的看法，認爲經濟生產的主要目的在滿足

186 康有為，〔孟子微〕，「總論」，卷一，頁七—八。
187 〔論語〕「季氏」，第一章。
188 〔孟子〕「盡心上」，第廿二章。
189 康有為，〔孟子微〕，「總論」，頁九。
190 康有為，〔論語注〕，卷一六，頁二。

人民的慾望，節衣縮食並不是什麼品德。康氏在評〔論語〕中的一章時[191]，作了這樣的觀察：

> 財者泉也，以流轉為道。若尚儉，則財泉滯而不流，器用窳而不精，智慧窒而不開，人生苦而不樂，官府壞而不飾，民氣偷而不振，國家瘻而不強。孔子尚文，非尚儉也。尚儉則為墨學矣。後儒不善讀此章，誤以孔子惡奢為惡文。於是文美之物，皆惡之。歷史所美皆貴儉德，中國文物遂等野蠻[192]。

道德價值是隨社會進步而改變的。尚儉乃是據亂世君主之事，不應見之於較進步之世。康氏於評論〔論語〕中另一章有關孔子讚美大禹儉德時[193]，承認徵用勞工以遂其欲的獨裁君主是應該儉省的。他繼謂：

> 若後世已用雇役，而君主已行立憲，則國體所關，文明所在，以工代施，愈能峻宇雕牆，愈益窮民，愈壯國體……卑宮但據亂世之一統耳，文明世則改之[194]。

我們應記得當光緒五年冬康氏初訪香港時，對輝煌的物質文明印象深刻，自此開始對西學發生強烈的興趣。這一實地經驗加上後來在上海所見，必然影響了他對儉德的看法[195]。「文」並非僅是物質的享受，乃指較好生活的享受。音樂尤其是「君子」所必需。孔子即欣賞音樂，他能彈樂器以及歌唱。康氏於評論〔論語〕中一章有關孔子的音樂活動時[196]，強調生活

191 〔論語〕「八佾」，第四章。
192 康有為，〔論語注〕，卷七，頁一六。
193 〔論語〕「泰伯」，第廿一章。
194 康有為，〔論語注〕，卷八，頁一四。
195 康有為，〔年譜〕，光緒五年、八年（一八七九和一八八二）；Lo, *K'ang Yu-wei*, pp. 36–38.
196 〔論語〕「述而」，第卅一章。

享受的重要，並斷然譴責程朱理學：

墨子非樂，不合人心……宋賢執禮甚嚴，尊古太甚，以古音既不可考，乃並歌而廢之……遂令中國廢歌，失人道養生之宜，悖聖人樂生之道。日尊孔子而暗從墨氏……此程朱之過也[197]。

古典儒學能給康氏充分的支援以強調「文」。孔子本人並不過很儉約的生活[198]，孟子也並不迴避舒適和氣派[199]。荀子明言治國的經濟政策應創造巨富以滿足所有人所需，並力斥墨子尚儉之說[200]。康氏極可能受到這些早期儒家見解的啟示。他與西方的接觸肯定了這種見解，並促使他與程朱傳統決裂。

(四)康氏對儒學新解釋的意義

上文顯示，儒家經典既是康氏哲學的泉源，也是他表達自己思想的媒介。大體言之，公羊「春秋」學配之以佛學與西學，使康氏放棄早年的傳統學問和思想見解，變成解經諸賢中的「野狐禪」[201]。其他的儒家經典，如「大學」、「中庸」、「論語」、「孟子」以及「禮記」中的「禮

197 康有為，「論語注」，卷七，頁一五。
198 「論語」「鄉黨」，第八章。
199 「孟子」「滕文公下」，第四章。
200 「荀子」「王制」、「富國」。荀子思想綜述可閱蕭公權，「中國政治思想史」，頁一〇〇。
201 翁同龢，「翁文恭公日記」，卷三三，頁四三（光緒廿年五月二日）。

運篇」，主要作爲他二十年間借自「春秋」以及大乘佛敎和西學所得哲學的工具。

康氏解釋諸經的成績相當可觀。他對經書的分析，不論對錯，產生了一些他自己的思想，其中幾點最爲重要：（甲）進步是人類社會的法則；（乙）仁乃是生活的法則；（丙）人們的一切慾望都是正當的，因此不應壓制；（丁）人人平等，並給與自由；（戊）民主是政治發展的最後形式，君主立憲乃是專制和共和政體間的過渡；（己）眞正的孔子學說實在旣有儒家體制之外。這些是康氏社會哲學的要素，也是他在「孔子改制考」和「大同書」中所提出改革哲學的要點。

康氏將其所有的思想歸之於孔子。有時儒家經典可支持他，但他的解釋有時十分牽強，使幫助他寫「僞經考」的梁啟超都覺得他的老師過於武斷，爲了作結論不惜漠視不利的證據，或者故意曲解[202]。

我們必須承認，康氏對經書的處理並不客觀[203]。但是這並不使他的努力毫無價值。因不客觀雖是史家所最忌，並不影響一個哲學家的成就。康氏從來未以史家自居。他依從公羊學的傳統，對事實並不重視，而認爲追尋眞理乃是最正當的學術目的[204]。因此，批評康氏漠視或曲解證據不過是顯示他並未給孔子學說以正確的說明；但並不減少他「武斷」解釋的理論意義，因爲我們不以「客觀」爲標準來估量它，而是從歷史環境的邏輯來衡量。

康氏所處之世，正值社會與政治的大變化，並迫使徹底重估儒家傳統，以及極力欲使大淸帝

202 梁啓超，「清代學術概論」，頁四三七。
203 章炳麟，「太炎文錄初編」，卷一，頁三六。
204 見本章附註138—143。

國在思想和制度上適應新的情況。他的解釋羣經乃是當時為適應時代而作的最嚴肅的努力。武斷與牽強乃因儒家並不能預先知道近代的問題。康氏為了彌補漏洞，經常不得不違背已被大家所接受的解釋，乃引伸經文以便將平等、自由、共和、和憲政諸義注入儒學。他的做法乃是善意地使中國的道德遺產現代化以保存之，使清廷的思想基礎合時以挽救它的危亡。假如康氏依據家法，他不過是另一個可敬的公羊家，與他之所為完全不一樣。

康氏的武斷解經雖使傳統派大為吃驚，但對孔孟學說的破壞極微。他的解釋常超越了字面，但那是對儒家經典意義的延伸而非否定。西方的影響使他的經解絕對的「非正統」，但並不是「非儒」。再者，他並不是將外來因素引入儒學的第一人。宋明的理學家早已用佛家觀點來增飾儒學。這些理學家不能無視從印度傳入中國的思想。同理，康氏必須利用歐洲思想。但在十九世紀的中國，康氏面臨綜合中西思想的緊要任務，此為他的理學家先驅們所不及見的。因此，康氏所扮演的角色並不是像理學家一般的書齋中哲學家，而是努力救世的聖人。

康氏實施了對儒家的修正而未成叛徒，尚可見之於另一面。康氏對羣經的不尋常處理是折衷式的，不過偏向於儒家而已。在他心目中，儒學仍是根本，西方思想只作為擴充、修正，或取代傳統觀點之用。他的制度觀常常違背了西方的影響，他的道德價值基本上是儒家的。

說康氏利用儒家之名以息反對變法者之口，忽略了他的誠心。說他自認為儒家乃是因為需要而非信服，同樣是不公平的。最近有位學者說，「當古典學問的舊瓶尚未破裂之前，任何一個人想要表達他的新見解，仍然有義務在古典學問的範圍內表達」[205]。但是這一「義務」，從儒學觀

[205] Fung, *A History of Chinese Philosophy*, 2:674, Richard Wilhelm, *Confucius and Confucianism*, p. 97所說大致相同。

點來說，乃是植根於康氏自己的思想配製，而非由環境壓迫所致。他自小耽於儒學，雖欲擺脫理學，仍然影響了他的一生。他一直敬仰孔子，他深信眞正儒學的道德效力並未被幾百年來的僞經損壞殆盡，仍然可以恢復，不僅可爲中國人，而且可爲整個人類服務。他的這一信念與時俱增。他呼籲國人尊孔，不僅是因爲許多儒者仍然誓守「古典學問的舊瓶」，而且是因爲他對孔子有極深的敬慕。他可能自知，他用儒學來表達的一些思想非源自儒家。但是他認爲這些思想和孔子學說並不是不一致，因他相信孔子是一共同的聖人，他的學說包容了所有的眞理。因此，他不難用儒家之「經線」與西方之「緯線」來編織一綜合的哲學織品。此一哲學並未產生康氏所要的結果。但是說康氏僅以孔子作爲虛飾則過分低估了康氏的心智，對要使儒學現代化的他也太不公平了。

第四章　以儒變法與以儒爲教

第一節　以儒學爲變法之哲學

康氏治經給他提供了社會哲學的基礎，同時爲他的變法運動提供了理論支柱。他於一八九一年剛完成〈僞經考〉一書後，立卽開始寫作〈孔子改制考〉，於一八九六年完成，正好是戊戌變法前二年，而出版時正是短命的「百日維新」前幾個月[1]。

此書的主題是在顯示：作爲學術與道德主宰的孔子，不是歷史傳統的傳承者，而是一位掌握一切永恆眞理的教主。康氏旁徵博引之餘，辯稱三代教化之美事實上乃是孔子的制作，並說中國

1 康有為，〈孔子改制考〉，光緒廿三年上海大同書局出版，光緒廿四年與廿六年兩度遭清廷禁毀。民國九—十一年在北京重刊。見康有為，〈自訂年譜〉（以下稱〈年譜〉），光緒廿三年。據梁啓超說，康之學生助其完成此書、以及〈新學僞經考〉與〈春秋董氏學〉。（「南海先生七十壽言」，見丁文江編，〈梁任公先生年譜長編初稿〉，上冊，頁一七）。

遠古發生的事實絕對無法探知[2]。因此孔子無從承受以轉授給後來的學者，他必須自起爐灶，根據理智來完成他的學說。偉大的人如孔子用不著學術權威或歷史證據來證實他的學說，因他夠資格創教，以及演成新的制度來代替舊制度，即所謂「改制」[3]。

康氏說：創教之權並不獨屬於孔子。康氏用了大量的篇幅來說明晚周諸子都可說是創教的教主。下面一段話特具興味：

> 洪水者，大地所共也。人類之生皆在洪水之後，故大地民衆皆萌於夏禹之時，積人積智二千年而事理咸備，於是才智之尤秀傑者，蠭出挺立，不可遏靡，各因其受天之質，生人之遇，樹論語，聚徒衆，改制立度，思易天下。

孔子是諸子之中的最聖者。人們向他求敎誨、求指點。最後到漢代，儒學獨尊，完成思想上的大一統[4]。康氏又說漢朝爲以後的其他朝代所不及，就是因爲尊儒[5]。

康氏於辯說孔子創教，由後人口述而爲萬世教主之餘[6]，又謂公羊家解釋的孔子學說乃是聖人改制變法的哲學[7]。以康之見，孔子演成這些學說之後，事實上他已具王者的地位，以制作改

2 康有為，〔孔子改制考〕（民國九—十一年版），頁一。Wolfgang Franke, "Die Lehre von den drei Dynastien in ihrer Vollkommenheit ist das von Konfuzius geschaffene Altertum," *Die staatspolitischen Reformversuche K'ang Yu-weis und seiner Schule*, p. 15; William F. Hummel, "K'ang Yu-wei, Historical Critic and Social Philosopher, 1858-1927," pp. 347-348. 梁啓超，〔清代學術概論〕，頁一二九—一三〇中也綜結康氏的見解。

3 康有為，〔孔子改制考〕，卷一一，頁一。

4 同上，卷二，頁一。

5 同上，卷二一，頁一，並參閱其餘。

6 同上，卷七，頁一。另參卷一〇，頁一，康駁章學誠之見。

7 同上，卷九，瀏覽。

制。但因其並非實際上的統治者，他沒有權力執行他的制作。他之爲「素王」並未降低他在歷史上的重要性。他在〔春秋〕以及其他經書中提供了相當豐碩的王制，以爲後世的引導[8]。

孔子改制的主要學說，即三世說前已述及。現將著眼於康氏於〔孔子改制考〕中論及的其他思想，這些思想在他的其他著作中亦甚顯著。

康氏主張上古堯、舜、文王的制作並不是孔子所遵行的模式，而是孔子所歸諸聖王的理想制作。事實上，聖王本身並非眞實的歷史人物，而是孔子所造以象徵理想的政治制度。文王所立爲「君主之仁政」，而堯舜所立乃「民主之太平」[9]。

康氏深信統一乃是良好政治不可或缺的條件，一分裂而混亂隨之。中國歷史顯示唯有大一統的帝國才有和平與進步。他並不贊同一般儒者美化上古封建，以秦始皇爲不合王道；他完全贊同始皇的政制，認爲完全合乎「〔春秋〕大義」。他說「封建誠非聖人之意」[10]。不喜歡政治的分裂與地方的分權，一直是康氏政治思想中的重要因素，而且對他的變法思想有相當的影響。

康氏相信帝制是有嚴重缺點的，它雖有功於政治的統一，但其專制原則畢竟產生許多流弊。時間一久，其缺失益加明顯，最後必然過多於功。中國維持了二千年的專制，以致停滯在較低的社會發展階段上，不能到達大同之世的美境。中國必須要像其他進步國家一樣，放棄專制，漸漸進入君主立憲的仁政，然後邁向民治。從中國的政治和思想背景衡之，康有爲在〔孔子改制考〕

---

8 〔孔子改制考〕，卷八，頁四—一〇；卷一一，頁三。
9 同上，卷一二，頁一。
10 同上，卷九，頁二〇。

中所透露的政治思想確是相當激烈的。

在〔改制考〕中未見他在〔大同書〕中所提出的激烈社會轉變，而所見仍是對人際關係與傳統道德的尊重，對基本家庭關係亦表依從。下引一段乃康氏論及孔子贊同新郎伴新娘自娘家于歸，所謂「親迎」有云：

孔子最重父子，然夫婦不從，則父子不親，故特制親迎之禮，以重其事[11]。

康氏用同一語調評述父喪子守制三年之事[12]。凡此都與他在〔大同書〕中所預見的相去甚遠——家庭加諸個人的許多苦楚將隨大同世界的來臨而消失。

這種不相同的見解並非不一致，而僅僅顯示康氏如何在他一生中的不同階段，扮演兩種不同的任務：在儒家原則上形成一改制哲學，以及建立一超乎儒家的廣泛哲學體系。關於後者，他經常超越今文經的範疇，超越既存制度與價值觀。關於前者，他遵從既被接受的社會與道德價值，以及注視制度改革的理論基礎。〔改制考〕與〔大同書〕並不相互抵消，而代表思想的兩個層次。

康氏大受惠於公羊學的前驅，但他比最勇於在經中求政治改革的人更前進[13]。我們不問康是否眞誠，他寫〔孔子改制考〕是確有實際目的：勸導清廷改制，以及使其他學者相信——作爲一個好儒者，他們不應該反對變法[14]。他於一八九八年六月將此書與奏章一齊進呈光緒皇帝，是有

---

11 〔孔子改制考〕，卷九，頁一四—一五。

12 同上，卷一五，頁八。

13 梁啓超，〔清代學術概論〕，頁一三〇。Li Chien-nung, *The Political History of China, 1840-1928*, p.150.有謂康有為乃以〔春秋〕來解釋變法思想之第一人，李氏與梁之見相同。

14 Ssu-yü Teng and John K. Fairbank, *China's Response to the West*, pp. 148-149.

意義的[15]。

因此，康氏致力於轉儒學為變法哲學，不應該視為一經學研究的學術貢獻，而應重視它對當時以及後來中國近代史發展上的實際影響。毫無疑問的，康氏在使年輕的皇帝從事變法，以及在他周圍聚集一些願為變法獻身的才俊，獲致某種成功。但他的成功是極有限的。他的異端經解導致許多學者與官員的痛恨，而戊戌變法運動也只是曇花一現。

康氏大膽不經的觀點對他的變法來說，功過參半。這些觀點，不說敵人，即他的一些贊助人也不能接受。他的書出版以後，一直可聞大聲抗議，特別是那些貶抑古文經的著作[16]。〈偽經考〉一書（一八九一年出版）在一八九四年被禁，即由於抗議的結果[17]。在〈孔子改制考〉中的見解更加激怒傳統派人士，也使一些進步分子皺眉。張之洞曾對康氏的活動感興趣，但至此他不再支持康[18]。朱一新是康氏敬重的朋友，強烈反對康氏對儒學的解釋，而且感到強調不實的素王來推進變法運動，猶如醜聞[19]。文悌是一極端保守派且為康氏的惡敵，猛烈攻擊康氏。當康氏進呈此

15 康有為，〈年譜〉，光緒廿四年。

16 翁同龢，〈翁文恭公日記〉，卷三三，頁四三（光緒二〇年條）；劉坤一，「復歐陽潤生」，載〈劉忠誠公遺集〉，「書牘」（另載翦伯贊等編，〈戊戌變法〉，第二冊，頁六三三）；朱一新，「答康有為第二書」，載蘇輿，〈翼教叢編〉，卷一，頁二—六；安維峻，「請毀新學偽經考片」，載蘇輿，〈翼教叢編〉，卷二，頁一—二。據蘇輿說，上奏者為餘晉珊。

17 陳寶琛等編，〈德宗景皇帝實錄〉，卷三四四，頁五載此上諭，時為光緒廿年七月四日（西元一八九四年八月四日）。康有為，〈年譜〉，光緒廿年提及安維峻與餘晉珊二奏摺。

18 張伯楨，〈南海康先生傳〉，頁二〇—二一。

19 朱一新，「與康有為第四書」，載蘇輿，〈翼教叢編〉，卷一，頁一一—一二。

書給皇帝後不久，文悌上奏指康爲思想上的叛逆[20]。〔孔子改制考〕引起廣泛的爭論，即使參與變法的陳寶箴和孫家鼐也不得不表示不同意此書的觀點[21]。孫氏向清廷提議，像這樣的書必須嚴禁，政府需要準備適當的教科書，爲將入新式學堂的學子們學習之用[22]。在變法積極展開的湖南也引起強烈的反響[23]。

我們應問，康氏是否有重釋儒學以推進變法的必要？康氏和他的徒弟們當然認爲必要。例如歐榘甲曾說：

> 中國之衰實由人心之衰，人之無知乃因學術之式微，學術之式微乃因六經真諦之不明。若六經不明，則變法無以有成[24]。

此說大似康氏本人信念的忠實反映，有其道理。因傳統中國的思想和制度是不可分隔的，很難使其一變而另一不變[25]。最近一位西方學者曾指出：

---

20 文悌，「嚴參康有為摺」（光緒廿四年五月廿八日），載朱壽朋，〔東華續錄〕，卷一四五，頁一四—一八；蘇輿，〔翼教叢編〕，卷二；翦伯贊等編，〔戊戌變法〕，第二冊，頁八二—八九。

21 陳寶箴等，「奏請釐正學術造就人才摺」（光緒廿四年六月），載葉德輝，〔覺迷要錄〕，卷一，頁一六；陳寶箴與孫家鼐奏評康書，載朱壽朋，〔東華續錄〕，卷一四五，頁二九。

22 孫之奏摺載于寶軒編，〔皇朝蓄艾文編〕，卷七二，頁五。另一摺報告京師大學堂情況，載蘇輿，〔翼教叢編〕，卷二，頁一五—一八。蕭公權，〔翁同龢與戊戌維新〕（臺北：聯經出版公司，民國七十二年），頁一〇九—一一〇，指出對康書的反響。

23 葉德輝，「與南學會皮鹿門孝廉書」，載蘇輿，〔翼教叢編〕，卷六，頁二二—二三；曾廉，「應詔上封事」，載翦伯贊等編，〔戊戌變法〕，第二冊，頁四九一—四九三。

24 歐榘甲，「論中國變法必自發明經學始」。

25 Kenneth S. Latourette, *A History of Modern China*, pp. 221-222.

正統儒學早已成爲停滯而腐敗政權的支持，若不從思想解放入手，中國人民將成現代世界裏的中古人[26]。

的確，我們甚至可說：康氏作爲變法運動的思想領袖，必須要革新儒學[27]。他重建孔子的學說可以加強他對變法的見解，使其他學者可以拒斥或譴責，但不能忽視，包世臣（一七七五—一八五五）和馮桂芬（一八〇九—七四）提議變法時，不曾懷疑正統儒家傳統的有效性。他們的見解也因而引起極少的注意[28]。假如他們像康氏一樣地革新儒學，他們或也會引起官僚士大夫們的震動，卽使最後拒斥改革，亦會注意他們的提議。

把康氏的以儒改制視作變法的權宜之計是不正確的。保全中國的文化認同（儒學）和維持中國的政治獨立（帝國），在康的心目中是同等重要的，兩者都不能被「西潮」所吞沒。他的變法目的已明確地載於保國會的章程中，該會第一次會議在一八九八年的春天舉行。章程第二條規定此會的目標是「保全國土、國民、國教」；第九條規定「講求保國、保種、保教之事」[29]。康氏雖然心儀西學，但他從不認爲中國在道德價值和倫理原則上不如歐洲，卽使在科技和政府方面的

---

26 Norman D. Palmer, "Makers of Modern China. I. The Reformers: K'ang Yu-wei," p. 90.

27 Li, Chien-nung, *Political History of China*, pp. 175-176.

28 包世臣，〈說儲〉（一八〇一），節述於錢穆，〈中國近三百年學術史〉，頁五三七—五五八；馮桂芬，〈校邠廬抗議〉（撰於一八六〇），節述於蕭公權，〈翁同龢與戊戌維新〉，頁七三—七四。

29 康有為，「保國會章程」，載〈國聞報〉，光緒廿四年三月十七日；〈知新報〉，卷五四（光緒廿五年二月廿一日）；葉德輝，「與南學會皮鹿門孝廉書」，載蘇輿，〈翼教叢編〉，卷四，頁一—四；丁文江編，〈梁任公先生年譜長編初稿〉，上册，頁五〇。翦伯贊，〈戊戌變法〉，第四册，頁三九六—三九八。

確落後。他相信儒學比世界上任何其他學說優越。這是中國的傳統，其優越更加要保全；事實上，這個傳統才使得中國和中國民族值得保存。康氏按照公羊說法華夷之別端在文化[30]，更謂如果失去中國的傳統，中國民族便無可認同。保全儒教與保全帝國一樣重要。爲了保全帝國的目的，中國的法律、行政、和經濟制度都必須按照西方的模式改變；但如果放棄儒學，企圖對整個道德生活西化，則將是文化自殺。因此，康氏在〔孔子改制考〕一書中所取的立場，可說是一種「文化民族主義」，與〔大同書〕中的「文化大同主義」，顯然有異。

康氏認爲儒家傳統的保存有賴於清除其中的過時貨，以及將其從過時的制度中脫穎出來。而且，思想革新雖在儒學的範疇之內，無論思想和制度都有必要變更。外國的文化因素可以借鏡，但僅是增飾而不是取代儒學。據此可知，在康氏改制之前，他已致力於重建儒學，不僅爲改制提供哲學基礎，而且是要保全中國最好的道德傳統。康氏熱心保全此一傳統更可見之於他以儒爲教的企圖。

第二節　以儒學爲宗教

梁啟超於一九〇一年寫道：康有爲是一宗教家，在宗教方面對中國有大貢獻，他「以孔教復原爲第一著手」，乃是「孔教之馬丁路得也」[31]。此一看法爲後來的一些學者們所贊同，他們認

30　此見之略釋可看蕭公權，〔翁同龢與戊戌維新〕，頁八五。
31　梁啓超，〔南海康先生傳〕，頁六七。

康氏乃將儒學從道德哲學轉化爲宗教之人[32]。我們或可略爲檢視康氏如何轉化儒學，並估計他嘗試的一些後果。

梁啟超對宗教家的康氏有更進一步的說明：

> 吾中國非宗教之國，故數千年來，無一宗教家。先生幼受孔學，及屛居西樵（時為一八七九），潛心佛藏，大澈大悟。出游後，又讀耶氏之書，故宗教思想特盛。常毅然以紹述諸聖、普渡眾生為己任。……常持三聖（孔、佛、耶）一體、諸教平等之論。然以為生於中國，當先救中國。欲救中國，不可不因中國人之歷史、習慣而利導之[33]。

此段首先指出，康氏的熱心宗教是由佛教與耶教啟迪；其次，由於此一熱心，康氏乃致力將儒學轉化爲宗教；其三，各教具有共同的眞理；其四，儒教最適合中國人。

梁氏的看法並不完全正確。他雖確切指出康受到佛教和耶教的影響，但未同時提及康氏也受到公羊學的影響。應該記得，早在孟子時代，孔門弟子已對神靈感到興趣，使得最講究實證的荀子強烈抗議，堅持知識的追求必須在人事的範圍之內[34]。但此一趨向仍然繼續。在漢朝時，今文

32 例如 Alfred Forke, *Geschichte der neuren chinesischen Philosophie*, p. 580; Franke, *Die staatspolitischen Reformversuche K'ang Yu-weis und seiner Schule*, pp. 52-58; Arthur F. Wright, *Buddhism in Chinese History*, p. 111. D. Howard Smith, "The Significance of Confucius for Religion," *History of Religions*, 3, no. 2 (1963): 242-255. 辯稱孔子學說主要是倫理的和人道的，但却有宗教之意義。若吾人予宗教以廣泛的定義，如「人對超人與超自然界的信念和態度」，則吾人自可視孔子為一「宗教人物」。參閱市古宙三，「保教と變法」，頁一一八—一二〇。

33 梁啟超，〈南海康先生傳〉，頁六七。

34 〈荀子〉「天論」。

學家亟願神化孔子，可見之於一些緯書之中[35]。康氏讚佩的董仲舒，雖不如其他人一般的興趣大，但他的「天人之說」仍與此同流[36]。漢代的另一主要公羊學者——何休，確切地取用緯書所說，把孔子說得幾成彌賽亞[37]。孔子預言的佳例，可見之於下列一段緯書中：

> 孔子母徵在游於大冢之陂，睡夢黑帝使請己。已往夢交，語曰：「女乳必於空桑之中。」覺在若感，生邱於空桑之中，故曰元聖。……孔子之胸有文曰：「制作定，世符運。」……得麟之後，天下血書魯端門，曰：「趨作法，孔聖沒。周姬亡，彗東出。秦政起，胡破術。書紀散，孔不絕。」子夏明日往視之，血書飛為赤烏，化為白書，署曰演孔圖。中有作圖制法之狀。孔子論經，有烏化為書……赤爵書上，化為黃玉。刻曰：「孔提命作，應法為制……。」[38]

素王孔子的權威因而得到具有領袖威望的基礎（charismatic basis）[39]，他原是為萬世制作的聖人。

康氏接受素王之說，即將孔子視為受到天命的教主，以及制作的聖人。下引一段戊戌年所說的話可見康氏的思想趨向：

---

35 Fung Yu-lan, *A History of Chinese Philosophy*, vol. 2, Chap. 3.

36 班固，〔漢書〕，卷五六，「董仲舒傳」。

37 何休，〔春秋公羊解詁〕（江西書局，一八七二年版），卷二八，頁一〇。

38 Fung Yu-lan, *A History of Chinese Philosophy*, 2: 129-130. 所謂「黑聖」（Black Sage）乃「元聖」之誤譯（見譯注頁一二九）。實則原名實係「玄聖」。玄者黑也，與〔道德經〕第一章結句相同。玄既是康熙皇帝之名（玄曄），故玄改為元，譯者之注謂：「以紀念孔子不凡之誕生」，實未得要領。

39 Max Weber, *The Theory of Social and Economic Organization*, p. 328.

天既哀大地生人之多艱，黑帝乃降精而救民患。為神明，為聖王，為萬世作師，為萬民作保，為大地教主。生於亂世，乃據亂世而立三世之法，而垂精太平；乃因其所生之國而立三世之義，而注意於大地遠近大小若一之大一統[40]。

康氏受公羊緯書的影響，固不待言者也。

現可一述佛學與基督對康氏的影響：康氏半入佛教必在一八七九年，當時他正全力研讀佛道之書。不久他決心獻身俗世，拋棄老祖淡泊哲學，但仍然保留一些佛家的天人觀念[41]。他對佛教的興趣僅是選擇性的，不過是學者用功的途徑之一。此可見之於他早年所說的一段話：

僕嘗謂詞章如酒能醉人，漢學如餖飣能飽人，宋學如飯能養人，佛學如藥能醫人[42]。

康氏經由理學而至大乘佛學[43]。據梁啟超說，他由研究陽明哲學而入佛學之門。陽明既深受禪學的影響，康氏亦因而服於禪，安身於華嚴[44]。至少有一段時間，禪學對康氏的大影響可見之於他在一八七八年所經歷的頓悟[45]，大似禪道。但他對小乘佛學毫無興趣，對於任意取捨佛學經

40 康有為，「孔子改制考序」，載〔不忍〕，一期（一九一三）。

41 康有為，〔年譜〕，光緒五年。康對老子與墨子哲學的駁議可見〔中庸注〕，頁六；〔禮運注〕，卷一四，頁一三；卷九，頁八。

42 康有為，「致黃仲弢編修書」，載〔萬木草堂遺稿〕，頁四一八。黃仲弢即黃紹箕（一八五四—一九〇八）。

43 Carsun Chang（張君勱），*The Development of Neo-Confucian Thought*, pp. 127-135. 扼要指出佛學對理學的影響。另見 Chan Wing-tsit（陳榮捷），"Neo-Confucianism," in MacNair, *China*, pp. 254-258. 其影響實早見之於宋代以前。閱 Hellmut Wilhelm（衛德明），"A Note on Sun Ch'o and His *Yü-tao-lun*," *Liebenthal Festschrift*, Sino-Indian Studies, 5, nos. 3-4 (1957): 1-11.

44 梁啟超，〔南海康先生傳〕，頁七〇。

45 康有為，〔年譜〕，光緒四年。

典，亦從不猶豫[46]。

康氏強調人生之苦，以及預言未來的極樂的烏托邦，顯然是受到佛學的啟示[47]。他能洞悉大千苦難也很可能來自佛中「五苦」之說[48]。但有一不同之處，康氏並不如佛家將苦難之源歸之於人欲，以及尋求去人欲、得解救之途，而將苦源全歸之於錯誤的制度，故求改制以求人類解放，滿足人欲[49]。因此康氏並不拒斥俗世，而求革新，使成爲人們安居之地。完完全全的極樂固見之「法界」（*dharma*），但康氏檢視佛家樂境之後，認爲放棄俗世追求法界，並不能達到。因此他致力於另建世上的法界[50]。他並不渴望淨土（Sukhāvatī），不怕地獄。實際上，他一直在「地獄」中努力求世人的解脫[51]。康氏相信凡此都是華嚴宗（Avataṃsa）的要旨，但他並不全從大乘。例如，他認爲由於天資、環境、以及教育程度的不同，不可能所有的人都能成佛。解脫的工作唯有提供人人在轉世過程中均等的境遇與教育，天資的不同乃可逐漸消除，人人才能成佛。梁啟超指出，此一想法引導康氏走向大同[52]。

---

46 梁啟超，〔清代學術概論〕，頁一六五。

47 康有為，〔大同書〕，甲部。

48 即㈠生老病死苦，㈡愛別離苦，㈢怨憎會苦，㈣求不得苦，㈤五陰盛苦。見 Soothill and Hodous, *Dictionary of Chinese Buddhist Terms*, p. 126. 參見丁福保編，〔佛學大辭典〕（臺北：佛教出版社，民國六十九年影印），頁五三七上，一五六四下。

49 Thompson, *Ta T'ung Shu*, pp. 51-53.

50 梁啟超，〔南海康先生傳〕，頁八三。法界之意義可查 Soothill and Hodous, *Dictionary of Chinese Buddhist Terms*, p. 271.

51 梁啟超，〔南海康先生傳〕，頁七〇。Soothill and Hodous, *Dictionary of Chinese Buddhist Terms*, p. 357. 釋「淨土」一詞。

52 梁啟超，〔南海康先生傳〕，頁八四。參考康有為，〔年譜〕，光緒十一年。

康氏哲學與佛教理論相似之處，常極驚人。例如，「大同」使人想到「一眞法界」——華嚴宗所認爲的宇宙四界的最高層次——爲一由「十玄門」所形成的和諧妙境，謂各物共存而統一，一切生命交通無礙，各自認同，因而完成一綜合的認同[53]。前已述及，康氏預言在大同世界人不肉食，顯然源自佛家多於儒家[54]。

康之受惠於佛學並未阻止他一再聲明爲孔門之徒。他並未棄儒從佛，而是接受他喜歡的佛說，並溶之於儒學。因此他予儒學以宗教的氣味。他有一次說：「孔教者佛法之華嚴宗也。」因像華嚴一樣，引導人們在其所居住的世界中求法界。他說畢竟「莊嚴世界，即所以莊嚴法界也」[55]。因此，孔子爲人人萬世制作，人類因而能脫無窮之苦，得到獲致極樂的必要條件。他不僅爲宇宙制法，而且是一先知，指出解救之路[56]。

康氏雖得之於佛學者甚多，但他對佛教的知識止於愛好式的欣賞而已，並不深入。他偏好大乘並不是徹底硏治佛經後的結果，拒斥小乘也未經過思辨分析。據梁啟超說，他並不知道他的「太平」與「大同」之說，不容於佛[57]。梁氏所說是否正確可置勿論，但有趣的是梁氏無忌地提醒

---

53 Junjirō Takakusu, *The Essentials of Baddhist Philosophy*, ed. W. T. Chan and Charles A. Moore (2nd ed. South Pasadena: Perkins, 1949), pp. 119-124.

54 康有為，〔大同書〕（一九三五年版），頁四三一—四三九，四四五—四四六。另參閱 John Blofeld, *The Jewel in the Lotus* (London: Sidgwick and Jackson, 1948), p. 190.

55 梁啓超，〔南海康先生傳〕，頁八四。

56 因此可說佛學對康氏之哲學，與對張載之哲學一樣，具有宇宙觀的重要性。(Chang, *Development of Neo-Confucian Thought*, p. 180.)

57 丁文江，〔梁任公先生年譜長編初稿〕，上册，頁三四，梁致康函（一八九六）。

康氏對佛經認知的不足。

康氏對基督教的理解更是零碎。他初次接觸到基督思想必在一八七九年的香港，當時他正在搜閱西書[58]。沒有資料可證實他曾細讀教會史和基督神學。他對基督教的印象必然是浮淺的。但基督教對他思想的衝擊卻是強烈的。他堅持以儒為國教極可能是因他聽到西方宗教活動之故[59]。他自不會無視基督之愛和儒家之仁的近似。但他無視（或無知）基督教的神學和社會意義，故將兩者對等看待。是以，基督教和佛教共同加強了康對儒家的信念，並要把儒家作為宗教。

康信佛既不完全，他接受基督教義也有保留。他覺得儒、佛、基督三教雖講基本上相同的眞理，但以基督教最不如人意。他的立場曾由梁啟超於一九〇一年扼要說明如下：

> 先生於耶教，亦獨有所見，以為耶教言靈魂界之事，其圓滿不如佛。言人間世之事，其精備不如孔子。然其所長者，在直捷，在專純。單標一義，深切著明。曰人類同胞也，曰人類平等也，皆上原於真理，而下切於實用[60]。

康於一九〇四年歐游之後亦說基督教不如佛教：

> 吾於二十五年前讀佛書與耶氏書，竊審耶教全出於佛。其言靈魂，言愛人，言異術，言懺悔，言贖罪，言地獄、天堂，直指本心，無一不與佛同。其言一神創造，三位一體，上帝萬能，皆印度外道之所有。但耶教為末日審判……不如說輪迴者之易聳動矣。其言

---

58 康有為，〈年譜〉，光緒五年。

59 此為康氏同時人所認為的。如見陳寶箴之奏摺（光緒廿四年五月），載葉德輝，〈覺迷要錄〉，卷一，頁一六。

60 梁啓超，〈南海康先生傳〉，頁七〇。

養魂甚粗淺，在佛教中僅登斯陀含果(*sakradāgamiphala*)，尚未到羅漢(*arhat-phala*)地位[61]。

他說古代希臘與波斯人的靈魂之說源自印度，因九十六種外道之盛遠早於希臘智識的發達，而印度之教士必早已於亞歷山大東征之後到達希臘與波斯，並傳播其宗教於巴勒斯坦與舊地亞(Judia)。康氏指出基督教與佛教相似的教儀與施教，諸如獨身、出世、與崇拜，在在證明基督教根源於印度宗教[62]。

康氏認爲基督教劣於儒教至少有兩點，其一是強調神權，其二不適合中國國情。他反對中國採用基督教的理由很簡單：

> 耶教以天為父，令人人有四海兄弟之愛心。此其於歐美及非亞之間，其補益於人心不鮮。但施之中國，則一切之說，皆我舊教之所有。孔教言天至詳，言遷善改過魂明，無不備矣。又有佛教補之。民情不順，豈能強施[63]？

康氏對基督教的態度似極不友善，但與當時一般士大夫有別。康氏因實際原因拒絕基督教，但承認其理論上的價值，而一般士大夫則認爲是不文明的迷信。

康氏未明言儒教與佛教的相對價值，但自以前者爲擁有一切眞理之教，爲佛、耶所不逮，其價值自不爲二教所擁有。孔教[64]乃爲中國所僅需，康氏亦全心全力以倡導之。他指責國人未能敬

---

61 康有為，「意大利遊記」（一九〇四），頁一三一—一三二。有關佛學名詞可查 Soothill and Hodous, *Dictionary of Chinese Buddhist Terms*, pp. 172, 177, 374.

62 康有為，「意大利遊記」，頁一三三—一三四。

63 同上，頁一三二—一三三。

64 梁啓超，「南海康先生傳」，頁七〇。

奉孔子爲中國之倡教教主。他說歐美有基督教，即使未開化之民也有他們的宗教。他問難道四萬萬中國人願像禽獸一樣地沒有宗教[65]？

是以康氏的宗教觀爲一傾向儒教的折衷主義。他並不將儒、佛、耶三教對等看待，融合爲一[66]，而是引用外來的佛、耶以張本土的儒教。結果是創造綜合爲一新教者少，而將儒教自道德哲學移作宗教信仰者多。

在此有一要點可說。康氏熱情暢論宗教，但他的宗教觀卻是世俗的。他看佛、耶二教的價值不在其精神與超脫之處，而在其社會或道德的有效力量。他於一九〇四年在「意大利遊記」中的一些話，可見康氏對宗教的精神與靈性價值，甚少讚許。他針對批評者所說孔子不言神道不爲宗教，有言：

> 夫教之道多矣！有以神道為教者，有以人道為教者，有合人神為教者。要教之為義，皆在使人去惡而為善而已……古者民愚，陰冥之中事事物物，皆以為鬼神，聖者因其所明而怵之，則有所畏而不為惡，有所慕而易向善。故太古之教，必多明鬼。而佛耶回乃因舊說，為天堂地獄以誘民……孔子惡神權之太昌而掃除之……治古民用神道，漸進則用人道，乃文明之進者。故孔子之為教主，已加進一層矣。……人智已漸開，神權亦漸失，孔子乃真適合於今之世者[67]。

65 〔康南海梁任公兩先生文集合刊〕，卷二，頁二。
66 J.J.M. de Groot, *Religion in China*, pp. 2-3.
67 康有為，「意大利遊記」，頁六六—六八。顯然康氏之論點基於教字的雙重意義。

毋庸指出康氏願見神權漸失，自不能接受一切超自然以及超世俗的教義。而其讚孔子掃除神權之餘，不自覺地又將儒教自宗教領域帶回到道德哲學的領域。

康氏非神的宗教觀事實上源自儒家。他所說「有以神道爲教者」來自〔易經〕——「聖人以神道設教，而天下服矣。」[68] 他的無神論觀點亦可見之於其他典籍。〔論語〕有云：「子不語怪、力、亂、神。」[69] 康氏曾於一九〇二年論及此語而作結道：狂熱相信神怪有礙人與社會。他引印度以牛、象、猴等動物爲神聖而說道：孔子掃除神權實大有功於人類。康氏在評論中說：

> 蓋怪、力、亂、神者，皆亂世之事。至太平之世，則不獨怪力亂無，即神亦不神也。孔子不語，蓋為人道預入太平[70]。

換言之，宗教信仰的存在像政治統治一樣，是因人類社會尚不完善之故。太平世一到，兩者都將功成身退。以康之見，祈禱乃人性缺陷以及軟弱的自白，亦終將消失[71]。

康氏論及靈魂亦復如此說，他的靈魂觀亦一部分源自儒家。據他說，人有魂與魄；魂爲人性之淸，魄爲人性之濁。他認爲魂可自然地變成「道德」，而魄可引發肉慾。人之行爲即取決於魂

---

68 Richard Wilhelm, *The I Ching*, 2:125-26.「觀卦」彖辭。

69 〔論語〕「述而」第二十章。康氏可能也得自荀子反神怪之說。看〔荀子〕「天論」、「非相」等篇。蕭公權，〔中國政治思想史〕（台北聯經版），頁一〇七—一〇九，討論荀子之見。Wright, *Buddhism in Chinese History*, p. 81. 謂：「中國人屬理性型故不動宗教感情的說法，並無根據，而常干擾對宗教問題之討論。」不過，他繼謂委婉折衷乃「華化」之動力，並注意宗教思想與啓示的轉化（如將彌勒、無量光、以及其他神明轉化為各種世俗之守護：如典當業、地方事業、產婦等）。(Ibid., p.99.) 吾人不得不覺得該作者實際上肯定了中國人的「理性」傾向。

70 康有為，〔論語注〕，卷七，頁九—一〇。

71 同上，頁一六，評〔論語〕「述而」第卅四章。

與魄的爭勝。康氏借此說明人們喜愛感性之美：

> 受光而見色，色與目宜者，目則好之。電自相吸，魂不能主，則從之矣……然易其目色，則愛好頓無，皆魄為之也……故魂清自主者，好德；魄濁用事者，好色[72]。

因此，康氏作結道：培養靈魂之淸至爲緊要，然則其魂如鏡，反映所有的形象而不受任何形象之影響[73]。此一魂魄觀與傳統儒家所見相呼應[74]，也與朱熹的天理與人慾二元說相似[75]。康氏所見及之靈魂乃屬倫理而非宗教的範疇。他所說的靈魂與肉身的關係也非宗教性的。佛教與基督教的神學家們都棄肉身重精神，而康氏則認爲兩者都是人生所應有。下引一段可見他的立場：

> 蓋人之生也，有神魂、體魄。專重神魂者，以身為傳舍，不愛其身，若佛、耶、回皆是也。專重魄者，載魄抱一以求長生，若老學、道學家是也。專重體者，戰兢守身……孔子則性命交修，魂魄並養[76]。

在此，康氏道出他以儒在佛、耶之上的另一理由。

康氏論「命」，即理雅各所譯述的「天命」，也顯示儒家的影響。康氏論孔子所說「不知命，無以爲君子也」[77]道：

---

72 〔論語注〕，卷九，頁一二，評〔論語〕「子罕」第十七章（參閱「先進」第十二章。）
73 同上，卷六，頁二，評〔論語〕「雍也」第二章。
74 如見〔禮記正義〕「檀弓下」，頁五九；「祭義」，頁二四—二七。
75 Fung Yu-lan, *A History of Chinese Philosophy*, 2: 558-562. 綜論朱子之見。
76 康有為，〔論語注〕，卷六，頁二。
77 〔論語〕「堯曰」第三章。

命者，人受於天者，人生富貴、貧賤、壽夭、窮通皆有定命，非人力所能為[78]。

康氏本人相信此一「命」論。他於一九〇二年曾說：

> 鄙人孤生，未嘗貨殖，而未嘗無財，又時遭大難，而未嘗中絕累[79]。

不過康氏並不是一個定命論者，他相信：人固不能違背天命，仍可且仍應盡其力以圖改進後半生、或者子孫的命運。他於一九〇一年曾寫道：

> 富貴、貧賤、夷狄、患難之因，有造之者。〔孝經緯〕曰：善惡報也……宿世造惡之因，而今世受報……「繫辭」曰：「積善之家，必有餘慶；積不善之家，必有餘殃。」祖宗善惡之因，而子孫受報……報者，天之順理，不能不順以受之，故當慎作[80]。

〔孝經緯〕與〔孝經〕有關，為儒家經典中的緯書之一。「繫辭」乃〔易經〕的註解之一[81]。因此，康氏對「報應」的看法實來自今文經，也可能受到佛教中因果報應說的啟示[82]。

康氏接受佛教中輪迴說，可在此一述。康氏論及〔論語〕中有關鬼神一段[83]，引〔易經〕所說：「通乎晝夜之道」[84]，而作如下之評論：

> 通乎晝夜，言輪迴也。死於此者，復生於彼。人死為鬼，復生為人，皆輪迴為之……孔

78 康有為，〔論語注〕，卷二〇，頁五。（譯者案：原注作卷二，誤。）
79 同上，卷一一，頁八。
80 康有為，〔中庸注〕，頁一二。
81 〔孝經緯〕為公羊家所用的緯書之一。康氏引自〔易經〕之一段為「坤卦」文言之一部分，而非康氏所稱之「繫辭」。見 Wilhelm, *The I Ching*, 2: 26–27.
82 Soothill and Hodous, *Dictionary of Chinese Buddhist Terms*, p. 264.
83 〔論語〕「先進」第十一章。
84 閱 Wilhelm, *The I Ching*, 2: 318–319.

子之道無不有……後人以佛言卽避去，必大割孔地而後止[85]。

綜論之，康氏擬從幾個途徑將儒學轉化成宗教：㈠應用儒家中可用的思想，並借用佛教和基督教中可借用者；㈡承認各教平等，但堅持儒教在學說上與實用上的優異性；㈢辯稱由於在實質上的優異性，儒教在理論上適宜於全人類，是在目前的情況下唯一適合中國的宗教。

結果並不符康氏的目標。在一方面，他旣以宗教爲道德，並且盡量減低「神權」的精神價值，他未能成功地將儒學自倫理轉成宗教。在另一方面，他雖加佛教與基督教教義於儒教之中，在一定程度上拓寬了儒教的視野，但並未能眞正地綜合三教。他的成就不過如此，並不奇怪。儘管他斥責理學，但在思想上他畢竟仍是個儒者。這無疑限制了他綜合三教的努力，並導致如此的結果。

在此可提出兩個問題：㈠他提倡儒教對他的變法運動是否有影響？㈡此一「宗教」對他同時代人的影響是什麼？

先解答第一個問題。孔教運動對變法的影響，大致與宣稱孔子改制所得的後果相同。康氏一提出宗教主張，士大夫們立卽羣起反對。湖南的保守儒者曾廉在戊戌年夏天上奏說，康將孔子提升爲「教主」，將孔子視作摩西，而自以爲耶穌，而成教皇。換言之，康氏借孔子之名而遂其個人的野心[86]。陳寶箴曾大有功於湖南的變法，也對康氏的宗教觀點感到不安。在曾廉抗議前兩個月，陳氏在奏摺中說：

逮康有為當海禁大開之時，見歐洲各國尊敬教皇、執持國政，以為外國强盛之效，實由

85 康有為，〈論語注〉，卷一一，頁四。
86 曾廉，「應詔上封事」，載翦伯贊等編，〈戊戌變法〉，第二册，頁四九二。

於此。……是以……推崇孔子以為教主，欲與天主耶穌比權量力……而不知……歐洲教皇之徒，其後以橫行各國，激成兵禍戰爭至數十年，而其勢已替，及政學興，格致盛而其教益衰[87]。

另一同情變法的大官孫家鼐亦約於同時上奏反對康氏以孔爲教[88]。事實上，除了一小撮康氏最忠誠的擁戴者外，其他人聽到此說都表反對。假如康氏認爲他的孔教運動會得到更廣大的支持，他必將失望。

康氏發展孔教的努力除有反效果外，其本身也極不成功。他與極大的阻力相抗。中國的文化背景頗不利宗教的發展。與歐洲各國、印度、甚至日本相比，中國幾千年來的文化主要是非宗教的。誠如一西方學者所說，「中國人主要關心此生，所以他們的倫理強調人對人的責任，而不是人對神的責任」[89]。康氏說孔子是教主，對大多數的中國學者來說，若非邪門，必然覺得荒謬和過時，至少也是對下一代知識分子有壞影響。

康氏也遭遇到來自他本身思想立場的困難。儒家觀點既然主要不是宗教性的，要建立孔教而不拋棄那主要觀點是不可能的。儒教可能並不完全免於宗教色彩[90]，但它基本上是世俗之教，與

---

87 陳寶箴，「奏請釐正學術造求人材摺」，載翦伯贊等編，〔戊戌變法〕，第二冊，頁三五八。

88 孫家鼐，「奏……請嚴禁悖書疏」，載于寶軒編，〔皇朝蓄艾文編〕，卷七二，頁五。

89 Latourette, *The Development of China*, pp. 86-87. 一些中國作者有同樣的看法，Chiang Monlin, *Tides from the West*, p.252：「中國人的道德源於自然，西方人的道德來自神權。」並見 Cheng T'ien-hsi（鄭天錫），*China Molded by Confucius*, p. 47.

90 E. T. Williams, "The State Religion of China," *Journal of the North China Branch of the Royal Asiastic Society*, 44(1913): 11; Herrlee Glessner Creel, "Was Confucius Agnostic?" *T'oung Pao*, series2, 29(1932): 54-99.

基督教和回教之強調原罪以及無上之神，是風牛馬不相及的[91]。康氏從未放棄儒家觀點，又聲言儒教優於基督教卽因孔子能掃除神權，事實上肯定了儒家學說的世俗性。因此他可說在提倡孔教一事上有不一致處。梁啟超似已覺察到此不一致處，所以反對康氏以孔為教，並指出孔子只是古之聖者，不是神祇，以及孔子學說乃屬教育性，而非宗教性[92]。

顯而易見的，康氏未能使眾多的人信服，部分卽是由於他提倡孔教的方式。不論是在清朝末年或是民國初年，他不從勸說、信仰、與熱情著手，而爭取政府的認可。因此，他在一八九五年建議清廷在全國傳播孔子學說，把一切未經許可的廟宇都改為孔廟，並派遣孔教牧師到海外向華僑傳教[93]。一八九八年夏天，他正式提議以儒教為國教並建立孔教會[94]。到民國時，他又重新作此一提議。他於一九一三年建議國會將儒教認作國教，並在全國各地孔廟作每週性的宗教儀式[95]。他的請求未被理睬。清政府雖以儒家思想為立國思想，但不願視作國教，不能夠接受康氏所說的儒教，因其與立國思想很不相同。民國政府則忙於內爭與財政，無暇注意康的請求。而那時的知識分子甚為分歧，徬徨而難以對儒教在近代中國的位置有任何一致的意見。天主教、基督教、回

---

91 James W. Bashford, *China, an Interpretation*, p. 238.

92 梁啟超，〔飲冰室文集〕（廣智書局本），卷一，頁一九。

93 康有為，「上清帝第二書」（光緒廿一年四月八日），載翦伯贊等編，〔戊戌變法〕，第二冊，頁一五〇。

94 康有為，「請尊孔聖為國教立教部教會以孔子紀年摺」，〔戊戌奏稿〕，頁二六。康有為，〔康南海先生文鈔〕（以下引作〔文鈔〕），第五冊，頁一〇。

95 康有為，「以孔教為國教配天議」，見〔文鈔〕，第四冊，頁六三—六七。〔康南海文集〕（以下引作〔文集〕），卷五，頁二—六。康之孔教運動簡史可閱 Reginald I. Johnston, *Confucianism and Modern China*, pp. 152-153, 157-158. 潘樹藩，〔中華民國憲法史〕，頁四二—四三。

教、佛教與道教機構對康氏的行動很反感。在天主教的馬相伯（馬良）和雍劍秋的領導下，組織了一個宗教自由社來抵制康氏的國教運動[96]。

不過，假如康氏不求政府之力而求知識分子的支持，能有多大成功也值得懷疑。反對他的國教運動的主要阻力畢竟是學者和知識分子。他們反對並不是由於康之求助於政府，而是由於與眞正的儒家傳統不相稱，或不適合近代中國。

康氏的個人作風也可能導致他的失敗。他的一生並無宗教領袖的榜樣，而是一文化人，並講究感官上的快樂和舒適[97]。他雖反對理學，但他的私生活卻極不像世界上任何虔誠的宗教家。他雖願在大同世界時破除家庭，他仍是一十分顧家的人，並因妻子沒生兒子而娶妾。這些在儒家倫理上都說得過去，但很難說是得自宗教的啟示。假如他死於戊戌政變，也許可給他的孔教一種精神上的推動力。就政治而言，康不死於戊戌之難是精明的，因他可繼續爲清帝和清廷奮鬪。但從宗教而言，他的孔教運動絕未因他流亡海外以及並不節省的生活而有所幫助。因此，整個孔教運動缺少情感上以及精神上的吸引力，並不關涉其理論如何。實在說，我們很難稱之爲一宗教運動。

---

96 張若谷，〔馬相伯先生年譜〕（一九三九），頁二二二。近代古文大家章炳麟強烈反對康之孔教運動，見其「駁建立孔教議」，載〔太炎文錄〕，卷二，頁三八—四一。顧頡剛，「自敍」，頁二四，〔古史辨〕，第一冊。另一可能更重要的反康之孔教運動爲二十年代勃興的反宗教運動，參閱 Tse-tsung Chow, *The May Fourth Movement*, pp. 320-327. 連梁啓超都反對康氏，見其「保教非所以尊孔論」，〔飲冰室文集〕之九，頁五〇—五九。

97 康氏的享樂主義哲學明見之於其〔大同書〕，頁七，九，四四一—四五一。

第三節　康有爲在儒家傳統中的位置

由上述可知康有爲乃一「愛國的」儒者，努力使儒家傳統以及帝政適應十九世末與二十世紀初的新形勢，以保國、保種、保教。他與主張「中學爲體，西學爲用」的張之洞並無很大的不同[98]，所不同者僅程度而已：張之洞要保存傳統中的中學（儒學），而借自西學的不過是技器；然康有爲則予儒學以非傳統的解釋，而且除西方的科技外更建議變法。因此康氏遠較張氏激進，然兩人一樣熱心使儒學的權威與影響綿延下去[99]。康氏與張氏一樣堅信尊孔與保教必須與富強維新齊頭並進[100]。康有爲作爲儒家的衞護者可說是與張之洞一樣「保守」，特別是民國成立後不久，他對中國傳統的態度[101]。「中國保守主義的殿軍」[102]並不是一八六〇與一八七〇年代的同治中興領導人，而是康有爲以及十九世紀最後十年以及二十世紀之初一些其他儒家學者。

---

98 Teng and Fairbank, *China's Response to the West*, pp. 164-166. 勾勒出張氏變法思想之大要，頁一六六—一七四譯載〔勸學篇〕之一部分。中學為體西學為用的模式，此一辦法可追溯到馮桂芬之「采西學」。

99 Hummel, "K'ang Yu-wei, Historical Critic and Social Philosopher," p. 345.

100 康有為，「保國會章程」，載葉德輝，〔覺迷要錄〕，卷四，頁一。

101 康氏之立場最可見之於其「孔教會序」，見〔文鈔〕，第五冊，頁一二—一三。以下一段尤值得注意：「中國能晏然一統，致治二千年者，何哉？誠以半部〔論語〕治之也。」半部〔論語〕治天下一語，一般認為是趙普（九二一—九九一）所說。

102 Mary Clabaugh Wright, *The Last Stand of Chinese Conservatism: The T'ung-Chih Restoration, 1862-1874.*

有趣的是，直到二十世紀的五十年代，不同思想背景的作者仍然認爲儒學在近代世界有光明的前途。堅決維護中國文化的梁漱溟深信儒學在未來的世界文明中具有重要的地位[103]。蔣孟麟不能說是一位儒者，他也不反對西方文化，但認爲孔子的倫常以及世界和平學說、孟子的民主思想，可適合近代的民主中國[104]。一些西方學者也有相同的說法。丁韙良（W. A. P. Martin）說沒有另外一個國家承受像孔子學說一樣寶貴的文化遺產[105]。衞理賢（Richard Wilhelm）相信儒學有一些基本素質可應用在任何時代、任何地方，其「確具足够適應近代情況的內在彈性」[106]。再者，應記得儒學曾在十八世紀贏得一些歐洲第一流思想家的注意[107]。然則康有爲對孔子的信心並不是毫無道理可言的偏見。

不過，康氏最主要的工作是致力使儒學適應現代的需要。帝制及其相關思想與制度是當中華帝國與世孤立之時發展出來的。儒學始自中國封建時代的晚期，自漢代以後日漸與帝制相結合。儘管朱熹曾說幾百年來孔子之道未嘗一日得行[108]，事實上儒學作爲帝王的思想工具，足使其成爲王政的另一名稱。因此說孔子的制度藍本表現東方專制之一基本性格，是有些道理的[109]，或者乾

103 O. Brière, *Fifty Years of Chinese Philosophy, 1898-1950*, p. 28. 引梁氏言，謂未來的世界文明將是復興之中華文化。並指梁氏為「儒教之維護者」（頁二七）。
104 Chiang, *Tide from the West*, p.271.
105 W. A. P. Martin, *A Cycle of Cathay*, p. 59.
106 Richard Wilhelm, *Confucius and Confucianism*, pp. 154-155.
107 Adolf Reichwein, *China and Europe*, pp. 73-98.
108 朱熹，「答陳同甫書」，〔朱文公文集〕，卷三六，頁五七九。
109 Karl August Wittfogel, "Chinese Society: An Historical Survey," *Journal of Asian Studies*, 16 (1957): 350.

脆說，「孔子學說是專制的」[110]。帝國的一再挫敗使康有爲相信，不論行政或思想面的帝政都到了山窮水盡的境地。因那種制度只適合過去閉關時期的中國，而不適合今日與西方交通之世。西方國家的強盛，以及慕仿西方的日本，是迫使中國接受近代世界挑戰的有力證據——不僅僅接受西方技器（清廷在過去三十年已進行但成效甚微），而且要作適當的制度與思想上的改革。康有爲可能是當時清楚見及此種需要並努力促進改革的第一人。他又獨能理解到，儒學若不與過時的帝制分開，則將與那腐朽的制度同歸於盡。他表現了駁斥理學傳統——即理雅各所說的帝國儒教的勇氣，他因此而向中國的正統學問與政治哲學的基石挑戰[111]。是則，如一位日本學者所說：康氏見及儒學的「不朽因素」，而犯了要「把那些只有一時價值的部分應用到現代」的錯誤[112]，是不正確的。相反的，康氏極力拒斥與過去某一制度相關的任何部分。如果說康氏所見及的思想與制度的改革僅是在「傳統中的改變」，有點不中肯[113]。我們不能太強調說，他尋求改革的思想架構不是爲當時一般士大夫所接受的傳統（即決定帝制時代基本社會和道德價值的儒學），而是基於公羊的經學（其經解幾百年來認爲非正統者）以及一些非源自中國的思想。

換言之，康有爲可說是一儒家修正主義者。他對儒家思想內容的修訂與充實，可說有功於儒學。儒學自其創始人死後二千年曾經過多次理論發展的階段。第一階段成立於秦始皇統一中國後不久，當時由孟子和荀子所建的相對立的學派正將儒學帶向兩個不同的方向。第二階段至漢代董

110 Léon Wieger, *La Chine moderne*, 7:67, 引見 Wright, *The Last Stand of Chinese Conservatism*, p. 304.
111 Ping-ti Ho, "Weng T'ung-ho and the One Hundred Days of Refrom," p. 131.
112 Kyoson Tsuchida, *Contemporary Thought of Japan and China*, p. 200.
113 John K. Fairbank, *The United States and China*, p. 148.

仲舒及其他公羊學者之時達到高潮[114]。第三階段因宋代理學而起，道家與佛家的思想給與儒學前所未有哲學上的充實[115]。康有爲則直接從十九世紀公羊學者獲得線索，並用西方以及佛家思想給與儒學以一普及的意義，因此擴大了它的倫理與政治學說。然則他可能是開導了第四階段的儒學發展，所以可說是在儒學史上佔有極重要的地位[116]。

但是他未能吸引許多信徒，因他在十九世紀時走在知識界之前，而在二十世紀時遠落後於當時的知識界。當十九世紀的最後十年，極大多數的士大夫和官僚們仍然沈醉於舊傳統，對國家所遭遇的政治和思想問題並不淸楚，而且他們本身的既得利益不允許贊同康有爲的主張。結果是，他在思想上的努力在一般士大夫心目中，不過是一些驚世駭俗之論罷了。辛亥以後的情況雖不同，但對康氏所追求的並不較爲順利。愈來愈多的人把孔子視作過去帝王時代的聖人，他的學說對民國沒有重要性。更壞的是，康氏爲了挽救固有傳統，不惜一反過去對僞儒（帝國儒教）與眞儒（重建儒教）的區分，因而推翻他自己昔日在思想上所作的改革努力。在近代中國，不論那一種儒教，愈來愈少人理睬。年輕一代的中國知識分子，不是與康氏所倡導的孔教辯難，而是嘲笑與漠視。他所寫有關儒學與古典的文章，一度曾啟沃、震驚、以及激動了許多士大夫，而今卻少有人閱讀。一九三〇年代初期，一個外國學者觀察到，辛亥革命後儒教地位之低落，爲一千八百

114 蕭公權，〔翁同龢與戊戌維新〕，第二章，第九章第一節。

115 Fung Yu-lan, ***A History of Chinese Philosophy***, vol. 2, Chaps. 10-14; Carsun Chang, *The Development of Neo-Confucian Thought*, Chaps. 6-12.

116 Wright (*Buddhism in Chinese History*, p. 281) 說，康氏之重詰是恢復「早期儒學」的純素，也許並不正確。

年來所僅見[117]。然則，南海聖人在一九二七年逝世時未使民國信奉儒教，並不令人感到奇怪。

康氏自己或許在不知不覺中，不止一端地造成儒學的式微。在戊戌前夕，他勇敢地將儒學與專制分離；然而在政變之後，他以保皇會首領自居，自戊戌至辛亥，反對共和而主君主立憲[118]；復於民國六年（一九一七）以及十二年（一九二三）兩度參與復辟[119]，使他的形象與帝制認同，因而被許多人視爲民國之敵。同時，他首倡儒教運動無意間使儒術復與王政結合，而有礙於此一運動。因此在主張共和者的眼中，儒學的信譽全失。我們可以理解到，何以儒學被斥爲政治民主與社會進步的障礙。

民國的第一任總統袁世凱在民初就職演說中宣稱毋忘儒學的不朽傳統與言論，以及幾個月後復以總統之尊諄諄教誨國人尊仰孔子，於此事也毫無裨益。同時，在不穩定的國會中提出以儒爲教的提案，隸屬國民黨的議員大力反對，而傾向袁氏的進步黨則贊助之。最後在民國憲法草案中列了一項顧及顏面的妥協條款，以孔子之道爲全國教育中個人修養的基礎[120]。此一條款從未施行，而起草的國會不久爲袁氏解散，故無異廢紙。當民四袁氏竊國，儒教又與短命的洪憲帝國搭上線，更得惡名。康氏雖然反對袁氏稱帝，但他不能消除一般認爲儒學與帝制一體的看法——而

---

117 Johnston, *Confucianism and Modern China*, p. 125.

118 丁文江，〔梁任公先生年譜長編初稿〕，上冊，頁八八，九九—一四五載保皇會之活動。康氏對帝制與共和的看法在其一九一一年所寫的〔共和政體論〕小冊子中，有系統地敍述。

119 康有為，「覆大隈侯爵書」以及「與徐太傅書」，均載〔不忍〕，第九、十期「政論」，頁一—一五，以及頁一五—一八。康氏曾簡述一九一七年與一九二三年復辟事於「丁巳美森館幽居詩卷」，與「請莊士敦代奏游說經過」，載〔康南海先生墨蹟〕，第四冊。

120 Johnston, *Confucianism and Modern China*, pp. 152-153, 159, 潘樹藩，〔中華民國憲法史〕，頁三一，四二—四三。

他本人在當時又曾助長此一看法。

假如康氏放棄亡清而以共和的擁護者來提倡近代儒學，也許有更多的成功希望。換言之，假如他於辛亥以後倡「太平之說」，即以民治爲適當的政治結構，不依戀「小康之說」而認同王政，儒教的命運可能要好得多，即使中華民國不可能受到他努力的益處。可惜他對清朝太重感情而不能改變政治信仰，又太迷於王政而不能改變思想立場。他對民主的熱情描述，對自由、平等與民權的樂觀看法，仍然是他大同烏托邦中的理論，而不擬實際運用。王政一直是他認爲唯一適當的政府，特別是要光緒皇帝或其合法繼承人坐上皇位。他不自知他的忠誠與他分隔儒學與帝制的理論相衝突。他在行動上表現出二者似乎不可分隔。這樣做，他使儒學運動受損，又無補於已傾覆的朝廷。

康氏可能還在另一事上不利於儒學。他在懷疑古文經非眞之餘，無意間洞開了懷疑整個儒學傳統的大門。此乃梁啟超的論斷。梁氏於一九二〇年論及康氏「僞經考」時說：

> 諸所主張，是否悉當，且勿論。要之此說一出，而所生影響有二：第一，清學正統派之立腳點根本搖動；第二，一切古書皆須從新檢查估價。此實思想界之一大颶風也[121]。

梁氏接著評論康之「孔子改制考」：

> 「偽經考」既以諸經中一大部分為劉歆所偽造，「改制考」復以真經之全部分為孔子託古之作，則數千年來共認為神聖不可侵犯之經典，根本發生疑問，引起學者懷疑批評的態度。

121 梁啓超，「清代學術概論」，頁一二八。

梁氏又說：

（康氏）雖極力推挹孔子，然既謂孔子之創學派與諸子之創學派，同一動機，同一目的，同一手段，則已夷孔子於諸子之列，所謂「別黑白定一尊」之觀念，全然解放，導人以比較的研究[122]。

朱一新贊同梁氏所見，而憂尤過之，在戊戌變法前致康函中有云：

自偽古文之說行……人心中有一六經不可盡信之意。好奇而寡識者，遂欲黜孔學而專立今文。夫人心何厭之有。六經更二千年忽以古文為不足信，更歷千百年，又能必今文之可信耶[123]？

朱氏之憂固不必歷千百年而證實之。朱氏之信寫後不出幾年，梁啟超即公開懷疑康氏孔學運動的價值。梁於一九〇二年致函康氏，毫不隱飾地說保教一事的無謂，他認爲今日救中國最緊要的是以新學來代替舊思想，儒學中有許多不適合新世界處。他告訴康氏，他將與其他康門弟子撰一揭發和糾正儒學缺失之書[124]。大約同時，梁氏好友黃遵憲也對升孔子爲「教主」是否明智，表示懷疑[125]。

梁、黃二氏帶動反古與訂孔的潮流，至一九二〇、一九三〇年代而蓬勃。康氏本人有關古典

---

122 同上，頁一三二。
123 朱一新，〔答康有為第三書〕，蘇輿，〔翼教叢編〕，卷一，頁七。
124 丁文江，〔梁任公先生年譜長編初稿〕，上册，頁一五二—一五四。梁氏在一九二〇年代重申此意，見〔清代學術概論〕，頁一四三—一四四。
125 丁文江，〔梁任公先生年譜長編初稿〕，上册，頁一五四—一五五。

的著作也成爲疑古派的主要啟示。錢玄同於一九三一年出版了康氏〔新學僞經考〕的新版本，並於前言中說，今文經的大部分既出孔子之手，聖人因而託古改制，學者僅能用作研究儒學史的資料，不能視作眞實的古史[126]。顧頡剛早於一九二六年自認，讀了康氏的〔孔子改制考〕之後，得到推翻古史——那爲古人所寫並信以爲眞的古史——的靈感[127]。近人以爲康氏帶動疑古運動，確有充分的理由[128]。

懷疑古史與拒斥儒學，間不容髮。吳虞與陳獨秀爲打倒孔家店的二員大將，在一九一五至一九二一年間在〔新青年〕上發動反傳統的言論。此一對儒學的殲滅戰乃不僅限於理學，包括今文經在內的所有儒學宗派。陳獨秀直接責問康：

> 你說禮運大同說是真孔教，又有人說四教、四絕、三愼是真孔教，何以那種種吃人的禮教制度都偏愛掛孔老先生的招牌[129]？

對此一問題的解答實甚容易：正因爲孔家店的牌子代表了二千年來的吃人的禮教，「無論是

126 錢玄同曾說，一九一一年去跟崔述問學時，曾向康氏借閱〔新學僞經考〕，始讀此書。此後錢即甚信古文經為劉歆假造之說。見「重印新學偽經考序」，載康有為，〔新學偽經考〕（一九三一年重印本），第一册，頁一六。

127 顧頡剛，「自敍」，〔古史辨〕，第一册，頁四三。

128 錢穆，「孔子與春秋」，〔東方文化〕，第一卷，頁二〇。侯外廬，〔近代中國思想學說史〕，頁七〇三—七〇四，所見相同。

129 郭湛波，〔近五十年中國思想史〕，頁三〇五—三〇六。Wolfgang Franke, "Der Kampf der chinesischen Revolution gegen den Konfuzianismus," p. 6. 另閱 Chow, *The May Fourth Movement*, pp. 300-313. "The Anti-Confucian Movement in Early Republican China," in Wright, *The Confucian Persuasion*, pp. 288-375. 參閱 Andrew T. Roy, "Modern Confucian Social Theory," Chap. 4, "The Attack upon Confucianism from the Left: Chen Tu-hsiu," pp. 152-158; Chap. 5, "The Attack upon Confucianism from the Taoist and Legalist Position: Wu Yü," pp. 186-234.

老店，還是冒牌，都必須拿下搥碎，燒去」[130]。因此，當民國政府於一九二七年取消正式的孔子儀禮，不再令人感到有何新鮮：

> 孔子學說是專制的，二千年來壓制人民以及奴役思想……中國現為民國，此種專制餘孽須從國民腦海中除去[131]。

一左派學者於一九五〇年說，儒學乃是工農、婦女、社會與國家、以及自由主義之敵；而有利於富人、男人、家族、與帝制[132]。此一學者除了增加一點「階級意識」外，並未超越一九二〇年代的反孔情緒。少有人像陳漢章與梁漱溟一樣繼續護孔[133]。但他們的聲音在大多數漠然以及一些仇視的知識分子之間，顯得特別微弱。在康氏逝世前幾年，儒學的前景實在顯得暗淡[134]。因此，如果說康氏啟人以懷疑傳統，則其自有助於儒學的式微[135]。他之攻擊古文經與理學可說是「文化上的搗亂」，而因此導致民國時代「文化的流失」，他也許確為共產思想[136]與組織[137]的來臨

---

130 胡適，「吳虞文錄序」，寫於一九二七年十月六日，載〔吳虞文錄〕。

131 Wieger, *La Chine moderne*, p. 67 引國民政府令。

132 蔡尚思，〔中國傳統思想總批判〕，頁七〇—七二。參閱 Lin Yu-tang, "Some Hard Words about Confucius," *Harpers*, May 1935, p. 721, quoted by Hummel in "K'ang Yu-wei, Historical Critic and Social Philosopher, 1858-1927," p. 353.

133 梁漱溟，〔東西文化及其哲學〕，特別是「自序」。

134 Johnston, *Confucianism and Modern China*, pp. 171-172.

135 Joseph R. Levenson, "History and Value," in Wright, *Studies in Chinese Thought*, p. 168.

136 Joseph R. Levenson, *Confucian China and Its Modern Fate* (Berkeley: University of California Press), p. 163.

137 Huang Yen-yu, "Mao's People Communes," *New York Times*, Jan. 11, 1959. 作者認為毛氏的公社思想大都來自康氏之〔大同書〕。

舖了路。

此話並不是說康氏有意幫共產主義的忙。他若活著必會震驚於共產政權所加諸中國的一切，決不下於他所經歷的一九一二—一九二七年間民國政府的許多倒行逆施。有時會使人想到，中國共產黨至少爲了宣傳，大可利用康氏在「大同書」中提到的家庭與財產等「共產」思想。但是他們當權多年，尚未以康氏爲革命之前的先知。此因康氏的哲學立腳點與共產黨正相反，而其消滅家庭與財產的思想是基於博愛，而非馬克思階級鬪爭的理論。要中國共產黨人贊同康有爲，比要歐洲或俄國的共產黨人推譽歐文（Owen）與傅立葉（Fourier），更無理由[138]。

康氏歌頌儒學而終使其受損。當然，康氏決不獨負此疚。在那幾十年間，中國的情況使儒學無法生存與滋長。

西方的衝擊打亂了本土的思想與道德價值，其總結果可說是一文化大地震。有兩羣人想要挽救朝廷與傳統。一羣人是保守主義分子，維護傳統的政治與思想系統，反對變革。另一羣是變法維新派，思將傳統適應於變動的帝國。康氏是後一羣人的領袖，致力於「舊瓶新酒」的嘗試（馮

138 毛澤東至少在一處承認康氏變法運動的歷史意義。在其「新民主主義」（一九四〇年元月）一文中，他認為戊戌變法為中國反封建反帝國主義革命運動的前驅。見 "On New Democracy," in *Selected Works*, 3:111. 但大約十年之後，毛在「論人民民主專政」（一九四九年六月）說，洪秀全、康有為、嚴復、孫中山都是在中國共產黨誕生前向西方學習者的代表。毛認為他們都不幸地找錯了方向。帝國主義驚破了以西方為師者的好夢：這些中國人向西方學了很多，但永遠無法實現他們的理想。毛又說，康有為寫了〔大同書〕，但他不曾也不能找到實行大同之路。見 "On the People's Democratic Dictatorship," *Selected Works*, 4:412-414. 馮友蘭的文章「康有為的思想」，頁一一〇—一二七，及李澤厚之書〔康有為譚嗣同思想〕，頁一—一〇二，代表中共對康氏的最近看法。

友蘭語）[139]。但他的努力只是蜉蝣撼樹[140]。在一九二〇年代後期，另有些人試圖「使革命成爲傳統的繼承者」[141]，也並不比康氏成功。因此，要康有爲擔負近代中國儒學價值式微之主要責任，確是不公平的。

必須指出：儒學在中國獨尊乃於帝制穩固之後的事，並且是因爲受到帝王的贊助[142]。自漢代到明清，皇帝們尠不認爲儒家的道德教條乃加強其統治的有利工具。他們尊敬孔子，卽使他們不實踐孔子之道，或不用之於他們的政府[143]。他們用這些教條作爲社會和道德價值的基礎，提供了高度的政治穩定。因此，二千年來，儒學與帝政親密結合，並未被視作永恆的原則，而是視作教條的侍女。從這一點來看，朱熹所謂孔子之道未嘗一日得行，似有眞理在焉[144]。

---

139 Fung Yu-lan, *A History of Chinese Philosophy*, 2:720.

140 Amaury de Riencourt, *The Soul of China*, p. 203.

141 Wright, *The Last Stand of Chinese Conservatism*, p. 300.

142 漢武帝置五經博士（西元前一三六）並召集儒者至京應試（前一三四），為此一政策的正式施行。董仲舒與公孫弘以優等中試（班固，〔漢書〕，卷六，頁三）。理學可說是於一三八二年之秋明太祖重開科擧以程朱經解為主時，得到政府之贊助（〔明史〕，卷七〇，頁一）。稍早，一三八一年，太祖通令全國士子誦讀五經四書（同上，卷二，頁一〇）。

143 最顯著的例子是漢武帝與唐太宗，他們對儒學的知識實甚膚淺（司馬遷，〔史記〕，卷一二〇，頁二；以及歐陽修，〔新唐書〕卷一，頁九—一〇，參閱劉昫，〔舊唐書〕，卷一，頁九）。不取儒教之帝王有秦始皇、漢文帝（司馬遷〔史記〕，卷六，頁一八；卷二三，頁二；另見卷四九，頁五；卷一〇七，頁三；卷一二一，頁六載道教對漢廷之影響）。歐陽修，〔新唐書〕，卷四四，頁三與卷四八，頁八—九，以及劉昫，〔舊唐書〕，卷二四，頁六指出唐朝時道教之影響。〔史記〕、〔漢書〕曾提供非儒者得朝廷重用之例。須知理學大家朱熹曾一度受到朝廷之譴責（在一一九六年）為「僞學」（〔宋史〕，卷三七，頁五與卷四七四，頁三）。另閱 Kung-chuan Hsiao, "Legalism and Autocracy in Traditional China," pp. 108-122. 曾簡論儒教對皇帝制影響之限度。

144 朱熹，〔朱文公文集〕，卷三六，頁五七九。

帝國時期中國儒學的獨尊地位，得之於政府之力多，得之於其本身之力少。孔子及其門徒，不論如何聰明而努力，並未能使儒學在帝國勃興之前得勢。孔聖本人幾乎處處遭遇到挫折、嘲笑、和迫害[145]。在他當時的執政者一心要振武，無暇顧及學說和敎條，對他的說敎充耳不聞。當中國統一以後，軍事已較不重要，而政治的安定益見緊要，帝王的注意力自然地會集中到思想控制的問題——想盡方法來確保臣民對政權的効忠，以及翦除可能危及政權的思想和情緒。秦始皇用極端消極的辦法來對待此一問題，他用峻法來維持大帝國的秩序，禁言論自由使其子民絕對臣服[146]。漢朝的皇帝（以及後來朝代的統治者）採取較積極的辦法。他們不使其子民思想眞空，而注入使他們忠誠服從的敎條。他們接受儒家學者的建議，使儒學爲國教，並尊崇孔子爲道德與政治價值的絕對權威。這些儒者能使統治者垂聽，並不是因爲他們比孔子或孟子更有學問，更能言善道——一般而言，他們決不會比孔孟高明——而是因爲孔子學說至此使統治者感到受用。

當帝國崩潰，儒學自亦失敗。康氏挽救努力無效，也正因一切可能尊崇孔子的因素已經消失。他之不能使儒學於帝國倒後顯揚，正如孔子本人不能於帝國勃興之前成功一樣。

這並不是說，儒學在先秦時已命定爲帝國服務。專制制度至孔子死後才產生，與他的思想並不契合。他強調道德於人際關係中的重要性，但並不認爲効忠君主與服從國家乃是絕對的道德責任。總之，道德乃是人類的最高目標[147]。孟子和荀子都追隨孔子所定的最高原則，但演成兩種不

145 司馬遷，〈史記〉，卷四七，頁八—二二。
146 同上，卷六，頁一七—二〇。
147 〈論語〉「先進」第二十三章。對此闡述請閱蕭公權，〈中國政治思想史〉（台北：聯經版），頁六一—七一。

同的趨向。荀子視法制與王權爲達成人類目的之工具，因而緊接專制政府的理論[148]。相反地，孟子重民。他宣稱君王乃國中最輕者，「得乎丘民而爲天子」，統治不過是一種信託，去暴君不僅在道德上可行，而且政治上有必要[149]。此種學說很容易導向近代的人權觀念和民主政治。不過，此一學說的潛在發展因帝政勃興而終止。皇帝們利用儒學來控制思想，當然會故意強調有利專制的一面。如康氏及其門人所說，此乃孔門的荀派。康氏大力重詁儒學至少一部分是由於要重尋那中斷的一段，然後借助外來思想，從孟子的立腳點來發展儒學。但是康氏不能完全解除幾百年來受到帝政權威支持的、古文經學者的偏面解釋。康氏既未說服那些深信儒學若與王政分離卽無儒學之人，也未能說服晚輩的知識分子，他們覺得尊仰孔子就等於默許專制。

孔夫子的同時代人說他「知其不可而爲之」[150]。康也是如此。或許他比孔子所遭遇的困難更艱巨。康氏想於民國之後恢復儒學，但儒學已被攻擊得無以挽救。在一九二〇年代，論及儒學的人，很少能不存偏見，而僅取其內在的價值。結果康氏比孔子成就更少。孔聖的影響延及幾千年，而「南海聖人」的影響似乎既爲時甚暫而又多負面。「最後儒者」[151]於一九二七年亡故，象徵中國思想史上一時代的結束。

要爲儒學史寫下最後一章，也許仍然言之過早。將儒家學說中的最精采部分融合於新文化中

---

148 蕭公權，〔中國政治思想史〕，頁一〇五—一一四。

149 〔孟子〕「盡心下」第十四章（民為貴）；「梁惠王上」第六章（政府信託）；「梁惠王上」第七章（公論）；以及「梁惠王上」第八章（弑君）。

150 〔論語〕「憲問」第四章。

151 Lin Mousheng, *Men and Ideas: An Informal History of Chinese Political Thought*, p. 215. 對康氏的描述。

的希望也許仍然存在[152]。要說「中國文明已死」也許更是言之過早[153]。畢竟，儒學不過是先秦思想之一，從未包含一切的中國文化。此一文化的重要部分將會保存，即使儒學不能重新獲得影響力。可以確定的是：只要中國近代思想史有人研究，康有為對孔子與儒家經典的見解就值得我們注意。

---

152 Liu Wu-chi (柳無忌), *A Short History of Confucian Philosophy*, pp. 190-193. 參閱張其昀，〔孔子學說與現代文化〕，頁二，有謂當代國民黨中國的新文化運動是復興儒教。Hung Yeh (洪業), *As It Looks to Young China* (New York, 1932)在結論中論及「把儒教放在一邊」有云：以孔子為中心的舊文化已中斷，唯有人仍聞孔子在墓中哭泣，但少有人會像曾國藩一樣，重建其在中國思想的中心位置。但洪氏似並未排除一個包含若干儒學要素的新整合之可能性。

153 Robert Guillain, *600 Million Chinese*, pp. 257-269. 參閱 de Riencourt, *Soul of China*, pp. 185-200. 論「中國文明之崩潰」。

第五章　哲學的整合

近代中國的「近代性格」至少一部分得自其有思想之士人，介紹他們認爲有用的西方文明，以使固有的思想與制度系統，適應變動的世界。從一八六〇年代到一九一〇或一九二〇年代，西方的技器、自然科學、政府原理、以及哲學，成爲尙未完成的西化過程中的主要因素。在此適應過程中，有一感受上的程序。首先是技器影響到物質生活；然後影響到政府和社會的原則；最後觸及思想生活的核心。同治年間的自強運動、戊戌變法、以及五四運動爲此三個階段的高潮。

康有爲一直被尊爲戊戌變法之領袖，他所提倡的政制思想，經其門徒與贊助者之推波助瀾，導致古老的專制政體式微，有人讚賞，有人咀咒，但很少人強調一個事實，卽除了戊戌變法之外，康氏在思想上對中國近代化的一些貢獻，實爲民國初年接受西方科學與哲學者的先導。追尋康氏將西方哲學加諸中國思想的拓荒工作，雖然比較微小，卻深具興味。

至少一部分由於十七、十八兩世紀淸政府的高壓政策，中國學者們日漸避開政治與哲學理論上的探討，而轉向較無政治性的知識追求，如習作時文，以及鑽入漢學的牛角尖。戴震（一七二三—一七七七）可說是當時稱得上有獨立哲學思想的最後一位學者[1]。此後一直要待今文經學者，特別是龔自珍（一七九二—一八四一）[2]，他走了漢學的曲折道路，重新發現通向倫理與政治問題思考的大道。同時，不附和漢學之人大致接受或摹倣程朱理學中的信條，那些信條成為道德規範和政治教條，與形上哲學少有關聯。

此一情況為康氏青少年時所處身者。直到他十八歲時，他所受的教育仍然是符合當時崇尚的模式：吸收由宋儒經解的儒學，以及習作時文[3]。到一八七六年他從學於朱次琦（康氏認為朱氏之學養相當於顧炎武與王夫之）時，才有機會認眞地運用他的智能。朱氏雖未給康有為任何哲學訓練，但引導他超越理學的傳統[4]。

若干影響很快導致康氏對世界之本質與生命之意義作認眞的思考。他離開朱氏（一八七八之冬）後不久，轉而從佛、道二家之書中求啟發[5]。大約在一八八三年，他從傳教士編寫、江南製造局出版的西書中，獲得一些西學的知識。這些對他的影響至大。深思使他自覺對眞理的微義有奇妙的領悟。他很快於翌年的夏天，形成了他一生哲學思想的根基[6]。

1 戴震哲學的大要可看 Fung Yu-lan, *A History of Chinese Philosophy*, 2: 651-672. 以及錢穆，〔中國近三百年學術史〕，上册，頁三〇六—三七九。
2 錢穆，〔中國近三百年學術史〕，頁五二三—五六八約述龔氏以及同派學者之見。
3 康有為，〔自編年譜〕（以下簡稱〔年譜〕），頁二—四。
4 康有為，〔年譜〕，頁四。
5 康有為，〔年譜〕，頁五。
6 康有為，〔年譜〕，頁六—七。

第二個主要的影響來自公羊學。康氏一壁自己探索，一壁研讀十九世紀公羊家之說[7]，發現他所謂的眞經[8]。他將此一影響與佛學以及西學的影響相結合，更加充實了他幾年前所建造的一個系統[9]。

歷史背景是導致康氏無法成爲眞正哲學家的一部分原因[10]。生長在多難的時代，中國遭遇到的威脅不僅僅是政治的毀滅，且是文化的消逝，康氏很難專心致志純理論的研究。早在一八八八年，他就深爲安南的淪亡而難過[11]。甲午之敗尤使他要極力拯救國家。此後他全力放在變法運動上，至戊戌達到高潮。接著是多年的流亡。民國二年回到國內又馬不停蹄地從事君主立憲運動，反對共和。在四分之一世紀中，他少有作哲學靜思的時間。唯有在他的晚年，特別是一九二〇年代，優閒的生活使他有暇照顧到較財經政務遠爲抽象之事。康氏像許多在他之前的中國思想家，沒有完成精緻的哲學系統，並不令人感到奇怪[12]。

7 特別是廖平，參閱 Kung-Chuan Hsiao, "K'ang Yu-wei and Confucianism", pp. 126-131. 及本書第三章第三節所論。

8 〔新學偽經考〕（出版於一八九一）、〔孔子改制考〕（撰於一八九二，出版於一八九七），為康有為有關此一題目的主要著作。

9 康氏稱之為「大同之制」，〔年譜〕，頁九—一〇。另參閱頁六—七。

10 無論如何，康氏不能像 Alfred Forke, *Geschichte der neuren chinesischen Philosophie*, p. 579 所述，被稱為形上學家。

11 康有為，〔年譜〕，頁八。

12 Homer H. Dubs, "The Failure of the Chinese to Produce Philosophical Systems," pp. 96-109. 認為中國思想家未發展出精緻的哲學系統，是因為對理論科學，特別是數學，缺少興趣，以及提倡儒學。不過，必須指出，正如李約瑟 (Joseph Needham) 在〔中國科技與文明〕(*Science and Civilisation in China*) 第三冊中所示，中國人對數學的興趣並非完全沒有。康氏曾化了大氣力學習數學，但在一八八五年大病之後，他不敢再治數學。見康有為，〔年譜〕，頁七。

康氏本人武斷與教條性的傾向，難以導致哲學上的豐收。他經常顯示不顧考慮不同的見解、以及不喜歡的事實[13]。他常常像一轉變信仰的教士，而不像追求眞理的哲學家或科學家。此一傾向在他的經學研究中觸處皆是[14]，因此很難造就一個稱得上有創見的思想家。但此並未阻礙康氏成爲近代中國第一個試圖建立哲學系統的思想家、第一個用西學來擴大與充實中國哲學思想者。康氏雖非第一流的哲學家，但他在重振中國哲學思想上具有重要的貢獻。假如環境許可而且晚年不從事徒勞無功的復辟，他可以成爲聚結中西思想因素創建新哲學整合的開路先鋒，可比擬宋明理學結合中印思想的歷史意義。

康氏的哲學思想可區分爲兩期。第一期大約從一八八〇年代到一九一〇或一九二〇年代初，儒學和大乘佛學仍爲其主要的靈感泉源[15]，雖說西方的科學與史學已對他有了影響[16]。他於一八八四年底形成的世界觀[17]可證實這一點。在此一時期中，康氏一直取一道德的世界觀，認爲人定勝天是生命的基本律。康氏多年保持無神論的看法，像孔子一樣，關心生，不談死，宗教不過是改善社會的工具[18]。此一時期有大量的代表作，從早年的〔康子內外篇〕（作於一八八六年）到著名的〔大同書〕（完成於一九〇二年）。

13 梁啓超，〔清代學術概論〕，頁一二八——一二九。
14 參閱 K'ung-chuan Hsiao, "K'ang Yu-wei and Confucianism," pp. 136-141. 及本書第三章第四節。
15 康有爲，〔年譜〕，頁五，提到他於一八七九年大治佛道文獻。
16 康有爲，〔年譜〕，頁六——七。
17 同上。
18 本書第四章第二節綜述康之宗教觀。

第二期包含康氏的晚年，從較超然的立腳點來觀察人與宇宙，以及對西方哲學思想較親切的認識。至此他放棄了人定勝天以及人本主義的趨向，相信人類的幸福得自超越世界，而非重建世界。他也放棄了無神論，承認了上帝的存在，呈現一種在他早年著作中見不到的虛懷。此一時期的代表作是〔諸天講〕中不科學的部分，特別是十一和十二兩章。

此一劇烈的轉變一部分是得之於實際經驗的教訓。重建中國雄心的屢經挫折，流亡國外時對西方社會廣泛地觀察，以及從暇時閱讀漸漸普遍的西方譯著，認識西方哲學[19]，都是使他轉變的因素。他對西方哲學的知識固然是間接的、片斷的，但比他早年所能得到的要深入得多。此一知識，加上他所知的天文學（他研究天文爲時甚久），開濶了他思想的視野，事實上改變了他哲學思考的方向。

康氏的哲學歷程似可說是近代中國思想轉變的縮影——從十九世紀末的拓荒者（包括康氏在內）試圖以歐洲模式作技器與制度上的改進，到二十世紀初新一代的知識分子公開地大聲宣揚西方哲學思想。康氏的哲學立場與宣揚康德、黑格爾、杜威、柏格森、德士鑑或羅素的中國學者，頗異其趣[20]，儘管沒有系統並且近於膚淺，但他實際上啟導了一九一〇年代和一九二〇年代的思想界，在那個時代中，許多近代中國的思想家轉向西方尋求哲學上的啟蒙。西潮達到高潮，而康氏是最早開啟水閘，引發潮水者之一。

---

19 例如〔東方雜誌〕，為商務印書館所出之月刊，一九一六年，十三卷，五月、六月、七月號連載梁漱溟的長文「究源決疑論」。梁氏提到西方著名哲學家康德、叔本華、史賓塞、柏格森等人之觀點。北京新知學社一九一九年出的半月刊〔解放與改造〕（一九二〇年改為〔改造〕），以及北京哲學會一九二一年出的〔哲學〕，都刊載討論西方哲學的文章。

20 O. Brière, *Fifty Years of Chinese Philosophy, 1898-1950*, 簡述此一情況。

第一節　早期：道德之世界

(一)對宇宙的看法

康氏於一八八四年廿七歲時達成其生平第一個「世界觀」。以下是他自述如何達成的大綱：

早歲讀宋、元、明學案[21]、〔朱子語類〕[22]。於海幢華林[23]讀佛典甚多……旁收四教[24]。兼為算學，涉獵西學書。秋冬獨居一樓，萬緣澄絕，俛讀仰思。至十二月，所悟日深。因顯微鏡之萬數千倍者[25]，視虱如輪，見蟻如象，而悟大小齊同之理。因電機光線一秒數十萬里，而悟久速齊同之理[26]。知至大之外尚有大者，至小之內尚包小者，剖一而無盡，吹萬而不同。根元氣之混侖，推太平之世宙……其道以元為體，以陰陽為用。理皆有陰陽，則氣之有冷熱，力之有拒吸，質之有凝流，形之有方圓，光之有白黑，聲之有

---

21 即〔宋元學案〕和〔明儒學案〕，皆為黃宗羲所作。

22 即朱熹門人所輯之〔朱子語類〕。

23 康氏可能指的是他在一八七九年初的遭遇，見康有為，〔年譜〕，頁五。

24 康氏可能意指包括以華嚴宗為代表的「一乘圓敎」在內的「四天台」。參閱望月信亨，〔佛敎大辭典〕，第二册，頁一一三〇上，一七四九下，一七五一上；W. E. Soothill and L. Hodous, *Dictionary of Chinese Buddhist Terms*, pp. 176, 397.

25 原文為萬數千倍，顯屬誇張。譯按：英譯作 "of tremendous power of magnification."

26 原文有齊、同二字。譯按：英譯作 "large and small are relative."

清濁，體之有雌雄，神之有魂魄……合經子之奧言，探儒佛之微旨，參中西之新理，窮天人之頤變……人羣之合，諸天之界，眾星之世[27]。

然則康氏哲學之基石似乎就是「元」的概念。有人說他思想中的「元」就是理學中「太極」（陰陽之本）的別名[28]。我不否認康氏在別處與理學之淵源，但在此他的「元」乃直接來自〔易經〕[29]、與董仲舒的〔春秋繁露〕[30]，因康曾一再引及此二書。例如，康氏研究董氏之書[31]中有一處說，元乃萬象之本。天人之本於元，就像波浪因海而起[32]，此處接著與董書有相似之見：

謂一元者，大始也。……元猶原也，其義以隨天地終始也。……故元者為萬物之本，而人之元在焉[33]。

康氏以「元」為「氣」時，乃近乎理學之說，他說：「元者氣也，無形以起，有形以分，造起天地。」[34]但遺憾的是，康氏未能對氣之一詞作明確的界定。有時他幾近物質主義。例如：

天地之間若虛而實。氣之漸人若魚之漸水，氣之於水，如水之於泥，故無往而不實也。人比蟭螟碩大極矣，不能見纖小之物。若自至精之物推見，則氣點之聯接極粗[35]。

---

27 康有為，〔年譜〕，頁六—七。

28 陸乃翔、陸敦騤，〔康南海先生傳〕，頁四六。

29 〔周易〕「乾卦」：「大哉乾元，萬物資始，乃統天。」康氏屢引此語。

30 董仲舒，〔春秋繁露〕（抱經堂本）。蘇輿，〔春秋繁露義證〕，頗可用。

31 康有為，〔春秋董氏學〕。

32 康有為，〔春秋董氏學〕，卷六上，頁七。

33 引見 Fung Yu-lan, *A History of Chinese Philosophy*, 2: 19–20.

34 康有為，〔春秋董氏學〕，卷四，頁一一。

35 康有為，〔春秋董氏學〕，卷六上，頁九。

有時康又似追隨理學家，如周敦頤、張載、和朱熹之流，也許還有漢代的董仲舒。所有這些人都把氣作爲不同的「以太」和「力量」來理解[36]。但康與朱熹大異，朱謂：

> 理在氣先。無是氣，則是理亦無掛搭處。萬物皆如是，大若天地，小若蟲蟻[37]。

而康說正相反：

> 凡物皆始於氣，既有氣，然後有理。生人生物者氣也。有氣卽有陰陽，其熱者為陽，凍者為陰，朱子以理在氣之前，其說非[38]。

此重「氣」之信念導致康得到一有趣的結論，卽自然或物質世界在太初之時不能說含有道德性，仍是純粹的原始野蠻動力。康堅持說，此一事實爲製作制度的聖人所認可。

> 孔子創制皆本權勢，明善至美不本為制以權勢者天也。聖人受形於氣，受理於天……吾故曰：勢生道，道生理[39]。

欲明此「道」、此「理」的意義並不容易。前者康氏也許指的是自然秩序，而後者則是人對此秩序之理解。但是十分明顯的是，康氏再一次在時間或邏輯的層次上把「氣」置於「理」之上。

---

36 Fung Yu-lan, *A History of Chinese Philosophy*, 2: 20-21（董仲舒）; p. 444（周敦頤）; p. 479（張載）; p. 534（朱熹）.

37 Ibid., pp. 539, 544; 引自〔朱子語類〕，五八—七一與一—一。

38 李澤厚，「論康有為的哲學思想」，〔哲學研究〕，一卷一期，頁七五。引自〔萬木草堂口說〕（北京圖書館藏未刊手稿）。

39 康有為，〔春秋董氏學〕，卷六下，頁一三。

一位中國大陸學者追溯康氏的「唯物主義」至中國的氣之一元論和西方的自然科學[40]。他說康氏將古代中國氣的唯物觀與近代科學概念如「以太」、如「電」相合，而給予其哲學以科學的內容[41]。不過，並非所有在大陸的中國學者都以康具「唯物主義」。例如一篇由中國科學院歷史研究所六位年輕學者共同執筆的文章，譴責康氏與譚嗣同一樣，儘管他們很浮淺地引用到自然科學，在強調仁愛之說時，都不免沈緬於「理想主義」之中[42]。

以上兩種說法都失之於簡單化。事實是，康氏既對他所用之詞彙並不精確，吾人便難以標準的哲學名詞，如唯物論和唯心論、一元論和多元論來恰當地論述他的思想內容。假如他的氣之概念指的是唯物論，他的仁之概念就同時是唯心論了；假如「元」指的是宇宙的一元論，則陰陽之概念又不得不使人認此爲多元論。下引康氏在一八九〇年代所陳述的一段，對此問題特別相關：

> 孔子原本天道，知物必有兩，故以陰陽括天下之物理……就一身言之，面背為陰陽；一木言之，枝幹為陰陽；就光言之，明暗為陰陽；就色言之，黑白為陰陽……天下之物，無一不具陰陽……孔子窮極物理，以為創教之本，故繫易立卦不始太極，而始乾坤陰陽之義也。元與太極、太乙不可得而見也，其可見可論者必為二矣，故言陰陽，而不言太極。周子謂：「太極動而生陽，動極而靜，靜而生陰，……」不知生物之始一形一滋，陰陽並時而著……波斯古教之聖祚樂阿士對亦以物物有陰陽，其與孔子闇合者乎[43]？

40 李澤厚，〈康有為譚嗣同思想研究〉，頁七七。
41 同上，頁七五。
42 張豈之等，「譚嗣同哲學思想的幾個問題」，載侯外廬，〈戊戌變法六十周年紀念集〉，頁四八—五六。
43 康有為，〈春秋董氏學〉，卷六上，頁八。Fung Yu-lan, *A History of Chinese Philosophy*, 2: 434ff. 綜述周敦頤（一〇一七—一〇七三）的哲學。此段引文來源見周之「太極圖說」。

康氏對兩極觀頗爲認眞，可見之於他推演此一觀點於人性說，藉此解決千古以來性善與性惡的爭論[44]。

對於天人之說，康氏大致追隨儒家傳統，僅有少許的修正，就像他對待他的宇宙論一樣。他深信天與人出自同源，且在同樣的情況下形成：

> 夫浩浩元氣，造起天地。天者，一物之魂質也；人者，亦一物之魂質也。雖形有大小，而其分浩氣於太元，挹涓滴於大海，無以異也。孔子曰：「地載神氣，神氣風霆；風霆流形，庶物露生。」[45] 神者有知之電也，光電能無所不傳，神氣能無所不感……無物無電，無物無神[46]。

在此一含意不十分清楚的文字中，吾人很難知悉康氏的確切所指。他以天地皆屬浩浩元氣，顯指兩者皆由元氣而來，雖說人出現於天地造起之後。他說人之魂質形成於天地造起之前，但人之性命「雖變化於天道，實不知幾經百年千萬變化而來」[47]。此乃董仲舒之言曰，人性得之於天[48]，康氏並未澄清人類開始的過程與形式。在一八九〇年，當他敎一個學生基本的哲學時，曾說到人從猿猴變化而來之說[49]。因此，康氏似乎並不反對用進化論來解釋天道，而略爲將西方的

44 李澤厚，〔康有為譚嗣同思想研究〕一書中說，康氏以陰陽為最原始之存在，乃承認矛盾之存在。但他未見「矛盾中的鬪爭」，因此減少了「辯證法的光輝」，此乃康氏思想「階級性」的結果。

45 〔禮記正義〕，卷五〇，「孔子閒居」，頁三八九。

46 康有為，〔大同書〕（上海一九三五年版），頁四；（北京一九五六年版，臺北一九五八年版），頁三。

47 康有為，〔春秋董氏學〕，卷六上，頁七。

48 董仲舒，「為人者天」，〔春秋繁露〕，卷一一，頁一八。

49 康有為，〔年譜〕，頁一〇。

科學思想介紹到中國哲學來。

㈡關於人性的思考

康氏步武儒家先賢，尋思人性問題，並擬解決孟子與荀子之爭論，時而尙孟，時而尊荀。他於一八九二年寫的〔長興學記〕中表達了他的立場。他在此書中大略說明其講學的目標以及課試要目。其中之看法既展示他倫理以及社會思想的大部，值得在此細引：

> 夫性者受天命之自然……不獨人有之，禽獸有之，草木亦有之……若名之曰人，性必不遠。故孔子曰：「性相近也。」[50] 夫相近則平等之謂，故有性無學，人人相等，同是食味別聲被色，無所謂小人，無所謂大人也……學也者，由人為之勉強，至逆者也……順而率性者愚，逆而強學者智……故人所以異於人者，在勉強學問而已。夫勉強為學，務在逆乎常緯。順人之常，有耳目身體則有聲色起居之慾，非逆不能制也；順人之常，有心思識想則有私利隘近之患，非逆不能擴也[51]。

此一看法顯與荀子人性之善得自後天之說相似[52]。不過，康氏並不取荀子性惡之說，而貴告子倫理中立之說。他於上引一段文字中有註曰：

50 〔論語〕「陽貨」第二章。

51 康有為，〔長興學記〕，頁一—二。另見蘇輿，〔翼教叢編〕，卷九四，頁三六。

52 Homer H. Dubs, *The Works of Hsüntze*, p. 301. 〔荀子〕「性惡篇」：「人之性惡，其善者偽也。」

孟子性善之說，有為而言；荀子性惡之說，有激而發。告子生之謂性[53]，自是確論，與孔子說合……程子、張子、朱子分性為二：有氣質、有義理[54]……蓋附會孟子。實則性全是氣質，所謂義理自氣質出，不得强分也[55]。

康氏所說「性全是氣質」導致中國大陸一作者指出康具唯物論的傾向[56]。康氏思想中形上觀倒底是什麼，實在難以確定。但若以儒家傳統來理解他的思想或有益處。傳統派學者朱一新[57]素爲康所敬重，曾與康辯難其尊從荀子與董仲舒的人性論[58]。康氏在答辯中重申：人性之善，非得之於天，而得之於後天的努力。他強調：沒有禮的約束，無人可以爲善。他接著說[59]：

蓋禮者孔子所立者也。如備六禮以娶婦[60]，當禮矣；善矣。踰東家牆而摟其處子[61]，非禮矣，不善矣！若以為一者出自性，一者不出自性，為問伏義[62]以儷皮制嫁娶之前，人盡元性歟[63]？謂範其血氣心知，以至於當然則可，謂漸復乎天命之本然，殆不可通也[64]。

---

53 〈孟子〉「告子上」第三章。參閱「告子上」第四章：「食色，性也。」
54 Fung Yu-lan, *A History of Chinese Philosophy*, 2: 543-545.
55 康有為，〈長興學記〉，頁一。
56 李澤厚，「論康有為的哲學思想」，〈哲學研究〉，一卷一期，頁八六。
57 錢穆，〈中國近三百年學術史〉，頁六二二—六三二，附論朱一新之生平與思想。
58 朱氏引〈中庸〉首章來支持其說：「天命之謂性，率性之謂道，修道之謂教。」
59 朱一新，「答康有為第五書」，載蘇輿，〈翼教叢編〉，卷一，頁一四—一七。
60 「六禮」為納采、問名、納吉、納徵（納幣）、請期、親迎，見〈儀禮注疏〉，卷四，「士昏禮」。
61 〈孟子〉「告子下」第一章。
62 伏義為太古三皇之一。
63 〈儀禮注疏〉，卷四，頁一八。
64 康有為，「答朱蓉生書」，頁三〇。

因此，康氏以「性全是氣質」以及善德盡得之於後天之努力，不免與張載、程頤、以及朱子所代表的正統儒家相抵觸[65]，雖說偶然間康氏與朱子之異並不顯著[66]。

理解康氏之困難，實由其用詞之不够嚴密。如性之一詞在不同處有不同之含意。有時他指的是本性，如謂：「性者，生之質也，未有善惡。」[67]有時他以「性」爲心，由道德培養而成，就如他於一九〇一年毫不含糊地說：「人性本善。」[68]更使人糊塗的是，他對人性初生時無所謂道德之說，如下引一九〇三年所言，並不一直堅持：

> 性無善惡，而生有氣質。旣有毗陰毗陽之偏，卽有過中失和之害[69]。甚者縱欲任氣，其害仁甚矣[70]。

基本上相同之見若干年前當他追究人性善貪二面至陰陽原理時，卽已曾表達過[71]。

---

65 閱 Carsun Chang（張君勱）, *The Development of Neo-Confucian Thought*, pp. 178, 214-217, 246-269. 以及 Fung Yu-lan, *A Hstory of Chinese Philosophy*, 2: 488-491, 514-518, 551-558.

66 康氏可能贊同下引朱熹之語：「饑欲食，渴欲飲者，人心也。得飲食之正者，道心也。須是一心只在道上。少閒，那人心自降伏得不見了，人心與道心為一，恰似無了那人心相似，只是要得道心純一，道心都發見在那人心上。」引自黄宗羲，〔宋元學案〕，第一册，頁八六二。

67 〔萬木草堂口說〕，引見李澤厚，〔康有為譚嗣同思想研究〕，頁八五。參閱康有為，〔論語注〕，卷一七，頁一，引〔孝經緯〕：「性者，生之質也。……受於天生而不關於治教者。」李澤厚責康氏持此看法是錯誤的。見〔康有為譚嗣同思想研究〕，頁八五—八六。

68 康有為，〔孟子微〕（一九〇一），載〔新民叢報〕，第十期（一九〇二），頁三八—三九。參閱十九期，頁五八。此書有兩種版本，一見〔萬木草堂叢書〕，有序（一九〇一），另種由廣智書局出版，未註作者寫作年代。康同璧，〔南海康先生年譜續編〕，頁三一以此書作於光緒廿八年之冬（一九〇二），可能不確。

69 顯然是暗指〔中庸〕第一章。

70 〔論語注〕，卷一二，頁一。

71 康有為，〔春秋董氏學〕，卷六上，頁二八。康在此可能轉述董仲舒之意。參董仲舒，〔春秋繁露〕，卷一〇，頁七一—九。引自 Fung Yu-lan, *A History of Chinese Philosophy*, 2: 33.

康氏有時暗指人性兩面之爭，較好的一面並不一定決勝。

蓋魂氣之靈則仁，體魄之氣則貪。……魂魄常相爭，……使魂能制魄，則君子；使魄強挾魂，則小人[72]。

也許由於二元觀點使康氏兼說性之善惡，端視他說的那一面之性。康謂人有奪取相爭之心卽因性故[73]。而人之慈愛則因「有不忍之心」，或謂人人有「氣」或「電」[74]。很顯然的，康氏並不自覺此說與他在別處所說人性本身是中立的，有何差異。

有點奇怪的是：儘管康氏拒斥孟子之說，但其最終實調和孟子、告子、荀子、以及董仲舒。告子名言，「以人性為仁義，猶以杞柳為桮棬」[75]，此說與董仲舒所見之含意略同，卽董所謂「繭有絲，而繭非絲也；卵有雛，而卵非雛也」，人性需教導而後能善[76]。再者，康氏認為荀子所說人性初樸直，經後天的培養而精美，與告子之說相符[77]。最後，孟子所說，「乃若其情，則可以為善矣」[78]，基本上與告子所謂「以杞柳為桮棬」相合。因此，康氏作結道，諸家之說略同，

72 〔孟子微〕，載〔新民叢報〕，第十九期，頁五八。
73 康有為，「意大利遊記」，頁四五。
74 〔孟子微〕之「通論」，見〔康南海先生文鈔〕（以下引作〔文鈔〕），頁三；並載〔新民叢報〕，十期，頁三八—三九。
75 〔孟子〕「告子上」第一章。
76 董仲舒，〔春秋繁露〕，卷三五，「深察名號」，頁一七。參閱 Fung Yu-lan, *A History of Chinese Philosophy*, 2: 517.
77 Dubs, "The Nature of Man is Evil," in *The Works of Hsüntze*, BK. 26, pp. 301-304.（譯者按：原文見〔荀子〕「性惡」。）
78 〔孟子〕「告子上」第五章。

他們雖用不同的辭句，卻指向同一眞理[79]——即人可善可貪，端視其修養之正當與否[80]。

此乃我所能洞悉康氏對人性的看法。人性在道德上可以馴良，甚至完美的信念，乃康氏倫理與社會思想的基礎。但他並不一直持此說不變。偶而受到禪宗的影響，一時興起，他又飄向浪漫的孟子觀點。他於一九〇一年寫道：

人之靈明包含萬有，山河大地全顯於法身。世界微塵，皆生滅於性海，……但常人不識自性，不能自信、自證、自得。舍却自家無盡藏，沿門託鉢，效貧兒耳。如信得自性，毫無疑惑，則一念證聖，不假修行自在……禪者，養其靈魂，秘為自得，後儒不知，斥為異氏之說，豈知孟子特發秘密之藏，神明之秒，以告天下學子……今特發明之，以恢復舊地，與天下有性善種者，共證此樂焉[81]。

類此向佛學進軍雖從純哲學觀點而言令人困惑，但並未掩遮康氏的基本信條：人生而有善之本質，可經道德培養而臻完善。

此一信念與康之另一信念相連繫，即個人由幼至長具有增進道德之能力。

一歲嬰兒無推讓之心，見食號欲食之，見好啼欲玩之。長大之後禁情割慾，勉勵為善矣[82]。

康氏解釋人之所以有德性之進展，乃因有（善）性之故：

79 〈孟子微〉，見〈新民叢報〉，廿期，頁一一一二。
80 同上，十九期，頁五七；另見康有為，〈文鈔〉，卷八，頁二〇。
81 〈孟子微〉，〈新民叢報〉，十七期，頁五四。
82 〈孟子微〉，見〈文鈔〉，卷八，頁一八。

蓋惟人人有此性而後得，同好仁而惡暴，同好文明而惡野蠻，同好進化而惡退化……若無好懿德之性，則世界只有退化，人道將為禽獸相呑食而立盡，豈復有今之文明乎[83]？

正如個人能有德性之進展，社會亦能日進以至完善。康氏相信個人的進步和社會的發展緊密相關。個人致力於社會之改善，而理想之社會環境使個人得到德行的完美[84]。最後，在大同太平之世，所有的人都良善，在民主之下共享自由與平等[85]。

不過，總而言之，社會之進步隨個人的道德與知識的進展而定。因此社會要爲有思想、有勇氣之人，袪除錯誤習慣之纏絆，使人類走向進步的大路。康氏於一八九二年寫道：

人之常俗，自責相賤；人之常境，自善相高。造作論說，制成事業，與接為搆，而目惑熒，而心洽誠。其為是俗，非一人也，積千萬人，積億兆人，積京陔秭壤溝人，於是黨類立矣；其為是俗，非一時也，積日月年，積百十年，積千萬年，於是積習深矣。欲矯然易之，非至逆安能哉；故其逆彌深者，其學愈至，其遠於人愈甚，故所貴勉强行道也[86]。

康氏必定認爲據此一人性之說，大易於宣揚思想上與制度上的變革。即使在一九一〇與一九二〇年代被人視作頑固派時，他仍然要離羣而「逆」，不是過去的常俗、常境，而是當時的常俗、常境。

83 〔孟子微〕，見〔文鈔〕，卷八，頁一六。
84 同上，見〔新民叢報〕，十九期，頁四九。
85 同上，見〔文鈔〕，卷八，頁二—三。
86 康有為，〔長興學記〕，頁二—三。

(三)倫理思想

康氏大致傾向用唯物觀來看待人的動機與情感，此尤著於他的早期作品，特別是〔實理公法〕與〔康子內外篇〕。二書均撰於一八八〇年代[87]。在前書中介紹物質有云：

> 人之始生，便具愛惡二質。及其長也，與人相接時發其愛質，則必有益於人。發其惡質，則必有損於人之始生[88]。

下述一段引自康之後一書，可見其心中所想之一斑：

> 夫天之始，吾不得而知也。若積氣而成為天，摩勵之久，熱重之力生矣，光電生矣，原質變化而成焉，於是生日，日生地，地生物。物質有相生之性，在於人則曰仁，充其力所能至，有限制矣！在於人則曰義。人道爭則不能相處，欺則不能相行，於是有信形，為仁之後，有禮與信矣[89]。而所以有此四者，皆由於智。人之有大腦、小腦也，腦氣筋之有靈也，……合萬億人之腦而智日生……於是理出焉。……自義、軒、神農以來[90]。中國於是有智；歐洲自亞當、衣非（夏娃）以來，於是有智[91]。

87 原為未刊稿，現已印入蔣貴麟輯，〔萬木草堂遺稿外編〕，上册。
88 「總論人類門」，見〔實理公法〕，收入〔萬木草堂遺稿外編〕，上册，頁四一。
89 此原文為「形為人之後有禮與信」，似有誤。
90 即伏羲、黃帝、神農，為遠古中國神話中的統治者。
91 「理氣篇」，見〔康子內外篇〕，頁二一。

總而言之，道德價值與倫理原則，乃人類心理反應之結晶，而此又顯示人體發展之過程。價值與原則可說是由人制定者，指人們經由經驗以及經由思想發展的長期過程，共同確認爲評定個人與社會行爲的不可或缺標準。

然則，勢（卽環境）在康氏思想中爲人類道德演化之決定性因素。康氏強調說：

> 故曰：勢生理，理生道，道生義，義生禮。勢者，人事之祖，而禮最其曾玄也[92]。

當然道德涉及主觀情緒與感情。康氏指出，仁義分別表達爲愛與恨、或喜好與嫌惡，這一切都植根於人[93]。但間接的，以及最終的，主觀情緒植根於天行，非任何個人的知覺可及。

> 陽為濕熱，陰為乾冷。濕熱則生發，乾冷則枯槁，二者循環相乘，無有終極也。……無無極之始，有濕熱之氣鬱蒸而為天。……近天得濕熱之氣，乃生諸日，日得濕熱之氣，乃生諸地，地得濕熱之氣，蒸鬱而草木生焉，而禽獸生矣，已而人類生矣。人得濕熱之氣，上養其腦，下養其心。濕則仁愛生，熱則智勇出。積仁愛智勇而有宮室飲食衣服以養其身，積仁愛智勇而有禮樂政教倫理以成其治[94]。

濕熱的原理並不總是得出有利之結果，人類必自我補救其性質上之缺陷。當濕爲惡，卽成貪婪、欺詐和怯懦；當熱爲惡，卽成壓迫、殘酷和貪慾……而後有鬪爭。爲了對抗濕熱之氣的不良影響，聖人修養乾冷之德，如溫和、謙讓、節儉。禁欲主義代表乾冷之極致，且爲對溫熱之害最

92 「勢祖篇」，〔康子內外篇〕，頁一八。
93 「愛惡篇」，〔康子內外篇〕，頁六。
94 「濕熱篇」，〔康子內外篇〕，頁一二。

有效的補償[95]。

康氏對道德之自然律解釋有時傾向對人類行爲作唯物解釋，並不奇怪。他綜論道，任何東西都來自氣質[96]。人之整個心態可化約爲物，雖然唯人擁有智慧使其別於禽獸。下面一段討論愛與恨最可道出康氏之見：

> 或謂曰：針芥磁石，無知之物也，而能相引，是有愛惡之質，無智之質也，智固與愛惡異也。答之曰：智無形也，見之於愛惡。其愛惡大者，見其智之大；其愛惡少者，驗其智之少；皆氣質為之也，何別焉？彼昧于理者，以仁智為理，以物為氣質，謂理氣有異[97]，不知天下舍氣質，豈有異物哉[98]？

康氏在下述一段有趣的文字裏，對人類心理的物質解釋，更爲清楚：

> 人禀陰陽之氣而生也。能食味、別聲、被色，質為之也。于其質宜者則愛之，其質不宜者則惡之……故人之生也，惟有愛惡而已。欲者，愛之徵也；喜者，愛之至也；樂者，又其極至也。哀者愛之極至而不得，即所謂仁也[99]，皆陽氣之發也。怒者惡之徵也，懼

---

95 同上。

96 美國人 Derk Bodde 曾英譯此與朱熹哲學有關之詞作 "the physical element"（物質），見 Fung, *A History of Chinese Philosophy*, 2: 554. 馮友蘭於其解釋某些道教名詞的近作中，幾全視之為「氣」（〔北京大學學報〕（人文科學），四期（一九五九），頁二二—二三）。同樣的，張東蓀於其論中國古典哲學的一些特徵的文章中說，中國古典物質主義用「氣」作為代表物質現象的概念，為此他引了老子、王充、張載、以及戴震，作為例子（同上，三期（一九五七），頁六二—六三）。

97 此很可能在暗攻朱熹。

98 「愛惡篇」，〔康子內外篇〕，頁七。

99 參閱〔中庸注〕（一九〇一），頁二一：「仁從二人，人道相偶，有吸引之意，即愛力也，實電力也。」

者惡之極至而不得，卽所謂義也，皆陰氣之發也。嬰孩沌沌，有愛惡而無哀懼，故人生惟有愛惡而已。哀懼之生也，自人之智出也，魂魄足矣，腦髓備矣，知覺于是多焉，知刀鋸水火之足以傷生也，于是謹避之。嬰兒不知刀鋸水火之足以傷生而不避也……聖人之知更多，故防害於未至，慮患于未然……故其知愈多者，其哀懼愈多[100]。

此一立足點實與康氏所拒斥的朱子天理人欲學說，相去不遠[101]。康氏不以朱熹反對人欲，呼籲克制以進於德爲然[102]，肯定人欲之合法，與戴震之見十分相似[103]。康謂理性原則由人所製，而欲望在人性之中。他指出，新生嬰兒不具道德自覺，但卽使無鼓勵與教導，已有慾望。他因而作結道，「天欲人理」[104]。在另一處，他用更強的語氣表達同一觀點。

凡有血氣之倫必有欲，有欲則莫不縱之，若無欲則唯死耳。最無欲者佛，縱其保守靈魂之欲；最無欲者聖人，從其仁義之欲[105]。

換言之，德行並非不能與有欲相提並論。依康氏之見，不如此則與聖人學說相抵觸。康氏於

---

100 「愛惡篇」，〔康子內外篇〕，頁六。

101 Fung Yu-lan, *A History of Chinese Philosophy*, 2: 558-562 綜述朱子學說。

102 朱熹，〔朱子語類〕有下面一段：「稟氣之濁者為愚，為不肖，如珠在濁水中，所謂明明德者，是就濁水中揩拭此珠也。」見 Fung Yu-lan, *A History of Chinese Philosophy*, 2: 560.

103 錢穆，〔中國近三百年學術史〕，頁三三九—三五五綜論戴震之見。

104 「理氣篇」，〔康子內外篇〕，頁二一。

105 「不忍篇」，〔康子內外篇〕，頁一〇。吾人不禁將此與戴震一名言相比較：「凡事為皆有於欲，無欲則無為矣。有欲而後有為，有為而歸於至當不可易之謂理。無欲無為，又馬有理？」〔孟子字義疏證〕，卷下，頁八四，引見錢穆，〔中國近三百年學術史〕，頁三四七—三四八。

一八七七年寫道，「本天人性命之故」，因此，聖人之道唯引導人們符合其本性，是故並不拒斥聲色[106]。

以下一段寫於一九〇一年，對此說得更清楚：

> 孔子之道，因於人性，有男女、飲食、倫常、日用，而修治品節之，雖有高深之理，卓絕之行，如禁肉、去妻、苦行、練神……然遠於人道，人情不堪，只可一二畸行為之，不能為人人共行者，卽不可以為人人共行之道，孔子不以為敎也[107]。

康氏於是得到歡樂式倫理的結論。他說，「普天之下，有生之徒皆以求樂免苦而已」[108]。他對此說的解釋很簡單，與他解釋道德感之淵源近似：

> 夫生物之有知者，腦筋含靈，其與物非物之觸遇也，卽有宜，有不宜；有適，有不適。其與腦筋適且宜者，則神魂為之樂；其與腦筋不適不宜者，則神魂為之苦。況於人乎？腦筋尤靈，神魂尤清，明其物非物之感入於身者尤繁夥、精微、急捷，而適不適尤著明焉。適宜者受之，不適宜者拒之，故夫人道只有宜不宜……為人謀者，去苦以求樂而已，無他道矣[109]。

康氏於此頗近邊沁（Jeremy Bentham），其樂利主義是為改革的理論基礎[110]。康氏似未曾

---

106 康有為，〈春秋董氏學〉，卷六上，頁三一。
107 〈中庸注〉，頁九。
108 康有為，〈大同書〉，上海版，頁九；北京版及臺北版，頁六。
109 康有為，〈大同書〉，上海版，頁七—九；北京版及臺北版，頁五—六。
110 陸乃翔、陸敦騤，〈康南海先生傳〉，頁三三。

讀到邊沁的譯著。但可肯定的是，康氏的歡樂心理自然感染其倫理與社會思想。由改革得來的人類進步正針對去除人類的苦難，以得在理想國中的最大快樂——感情上與思想上的無盡歡悅[111]。

康氏賦予得自儒家倫理學說之概念以新意義。儒家至要之仁，歸結於人們幫助其他人共同追求歡樂。行仁並不僅是主觀，而需要至高的智慧與知識。是故，康氏說，「孔子多言仁知」，因爲

> 知而不仁，則不肯下手，如老氏之取巧。仁而不知，則慈悲捨身，如佛氏之眾生平等[112]。

據此可理解康氏何以不喜殉身——苦虐自身而不樂利於人。此也許可以解釋戊戌之後，康氏不與六君子同盡，因此可繼續拯救億萬人[113]。

除此一重要修正以外，康氏大致信守孔子仁學，特別是人之道德由愛之幅度來衡量。康氏響應傳統所說不道德者只愛自己，而聖人普愛眾生[114]。愛及夷狄可謂德者的至高成就。康氏認爲主張攘夷之人，並不懂得愛之眞理[115]。

康氏主張的博愛並不妨礙政治上之不同，也與儒家思想一致。要執行此理，有德有知之人必

---

111 康有為，〔大同書〕，上海版，頁四四一；北京版及臺北版，頁二九二。此書最後之第十節全在討論「最終幸福」的各面，包括舒適的居住、華美的衣服、和美味的食物等。

112 康有為，〔春秋董氏學〕，卷六下，頁八。

113 康有為，〔年譜〕，頁二九。

114 康有為，〔春秋董氏學〕，卷六下，頁二。

115 同上，頁二七。

須主政，其他人必須服從。康氏指出，先知者教人，後知者教於人[116]。先進者引導後進者乃是一種道德上的職責。他引用其師朱次琦之說而贊同之：

天生我聰明才力過於常人，豈天之私我哉！令我為斯民計耳。故聖人吉凶與民同患。若自私其才力聰明，則是負天生我之厚恩[117]。

不過，康氏說得很清楚，為「斯民計」的程度，須視人之才力，但此不同估計不會永久，而是將不同除去。

雖天之生人，智、愚、強、弱之殊，質類不齊，競爭自出，強勝弱敗，物爭而天自擇之，安能得平。然不平者，天造之，平均者，聖人調之，故凡百制度禮義，皆以趨於平而後止[118]。

㈣宗教思想

前文已提及康氏將儒家倫理轉化為儒教的嘗試，其中指出康氏的宗教觀基本上是入世的，而且傾向於不信神權，認為不值得高度文明之人的注意[119]。在此，筆者僅能提出康氏關於靈魂與肉體的一些看法，以及他對世界上主要宗教的評價。

116 很明顯的，康意指〈孟子〉「萬章上」第七章：「天之生此民也，使先知覺後知，使先覺覺後覺也。」

117 〈孟子微〉，載〈新民叢報〉，十三期，頁四五—四七。

118 同上，頁五三。同樣的思想更可見之於方孝孺的〈遜志齋集〉，卷二，「宗儀第九・體仁」，以及卷三，「民政篇」。

119 見 Kung-Chuan Hsiao, "K'ang Yu-wei and Confucianism," pp. 175-196; 及本書第四章第二節。

魂質顯然是康氏主要概念之一，雖然其所言頗爲含混，確切之性質難以斷定。他於一九〇二年寫道：

> 夫浩浩元氣，造起天地。天者一物之魂質也，人者亦一物之魂質也。雖形有大小，而其分浩氣於太元……孔子曰：「地載神氣，神氣風霆，風霆流形，庶物露生。」[120]神者有知之電也，光電能無所不傳，神氣能無所不感……無物無電，無物無神。……夫神者知氣也，魂知也，精爽也，靈明也，明德也[121]。數者異名而同實[122]。

康氏所說的「魂質」似乎說得並不清楚，像是介乎「全體」與「現象」之間的一種東西。事實上，康氏所見的宇宙之性質難以確定。康氏的立腳點似徬徨於泛神論、拜獸論、與唯物論之間。

康氏僅給予超自然界有限度的承認，他只認可神秘能由感觸而知。他曾言聖人展示可見之物以示未可觸見者，掌握可計算者以示未可計算者。宇宙之各部既由同一「靈質」所組成，其中之一部自可與另一部交通無礙，而「聖人所以通晝夜，知鬼神，合天人至誠」[123]。人類由「靈質」組成，心體一致[124]。心與體同樣重要，由康氏看來，培養其一而忽略另一是

120 引自〔禮記〕，第二九，「孔子閒居」。

121 「明德」一詞語出〔大學〕首章。

122 康有為，〔大同書〕，上海版，頁一四；北京版，頁一四；臺北版頁三。

123 康有為，〔春秋董氏學〕，卷六下，頁四〇。比較〔中庸〕，卷二四（譯按：應為第二十四章）有關前知的現代理論，見Louisa E. Rhine, *ESP in Life and Lab: Tracing Hidden Channels* (New York: Macmillan, 1967). 據此書作者及其丈夫所作靈學實驗之結果，「心靈交通」、「心靈之眼」，以及「心靈之知」乃心魂之三種不同表現方式。

124 〔禮運注〕（一八八四?），頁一八。

錯誤的[125]。

不過，康氏承認從倫理的觀點而言，人之靈性面要高於肉體面。他所提供的理由很簡單：

> 心有知者也，體無知者也，物無知而人有知，故人貴於物，知人貴於物，則知心貴於體矣[126]。

康氏繼謂，人之心乃道德之所鍾，但心與體並無不可跨越的界線。兩者畢竟密切處於同一心理程序之中。不忍之心不過是心靈經由感官對外界刺激的反應[127]。

人之心體至死而始分。依康氏之見，人的生命結束時，所死亡的是動物性及其身體，所分離的「魂質」仍然有感覺地存在，離地飄浮，並不死亡[128]。因此，體在人生存時須珍視，至死時全無價值。康氏說：人死之後肉腐骨枯，可保存或火化，與魂質無涉，其價值無過於膿疽[129]。

康氏有時道出頗怪異之見：人人與天子平等，然其平等僅限於生時[130]。有些人的離體之魂存在久於其他人，端視個人的素質，以及其生時或死時之情況。有德之人的靈魂於死後繼續長久存在，不受無限變遷之苦[131]。生時寃鬱凝結之人，死後靈魂亦能存在一段較長的時間。尋常人的靈

---

125 〔論語注〕，卷八，頁二。
126 康有為，〔春秋董氏學〕，卷六下，頁六。
127 康有為，〔大同書〕，上海版，頁三；北京版及臺北版，頁二。
128 〔禮運注〕，頁一〇。
129 康有為，〔大同書〕，上海版，頁三五〇；北京版及臺北版，頁二三二。
130 康有為，〔春秋董氏學〕，卷六上，頁九。
131 〔孟子微〕，〔新民叢報〕，十七期，頁五五。參閱「禮運」第四節，以及〔禮記〕「郊特牲」第廿七節。

魂，雖不於死時息滅，也於一月或一年內消逝[132]。再者，離體之魂或久或暫會轉世。康氏接受佛教輪迴之說，但他歸此於孔子[133]。

康氏也接受佛教報應之說。下引一段寫於一九〇一年之文最清楚地表達他的此一見解。於說明有德之人並不一定得到善行的酬報之後，他接著說：

> 雖大德而造因不同，或因夙生之人倫有憾，或因宿世之殺氣未除，或修行聞道而救濟未廣，或博施濟眾而寡過未能，故雖在受命，而受報亦隨之。其理雖玄冥，而電氣魂知相引相感，其來極遠，皆有所因，雖遲速有時錯綜不同，而為善必報，大德必受命。不於一世、二世、三世、四世、五世、六世而報之，亦必於十、百、千、萬世而受之[134]。

不過，康氏並不贊成對超自然界作迷信的崇拜。依康之見，神靈須尊尚並不是因其有布施恩惠之權，而僅是因其生時有恩惠於世人。後人須祭祀先人僅表示敬愛。向神祇要求恩惠在道德上是說不過去的[135]。

---

132 康有為，「致某君書」，〔萬木草堂遺稿〕，卷五，頁一七。康氏在此信中引述子產有關伯有之鬼魂的談話，見〔左傳〕昭公七年。康氏相信死後鬼魂尚存，使中國大陸的一些學者責備他放棄物質，以及「徬徨在唯心的迷宮中」。見李澤厚，「論康有為的哲學思想」，載〔哲學研究〕，一卷一期，頁七八—八〇。此一批評實未悉康氏思想的立腳點。此一立腳點就抽象思索而言，十分含混，以致於不能正確判定其為唯物或唯心。

133 〔禮運注〕，卷一一，頁四有云，人死後為鬼，鬼再重生為人，此為輪迴，而孔子之道無所不包。另見「為亡媵謝唁致沈乙老書」，〔萬木草堂遺稿〕，卷五，頁一六，在此康氏謝其友人唁其妾何旃理之喪，康氏有言：「吾既篤信輪迴，只有自為超度，會謝人事，更學無生耳。」

134 〔中庸注〕，頁一六。康氏有關果報與轉世的看法，詳見本書第四章。

135 看康有為，「為亡媵謝唁致沈乙老書」。

人生人死，神魂不息。但隨著人知的增加，超自然物的數量必定減少。康氏未說明亦未舉證說，太古之時，靈魂最多，中古時漸少。人愈聰明，神靈愈少[136]。因此之故，神道對控制原始人有用。人進步之後必用人道。康氏深信，最後由於人的智慧日益發達，神權將失去對人們的束縛[137]。

然則，一種「反宗教懷疑主義」[138]可從康氏思想中測知，此或乃其理性人道立場的自然結果。在此他基本上與孔子一致[139]。兩人都雅不欲從宗教中取得慰藉，而選擇由人類自身能力來應付存在的事實。

此一理性態度最可見之於康氏對世界上包括儒教在內的主要宗教的評價。康氏首先擬將各宗教置於大致同一的層次。他於一八八六年所說的一段最可代表此一觀點：

> 今天下之教多矣，於中國有孔教……於印度有佛教……於歐洲有耶穌，於回部有馬哈麻。自餘旁通異教，不可悉數。然余謂教有二而已。其立國家，治人民，皆有君臣父子夫婦兄弟之倫，士農工商之業，鬼神巫祝之俗，詩書禮樂之教，蔬果魚肉之食，皆孔氏之教也……其戒肉不食，戒妻不娶，朝夕膜拜其教主，絕四民之業，拒四術之學[140]，去

136 〈中庸注〉，頁一四。
137 「意大利遊記」，頁六六—六八。
138 參見 Sidney Hook, *The Quest for Being* (New York: St. Martin's Press, 1991). 其所謂「實踐自然主義」(pragmatic naturalism)可與康氏之觀點相比較。
139 〈論語〉「先進」第十一章。
140 原文「四術」，可能指的是四種錯誤的信條，亦稱「四執」、「四邪」、或「四迷」。參 Soothill and Hodous, *Dictionary of Chinese Buddhist Terms*, p. 172.

鬼神之治，出乎人情者，皆佛氏之教也。耶穌、馬哈麻一切雜教，皆從此出也……然則此二教者，誰是誰非，誰勝誰負也？曰……孔子之倫學民俗，天理自然者也，其始作也；佛教之去倫絕欲，人學之極致者也。……無孔教之開物成務於始，則佛教無所成名也……佛以仁柔教民，民將復愚，愚則聖人出矣，孔教復起矣……是二教者終始相乘……迭相為經也[141]。

日久，康氏雖仍重視其他宗教，但日漸偏好孔教。有時他將大乘佛教與孔教相提並論。他說孔子之教即佛之華嚴宗之說[142]。孔教一如華嚴在此世中尋求眞理，而不外求。此顯然是康氏意欲減低佛教中出世的傾向。他對佛教的其他宗派不予重視。直至民國時代，他仍抱怨國人談論非華嚴宗的佛教，並輕視孔教[143]。

按康氏後期的看法，耶穌教要比孔教和佛教差。他曾並不很有理地辯稱，耶穌教全從佛教而來，甚至是一種不良的抄襲，因其所說靈魂慰藉全是粗淺之談，只能及佛教中較低等的學說[144]。耶穌教劣於孔教不僅僅是因爲與中國的社會狀況不合，而且更重要的是，太過強調「神權」[145]。康氏並未否認耶穌教與回教對他的有利影響，其所以強調孔教在學理上的優越性，正是因爲其重

141 康有為，「性學篇」，載〈康子內外篇〉。約略同時，康氏在致友人函中曾謂，宋學如米飯養人，而佛學如藥石醫人。此函見微捲三，未收入康同璧輯遺稿中。
142 梁啓超，〈南海康先生傳〉，〈飲冰室合集〉，〈文集〉四，頁八四。
143 「致朱師晦書」，〈萬木草堂遺稿〉，卷四，頁三五。
144 「意大利遊記」，頁一三一——一三二。
145 同上，頁一三二——一三三。

視人際關係和道德責任。「孔子惡神權之太昌而大掃除之，孔子乃眞適合於今之世者」[146]。由於此一信念，康氏大力呼籲把孔敎立爲國敎[147]。

然則，康氏只取宗教對人與社會有利影響極爲明顯。此一論斷並不根據信念或虔誠，而是純實用的考慮。事實上，他堅持消除神權使他瀕臨無神論的邊緣，雖說他不曾在任何一處否認神的存在。

康氏的功利主義宗教觀導致一有趣的結論。他認爲人們道德未臻完美之前，制度未臻理想之前，則有宗教的需要。到大同之世，包括孔教在內的一切宗教，都將功成身退。他說：

耶教以尊天愛人為誨善，以悔罪未斷為悚惡。太平之世，自能愛人，自能無罪；知天演之自然，則天不尊；知無量眾魂之難立待於空虛，則不信末日之斷；耶蘇之教，至大同則滅矣。回教言國，言君臣、夫婦之綱統，一入大同卽滅。雖有魂學，皆稱天而行，粗淺不足徵信，其滅更先。大同太平則孔子之志也，至於是時，孔子三世之說已盡行（然則孔教亦可滅）……蓋病已除矣，無所用藥；岸已登矣，筏亦當捨[148]。

人們擺脫繁亂俗務而登於極樂之後，只有一個願望。康氏謂，人類到達寧靜喜樂的最後境界時，除了想長壽外，別無所求。兩個完全不同性質的宗教將得風氣之先。

故大同之世，惟神仙與佛學二者大行。蓋大同者世間法之極。而仙學者長生不死，尤世

146 「意大利遊記」，頁六六—六八。
147 本書第四章曾詳論康氏的宗教觀。
148 〔大同書〕，上海版，頁四五二—四五三；北京版及臺北版，頁三〇一。

間法之極也。佛學者不生不滅，不離乎世而出乎世間，尤出乎大同之外也。

康氏繼謂尙有超乎佛法而上之的天游之學，爲此他另有專書論述[149]。此爲其〔大同書〕的結語，顯示他第一期哲學思想的結束，而轉向第二期。

在此第一期思想中，康氏基本上視世界爲一道德系統，而以人爲中心。其用語遣辭常失之於欠淸晰與不一致，更由於馳騁詞藻，使意義更加含混。他轉變立場常不自覺，或不屑解釋，更增加確切了解其著作的困難。不過，不論這些困難，他的一般立場還是够明白的。他大致遵從儒家傳統，用倫理來解釋宇宙與人生。同時，他也從儒學以外找概念和理論，主要是佛學，偶而亦採基督教，將之融入基本上是儒教的思想結構。因此，他所造的一個世界觀，可說是德性充足，神性不足。

第二期：超乎人世之外

康氏思想的第二期，也就是最後一期，在〔諸天講〕一書中，表達得最確實。此書講天文學與太空，成於一九二六年之夏，距其逝世僅九個月[150]。這也可能就是他於一九〇二年所提到的超

149 同上。康氏在文末提及之書卽〔諸天講〕，書中談及天文學與宇宙的部分筆者已有專文討論，見"K'ang Yu-wei's Excursion into Science," in Lo, *K'ang Yu-wei*, pp. 375-407.

150 此為該書作者序文所言。此一著作有十四卷，死後由其學生出版，根據唐修的跋，出版時間可能在一九三〇年春天之後。Thompson 英譯〔大同書〕，頁六七註云，此書木板刻於一九二六年，並由中華書局出版，似乎不確。此出版時間與上引唐修之跋所述不一致，亦與伍莊之序有出入，伍莊之序撰於一九二九。大意說有些康門弟子爭議出版亡師遺著是否適當。

乎佛法外的天游之學。

至此康氏思想的內容和氣氛大異。在第一期的著作大致而言是嚴肅的，對人類的痛苦抱極大的同情，亟欲改變苦狀，而此一時期則可探悉一種莊嚴的喜悅，從此可得一種印象，即康氏早先關心人世之苦，已被喜樂可從一正確的心態立即獲得的信念所取代。此毋須大力的改革，以重造外在世界。換言之，得救不在佛祖龍樹下的苦功；而在迦葉（Kāśyapa）的拈花微笑。吾人尚可從中感到一種虔誠——承認人的智慧不足以理解一切。此一態度爲康氏前所未有，他一直是「沒有疑難」之人[151]。不論是作爲變法運動的領袖，或是新儒家的先知，他總是十分自信，甚至自傲的[152]。與自信相連的一個信念是，他認爲人乃上天所鍾，具有理解宇宙中一切值得理解的東西，包括對未來事件的先知。再者，鬼神在世間有其一席之地，然人乃居最重要的位置。此一態度泰半爲理解到人以及世界不過是有限宇宙的一葉而遭取代，人類的智識經驗極有限，故不能否認仍有無法直接知曉的事物存在。

因此，吾人可說康氏晚年的思想已變得「出世」了，指向超乎人與物的現象世界的境域。一方面，他超脫地球的限制，從事他所謂的天游之學。另一方面，他的眼光從人事投向超自然物，悄悄地放棄了他早期的不可知論和無神論。

151 羅文仲（衆昌，康有為次女康同璧之夫）於康氏逝世十週年之演說。羅榮邦藏手稿。

152 見《年譜》，頁三（一八六九年，十二歲；一八七三年，十六歲），頁四（一八七六年，十九歲）。在十九歲時，他即肯定自己將成為聖人，並於三十歲之前畢讀羣書，重建世界。參看本書第一章。

㈠天游

康氏神遊太空的想法來自好幾個源頭。首先，他可能受到理學中陸王學派的啟示[153]。康氏的宇宙觀與陸九淵極相似。他極可能受到常被引用的陸氏之語的影響：

仰首攀南斗，翻身依北辰；

舉頭天外望，無我這般人[154]。

但最主要的靈感還是來自康氏的天文學研究，他從一八八〇年代初開始，終生未歇[155]。望遠鏡中的奇景異象對他有極大的衝擊。此一令人興奮的經驗不僅加強他對天文的興趣，而且給陸九淵的孤高之言以實質內容。康氏借望遠鏡以及天文書籍之助，大大擴張了他的知識領域，較陸氏的南斗與北辰更遙遠。廣大無垠的境界在他眼前展開，可窮他的無窮之思。他還可能進一步受到井上氏所著「星界想遊記」的影響，那是一本於一八八六到一八九六年之間引起他注意的科幻小說[156]。

康氏至此在知識以及心理上已有漫遊太空的準備。不過心理上的完全成熟以及最後新立場之

153 此一學派對康氏之影響可閱本書第二章。

154 引見黃宗義，「宋元學案」，卷五八，頁一〇六九—一〇七〇。

155 「年譜」，頁六—七言及一八八四年（廿七歲），剛形成其宇宙觀的輪廓時，即已有無垠太空之想，並在其研究中使用顯微鏡。在「諸天講」一書之序文中，康氏談及他一八八五年（二十八歲）始用望遠鏡。

156 「星界想遊記」為日人井上圓了所寫的科幻小說，此書書目列入康之「日本書目志」，卷十四，「小說門」，頁四一。收入蔣輯，「康南海先生遺著彙刊」，第十一集，頁七三四。

達到，卻經歷了很長一段時間。一八九四年的國事中斷了他對天文的思考，將精力專注到要緊的世俗事務。直到戊戌政變之後，他才有重拾舊日研究的可能性。舊興趣的重現初見之於本世紀之初，當他流亡印度將完成〔大同書〕之時[157]。康氏在此書中至少二次提及「天游」。他在一處寫道：

> 吾為天游，想像諸極樂之世界，想像諸極苦之世界，樂者吾樂之，苦者吾救之。吾為諸天之物，吾寧能捨世界天界絕類逃倫而獨樂哉！吾別有書名〔諸天〕[158]。

在該書之尾，他又一次提到「天游」：

> 大同之後，始為仙學，後為佛學……仙、佛之後，則為天遊之學矣。吾別有書[159]。

康氏於同時撰就的另一著作中，也寫下一段影射「天游」思想的文字：

> 六經垂敎……皆區區從權立法之末事；非孔子神明之意。尚有諸天元元，無盡無方，無色無香，無音無塵，別有天造之世，不可思議，不可言說者。此神聖所游而欲羣生同化於天天，此乃孔子之至道也[160]。

必須指出早在一九〇〇年，康氏視天游之舉唯有對社會已盡其職責者爲之[161]。唯他本人自認已天游，但仍保持其救世之心。換言之，他仍然一半繫於世俗。

157 康同璧，〔康南海先生年譜續編〕（以下引作〔年譜續編〕），頁二二。
158 〔大同書〕，上海版，頁五—六；北京版及臺北版，頁四。
159 〔大同書〕，上海版，頁四五三；北京版及臺北版，頁三〇一。
160 〔中庸注〕，頁四六。
161 〔大同書〕，上海版，頁四五二；北京版及臺北版，頁三〇〇。

此一兩歧立場，眼望著天，而心仍繫於世，持續了好多年。本世紀的前二十年中，他的許多著作可以爲證。例如，大約於一九〇四—一九〇五年，當他乘汽球於巴黎上空時，所寫的一首詩有云：

諸天世界多樂土，一星一界何殷繁；……
諸天億刼曾歷盡，無欣無厭隨所便；
不忍之心發難滅，再入地獄救斯民；
特來世間尋煩惱，不願天上作神仙[162]。

此一立場的理由曾在一九一二年末〈不忍雜誌〉前言中有所解釋。地球既爲無限宇宙中之一粒，其中星球不斷地新生與消滅，人事之得失與此相比實渺不足道。但他接著說，他既生斯世而有情，不能不同情其同類而思解脫其痛苦[163]。

他救世努力之屢遭挫折，不免使他失望。他參與民國六年復辟失敗後，大大削減了他進一步參政的興趣。事實上，這幾乎可以說是他「不忍之心」的最後表現[164]。約當此時，他雖與外界仍有些接觸，實已退休。他在杭州西湖邊建了精緻的「一天園」，在小丘之上造一樓房名之曰「天游堂」，時時在此消遣[165]。凡此皆可見康氏對俗世態度的轉變。

162 「巴黎登汽球歌」，載〈康南海先生詩集〉，卷七，頁七二—七三。
163 「不忍雜誌序」，載〈不忍〉，一期。
164 「續撰不忍雜誌序」，〈不忍〉，九期、十期合訂本（一九一七年），此為最後二期。此處說「幾乎」，是因為康氏又參與另一次沒有結果的復辟，這在康氏一九二三年致莊士敦函中說的很清楚（「請莊士敦代奏游說經過」）。
165 康同璧，〈年譜續編〉，頁一二一—一二四錄康氏一九二二年之秋所作的「一天園記」。

他自己明言此一轉變。在一九二三年二月廿六日「跋戊戌致李提摩太函」中，他說他年紀已大，已無用於世，無處可埋葬他的悲哀，只欲作天游[166]。稍後，他又對家人說，「吾日爲天游，而不爲人間煩惱所困，則無往而不樂矣」[167]。

是則天游似是一種逃避，覺得面對廣大無垠的宇宙，世上實無物值得一顧。康氏對此於一九二三年在陝西的演說中說得很清楚：

> 莊子謂：人之生也與憂俱來。孔子〔春秋〕改制，專為除民所憂。佛之全藏經，不過為解除煩惱。吾一生在患難中，而以不憂不懼，欣喜歡樂為主。自哥伯尼出，知地為日之游星，而自古一天地之說破……諸星如此之多，如此之大，而地球渺乎小矣，況一國一家乎？……故一通天文而諸教皆破。窮理格物之極，有無限之權，無限之樂……一家一身之憂患，何足言哉[168]?!

此非一時之言，可見之於若干年後他的一個學生跋〔諸天講〕中一段：

> 嘗憶歲某夕，先生召天游學院諸生，集於所居天游堂庭堦之西偏，時將夜半……皓月東升，清光流輝，園中四顧寂靜，林木疏影瀉地，先生曰美哉斯境可矣！乃出遠鏡，相率矯首引望……先生……莞爾而言曰，人生天地間，智愚、賢不肖，雖各有其差，而終身役役，內搖其心，外鑠其精，憂樂相尋，小者則憂其身，憂其家，大者則憂其國以及天

166 〔康南海先生墨蹟〕，第三册。甚至到此時，康猶未盡忘俗世之事。參閱一九二二年為宣統皇帝婚禮所作之詩，見〔康南海先生詩集〕，卷一五，頁三二—三三。另一詩作於其七十生日，見同上，頁九七—九八。

167 康同璧，〔年譜續編〕，頁一四六。

168 同上，頁一三九。

下，常苦憂多而樂少，然見大則心泰，吾誠能心游物表，乘雲氣而駕飛龍，逍遙乎諸天之上，翱翔乎寥廓之間，則將反視吾身吾家吾國吾大地，是不啻泰山之與蚤蝨也，奚足以攖吾心哉[169]！

「乘雲氣而駕飛龍」，可能只是說辭中的姿態，如天游一樣，不能單從字面看。不過，有時康氏使人覺得，他眞以翱遊乎寥廓之間爲其生活的方式。他借佛家理想主義來表達人們命運由其自身思想所決定的信念。在一九二三年（春夏之間）他給青島的萬國道德會演講，有云：

今夫電，一抄時行三十萬里，人之電力可上達於諸星、諸無量天。知電通之理，則人世之富貴貧賤，不足介意；而地球之微渺，不足嬰吾念慮矣。明德之方……全在於人心之思想，思善則善，思惡則惡……〔楞嚴經〕曰，純想卽飛升於天上，純情卽累入於人間，純欲卽墜落於禽獸。此理甚鑑，吾好想天遊，輒夢飛行，雲生足底，能去地不過數尺，高僅二三丈，蓋吾世念不能去故也[170]。

此一段似極誠懇的話透露了康氏的新立場。他於放棄救世之希望後，致力幫助其他人獲得像他一樣的快樂。換言之，他現以天游先知的角色來取代往昔社會改革家的角色。他的改絃易幟可

169 唐修，〔諸天講〕跋，作於一九三〇年。據康同璧，〔年譜續編〕，頁一四六，天游學院於一九二六年春在上海成立。康氏於是年八月離滬赴北京（康同璧，〔年譜續編〕，頁一四九）。唐修所提及之事，必發生在創院之後，康氏離滬之前。

170 康同璧，〔年譜續編〕，頁一三六—一三九錄康氏演說辭。此處所引見於一三八頁之末。萬國道德會原稱孔教會。我未能找出孔教會與「孔學會」（亦稱「尊孔社」）之關係，後者由衛理賢以及若干在青島德國租界的前清官吏於一九一三年所創，見 Hellmut Wilhelm, "Lao Nai-hsuan," in Boorman, *Biographical Dictionary of Republican China*, 2: 282. 康氏之夢想令人憶及佛洛伊德所說的 "dreams of convenience", *The Interpretation of Dreams*, trans. A. A. Brill (New York: Modern Library, 1950), pp. 34-35.

見之於一九二三年，當他聽到一已婚甥女的不幸遭遇。他在一長信中教她如何以天游來解除痛苦。他「請吾甥試行之，與吾爲天人，爲天游」[171]。他的說教並不限於親人。一九二六年成立天游學院後，他經常傳布此一道理[172]。

康氏以天游爲教可見之於他對院中一學生所說：

> 耶氏有徒十二人，尚有一責主之猶太。然能行其教，傳其道，則發揚布濩，遍於天下。吾在滬同學不滿二十人，吾不以為少，果能信吾言，傳吾道，若龍樹、保羅者，則亦澤流於萬世矣[173]。

康氏教學的中心旨趣乃助人解除與生俱來的痛苦。這一點在他講稿前言中說得很清楚：

> 惟天生人有欲，不能無求。求之不給，不能無爭，爭則不能無亂[174]。一戰之慘死人百萬。生存競爭，弱肉強食[175]。故諸教主哀而拯救之，矯托上天神道設教，怵以末日地獄，引以極樂天國，導以六道輪迴[176]，誘以淨土天堂[177]。皆以撫慰眾生之心，振拔羣萌

171 「與甥女譚達印書」，康同璧，〔年譜續編〕，頁一三三—一三四；另見〔萬木草堂遺稿〕，第四冊，頁一二六—一二七，但作一九二三年，疑誤。

172 此學院建於一九二六年四月，址設上海愚園路，以龍澤厚為教務長。康同璧，〔年譜續編〕，頁一四六。

173 康同璧，〔年譜續編〕，頁一四六—一四七。龍樹為大乘佛教禪宗廿八宿之第十四宿。

174 此乃〔荀子〕「禮論篇」之轉述。

175 此為康氏著作中少數明白提及達爾文主義者之一。

176 六道或六趣，即眾生輪迴之六途(*gati*)：㈠地獄道，㈡餓鬼道，㈢畜生道，㈣阿修羅道，㈤人道，㈥天道。見 Soothill and Hodous, *Dictionary of Chinese Buddhist Tems*, p. 139.

177 淨土或西方極樂世界為阿彌陀佛的居處。天堂在地上與 Brahmalokas 之間。Ibid., pp. 145, 256, 278, 357, 403.

之魂……以去其煩惱，除其苦患，以至極樂而已。然裹飯以待餓夫，施藥以救病者，終未得當焉，以諸教主未知吾地為天上之星，吾人為天上之人，則所發之藥未必對症也。

康氏所論不僅顯示其不解宗教的性質，且對人生意義的了解也不够。但凡此皆不足以阻止他對自己所開藥方的信心。

生二十八歲[178]……因讀〈歷象考成〉而夕夕觀天文焉[179]，因得遠鏡，見火星之火山冰海而悟他星之有人物焉。因推諸天之無量，卽亦有無量之人物、政教、風俗、禮樂、文章焉。乃作「諸天書」，於今四十二年矣。歷刦無恙，日為天游，吾心在此地星之人間，吾心游諸天之無量。陶陶然，浩浩然，俛視此人間世也，何止南柯之蟻國也[180]……吾之談天也，欲為吾同胞天人發聾振聵，俾人人自知為天上人……則天人之電道與天上之極樂，自有在矣[181]。

康氏所說不出學堂中少數景慕他的學生之外，但他顯然從天游中得到許多慰藉，甚至使他無意中給予其大作一種意氣飛揚的快樂情調。他早期著作中的悲天憫人情懷已經消逝；而處處顯示快樂。他歌頌每一天體——銀河、太陽、星球、以及衞星[182]。他高興地球有一個月亮，假如無

178 卽一八八五年。但據〈年譜〉，頁六—七，康氏之天文觀已見於一八八四年。〈四庫全書總目提要〉，卷一〇六，「子部」，頁一六。

179 〈歷象考成〉，四十二卷，一七一三年康熙帝勅編，綜合中西曆法而成。

180 典出唐人李公佐小說〈南柯記〉。

181 〈諸天講〉之作者序撰於一九二九年夏，署名「天游化人康有為」。

182 〈諸天講〉，卷八，頁一—二；卷四，頁四；卷五，頁五，七—八；卷三，頁九—一〇。

月，則吾人將無月夜的情趣。他不禁讚嘆美麗的月亮[183]。

即使在平庸的地上，無數人間悲劇的舞臺，從天體觀視之，仍是一光輝的星球：

> 吾人夕而仰望天河恒星，其光爛爛，然又仰瞻土、木、火、金、水與月之清光，燦燦然，謂之天上，瞻仰羨慕。若彼諸星有生人者，則為天上人……豈知生諸星之人物，仰視吾地星，亦見其光棱照耀……猶吾地之仰視諸星也……故吾人生于地星上，為星中之物，即為天上之人，吾十六萬萬人，皆為天人。吾人既自知為天上之人……終日歡喜極樂[184]。

再者，儘管災難降禍於人，地球仍是一可居之地。除了自然景觀之美以外，並提供居民生活所需，較其他星球適宜。天上之人的樂趣因此更由生爲地上之人的歡喜而增加[185]。

此一喜樂的觀點充滿〔諸天講〕一書[186]，爲康氏思想的主要轉變。我們可以假定此乃來自他的享樂主義，尋樂避苦乃是人生的唯一目的。因此，就像他以前思由社會改革與人快樂，他現在要人們超脫社會，進入沒有掙扎、鬪爭、和失望的想像世界，以達到同一目的。康氏似於聽盡人間悲苦之餘，最後決定將令人心碎的不協轉變爲太虛樂境。此亦可說是自認失敗，他不足以將粗鄙之人生升格到大同樂境，儘管自白在言詞之間可以隱示勝利。他聲言天游超脫人世，但事實上

---

183 同上，卷三，頁一。

184 同上，卷二，頁一—二。

185 同上，卷二，頁一。

186 陰沈心情不時重現，如〔諸天講〕，卷七，頁四之「流星歌」：「成住壞空理之常，星終隳裂況神仙，乾坤有毀天難長，吾人肉體何足研，宵宵望流星，俯仰天地感無言。」

他是逃避。事實是，他入世將七十年，無意再走那崎嶇的世俗之路。完全可能的是，在他走到人生盡頭時，也就是完成〔諸天講〕不久之後，他沒有遺憾[187]。

(二)神之存在

康氏對天文長期的興趣產生另一重要的後果：即放棄了他對宗教的懷疑態度。當然，僅僅是天文學尚不足導致此一發展。他對西方哲學的認識，儘管片斷且浮淺，仍有實質上的貢獻。事實上，哲學使他相信由科學觀點來看非物質世界是不足的。

康氏以拉布拉斯（Laplace）的說法來否定上帝之存在。他說天上有神乃各國宗教所共有的信念。天字在中文意指主宰，與神同義。依康氏所知，拉布拉斯氏乃推展牛頓之機械論，公開說無神[188]——一個引起近代唯物論者回響的錯誤觀點。拉布拉斯錯了，因在宇宙之中有完全不可思

187 康同璧，〔年譜續編〕，頁一四九。

188 康氏以拉布拉斯（Pierre Simon de Laplace, 1749-1827）為大無神論者，恐怕不實。赫士堤（William Hastie）在 *Kant's Cosmology* 一書之前言有云：「有一個關於拉布拉斯的聞名的故事說，當他以其所著 *Exposition du Système du Monde* 初版贈送第一執政拿破崙時，頗擅數學的拿氏對他說：『牛頓在他書中說到上帝，我已讀完你的書，未見一處提到上帝。』拉布拉斯回答說：『第一執政，我不需要這種假設。』此說一般被認為是拉氏以上帝的存在為『假設』。白蘭謝（M. Blanchet）在他翻譯盧克瑞修斯（Lucretius）著作序文中提及此故事，以拉布拉斯自認為無神論者。聖海里爾（M. Barthèlemy Saint Hilaire）在譯亞里斯多德之〔諸天論〕（*Treatise on the Heavens*）的譯序中，亦持同樣的看法……但是范氏（M. Faye）予此說以不同的解釋，完全不以拉布拉斯為無神論者。他認為那句話只表示拉布拉斯不接受牛頓所提出上帝時時介入（特別是在混亂時）以改變世界各種運動的假設，而『他（拉布拉斯）不需要此種假設』。他並未以上帝為假設，而是以上帝在決定性時刻的直接干預為假設……范氏稱『拉布拉斯不自認為無神論者』。而且……在

議之物，而在世上的渺小人類所知極爲有限。康氏問道，吾人何以能只靠自身的知能以盡蓋天底下一切的知識和道理，一如自然科學家們所告訴我們的[189]？所謂「吾人所知極少，而吾人所不知者無限」[190]，康氏將立卽贊同拉布拉斯此語。另有兩位西方思想家吸引康氏的注意。他提到亞里斯多德所說神乃宇宙的主力而未加評論[191]；在說明托勒密（Ptolemy）的軌道運轉論[192]（說得並

其死前，他要求將此一故事除去。他的最後遺言：『我們知道的很少，不知道的很多。』("ce que nous connaissons est peu et ce que nous ignorons est immense")，也非無神論者的論調。」參閱 Clement C. Webb, *Kant's Philosophy of Religion*, p. 14. Peter Doig, *A Concise History of Astronomy*, p. 91 綜述拉氏的看法。牛頓之上帝觀可閱 "General Scholium," in *Fundamental Principles of Natural Philosophy* (Motte trans.), reprinted in *Theories of the Universe from Babylonian Myth to Modern Science*, Milton K. Munitz, ed. (Glencoe, Ill.: The Free Press, 1957), p. 208 有云：「此一最美妙之太陽，星球，彗星的體系，唯有在聰明有力的主宰下才能運作。」又謂：「上帝乃永恆無盡而完美的存有，但儘管完美，若沒有領域，卽不能說是『上帝』；……精神領域包括上帝……而從此領域而得知上帝存在，且為聰明而有力之存在。上帝並非永恆物與無窮物，而是永恆的，無窮的。他並不是空間，但他在空間中延續……」。

189 〔諸天講〕，卷十一，頁三。卷十一稱「上帝篇」，全論此一題目。

190 引見 Hastie, *Kant's Cosmology*, p. xcii.

191 〔諸天講〕，卷十一，頁一。有關亞里斯多德天體與主力之說，可閱 W. K. C. Guthrie, *On the Heavens* (London: Heinemann, 1939), lines 268b 11 to 269a 32, 270a 15 to 270b 25, 271b 1-10, 271b 28 to 272a 20, 276a 16 to 276b 22, 278b 5 to 279a 18, 286b 10 to 287a 22, and 296a 24 to 298b 20. 參閱 Aristotle, *Metaphysics*, trans. John Warrington (London: Dent, Everyman's Library, 1956), Book A, Chap. 8. 節要可看 J. L. E. Dreyer, *A History of Astronomy, from Thales to Kepler*, 2nd ed. (New York: Dover Publication, 1935), pp. 108-122.

192 托勒密 (Ptolemy) 之系統，可看 Doig, *Concise History of Astronomy*, pp. 37-39; Rudolf Thiel, *And There Was Light*, trans. Richard and Clara Winston (New York: Knopf, 1927), pp. 49-51; Dreyer, *A History of Astronomy*, pp. 191-206.

不十分明白）後，他評論道：今日看這些理論大都顯得可笑[193]。那麼，正確的看法是什麼呢？康氏提及五種上帝存在的「證據」，即全體論的、心理學上的、宇宙論上的、神學上的、以及倫理上的。他並且認爲五者皆有所不逮。他於綜論有神論的無稽之餘，分別簡述此五項證據。他說：持全體論者由神之全能來證明神之存在；持心理論者，如狄卡爾（笛卡兒）認爲神現於人心，正由神之存在而來；持宇宙論者說宇宙之存在必有其故，而神即此故；持神學論者謂宇宙爲一藝術品，其所具有之美妙秩序可預想其製作者，若非造主，即係神匠；最後，道德哲學家相信神此一不能目覩的力量使人捨小我以成全大我[194]。這些論點無一能確切證明上帝的存在。如康德所謂，神之存在係一存在之判斷，是後驗的。按照個人的經驗，吾人既不能說有神，也不能說無神[195]。

康氏既不能閱讀西文書，也無西方哲學之訓練，自不能期望他對這些熟知的證據提出充分正確的說法[196]。他對康德宗教哲學的了解似乎是很不完善的。他所引的觀點，可能間接根據康德的〔純粹理性批判〕（一七八一）。在此書中，康德在解釋「純粹理性的理想」時曾說明，企圖藉

193 〔諸天講〕，卷十一，頁一。
194 此等論點之綜述，閱 T. W. Crafer 論 "Apologetics" 之文，載 James Hastings, *Encyclopaedia of Religion and Ethics*, 1:611-622; V. Ferm, *Encyclopedia of Religion*, pp. 301-302. 後書雖簡但不善。
195 〔諸天講〕，卷十一，頁一一。
196 Hastings, *Encyclopaedia of Religion and Ethics*, 1:588ff. W. T. Jones, *A History of Western Philosophy*, pp. 433-434 對聖安士蘭 (St. Anselm) 之「全體論證」(Ontological Proof) 有較確切之說明。其他論證可閱 Aquinas, *Summa Theologica*, Pt. 1, Quest 2, art. 3 (4th and 5th proofs) in *Basic Writings*; *The Philosophical Works of Descartes*, 1:162-167; Hastings, *Encyclopaedia of Religion and Ethics*, 4:646; Elwes, *The Ethics of Spinoza*, Pt. 1, Prop. xi, "Another Proof,"

用感性，把唯有對感性方可應用的知性範疇運用到超乎可能經驗的領域中去，會導致各種虛幻的推理；康德對這類虛幻的推理有所交代[197]。康氏顯然不知在康德未經批判的宗教觀中[198]，並未將知性範疇運用到超乎感性經驗的領域[199]，康氏也不知在康德的批判哲學中，神之存在正確定於道德的立腳點（即倫理證據）。如康德所強調的，用理性來論神學，不管如何想像，完全是毫無結果而且是虛無的，然「理性之神學」仍然是可能的，那是紮根於道德律上的，或是由道德律所指導的[200]。因此，有人說，康德借實踐理性之魔杖，使被純理性殘害的自然神論復活[201]。

若謂康氏對康德觀點之理解不免混亂，他對其他歐洲哲學家觀點之介紹不見得更為確切。他於譴責二元論難以確斷上帝之存在後[202]，指出關於物質有兩種見解：一神論以神為「最高之境

---

197 Webb, *Kant's Philosophy*, p. 46. 有關康德本人之說明以及他對空想理論論據之批判，包括全體論、宇宙論，以及心理神學論之論據在內，可閱 *The Critique of Pure Reason*, BK. 2, Chap. 3, secs. 3-7.

198 Webb, *Kant's Philosophy*, pp. 37-38.

199 例如 Kant, *Universal Natural History and the Theory of the Heavens*(1755) 有云：「在此有神，因自然即在亂中不易原有秩序。」(Hastie, *Kant's Cosmology*, "Translations," p. 26. Webb, *Kant's Philosophy*, pp. 25-26).

200 「現在我認為用理性來思考神學的任何努力都是沒有結果的，而這些努力本身也都是無效的。用之以研究自然的原則，得不出任何神學的結論。結果，唯一有可能性的理性神學，乃是根據道德律、或由道德律所指導者。」*Critique of Pure Reason*, p. 528. 此段見於 Wilhelm Weischedel 所編的 *Werke* (Weisbaden: Insel-Verlag, 1956-64, 6 vols.), 2: 559. 另參閱 *The Critique of Practical Reason*, vol. 2, chap. 2, sec. 5, "The Existence of God as a Postulate of Pure Practical Reason." Webb 在 *Kant's Philosophy* 中，曾簡論此一觀點。

201 Heinrich Heine 對康德的論評，見 *Zur Geschichte und Philosophie in Deutschland*. 引見 Webb, *Kant's Philosophy*, pp. 48-49. 有關康德不同階段宗教思想的評述，參閱 F.E. England, *Kant's Conception of God*.

202 〔諸天講〕，卷十一，頁二。康氏提到三種二元理論：㈠完善與不完善都來自上帝；㈡上帝是完善的，非完善之物不來自上帝；㈢上帝與魔鬼俱存，前者代表光明，後者代表黑暗。閱 Ferm, *Encyclopedia of Religion*, pp. 573, 842-843; Hastings, *Encyclopaedia of Religion and Ethics*, 5: 109.

界」，泛神論以神之精魂充沛宇宙間，爲持續不斷的宇宙創新過程。他發揮泛神論曰：

吾人所用泛神論之義與斯賓挪沙、歌德輩稍異。彼輩之意，以為神無往而不在，故謂泛神。吾人之意，重在其無本體，而日在變遷，是為柏格森之言。柏格森以自由作絕對之非定命解，以其謂上帝自身亦在變遷中也[203]。

康氏本人的一元論可從下文得知：

一神論分流發說與創造說，流發之一神論者，謂上帝與此世之所表現者為同物，並同具此後發展之能力。新伯剌圖主義、印度哲學、斯賓挪沙、雪林、黑格爾之說皆屬之。創造之一神論者，現世界有一超於其外者，為之造物主。既造以後，則上帝與此世同存，猶太教、耶穌教、摩訶末教，皆宗之[204]。

---

203 〔諸天講〕，卷十一，頁一。關於歌德，閱 Hastings, *Encyclopaedia of Religion and Ethics*, 6: 307; Ferm, *Encyclopedia of Religion*, p. 306. 關於斯賓諾沙，閱 *Ethis*, 收入 A. Boyle, *Chief Works of Benedict de Spinoza* (London: Dent, Everyman's Library, 1951), Proposition XVIII, "God is the indwelling and not the transient cause of all things." Proposition XXV, "God is not only the effecting cause of the existence of things, but also of their essence." "Corollary. Particular things are nothing else than modifications of attributes of God, or modes by which attributes of God are expressed in a certain and determined manner." A.E. Garvie 論泛神論之序文，見 Hastings, *Encyclopaedia of Religion and Ethics*, 9: 609. 為一有用之一般性說明。關於柏格森，閱 *Creative Evaluation* (Mitchell trans.), pp. 43-45, 54-58, 99, 215; *The Two Sources of Morality and Religion* (Audra and Brereton trans.), pp. 22-24, 48-50, 255-257. 柏格森哲學之綜論，可閱 Jones, *A History of Western Philosophy*, pp. 929-958; Ferm, *Encyclopedia of Religion*, pp. 66-67.

204 〔諸天講〕，卷十一，頁二。關於新柏拉圖主義，參閱 Ferm, *Encyclopedia of Religion*, p. 525; W.R. Inge, "Neo-platonism," in Hastings, *Encyclopaedia of Religion and Ethics*, 9: 307-319. 關於斯賓諾沙，參閱 *Ethics* (Boyle trans.), Pt. 1, "Concerning God," especially "Definitions"; England, *Kant's Conception of God*, p. 25 ("God is *causa sui* in the sense that he is a Self-complete being whose essence involves existence"); Ferm, *Encyclopedia of Religion*, p. 731. 關於雪林，參閱 ibid., p. 692. 關於黑格爾，參閱 ibid., pp. 327-329.

康氏對一元論提出三個問題：

如曰此宇宙出於上帝之創造，則創造自何時？一也。若以人類自由，則上帝全知全能之性受其影響，以二者不相容故也，二也。依流發說，則人類解脫之日，亦卽上帝解脫之日；若依創造之說，上帝處於世界外，卽人類能盡贖罪，是不過所造物之贖罪而已，而上帝之地位何如？三也[205]。

康氏就以這些預料不會沒有解答的問題，結束「歐洲哲學家之言上帝」一節。很少哲學家會把這些因不够了解而發出的反對論調，視爲對一元論的不利批評。康氏雖未明言傾向泛神論，但顯然傾向歸之於柏格森的那種泛神論。康氏對柏格森哲學的掌握雖遠不能與張東蓀輩相比[206]，但他與民國後若干學者同樣喜好柏格森[207]。

知道康氏堅持進步思想，便不難曉得他何以喜歡柏格森哲學。不過他的改良態度有重要的轉變，從變法期間特別明顯的「激烈之目的論」（卽柏格森之"radical finalism"）[208]，到願將事情

205 〔諸天講〕，卷十一，頁二—三。

206 閱 Brière, *Fifty Years of Chinese Philosophy*, pp. 22,48,67,105.

207 張東蓀譯柏格森的 *Creative Evolution* 為中文，作〔創化論〕，譯 *Matter and Memory* 作〔物質與記憶〕。

208 Bergson, *Creative Evolution*, p.45 有云：「極端決定論與極端機械論一樣不能接受，道理相同。目的論之學說認為事物與生物不過是實現前已安排者……像機械式的假說一樣，在此假定一切都是先定的。」同書，頁五〇：「極端決定論之錯誤，一如極端機械論，乃對某些與吾人智慧俱來的概念，運用過度。起先，吾人為了行動而思想……現在，為了行動，吾人一開始就預定一個結果。吾人作成一個計劃，接著是使此計劃進行之細節。後者運作之可能，由於吾人知道可以計算。因此吾人必須從性質中提出同類，以使吾人預見未來。然則吾人有意無意用到因果律。」同書，頁五八：「欲使生命有目的，徒勞無功；說到目的乃涉及預存之模式，只使其實現而已。因此，可以假設，一切都是賜予的，未來可由現今得知。」

由人「自由行動」，以及交給不斷變化之神[209]。

很明顯的，康氏與柏格森一樣反對神之不變觀，僅僅綜攬一切賜與於自身之神不是有效的[210]。同樣可見的是，用柏格森的話說，康氏有意與「生命本身所呈示的創造力」建立關係——此一力量「若非神本身，則是屬於神的」——藉此超脫物性所加諸物種的限制，以繼續並擴張「神行」(the divine action)[211]，如天游之類。最後，康氏可能贊同柏格森之分辨「開放社會」，即全人類之社會，與「關閉社會」，即某一羣人的社會[212]，並認爲「開放社會」乃道德之最終基礎。可惜的是，康氏在對西方哲學家的簡短討論中，未就這些具有興味的論點表示意見。但有一點是清楚的，一九二六年的康有爲不再是教條式的改良派，要按照既定模式來塑造中國。換句話說，他放棄了儒家理性主義，而傾向柏格森的神秘主義[213]。

說康氏接受柏氏哲學的全面，跟說他正確了解柏氏學說一樣，皆非持平之論。因爲康氏有時也說些不爲柏格森所接受的話。最有啟示性的例子可見之於〔諸天講〕中論「上帝之必有」的那一小節，在聲稱必定有一上帝之後，他接著闡明命定論：

---

209 Ibid, p.54云：「真正吾人自身的行動……是一種不擬冒稱智慧的意志，逐漸成熟為行動，在此行動中，智能將成為可理解之因素，而不必要達到最後目的。自由行動乃與此一思想不相稱，而此『道理』必須由此不相稱來界定，因此一不相稱可發現所要的最多『理解性』。此乃吾人自身演化之性格，而此，毋庸置疑，也是生命之演化。」

210 Ibid., p. 209.

211 Ibid., p. 215.

212 Bergson, *Two Sources of Morality and Riligion*, pp. 22-24, 48-50, 255-257. 節要見 Jones, *History of Western Philosophy*, pp. 945-948.

213 柏格森對神秘主義的定義，見 *Creative Evolution*, p. 209.

即如前定之命運，在亞理士多圖、來布尼茲[214]，皆以為天皆有前定，與吾國前定錄、定命錄相合。吾國看相、算命、占筮，多有奇驗者。〔中庸〕曰：「至誠之道，可以前知。」[215]

康氏顯然不知此說不僅與柏格森主義相左，而且與他在同書中強力譴責將迷信與天文相混之論相矛盾[216]。

值得指出的是，康氏並未提供理性依據以證上帝之存在。他僅說所有的宗教都肯定上帝之存在，而自古以來中國人也有同樣信念。但科學家如牛頓、拉布拉斯、和達爾文，採機械觀點，否認或懷疑超自然物之存在，因他們在研究有形的世界中無法找到此一存在的證據。康氏覺得他們都錯了。

> 天下之物至不可測，吾人至渺小，吾人之知識至有限，豈能以肉身之所見聞而盡天下之事理乎？……試問奈端（牛頓）、拉伯拉室（拉布拉斯）、達爾文等能推有形之物質矣，其能預推無形之事物乎？莊子曰：「人之生也有涯，其知也無涯」，以奈端、拉伯拉室、達爾文之知至少，而欲盡知天乎？而可決無上帝乎？多見其不知量也[217]。

據此可知，康氏與柏格森共同譴責「激烈之機械主義」，此與「激烈之目的論」有關，且同

---

214 康氏可能有萊布尼茲的「先有和諧」（pre-established harmony）在胸，閱 *The Monadology*（Latta trans.），pp. 262-263. sec. 78 以及 Latta 之導論，pp. 41-42.

215 〔諸天講〕，卷十一，頁三。引句見〔中庸〕廿三章（譯按：應作廿四章）。

216 〔諸天講〕，卷一，頁六—七。

217 同上，卷十一，頁三—四。此為論上帝一章之結論。此段之最後一句引自〔論語〕「子張」第廿四章。

樣不可信。值得注意的是，柏格森對於拉布拉斯之相信科學知識的完備無缺，也不表苟同[218]。不過，康氏並未完全跟隨柏格森對哲學力量的信任，即使是柏格森的哲學。康氏由天文學而非生物學來看宗教與哲學問題，乃與一些同樣爲無垠宇宙慑服的西方思想家同一胸懷。康氏在「諸天講」卷十二之結論中，淸楚地表現出此一感覺：

> 蓋元元天[219]為無量天中之一微塵，渦雲天[220]為諸天中之一微塵……地為日中之一微塵，諸刼主生於此微塵地球上，稱尊不過比衆生蠢蠢稍有智慧耳。諸敎主亦一生物，智慧卽有限。諸天之敎主稱尊于其球內者百千萬億……其智慧之高于吾地敎主者，亦不可思議，然極智慧終亦有限……故孔子曰：「吾有知乎哉？無知也。」[221]斯為聖乎[222]！

大約在說這段話的五十年前，當康氏十九歲時，他肯定自己能獲得大量的知識，在三十歲前讀盡所有的書[223]。此時的謙虛已取代少年時的自信，此乃他對宇宙與人類較爲成熟估價的結果。康氏並非由觀看星象而變得謙卑的唯一例子。遠在康氏之前，康德在一不同情形下亦復如是[224]。近代天文家謝不雷(Harlow Shapley)謂，有鑒於天體之浩大，人不應把自己看得太嚴重

218 Bergson, *Creative Evolution*, pp. 43-45.
219 康氏以此為「元天」中之最高者，故亦為其所能指名之諸天中最高者。元天之上，尚存無數天。見「諸天講」，卷十，頁十。
220 此為「銀河天」之上之天，見「諸天講」，卷十，頁一；卷十一，頁一。
221 「論語」「子罕」第七章。
222 「諸天講」，卷十二，頁一一。
223 「年譜」，頁四。
224 Kant, *Critique of Pratical Reason*, p. 260; Hastie, *Kant's Cosmology* 導論中此段譯文略有不同 (p. xcvii)。

[225]。許多不同行業的人都有相同的經驗，並對天的思考獲致同樣的看法[226]。儘管康氏在知識上有所不足，至少在這一方面他有不少同道。

康氏對上帝之存在不提理性證據，似追踪康德，以信仰上帝爲道德或心理之必要，而非思辨理性之事。因此，康氏未信從任何形式化的教義，亦未皈依任何特別的宗教，卻與超越有形世界的無形力量和平相處。至此，對他來說，一切經由社會改革以求完美人生的努力，以及一切經由天游以求個人快樂的企圖，都是多餘的了。

前文已述及康氏對西方哲學的了解並不健全，然此非對他致命的抨擊。在許多方面與乃師意見相左的梁啟超，曾對作爲哲學家的康有爲有合理的評估：

> 先生者，天稟之哲學者也。不通西文，不解西說，不讀西書，而惟以其聰明思想之所及，出乎天天，入乎人人，無所憑藉，無所襲取，以自成一家之哲學，而往往與泰西諸哲相闇合，得不謂理想之人傑哉[227]！

當然，若認爲梁以康爲偉大的哲學家，並不眞實。梁氏眞正指出的是，康氏雖缺少訓練，然由於本能之強，具有識力，值得稱爲眞正的思想家。

梁氏在另一處也論及康氏的哲學心得。依梁之見，康氏乃近代中國第一個以嚴肅的態度，試

---

225 Harlow Shapley, *Of Star and Men*, pp. 142-143, 149.

226 例如 Theodore Roosevelt and Harry Golden. Harold E. Kohn, *Thoughts Afield*(Grand Rapids, Mich., 1959), p. 98.

227 康氏死於一九二七年三月三十一日，〈諸天講〉序文撰畢不到一年。康同璧，〈年譜續編〉，頁一四九。

圖進行哲學整合，以建立一「不中不西卽中卽西」之新學說的思想家[228]。此一嘗試，並不完全成功。但是，能夠進行這樣的嘗試，本身已具有相當的歷史意義。

228 梁啓超，〈清代學術概論〉，頁一六一。

第二編　變法藍圖

第六章　政治改革

導言

康有爲在歷史上佔一席之地，部分（也可能主要）是因他在戊戌變法中扮演了主導的角色。他之公開反對辛亥革命，抨擊民國，以及極力呼籲「保存國粹」，使許多一九一〇年代與一九二〇年代的年輕知識分子認爲他是一個不可救藥的反對派。不過仔細檢視他在民國時代的言論，可以發現即使在此一時期，雖然歷史環境已大非戊戌時代可比，他基本上仍然是一個改革者[1]。在一八八〇年代和一八九〇年代，他致力於重整帝國體制及其過時的思想和社會部分；而民國之

1 *Webster's New International Dictionary*, 3rd ed. (Springfied, Mass: G. C. Merriam, 1961) 釋改革派曰：「致力或倡導改革者。」「改革」之一義為：「修正損害者、惡劣者、腐敗者，以及墮落者。」另一義為：「去除或改正濫用、錯誤的、或不對的。」

後，他試圖糾正他所認為愚蠢錯誤之處。然時代的改觀使他晚年不再公開的過問國家事務[2]。但畢竟由於他對中國前途的深切關懷，他仍然不斷地嚴厲批評當時人的辦事方法，熱心祈望思想上改弦更張，以及政治上的補過求善，一直到一九二六年，他死前一年為止。

在四十年中，康氏努力改革的中心目標，未嘗稍變。簡言之，其目標乃以西方為主要模式以求中國政治、經濟、以及學術思想的改變。他要達成目標的方法也未嘗稍變，即按照近代西方的樣版，以緩進的步調，使古老的中國傳統進入共同的近代世界的價值系統——他認為近代西方的樣版適合同一時期發展中的所有國家。

中國的專制必須結束；但考慮到政治發展的階段，她必須先經過君主立憲的中間階段，然後才能達到完全的民主。她的落後農業經濟必須改為工業經濟；私有資本主義，而非社會主義化，才是其原動力。在近代生活方式到來之前，必須先有社會與思想上的準備；但本土文化中的有效因子不能一概掃除[3]。

因此，重點在於漸進。不過，可以指出的是康氏變法的目標超過中國的近代化。把中國置於列強以及明治日本並駕齊驅的地位，只不過是構成世界社會的第一步。世界社會完成後，人類的關切不再是為國家生存的富強，而是全人類同享自由與平等的永久和平。因此，在康氏變政的大計劃中，使中國近代化不僅僅是給眾多的國家之間增加一強國，而是要使一落後的國家參與邁向

2 楊復禮，〔康梁年譜稿本〕，卷三，頁四六中有云：康先生此後常住上海，偶訪杭州，遨遊湖溪，不問世事。但此與楊氏自己所記對照即知不確，如見同書，頁七二指出，在一九二三年康氏又一次圖謀復辟。

3 見本書第十一章。

世界和睦與人類幸福的大道。在此，漸進的原則仍需維持。「大同」，不是摧毀不完善的，而是努力以求完善；不是去攫取遙遠的目標，而是盡量使現有的做得最好。簡言之，必須一直留心現在與未來。我們知道，康氏曾闡明其烏托邦思想的特徵，以及達到此目標的每一階段[4]。在同一精神下，他在一八九一年把他的靈感告訴他的一些得意門生：

養我神明，救我氓蒙；
推極識界，諸天無窮；
區區大地，豈有西東；
先愛同類，無忘族邦[5]。

然則，在康氏的想法中，就像君主立憲應是自專制到民主的過渡，愛國主義或民族主義乃是世界主義的先聲。果眞如此，則中國的改革不應止於君主立憲的完成，而通向人類完善之路也不止於中國的近代化。在共和主義於一個國家中實施，以及全人類統一之前，變革仍須繼續進行[6]。此一最終信念使康不僅與同、光時期的自強派有別，也與戊戌變法時他的合作者不同。因爲，他們對中國近代化的見解儘管不同，卻都同意一點，即他們都是國家主義者，他們的唯一目標是幫助中國獲得「西方文明中的浮士德性格」[7]。

4 〔大同書〕乙部至癸部。
5 與梁啓超及另二人之詩，見康有為，〔南海先生詩集〕（梁手寫本），卷三，頁三。一九一九年重印的〔大同書〕前二部有康氏之跋，亦見一九三五年上海印行之全本第一版。
6 Benjamin Schwartz, *In Search of Wealth and Power: Yen Fu and the West*, pp. 238-239. 在此可指出，康氏也與其他一八九〇年代倡近代化者有別（康氏可能見到此輩著作，引用之而未加聲明。）於一主要論點：此輩以民主化為中國唯一的出路，而康氏則超越他們並以世界社會的理想為歸宿。可參閱湯震，「議院」，載〔危言〕（一八九〇），卷一；陳熾，「議院」，載〔庸書〕（一八九六），外編，卷下；鄭觀應，「議院」，載〔盛世危言〕，卷一；以及何啓與胡禮垣，「新政論議」，載〔新政真詮〕。

正因爲康有爲是一個富於想像的理想主義者，在思想上敢於無所顧忌；同時又是一個不可救藥的漸進主義者，在行動上拒絕冒進；他因而成爲保守派（反對變革）和激進派及革命派（主張快變）共同鄙視的惡徒。他曾在一九二五年評估他作爲這樣一個改革派所付出的代價：

> 自戊戌以來，舊則攻吾太新；新則攻吾太舊。革黨又攻吾保皇[8]。

這些攻擊大部分可追根於對康氏理論的誤解，他既不冒進，也不保守，而是持續不斷的改革派，相信可以逐漸進步到完善的可能性。

以下將敍述幾點：㈠康氏雖然反對辛亥革命，他仍然致力於經由制度的逐漸民主化而使中國政治近代化；㈡從歷史上看，他的變法思想可理解爲解救中國的另一種可行方案；㈢雖然他的變法努力未達預期的效果，仍對近代中國史有重要的影響。關於康有爲的經濟和思想改革將另有專章討論[9]，此處只談政治改革。戊戌變法的史事，論者已多[10]，因此有關戊戌前後事件，本文僅

---

8 「告國人書」」，載康有為，〔萬木草堂遺稿〕（以下簡稱〔遺稿〕），卷四，「書牘上」」，頁一三〇。梁啓超在一九〇一年有云：「先生為進步主義之人……其外貌似急進派，其精神實漸進派也。吾知自今以往，新學小生必益笑先生為守舊矣。雖然，苟如是，是中國之福也。」梁氏如在一九一〇或一九二〇年代，或不會寫出最後這句話。

9 見本書第三、四、五、十、十一章。

10 相關的外文著作有 Maribeth E. Cameron, *The Reform Movement in China, 1898-1912*, pp. 23-55; Te-chih Ma, "Le mouvement rèformiste et les événements de la cour de Pékin en 1898"; Wolfgang Franke, *Die staatspolitischen Reformsversuche K'ang Yu-weis und seiner Schule*; and S. L. Tikhvinsky, *Dvizhenie za reformy v Kitae v kontse XIX veka i Kan Iu-wei*, especially chaps. 7-12. 中文資料可閱康有為，〔自編年譜〕（以下簡稱〔年譜〕）頁一五—二九；梁啓超，〔戊戌政變記〕；康同家，〔康有為與戊戌變法〕；楊復禮〔康梁年譜稿本〕，卷一，頁七九—一〇一；湯志鈞，〔戊戌變法簡史〕。最後一書有一方便的簡表含康氏一生大事及戊戌運動大事（始一八八四年迄一八九八年九月廿八日六君子死難），並有一有用索引含一百篇以上中文有關戊戌變法各方面的著作，出版於一九四九年十月至一九五九年十二月之間。矢野仁一，「戊戌の變法及び政變」，頁五四—六七，三〇—四四，八一—一〇〇有大事記。湯志鈞，「康有為的新政建議和光緒帝的新政上諭」，頁一五四—二二一。小野川秀美，「康有為の變法論」，頁一〇一—一九九綜述康氏之見解與建議。Jérôme Tobar, *Koang-siu et Ts'e-hi, Empéreur de Chine et Impératrice douairière Décrets impériaux 1898*. 總計在一八九八年六月十日與一八九九年二月廿三日之間共頒布一七八道上諭。

就討論所及加以引述。

第一節 理論立場

隨便瀏覽康氏的著作卽可知，改良古老中國的政體在他的變法思想中佔很大的地位。他深信，通向富強之路（不僅指中國，也指其他國家），必須要有一基於民權的政府，以及適合近代生活需要的有效行政系統。他不斷強調這一點，特別是在一八八〇年代與一八九〇年代。例如，他在一八八八年上皇帝的奏摺中說，適當地改變幾百年的古老政府結構，可在十年內致富強[11]。他在一八八〇年代末期的著作中，大部分致意於此一改變的細節。

宮崎寅藏在一八九九年與康有爲的兩個門生談話，提到康氏與孫逸仙二人的不同在於敎養與脾性，二人相同的是共同讚揚共和民權的原則[12]。此一觀察特別引人注意，一個對康氏漸進主張

---

11 「上清帝第一書」，見翦伯贊等編，〔戊戌變法〕，第二册，頁一二九。麥仲華〔戊戌奏稿〕係於一九一一年輯印之較小版本。根據俄人 Tikhvinsky, *Dvizhenie za reformy*, p. 203. 康氏在一八九八年六月十六日與九月廿日之間，共上了五十餘摺，有一些由他人具名。在此可指出，其他人士在此時也覺政治和行政改革之必要，但他們的改革要求不如康之直接了當。參閱曾國藩，〔求闕齋日記〕，「治道」，見〔曾文正公全集〕。陶模，「覆陳自强大計疏」，見于寶軒，〔皇朝蓄艾文編〕，卷三，頁四。何啓、胡禮垣，「勸學篇書後」，卷七，頁二九。有趣的是，當美國前總統格蘭(U.S. Grant)於一八七九年訪華時，他建議中國須重組政府，以日本為成功的範例。Tseng Yu-hao, *Modern Chinese Legal and Political Philosophy* 一書中頁四一及註三引格蘭與恭親王書，錄自 *John Rusell Young Papers*, vol. 33, "Ulysses S. Grant World Tour."

12 宮崎寅藏，〔三十三年の夢〕，頁一二六。

並不十分同情之人，竟能正確道出他的基本信條之一。

康有爲的許多著作都顯示他相信廣義的民主。他接觸到近代民主的思想與制度，早在一八七○年代末和一八八○年代初讀到「西書」之時[13]，並將這些思想與「眞正的儒學」搭上關係[14]。康氏肯定孔子對天下和平與平等的理想特別關注，如他稱頌堯、舜的政府爲「民主」的實際表現[15]。康氏所謂「民主」爲共和政府，爲民主政治的最高與最完美的形式。君主立憲，他有時稱作「君主之仁政」，有時稱作「君民共主」[16]，是較不完善的政體，但適合政治發展中較低階段的國家。專制是最低最壞的政府，只存在於政治落後的國家。專制政府最好也只能達到「小康」[17]。君主只求控制其子民，而不爲他們的利益著想。最壞的專制遂成爲暴政，人民飽受迫害，在中國歷史上可看到許多的見證。再者，君主專制可導致社會和思想上的停滯：

> 昧昧二千年，瞀焉，惟篤守據亂世之法，以治天下……使我大地先開化之中國……衰落守舊不進，等誚野蠻，豈不哀哉[18]？

13 康自一八七九年起閱讀此種資料（〔年譜〕，頁五），包括〔西國近事彙編〕（江南製造局印）、先後由 Young J. Allen 等人編輯的〔萬國公報〕，李提摩太所譯 Robert Mackenzie, *The Nineteenth Century, a History* (4th ed., Chicago, 1882)，中國書名為〔泰西新史覽要〕。尤以最後一書，對於十九世紀歐洲朝向自由的政治進步及專制的相對衰退明顯地抱持著樂觀的態度。王樹槐，〔外人與戊戌變法〕，第一章，簡述李提摩太及其他外人介紹到中國的思想。

14 見本書第三章。

15 〔孔子改制考〕，卷一二，頁一。值得注意者，康氏於戊戌之夏曾呈此書給皇帝。

16 同上，頁二，康以此為周文王之制。

17 「禮運注序」，見〔康南海先生文鈔〕（以下引作〔文鈔〕），第八册，頁一。序撰於一八八四年，而書可能遲至一九○一—一九○二始成。

18 「春秋筆削大義微言考發凡」，〔文鈔〕，第五册，頁一。此書成於一九○一年，時康在檳榔嶼 (Penang)，於一九一三年出版。參閱「裁行省議」，〔文鈔〕，第四册，頁三一，其中斥責專制使中國文明仍像原始部落般落後，而極讚西方物質文明，認為超越漢唐盛世。

康氏毫不保留地接受「自由」和「平等」等基本的民主價值。他於一九〇一——〇二年自道其政治理想如下：

天下為公，一切皆本公理而已。公者，人人如一之謂[19]。

旣如此，一個君王如按眞正的儒家（民主）原則行事，將永不會自以爲高出老百姓一等。他將自視爲衆人之一員，高居皇位，不是自炫，而是爲大衆服務[20]。康氏曾解釋道，「人爲天之生，人人直隸于天，人人自立自由」[21]。每一個人既然都具有人類的共性，他自有合理行事的本能。他的行爲將與任何另一人相應[22]，用不著外力的強制。因此，在理論上沒有專制存在的餘地，因那是一個拒絕給自由獨立的人自治權利的制度。國家實是人民的公產。唯一正義而可靠的政府是民權的政府[23]。

依康氏的看法，專制乃是造成自西力東漸以來中國挫敗局面的原因。因此，中國的解救之道在於將專制政府改爲民主政府[24]。但是專制不能一蹴而幾於民主。中國受專制之毒已深，但尚未

---

19 〔禮運注〕，頁三。

20 〔春秋董氏學〕，卷六下，頁二四。康氏屢言皇帝之孤立乃因過分尊崇之故，如閱「上清帝第七書」，見翦伯贊等編，〔戊戌變法〕，第二册，頁二〇三—二〇四。

21 〔論語注〕，卷五，頁六。康氏繼謂，「孔子以生當據亂世，尚幼稚，道雖極美……須待進化至升平太平乃能行之。」

22 〔中庸注〕，頁一。

23 〔文鈔〕，第十二册，頁二〇。康氏在保國會成立（一八九八年四月十二日）後不久的一首詩中系統化地陳述他的理論。詩云：「八表離披割痛傷，羣賢保國走徬徨，從知天下為公產，應合民權救我畺。」有關保國會事略見康有為，〔年譜〕，頁一七—一八；丁文江輯，〔梁任公先生年譜長編初稿〕，頁五〇—五三。參閱 Tikhvinsky, *Dvizhenie za reformy*, pp. 185-189.

24 康氏之立場極明顯，連中國大陸學者亦以此為「要求改良封建專制」的代表。見李澤厚，〔康有為譚嗣同思想研究〕，頁二〇。

有行民主的資格。政治以及其他方面的進步，必須是漸進有序的。在情況成熟前急求進入較高的政府形式，與維持失去效用的過時制度一樣危險[25]。既存勢力與環境必須加以考慮；痼疾不能一掃而光。政治改革的最終結果是激烈的，但改變的過程必須緩慢平和[26]。總之，在實施全民共和之前，中國必須經過君主立憲的過渡時期。

第二節　戊戌君主立憲之議

康有爲在戊戌那年所作的各種改革建議中，以君主立憲之議最關緊要[27]。他顯然很自傲的認爲（並非無據），國爲公有的主張以及君主立憲的建議，始於他戊戌言論[28]。

康氏以君主立憲爲民主初階有兩層理由。一方面他訴諸孔子學說。康氏評論〔論語〕「八佾」第五章所謂：「夷狄之有君，不如諸夏之亡也。」有云，落後的國家必須維持君主政體，高

25 康有為的社會進步學說及他對公羊三世說之解釋，請閱本書第三、第四章。另閱蕭公權，〔中國政治思想史〕（臺北聯經版）頁七三一—七三六。Fung Yu-lan, *A History of Chinese Philosophy*, 2: 180-181.

26 Woodbridge Bingham, Hilary Conroy, and Frank W Iklé, *A History of Asia*, 2: 337. Franklin W. Houn (Hou Fu-wu), *Central Government of China, 1912-1928: An Institutional Study*, p. 6有謂：「此一改革運動由開明的光緒皇帝允准，而所謂『百日維新』乃欲修補政府結構而無須根本變更。」此一結論實基於誤解。

27 學者們大致贊同此點。如 Cheng-fu Lung, "The Evolution of Chinese Social Thought," p. 314 指康為主張在中國實行君主立憲的政治改革者；Tikhvinsky, *Dvizhenie za reformy*, p. 193 謂採用憲法乃康氏及其同志的主要政治要求；湯志鈞，〔戊戌變法人物傳稿〕，第一册，頁一五，描述變法運動為一資產階級要求民權的運動。

28 康同璧，〔南海康先生年譜續編〕（下引作〔年譜續編〕），頁一〇六。梁啓超為支持此一說法之人（見〔南海康先生傳〕載〔飲冰室合集〕，〔文集〕六，頁八五）。如在前註7所指出，此一概念大致為當時許多人所共見。康氏可說是第一個提出此說並試圖付諸實施者。

舉人權的文明國家人民不需要絕對王政，而可以安於法治[29]。另一方面，康氏以近代西方國家實施民主與立憲政府來說明人類進步的成功例子。西方國家以行政、立法、司法三權來實現民主政府，而在中國僅有這樣的理論存在[30]。中國在民主實施上落後於西方，不是因爲孔子的學說有缺點，而只是他的許多門徒誤解了他[31]。

康氏深信議院在立憲制度中極爲重要。因議院乃是君民交通的管道，並將他們聯繫起來，成爲健康的政體。議院除便利徵稅之外（顯然指的是英國經驗），還使人民能夠經由代議士發表政見與訴願，並在達成對公眾政策上扮演輿論的力量[32]。康氏在戊戌初夏的一個奏摺裏（代擬），曾指出議院的主要性質與優點：

東西各國之强，皆以立憲法、開國會之故。國會者，君與國民共議一國之政法也。蓋自三權鼎立之說出，以國會立法，以法官司法，以政府行政，而人主總之，立定憲法，同受治焉。人主尊為神聖，不受責任，而政府代之。東西各國皆行此政體，故人君與千百萬之國民，合為一體，國安得不强[33]？

康氏接著指出君主專制的基本缺點：

---

29 〈論語注〉，卷三，頁三。主張君憲的同樣論據可見同書中，他對〈論語〉「憲問」第四章的評註，及〈孟子微〉，頁一二，一五—一六，對〈孟子〉「梁惠王下」第七章及「離婁上」第九章的評註。

30 「上清帝第六書」（一八九八年元月廿九日），載翦伯贊等編，〈戊戌變法〉，第二冊，頁一九九。

31 「論語注序」，〈文鈔〉，第八冊，頁二。此說在〈新學偽經考〉中更充分發揮。

32 「上清帝第四書」（一八九五年六月卅日），載翦伯贊等編，〈戊戌變法〉，第二冊，頁一七六。

33 「請定立憲法開國會摺」，頁二三六。

吾國行專制政體，一君與大臣數人共治其國，國安得不弱？蓋千百萬之人，勝於數人者，自然之數矣。

康氏為了加強其說法，警告中國若不及時作政治改革，將步法國與波蘭的後塵，不免革命流血。法國的情形特別有教訓意義。康在戊戌年寫道，法國人民受到美國革命的啟示，以及英國查理一世與詹姆士二世倒臺的鼓勵，決心推翻長期壓迫人民的波旁王朝，不久即成功。此理不求自明：

民情大動，民心大變矣。昔之名分，不足以定之，適足以激之；嚮之權勢，不足以壓之，適足以怒之[34]。

獨裁的法國就此敗亡。假如路易十六知道局勢危險，而決心立憲，確定統治者與被統治者間的權利，他不但可免於一死，還可保全王朝。不幸的是，他未能理解此一放諸四海而皆準的真理：

且夫寡不敵眾，私不敵公。

波蘭的悲劇為同一性質的教訓，雖然其歷史境況不同。康氏特別指出，波蘭之王受制於保守派大臣以及作威作福的母后，不能自己作主。如他能在局勢尚未完全絕望前，還政於民，該有多好[35]？

34　「進呈法國革命記序」，翦伯贊等編，〈戊戌變法〉，第三册，頁八—九。亦見〈文鈔〉，第五册，頁二〇—二一。

35　「進呈波蘭覆滅記序」，翦伯贊等編，〈戊戌變法〉，第三册，頁一〇；〈文鈔〉，第五册，頁二四。康氏於一九一二年底或一九一三年初所寫之跋有云：皇帝讀此書後不禁流涕。不久就採取決斷，包括讓平民上奏，以及免除整批反對變法的禮部官員。後一舉發生於九月四日，離政變不到二十天。

康氏繼謂，法國革命加速了民主的步調。一個近代國家接著另一個近代國家快速取代寡頭，而成立憲政府——袪專制，與民權：

> 時勢所趨，民風所動，大波翻瀾，迴易大地，深可畏也[36]。

結論是顯而易見的。違背時勢必然無效，中國唯有趨時，當情況仍有可爲時，準備迎接君主立憲。因此，在戊戌變法前五個月，康氏向皇帝上了如下的奏摺：

> 伏願皇上……集羣材咨問，以廣聖聽。求天下上書，以通下情。明定國是，與海內更始。自茲國事付國會議行[37]。

在開國會行憲之前，有幾個準備步驟。在一八八八年與一八九五年之間，康在好幾個場合向皇帝建議設立詢議官[38]，或議郎[39]。然後，在戊戌之夏，正當保守派與維新派爭鬥白熱化的時候，康氏催促皇上開一雛型國會，選派無行政責任的臣工任之[40]。稍後，康氏又提出兩項建議：

> 今歐、日之強，皆以開國會行立憲之故。皇上翕受嘉謨，毅然斷行，此中國之福也，生民之幸也。請卽定立憲為國體，預定國會之期……今未開國會之先，請采用國會之意：

---

36 翦伯贊等編，〔戊戌變法〕，第三册，頁九；〔文鈔〕，第五册，頁二一。

37 〔上清帝第五書〕（上書於一八九七年十二月二五日到一八九八年元月二一日之間），翦伯贊等編，〔戊戌變法〕，第二册，頁一九四。

38 〔上清帝第一書〕（一八八八年），翦伯贊等編，〔戊戌變法〕，第二册，頁一二九。

39 〔上清帝第二書〕（一八九五年），翦伯贊等編，〔戊戌變法〕，第二册，頁一五二—五三。

40 〔年譜〕，頁二四，有康氏之見曰，一個政府僅有行政機構而無「議官」，實不可思議。他遂上奏請設此等官吏，由徐致靖在戊戌仲夏代遞。

一日集一國人才而與之議定政制；一日聽天下人民而許其上書言事[41]。這些建議——在立憲政府成立之前先作準備，特別値得注意。康氏此擧不僅是附合他的漸進主張，而且也是爲照顧到當時情勢的一種愼重。他說到朝廷上到處是保守派。立卽召開國會將引起過多的反對，以至危及整個計劃[42]。他建議皇帝暫時只與一些選拔的議官商事，作爲國會的先聲[43]。

値得指出的是，康氏在戊戌年的建議，竟然先預示了一九〇六——〇八年淸廷的立憲運動計劃——宣布立憲，預定召開國會的日期[44]。不過，二者相似處只是表面的。康氏想要以其初步計劃導致中國政治制度的基本改變[45]，而淸廷的立憲不過是爲延長專制和阻扼民主的策略。當時的一個法國記者就說過，「她（慈禧太后）表示接受君主立憲只是她愚弄人民的把戲」[46]。

---

41 請定期開國會摺上於戊戌仲夏，翦伯贊等編，「戊戌變法」，第二册，頁二四一。康氏繼謂日皇在組織憲法政府前，延請有才之人商討政務。於是，大久保利通（一八三一—七八）、木戶孝火（一八三三—七七）等進用。參閱 Hugh Borton, *Japan's Modern Century* pt. 2 略述大久與木戶在明治維新中扮演的角色。

42 「年譜」，頁二四。同書頁二五有云：在七月之末，康氏勸譚嗣同與林旭勿重提國會事。

43 同上，頁二二指出，此一要求實際上由李端棻代奏，該摺由梁啓超執筆。據趙豐田，「康長素先生年譜稿」，頁二〇六，康本人亦曾上一奏，由宋伯魯代呈，其中提出同樣要求，並推薦黃遵憲和梁啓超為將來議事局副職。康氏提到的「遵廳」，金梁認為是懋勤殿。（「光宣小記」，頁五二—五三。）

44 閱 Cameron, *Reform Movement in China*, pp. 103-104. 一九〇六年九月一日上諭見頁一一四—一一五，及附錄一，頁二〇五—六（九年開國會議）。這一切的基本原則由出洋考察憲政的大員呈述於光緒三十二年元月的奏摺中，要求清廷宣佈立憲決心。載澤於同年七月在另一摺中呈述同樣意見。摺文均見沈桐生，「光緒政要」，卷三二，頁一—二以及頁二八—三〇。同日有關準備立憲事的另一上諭載頁三〇。

45 Pierre Renouvin, *La question d'Extrême-Orient, 1840-1940*, p. 189有云：「這些大規模的行政與技術上的改革，無一意指帝國政治結構的改進。」此話顯然是不正確的。

46 引自 Li Chien-nung（李劍農），*The Political History of China, 1840-1928*, p. 209. 李氏未提此記者之名。載澤自認宣佈立憲的好處之一，乃排除革命黨所謂中國仍處半文明的專制之說。見註44所引載澤奏摺。

在康氏的想法中，漸進改革並不意謂只改一半。他一再要求成立制度局以草擬新法，製作新的制度，製定新的政策，簡言之，即照顧到政治改革的全面[47]。他解釋此制度局的重要性道：

方今累經外患之來，天下亦知舊法之敝，思變計圖存矣。然……枝枝節節而為之，逐末偏端而舉之……必至無功……臣以為不變則已，若決欲變法，勢當全變[48]。

再者，爲了象徵皇上決心與舊傳統斷絕的決心，康氏建議改元，遷國都至南方，並斷髮與易服[49]。

這些建議被保守分子斥爲西化與拋棄傳統，自不足怪[50]。不過，由此可見，康氏的方法雖是漸進的，但目標卻是激烈的。在他看來，變法要有成果，必須徹底。

---

47 此一建議至少提過三次，即在「上清帝第六書」（一八九八年元月二九日），在「敬謝天恩並請統籌全局摺」（六月二二），在「請開制度局以行新政摺」（八月十七日與九月十五日之間），此三摺均見翦伯贊等編，〔戊戌變法〕，第二冊，頁一九七—二〇二，二一四—一七，二五一—五三。

48 「敬謝天恩並請統籌全局摺」，翦伯贊等編，〔戊戌變法〕，頁二一五。

49 「請設新京摺」與「請斷髮易服改元摺」（均上於戊戌初夏），載翦伯贊等編，〔戊戌變法〕，第二冊，頁二六三—六五；二五九—六二。康氏可能受〔萬國公報〕中一文（九〇：三）的影響。該文由姜叔子所撰，述同一事。此文重印於〔戊戌變法〕，第三冊，頁二〇〇—二〇一。多年後，康氏表示後悔易服。他說此與斷髮、改元都是為了心理上的理由：為清帝全力革新的決心打氣。不過，他說作此建議造成技術上的錯誤，因為他使保守派更加反對變法。見其第二摺的跋文，載麥仲華，〔戊戌奏稿〕（見註11），頁七〇。

50 文悌，「嚴參康有為摺」，翦伯贊等編，〔戊戌變法〕，第二冊，頁四八五。

第三節　政治轉變的因素

大家都知道，康氏深賴光緒之力以行變法。換言之，他借寡頭制度中最具決定性者來推行中國的民主化。梁啟超在一九〇一年對康氏的立場，作了這樣的解釋：

> 中國創民權者以先生為首（知之者多，而創之者殆首先生）。然其言實施政策，則注重君權，以為中國積數千年之習慣，且民智未開，驟予以權，固自不易，況以君權積久，如許之勢力，苟得賢君相，因而用之……故先生之議，謂當以君主之法，行民權之意[51]。

以君主之法來實行政治的現代化，此一構想不單單來自中國歷史，可能亦來自英、俄、日等國的歷史。當時中國局勢的發展無疑更予他以鼓勵。光緒皇帝終於在一八八九年起親政[52]。康氏自知慈禧太后仍擁有相當的權力與影響。但皇帝是年輕人，易於接受甚至嘗試新觀念。因此，在一八九五年甲午慘敗後不久，康氏首次公開建議皇上運用其權力，使中國袪除舊法，改造舊制[53]。

---

51 〈南海康先生傳〉，〈飲冰室合集〉，〈文集〉四，頁八五；另見翦伯贊等編，〈戊戌變法〉，第四冊，頁三四。

52 中國史和英國史可能為康氏由君權發動政治改革的理論提供支柱。劉子健在評論十一世紀王安石變法時說：「王安石為了大事改革以及克服强烈的反對派，必須依仗皇帝的支持。」(*Reform in Sung China*, p. 21.) 孟特福 (Simmon de Montfort) 之一二六五年「大巴力門」(Great Parliament)，始於戰勝亨利第三之後，也指出借用王權來發動憲政的可能性。

53 「殿試策」，係〈南海先生四上書記〉之附錄，見頁四九。

必須指出者，康氏所說並非基於王政神聖的信念[54]，事實上，他所建議的乃是取消王政的第一步。康氏要以王權來執行政治改革之主要論點須在此作一簡述。在一八九八年六月二十一日，康氏所上的一個重要奏摺中有云：

人主有雷霆萬鈞之力，所施無不披靡，就皇上所有之權，行方今可為之事，擧本握要，則亦可一轉移間而天下移風，振作人心矣[55]。

康氏顯然要給年輕的統治者信心與鼓勵，更擧俄皇彼得與日皇明治的成功例子來說明以五權維新圖強之值得效法。彼得與明治之所以有大成就，正因其有切斷千年自誇自欺積習的勇氣，並採用憲法[56]。因而，中國皇帝所應效法之路，正如康氏所謂，

以俄國大彼得之心為心法，以日本明治之政為政法而已[57]。

康氏認爲在中國政治轉化的最初階段，俄國與日本的經驗比起歐美的高度民主思想與制度，更爲適當的指標。俄國的經驗尤與中國的情況相似。康氏於一八九八年二月說：

職竊考之地球，富樂莫如美，而民主之制與中國不同。强盛莫如英、德，而君民共治之制，仍與中國少異。惟俄國其君權最尊，體制崇嚴，與中國同。其始為瑞典削弱，為泰

---

54 Ch'ien Tuan-Sheng（錢端升），*The Government and Politics of China*, p. 51 有謂：「康有為乃一儒者，相信皇權至上，就此而言，他與曾國藩和李鴻章無異處。」很明顯的，錢教授沒有抓住康氏立場的要害。

55 「敬謝天恩並請統籌全局摺」，翦伯贊等編，〔戊戌變法〕，第二冊，頁二一六。

56 「進呈俄羅斯大彼得變政記序」，翦伯贊等編，〔戊戌變法〕，第三冊，頁二。「進呈日本明治變政考序」，翦伯贊等編，〔戊戌變法〕，第二冊，頁三。另見「上清帝第六書」，〔戊戌變法〕，第二冊，頁一八九。三摺均撰於戊戌年。

57 「上清帝第五書」（上於一八九七年十二月廿四日與一八九八年二月廿一日之間），翦伯贊等編，〔戊戌變法〕，第二冊，頁一九五。

> 西擯鄙，亦與中國同。然其以君權變法，轉弱為強，化衰為盛……故中國變法，莫如法俄，以君權變法，莫如採法彼得[58]。

光緒皇帝甚以為然。在六月十一日著名的上諭中[59]，他正式下詔變法，並願以取法彼得自任。自此，康氏轉移其重點加強取法日本，卽將專制政體改為君主立憲[60]。

據康氏所說，皇帝也贊同君主立憲。康氏在建議開國會一摺的跋文（參閱註41）中說，皇帝的確有意施行，只因太后堅決反對而不果行。當孫家鼐規勸皇帝說國會一開民有權而君將無權，據謂光緒皇帝說，目的在救中國，若人民也因而得救，卽無權也無關係。康氏乃謂，唯人主誠心公天下，才能說這種話[61]。當時康氏必定這樣想：旣得皇帝毫無保留的決心，中國的政治近代化指日可待[62]。

但康氏的計劃有致命性的缺失。光緒皇帝雖有至尚的決心，但卻無權使決心化作實際行動。日人宮崎氏在一八九九年觀察到，欲用上諭（最多不過是略勝廢紙）來掃除中國的積弊，根本是笨拙的，而康之失敗根本是因他單單依靠皇上的權威[63]。當然，康氏本人未嘗不知皇帝並非可

---

58 「上清帝第七書」（上於一八九八年二月），翦伯贊等編，〈戊戌變法〉，第二冊，頁二〇三。康又謂彼得成功之秘在於他之不恥下問探求西方的近代道路。

59 此諭見〈德宗實錄〉，卷四一八，頁一一五。另見翦伯贊等編，〈戊戌變法〉，第二冊，頁一七。

60 如見「請定立憲法開國會摺」。

61 麥仲華，〈戊戌奏稿〉，頁三四。另見〈不忍〉，五期（一九一三年六月），頁二。另見〈文鈔〉，頁一〇。

62 康氏不斷重申清帝之決心。如閱「祭德宗皇帝文」，引見趙豐田，「康長素先生年譜稿」，頁二七一；「告全國民衆書」〈遺稿〉，「書牘上」，頁一三〇。歷史學者不疑康說，如閱湯志鈞，〈戊戌變法人物傳稿〉，第一冊，頁一二。張柏楨，〈南海康先生傳〉，頁三六。

63 宮崎寅藏，〈三十三年の夢〉，頁一四四。宮崎偏袒孫中山，故謂除革命外別無可行之路。他說假如清帝果如康所說那麼賢明，他應退位為平民，使人民自由選擧統治者以及變中國為共和，或者康可在民間組革命軍以待清帝，如此則可令查理第一與路易十六羞愧。「欲一擧打倒腐敗而不流血」絕無可能（頁一四五）。

靠。光緒曾對康說，如此多的阻礙，他能做什麼？然康氏畢竟覺得皇帝可以做一些事。他的建議是：

> 就皇上現在之權。行可變之事，雖不能盡變，而扼要以圖，亦足以救中國矣[64]。

偶而，康氏似乎相信聖王魔力。例如一九〇四年在意大利時，他讚美凱撒，以爲其天才與成就凌駕於亞歷山大與拿破崙之上，唯有中國的唐太宗差可與他媲美。歷史上其他的帝王大都是「粗才」[65]。康氏未將光緒與凱撒相比，不過，康氏一直敬慕光緒，即使戊戌之後多少年都未稍變[66]，使我們猜想，康氏可能不會猶疑地認爲，光緒之潛能可與凱撒和唐太宗並駕齊驅。不幸的是，光緒在戊戌那年證明他比康氏所想像的要差。他縱有權力，能否有執行艱巨政治改革的能力，實在值得懷疑[67]。

不過，值得指出的是，康氏並未完全依靠皇帝。他曾尋求改革的其他可能力量——如政府官員、有學問的士人、以至尋常百姓。可理解的，他對第一類人最爲注意。他在一八九五年說，政治改革必須始於京城，以及與高級官吏合作[68]。他在一八八八年極力想贏得翁同龢、潘祖蔭、以

---

64 〔年譜〕，頁一九。康與清帝於一八九八年六月十六日召見時之談話。早在一八九五年翁同龢已告訴康氏，皇帝並無實權，見〔年譜〕，頁一三。

65 「意大利遊記」，見〔歐洲十一國遊記〕，頁四〇—四一。

66 例如，他有時指清帝為聖。趙豐田，「康長素先生年譜稿」，頁二七一。

67 關於光緒的性格與處境，可參閱蕭公權，〔翁同龢與戊戌維新〕（臺北，聯經版），頁四四—四八。李鴻章對光緒之估量並非無據。他於一八九五年告李提摩太曰，帝無決心，一憑他人顧問。閱 Timothy Richard, *Fifty-five Years in China*, p. 207.

68 〔年譜〕，頁一三。

及徐桐（極端保守派）等大官的注意[69]。結果，他只能說服翁同龢同意變法的重要性，而此已是甲午慘敗之後[70]。

康氏的勸說對象並不限於大官。他曾努力尋求士人以及中下官吏的贊助。他在他們之間進行了一種教育性和宣傳性的活動，使他們熟悉世界事務以及中國的問題，呼籲他們變法救國。他與他的門徒們出版通訊與報紙，並在京城以及其他地方創立學會[71]。他相信集合同志於學會，不僅將促使新思想的傳播與近代觀點的形成，而且可加強這些人的影響力[72]。學會的活動將是多種多樣的，包括收集譯書，選譯西文書籍，傳閱譯書，翻譯外國的報紙分到各省閱讀，提供實驗設備與建立博物館以發揚科學研究，使每一學員致力於某一研究以鼓勵實用之學，保送有成就的學員到中國以及外國去旅行，以使他們有進一步的機會獲得更多的知識以及貢獻知識。所要接觸的人包括著名的官吏、同情的華僑、住在中國的西方人、以及其他國家的學會[73]。

學會的構想到一八九五年八月廿二日在北京設立的強學會後，有了最初以及特別的形態[74]。

69 同上。此係一八八八年，康始倡變法肇因於一八八四—一八八五年的中法之役。

70 同上。關於康氏與翁之關係，閱蕭公權，〔翁同龢與戊戌維新〕，頁七一—一一六。

71 湯志鈞正確指出，上皇帝摺、組織學會、和出版期刊乃改革派的主要工作。見「戊戌變法時的學會與報刊」，〔戊戌變法史論叢〕，頁二二二。

72 〔年譜〕，頁一三。康於一八九五年八月說此。

73 梁啓超，「論學會」，此係〔變法通義〕之第五部分，見〔飲冰室合集〕，〔文集〕一，頁三三—三四。另見翦伯贊等編，〔戊戌變法〕，第四册，頁三七六。

74 〔年譜〕，頁一三—一四有康本人對此會的記載。康之「强學會序」，載〔康南海文集〕，卷八，頁二〇。另見翦伯贊等編，〔戊戌變法〕，第四册，頁三八四—三八五。

有一些京官積極參加此會，李提摩太給予贊助[75]。美國駐華使節鄧比（Charles Denby）、英國使節奧康諾（Nicholas O'Connor）協助提供西書以及科技設備。在地方上的大官，不論文武，包括劉坤一、張之洞、王文韶、宋慶、與聶士成在內，都捐了錢[76]。強學會似乎有了一個好的開始。

保守勢力很快地使政府禁止了此一學會。但集合同志追求共同目標的想法持續而且散播開來，在京城中有小羣組織，而在地方上則有較具氣魄之學會的出現，較著名的如湖南的湘學會與南學會、湖北的質學會、廣西的聖學會、以及江蘇的蘇學會。此外，還有爲了某一特定目標而組成的學會，如上海的譯書公會以及湖南的法律學會[77]。上海強學會在一八九五年秋成立於上海，一部分歸功於康氏本人的努力[78]。在京城，被查禁後的強學會一度由保國會承續，那時已是一八九八年之春，百日維新的前夕。此學會也像早期之學會一樣成爲各省自保組織的先驅[79]。這些會都延續不久，它們的實際影響難以估計，它們對當時的衝擊似乎是有限而表面的。不過，它們之

75 Timothy Richard, *Fifty-five Years in China*, pp. 254-255. William E. Soothill, *Timothy Richard of China*, p. 235記述李提摩太有云：「李氏著作與人品對許多改革派人士有極大的影響，所以他自然是戊戌時極感興趣的旁觀者。」

76 〔年譜〕，頁一三—一四。據康謂李鴻章「自願捐金二千入會，與會諸子擯之，議論紛紜。」「會事甫盛，而衰敗即萌焉。」

77 王其榘，「學會等組織」，載翦伯贊等編，〔戊戌變法〕，第四册，頁三七三—四七八述及此會及其他諸會。

78 〔年譜〕，頁一四。王其榘，「學會等組織」，頁三八五—三八六，三八九—三九四，含張之洞爲此學會以及學會章程所撰之文，所說頗與梁啓超「論學會」一文相呼應。

79 〔年譜〕，頁一七—一八。翦伯贊等編，〔戊戌變法〕，第四册，頁三九九—四一七載學會章程、參預人士姓名、康氏演說詞、梁氏演說節錄，以及梁氏所記此學會之影響。

存在顯示康氏除了皇帝外，已看出尋求其他改革力量支持的可能性。

康氏及其同志除尋求政府官員合作外；覺得有必要在年輕人之間傳播變法消息，使他們接觸西式教育，閱讀「西書」、報紙、以及其他設備來面對近代知識。他們實際上推動了一項思想改革以與政治改革齊頭並進，兩者可相互支援。有關思想改革部分將在另章討論，此處僅需指出康於戊戌年較其門徒們更注意政治改革，也更相信可借皇權來推動改革[80]。事實乃是：整個講起來，在那段時間，他在思想和政治的改革上幾乎花了同樣多的力氣。

康氏變法運動的最終目標既是把中國變成一「聯邦」(Commonwealth)，即使在戊戌那年，他已開始嘗試使平民，至少在心理上，作好變的準備。因此，他要求皇帝分發他的肖像，發出愛民的上諭，並將變法的詔諭傳布到帝國的每一角落，以使一般百姓熟悉皇帝及其計劃[81]。

更重要的是，康氏堅持平民必須也作好迎接民主到來的準備。他強調地方自治政府乃民主政府的基石。他於一八九八年必已知道皇帝與上層人士可發動政治近代化的最初動力，一般平民才能提供民主的實質。因此，在憲政到來之前，不論君憲或共和，平民必要有參政的準備，而學習自治的最好途徑是從地方上開始。

---

80 例如，當一八九八年六月廿三日取消八股文後而引起緊張情勢之際，康弟廣仁屢次建議暫緩政治活動而專事教育。有一次說道：「上旣無權，必不能舉行新政，不如歸去，選通中、西文學者，教以大道，三年必當有成，然後議變政。」見〔年譜〕，頁二二。但康氏仍繼續政治活動，直到九月間政變爆發為止。然後他轉為保皇，特別是在海外華人間進行。見康同璧，〔年譜續編〕，頁四；另見丁文江，〔梁任公先生年譜長編初稿〕，頁八八。據伍憲子（伍莊）著，〔中國民主憲政黨黨史〕，頁二五說，保皇會的正式英文名稱應是"Chinese Reform Association."

81 〔年譜〕，頁二三。議案成於戊戌之夏。康謂光緒同意擴大傳布變法的上諭，但似並未實行。

康氏在一八九八年初說，所有的地方政治都須源自人民。當然人民尚未準備好自治。但正因尚未準備好，故必須馬上採取步驟使他們熟悉政治的原理、結構、與運作。首先，必須徵召地方上的士紳。他們在民政局的官員協助下，負起有關地方政府的開端事務。當地方自治有了滿意的成果，一般人民便可以參與全國性的憲政了[82]。

當一九〇五年清廷宣佈考慮立憲時，康氏重述他對地方自治的要求。他認為現實環境雖仍不能召開國會，但召開鄉、區、縣、省級的議會的時間已經到來。他說此乃唯一表達民權的實際辦法，並替民眾作好迎接完全憲政的到來[83]。他相當詳細地敍述了德國、英國、美國、以及其他國家的地方政府，並建議中國須採行一套集其優點之大成的體系[84]。他指出「野塞之國」的人民散居村落，而「文明之國」的人民則集中於都市。在近代西方，人口集中之地曰「邑」，當它發展出較高層次的工商活動時，就稱為「市」。中國為躋身文明國家之列，必須發展工商業。換言之，她必須與西方國家一同朝都市化邁進。然後，都市與鄉村以及都會各成為地方自治政府的單位。當地方自治政府徧布帝國每一角落時，中國憲政的穩固基礎便告確立了。因此，一切莫如地方自治之重要[85]。康氏在回答一從事近代化省級官員的問題時，有這樣的建議：教導每一區中的鄉民選出自己的代表，組成自己的議會，選舉自己的領導人，以便妥善處理諸如戶口調查、道

82 翦伯贊等編，〈戊戌變法〉，第二冊，頁二〇二。

83 「論省府縣鄉議院以亟開為百事之本」，〈文鈔〉，第四冊，頁六七。

84 「論自治」，〈遺稿〉，卷一，頁四〇—四三。康還提到柏林、紐約、伯明罕、馬賽、米蘭以及其他城市的自治制度。

85 同上，頁四四，四七，四八。

路、公共衞生、學校、灌溉等事務[86]。

梁啟超又一次正確地指出乃師康氏的立場：他給由地方議會制度操作的地方自治政府以最大的重視。因爲依康氏之見，這些機構將給平民得到問政的機會，因而奠定民主的基礎[87]。這樣，一般人民本身將成爲政治轉化的動力。

第四節　君主立憲之議

康氏君主立憲的希望，到辛亥（一九一一）年完全破滅。實在說來，至此他爲中國政治轉化的一切努力，化爲烏有。但失敗並不一定沒有歷史意義。不管如何，康氏的努力值得作一些不以現實標準來衡量的深入探討。

就當時政治生活的事實而論，康氏爲中國所設計的道路並非無理。中國專制政體之過時，除了頑固保守派與完全無知者外，都會承認。像康有爲這樣的人，在努力探求西方成功的秘密之後，自會得到一種結論，卽民主乃唯一可以替代的政體。同時他得到另一種合理的結論：中國人

86 「復劉觀察士驥書」，〔遺稿〕，卷四，頁四七。劉時任貴州工商主管，一九〇八年巡撫張鳴岐任命他主管地方自治局。

87 〔南海康先生傳〕，頁八六。陸乃翔、陸敦騤，〔康南海先生傳〕，上編，頁一九—二〇所說有異，謂乃師認憲政雖未建立，人民自治之權必須認可。因此乃積極主張地方自治，且為此主張之第一人，深信國民自治政府乃是民主基石。偶而，康氏認為中國鄉間已存的許多自助性組織，可以比擬近代西方的自治政府。在他敘述其叔祖於一八五四年所建的一個組織，他稱之為地方自治政府（〔年譜〕，頁一（）），此乃言之過甚。閱 K. C. Hsiao, *Rural China: Imperial Control in the Nineteenth Century*, pp. 261-322.

民在專制統治下幾千年，旣無能力也無欲望取得政權。因此在他們有資格運用權力之前，給予他們政權是愚蠢的。最安全的方法是盡量利用現存的設施作大轉變的準備。簡言之，此乃君主立憲的緣起。

說中國人民政治準備不足絕非誇大其詞。康氏忠實門人麥孟華在一八九八年夏天，在京師內外傳聞民權之說，有這樣的觀感：

> 中國之民未能自事其事，卽不能自有其權，未能事事而界以權，則權不在秀民，而在莠民[88]。

臣民對一八九八年八月二日求言上諭[89]（改革派宣傳家所倡議，認爲可鼓舞臣民關切公眾事務的舉措）[90]的立卽反應，爲麥氏的疑慮提供了一些事實的佐證。來自各方的奏摺如雪片飛至朝廷。每日至少有成打的奏摺送到皇帝手中，而他根本無暇竟閱[91]。有許多奏摺不論內容或形式簡直無關痛癢，甚或荒唐。只有少數眞正提出相關的建議[92]。其中最荒謬的論調想是出自反對變法者之

---

88 麥孟華，「論中國宜尊君權抑民權」，翦伯贊等編，〈戊戌變法〉，第三册，頁一三。此文原刊載於〈昌言報〉，由汪康年創刊於上海，自一八九八年八月十七日至十一月十九日，共出十期。閱湯志鈞，「戊戌變法時的學會和報刊」，頁二五五。

89 此一上諭見〈德宗實錄〉，卷四二一，頁一五—一六。

90 在「敬謝天恩並請統籌全局摺」的結論部分，康（於戊戌之夏）要求光緒帝允許一般人民上書。翦伯贊等編，〈戊戌變法〉，第一册，頁二四二。

91 閱轉載自〈國聞報〉一八九八年九月二十日名曰「光怪陸離」之文，翦伯贊等編，〈戊戌變法〉，第三册，頁四一二。梁啓超對這些文獻有同樣的看法。閱其〈戊戌政變記〉，頁四四—四五。另閱張伯楨，〈南海康先生傳〉，頁三五。光緒帝曾透露一雲南擧人所上較不荒謬之摺。見〈德宗實錄〉，卷四二三，頁二。

92 翦伯贊等編，〈戊戌變法〉，第二册，頁三六二—三七四收錄現存的四件中之三。

手，他們大肆抨擊尊重民意之論。此種事情發生已足見中國人民在戊戌之時對運用民權的準備還差得太遠。康氏及其黨徒並不太悲觀，因為他們覺得開明的君主乃是發動中國民主轉變的最重要的動因[93]。

為免於太過強調明顯的論點，筆者擬列舉若干當時未參與變法者的觀察。一位政府官員評論〔時務報〕（一八九八年六月十一日）的編者主張開議會乃是政治改革的第一步時，指出議會在西方行得通，除了有良好教育的士人，尚有一富裕而有才智並了解什麼對國家有利的紳民階級，此種士人與富紳階級在中國還沒出現：

> 中國之紳，多科目、捐納、門蔭出身，好發大言空議，貧而嗜利之人，卽富紳亦多貪黷成性，視國家利害，不若一身一家之切……故知民權議院之說，乃大謬之論也[94]。

如此評價中國傳統士人的質地似乎過於悲觀[95]。但所說中國沒有一個使西方民主政治成功運作的富裕而具才智的中產階級卻是很有根據的。不只一位作者指出，缺少此一階級乃是限制中國（卽使辛亥革命以後）發展民主政府的因素[96]。

一位在一九一四年親歷北京近郊地方議會的縣長，他的議論值得一引：

---

93 Franke, *Die staatspolitischen Reformversuche K'ang Yu-weis und seiner Schule*, p. 39 解釋康氏之立場。

94 袁昶，「議復寄論事件條陳」（撰於一八九八年九月八日），載翦伯贊等編，〔戊戌變法〕，第一冊，頁四五二。袁繼謂：地方官選任有名鄉紳為顧問團。他說如此可得到西方議院中下院之利。

95 閱 Chang Chung-li, *The Chinese Gentry* 及 *The Income of Chinese Gentry*.

96 Houn, *Central Government of China*, p. 175 有云：「近幾百年來中國最主要的社會問題皆源自經濟與技術的落後。以至於構成西方世界民主憲政骨幹的中產階級，至今未在中國出現。」

每一區都有地方議會……和地方市政會議……按照成規，議會成員皆須是正派士紳出身。不過，事實上，議員經常由賄賂和威迫而得其位。他們係地方人民，然非真正之代表。如地方官誠實……此輩議員全力攻訐，大加阻撓。如地方官一如彼輩貪枉，立即結黨營私，有步驟地壓搾百姓[97]。

一般老百姓也未能走上民主之途。鄉村重建運動的領導人梁漱溟，也是一個道地的改革派[98]，在一九三〇年代早期曾說，如僅給與投票權而不先加以訓練，北方的老百姓將投票反對禁止纏足[99]。當時任教清華大學的蔣廷黻在一九三五年也說：假如人民不願參與政府，憲法不能給與他們任何政治權力[100]。留美社會學家楊慶堃（C. K. Yang）在一九四〇年代後期發現，大多數的農民，包括住在南京附近者，對政治事務仍然漠不關心[101]。中國人民，不論士紳和農民，都未有民主準備的事實，支持了康氏用現存君主權威並爭取士人贊助來推動憲政起步的論點。

康氏之堅持漸進主義使他成為革命和共和的堅決反對者。他反對激烈政治改革的一些議論，可在此略為一述。他的論點有時根據理論，即政治改革必須與當時的歷史環境相應。他經常援用

---

97 *Letters from a Chinese Magistrate*, reprinted from the *Peking and Tientsin Times* (Tientsin, 1920), p. 51.

98 詳閱 Harry J. Lamley, "Liang Shu-ming: The Thought and Action of a Reformer."

99 引見朱經農，「結束訓政的時間問題」，頁一八。

100 「國民黨與國民黨員」，〔獨立評論〕，一七六號（一九三五年十一月），頁一四。

101 參閱 C. K. Yang, *A Chinese Village in Early Communist Transition* (Cambridge, Mass.: MIT; dist. Harvard University Press, 1959). 參閱蕭公權，「低調談選舉：地方民意機構的初步檢討」，頁一〇四—一〇九，一一〇—一一三。後一文乃根據作者一九四〇年代初期在川西之實地調查。

公羊三世說——每一世都有其特定的政府形式[102]。由於中國是要由「據亂世」轉向「升平世」，因而必須以君主立憲來取代君主專制。民主只適合「太平世」，雖然美好，一時之間，中國尚不能達到。他在一九〇〇年說：

> 仲民權平等自由之風，協乎公理，順乎人心……將來全世界推行之，乃必然之事也……須有所待，乃可為也……中國果服革命之藥，則死矣[103]。

康氏拒絕動搖其所持漸進立場。即當一九〇二年，他的一些門人因對清廷失望，且受到革命派不流血事無成的刺激[104]，向他建議走華盛頓之路，乃是拯救中國的唯一途徑時[105]，他也無動於衷。事實上，當革命浪潮高漲之時，康氏更力謀加以遏阻，並發表了一系列反革命的文字，其中「救亡論」作於辛亥革命爆發後不久[106]。在這些文字中，他指出革命若進行到底，將給中國帶來極大的災禍。他重彈舊調認爲共和不適合中國情況。他辯稱（並無說服力）漢人與滿人同出一

102 蕭公權，〔中國政治思想史〕，頁六八七—六九一以及七〇二—七〇三，綜述康氏對此學說的解釋。

103 「告同胞印（度）事書後」，〔遺稿〕，卷二，頁二八。

104 閱孫文，「駁保皇報」，撰於一九〇四年，收入〔國父全集〕，第六冊，頁二二六—二三二。參閱任卓宣，「國父的革命思想」，〔革命思想〕，一卷一期（一九五五年七月廿五日），頁七。簡述贊成「民族」、「民權」與「民生」革命同時進行之論，以及非破壞現存次序無以變革之論。

105 〔年譜續編〕，頁二〇。當南北美洲國家的華商之函寄達時，康正在印度旅行。

106 同上，頁七三—七四。另閱楊復禮，〔康梁年譜稿本〕，第二冊，頁六二—六三。「救亡論」共十篇，初刊於〔不忍〕，七期（一九一三年八月），頁一—五五。重刊於〔不忍雜誌彙編〕，初集（上海，一九一四），第一冊，頁二二—三九。因革命而中國遭到列強瓜分非康氏一己的想像，根據日人 Masaru Ikei （池川勝），“Japan's Response to the Chinese Revolution of 1911,” pp. 215-216. 實際上已有利用現況來促進日本的大陸政策，以及有日本軍人呼籲分割中國。

源，因此民族主義並不足以構成革命的理由。他強調最重要的還是基本的民主原則，卽國家乃一聯邦，爲一些不必要的問題，如政府形式和種族之異，而相爭戰，致使國家殘破，實在是愚不可及的。最後，他力言君主立憲如何美好而提出虛君共和的論調。爲了懷柔堅持反滿人士，他提出以孔子的後裔爲虛君，而不握實權。康氏此一安排的理由是，中國需要一個政治統一和隱固的象徵，不必像其他共和國爲選元首而發生爭鬥[107]。

此一建議顯示康氏願意放棄清室，也表達了他的基本立場。在戊戌變法的時代，他曾被指爲保中國不保大清[108]。此一懷疑並非完全無據。檢視他的著作可知，他的主要關注是經變法以救中國。他保清是爲了變法之需。他並不反對因保中國也保了清廷。但是，假如保清成了現代化的阻礙——卽不可能和平而有序地由專制轉變到君憲，他是情願不保清的。再者，吾人須知，在康氏政治轉變的大計劃中，卽使君主立憲制本身，最終將歸結於「民治」。換言之，康氏並不是一般所認爲的單純忠君或主張君治之人。

康氏在辛亥革命前若干年，做了另一件希望阻止革命之事。在一九〇五年（卽同盟會在東京成立的那一年），清廷派五大臣出洋考察憲政，並宣稱將在翌年立憲。康氏爲新成立的中華憲政會[109]海外會員上書，請求清廷立卽立憲。他收回前不久所持的，中國人民尚不能參政的說法，而

---

107 「救亡論」，頁三六—三七。

108 「年譜」，頁二〇記有文悌的彈劾。文悌原摺見朱壽朋，「東華續錄」，卷一四五，頁一四—一八。另見翦伯贊等編，「戊戌變法」，第二冊，頁四八二—四八九。文悌指康只保四萬萬中國人，而不顧及大清。

109 一九〇七年二月十三日，保皇會改名為中華憲政會，時康正自歐赴美。「年譜續編」，頁五九。伍憲子，「中國民主憲政黨黨史」，頁四七—四八，以「國民憲政會」及「國民憲政黨」為該會名稱。

中說中國人民已準備好參政。他說憲政

在明詔已許行之矣。所以遲遲者，或疑於民智未開，資格未至耳。夫以中國之大，四萬萬人之眾，學校之盛，當講求新學之殷，通於中外之彥，殆不可數計，而謂區區數百議員，竟無此資格之人才，此不獨厚誣中國，自貶人才……諸臣多未游歷各國，未遍閱行省郡縣邊徼，以親貴清流之故，多不解民俗，農、工、商、礦之百業……夫以中國之奇大，危險之極勢，而付之寥寥數聾昧者之手……其事可謂出奇。何乃于以全國才人公謀國政，而獨責以才不足與……故商民等以為真欲救國，必先立憲，真欲立憲，必先開國會，欲定憲法之宜否，與其派一二不通語文之大臣，游歷考察，不如全國會之民獻千數百英彥之才，而公定之[110]。

說中國老百姓在一八九八年無能力有議會政府，到一九〇七年忽說具有此一能力，當然令人覺得不可思議。不過，康氏此一突然改變是可以解釋的。他此時要力促清廷從速立憲以祛革命浪潮。一個具有信念的人似也不能免於用宣傳來推進他追求的目標。無論如何，他所說中國不能再付諸寥寥聾昧者之手，卻是十分中肯的。

民國成立後的可悲局勢證實了康氏對於未成熟政治改革的諸多憂慮。他立即回到他早期的看法，而且更加強調。例如，他在一九一三年[111]說，共和並未給予百姓自由與平等，只因他們還不配享有民主。唯有當每一個國民行止如士君子，才配享有民主。另一方面，當不配享有民主的民

110 「海外亞美歐非澳五洲二百埠中華憲政會僑民公上請願書」，〈不忍〉，四期（一九一三年五月），頁三—四。

111 「問吾四萬萬國民得民權平等自由乎」，頁三。

眾流為暴民時，則

所謂民權者，徒資暴民之橫暴恣睢，隳實紖頡而已。所謂平等者，紀綱掃盡，禮法盪棄而已。所謂自由者，縱慾敗道，蕩廉掃耻，滅盡天理，以窮人欲而已。

此言似對共和之憤怒譴責多，而冷靜分析其問題少。然而卻反映了康氏的信念，卽強加而不成熟的改變必會造成災難[112]。

我們再繼續討論康氏反對革命的活動：為強調其君主立憲，康氏認為推翻滿清是錯誤的，因為如此一來便剝奪了中國從專制順利進入初步民主的機會，除了在其「救亡論」第十篇（見註106）中所說，他更謂夷夏的唯一區別是文化，而非種族。滿洲人尊重並維護中國傳統，並未夷化中國，因此不能視之為異族。革命派所倡導的滿漢之爭，必將使中國遭不尊重中國文化的西方人征服。這樣中國便眞正會亡掉[113]。

在清朝末年，康氏也同樣想說服滿洲人，為了他們自己的利益，應消除滿漢之別。他說滿洲皇帝應效北魏孝文帝拓跋宏，採用漢名[114]。康氏並建議皇上在外交文書中將清國改為中華。如能

112 康氏評俄國大革命有云：「黎寧（列寧）與其黨人，行其社會均產義，……此大同之高義，今豈能實行。」見〔共和平議〕，第三卷，〔不忍〕，九、十期（一九一七），頁五。T. Pokora 在評論 Tikhvinsky 論戊戌變法一書時（頁一四四），誤譯最後一句作：「此為大一統的偉大理想，可於今日照樣實行。」

113 「君與國不相干……論」，頁三〇—三三。康氏所論要點可閱蕭公權，〔中國政治思想史〕，頁七〇一—七〇二。據 Masaru Ikei, "Japan's Response to the Chinese Revolution of 1911," pp. 217-224. 所述，包括日、英、俄、美等國在內的外國政府，因其本國利益不同而對中國局勢的看法亦異，但他們都同意一點，卽君主立憲較共和更適合中國。他們都採不干涉態度。

114 魏收，〔魏書〕，卷七下，頁一一。

忘懷種族之異而共同袪除專制重擔，對滿漢雙方都有利[115]。在君主立憲體制下（政治現代化的第一步），佔大多數的漢人便沒有理由要排除或消滅滿人[116]。簡言之，也就是沒有民族革命的必要。

我希望此一對康氏君主立憲主張的散漫陳述，能釐清戊戌變法政治方面的眞正目標。他對近代化的漸進主張，以及他反對用革命方式立卽取得民主，不應埋沒他堅持君主立憲僅僅是徹底民主的第一步的事實。換言之，君主立憲並不是民主以外的一個選擇，而是中國的第一個民主設施。康本人在一九一一年說，建議採用憲法無乃建議一大革命，此一革命將結束君主擁有國家的體制[117]。我認爲這是戊戌變法最重要的政治含意。

第五節　康有爲與孫逸仙比較觀

吾人可謂：改革派與革命派同具一基本上相同之目標，卽途徑雖有和平與暴力之別，卻都要

115 「請君民合治滿漢不分摺」，載翦伯贊等編，〈戊戌變法〉，第二册，頁二三九—二四〇；Tikhvinsky, *Dvizhenie za reformy*, P. 200 以為康是中國的資產階級思想家，有意與農民作對，故不可能仇視清廷，因清廷與他具有同樣的利益，卽地主的利益。此乃齊赫文斯基運用馬列公式解釋中國歷史之一例。在此，並無意義。

116 梁啓超，〈南海康先生傳〉，頁八五。

117 「新世界爭國為公有……說」，頁二九。Joe Chon Huang, "The Political Theories of K'ang Liang School and Their Application to the Reform Movement in China, 1895-1911," 稱許梁啓超在推動變法運動第二階段的貢獻，而康氏一直推動政治和制度的改革。作者顯然未認知康氏「政治改革」的真正意義。

將中國民主化[118]。可以想見的，此一共同目標使一些有心人設法使康黨和孫逸仙一派人合作，結果因手段不同而使合作流產[119]。

仔細地觀察可發覺，卽使在手段上雙方亦有共同處。前文已指出，康氏對地方自治極爲重視，認爲是發展民主政府不可或缺的第一步。大家都知道，孫逸仙也認爲地方自治爲民主的基石[120]。例如，孫氏在一九一六年，在好幾個場合中，不自覺地重複一些康氏在大約十年前的議論——政治秩序之根在地方自治，地方政府乃國家的基石，以及戶口、道路、學校等乃地方自治政府所應關注[121]。當他於一九二〇年詳述發展中國地方政府的步驟時，也大致與康氏相應[122]。一九二四年之春，孫氏提出作爲中國政治建設指南的「建國大綱」時，他再度指出，以縣爲基本單位的地方自治政府，在「軍政」轉變到「憲政」過程中的重要性[123]。孫氏此一想法使人想起康氏在一八九八年的一個建議[124]，孫氏的指示是：

---

118 康氏在一八九八年曾警告革命的威脅。「進呈法國革命紀序」，載翦伯贊等編，〔戊戌變法〕，第三册，頁七—一〇。Tikhvinsky, *Dvizhenie za reformy*, pp. 6-7. 指出：「康氏及其跟從者所見的實際措施包括限制滿清治權，但由和平方式出之，以遏阻革命的爆發。」

119 宮崎寅藏，〔三十三年の夢〕，頁一四六。犬養毅也圖謀不成，閱鷲尾義直，〔犬養木堂傳〕，第二册，頁六二六—六二七。張朋園，〔梁啓超與清季革命〕，頁一三一。謂康、孫之所以不能合作，因相互鄙視，頁二〇七—二一一。綜述〔民報〕與〔新民叢報〕之間的主要爭執。李守孔，「光緒戊戌前後革命保皇兩派之關係」，頁一〇—一五，五二—五六可參考。

120 張其昀，〔三民主義概論〕（臺北，一九五〇），頁四六—四七。

121 〔國父全集〕，第三册，頁四〇—四一，一四〇，一四四，一四九—一五〇。

122 「地方自治開始實行法」，〔國父全集〕，第六册，頁一六〇—一六五。

123 「國民政府建國大綱」，〔國父全集〕，第二册，頁三六六—三六九。

124 翦伯贊等編，〔戊戌變法〕，第二册，頁二〇二。

在訓政時期，政府當派曾經訓練考試合格之員，到各縣協助人民籌備自治[125]。

另一更重要的相似點可以一提。康、孫二人都承認，中國人民實際上還停留在需要引領，才能走上民主政治的地步，儘管他們有時候認為並非如此。康氏高估中國人民的政治能力，前已述及。孫為了策略上的緣故，也作了過高的估計。因此，在一八九八年之秋，孫氏與宮崎寅藏以及其他日本朋友談天時，聲言中國人民已作好實施民主的準備。他對他們說：

> 人或云共和政體不適支那之野蠻國，此不諒情勢之言耳。共和者，我國治世之神髓，先哲之遺業也……不知三代之治，實能得共和之神髓而行之者也……試觀僻地荒村，舉無有浴清虜之惡德……皆自治之民也[126]。

不過，後來當孫不須再像著手革命時之強調革命（或鼓動革命熱情），他便像康氏一樣，不再如此樂觀，而希望在專制結束後與民主登臺前，有一過渡時期。在此期間中，人民可學習民主政府的理論與實際。

孫氏之菁英領導下的政治過渡想法最早見之於一九〇五年。汪精衛在〔民報〕上發表的一篇

---

125 「國民政府建國大綱」第八條，〔國父全集〕，第二冊，頁三六六—三六七。一些西方學者也指出地方自治的教育作用，如 Alexis de Tocqueville, *Democracy in America*, trans. Henry Reeve (London: Oxford University Press, 1952), p. 57 云：「城鎮集會之於自由猶如小學教育之於科學，皆教育人們如何運用以及如何享用。一個國家可建立自由政府，但若無市政制度則不能有自由精神。」James Bryce, *Modern Democracies* 1:131 云：「民主政治的最好學校，及其成功的最佳保證，是實行地方自治。」Hardd J. Laski, *A Grammar of Politics* (New Haven: Yale University Press, 1931), p. 413：「地方政府……可能（至少有時候是如此）比政府的其他部門更具教育性。」

126 「中國必先革命而後能達共和主義」，〔國父全集〕，第四冊，頁四五一—四五二。孫中山於一八九七年八月二日自加拿大抵橫濱，宮崎寅藏與平山周與他會面。十月間二日人介紹梁啓超給孫，但未能使孫梁合作。

文章中，頗引用孫氏之說：

革命之志在獲民權，而革命之際必重兵權……察君權、民權之轉捩，其樞機所在，為革命之際先定兵權與民權之關係……使不相侵，而務相維……逮乎事定，解兵權以授民權，天下宴如矣。定此關係厥為約法[127]。

很明顯的，結束專制的「兵權」正與康有爲所期望的「君憲」之權，想達到同一目的。所不同的只是導致改變的形式……革命對漸進，暴力對和平。汪氏繼續闡發孫氏之見：

革命之始必立軍政府，此軍政府既有兵事專權，復秉政權。譬如既定一縣，則軍政府與人民相約，凡軍政府對人民之權利義務，人民對于軍政府之權利義務，其犖犖大者悉規定之。軍政府發命令組織地方行政官廳，遣吏治之；而人民組織地方議會，其議會非遽若今共和國之議會也，第監視軍政府之果循約法與否，是其重職。

當上述程序在十八省的每一縣中完成，則全國之省憲卽將有效，以保證順利轉化到徹底的民主。孫氏解釋道：

發難以來，國民瘁力於地方自治，其繕性操心之日已久，有以陶冶其成共和國民之資格，一旦根本約法，以為憲法，民權立憲政體有磐石之安，無漂搖之虞矣。

我們無須再指出孫氏所見在約法下的政府與康氏所主張的君主立憲，大致是爲了產生基本上相同的初步作用。

在此隱約提到的「菁英領導」一概念，孫氏後來曾加以說明。最淸楚的說明之一是他在一九

127 汪精衞，「民族的國民」，頁二〇——二二。

一六年七月十七日對國會議員的演說：

> 欲圖實行，當由先知先覺者之負責。……兄弟前日謂吾人當為人民之叔孫通，使其皆知民權之可貴。今更請諸公皆為伊尹、周公，輔迪人民，使將民權立穩……苟內省良知，實無不可對人之處，卽稍用嚴厲手段，亦如伊尹之廢太甲耳[128]。

此乃孫氏有名的訓政之說。兩年後在另一主要著作中，更加發揮，正因中國人民缺乏民主政治的知識與經驗，故應受訓，甚至就像兒童在學校接受老師的教導一樣。他繼謂：

> 中國人民今日初進共和之治，亦當有先知先覺之革命政府以教之。此訓政之時期，所以為專制入共和之過渡所必要也[129]。

孫氏堅持菁英領導的理由，不待遠尋。像康氏以及其他的立憲派一樣，孫氏及其信徒知道中國人民昧於民主，無法支援政治變革運動——不論是變法或革命，只有依賴少數菁英分子來加以啟迪[130]。

可以理解的，孫氏到晚年仍然堅信菁英領導。例如在一九二四年他說到許多人責備臨時約法乃導致民國失敗之由[131]。他們指出辛亥革命只是建立了名義上的民國，而實際上危機更重。不過想以新憲法來補過卻是錯誤的。他們不曾知道問題的根本在於：我們越過軍政和訓政而直接走向憲政。之後孫氏又作「建國大綱」來指導他的黨，其中重新提出他的三階段說（見第五條），並

---

128 「地方自治為建國之礎石」，〔國父全集〕，第四册，頁四三—四四。敎漢高祖政術的叔孫通，〔史記〕有傳，見卷三三。伊尹放太甲，事見同書卷三。

129 「孫文學說」，〔國文全集〕，第二册，頁五九—六〇。

130 如閱思黃〔陳天華〕，「論中國宜改創共和政體」，頁四九。

131 潘樹藩，〔中華民國憲法史〕，頁一一—二九，有此文獻。

細述經由地方自治來達成民主建設的計劃（見第八——十八條）[132]。

對已經習慣以民主方式論事的西方人而言，民主（不論君憲或民憲）可經由「開明專制」[133]或訓政的過渡來達成的想法，不免令人覺得奇怪。他們有時會忘記近代西方民主傳統是經由緩慢、有時甚爲曲折的演變而來，而忽視中國在幾千年專制政體下停滯不進，仍是一落後國家，必須從頭建立起民主的習慣與制度[134]。在中國少數知道一些西方政治史並見到政治近代化在自己國家急需的人（如康、孫等），已不能期待，或寄望慢慢演變。不可避免地，他們有了難題：要在既無需求也無能力自治的人民中建立「民治」。他們對此「中國的困惑」唯一解決之道乃是由菁英分子來訓練人民如何民主。因此，這一看似奇怪的方式從歷史上來看是可以理解的。

的確，他們的解決辦法也適用於廿世紀中葉亞非諸「開發中」國家。最近有一位英國作家指出，這些國家的重要課題是，「產生一羣新的改革分子，來擔負起近代化的重任」，又說：由於這羣人「將發現不能夠在自由民主中施展所有的建置」，他們會組成一「權威性的（如非極權的）國家」，以便將一般百姓「震出常規」[135]。換言之，他們會用「開明專制」、或「訓政」來

---

132 「制定建國大綱宣言」，〔建國方略〕，頁三六三。

133 開明專制乃梁氏之辭，閱其「開明專制論」，〔新民叢報〕，七四期（一九〇六年二月），頁一一；重印於〔飲冰室合集〕，〔文集〕十七，頁三九。此文乃梁氏答思黃（陳天華）前文（見註130）而作。參閱〔新民叢報〕，七三期，頁一（〔飲冰室合集〕，〔文集〕十七，頁一三）。張朋園，〔梁啓超與清季革命〕，頁二三二—二四一指出梁氏開明專制或孫氏約法和訓政思想相似之處。

134 Houn, *Central Government of China*, pp. 161-163重申一明顯的事實：革命與民主憲法本身並不足以保證民主政府。中國無法建立民主政府的癥結所在，乃是中國人民毫無控制政府的實際經驗，他們也從未嘗試研究達到此一目的之方法。

135 I.R. Sinai, *The Challenge of Modernization*, pp. 217-219.

達成近代化。一位美國政治學者在分析他所謂的亞、非、拉「前民主」(predemocratic)近代化社會時，指出同一趨向。他強調檢視「前民主」政府形式之必要，此一形式政府包含了「前民主」以及「不民主」的制度[136]。康氏與孫氏所遭遇的中國情況當然與當代正在近代化的國家大不相同。然吾人仍可稱此二人的方案由「前民主」政制來達成政治近代化，是有智慧的。

即使是康氏及其門徒所用的「開明專制」的觀念在當代也別具意義。「近代化專制」的實例可見之於泰國、摩洛哥和衣索匹亞。在這些國家中，雖說有許多機構如委員會、議會、政黨等分享權力，但權威仍集中於層峯。這種安排有好處：有完好組織的近代專制政權可以試驗各種目標，而不必付出不穩定的代價[137]。康氏想必會全心贊同此一看法。

不幸的是，一個可行的方案不一定保證成功。由「前民主」制度來作政治近代化的可行性必先要有近代化的菁英分子[138]。康氏仰賴清帝以及士大夫官僚來醫治他所診斷出的中國政治病。但他必然要失望。他所爭取到的一些人無能施展他的理想，而有權之人又拒絕接受。就某一意義而言，不能完全責怪包括慈禧在內的滿洲人。因康氏方案的最終目標是要結束滿清在中國的統治[139]。

136 David E. Apter, *The Politics of Modernization*, p. 3.

137 Ibid., pp. 37, 360, 397, 402-5.

138 Ibid., pp. 138-144.

139 Tikhvinsky, *Dvizhenie za reformy*, p. 5 有云：「若謂滿洲人讀了皇上的變法詔書，就馬上自願取消特權與權位，那真太天真了。」參閱Mu Fu-sheng, *The Wilting of the Hundred Flowers*, p. 111. 有謂「民族主義與滿洲人的短視為變法之阻礙。」

執行這些方案不啻政治自殺，要滿清放棄專制，無異「與虎謀皮」。

中國統治階層，特別是滿洲人，不願用和平的方式來近代化，而使主張革命的論調得勢。卽使是梁啟超也覺得失望與不耐。在一九〇二年致康函中，他與反對君憲的人一起預言不經革命不可能有政治革新。許多康黨的海外黨員也開始反對滿清[140]。

革命果然到來。但革命結束了專制，卻未使中國適於民主。康氏未能給中國帶來君主立憲，似乎部分由於君主雖願意而不能行之；而孫氏未能給中國帶來民主，則因他未能統率相當的先知先覺之士來完成訓政。環境實在不利。他的黨必須與敵人常年作戰，而所面臨的國際形勢也極不利。國民政府在南京成立後，必須把注意力集中到國家的安定，無暇教導人民行使民權。從一八九八到一九四八年，中國政治中一個不愉快的事實未嘗稍變：大部分的人民仍未習於民主。陳獨秀在「駁康有爲共和平議」中，承認此一事實，而懷疑可由共和主義或憲政主義來實施民主。他在一九一八年寫道：如果一般老百姓不足以救國，則無論君主憲政或民主憲政、都無法使國家生存。就本國老百姓的素質而言，的確可以懷疑是否可以實行民主共和制度。但是誰能保證他們就有足夠的素質來實施虛君共和，或者是君主立憲呢[141]？

陳氏不久卽對「德先生」與「賽先生」（在他認爲是近代西方文明的兩根支柱），而向馬克思主義中尋求「眞理」。事實上，時代背景爲共產主義的勝利舖了路。國家分裂，軍閥亂政，財

140 丁文江，〔梁任公先生年譜長編初稿〕，頁一五七。梁繼續傾向革命可見之於其致徐勤函（同書，頁一八一—一八二）。但梁氏不久卽回到憲政之主張，見其致蔣觀雲（智由）函（一九〇三年七月，同書，頁一八六），另見梁啓超，〔清代學術概論〕，頁一四二。

141 陳獨秀，「駁康有為共和平議」，頁一九二。

政困難，外國侵略[142]，再加上一般民眾政治水準的落後，都給毛澤東幫了大忙。由西方促使的近代化努力之失敗，造成失望與不安，遂使一些年輕知識分子認爲共產主義，雖非唯一的解決方式，仍是一值得一試的辦法[143]。如毛氏所說，向西方追求眞理既不成，現在只有向蘇俄學習[144]。

毛氏崛起的原因與環境並非吾人在此所要陳述者，但可能可以藉此說明：由於中國民眾的政治遲鈍，有助於共產主義的興起。我們的確可以這樣說：毛氏很精明地利用了此一情況。不像孫氏與康氏一樣想先使民眾轉變作爲政治變革的準備，毛氏只是以人民爲歷史的物質力量，爲強有力的自然資源，以達成他個人的目標[145]，即是建立「新民主」，爲極權的先聲。獨裁像專制一樣，得利於大眾的漠然與順從，漠然與順從乃是民主化的障礙。

一位蘇聯學者在其討論戊戌變法的書中，稱這種認爲大眾尚未能從事自覺的、有組織的活動，因而必須把創造歷史的工作留給菁英分子的看法是「不切實際的」[146]。與毛澤東相比，康有爲的確很不切實際，他竟相信可以引導長久生活在專制下的人民，一步步走向民主的道路。不過康氏並不是一個愚蠢之人。他很可能是在他那一代人中最先見及政治落後乃中國的主要問題，沒有強烈的政治變革，近代化不可能有效果。他是極少數之人，若非眞正的第一個人理解到廣義的

142 參閱 Chalmers A. Johnson, *Peasant Nationalism and Communist Power* (Stanford: Stanford University Press, 1962).
143 Mu Fu-sheng, *Wilting of the Hundred Flowers*, p. 113.
144 "On the People's Democratic Dictatorship," *Selected Works*, 4 (Peking, 1961): 412-413.
145 參閱 Suzanne Pepper, "Rural Government in Communist China: The Party-state Relationship at the Local Level," pp. 33-34.
146 Tikhvinsky, *Dvizhenie za reformy*, p. 219.

民主政治實是近代西方強大的基礎。據此，他戊戌年奏議中有關政治改革的要點，不僅僅針對行政結構的重整，而且使人民具備參政的條件。簡言之，他希望同時由上而下以及由下而上來推進民主制度。他拒斥革命爲變革的可靠手段，但他的目標實在與革命無異——他要消滅古老的專制政體。梁啟超在一九〇一年憶述戊戌變法的政治含意時，有云：

以國民公利公益為主，務在養一國之才，更一國之政，採一國之意，辦一國之事[147]。

第六節　保皇與君主立憲（一八九九—一九一〇）

康有爲之反對辛亥革命與民國，以及參與民六復辟，已被普徧地認爲：若非叛國，至少是反動行爲。不過，我們若仔細省察戊戌後十年間他的言行，將會有不同的判斷。就其繼續提倡君憲，不斷反對他認爲不適宜當時中國的政府形式，以及力謀改善民國建立以來種種令人沮喪的情況而言，他一直是個像戊戌年一樣的改革派，雖然他改革的目標不再針對衰敗的皇朝，而是動亂的民國。

從一八九九年到一九二五年之間，雖然康氏想從制度的逐步民主化來推動中國政治近代化的主要目標未變，但隨著歷史情勢的轉變，他曾好幾次改變他的立場。首先，在一八九九到一九〇五年之間，他仍把中國實施君憲的希望寄託在光緒皇帝身上，因而，他最關切的是皇帝重掌大政

147〈南海康先生傳〉，頁六四。

的問題。然後，在一九〇六與一九一〇年間，他致力於使清廷立憲意願的付諸實施，同時阻扼革命的發展。當一九一一——一二年革命與民國已成事實，他揭發新政權的缺點，並建議如何使它較爲健全。最後，在一切努力失敗之後，他與一些人從事反革命活動，以至發展爲民六復辟，以及此後不斷的地下活動，直至一九二〇年代。

康氏早先爲了恢復光緒政權，組成保皇會。康氏在日本、加拿大稍作逗留並訪問英國之後，於一八九九年之春回到加拿大。他的保皇運動比孫中山的革命運動更受海外華人的支持[148]，他說服了一些他所認爲的有義氣之人，於七月初在溫哥華組織了「保商會」。他認爲保護皇帝免受太后毒害比保商來得要緊，乃促使此會改名爲「保皇會」。到一九〇三年之春，支會在美、加、日各大城中出現。大多數華埠人士都參加[149]。在日本橫濱的支部由梁啟超直接領導，展開了積極的宣傳活動，先是反對中國境內的保守派，接著是對付海外的革命派。這些宣傳都經由學校教育與期刊雜誌來進行[150]。

康氏及其海外友人除使他們的活動不墜以及待機而動外，難有其他實際的結果。他們毋須等

---

148 Li Chien-nung, *The Political History of China*, p. 179.

149 康同璧，「南海康先生自編年譜補遺」，（以下引作「年譜補遺」），頁二；康同璧，「年譜續編」，頁四；伍憲子，「中國民主憲政黨黨史」，頁二四——二七；楊復禮，「康梁年譜稿本」，第二冊，頁二以及丁文江，「梁任公先生年譜長編初稿」，頁八八。

150 伍憲子，「中國民主憲政黨黨史」，頁二九——三〇。保皇會宣稱在日本創辦了三所學校：大同學校（橫濱）、同文學校（神戶）、以及高等大同學校（東京），均設於一八九九年。該會會員堅持反對保守主義與革命主義，言論多見於「清議報」（一八九八——一九〇一）與「新民叢報」（一九〇二——〇五）。

待太久。一九〇〇年的「拳禍」[151]使保皇派與革命派都覺得直接行動的時機已經到來[152]。以康氏之見，利用動亂來推翻慈禧太后的統治不僅僅在戰略上可行，而且道德上有必要。就在前一年，在徐桐以及其他反變法分子的建議下，慈禧太后決定要廢掉光緒帝，只因各方強烈的反對，陰謀未成[153]。康氏相信皇上已甚危急，乃決定採取斷然措施。

雖然廣泛動員了在新加坡、檀香山、橫濱以及其他各地的支會領導人積極準備，一九〇〇年的起義並未配合得好[154]。漢口起義因款項未到，一直延期，而卒於八月廿一日爲張之洞所發覺。

---

151 一九〇〇年之春事變在北京爆發，是年六月義和團已據有直隸全省。清廷於七月逃離京城。Chester C. Tan（譚春霖），*The Boxer Catastrophe* (New York: Columbia University Press, 1955) 仍是最詳贍之作。Li, *The Political History of China*, pp. 173-183 約略記載此事件。Teng and Fairbank, *China's Response to the West*, Chap. 19 收有若干重要文件。黃大受，〔中國近代史〕，第三冊，十五—十六章提供一些可資參閱之事實。

152 孫逸仙致函港督柏雷克 (Sir Henry Arthur Blake) 要求支援革命。〔國父全集〕，第五冊，頁一七—一九。憲政黨與革命黨之間的相爭自不可免。丁文江，〔梁任公先生年譜長編初稿〕，頁一〇三指出，中山無日不謀求發展，若吾人不努力，廣東一旦入其手，則吾人從何重振？閱 Tse Tsan Tai (Hsieh Tsan-t'ai), *The Chinese Republic: Secret History of the Revolution*, pp. 16, 20, 25 記道：「一八九九年十一月四日，我寫信給康有為，嚴譴其保皇會。」「一九〇〇年八月二六日，康有為及其黨徒先後計劃革命於安徽大東與湖北漢口，容閎博士及其侄與此事有關，僅以身免。」馮自由，〔中華民國開國前革命史〕，第一冊，頁五七有謂：唐才常初與梁啓超等在湖南從事改革。戊戌變法失敗後，他乃要用武力來推翻滿清，遂赴日與康梁計劃。其友畢永年乃中山信徒，介紹與中山見面，中山要求他協助鞏固長江以南之革命力量，唐氏想用保皇會之經費來從事起義，覺得不便與興中會積極合作。不過經畢氏與平山周之協調，同意雙方以不同的手段來達到同一目的。Li, *The Political History of China*, p. 182 敘此一情況有謂：「畢永年很想把唐才常拉到中山的旗幟下面，而康梁把唐當作他們的徐敬業，唐左右為難。」

153 一八九九年二月十一日上諭宣佈為同治立後，載朱壽朋，〔東華續錄〕，卷一五七，頁一三。王照，〔方家園雜詠記事〕，頁八—九，謂徐桐等高官曾建議慈禧太后廢光緒帝，然榮祿反對，卒以為同治立嗣為折衷辦法。張謇，〔嗇翁自訂年譜〕，頁一〇，謂劉坤一有功於阻止慈禧廢立。

154 丁文江，〔梁任公先生年譜長編初稿〕，頁一〇一—一〇三詳記此事，並提及若干問題。

唐才常以及其他一些人於此日就戮[155]，悲劇收場。同時，孫中山在惠州的起義也很快被撲滅[156]。據說唐才常與革命黨有默契，兩方面可殊途同歸[157]。但事實上，康與孫所見之目標大不相同。孫要完全消滅滿洲統治，而康僅要推翻慈禧太后及其支持者以便讓光緒重握政權。康氏此點在一九〇〇年起義時以及漢口起義失敗後的一些著作中，表明得很淸楚。他說：除非不道德的慈禧被迫退位，無事可成。唐才常親自領導起義也是爲了勤王，他並非一些報紙上所指的亂匪[158]。在較早的一文中，康氏認爲義和團起義的結果，以及外國軍隊破壞北京，可能對中國有利：

> 舊堂必盡殲，而聖上必無恙，蓋天特以啓中國維新之基，而為聖主復辟之地者也[159]。

八月中旬北京陷落後，康氏覺得應將他的見解讓有關的外國知道。在一篇爲此目的所寫的文章中，他力辨帝黨與后黨之別，此一重要的分別應讓處理拳亂之後中國的外國人知道。

> 帝黨者，卽新黨也。后黨者，卽賊黨也。帝黨深通交涉，忠於皇上，親好各國，喜西方之文明……后黨驕愚橫悍，不通公法，深惡外國，而日欲殺逐之。

康氏繼謂，外國已知后黨之醜惡。但是如果在處理亂後中國，他們不知道支援帝黨，則一切努力

155 馮自由，〔中華民國開國前革命史〕，第一冊，頁五八—八〇述起事始末。丁文江，〔梁任公先生年譜長編初稿〕，頁一四三—一四五，載梁致康函（一九〇一年八月一七日）提及籌款之難。

156 孫文，「自傳」，〔國父全集〕，第一冊，頁三六—三八。Li, *The Political History of China*, pp. 182-183 約略提及此事。

157 馮自由，〔中華民國開國前革命史〕，頁五七。

158 「勤王亂匪辨」，〔遺稿〕，卷一，頁一九—二一。

159 「拳匪之亂為復聖主而存中國說」，〔萬木草堂遺稿外編〕，上冊，頁二七二。參閱「與友人論鄂敗及傷伯忠之死」，〔遺稿〕，卷三，頁二八七—二八九。

都將白費[160]。

康氏的勸告並未見聽。淸廷於一九〇二年回到北京，慈禧太后仍然掌權。不過康氏並未放棄除掉她的想法[161]。他思圖暗殺，以她爲主要對象。在一九〇〇到一九〇六年之間，大筆的錢化在徵求「俠士」之用。康氏信任的朋友梁鐵君到北京親自指揮。除了梁氏本人遭逮捕以及處死外，沒有發生任何案件[162]。此爲康氏保皇努力的又一悲劇性失敗。誠如他的一位門徒在幾年之後所說的，一九〇〇年起事是極危險的，而成功的希望又極少[163]。

康氏本人並非不知危險性。不過他已決定將他的全部組織及資源投下，以圖皇上的復辟，僅僅因爲他以爲除了「聖王」重握政權外，別無政治改革的可能性。此乃値得冒之險。因此，可以理解的，一九〇〇年的慘敗並未使康放棄保皇以求君主立憲的意圖。他仍然覺得拳禍乃一暗中之福。在一篇大約寫於一九〇〇年末或一九〇一年初較不爲人知的未刋稿中，他又頗爲樂觀，因許多新黨頑敵或死或逐，政府的舊記錄被毀，保守主義的骨幹已折，而改革之路終於澄淸。太后及

160 「新黨賊黨辨」，〔遺稿〕，卷一，頁二一—二二。「査中國事當辨黨派說」，〔遺稿〕，卷一，頁一七—一八，明白表示慶親王、榮祿和李鴻章係后黨，而張之洞與劉坤一則在帝后之間徬徨。關於此一主題，康氏另有一文，作於北京陷落兩個月後，題作「各國今日之目的」，〔萬木草堂遺稿外編〕，上册，頁二八〇—二八二。

161 根據康氏的說法，慈禧太后必將導致中國之分割。見其「中國必分割」，〔萬木草堂遺稿外編〕，上册，頁二七五—二八〇。

162 丁文江，〔梁任公先生年譜長編初稿〕，頁一九八。早於一九〇三年之秋梁啓超致康函中，說到俄國虛無黨的領袖都是親自行刺，像康氏這樣雇用殺手是不智的。康氏雇用以執行暗殺計劃的「死士」林某即以康所給款項盡情玩樂，而把任務擺在一旁（同上，頁一九〇）。Marius B. Johnson, *The Japanese and Sun Yat-sen*, p. 77 引述宮崎寅藏（見〔三十三年の夢〕，頁一六四），述及康於一八九八年戊戌政變稍後在香港與宮崎碰面的情形：「他（康）告訴宮崎，慈禧乃變法的唯一阻礙，表示願雇日本志士刺之。宮崎以此為康黨之本色，其中竟無一有決心可行刺之人，康氏顯然銘記此事於心。」次日即有一神情緊張的年輕人來向宮崎垂淚道別。宮崎也許對康黨未盡公平，梁鐵君豈非親赴北京執行此一任務而事敗身死？不過必須承認，體力之勇顯非康氏所長。

163 伍憲子，〔中國民主憲政黨黨史〕，頁三七。

其忠僕仍在，但命運的奇妙安排使他們為維新舖了路。康氏在結語中，要求改革派的同志振作起來，重新獻身[164]。

事情的發展並不樂觀。一九〇一年初，太后尚在西安時，卽以皇帝之名發布一道上諭，聲言改革，但同時譴責康氏的叛逆行為[165]。翌年初，她在北京重握大權，皇上只是她的橡皮圖章。此一情況使康氏憂慮但仍抱希望，於是他在一九〇三年上了一長奏，請求太后：㈠歸政於皇上，㈡賜榮祿與李蓮英死，㈢採用憲法以及承認人民的政治權利[166]。不用深入分析卽可知，最後一點是康氏的主要目的。他的這些話很重要：

> 近者舉國紛紛皆言變法。庚辛累詔，皆以採用西法為言。蓋危弱既形，上下恐懼。雖昔者守舊之人，力翻新政者，今亦不得不變計矣。然方今中國本病之由……並非開學堂、鐵路、礦務，一二枝葉所能挽也。

康氏指出，眞正重要的措施，乃是把中國自專制轉化成君憲，紮根於民權[167]。

在大體覆述其一八九〇年代的論點後，康氏指出「以民權為國」乃是近代西方強盛的秘密。他解釋道，民主意指採用憲法，開民選的國會，建立地方自治政府。這樣的安排遠勝於由一、二昏墨之人控制千萬人命運的制度[168]。

---

164 「中國布新除舊論」，〔遺稿〕，卷一，頁二三—二五。

165 朱壽朋，〔東華續錄〕，卷一六四，頁二—三及沈桐生，〔光緒政要〕，卷二六，頁二八—二九，均載有一九〇一年元月廿九日（光緒二十六年十二月十日）上諭。Cameron, *Reform Movement in China*, Chaps. 3-8; Li, *The Political History of China*, pp. 194-198. 載拳亂後的改革措施。

166 此一文獻見〔萬木草堂遺稿〕，卷三，頁九—二〇。

167 同上，頁一六。

168 同上，頁一七。

康氏警告太后，若執迷舊法，將召大禍，不僅是國家遭殃，她本人亦不能免。中外歷史昭示，長期惡政必致獨裁者覆敗。民權已經成爲不可抗拒的歷史潮流[169]。中國人民早已不滿她的統治，他們尚未採取行動，乃因傳聞她將還政皇上。而皇上曾冒險救民，並表現了他藉維新強國的能力。人民等了整年，但她仍然大權獨攬。他們會坐視他們的國家被榮祿、李蓮英毀滅，以稱她的心意嗎[170]？

康氏的奏摺像是最後通牒而非懇求。我們不知此奏是否上達太后。即使上達，她也不會有心情聽康氏之言。他似乎是在試圖以暴力來推翻「不道德的皇太后」失敗後，而改採勸導的方式！

未久，康氏即發覺反對共和革命的刻不容緩，因革命黨在孫中山及其他年輕知識分子的領導下，聲勢日壯。在清廷派五大臣出洋考察憲政的那年夏天，同盟會在東京成立，其目標在「驅逐韃虜」，和「創立民國」[171]。〔民報〕出刊後，立憲派加緊宣傳。梁啟超擔此重任，而成爲兩黨筆戰中最健之筆[172]。康氏一定也著文衞護他的主張，但不知何故，我們在他此一時期著作中，發現很少與此事有直接關聯者[173]。不過，至少在一處，他表明反對尚未成熟的共和主義。他在一九〇五

169 同上，頁一〇—一一，一七—一八。

170 同上，頁一一。

171 引自同盟會誓文，包括孫中山、黃興、陳天華在內的七十餘人，在同盟會成立時宣誓的誓詞。閱 Shelley H. Cheng, "The T'ung-meng-hui: Its Organiza tion, Leadership, and Finances, 1905-1912," p. 102.

172 楊復禮，〔康梁年譜稿本〕，第二冊，頁三六，四二。丁文江，〔梁任公先生年譜長編初稿〕，頁二二一。

173 一個可能的解釋是：在這些年中他從事各種論儒學、論烏托邦（〔大同書〕）、論改訂官制（〔官制議〕）之書的寫作或修訂；此外他寫了歐遊遊記（〔歐洲十一國遊記〕）。康同璧，〔年譜續編〕，頁一二—五〇。另見〔年譜補遺〕，頁九—一三三。

年寫道，與歐美社會政治思想接觸過之人，都感目眩，而誤以爲這些思想乃醫治中國所有毛病的萬靈藥。他抱怨道：「於是辛丑以來，自由革命之潮瀰漫捲拍……三尺之童，以爲口頭禪矣。」[174]

榮祿於一九〇三年四月十一日去世後，康氏認爲已無保皇之必要。他立即離開印度到南洋一帶積極從事立憲運動[175]。清廷於一九〇六年八月卅一日下詔有云，許多國家因立憲而致富強，中國應即效法。但因民眾尚無此智慧與知識，必須設法使紳民先熟悉國家事務，以奠定憲政之基[176]。康氏以此詔爲行動的信號。他與同志們商議之後，於一九〇六年十月十日宣佈「保皇會」自丁未年的第一天（一九〇七年二月十三日）[177]起改稱「國民憲政會」，就此他開始了憲政運動的新階段。

康氏的主要論點於此會（又名立憲黨）章程中更加確定。第一條曰：「本黨宗旨，務使中國完成一憲政國家。」[178] 康氏的志趣更可見之於應美洲會員而作的會歌四章之中。部分歌詞如下：

---

174 〈物質救國論〉「自序」。此文另見〈世界評論〉，第十年，一八、一九期（一九六三年二月十六日、三月十日），頁六—一五，有徐高阮引言。

175 康同璧，〈年譜續編〉，頁三三以及〈年譜補遺〉，頁二四。康同璧說乃父於此時易「保皇會」作「憲政會」，顯然有誤。改名還在較後時間。

176 全文見朱壽朋，〈東華續錄〉，卷二〇二，頁二—三。

177 伍憲子，〈中國民主憲政黨黨史〉，頁四六—四八。據伍氏謂，康氏草此宣言。丁文江，〈梁任公先生年譜長編初稿〉，頁二一五—二一八，以及伍憲子，〈中國民主憲政黨黨史〉，頁四八，所說名稱有異，可以參閱。

178 「憲政黨章程」共六章（譯按：當作五章）十八條，見於微捲三，今載〈萬木草堂遺稿外編〉，上冊，頁四七〇。康氏於第二條提出十二條政綱，包括「調劑政權分配，促進府制自治」以及「注重政治教育」。梁啓超以康氏難被人接受而不能領導憲政運動，遂在一九〇七年十月十七日在東京自組政黨「政聞社」，梁氏所撰章程與康所提基本觀念相應和。一九〇八年八月十三日上諭查禁梁氏之組織。參見丁文江，〈梁任公先生年譜長編初稿〉，頁二一五—二二〇，二八四—二八八；伍憲子，〈中國民主憲政黨黨史〉，頁五〇—五五；以及 Li, *The Political History of China*, pp. 216-218.

> 惟天生民兮，賦才與權。俾自營衛兮，群族乃存。合群之道，眾議是尊。舍私從公，憲政攸傳。
>
> 惟諸聖之救民兮，除苦患而求樂利。雖君長之愛民兮，豈如吾民之自治。雖一人之仁聖兮，未若合眾之智。好惡從之眾兮，自大公而無偏毗[179]。

為了加速政治變革的步調，康有爲及其同志尋求各種方法以動員海內外的輿論，對清廷施加壓力[180]。康氏本人在一九〇七年代表海外會員，寫了長篇請願書，請求立刻召開國會，作爲憲政之實體；請求廢除滿、漢之界；以及請求改「清國」爲「中華國」[181]。

他首先指出海外華人深切關注中國的危險局勢，而清廷宣布將進行及自一九〇一年來已執行的改革措施，實不足以應付情勢之需。他直率地說：

> 乃者朝廷非不略為變法矣，比之疇昔守舊之政，豈不大異，而天下滋擾，士民懷疑者，誠以舉大事在實心而不在空文也……今屢言立憲，期諸必行，庶政公諸輿論……而朝廷必抑輿論而行之，豈不與立憲之政大反哉？此天下所以不信朝廷也[182]。

剛才提到的第一個要求，卽立卽開議院，顯然最爲重要。康氏重彈舊調，認爲人類以及孔氏

---

179 「中華帝國憲政會歌」，「南海先生詩集」（梁氏手寫本），卷一，頁九。

180 行動大致由梁氏「政聞社」會員執行，一部分會員回到中國鼓動憲政，在華中籌辦學校與報刊。該社總部也由東京移至上海以便配合行動。見丁文江，「梁任公先生年譜長編初稿」，頁二五八—二八四。

181 現有資料未能盡同此說。閱伍憲子，「中國民主憲政黨黨史」，頁五五—五六；丁文江，「梁任公先生年譜長編初稿」，頁二八七；另見康同璧，「年譜續編」，頁五九；「年譜補遺」，頁四一。要求之原文見於「不忍」，四期（一九一三年五月），「文藝」欄，頁一—二六；六期（一九一三年七月），「文藝」欄，頁二七—三三；「文鈔」，「奏議」，頁一三—二五。要求慈禧太后歸政未包括在「不忍」及「文鈔」所刊文字內。

182 「海外亞美歐非澳五洲中華憲政會僑民公上請願書」，頁二。

眞經都指示，憲政乃是適合近代的政治制度。過去幾百年中國因無議院制度，使孔子的「憲政意念」成爲無實的空話。因此之故，中國的政府仍然落後於採用憲政的西方國家，因而衰弱危殆。因此，議院乃是解決中國問題之鑰。康氏作結道：

> 夫立憲不過空文耳，苟無國會守之……真欲救國，必先立憲；真欲立憲，必先開國會。欲定憲法之宜否，與其派一二不通語文之大臣，遊歷考查，不如合國會之民獻千數百英彥之才，而公定之[183]。

不出意料之外，清廷感到憤怒，更加壓抑立憲派。康氏所言實不必如此尖銳。他的某些要求，實非太后以及滿洲統治階層所能接受，特別是他要在名義上取消「清國」，而代之以「中華國」。取消滿漢之別，在滿洲人聽起來也似是要取消他們的特殊地位。康氏滿漢合一的論點雖以爲是保護滿洲本身安全，以及破除孫逸仙種族革命理由的最好辦法，但不足以減少滿洲人根深蒂固的疑懼[184]。其中一些人斷未忘懷戊戌變法時攻康之言：「保中國不保大清」[185]。即使是立刻召開國會的請願，有些滿洲人會解釋爲剝奪他們權利的手法。作爲廣大中國人口中的少數民族，滿洲人很清楚地知道，一切事務取決公議，他們將永遠是失敗者。

康氏並不氣餒，繼繼呼籲召開國會。遲至一九〇九年，他仍上奏請求明秋召開國會。他辯稱情勢已很緊迫，若按原定計劃再遲幾年召開，是十分愚蠢的[186]。同時，康氏公開反對革命，反對

183 同上，頁四。
184 同上，頁六—九。參閱「請君民合治滿漢不分摺」（一八九八年夏），見上引註115。
185 〔年譜〕，頁二〇。
186 「奏請開國會摺」。清廷於一九〇八年九月二十二日宣布預備憲法以及選擧與組織國會之大綱（由制憲局草擬），以九年為期，完成憲政。見 Li, *The Political History of China*, pp. 218-220.

自由與平等的濫調。他說自由若無自修，非政治之福。他稱讚德國無可匹敵的行政與軍事系統、文學、及科技，他認為此優越之源乃在其憲法，其中民權與君權配當得十分得宜。法國與美國都不能與其相比，因為這兩國有過分的自由。此一缺點卽憲政先進的英國，也不能完全免除。中國應記取教訓，不入西方國家已入的陷井[187]。康氏並非反對民主政府，而是主張君權與民權的適當制衡，君與民都不致於有過度的權力。康氏深信制衡原則也可應用到國會制度；因此二權制較一權制為好[188]。

我們可以這樣說，在戊戌變法後十年中，康氏一直致力於中國政治的近代化——使專制和平轉化為君憲。這說明了他的矛盾立場：著眼於民權，卻同時要保皇帝[189]。

第七節　從事反對不成熟的共和主義（一九一一—一九二五）

「虛君共和」

辛亥革命的爆發與民國的成立，呈現了一個全新的局面。康氏繼續追求一有節制的民主，但

187 「補德國遊記序」，「文鈔」，第二冊，頁四三—四四。據康謂，美國麥金萊（William McKinley）與老羅斯福（Theodore Roosevelt）總統在憲政政府中運用前所未見的行政權力。參閱「突厥遊記序」，「文鈔」，第一冊，頁一（「文集」，卷六，頁一），其中康有云，土耳其如要求平等自由，將面臨毀滅。

188 「歐東阿連五國遊記」，「不忍」，五期，頁二〇。

189 陸乃翔、陸敦騤，「康南海先生傳」，頁一九。

因環境已經改變，他覺得有調整戰略的必要。

在辛亥年末，他作了阻止共和的最後努力。他致函黎元洪及其他革命領袖，要他們把他的主張轉達各省的領導者[190]。他首先承認革命的迅速成功，滿清結束，可謂「天與人助」之舉。他接著警告採用從未在中國試行過的共和政府總統制的危險。他指出拉丁美洲一些國家試行此一制度而造成的混亂局面。他說民主在美國行得不錯，僅是因爲特殊環境所致。美洲殖民者早自英國帶來民主傳統。再者，當美國革命時，人口很少。而中國既無民主傳統，又有龐大人口，不可能成功地實施共和政府。

他本人雖認可「民治」政府的原則。但未成熟而應用之，將是極大的錯誤。當務之急是給中國一個基本上是民主的政府。法國與美國式的「總統共和」與英國式的「君主共和」只是形式上的不同，二者皆在取代絕對專制。像中國之習於專制而缺少民主經驗，「君主共和」有「總統共和」所無的好處。前者的虛君可置身於政治競爭之外，可作爲國家團結與安定的象徵。君主統而不治，固毋須具有傑出的個人才能。如此說不誤，則淸之廢帝與衍聖公（孔子之後裔）都可勝任此位。

康氏於同時所作的二文中詳論其「虛君共和」的觀念，一篇是「救亡論」，另一篇是「共和政體論」[191]。在論述共和政體理論之餘（他道及雅典的貴族制和羅馬的三頭馬車制）他作結道，每一歷史上及現存的制度都有缺點，而英國的「君主共和」則較少弊端。「總統共和」既爲較劣

190 「致黎元洪等書」，〔遺稿〕，卷四，頁六一—六九。

191 「救亡論」（一九一一年秋），〔不忍〕，七期「政論」，頁一—五五。「共和政體論」，徵拷二。

之民主政府形式，冒政治鬪爭與混亂之險而在中國試行，實在是得不償失[192]。

緊接著幾年，康氏繼續在他的論著中申述此一見解，如「中國善後議」（一九一六）[193]、「與徐（世昌）太傅書」（一九一七）[194]及「告國人書」（一九二五）[195]他堅決認爲「虛君共和」乃解決中國政治困局之唯一辦法。

然須指出，康氏雖一直反對所謂不成熟的共和主義，他對那一種民主政府形式適合中國的看法有修正。如他在一九一七年自謂：「僕戊戌以來，主持君主立憲；自辛亥以來，主持虛君共和。」[196]兩種制度的主要不同是，君憲乃君主雖受制於憲法仍有實權，而虛君則無任何權力。因此，有一些學者認爲康氏的思想是在進步的[197]。

---

192 至此康氏不再贊成選衍聖公為虛君，因其不一定受到非漢族的中國少數民族所擁戴。最好還是由「舊朝」復位（同上，頁一四一—一五）。這顯示此文可能寫於「致黎元洪等書」之前。參閱梁啓超，「新中國建設問題」，頁二七—四七，其中梁述及各種民主政府的相對優點，但不推介君憲（這是他認為既有政體中最佳者），因他懷疑滿洲人有執行此一政體的能力。

193 「中國善後議」，〔遺稿〕，卷一，頁九七—一〇〇。此文寫於袁氏稱帝失敗之後。一九一六年初，康氏致函「洪憲皇帝」，勸其退位。有云：「吾向以為共和、立憲、帝制，皆藥方也。藥方無美惡，以能愈病為良方；治體無美惡，以能強國為善治。」「致袁世凱書」，〔年譜續編〕，頁九四；〔年譜補遺〕，頁六五。

194 「與徐太傅書」，作於民六復辟失敗之後，〔不忍〕，九—十期，頁一—五。康氏特別指出，有一些國家，用外國人為王，如英國亨利第二來自法國，威廉來自荷蘭，喬治第一來自哈諾佛。

195 「告國人書」，〔遺稿〕，卷四，「書牘上」，頁一二八—一三一。

196 見康致馮國璋電，時馮為臨時總統，復辟失敗後，命令捕康。康同璧，〔年譜續編〕，頁一〇七；〔年譜補遺〕，頁七七。這些資料所示電報日期為一九一七年七月四日，可能不確。復辟宣布於七月一日，段祺瑞馬廠誓師於七月五日，一週後張勳遁入荷使館，二日後段率兵入京。見 Li, *The Political History of China*, pp. 370-371. 故康氏不可能於四日發電。

197 趙豐田，「清末維新人物之一——康有為」，〔大公報〕，引見楊復禮，〔康梁年譜稿本〕，第二冊，頁七六。

企圖改良民國

康氏對一九一二年建立的民國十分悲觀[198]，但並未阻止他提供建議以促使民國成功運作，特別是在民國肇造的最初兩年。在致憲政黨海外會員的一封公開信中（作於一九一二年初），他事實上已表示接受了新的政治秩序。他一開始回憶憲政黨的歷史：

頃聞舊朝禪讓……民權是張，政黨攸賴……吾黨肇開閱十四載……初期望之捨身救民之君主，故己亥至乙巳年，吾會以保皇為名者，以反對虐民之后黨也。中期進行確為立憲之政體，故丙午年，吾會改去保皇名義，而以國民憲政會為名……自丙丁至辛亥前後六年，書電紛紜，糾合國民皆以力爭立憲為事……若使攝政以來，當國者不全黷貨犯奸，掃蕩廉恥，摧滅綱維，嫉棄忠良，凌暴人民，粉飾偽憲，則吾黨之志，早可見行……君主讓權，同于英國，人民議政，可保中華，不待今者流血之慘，日憂分裂之危矣。

接著，他要求他的同志，重新爲民國獻身：

今既時運遷移，新舊代謝，合五族而大一統，存帝號而行共和……今際破壞，雖吾黨所不預，而他時建設，豈吾黨所能辭？……在鄙人等用是兢兢，望同志等益加黽勉。惟今國體已非君主立憲，今特復丙午前舊名，定吾黨名為國民黨……中國圖强，後事至大，

198 除已指出外，可另引一未刊文稿曰「漢族宜憂外分勿內爭論」。作於孫中山於一九一七年設軍政府於廣州之後。南北二政府顯示漢人內爭以及政治混亂的延續。Li, *The Political History of China*, p. 377.

努力奮勵，同奏新勛[199]。

有一事更可證明康氏決定以其黨贊同共和。一九一二年底，他最信任的學生徐勤為海外康黨選任為中國國會議員。惟徐對回國仍有顧忌。康氏給他保證與鼓勵，並謂以徐之勤奮與能力，必可克服困難[200]。

是則，康氏一度願為民國効力。他仍然抨擊民國之未成熟，但他的抨擊經常是建設性的，並非要破壞新秩序，而是要改良它，使它有生氣。

改良民國的準則可簡述如下：依康氏之見，中國的新政制應是結合近代民主政府的菁華，和本國傳統中的有效因素[201]。在一九一二—一九一三所寫的一些作品中，他對當前的許多困惑問題，提供了解答。其中一文——「中華救國論」（作於一九一二年之夏），提到中國應取內閣政體和兩黨制。他反對由各省自治而組成聯邦，而贊成強有力的中央政府[202]。翌年初，他完成「擬中華民國憲法草案」，時北京政府正著手草擬新憲以替代臨時約法[203]。稍早（一九一二年四月）

199 「壬子致各埠書」，「遺稿」，卷四，頁七〇。一有趣的巧合是，康黨的新名與孫之黨名完全一樣。
200 康同璧，「年譜續編」，頁七七—七八。「年譜補遺」，頁五三，有較簡短的記載。
201 「共和建設討論會雜誌發刊辭」，微捲一。
202 「中華救國論」。
203 「擬中華民國憲法草案」，「不忍」，三期（一九一三年四月），頁一—五四；「不忍雜誌彙編」，初集，卷二，頁一；「文鈔」，第六冊，頁一—五八。康氏在序中謂文成於一九〇八—〇九之間。制效英國憲法。其門人建議修訂，以適合民國情況，故另取法國憲法為模式。康氏似於此有一系列之研究。如他引布魯斯（James Bryce）氏在 *The American Commonwealth* (1888) 一書中之見，以論聯邦政府。見潘樹藩，「中華民國憲法史」，頁三〇—三九。略述所謂「天壇憲法」。

他草擬指導國會選舉及另一有關議員選舉的法規[204]。在這些以及另外一些著作中，康氏重視個人品質在選舉權運作中的重要性，並認爲政令的統一高於個人權利。他說，如果只數人頭，則將導致大多數人的專制，民主政治甚至會流於暴民政治[205]。流行歐美多年的民權說，現已被國權說所代替，許多西方領袖，包括老羅斯福（Theodore Roosevelt）在內，都取此說。在近代競爭激烈之世，一個國家若讓無限制的民權所困弱，則將毀滅[206]。

康氏此一感覺巧與十年後孫中山用不同言辭所說的相呼應[207]。康氏在民國五年袁世凱放棄帝制（三月廿三日）後不久，作了他爲拯救動盪民國的最後努力，康氏爲當時未定的局勢，提出了三個方案。其一是承認黎元洪爲民國的合法總統，但像法國總統一樣並無實權，而且讓其後代承繼，以廢除足以導致明爭暗鬭的總統選舉。其二是創立元老院，其成員由廿二省以及蒙古、青海、西藏等地居民推舉，再由其中選出十人委員會，一如瑞士之制。若上述兩個方案都不可行，則虛君共和必須要取代現行共和[208]。他的建議沒有得到任何反應，並不意外。他遂決定參與帝制復辟的工作。

204 「擬中華民國國會代議院議員選舉法案」、「擬中華民國國會元老院選舉法案」，敝捲之三。在前一法案中，康氏提議選舉要有財產、職業和教育的規定。在後一法案中，他要使參議員代表「特別利益」、「特別階級」、和「地方區域」。

205 「中國以何方救危論」，頁一六——一八。

206 同上，頁一九。

207 孫文，〈三民主義〉，頁二一二——二一三。見「民權主義」第二講，講於一九二四年三月十六日，意謂個人自由太多，便成一盤散沙，故須為國家爭自由。遲至一九一六年，康氏在致馮國璋等七督軍書中，真心懇求這些軍閥停止內戰，恢復和平，然後才能致力於諸如草擬憲法、召開國會等建設性事業。見〈遺稿〉，卷四，頁八〇。

208 「中國善後三策」，〈年譜續編〉，頁七〇——七一。

此處不擬評論康氏改革共和建議的價值。在民國初年不可救藥的情勢下，康氏建議一如來自其他各方的建議，並無有效實施之可能。不過，康氏既作此建議，康氏無意而確切地反駁了一種譴責，即康氏自始至終爲民國之敵，一直想顛覆民國。

復辟：君憲的最後一擊

民國六年（一九一七）的復辟乃是由凊帝遜位以來，一直蘊釀著的帝制運動累積而成[209]。康氏自稱到民國二年之春，始參與復辟[210]。而民國六年，他則積極參加了張勳的軍事政變[211]。袁世凱的帝制給予復辟運動新的衝力[212]。康氏以袁氏之舉爲共和在中國已無望的明證，雖然

209 愛新覺羅溥儀，〈我的前半生〉，第一册，頁八一—八二。當南北議和期間，袁世凱接受〈倫敦時報〉記者莫里遜(G. E. Morrison) 訪談時有謂，其深信百分之七十的中國人是保守的，若推翻滿清，不久將有復辟。Li, *The Political History of China*, pp. 304-305. 訪問全文見 *Far Eastern Review*, 12 (1915): 105。

210 「覆大隈侯爵書」，頁一七謂：「張上將勳義勇冠時，乃心皇室，昔在癸丑三月，曾與之密聯諸鎮，欲復中朝，不幸事洩，中道而廢。」

211 沈雲龍，〈康有爲評傳〉，頁五九—六五，於復辟有簡明之敍述。另閱溥儀，〈我的前半生〉，頁一五六—一六七，三三一。這些記載顯示康氏的行動在清室遺老中有其獨特性。事實上，有些忠清者甚不喜康氏，甚至反對廢帝給康謚號。很巧的，著名的學者勞乃宣（一八四三—一九二一）與康氏同樣譴責民國。見勞氏，「韌叟自編年譜」，〈桐鄉勞先生遺稿〉，「卷首」，頁二〇。甲寅（一九一四）年條說他於一九一一年撰「共和正解」，此時又撰「續共和正解」及「君主民主平議」兩文。

212 Li, *The Political History of China*, p. 305. 以袁氏帝制運動始於一九一三年底及一九一四年初增修臨時約法。（「約法會議組織條例」於一九一四年元月廿六日頒布，約法會議於二月十八日開幕。）一九一五年八月，楊度與另五人組成籌安會後，帝制運動正式展開。一九一六年三月廿三日，袁氏宣布取消「洪憲」帝制。參閱高勞，「帝制運動始末記」，〈東方雜誌〉，一三卷八期（一九一六年八月），頁六—二八；九期（一九一六年九月），頁九—三二；十期（一九一六年十月），頁九—二二。

他同時以袁氏所開的藥方更糟。他與梁啟超等共同倒袁[213]，不過康、梁的目的有異。康氏除洪憲帝制，要為清帝復辟和虛君開路，而梁氏僅在恢復民國，並明白反對康氏之企圖[214]。

在此毋須贅述民六復辟事件之經過[215]。所可一述者，康氏雖非決定性的參與者，卻是扮演了重要的角色。在六月之前，他屢次寫信給張勳，促其必須以武力取京師[216]。六月廿七日，復辟前四天，他與另外三人到達北京。七月十七日——復辟失敗後五日、他在美國使館中避難後九日，民國政府下令通緝康氏[217]。

〔中國新聞〕(*The China Press*) 在一九二七年報導康氏逝世有謂，康氏「傾向帝制」從未「確切證實」[218]。所謂「傾向帝制」若指專制，則康氏的罪名實無可加。但若指「虛君」，則可確指康氏圖謀取消一九一二年建立的民國。康氏自己不止一次承認此點。例如，他在「中國善

---

213 見康致蔡鍔函，載〔遺稿〕，卷四，頁七六。梁啓超於一九一五年十二月十二日離北京南下，親自參預反袁軍事行動。見丁文江，〔梁任公先生年譜長編初稿〕，頁四四四，四六〇—四六一。

214 梁氏於復辟宣布之日（一九一七年七月一日）發一通電，載於天津〔大公報〕（七月三日）。電文見丁文江，〔梁任公先生年譜長編初稿〕，頁五一九—五二〇。稍早，梁寫一文駁復辟之議，見「闢復辟論」，頁一一七—一一九。楊復禮記道，當康知梁之立場後，曾大聲重述他之所見，並謂若梁及其他人反對他，他將視之為敵。參閱吳相湘，「康梁與復辟運動」，頁五九—六七。梁氏反袁文章可見〔飲冰室合集〕，〔全集〕三三，頁八五—一一七。

215 Li, *The Political History of China*, pp. 370-71. 簡述此事。下列諸書也可參考：溥儀，〔我的前半生〕，第一冊，頁九〇—一〇一；丁文江，〔梁任公先生年譜長編初稿〕，頁五一九—五二〇；徐樹錚，〔徐樹錚先生文集年譜合刊〕，「年譜」，頁一九七—一九九。

216 此函件之一見微捲一。

217 康同璧，〔補康南海先生自編年譜〕，頁二六。當時美國駐華公使芮恩施 (Paul S.Reinsch) 為康保鏢自京至滬，時在一九一七年十一月廿五日。康在美使館避難時，曾在若干首詩中流露其思想與情感，載「丁巳美森館幽居詩卷」。

218 *The China Press*, April 2, 1927: "The Passing of K'ang Yu-wei."

後議」（作於民國五年）中，明言清帝復辟、虛君共和乃是中國政治的唯一出路[219]。晚至一九二五年，他仍執著此議，僅略有不同而已。至此他辯說，以退位之清帝爲虛君，不與任何權力，不足以稱作「復辟」[220]。吾人實不能無視他積極捲入民六復辟之事實。

就因康氏並無眞正保皇企圖，以虛君代絕對王權，以致使他的建議不爲張勳以及其他復辟領袖所重視。康氏爲即將復辟的清帝草擬了一些詔書，但無一被採用[221]。康氏於失敗後曾言，假如採用他的建議，復辟將可成功。只因包括張勳在內的「無知莽夫」，毫無西方憲政知識，不諳世務，力主恢復清廷的絕對王政，以至招禍[222]。吾人不能不回想到，最初鼓勵張勳者乃康氏本人，並與「無知莽夫」協商，幻想利用「北軍」，依靠「義勇冠時，乃心皇室」的張上將來達成任務[223]。結果，張氏及其他諸人對康氏而言，毫無用處，他也對他們無用[224]。更有進者，在當時的情況下，將退位的清帝復辟作爲虛君，即使得到「莽夫」的全心支持，也是無法成功的。

219 見上引註193。

220 「告國人書」，〈遺稿〉，卷四，「書牘上」，頁一二九。

221 「與徐世昌書」，〈不忍〉，九—十期，「政論」，頁一三—一四；康同家，〈康有為與戊戌變法〉，頁一一—一二；張伯楨，〈南海康先生傳〉，頁六九；胡應漢，〈伍憲子先生傳記〉，頁六七。溥儀，〈我的前半生〉，第一冊，頁九〇—一〇一，述一九一七年復辟事件未提及康氏，雖然康氏的名字列在「官吏」的名單上。

222 「告國人書」，頁一三。

223 「覆大隈侯爵書」，〈不忍〉，九—十期，頁一七。必須指出：由於北洋軍閥內部派系之爭相當嚴重，即使張勳以及其他支持復辟軍人接受康之意見，「北軍」亦無能達到成康之目標。

224 康氏本人迅即知道事之不成。康同璧，〈年譜續編〉，頁一〇六記道：「吾到京三日，擬即不稅駕而行，惟僕謬忝人望，恐人謂僕亦行矣，則人心震動，事益難成。」胡應漢，〈伍憲子先生傳記〉，頁六八所述略有異，謂康黨伍憲子說康即行，因其所有建議皆為張勳等人所阻。據謂康曰：雖知復辟必敗，但無可擺脫云云。

康氏說張勳以及其他忠清人士不知國外事務，是正確的。他本人對西方歷史的知識，相當豐富。在一九一七年，他曾多次提到，雖然英國在一六四七年處死查理一世後成爲共和國，但一六六〇年查理二世復位後即變成君主立憲。因此，康氏說「歐人號英爲共和國」[225]。他認爲西方各國的歷史，並沒有認爲一旦成爲共和國就不能改爲君主立憲[226]。此種「改回」並不是政治的退步，而是在某種情況下爲走向進步所必須。查理二世的復位就是很好的例證[227]。

康氏認爲反對君主立憲之論乃源於無知與偏見，他駁斥道：

> 蓋辛亥革命之前，擧國不知有共和之事，及辛亥革命之後，擧國不容人議共和之非……僕誠不忍，著「共和平議」一書大發明之。富冀國民必有大明政體之一日，則國體變，然後國治可期[228]。

康氏的知識再豐富，實際上仍無以展其所長。民六復辟甚至在未舉事前即已註定其必敗。康氏所仰仗的軍閥們對君憲既無知亦乏同情，康氏所期望的十七世紀英國史事，無以在廿世紀初的中國重演。張勳即非喬治·孟克（George Monck）。而英國雖排除清教徒革命的政治結果，以

---

225 致馮國璋電文，見康同璧，「年譜續編」，頁一〇五；另見「年譜補遺」，頁七六。

226 「覆大隈侯爵書」，「不忍」，九—十期，「政論」，頁一八。墨西哥獨裁者帝亞士（Porfirio Diaz, 1830-1915）在一九一一年被推翻。

227 此復辟由孟克（George Monck, 1608-70）將軍主使，他先忠於克倫威爾（Cromwell），但後來覺得只有讓史圖雅特王室（Stuarts）復位才能恢復秩序。Godfrey Davies, *The Early Stuarts, 1603-1660*, pp. 256-258, 略述孟克在復辟中的地位。

228 「覆大隈侯爵書」，頁一八。

傾向王政[229]，卻已有幾百年的議會政治傳統（此僅重要因素之一），來促使國家的政治制度走向康氏所欽羨而想施之中國的民主形式。十七世紀英國所有的民主潛能，中國都未具備。在上引康氏論說中，他希望能使國民明政體而變國體。簡言之，政治覺悟須先於政治改革。若然，則可試問：民六之舉豈不是躁進，實際上違反了他本人政治漸進的主張？助成復辟，即使他的基本主張仍然可嘉，豈不是採用了錯誤的策略？不知清廷立憲的最後機會已於辛亥之前喪失，他豈不是犯了認不清歷史環境的錯誤？

平心而論，康氏迅即理解到自己的錯誤，而決心恢復其一九一二—一三年間即已嘗試的和平改革的努力，不再對未成熟的共和主義多作抨擊。在北京美國使館避難時所撰之〔共和平議〕，為此一論點最重要的著作[230]。此文所言者，大都是發揮從前的議論，當然也有些由於局勢發展而得到的新意見。例如，他強調俄國革命必將引發該國的災難，而共產主義雖在思想上有崇高的一面，但在理想來到之前不宜試用[231]。為使他的讀者知道他並不反對民主，他重印了〔大同書〕中說明人類最後將進入全世界民主的部分[232]。

229 孫逸仙對一六六〇年英國復辟的看法與康極相似。見孫氏於一九二四年所講的〔三民主義〕，頁一七一—一七二。另見〔國父全集〕，第一冊，頁八二。

230 〔共和平議〕計三卷，初見於〔不忍〕，九—十期，「政論」，頁一—四八，一—八〇，一—七三。後於一九一八年在上海出版單行本。此書受到贊成共和者的重視，如陳獨秀在〔新青年〕，四卷三期（一九一八年三月十五日），頁一九〇—二一一。詳加批駁。

231 〔共和平議〕，第三卷，〔不忍〕，九—十期，頁三—五。

232 同上，頁一三—四二。

他相信使共和行得通的一個辦法是召開全國會議討論立憲政府。此乃答覆在一九二二年直奉戰爭後當選總統的曹錕所提問題的要旨。康氏說，不論何種政體，無論王政與共和，憲法斷不可少。全國會議乃是給民國新生的唯一途徑。若循民元以來的毀滅性的覆轍，將是令人悲痛的錯誤[233]。換言之，他建議以民權來救民國。

他再次命定失望。時局仍然無望如昔。他再次想中止共和，於一九二三年著手發動另一次復辟[234]。在致莊士敦（Reginald F. Johnston）的信中[235]，他要求轉告廢帝他行動的結果。康氏在無據的樂觀中認爲，經與地方軍事領袖協商一年之後，另一次復辟的時機已經成熟。陝西、湖北、湖南、江蘇、江西、安徽、以及貴州諸省，據他說都已同意行動[236]。很顯然的，他以沒有約束的允諾作爲信誓。總之毫無結果[237]。從他努力灌輸廢帝溥儀君憲的理論和運作，可以看出康氏

---

233 楊復禮，〔康梁年譜稿本〕，第二册，頁六一—六二，引康致曹電。康似在一九一七年曾對各省軍政長官暨各報館作同樣建議，但目的與情況均異。他暗示贊成黎元洪解散舊國會之舉，因為，國會不散，約法不廢，則「中國不救」。他似以為如此作法可開啓由法律途徑達到君憲之門，或給予即將發生的復辟一些法律根據。見「請開國民大會公議立憲書」，〔遺稿〕，卷四，「書牘上」，頁九二。

234 丁文江，〔梁任公先生年譜長編初稿〕，頁六五四，謂南海先生於一九二四年元月又圖謀復辟不成。事實上，康氏本人的記載顯示，這是前一年的事。

235 莊士敦與清廷的關係可閱溥儀，〔我的前半生〕，頁一一八—一二五。

236 「請莊士敦代奏游說經過」，〔南海先生墨蹟〕，第四册（無頁數）。發信之日期為甲子元月十八日，卽一九二四年二月十六日。

237 證據顯示康氏曾參與另一復辟陰謀，「甲子清室密謀復辟文證」，〔故宮叢刊〕（北平故宮博物院，一九二九）。此為影印原件「奏摺」與函件（一九二三—二四），其中一函係康函。徐樹錚在致段祺瑞（時為第一執政）函中（寫於一九二五），建議段不要參預復辟運動，（金梁為兩個涉入者之一），謂復辟一如總統制、聯邦制，皆為政治情況未定而生的問題。而參預者皆無權書生，不會有結果。「上段執政書」，〔視昔軒遺稿〕，「文藝」，頁四七—四八。載徐，〔徐樹錚先生文集年譜合刊〕。

對此事的認眞[238]。

一九二三年可說是康氏要把民國變成「虛君共和」的最後努力。此後直到一九二七年康氏逝世。他多半從事非政治性的活動，包括在國內各地旅行、談論眞正的孔教，以及演講「天游」哲學[239]。他並非已經否定了他久持的主張——以淸帝爲虛君乃民國危局的唯一出路。晚至一九二五年他仍然堅持此乃「最佳的方案」[240]。但對他而言，此已成純粹的理論問題。溥儀於前一年被逐出紫禁城，可能終於使他相信復辟已成爲他的另一不成功的使命。

由上述可得一結論，卽康有爲乃是一個不可救藥的改革派，他相信中國政治的終站——民主，只能於逐漸演進中達到。因此，他堅決反對以革命爲政治轉變的方法，但並不全盤反對共和。共和之不可行乃因無充分的準備。

一位中國歷史學者近謂，康氏於辛亥革命後繼續提倡君憲，乃是依戀舊時的妄想而無視進步[241]。此似是由於不了解康氏的立場而導致的浮淺論斷。就康氏未能使中國經由逐步進步而達成政治近代化而言，就他誤認爲在當時可行而政治上所需者而言，他確有妄想。僅就此而論，這位歷史學者是對的。但若說康氏因取漸進改革而不取突進革命，就認爲他是無可救藥的保守主義者，則毫不正確。再者，我們不應忽視，儘管他對未成熟的共和表示疑慮不安，他曾誠懇地想幫助民

238 「奏謝御賜福壽字摺」（民六），見〔萬木草堂遺稿外編〕，下册，頁五六六—五六七。
239 康同璧，〔年譜續編〕，頁一三四—一四九。另見 Kung-chuan Hsiao, "K'ang Yu-wei's Excursion into Science," in Lo, *K'ang Yu-wei*, pp. 375-409.
240 楊復禮，〔康梁年譜稿本〕，第二册，頁七六。
241 吳相湘，〔民國政治人物〕，頁六七。

國成功——「妄想」可以助其成功！

並非康氏一人助之無效，即使是全心主張共和的梁啟超與孫中山也弄不出結果。民國一成立，梁氏即毫無保留地贊助。他積極的組織政黨，且於一九一三年認眞充任司法總長。當袁世凱於民四著手帝制，梁氏冒生命危險維護民國。他堅決反對民六復辟。當袁氏覆敗後，他再次充任內閣職務——財政總長。不過，他終於失望，完全地憎惡，而退出政壇，從事教育與學術工作[242]。他獻身民國政治並沒有比康有為「依戀舊時妄想」產生更積極的結果。

同樣的，孫氏最初對共和的熱望也被後來的事實所沮喪。一九一七年他與護法之師以抗北方軍閥。一九二四年他興師北伐，最後終於有國民革命軍的勝利[243]，此實為十二年前他所參預建立的多難共和的結束。中國的第二共和始於一九二八年南京政府的建立。民國政府重新肯定他的訓政之說，以為國民行憲的準備[244]。共和立憲於一九三二年再度提出[245]，但逆境如共產黨的威脅和日本人的侵略致使長期未能施行。最後，國民大會於一九四六年十一月十五日在南京召開，中華民國憲法於一九四七年元旦頒布[246]。但時已不我予，毛澤東不久就在中國大陸試行他的「新民主」，而臺灣則成為基於孫氏〔三民主義〕而建立的民主共和國的基地[247]。一九四七年的憲法對

242 丁文江，〔梁任公先生年譜長編初稿〕，頁三七九—五六九，隨處。
243 Li, *The Political History of China*, pp. 376-377, 462-505簡述此事。勝利並不徹底，軍閥仍不聽命於中央政府，有些軍閥於一九三〇年公開反叛。翌年日本攻打瀋陽，此後不斷侵華，導致第二次中日戰爭。
244 儲玉坤，〔中國憲法大綱〕，頁七二載一九二八年二月三日頒布的「訓政綱領」原文。
245 儲玉坤，〔中國憲法大綱〕，頁二六四—二六五。
246 同上，頁一三八—一六五。憲法原文載頁二六一—二七〇。
247 「中華民國憲法」（一九四六年十二月廿五日）第一條，儲玉坤，〔中國憲法大綱〕，頁二六一。

在大陸的中國人而言，是否爲另一引人的希望呢？

目前，還很少有人能給予肯定的答案。不過有一自明的結論，民主不可能隨叫隨到，卽使最有決心的改革派與革命派也難立致。如歷史可提供線索，建立民主的捷徑，除了良好的環境與領袖外，要有許多像一七七五年在美國殖民地爭取自治的，普利斯頓隊長（Captain Preston）一樣的農民，雖然他們從未聽到哈林頓、薛地尼、洛克等人所倡導的「自由的眞諦」[248]。

248 Samuel E. Morrison, *The Oxford History of the American People*, pp. 202-233 述及此事。對 Judge Mellen Chamberlain 在一八四二年所提出的問題：「什麼因素促使農夫在一七七五年起而作戰？」康科特（Concord）九十一歲的老兵普利斯頓（Preston）隊長回答說：「我們自治，一向如此，他們沒有告訴我們必須如此。」他們對抗英軍，既非由於反對的感覺，也非「讀了哈林頓、薛地尼、洛克等人關於自由眞諦的著作」。張朋園，〔立憲派與辛亥革命〕有結論曰，立憲運動註定要失敗，因西方「人權運動」經一段漫長時期才逐漸獲得成果，因此中國不可能在幾年中採用西方民主制度（見頁二三九）。他未估計辛亥革命的結果（除了推翻滿清之外），亦未提到明顯的一個問題：革命黨是否有可能在推翻專制以後就能移植西方民主。

第七章　行政改革

第一節　重整行政效能與民主（一八八八—一八九八）

康有爲政治革新的最終目的，是逐漸而徹底地將中國的專制政治轉變爲立憲民主。在達到這個目的（非短期間可達成）之前，康有爲認爲對現行行政機構的大幅改革乃是刻不容緩的事，因當時的行政機構，由於組織之腐朽，功能之退化，早已成爲無用的時代廢物，不先整頓這個行政機構，任何政治革新的努力都將徒勞而無功。

康有爲在一八八八年秋的「上清帝第一書」中，表示出他對現行制度之不滿。他說，「今天下法弊極矣」！其缺點，多而且嚴重。

六宮萬務所集也，卿貳多而無所責成，司員繁而不分任委，每日到堂，拱立畫諾……卿

　　貳旣非專官，又兼差，未能視其事由……故雖賢智亦皆束手。

州、縣級的地方政府，情形也沒有多好。

　　兵刑教養合責於一人，一盜佚，一獄誤，一錢用而被議矣[1]。

然則，地方官吏自然以保身為先，而以服務政府人民為次要，更壞的是地方官職的買賣，使貪污賄賂成了司空見慣之事[2]。

　　當時並非只有康有為一人注意到行政上的腐敗與缺陷，某些與他同代的憂時之士，也像他一樣公開批判政府的失德[3]。康氏也不是第一個提出行政改革之人，例如英人赫德（Robert Hart）卽在一八六五年已經提出。他在「局外旁觀論」中指出，中國制度在制定時雖非常謹愼，但由於年代長久，已失去效能，外任的官吏少有奉公盡職的，多數放縱於貪污腐敗；而在京的官吏則兼職太多，公務繁重，卽使有心做事者，也不能一一做到。學者為官，雖有文才，卻無實務的知識。赫德認為，除非這許多缺點能適時改正，帝國政府將難以對付新局面的挑戰[4]。

---

1 「上清帝第一書」（光緒十四年九月），收入翦伯贊編，「戊戌變法」，第二冊，頁一二八。

2 行政腐化的速度在慈禧太后專政下更加快。趙爾巽等，「清史稿」，瀋陽版（一九二七），卷一〇七，頁五；香港重印本（一九六〇），第二冊，頁一三七七。這種現象早就開始了，參見 H. B. Morse, *Trade and Administration of China*, 2: 439-440.

3 參見金梁，「光宣小記」，頁五五—五六；張若谷，「馬相伯先生年譜」，頁一一九—一二〇；黃濬，「花隨人聖盦摭憶」，頁五五—五六。這些著作中舉出了徇私、貪污、無能、不負責等的實例。就連理應監督帝國行政的都察院，也不免腐敗的侵蝕。李慈銘，「桃花聖解盦日記」、「荀學齋日記」（收入「越縵堂日記」，第二八—五一冊），提供了進一步的資料。亦見翁同龢，「翁文恭公日記」，卷三五，頁四四，光緒二十二年（一八九六）五月十七日。

4 此文題作「局外旁觀論」，見文慶等編，「籌辦夷務始末」（同治朝）（北平，一九二九—三〇），卷四〇，頁一四—一五。它於一八六五年十月二十七日送交總理衙門，與英使 Sir John Rutherford Alcock 的另一備忘錄（由威妥瑪 Thomas Wade 捉刀），一同被轉發給封疆大吏，包括官文、曾國藩、左宗棠、李鴻章及其他人，以徵求他們的意見。

但康有爲超過他同時代人的一點是，他也許是當時唯一將困難的根源追溯到專制統治之人。他在一八九五年六月三十日「上清帝第四書」中說：

中國自古一統，環列皆小蠻夷，故於外無爭雄競長之心，但於下有防亂弭患之意。至於明世，治法尤密，以八股取士，以年勞累官……一職而有數人，一人而兼數職，務為分權掣肘之法，不能盡其才[5]。

這種「分權掣肘」的辦法，確實達到其設想的目的。明朝一代沒有發生任何重大的「不敬事件」。在過去中國孤立的時代，爲了政治安全的目的，行政的無能並不算太高的代價。但是，現在情況已大爲轉變。中國過時的行政制度，已經無法應付與西方列強接觸而產生的各種問題。另一方面，由於西方國家的「尊賢」、「尚功」以及以人民利益爲本的政治制度，使它們都發展成爲強大的國家[6]。中國應學習西洋，一改其統治之道，才是正理。行政的基本原則不再是爲王朝安全而犧牲效率，而應該是講求實效來爲全國服務。

康有爲認爲，加強效率能經由合理化獲得。關於這方面，他在「上清帝第二書」（一八九五年五月二日）中提出數項建議。他要求改革官僚組織，使每一個官吏都有特定的責任與行使適當職權。閒散的衙門與冗員應加裁汰。讓「重要」官吏同時兼數職的習慣也得廢止。由於地方衙門

5 「上清帝第四書」，收入翦伯贊編，〔戊戌變法〕，第二册，頁一七七。現代學者都證實康有為的看法，如 Pao Chao Hsieh, *The Government of China 1644-1911*, pp. 390-397 指出一些「不良的結果」；T'ung-tsu Ch'ü（瞿同祖）, *Local Government in China under the Ch'ing* 指出停滯不進是安定與唯命是從而無效率的代價。參閱 Kung-chuan Hsiao, *Rural China: Imperial Contral in the Nineteenth Century*, pp. 3-5.

6 康有為，「上清帝第四書」，翦伯贊等編，〔戊戌變法〕，第二册，頁一七五。

是地方行政的中心，派任的官吏應是有「愛民之心」的人，他應該有一份適當的薪俸，授與配合其地位的官職，並免於受藩臬、道府等不必要的「監察」。行省範圍太大，不適於有效的行政，應該縮小到「道」的面積[7]。康有爲在「上清帝第四書」（一八九五年六月三十日）重複同樣的建議，並以強硬的語調譴責現行制度中阻礙辦事的作風[8]。

這些建議是康有爲在一八九〇年初提出的，其主要目的是加強行政機能的效率，排除現行制度中爲皇室安全，而長年積弊不變的老朽作法。換句話說，他建議在官僚制度中修改其運作原則，而保留其大體結構。但是到一八九八年，他要求更多。這年年初，他促請全盤改組行政制度，以便逐步達成西方現代立憲制度。他關心的已不只是行政效能，而是劇烈的政治改革。

他在「上清帝第六書」中說道：「近泰西政論，皆言『三權』。」中國政府中大致有相當於行使行政權與司法權的機構，但卻缺少一個「議政」的機構。因此，中國政府沒有一個機構，來籌備大幅改革計劃。爲了彌補這個漏洞，康有爲主張立刻設立「制度局」[9]。這並不是眞正的立法機構或議會，而是一個新的政府機關，康有爲希望藉此超越現行政府衙門的干涉，而推行其革新計劃。制度局由十二個部門組成，分別掌管法律、度支、學校、農、工、商、鐵路、郵政、礦務、游會、陸軍與海軍等有關事務[10]。因此這可以說是一個雛形的內閣，下設十二部，共同體現一個現代政府的「議政」、執行與行政等功能。康有爲認爲制度局的設立，對於從傳統制度轉變

7　「上清帝第二書」（有時稱「公車上書」），翦伯贊等編，〔戊戌變法〕，第二册，頁一五〇—一五一。
8　「上清帝第四書」，翦伯贊等編，〔戊戌變法〕，第二册，頁一八二。
9　「上清帝第六書」（原題「應詔統籌全局摺」），翦伯贊等編，〔戊戌變法〕，第二册，頁一九九—二〇〇。
10　同上，頁二〇〇—二〇一。

到現代內閣制上，將收啟導之效。

在一八九八年關於地方政府的建議中，康有爲更淸楚地表達了他改革現有體系以邁向民主與提高行政效率的意圖。除了強調地方政府的重要性以外，他更強調「地方之治，皆起於民」。因此，他建議設立「民政局」，以爲地方自治的初步機構[11]。此時，他並未要求建立憲政或民主的政府，他只想將帝政結構的最低層略作修正，藉以立下「民治政府」的第一塊基石。

此後，康有爲提出更多的要求。一八九八年仲春時，他確信中國政府已到大翻修的時候了。不徹底的作法只是自欺而已。他在五月二十二日上奏說道：

> 方今累經外患之來，天下亦知舊法之敝，思變計圖存矣，然變其甲不變其乙，舉其一而遺其二，枝枝節節而為之，逐末偏端而舉之，無其本原……必至無功……故臣以為……若決欲變法，勢當全變[12]。

康有爲堅持全盤的行政革新，使他與當時主張有限度革新的人士截然有別。

以下簡述康有爲對行政革新的具體建議——改變人才進用的方法與採取裁汰冗員的措施。對於人員進用他有兩個主要建議：與當時的許多人一樣，康有爲相信，作「八股文」的技巧，並無關乎一個人的行政才能，康有爲一再要求光緒改革考試制度，俾能選取眞能任官的人材。例如，

---

11 同上，頁二〇一—二〇二。*Contemporary Review*, 76 (July-September, 1899): 191-95 摘錄此一奏摺的內容。其中「民政局」譯作 "People's Council."

12 「敬謝天恩並統籌全局摺」，翦伯贊等編，〈戊戌變法〉，第二冊，頁二一五。康有為在九月政變後重述其立場表示：「政府是一非常複雜的機器，其部分各不相同，……因此我們盡其所能的改變整個系統，我們的努力將永不會成功，只會加深罪惡。」*Contemporary Review*, 76: 187-188.

他在一八九八年六月十六日，一次長達三小時的召見中告訴光緒皇帝，「今日之患，在吾民智不開，……而民智不開之故，皆以八股試士為之。」[13]在約一個月前所上的奏摺中，他更痛責現行的考試制度：

> 蓋以功令所垂，解義只尊朱子……故令諸生荒棄羣經，惟讀四書；謝絕學問，惟事八股。于是二千年之文學，掃地無用，束閣不讀矣。……翰苑清才，而竟有不知司馬遷、范仲淹為何代人；漢祖、唐宗為何朝帝者！若問以亞非之輿地、歐美之政學，張口瞠目，不知何語矣[14]。

補救辦法很明顯，入試者要用散文體而非八股文表達他們對儒家經典的學識，除此之外，對國內外時事的知識也是必要的。如有創著一書，發明新義，確實有用者，可奉准入翰林院，不需通過考試[15]。

革新行政組織的第二個辦法是注入新血——即是吸引年紀輕且階級較低，而有特殊才幹的人，來為政府服務。對已行之數世紀的用人與昇遷的習慣——按資歷昇遷[16]，以抽籤來任官[17]

---

13 〔自編年譜〕，頁一九。康有為奏摺全文參見沈桐生，〔光緒政要〕，卷三四，頁一七。

14 「請廢八股試帖楷法試士改用策論摺」，翦伯贊等編，〔戊戌變法〕，第二冊，頁二〇九—二一〇。

15 「上清帝第二書」，翦伯贊等編，〔戊戌變法〕，第二冊，頁一四九。康有為之强調實學，當時人亦有同調者，特別是嚴修，曾上奏建議設立「實務特科」。見「奏請設經濟專科摺」（一八九八年正月廿七日），收入翦伯贊等編，〔戊戌變法〕，第二冊，頁三二九—三三二。亦見朱壽朋，〔東華續錄〕（光緒朝），卷一四二，頁六—七。設立「特科」的詔書，見朱壽朋，前引書，頁七—八。根據梁啓超，〔戊戌政變記〕，第四篇，頁一四八，光緒帝的行動成為戊戌變法的前奏。變法失敗後不久，十月九日，經濟特科停辦。

16 崔亮設計的辦法，稱為「停年格制」，創於西元五一九年，當時崔亮任北魏吏部尚書，由於求官者眾多，難以取捨，而創此辦法。結果並未獲好評；「庸才下品」常較資淺而有才能者獲得優先考慮。見魏收，〔魏書〕（中華版），卷六六，「崔亮傳」，頁九。

——康有爲提出嚴厲的批評。他指出這兩種辦法都不合「尊賢使能」的原則或「孔子之道」[18]，兩者都應立卽廢除，以便樹立按考績昇遷的原則。他在「上清帝第三書」（一八九五年六月三十日）中促請光緒帝「舉天下有能之士，不次拔擢」，並撤換那些年老怕事，在危機情況下顢頇無用的大臣[19]。以後他在另一封奏摺中[20]及光緒帝召見時[21]，都再強調這一點。

提拔人材是康有爲的建議中立卽被光緒帝採用的一個，光緒在一八九八年一月十七日給大學士的上諭中，令各省長官推薦「人才」以備任用[22]。包括康有爲與梁啟超及其他改革運動中的活躍分子都列名其中，以供採擇[23]。

---

17 「掣籤法」於一五九四年由吏部尚書孫丕揚首創，以阻遏明代宦官的影響。見張廷玉等，〔明史〕（中華版），卷二二四，「孫丕揚傳」，頁八—九。

18 康有為，〔春秋董氏學〕，卷六下，頁三一。

19 「上清帝第三書」（一八九五年六月三日），收入翦伯贊等編，〔戊戌變法〕，第二册，頁一七一—一七三。

20 「上清帝第四書」，翦伯贊等編，〔戊戌變法〕，第二册，頁一八六。

21 〔自編年譜〕，頁一九。

22 詔書全文見〔德宗實錄〕，卷四一三，頁一六—一七；並收入翦伯贊等編，〔戊戌變法〕，第二册，頁七—八。在一八九八年六月十一日的另一詔書中，皇帝要求推薦適合從事外交事務的人才。見〔德宗實錄〕，卷四一八，頁一五—一六。

23 值得注意的是，「人才」的推薦包括徐致靖於一八九八年六月九日上奏（推薦康有為、黃遵憲、譚嗣同、張元濟與梁啓超），見〔知新報〕，六三期，頁八—九；收入翦伯贊等編，〔戊戌變法〕，第二册，頁七—八。王錫蕃於一八九八年八月廿九日上奏（推薦林旭、嚴復及另外兩人），見翦伯贊等編，〔戊戌變法〕，第二册，頁三七四—三七五；及葉德輝，〔覺迷要錄〕，卷一，頁一八。胡思敬，〔戊戌履霜錄〕卷四表列由張之洞（推薦梁啓超、楊銳、湯壽潛等）、陳寶箴（推薦劉光第、楊銳及另外十三人）所推薦的二百餘人的姓名。至於誰向光緒推薦康有為，參見蕭公權，〔翁同龢與戊戌維新〕（聯經），頁九七—一一六。黃濬，〔花隨人聖盦摭憶〕，採信了張蔭桓的「密奏」建立康有為與皇帝的關係的說法。何炳棣，「張蔭桓事跡」（收入包遵彭等編，〔中國近代史論叢〕，第一輯，第七册，頁一〇八—一〇九），明白指出確由張蔭桓之推介。這個問題似乎尚未定案。

為了確保新的行政人才的來源，康有為非常重視發展現代西式學校的制度[24]。一八九八年夏光緒帝下詔廢止八股文後，康有為在所上的「請開學校摺」中，論到西方國家早在十八世紀就有現代化學校。普魯士的斐特烈大帝首創普及初等教育體制，開歐州近代學校的先河。隨著高等教育發達，便有大批「人才」為國所用。近代西方的強盛卽基於此。日本也是如此。

> 近者日本勝我，亦非其將相兵士能勝我也。其國徧設各學，才藝足用，實能勝我也。

現在正是中國模倣西方與日本榜樣的好時候。全國各村、鎮都應設立小學與初中，高等學校則應在任何條件容許的省縣設立。幾年前就有設立京師大學的建議，現在是實現的時候了[25]。為了減輕初創時另建新校舍的沉重負擔，康有為建議利用傳統的「書院」與私人的「淫祠」設施[26]。關於適當的教材，他建議設立譯書局，以提供學者一些譯自日文有關現代政府、文學與軍事科學等方面的書。

優秀的學生應該送往日本與德國深造，以期獲得那些不能光靠書本得到或國內尚不熟悉的科

---

24 見「上清帝第二書」（一八九五年五月二日）、「上清帝第三書」（一八九八年六月三日）、「上清帝第四書」（一八九八年六月三十日），及「請開學校摺」（一八九八年六月十九日至七月十八日之間呈上），均收入翦伯贊等編，〔戊戌變法〕，第二冊，頁一四七—一四八，一七〇—一七一，一八〇—一八一，二一七—二一九。

25 「請開學校摺」，翦伯贊等編，〔戊戌變法〕，第二冊，頁二一七—二一九。康有為提到斐特烈大帝邀請伏爾泰到無憂宮 (Sans Souci) 的事，他也許是在暗示啓蒙運動。他請開學校的主張得到支持變法的大臣李端棻的回應，李在一八九八年六月二十日上奏表示贊同。見翦伯贊等編，〔戊戌變法〕，第二冊，頁二九七—三〇〇。

26 「請飭各省改書院淫祠為學堂摺」（一八九八年六月底或七月初），見翦伯贊等編，〔戊戌變法〕，第二冊，頁二一九—二二二。胡聘之等「請變通書院章程摺」（一八九八年六月十九日至八月十六日之間呈上），要求將「有用之學」如數學、天文、地理等學科，導入書院，成為課程的一部分，亦不廢止儒家經典及中國歷史的修習，謀以此保留書院制。見翦伯贊等編，〔戊戌變法〕，第二冊，頁二九七—三〇〇。

學技術的知識[27]。這樣，中國也就能培養出一批訓練有素的人才，可爲政府機構所用。

藉這些措施，康有爲希望更新整個官僚組織，對於行政系統，就算維持其現行結構，也要改變其作風。值得注意的一點是，在一八九八年康有爲並沒有主張更迭高階層官吏的人事，雖然他將樂見低階層能够有所改變[28]。這一點他在覲見時向光緒表示得很明白：

> 勿去舊衙門而惟增置新衙門，勿黜革舊大臣而惟漸擢小臣。……則彼守舊大臣既無辦事之勞，復無失位之懼，怨謗自息[29]。

我們記得康氏在一八九五年曾主張罷黜年老及無用之官。此一轉變可能是爲了減少高官的反對。儘管康有爲如此縝密周到，但事態一發迅即不可收拾。狂熱的改革派分子在一八九八年初夏即放言裁撤某些機構，罷黜某些大臣[30]。建議裁撤各個衙門的奏摺雪片般飛來[31]。不顧康有爲的勸阻及其他大臣的反對，光緒帝在八月三十日下詔裁撤詹事府、通政司、光祿寺、太僕寺，以及其他機構，與總督同駐一城的巡撫、東河總督，以及其他重疊的職位[32]。此一行動雖然中止了當

27 「請廣譯日本書大派遊學摺」（一八九八年六月底或七月初），見翦伯贊等編，〔戊戌變法〕，第二册，頁二二二—二二五。

28 參見註7及註8。

29 朱壽朋，〔東華續錄〕（光緒朝），卷一四四，頁一八—一九。比較〔自編年譜〕，頁一九，「存冗官以容舊人」。

30 引見註12。

31 其中包括張元濟（請廢翰林院、都察院）、岑春煊（請廢卿寺、裁員局）、楊深秀（罷斥老朽無能的官吏）、袁昶（裁汰冗局與冗員，包括詹事府、漕運總督、督撫同城而治卽湖北、廣東、雲南、以及所有的道臺）、蔡鎮藩（大幅改革官制）等人的奏摺。見〔自編年譜〕，頁二二—二四。有關楊深秀，見趙爾巽等編，〔清史稿〕，卷二五一，頁三—四。蔡鎮藩與袁昶的奏摺，收入翦伯贊等編，〔戊戌變法〕，第二册，頁三八一—三九二及四四九—四五四。

32 免職的詔令，見〔德宗實錄〕，卷二四二，頁六—八。Pao Chao Hsieh, *The Government of China, 1644-1911*, p. 345 提到此詔所撤廢的「閒散官署」。H. B. Morse, *The International Relations of the Chinese Empire*, 3:141 指出「在職者一般都未受到影響」。

時京中盛傳的謠言[33]，但卻不能撫平「保守黨」。相反地，這無異在保守派人士的激烈反對中火上加油，並爲變法製造了新的敵人。據說單是京城之中，裁撤了六個政府機構，使數千人失業[34]。懷恨的人破壞了一個被裁撤機構的建築物[35]。一位美國學者認爲，這項「對閒散職位的全力攻擊」致使「許多原本對光緒皇帝的變法泰然處之的官吏」突然改變其態度[36]。康有爲在九月二十一日政變後承認「當前的危機」是由光緒在行政改革中操之過急所致，雖然這項改革是現代化不可或缺的一步[37]。這也許不能全怪光緒，康有爲先前（一八九五年）即曾建議採取此一措施[38]，

---

33 謠言說：「六部與九卿將被廢除，而設立鬼子衙門。」見蘇繼祖，〔戊戌清廷朝變記〕，部分收入翦伯贊等編，〔戊戌變法〕，第一册，頁三三七。

34 *North China Herald*, 61, no. 1634 (Sept. 19, 1898): 521. 陳夔龍，〔夢蕉亭雜記〕，指出十多個衙署被裁，直接或間接使約一萬人丟掉差使或無法任用。見翦伯贊等編，〔戊戌變法〕，第一册，頁四八五。

35 陳夔龍，〔夢蕉亭雜記〕，引述一個目擊者的報告。

36 Meribeth E. Cameron, *The Reform Movement in China, 1898-1912*, pp. 44-45.

37 康有為的說辭載在一八九八年十月七日的〔中國郵報〕（香港），標題是「中國的危機」，收入翦伯贊等編，〔戊戌變法〕，第三册，頁五〇三。康似乎面對了王安石所曾遭遇的問題。王安石在八世紀前推動改革計劃，曾提醒神宗在未成熟時勿冒然行動，但是無效。見蕭公權，〔中國政治思想史〕，第四册，頁四五九—四六〇。（聯經版，頁四九一。）

38 除了倡導重整行政結構外，康有為也主張革除百年來相沿已久的繁瑣規定與先例，簡化並加速行政流程，見「上清帝第四書」（翦伯贊等編，〔戊戌變法〕，第二册，頁一八二）。光緒帝於一八九八年七月廿九日下詔，令政府各部門全盤檢討現行法規與先例，作適當的改革（〔德宗實錄〕，卷四二一，頁一一—一二）。根據蘇繼祖，〔清廷戊戌朝變記〕，頁三三八，皇帝的命令普遍未受重視。不過，吏部與禮部分別在一八九八年九月一日上奏，則表示已採取適當的行動（朱壽朋，〔東華續錄〕，卷一二七，頁一〇—一一）。康有為也建議改定法律。在「請開制度局以行新政摺」（一八九八年八月十七日以後上奏）中，他說：「若夫吾國法律，與萬國異，故治外法權，不能收復。且吾舊律，民法與刑法不分，商律與海律未備，尤非所以與萬國交通也。」因此，他建議設法律局附屬於制度局。（翦伯贊等編，〔戊戌變法〕，第二册，頁二五二—二五三）。〔戊戌奏稿〕（麥孟華輯，一九一一年出版）收錄了康氏未註日期的「請定法律摺」，但在註中指出其內容「在目前辦不到」。必須指出的是：由他一九一七年發表的一篇文章中可看出，康有為並不贊成將中國法律不由分說地西化。見「參政院提議立國精神議書後」，〔不忍〕，九—十期（一九一七年十二月），「教說」，頁一—二。

儘管他後來（一八九八年）主張應愼重行事。

第二節　義和團亂後的行政改革（一九〇一—一九一〇）

一八九八年的維新失敗之後，光緒所作的政府組織改革項目都立刻被取消了。康有爲對行政革新所做的努力，在慈禧太后的「反改革」下歸於烏有[39]。雖然太后並不熱心也非眞心想改革，但是義和團之亂所致的災難，使人感到老辦法非加以某種改變不可。結果，慈禧下詔變法，從一九〇一年到一九一〇年間，似有幾樣重要的行政改革得以實現[40]。一位中國政治史的學者總結一九〇六年左右的變遷，說道：「幾百年來傳統的六部組織改爲十部，相當於歐洲的內閣。」[41]到一九一〇年又增設海軍部成爲十一部[42]。

一九〇一年一月二十九日，慈禧以光緒帝的名義所下的變法之詔頗值得注意。詔書開題宣稱，三綱五常的道德律是不變的，而政府的治術並不是一成不變的。鑑於時代情況改變，現行的

---

39 H. B. Morse 的用語，見所著 *The International Relations of Chinese Empire*, 3:149. 宣布「反改革」的詔書在一八九八年九月廿六日頒布，見〔德宗實錄〕，卷四二七，頁一—二。

40 Meribeth Elliot Cameron, *The Reform Movement in China, 1898-1912*, pp. 105-111; Pao Chao Hsieh, *The Government of China, 1644-1911*, Chap. 13 有簡略的記述。

41 Pao Chao Hsieh, *The Government of China, 1644-1911*, p. 348.

42 錢實甫，〔清季重要職官表〕（上海，一九五九），頁一一四；張其昀等，〔清史〕（臺北，一九六一），第四册，頁二八三三—二八三六，列出官職姓名。

政治結構也有修改的必要。但這不是戊戌變法的重演：因「康逆之禍，殆更甚於紅巾」。詔書繼續說：

> 中國之弱在於習氣太深，文法太密，庸俗之吏多，豪傑之士少。文法者庸人藉為藏身之固，而胥吏恃為牟利之符。公私以文牘相往來而毫無實際，人才以資格相限制，而日見消磨。

這種情況不能再繼續下去。因此，詔令京內外的大臣官吏在兩個月內提出「全面維新」的各種建議[43]。

但是反應顯然並不熱烈。兩個月的期限已過而僅有少數人上條陳，提出建議。約三個月以後（四月二十一日），朝廷再度下詔，促請未提意見的大臣上條陳提供意見，並下令設一新機構來籌辦新法，稱爲「督辦政務處」，由六位大臣組成：慶王奕劻，大學士李鴻章、榮祿、崑岡、王文韶與戶部尚書鹿傳霖。此外，兩江總督劉坤一、湖廣總督張之洞也「遙相參與」籌劃[44]。山東巡撫袁世凱後來升爲直隸總督，是慈禧變法中很重要的人[45]。但張之洞似是更具決定性

---

43 朱壽朋，〔東華續錄〕，卷一六四，頁二—三及沈桐生等，〔光緒政要〕，卷二六，頁二八—二九，收錄光緒廿六年十二月十日頒布的詔令全文。Cameron, *The Reform Movement in China, 1898-1912*, pp. 57-58. 引述此一詔令，採用 J.O.P. Bland and E. Backhouse, *China under the Empress Dowager* (1st ed. Philadelphia, 1910), pp. 419-424 的譯文，日期誤作一月八日，譯文也不正確。

44 光緒廿七年三月三日的詔令，見朱壽朋，〔東華續錄〕，卷一六六，頁一一。

45 Cameron, *The Reform Movement in China, 1898-1912*, pp. 61-64. 指出袁世凱在變法中的地位，但未提及張之洞。

的角色，他與劉坤一在一九〇一年春聯名所上的三摺受到廣泛的注意，被視爲這次變法的基礎。最初，張之洞建議各省連合上奏，劉坤一表示贊同並請張之洞起草，於是張之洞邀請曾在一八九〇年代鼓吹變法的張謇、沈曾植、湯震[46]，各自提出建議。張之洞在總督府官吏的協助下，費了一個多月時間完成這三通奏摺。袁世凱雖曾告知他們，聖上希望各省分別條議，劉坤一仍決定與張之洞聯名上奏[47]，據榮祿說，慈禧很中意他們的建議[48]。

主筆起草這三通奏摺的張之洞，很可能是這次義和團之後新法的主要設計者[49]。清廷採用的主要原則與許多重要的措施，都相當接近他的建議。每一奏摺都是討論不同的主題，第一摺論教育，第二摺論行政，第三摺論經濟與軍事[50]。只有第二摺與本文有關。

上奏者指出，如非先改革行政，試圖在經濟與軍事方面求現代化，將毫無結果。他們說道：

立國之道，大要有三：一曰治，二曰富，三曰强。國既治，則貧弱者可以力求富强；國不治，則富强者亦必轉為貧弱。整頓中法者，所以為治之具也。採用西法者，所以為富强之謀也。

46 沈曾植與張謇都曾活躍於一八九五年的强學會。湯震著有〈危言〉（上海，一八九〇）一書，主張大幅改革。湯志鈞，〈戊戌變法人物傳稿〉，第一冊，頁一五六—一五七，有沈曾植與張謇傳。參閱〈自編年譜〉，頁一三。

47 許同莘，〈張文襄公年譜〉（一九三九年版），卷七，頁二〇，編者按。

48 同上。引榮祿的話說：「建議是好的，但沒有人來實行。」

49 慈禧下詔（一九〇一年十月二日）表示同意劉坤一與張之洞有關「復興中國制度以採行西法」的建議，只要實際可行，應予實施。見朱壽朋，〈東華續錄〉，卷一六九，頁四一—四二。關於張之洞的其他建議，及他從一九〇一—一九〇八年間在任所內推行的計劃，見許同莘，〈張文襄公年譜〉，卷七—一〇。

50 張之洞說，其目的是「用西法以致富强」。這些條陳的原文見朱壽朋，〈東華續錄〉，卷一六九，頁七—四一。

接著他們提出十二項具體的建議，如加以實現，將會產生「優良的政府」。大部分建議是著眼於增進行政效率，其中較重要的有：任官不拘泥於成規（破常格），中止買賣官職的惡習（停捐納），訓練行政人員，給與足夠的薪俸（課官重祿），簡化行政法規（簡文法），授與相當其職位的責任與表現機會。這些建議，不用說，在本質上仍不脫康有爲在一八九〇年代所主張的範疇。

他們提出建議改變官吏任用與陞遷辦法的理由。他們的見解與康有爲亦無重大的差別。

> 承平用人，多計資格……時危用人，必取英俊……而依流平進者多騎牆，精力漸衰者憚改作，資序已深者恥下問。

因此，現行的辦法必須放棄，而完全依據考績來提拔優秀的人材。以抽籤任官的過時辦法也應廢除[51]。

對於省級官吏，應給予特別的訓練，理由如下：

> 方今事變日多，京外各衙門，斷非僅通時文編查成例者，所能勝任，欲濟世用，非學無由。

因此每一省都應設立校吏館（京城則爲仕學院）訓練官吏，舉凡中外輿圖、公法條約、學制、武備、天算、地理、農、工、商、鑛各學之略，皆須教授。公職候補者必須修滿其課程，才能獲正式的任命。同時薪俸也應予調整，俾使官吏不致因經濟的需要，而接受賄賂或挪用公款[52]。

51 原文見朱壽朋，《東華續錄》，頁一五—二七；特別是頁一六—一七，二二—二三。參考本章註16—20所舉康有爲的看法。

52 朱壽朋，《東華續錄》，卷一六九，頁四〇。

張之洞與劉坤一聯名上的條陳，令人回想起戊戌變法，不過康有爲的建議更爲高瞻遠矚。的確，我們甚至可以辨出一八九八年與一九〇一年之間的一些連續性。如前所述，張之洞和劉坤一聯名提出的改革考試制度的計劃，乃基於光緒帝一八九八年所揭示的變法原則[53]。但因慈禧深恨康有爲以及戊戌變法，張劉可能爲了讓慈禧接受他們的意見（也可能他們的立場與康氏顯然不同），乃公開譴責「康有爲的邪說與謬誤」，並宣稱他們的建議是「全然不同」的[54]，我們禁不住要懷疑，他們有意或無意地採用了康氏的概念，卻拒絕承認他是改革的先知。這並不是說康有爲在改革觀念上有獨佔權。當時中國所面臨的問題極其顯然，而解決之道也是如此一目了然，因而，他們不可能忽略任何曾經關注這些問題的人[55]。

義和團亂後的行政改革雖然指向同一方向，但結果卻遠超過張之洞和劉坤一所建議的程度。一九〇六年九月一日，清廷下詔進行大幅度行政改革，作爲邁向立憲政府的第一步驟[56]。這再度使我們想起一八九八年的觀點，因而值得引述於下：

我國政令，積久相仍，日處阽危，受患迫切，非廣求智識，更訂法制，上無以承祖宗締

---

53 許同莘，〔張文襄公年譜〕，頁二一。

54 朱壽朋，〔東華續錄〕，卷一六九，頁四〇。

55 Gilbert Chinard, *The Correspondence of Jefferson and Du Pont de Nemour*, p.xi 說：「我們必須承認，有些時代裡，觀念『瀰漫四布』，似乎盡人皆知，而欲將其中任一觀念歸源於任何一人，都近乎不可能。十八世紀即是這種時代，殆無可疑。」就「改革」觀念而言，中國史上的一八九〇年代與一九〇〇年代亦屬此種時代，唯程度稍遜而已。

56 朱壽朋，〔東華續錄〕，卷二〇二，頁二—三。

> 造之心，下無以慰臣庶平治之望，是以前簡派大臣分赴各國，考查政治。現載澤等回國陳奏，深以國勢不振，實由於上下相揆，內外隔閡，官不知所以保民，民不知所以衛國，而各國之所以富强者，實由於實行憲法取決公論……時處今日，惟有詳晰甄核，仿行憲政……
>
> 但目前規制未備，民智未開，若操切從事，徒飾空文……故廓清積弊，明定責成，必從官制入手……並將各項法律詳慎釐訂，而又廣興敎育，清釐財政，整頓武備，普設巡警，使紳民明悉國政，以預備立憲基礎。

不消說，這正是康有爲以革新行政組織，爲立憲之前提的說法，只是換了不同的字句而已。這也許不是單純的巧合，因爲幫助張之洞起草奏稿的人之中，便有戊戌維新中的活躍分子，甚至有與康有爲合作過的人[57]。

第二天（九月二日），淸廷任命十四名大臣（滿人八人，漢人六人），來起草改定官制的計劃，並命張之洞及其他總督隨同參議。奕劻（慶王）、孫家鼐、瞿鴻禨三人總司核定，並向慈禧報告[58]。他們在兩個月後上奏道：

> 竊維此次改定官制，既為預備立憲之基，自以所定官制與憲政相近為要義，按立憲國官制，立法、行政、司法三權並峙，各有專屬，相輔而行，其意美法良[59]。

57 見註46。

58 詔令全文見朱壽朋，〈東華續錄〉，卷二〇二，頁三。八名滿人是載澤、世續、那桐、榮慶、載振、奎俊、鐵良、壽耆；六名漢人是張百熙、戴鴻慈、葛寶華、徐世昌、陸潤庠及袁世凱。

59 奏摺（一九〇六年十一月一日）全文見朱壽朋，〈東華續錄〉，卷二〇二，頁一一一—一一三。

他們接著分析中國制度的缺點。他們說，所有的行政困難均可溯源於三大缺陷：一則權限之不分，二則職任之不明，三則名實之不副。他們舉出實例來說明這些現象。行政官吏同時有權制定法律，制定的法規既不公正，也不得民意支持。數名官吏共佔一個機關，其中顯然有些是冗員。又有一人佔數部之職，則他必不能專精任何一部的事務。一名官吏同時任以數項任務，則他必然沒有時間去做好任何一項。更糟的是，許多重要的行政機關，都沒有能力行使其應行的職權：吏部除了抽籤任官以外（所謂籤掣之事），沒有權力決定任官的人選；戶部只不過是銀錢出納的機關；而兵部既不能控制，亦不能統率軍隊[60]。

因此草擬一新官制，以期「廓清積弊，明定責成，為預備立憲」。劃清職權是擬議中改定官制的主要特性[61]。在正式召開國會之前，立法權部分授與資政院，彈劾權歸都察院，審計院以查濫費。而司法權歸大理院，新設法部代替舊有的刑部，作為監察機關。行政權則全歸內閣，由總理與各部大臣組成。各部設尚書一人，下設侍郎兩人，以下設各級官吏，每一部各負責其相應的責任，各部總合起來即組成「政府」，中央集權即由此達成。兼官兼職也明確地加以排除，這意味著滿漢任官人數相等的舊習慣也不再通用[62]。

這個計劃與康有為一八九八年的行政改革計劃之間，有不止一點相通：政府改組是為了最後立憲的準備，分權制是新官制的主要特色，經由結構與功能的合理化，才能提高行政效率。事實

60 同上，頁一一一—一一二。
61 Pao Chao Hsieh, *The Government of China, 1644-1911*, p. 361.
62 朱壽朋，〔東華續錄〕，卷二〇二，頁一二—一三。

上，康氏已很難就此計劃再作任何增益，因爲這個計劃將中國傳統的六部制，改爲西方的內閣制[63]。

然而，這項計劃的主持者，在實行其理想方面，並未比康有爲更成功。史料顯示，清廷只採行其計劃的一部分，它所願做的只不過是一點表面功夫。十一月一日的詔令[64]中，清廷不提分權制，只答應籌設資政院（後來也成立了）。各部內的兩尚書制是廢止了，但兼職仍然准許。滿漢之間擔任高官的差別也正式廢除了，但是，可笑的是，新的帝國政府的部長級大臣中，滿人遠多於漢人[65]。

一九〇六—七年所提出的地方行政變革，也可略爲一說。基於一九〇六年十一月一日的詔令[66]，載澤等便著手草擬改組計劃，並聽取地方官吏的意見。奕劻、孫家鼐、瞿鴻禨檢討其計劃，並在一九〇七年七月七日向清廷提出報告。他們首先引述詔令說，由於人民尚未能勝任地方自治，因此重要的是重組地方州、縣組織，以爲預備措施。他們接著所建議的改革，範圍相當有限。省級政府的組織，特別是司道以上，完全沒有變動。他們著重於改革低層組織，預計要達到

63 「上清帝第六書」及「請定立憲法開國會摺」（以潤普武通之名呈上），見翦伯贊等編，〔戊戌變法〕，第二册，頁一九九—二〇〇，二三六—二三七。

64 朱壽朋，〔東華續錄〕，頁一三—一四。

65 Pao Chao Hsieh, *The Government of China, 1644-1911*, pp. 351-352; Cameron, *The Reform Movement in China, 1898-1912*, p. 107. 張其昀等，〔清史〕，第四册，二八三三—二八三六，列舉一九〇六年改組後十一位部長的姓名。

66 朱壽朋，〔東華續錄〕，卷二〇二，頁一四。

兩個目標，即創建「司法獨立」以及為「地方自治」奠立基礎。

為達到第一項目標，他們建議設立地方法庭，來接掌地方衙門的司法權。地方官卸下為人民聽訟的重擔，當可集中精力於照顧地方人民的需要，如農業、工業、教育與地方治安等。他們同時又建議增加下級官吏，並提高其素質，有了較多、較優秀的屬下，地方官應可採取主動步驟來趨向「地方自治」，特別是組織地方上的議事董事。他們又主張地方改革可先在東三省（奉天、吉林與黑龍江）實施，因為東三省地位重要；改組也應迅速在直隸與江蘇實現，因為這兩處傳播工具最為發達，民智較其他各省開通得多[67]。

清廷同意了這個改革計劃，並以十五年為期，令全國各省在期限內完成改革。詔令上說，這是為「立憲之預備」[68]。值得注意的是，「地方自治」的觀念在一九○七年地方行政改革的藍圖中佔有重要地位。這不也正是康有為計劃中的一個主要特色嗎[69]？

第三節 〈官制議〉

67 同上，卷二○六，頁一七—一九。Cameron, *The Reform Movement in China, 1898-1912*, pp. 107-110. 簡述此一文獻的內容。

68 朱壽朋，〈東華續錄〉，卷二○六，頁一九，載有光緒卅三年五月廿七日（一九○七年七月七日）所頒詔書的全文。

69 民政部於一九○七年三月廿六日上奏指出：「未有不注意民治而能奏富强之效者也，……雖刻下各省民間智慧未開，局於風氣，地方自治一時未能驟行，……欲議振興民政，自以考求各省鄉社情形為入手辦法。」當時民政部長是徐世昌，稍後（四月廿日）調任東三省總督。奏摺全文見朱壽朋，〈東華續錄〉，卷二○五，頁一—二。

康有爲行政改革的構想並沒有隨著百日維新的結束而掃除殆盡，卻也不足以使他感到心慰。一九〇一年以後，所鼓吹與進行的改革，完全沒有觸及舊制度中的主要缺陷。更糟的是，清廷採行的改革在本質上裝點政治門面的成分多，而實現立憲政府的誠意少。康有爲在一九〇三年上慈禧的奏摺中，表達了他的不滿。他說，一九〇〇—一九〇一年間的改革「無關治要」，不足以救中國，因爲這些措施沒有深入問題的根本——以改組官制作爲邁向立憲的一步[70]。

康有爲是個鍥而不捨的改革者，並不因此氣餒。他繼續對這個問題提出意見。一九〇三年初，當他還在印度時，著成〔官制議〕一書[71]，這是他對政府官制的系統性著作[72]。康有爲以「明夷」[73]的筆名印行第一版，表示他仍希望終有一日能將其理想，實行於現實環境中。

〔官制議〕可說是當時中國討論政府官制的論著中，最有系統的一部。書中首先列舉出政府的基本原則（第一篇），接著根據這些原則，評價西方政治制度及中國從古代到宋朝制度（第二

---

70 「奏為國勢危急，……合請……歸政皇上立定憲法……摺」，〔萬木草堂遺稿〕，卷三，頁一六。康有為接着指出應召開民選的國會。此摺是否真的達到慈禧手中，頗值得懷疑。

71 〔官制議〕一九〇四年在上海初版，此後至少在一九〇五、一九〇六、一九〇七年重印三次。作者序撰於一九〇二年二月四日，序與十四篇本文中的八篇曾以明夷的筆名，發表於梁啓超的〔新民叢報〕三五—五〇期。康有為將此書重印了好幾次，可見他對此書的重視。〔不忍〕第九—十期（合刊一册，上海，一九一八）上刊登此書的廣告，表示它在初版十四年以後還在發售中。

72 一九二二年夏，康有為覆電湖南省長趙恒惕的電文中，稱這本書為〔官制考〕。康同璧，〔南海康先生年譜續編〕，頁八八收錄此電全文。陸乃翔、陸敦騤，〔康南海先生傳〕，頁二〇—二五，摘述本書大要。

73 明夷指〔易經〕三十六卦，特別是指：「晦其明，內難而能正其志。」見 Richard Wilhelm, *The I Ching*, 1:150; 2:210. 參閱 James Legge, *The I Ching*, p. 134:「明夷指（在它指涉的環境中）認清（處境的困難）並擇善固執是有利的。」

——四篇），然後對現行中國制度，加以嚴格地批評（第五篇）。書的後半部（第六——十四篇），提出改進與革新建議。書中揭述各點多半已在前面提過，這裏只討論若干重點。

康有爲認爲，一個政府的良否，應由其服務人民之能力來判斷，因爲「國以民爲本，則以治民事爲先」。生計、敎育、「身命、財產、權利」的保護，以及其他關係於人民物質與精神福利的事，都屬於政府服務的範圍，提供這些服務的官吏，可以稱爲「民官」[74]。

政府的其他功能，雖非直接或完全與人民福利相關，但也是必要且有用的。國家必須健全其財政，保衞其國土以對抗外來侵略，與其他國家維持友好關係。行使這些功能的官吏稱爲「國官」。第三類功能，如郵政、鐵路、電報、銀行，是同時爲國家與人民服務。因此，也應有第三種官吏（康有爲沒有給予名稱），來執行這有用（如非必要）的功能。在君主國家，還有第四種官吏，是照顧君主及王室之需要者，稱爲「供奉之官」，他們在民主國家是沒有用的，因而不能視之爲不可或缺者[75]。

「議官」也是每個政府都有的，因爲行政之本，必先資議論，用康有爲的話說，「有立法而後有行政，乃理之自然也」[76]。地方官吏對國家也非常重要，因爲「政則自國張，治則從民起」，地方政府的設立，是每一個國家的必行之務[77]。

---

74 「官制原理」，《新民叢報》，三五期，頁二一一——二一三。
75 同上，頁二一五。
76 同上，頁二一四。
77 同上，頁二一六。

由於政府的基本責任是服務人民，因此，政府盡其責任的能力愈強愈好。換言之，行政效率是不可或缺的。照康有爲的看法提高效率的一個辦法是明確劃分職能，清楚地界定責任。古代的生活較簡單，沒有必要多設政府機構。但是現代的「文明之世」，政與治都變得複雜，政府機能的繁雜與官吏的增多是不可避免的。明確的功能分工制度，才能確保政府的健全運作[78]。

促進效率的第二個辦法是，由中央有效地控制整個行政系統。地方政府自然應給予適當的權威來行使其職務。但是如果中央政府的權威，受地方政府牽制太大，則於行政效率有害。從前（就像中國的情形），當政治上還沒有統一，而傳播工具又非常原始的時候，不得不聽「外藩之分權」。但是在現代情況下，行政的中央集權不但是可行的，而且是必要的。那些不能眞正有效控制其國家經濟與軍事的政府，像十九世紀的淸政府，在一個達爾文式的政治世界裏，必然難以禁得起挑戰[79]。

政府權威的範圍不應受過分的限制，它應有足够廣泛的權力來有效地服務人民。過去中國處於孤立狀態，用不著擔憂外來的侵略與競爭，中國政府一向都很明智地不干涉人民的生活。政府的無爲之治，給予人民一種自由。但是不干涉的政府並不適合於現代，因國與國之間經常處於競爭狀態中，國家的命運繫於其人民的政治訓練所達成的團結程度。要傳統政治下的中國人民，來對抗秩序井然的現代國家，就好比「驅市人烏合之衆而當百鍊節制之師」，失敗乃是必然的[80]。

78 「官制議序」，〔新民叢報〕，三五期，頁三三。
79 同上，頁三三。
80 同上，頁三四。

政府給人民最好的服務，不是給予人民無限制的自由，而是以有能的政府來引領他們。不論君主立憲或民主憲政國家，人民的利益都是最重要的，並且受到法律的保障，儘管政府對人民行使政治權威，也少有形成專制暴政的危險。換句話說，政治民主與行政效率並不相抵觸，前者必依賴後者才能成功地運作。

政府的基本原則這樣確立以後，康有爲接著以這個標準來評價他所知的中國與西方政府。我們僅從他的長篇討論中摘出幾個重點來，以指出他的思想方向。

康有爲推崇古代傳說中的帝堯的政府，各部門均爲服務人民而設，功能均詳細劃分，每部門僅設大臣一人，所有地方官均在中央控制之下。他的八個大臣中沒有一個是「國官」，重點全放在非軍事性事務上。「眞太平一統之制也」，「雖今歐美之制」，也不能凌駕其上[81]。

康有爲追溯帝制中國行政制度的不健全，認爲始於〈周禮〉[82]。〈周禮〉最偏離古代健全制度之處，是它將大部分的政府官吏變成專制統治者的臣僕。因此，漢朝大部分的官吏「眞皆爲奴隸而已，于民事無預也」[83]。這也是以後各朝代的一般情形。

〈周禮〉的另一壞影響是六部制，中央政府分爲六部，一直延用至一九〇七年。這種安排的

---

81 「中國古官制篇」，〈新民叢報〉，三七期，頁二七—三〇。康氏追溯夏商時代發生的變遷，描述變化後的制度，並與他所知的現代西方制度比較（同上，頁三一—三三）。

82 同上，三八、三九期（合刊），頁七三—七六。根據康有為的看法，〈周禮〉是劉歆所偽造的，它是秦漢時代專制政治發達後的產物（同上，頁七六）。但他也承認，〈周禮〉中某些觀念亦非全無道理（同上，四〇、四一期合刊，頁三一—三九）。

83 同上，頁七八。

結果是，行政功能無法精確合理分開，責任也不能淸楚地界定[84]。

康有爲承認，大體錯謬的中國君主政府結構，也並非全然乏善可陳。例如，漢代制度便頗値稱道，它能經由制度化的薦舉制度，甄選有才能之士，因而避免政府純任資歷的不良後果（這正是淸政府的致命弱點）[85]。宋代制度也有某些優點，它在行政、財政與軍事方面都達到相當有效的中央集權，將地方行政的主要區劃——州，縮小到約當漢朝的四分之一。遺憾的是，這個「最優良」的辦法，以後竟被元朝大而無當的行省制所取代[86]。

鑒於西方値得學習之處頗多，康有爲在書中用了一整章的篇幅，來分析十幾個大小不等的歐美國家的政治制度。他發現這些國家一般都將大部分重點放在政府的四個主要功能上，即有關經濟、軍事、內政與外交的方面。現代的政治生活的事實，說明了一個最主要的原則，在組織政府時，「民雖爲重，而當以國爲先」[87]。康有爲認爲這是中國應該學習的一點。

另一個値得注意的優點是，歐洲的政府普通都是由「專務之官」組成，每一個人只執行一項功能。在這方面英國制度與宋朝可相對照，因爲它的特徵也是視實際需要，以時時設立政府機構，以及擁有多數的部門與行政單位。這些都對行政效率有所助益，「蓋分職多，則分明而易舉」[88]。

84 同上，頁四二—四三。
85 「中國漢後官制篇」，〈新民叢報〉，四二、四三期合刊，頁三七。
86 「宋官制最善篇」，〈新民叢報〉，四六、四八期合刊，頁八九—九八。康氏還提及其他幾種「善」處（同上，頁九八—一〇三）。
87 「各國官制篇」，〈新民叢報〉，五〇期，頁一七—一八。
88 同上，頁一八—二三。

康有爲接著談到現行的中國制度。他發現簡直一無是處，不論基本目標或運作的成法都有問題[89]。他的批評前文已經提到，這裏只略述他認爲改革所應採取的方向。

他指出單純的「西化」和「復古」都是不可能的，由於物質與歷史條件大不相同，西方制度不論多麼優良，也難爲中國之範本。同時由於中國正處於全面政治變革的過程中，過去的經驗也不再是有用的指南[90]。中國目前的行政病況——缺乏對民情的關切，沒有效率——源於不健全的組織、不合理的程序、過度的離心力。這些都需要給予特殊的治療[91]。

康有爲認爲，行政組織的形式應由行政職能的性質來決定。前文曾提及，政府的主要功能有三大類：服務人民、服務國家、及兩者兼顧。在當時環境下，推進一個眞正有效率、服務人民的制度的最好辦法是「公民自治」。改善兩元服務官制品質的最好辦法是，縮小地方單位的範圍，同時增加地方官的人數。促進服務國家機構的效率的最好辦法是，實行中央集權。「自治」與中央集權是三者中最重要的兩點[92]。爲使人民具備「自治」的條件，可以展開一項政治事務的研究討論計劃，透過地方性組織的「學會」來實施。同時要建設鐵路、電報、郵政等現代化的交通、通信系統，以便利於中央政府的控制[93]。

我們只需檢視康有爲的若干主要論點，而不必討論其具體建議。首先，關於中央政府的結

89 「中國今日官制大弊宜改篇」，〈新民叢報〉，五一期，頁五九—六七。
90 同上，頁六一。
91 同上，頁六一—六五。
92 同上，頁六〇—六一。
93 同上，頁六〇—六一，六七。

構。由於行政革新只是邁向終極立憲政府的第一步，康有爲並不希望將現有制度完全掃除。有些機關，像六部，雖基本上是一個錯誤的配置，仍應保留並加以改革，直到有新的機體來取代[94]。其餘如都察院、翰林院與大理寺等都應維持，而改革其功能與組織，以適合現代需要。都察院，相當於「中國之議院」，應該繼續維持，就是在國會召開以後，也可作爲行政裁判所。翰林院更名爲「學士院」，加以改組之後，作爲顧問團體。大理寺可「升爲法部」。此外，其他機關，即各院寺及冗職，都應轉變成名譽職位，不再包括到實際行政組織中[95]。最後，照料皇帝與皇室的供奉之官應大量削減，特別是宦官應全部遣散，他們的職務由士人代替[96]。

照康有爲的擬議而重組的行政組織是相當複雜的。它由三十三部組成，再依其功能集合成六組。這些加上法部、外部（即外交部）以及侍奉皇室的供奉部組成「政府」，再加上行政裁判所（前都察院）與審計院，就是中央政府的全部[97]。康氏認爲，這樣的安排較切合精確劃分職能與

---

94 「存舊官論」，〈新民叢報〉，五二期，頁四四—四七。

95 同上，頁四七—四八。

96 「供奉省置論」，〈新民叢報〉，五五期，頁三三—三七。參閱「海外……中華憲政會……請願書」（一九〇七），〈康南海先生文鈔〉，第五冊，「奏議」，頁一五。

97 「分增行政部」，摘要見陸乃翔、陸敦騤，〈康南海先生傳〉，頁二〇—二二。康有為建議設下列各部，第一組，內政方面：1.北方部（轄直隸、山東、山西、陝西）；2.東方部（江蘇、浙江、江西、安徽）；3.中央部（湖南、湖北、河南）；4.南方部（廣東、福建、廣西）；5.西方部（甘肅、雲南、貴州、四川）；6.遼部（東三省）；7.蒙部（內外蒙古）；8.回部（新疆）；9.藏部（西藏）。第二組，財經方面：1.財政；2.貨幣；3.銀行；4.海關；5.鹽政；6.國債。第三組，民政方面：1.農業；2.工業；3.商業；4.林業；5.礦業；6.耕作；7.絲茶；8.土地開墾。第四組，交通與通信方面：1.郵政；2.電報；3.鐵路；4.海港。第五組，文化方面：1.文學；2.教育；3.美術。第六組，軍事方面：1.參謀部；2.陸軍；3.海軍。除了這三十三部外，尚有司法部、外交部與供奉部，總數為三十六。

清楚界定責任的原則。

在〔官制議〕的第六篇與第七篇中[98]，康有爲要求就地方政府作大幅的改革，企圖在地方層次注入立憲政府的要素，並廢除他認爲是中央集權障礙的行省。他在這兩篇中所說的，大多見於他鼓吹君主立憲的篇幅中[99]。不外乎人民之自治勝於治於人，「以民爲國」造成西方國家富強。缺乏自治是目前中國停頓不前的原因，因此，「地方自治」是行政改革中主要的部分[100]。他以西方思想配合中國情況，提出地方政府組織的三個層次：鄉、縣、與市。每一層次設局，由民選的市長、判官、警察官、稅官和郵官任職。另外尚需議事會，每一議事員代表三百至四百公民。由地方士紳組成的「紳議院」參加「議事會」議事，討論地方公益事宜如戶政、道路、學校、衞生、稅收、以及警政等[101]。此乃「地方自治」的第一步。

幅員「千餘里」，轄民數千萬的行省，行政區劃過於龐大，無法產生有效率的政府。故行省不能再作爲行政單位，必須再加劃分，以不大於現行的道爲宜。現存介於省與縣之間的道和府，

98 「公民自治」，〔新民叢報彙編〕，第二輯（一九〇二），頁一〇三—一一五；「析疆增吏」，同上，頁一三八—一五五。

99 見本書第六章前三節。

100 「公民自治」，頁一〇三—一〇七。

101 同上，頁一〇八—一一五。康有為相信擁有相當財產應該是公民權的資格之一，而那些沒有投票權的人，在繳交一定數目的金錢後，可以取得投票權。後面這種構想，可能是從傳統賣官鬻爵的習慣得到靈感，而康有為自己便曾對這種習慣加以抨擊（同上，頁一〇六—一〇七）。梁啓超在編者註中强烈反對這種構想（同上，頁一〇三—一〇四）。康有為在以後幾年中繼續為文主張地方自治，如「論省府縣鄉議院以亟開為百事之本」（一九〇五），〔康南海先生文鈔〕，第四冊，頁六七；「論自治」（約一九〇八），〔萬木草堂遺稿〕，卷一，頁四〇—四三。

除了傳遞上下級的公文外，別無用處，所以也必須廢止，而組成新的道、縣、鄉三級制。作為地方行政重要環節的縣，一直未能有效運作，乃因縣長權力過小，地位與薪俸都無足輕重，以及幫助他執行任務的屬員太少。這一切都必須改變[102]。

康氏認為過渡的辦法是，以省或府為「監督」機構，而非行政機構，由總督領之。新的道由「督辦民政大臣為首」，權力與巡撫相等。各道公民選舉代議士組成「民議會」，由總辦大臣領之[103]。

「縣領事」的官俸要較現有縣長級為高，其屬官人數要大大擴張。為了提高效率，縣政府須設四個曹，下再細分，以分別主管有關農業、貿易、警政、教育、以及其他事務。原屬縣長的司法權須交給法院，法院由若干判官組成，獨立執行於縣級行政單位之外。各鄉公民每年選派代議士至縣級的「民議會」。縣領事作民議會的長官，按照多數決的原則行事。此一議事機構將決定政策，縣領事據以執行。舊有的地方官迴避本籍制最有礙於行政效率，因為地方行政往往交到一個外鄉人手中，其對於地方的情況與需要所知既少，甚至當地的方言也不懂。這個舊規，如果不能直接廢止，也要大幅放寬[104]。

---

102 「析疆增吏」，〈新民叢報彙編〉，第二輯，頁一三八—一四四。附帶一提的是，道臺在一省之內管轄兩個以上的府，府的數目各省有異，江西十三，陝西只有七府，平均數目是十。

103 同上，頁一四四—一四九。

104 同上，頁一四九—一五五。康有為非常重視這個習慣的負面影響，他用了一整篇來加以討論並力主廢除這個習慣。即「選近地人為官」，書中的第十四篇。

第四節 集權制對聯邦制（一九〇二—一九二二）

如上所述，康有為在一九〇三年的〔官制議〕中，特別強調行政上的中央集權與地方上的自治，前者為促進政府的效率，後者則為立憲政府鋪路。強調地方自治使康有為的建議有別於拳亂之後其他人所提及採行的改革辦法。一九〇六—一九〇七年間清廷的行政改革，除了嘴巴上講立憲外，實質上少有變化，對於現行制度，只換了名目型式，內容還是一樣。而康有為主張在地方上設立「議事會」、「民議會」等機構，則是邁向徹底改變帝制的決定性步驟。

康有為堅持行政集中制。在一九〇二—一九二二年間，他關於這個問題的論著與討論地方自治方面的一樣多。震於十九世紀末和二十世紀初中國離心力的急速增長[105]，他堅信應該維持中國的政治統一，強調只有強大的中央政府才能面對中國當前的困難。他相信中央集權與地方自治並非不能相容，一如民主政治並不排斥政治統一。兩者在事實上是互補的，人民得從下自鄉村，上至國家各階層來參與政府，專制政權才不致構成威脅；處在一個競爭劇烈的世界，唯有中央政府不受強有力的地方政府分裂壓力的牽制，才能處理國家所面對的許多嚴重問題[106]。

105 見陸乃翔、陸敦騤，〔康南海先生傳〕，頁二〇；康同璧，〔南海康先生自編年譜補遺〕，頁二四。Mary C. Wright, *The Last Stand of Chinese Conservatism*, pp. 57-59 簡略地提及在十九世紀末日趨惡化的「中央與地方政府間的裂隙」。

106 如上所述，作者的目標是使人民作立憲的準備。見陸乃翔、陸敦騤，〔康南海先生傳〕，頁二〇；康同璧，〔南海康先生自編年譜補遺〕，頁二四；梁啟超，〔南海康先生傳〕，頁八五。

提高中央政府的權威，事實上便是不讓行省繼續作爲一個完全自主的政治實體。不過，康有爲直到一八九八年以後才有這種看法。在一八九七—一八九八年間，他還願意把改革的工作託付給各省來執行。他曾說：「目前無妨略異，三年要可大同。」[107] 事實上，他在此前兩年曾尋求省級大員如劉坤一、張之洞對強學會的支持[108]。他必定曾爲若干省分推行新政（不論是否受到他的鼓勵）而感到興奮[109]。當然，他必定也爲地方官吏拒不執行或敷衍皇帝頒行的改革措施而感到痛心疾首[110]。這些抗命的官吏，也許使他認識到，省可能是一個好政府的障礙。

康有爲對行省自主權的反對，有時也以反對「聯邦制」的形式出之。梁啟超似乎是首先提出這個引起爭議論點的人，時間是一九〇〇年秋天，當時康有爲正流亡在檳榔嶼。顯然是受美國經驗的影響，梁啟超認爲中國採行聯邦制可能會好些，卽將十八行省改爲獨立的州，然後組成聯

---

107 「上清帝第五書」（光緒廿三年十二月），翦伯贊等編，〔戊戌變法〕，第二冊，頁一九六，康氏提到其所謂「第三策」，卽「聽任疆臣各自變法」。

108 〔年譜〕，頁一三—一四。

109 其中最重要的是在巡撫陳寶箴的領導與梁啟超的積極參與下，在湖南所推行的計劃。Charles M. Lewis, "The Reform Movement in Hunan, 1896-1898," pp. 62-90 的記述頗有用。參閱鄭潭洲，「十九世紀末湖南的維新運動」，〔歷史研究〕，一九五九年元月號；陳熊，「戊戌變法前後湖南維新運動的社會基礎和思潮的演變」，〔歷史教學〕，一九五九年元月號。其他各省亦有較小規模的維新計劃。Tikhvinsky, *Dvizhenie za reformy v Kitae v kontse XIX i Kan Iu-wei*, 第六章，描述一八九五—一八九八年間各省的情況。

110 在康有為的鼓動下，楊深秀奏請皇帝嘉獎湖南維新運動的領導者陳寶箴；宋伯魯也受到康有為的激勵，奏請皇帝處罰未能在廣東推動改革措施的譚鍾麟。〔年譜〕，頁二三；張伯楨，〔南海康先生傳〕，頁三三；趙豐田，「康長素先生年譜稿」頁二〇四。朱壽朋，〔東華續錄〕，卷一四七，頁二五，收錄皇帝切責譚鍾麟的詔書。詔書全文亦見〔德宗實錄〕，卷四二三，頁一四—一五。

邦。康有爲激烈而堅決地反對這種主張[111]。幾年以後，當他旅行於義大利時，曾就他堅決反對「聯邦制」的立場，提出相當詳盡的解釋。他說，人的天性就是互相競爭的，特別是他們組成政治團體時。爲了避免小團體之間的戰爭，唯一辦法是將小單位集合成大團體——這一事實，歐洲歷史與中國歷史都可爲見證。因此，將一個統一帝國——如中國——割裂成多少個政治體，是倒行逆施，等於是回到兩千年前的分裂狀態[112]。總之，「聯邦制」是條錯誤的道路。

但是，他仍把大部分時間用在鼓吹取消行省作爲行政單位。在一九〇七年爲海外中華憲政會會員所草擬的請願書中，他開始公開攻擊行省制[113]。此後數年中，他撰寫了許多文章來闡述他的主張，其中最值得注意的是「裁行省議」[114]。他一再指出，行省的面積太廣、督撫的權力太大，已衍發了許多嚴重的行政問題。他相信，如果行省繼續存在，就算中國變成立憲國家，仍會遭到這些問題的困擾。因此，如果行省繼續支配諸如財政、軍隊及司法等大事，中國便不可能擁有運作自如的行政系統。缺乏強大的中央政府，中國將不可能致富強而進爲「文明」之國[115]。

康有爲的憂慮很快便由民國初年「軍閥」——他們實際上承繼了督撫的權力並大加擴充——

111 如康有為在一九二二年夏致趙恒惕電中所述。見康同璧，〔南海康先生自編年譜補遺〕，頁八八。梁啓超的靈感很可能來自盧梭，見其「盧梭學案」，〔飲冰室合集〕，〔文集〕六，頁一一〇，末段。

112 「意大利遊記」，〔歐洲十一國遊記〕，頁四五—四六。此篇亦見康同璧，〔南海康先生年譜續編〕，頁三六—三八，題作「論羅馬立國得失」。

113 「海外……中華憲政會……請願書」（一九〇七），〔康南海先生文鈔〕，第五册，「奏議」，頁一七—一九。

114 此文發表於一九一〇年，收入〔康南海先生文鈔〕，第四册，頁二八—四六。康在另一篇題作「外官制議」的文章中也表達同樣的觀點，〔文鈔〕，第四册，頁四六—五九。

115 「裁行省議」，〔文鈔〕，第四册，頁三二—三五。

所造成的混亂局勢得到印證。辛亥革命爆發前後，康有爲完成「廢省論」，重新鼓起勇氣爲阻止政治分裂而奮鬬。翌年夏天，又撰成「中華救國論」，重申反對「聯邦制」的立場[116]。他指出中國的情況與美國大不相同，中國冒然採行有「九害」而無「一利」的美國政府形式，將是愚不可及的[117]。而且，各省督軍所造成的災害，已遠較清代督撫爲烈。災禍的根源在於行省——一個大到難以控制的行政區劃。康氏認爲，解決之道很簡單：裁撤行省，而保留府作爲最大的地方政府單位[118]。

在一九一〇年代與一九二〇年代早期，一羣動機互異的人士，推動所謂「聯省自治」運動。這個運動到一九二二年達到最高潮，湖南省公布其「省憲章」，其他數省亦嘗試採取同樣行動[119]。

116 「廢省論」收入〔文鈔〕，第二册，頁三二—五八；〔康南海文集〕（以下簡稱〔文集〕），卷二，頁二一—四五；〔不忍〕，一期，頁五—一一。據康同璧，〔南海康先生自編年譜補遺〕，頁二一—二二，一九一一年秋各省相繼對清廷「宣布獨立」，促使康氏寫作此文，希望使革命政府與都督們了解保持中國政治統一的重要性。Li Chien-nung, *The Political History of China, 1840-1928*, pp. 248-249. 簡述此一情況。「中華救國論」，見〔文鈔〕，第一册，頁一—二二；〔文集〕，卷一，頁一—二一；〔不忍〕，一期（一九一三年二月）頁一—五八；〔不忍雜誌彙編〕，第一輯，卷一，頁一—一八。約略同時，康氏撰另一文曰「論共和立憲」，强調「無論立憲共和，無不中央集權」，及中國不能效法美國而採聯邦制。見〔萬木草堂遺稿〕，卷一，頁六九—七一。

117 「廢省論」，〔不忍〕，一期，頁五—一一。參閱「中國救國論」，〔不忍〕，一期，頁二八—三〇。

118 「廢省議」（「廢省論」第二部），〔不忍〕，二期，頁二一—二九；「存府議」（「廢省論」第三部），〔不忍〕，二期，頁四三—四七。

119 Li Chien-nung, *The Political History of China, 1840-1928*, pp. 401-405有簡略的記述。此一運動的真正源頭可追溯到一九一一年山東省宣布獨立的宣言，其中指出共和國的憲法應規定為聯邦制。一九二二年元月一日公布的湖南省憲，直到一九二六年仍然有效。它標示了一九二〇年趙恒惕宣布的「自治政府」落幕後的一個插曲。

康有爲認爲，這不過是反映軍閥把持權力的欲望，而藉此將它制度化。他毫不遲疑地對他們表達了他的看法。當湖南省長趙恒惕，試探他對聯省制度的看法，他表示強烈的反對。康有爲重彈舊調。他指出，中國與歐洲國家的歷史經驗都顯示對政治統一的渴望以及分裂的禍害。西方國家採取聯邦制，是由於特殊的歷史條件；聯邦制對於動盪不安的中國不是一劑良藥。在中國消除軍閥之前，冒然地談論「自治」，只會變成政治割裂的藉口。他在另外幾個場合，也以同樣堅決的口吻重述他的立場[120]。事實上，康有爲堅信達成統一是絕對必要的；因此，他甚至促請吳佩孚（當時最強有力的軍閥之一）以軍事力量來「統一中國」[121]。

康有爲反對聯邦制（或聯省自治），一方面是他對政府主張的必然結果，同時也基於對當前局勢的反應。如前所述，康有爲的基本信念是強大的中央集權政府與地方自治並行以賦予立憲政府實質的意義。下面這段話，是康有爲在一九一二年所說的，很能突出他的立場。儘管他認爲在所有體系裏，不會有中央與地方政府之間「分權」的事實與欲望的看法，在政治理論上與歷史上都不一定站得住腳：

> 擧是大政，不能不望之强力之政府矣……故國無論君主民主，未有不中央集權也。所與專制異者，以國會立法以分其權，而未有以地方各立為分權者也[122]。

120 康有為給趙恒惕的電報（一九二二年夏）全文，見康同璧，「南海康先生自編年譜補遺」，頁八五—九一。楊復禮，「康梁年譜稿本」，第二編，頁六一，摘述此一文件的大要。在一九二一年間答覆吳佩孚（一九二一年八月九日由北京政府任命為兩湖巡閱使）與蕭耀南（湖北督軍）的信中，康有為重申他反對聯省自治，而贊成在府級以下的層次實行自治。「萬木草堂遺稿」，卷四，頁一〇四—一一〇。同一年致吳佩孚討論同一主題的電報，見微捲二。

121 康同璧，「補康南海先生自編年譜」（羅榮邦藏手稿本，頁二八，提及康氏電報（三月五日、六日）的大意。

122 「中華救國論」，「不忍」，一期，頁三七—四〇。

最後一句話可見康氏不能區別地方政府具有憲法授予的權力與地方政府由於分離主義而覇佔的權力。他似有混淆「政治團結」、「單一政府」，以及「行政集中」等概念之嫌。不知統一國家也可以採用行政分權，而聯邦制不一定使國家無法統一。但是康氏以實際改革者的身分來談論當時中國的情況，毫無保留地聲言政治分歧必須阻止，強有力的中央政府必須建立。不過，我們可以指出：儘管他極力反對「聯邦」，但他並不像那些企求使中國早日擺脫落後的人一樣，而主張「權威統治」、或「現代式專制」[123]。

有點奇怪的是，在堅持須有強大的中央政府這一點上，康有爲預示幾年後孫中山的意見。康有爲相信人民的意志藉國會來表明，而強大有力的中央政權，可以有效地將其付諸實行。這令人想起孫中山著名的「權能區分」的理論。人民有權，便不怕政府太有能。政府的權力只不過是「集合管理眾人之事的大力量」[124]。事實上，政府愈有能力，就愈能爲人民服務。因此，「一個萬能政府，完全歸人民使用」，是政治中「最好的事」[125]。此外，他與康有爲一樣，相信大家渴望單一政府，同時認爲地方自治政府是民主政治的基礎。他也像康有爲一樣，毫不遲疑的宣稱以軍事力量作爲達成政治統一的工具。

但相同之處僅止於此。雖然他們都贊成統一政府，但對其運作形式的看法卻不一致。孫中山

123　David E. Apter, *The Politics of Modernization*, pp. 396-397 及各處; Maurice F. Neufeld, *Poor Countries and Authoritarian Rule*, pp. 144-160.

124　孫中山，「民權主義」第六講，（一九二四年四月二十六日講），〔三民主義〕，收入〔國父全集〕（二版），第一冊，頁一六五。

125　「民權主義」第五講，（一九二四年四月二十日講），〔國父全集〕，第一冊，頁一四一。孫中山進一步推行此一理論，見〔國父全集〕，頁一四四——一五四，及第六講，頁一六五——一七五；由此一理論，又發展出由菁英分子組成政府的學說來。

（尤其是晚年）傾向以一黨專政爲達成政治目的——他所擬想的民主中國——的手段。他的靈感大半來自俄國革命。他在一九二四年底說，「俄國革命的成果，遠比美國和法國革命來得更偉大，也更完美。」並以列寧要求個人絕對服從於黨而尊之爲「革命聖人」[126]。這種觀點令人聯想到他在一九〇五年左右關於革命「軍政時期」的宣示[127]。在他看來，個人自由也許是革命的最後產物，但不是直接的目標，也非口號。相反的，康有爲不認爲專政（不論是個人或黨）是達成政治統一和中央集權的合適手段。如前所述，他對立憲前政制的看法較近乎內閣政府，而非俄國「革命聖人」的遺制。

不論康氏與孫氏關於行政集權的觀點上有何異同，我們可以獲致一個可靠的結論：孫氏的努力是成功了，而康氏的努力終歸失敗。孫氏的「北伐」始於一九二四年，在一九二七年國民政府奠都南京而達到高潮。統一既不完全也未持久，一些殘存的軍閥繼續公開或在暗中反對中央政府。新成立的政府在一九三〇年代與一九四〇年代必須爲維持它辛苦贏得的部分統一而戰，既要對付日本的侵略，也要面對共產黨的威脅——事實上是爲維持它本身的生存而戰。一九三七年，南京及中國大部分地區都落入日本佔領軍手中；一九四九年整個中國都爲共產黨所據。不過，只要它繼續存在，總歸比康氏所期望的要好些。康有爲沒有權力（政治的或軍事的），又是不受清廷與民國領袖喜歡的人，除了強調統一和效率，除了深信中國在政府微弱無能、分崩離析的情況下不可能達成政治現代化之外，不可能對事件的實際發展發生任何影響。

126 「革命成功個人不能有自由……」（一九二四年十一月三日告別黃埔軍校學生講辭），〈國父全集〉，第三册，頁四七五。

127 早期的規劃見汪精衞，「民族的國民」，〈民報〉，二期（一九〇五年十一月），頁二〇—二二。

不過，康氏此一信念並非沒有獲得同代人間接或暗示的支持。孫中山及其追隨者的奮鬪，從某一方面來說，卽在無意間對此信念的贊同。清廷在一九〇六削減督撫職權的政策[128]，事實上就是採用康氏「行政集權」的見解，雖然此一政策只是要延續滿洲皇朝，而且也未曾有效實施。二十世紀初葉的中國知識分子，爲了儘快使中國富強，也強調團結，並且寄望國家作爲民族新生的寶筏[129]。最後，康氏還得到始料未及的支持者。一個日本記者於一九〇六年的報導中說，中國組織的問題旣在「總督制」，「總督制」如不廢止，行政權的集中將不可能[130]。

128 Li Chien-nung, *The Political History of China, 1840-1928*, pp. 209-212.
129 Y.C. Wang, *Chinese Intellectuals and the West*, pp. 358-360.
130 〔順天時報〕，一九〇六年十一日十二日，引見 Li Chien-nung, *The Political History of China, 1840-1928*, p. 211.

第八章　經濟改革

中國需要經濟改革乃是康有爲及其同時代人的共同信念——中國若不能變停滯的農業經濟爲工商經濟，則永將貧弱。本章所述乃康氏對經濟現代化的建議及其內涵。我們將從當時經濟思想的間架上來審察他的立腳點、他所思與歷史環境的關係，以及說明何以他的經濟改革思想未能實現[1]。

第一節　經濟現代化的建議及其內涵

1 趙豐田，〈晚清五十年經濟思想史〉，頁三〇一——三〇五簡述康氏在〈大同書〉中呈示的經濟思想，但未及其經濟改革。康於一九〇五年又提到經濟現代化問題，寫了〈物質救國論〉，本書下一章將予討論。

康氏在一八八八年訪問北京時表達了他對清廷經濟事務的看法。他說他曾研究中國的內政與外交；一八八四年馬江之敗使他覺悟到：中國除非覺醒而改制則無以自存[2]。不過，直到一八八八年秋，經由御史屠仁守（亦甚關心國家命運），他所見始上達清廷。康氏替該御史上了好幾道奏摺，要求製銀元以爲初步的幣制改革。同時，他贊成張之洞建築蘆漢鐵路，並建議屠仁守利用沿漕運的十八站，以減縮建築費用[3]。

甲午辱敗以及事後的和議促使康提出較全面的改革。在公車上書中，他與其他的赴試者要求大幅度的改革，包括軍事、行政、教育和經濟[4]。康氏不再像一八八八年那樣只限於一兩件特殊的問題，而提出經濟發展的大計劃。他籌劃六點計劃來保證國家未來的經濟繁榮：健全的幣制、發行銀元、製造機械、開礦、鐵路與汽船、以及一個現代化的郵政。他並建議四個政策以改進人民的經濟：重視農業（採用新技術）、提倡工業（發展科技）、鼓勵商業（由政府協助與保護）、解救窮困（適當支助無一技之長者、失業者、以及殘障者）[5]。

這些建議都基於一個重要的設想，卽經濟改革的目的不僅僅要富國，也要裕民。換言之，康氏並不以「富」爲獲得「強」的手段（此乃一八六〇年代自強派的企圖）[6]，而視爲目的之本身，

2 Jung-pang Lo, *K'ang Yu-wei: A Biography and a Symposium*, pp. 45-47.
3 Ibid., pp. 47-49. 康氏同時談及籌措海軍經費的問題。
4 此一文件有時稱作「公車上書」，或「上清帝第二書」，由康執筆，於一八九五年五月二日上奏。全文見翦伯贊等編，〔戊戌變法〕，第二冊，頁一三一—一五四。
5 同上，頁一四〇—一四七。
6 如閱 Ssu-yü Teng and John K. Fairbank, *China's Response to the West*, Chaps. 5-9. 參閱趙豐田，〔晚清五十年經濟思想史〕，頁四一—一八一。

特別是在中國一般老百姓而言。康氏在另一方面也超越自強派領袖。他認爲現代化的過程必由私人企業來主持。不過因爲一般大衆之無知，政府尚須主動輔導經濟成長的趨勢。他希望在最初私營與國營能携手並進。因此，在一八九五年上疏中，他建議私人投資的現有銀號須爲經政府銀行認可之發行紙幣本金的一部分。經政府認可的私人企業家可附和政府的計劃與規定，在十八省築鐵路。有執照的私人投資者應可製作任何機械，以及從事任何形式的工業，包括國防工業在內。最後，爲了顧全私人企業家的利益，政府必須授予現代礦業技術，並廢止現有對開礦的種種限制。

政府在經濟發展中扮演的角色主要是敎導性的。政府要培養企業精神以及開創能力，諸如幫助企業家獲致現代農學與工商業的管理與科技能力。例如，在各地輔導設立「農會」，提供耕種、漁業和林業新技術的傳授與交換。用了這些知識才能增產，才能從勉強餬口提升到經濟繁榮。政府爲了發展工業，必須逐步輸入現代工業技術，諸如發行敎科書以及在全國各地設立學校。此外，還要建立專利制度以保護發明，並對新型工業設計和製程的發明者加以讚譽。但是康氏說得很清楚，政府雖要積極起領導作用以發動工業起飛，然不宜直接從事經濟活動。過去的經驗顯示，國營事業的效率與生產終點偏低。此不僅中國如此，西方國家也如此。他說：「彼克虜伯砲、毛瑟槍，爲萬國所必需，皆民造也。」

政府領導乃是要刺激私營工業，而非取代私營工業。康氏對「惠商」的建議亦以此爲準。政府的角色主要是啟導、鼓勵、協助以及保護私人企業，特別是大規模的合股公司，具有充足的資金，以及廣泛的運作，使其能在外貿中有競爭力。

政府還可做一些事，諸如減輕一些人口的壓力以減輕經濟的負擔；政府須採取行動給失業者工作，教育無業者一技之長，以及開拓農地殖民。這些作法除了有助於經濟外，尚有利社會秩序的維持與人道感的提昇。慈善事業如照顧窮困殘障，最好由政府與私人機構合力來做。以康之見，僅顧及公眾利益而忽略一般百姓的福祉是錯誤的。就經濟生活而言，國家與人民的利益是分不開的。兩者同時發展的最好辦法是以人民的利益為先。他說：「百姓匱乏，國無以富也。」[7]

康氏在一八九五年所持的立場仍然是儒家的：「百姓足，君孰與不足。」[8] 康氏所述很可能就是此一看法的反映。他也可能受到近代思想的啟發，如他所知的近代英國經驗[9]。同樣可能的是他在仿傚明治日本，明治政府在一八六〇年代末期的有力領導，導致一八八〇年代初期以來資本主義經濟的顯著發展[10]。更直接的，康氏一定受到他前一代人士以及當代人士或多或少的影響（康氏固很少提及他所受的影響），如薛福成、馬建忠、鄭觀應等[11]。他是否超過這些人的思想，他是否替前一輩的變法思想家所提出的議案作了總結[12]，都可在細察他確切的思想後，愈趨明朗。

---

7 見「上清帝第二書」，翦伯贊等編，〔戊戌變法〕，第二冊，頁一四三。

8 〔論語〕「顏淵」第九章，有若答哀公問「年饑，用不足，如之何」的一部分。

9 如 Lo, *K'ang Yu-wei*, p. 150, n. 27 所說，康對推進商務之見，似來自十九世紀英國的商業志趣。

10 Richard C. Howard, "Japan's Role in the Reform Program of K'ang Yu-wei," in Lo, *K'ang*, pp. 280-312 論及日本對康之影響。

11 趙靖，「康有為的經濟思想」，頁三五。

12 同上，頁三四。

(一) 農業

康氏反對傳統輕視工商之見，然他與一些廿世紀開發中國家的領袖有異，他並不過分強調非農業的其他企業。他明確希望一個各方面都均衡的經濟。

他強調，中國要在現代世界生存，必須拋棄落伍的傳統態度：

> 凡一統之世，必以農立國，可靖民心。並爭之世，必以商立國，可侔敵利……古之滅國以兵，人皆知之；今之滅國以商，人皆忽之[13]。

此同一論點曾在別處重申。舊日重農而輕工商的政策，在經濟是不妥的。政府不去開發國家資源（康氏認爲中國資源豐富），而只知剝削鄉村農民。這些舊政策實在亟需放棄，而努力針對「經濟帝國主義」的威脅[14]。康氏並不曾說農業不必重視。農業成長與工業發展都是拓廣商業所必須，道路與船舶便於貿易，農、工、礦業則爲市場提供成品[15]。康氏也不曾說工業化必須犧牲農業（近人有此指責）[16]。

以康氏所見，農業不應僅追求維持生產者的「生計」，而是大量生產，提供市場之需，以獲得利潤。因此他的農業觀近乎工業化社會，農業生產的形態應取決於消費者，而非生產者所需。

---

13 翦伯贊等編，〔戊戌變法〕，第二册，頁一四五。

14 〔日本書目志〕，農商部分之序文，卷七，頁一。參閱 Lo, *K'ang*, pp. 150-151.

15 「條陳商務摺」，見翦伯贊等編，〔戊戌變法〕，第二册，頁二四六。

16 So Kwan-wai, "Western Influence and the Chinese Reform Movement of 1898," pp. 183-185.

康氏沒有發展農業的詳細計劃。在一八九〇年代的著作中，他僅泛指政府應該注意的一些地方。為了轉變對外貿易的逆差，他建議政府採取步驟，就對外貿易上站一席之地的土產品（如絲與茶），幫助其生產者改良品質並增加產量。他也建議要教導農人近代耕種技術，讓他們具備西方土壤分析、肥料學、動植物學、以及機械化等知識。他還建議應鼓勵在全國各地設立農會，以便傳播這類知識。康氏並指出，同樣措施要運用到林業與漁業，以及其他有關工業[17]。後來在戊戌年，他建議在各州各縣設立農業學校，有關農業的西文書籍要譯為中文，要邀請西方化學家來中國研究各地同不性質的土壤。另外，在京城裏要設置「農商局」，各省置分局，以領導近代化措施[18]。

(二) 工業

康氏認為引進西方礦、工、商業知識同樣重要。他指責同時代的人在未獲得知識之前迫不急待地從事礦業，此即國家礦務局在雲南、熱河等地失敗的原因[19]。他認為這樣做猶如在未學習藥理前就要把脈一樣。他接著說：

今日欲開地中之礦，宜先開心中之礦，眼底之礦、心中之礦眼底之礦者何？開礦學、

---

17 「上清帝第二書」（翦伯贊等編，〔戊戌變法〕，第二冊，頁一四三—一四四）。

18 「請開農學堂地質局摺」（翦伯贊等編，〔戊戌變法〕，第二冊，頁二五〇—二五一）；另一摺，「請勸農摺」，於同一年上奏，麥仲華，〔戊戌奏稿〕，有目無文。

19 「上清帝第二書」、「上清帝第三書」（翦伯贊等編，〔戊戌變法〕，第二冊，頁一四二—一六八）。

譯礦書是也[20]。比利時在當時礦業技術既然最先進，政府就應邀請比籍專家到中國礦校教導，並調查地下富藏。同時要引進機械以替代人力，並建築鐵路，便於運輸[21]。

康氏在不低估農業的重要性之餘，大力倡導工業。他自一八九五年後廿餘年中不斷長篇大論討論此事。他指出十九世紀初葉以來歐美各國的許多發明，諸如輪船、鐵路、電報、汽球、電燈以及農業機械等，都增進了國家的力量與人民的財富。的確，自曾國藩倡導之後，中國一些省分已輸入機械製造。但由於未能以近代工業知識教育民眾，這些企業並無顯著的成績[22]。換言之，依康氏之見，在工業化之前必先有技術教育。

康有爲不僅止於要求賦予本國工業以近代科技，事實上他還要求改變國人對經濟生活的態度，他追究中國一向少有經濟上的進步，由於在一直孤立於世的情況下，中國的皇帝及其子民都安於現狀，以「寡欲」爲皇帝之德，而臣民以「不饑不寒」爲無憾。他認爲此種態度不適於近代世界，因其不能滿足人性的需求。人因要滿足其欲望而後有進步。「夫人之願欲無窮，而治之進化盡無。」在西方人們不求節欲，以致有令人羨慕的技術進步。發明的快速出現導致工業化，使一般人民滿足一再提昇的消費欲望，使他們的國家獲致前所未有的富強，而「改易數萬千年之舊世界，而爲新世界」[23]。

---

20 〔日本書目志〕，「礦學」序，卷二，頁一一。
21 「上清帝第二書」，翦伯贊等編，〔戊戌變法〕，第二冊，頁一四三。
22 同上，頁一四四—一四五。康氏誤以發明輪船的傅爾頓（Robert Fulton）為英國人。
23 「請厲工藝奬創新摺」（六月廿五，或廿六），翦伯贊等編，〔戊戌變法〕，第二冊，頁二二五—二二七。

轉化不僅是經濟的。自農業轉化成工商社會過程中，「守舊愚民」為「日新尚智」所替代。康氏觀察到，西方國家在創建「工業世界」時，已為「日新尚智之宇宙」；中國若繼續堅持「農國與愚民之治」，而要生存於新世界是完全不行的。欲使中國適存於新世界，一定要使它成為一個「工國」，同時「移民易心」，使他們「去愚尚智，棄守舊，尚日新」[24]。值得注意的，康氏認識到近代技術植根於物理科學，如謂：

> 夫工者因物質生化之自然[25]。

康氏所冀望實現改革的個別措施不必在此細表。簡言之，與其建議光緒皇帝發展農業者略同：設「專門學以育人才」，鼓勵科學上著作新說與創造新器[26]。他於較早前更明白提到[27]，私人企業應自由地對工業發展有所貢獻；政府只須授予執照，提供原則性的指導即可。

上述可顯示康氏在一八九〇年代的建議觸及三個項目。首先，他呼籲工農並進，坦白批評舊日的低水平農產。其次，他懷疑政府管理以及倡導經濟事務的能力（此應是基於他對全國各地國營企業成績的觀察），然同時他承認民間尚未有從事近代企業的準備。因此他要政府在經濟近代化初創之時起帶頭作用，然由私人企業實際上維持此一過程。最後，他確認為舊日對經濟生活的態度有礙進步——即儒家，或更確切地說理學之見，以為強調人欲不利於道德與政治的穩

---

24 同上，頁二二七。參閱趙豐田，〔晚清五十年經濟思想史〕，頁七四—七五，以及 So Kwan-wai, "Western Influence and Chinese Reform Movement of 1898," pp. 184-185.

25 翦伯贊等編，〔戊戌變法〕，第二冊，頁二二六。

26 同上。

27 本章第一節所論。

定[28]。因而要求改變民眾的心態，使這些欲望成為正當。在此他找到了近代西方工業文明的源頭。他確信先要有心理上的突破，然後才能有經濟上的突破。

戊戌之後，康有為的注意力轉向中國的政治問題，很少寫經濟改革的文章。直到一九〇五年，他又關心工業化。他的〔物質救國論〕一書在別處已討論過[29]。在此僅指出他思想的大方向。

由於時代已變，康氏在此文中強調了一些新問題，但保持了許多舊看法。康氏有鑒於在海外知識分子中，孫中山及其同志們所領導革命運動的高漲，乃認為任何破壞現有政治秩序，或損害固有文化的行動，不僅沒有效果，而且極端危險。舶來的「自由」、「權利」、「憲法」等，在他認為「空談的學校」中傳播給年輕人，與「八股」一樣，無補於解救中國的危亡。只有一事可以救中國：快速地且全面地工業化。也只有一事應該學自西方：即科技知識[30]。

---

28 在一八八六年時，康氏似持一享樂主義人生觀。在其〔康子內外篇〕「不忍篇」中有謂：「凡為血氣之倫必有欲，有欲則莫不縱之，若無欲則惟死耳。」對這方面的簡短討論，請見本書第五章。此一享樂觀又發揮於〔大同書〕中。吾人難以追索其淵源，或可猜測此乃康氏心態之所然。他是有大欲之人，不諱言聲色之享受，為美好生活所必需（見本書第三章）。他雖拒絕荀子之說，但很可能受到「王霸篇」的啟示，該章有云：「夫人之情，目欲綦色，耳欲綦聲，口欲綦味，鼻欲綦臭，心欲綦佚……萬乘之國，可謂廣大富厚矣，加有治辨彊固之道焉，若是則恬愉無患難矣……故百樂者，生於治國者也。」孔子至少在一處提示「禁欲主義」：「君子食無求飽，居無求安」（〔論語〕「學而」第十四章）。朱熹言「天理」與「人欲」賦予儒教以清教徒之色彩。參閱 Fung Yu-lan, *A History of Chinese Philosophy*, 2: 500-501.

29 趙豐田，〔晚清經濟思想史〕，頁七七—八八概括此文大意。對此歷史意義和理論昭示見本書第十章。

30 康氏自己的用語是「物質之學」。康自加拿大抵美，一九〇五年三月十六日至洛杉磯，在該地停留兩個月，該城的工業發展給他深刻的印象，促使他寫了〔物質救國論〕。參閱康同璧，〔南海康先生自編年譜〕，頁五一—五三。

至此康有爲益加相信工業必經私人企業之路。中國的政府不適宜此道，因不僅政府不能統御足夠的財經以及其他資源，而且國營企業不能養成競爭的精神，以及鼓勵精緻的欲求，而兩者都爲經濟進步所必須。他又指出克魯伯與阿姆斯壯爲私人企業的光輝典型，値得效法。他並不反對社會主義化，但警告不能操之過急。他不像孫中山一樣主張「社會革命」和「政治革命」同時進行[31]，他以私人資本主義爲經濟發展中自然的中間過程，介於停滯的農業經濟與社會主義的烏托邦之間。

尚有一點可述。他雖然大力反對用武力來推翻現存政權，然認識到徹底政治改良的必要。他在文末說：

> 夫成物質學者在理財，理財之本又在官制，官制之本在人民自治……然不行地方自治，省、府、縣、鄉開議院，吾出此無謂。

顯然，康氏知道不能依恃無能的清廷來實現經濟近代化。

㈢ 商業

康氏對商業的基本論點前已提及。與工農業一樣，他認爲政府的領導不可少，而私人企業才是經濟發展的肌肉和主力。他與同時代人一樣，注重外貿。

---

31 見一九〇六年十月十七日在東京演說「三民主義與中國民族之前途」（見〈國父全集〉，第三冊，頁一一）。文中指出要將因工業化而產生的「社會問題」，在一開始的時候卽加以解決。孫氏的觀點，本章「一個備取的途徑」一節尚要談及。

長久不平衡的貿易使中國財源不斷流出，以致於經濟枯竭。爲了反擊外國的商戰，康氏呼籲政府鼓勵、開導、以及保護商人，以使其能以當地土產售於國際市場，平衡進口的外國貨。他的議論使人想到「重商主義」，雖說他的經濟理論似乎主要得之於工業革命。

政府可在幾處起作用。他自近代西方與明治日本的經驗中，得知設置商業學校、發行商報、以及提倡商學比較場（譯案：卽博覽會）的重要。這一些措施都可加速近代商業知識的流通，並培養發明與競爭的精神。在京城裏還要設立商部，以處理全國商業事務。商會須在全國各地設立，以有利於企業人士。商稅須輕，商法須立，還要有保險公司，在外國設領事，海軍武官以保護本國商業利益。他認爲這一切將給企業家們以便利與安全。如此，政府與商界可有順利的合作，最後可產生富庶國家的富裕人民。官員蔑視商人，商人不信任官員的情形便不會發生[32]。

爲了促進政府與商界的合作，康氏建議在各省設商務局。每一局由商人之間選出有才幹的人來主持，具有設立商業學校、發刋商報、以及組織商會的義務。假如政府一時認爲不宜設置商部，總理衙門應有權來管理這些局。康氏參考明治日本的政策[33]，吾人可見兩者相似之處。他一定會覺得不難與日本自由黨人（在一八八七年組織了亞細亞貿易商會）共同宣稱：「讓我們成爲東方的北佬（Yankees）。」[34]

康氏可能還受到明治維新後經濟發展（以及工業化西方）的啟示，認爲少數人經營的小企業

32 「條陳商務摺」（一八九八年八月二日），見翦伯贊等編，〔戊戌變法〕，第二册，頁二四四—二四六。

33 同上，頁二四八—二四九。

34 Marius Jansen, *The Japanese and Sun Yat-sen*, p. 239, no. 5. 引板垣退助，〔自由黨史〕（東京，一九一〇）第二册，頁二八九—四〇六。

在近代外貿中不易扮演有力的角色。中國必須要有大公司，由股票持有者支持，由政府協助，然後才能有足夠的財力有效地在外國經商[35]。這種商業巨無霸與舊時家庭式小公司大不相同。康氏之意乃在反對國營企業，以及「官督商辦」的方式[36]。

(四) 交通與傳播

康有爲並不特別留意經濟學家所謂的交通事業的投資，但他對鐵路、汽船、以及郵政事業有他的想法。他同意他同時代人所認爲的，鐵路在西方經濟發展中扮演了決定性的角色，因此中國必須立即從事有系統的鐵路建設。其效果將不止於經濟上的。鐵路除了提供大量工業與農業產品的運輸功能外，還可在戰時迅速運送人員與物質，而在平時則可消解各地語言風俗的差異，使各地來往便捷。建築鐵路需要大量經費，缺少資金爲最大阻礙。因此他建議政府應鼓勵並幫助私人鐵路投資，給予他們可行的計劃、合理的規定、以及可資依賴的保障。基於未經現實環境證實的樂觀，他說：「吾民集款，力自能舉，無使外國，收我利權。」[37]

是以，外國資金並不宜於建築中國鐵路。康氏與一些當時的人有異，他完全排除外國投資或籌借外資來築路的可能性。事實上，他要減少上海與天津兩大商埠的重要性，故鐵路無須經過這

35 「上清帝第二書」，翦伯贊等編，〔戊戌變法〕，第二册，頁一四六。
36 康氏此時的著作中未提及此。
37 「上清帝第二書」，頁一四一。

兩座城市。此爲他力主建築北京——青江浦一線而反對天津——通州一線的主要論點[38]。在此康有爲是一「民族主義者」，高估了中國的財力，也不知道工業發展地區可以累積資本，以發展不發達地區的經濟。

康氏在一個奏摺（一八九八年仲夏）中說，老敝的漕運應該取消了，以便將款項用之於鐵路的建設。他指出漕運在經濟上一直不是成功的，現在已成「萬國騰笑」奇謬之弊政。近代鐵路可快速地運送穀物。事實上，政府不需介入食物的運輸。現代貨物交易系統成立後，「民食所重，商賈自趨」，政府不須干涉[39]。在此康氏似已接近自由經濟的概念。

現代航運是同一情況。他說：「輪舟之利與鐵路同，官民商賈，交收其益，亦宜縱民行之。」[40]

不過，政府需設立並從事郵政。康氏借英國經驗說，一個國營的現代化郵局可增加帝國收入，同時給予民眾極大的便利。它可有助鐵路系統，增進其用途[41]。

---

38 在一八八八至一八九八年間，清廷曾考慮李鴻章之議，延長天津—塘沽路至通州，及張之洞之議築盧溝橋至漢口鐵路。一八八八年，康曾撰「請開清江浦鐵路摺」（微捲三）。事實上，康贊助張之洞所說。見李國祁，〔中國早期的鐵路經營〕，頁七四—八五，述及此事。

39 「請廢漕運改以漕款築鐵路摺」，翦伯贊等編，〔戊戌變法〕，第二冊，頁二五三。Harold C. Hinton, "The Grain Tribute System of the Ch'ing Dynasty," pp. 339-354; "The Grain Tribute System of China, 1845-1911" (doctoral dissertation, Harvard University, 1951) 第三章有參考價值。

40 「上清帝第二書」，翦伯贊等編，〔戊戌變法〕，第二冊，頁一四一—一四二。

41 同上，頁一四三。

㈤ 財政

在十九世紀八十年代中到九十年代中，康氏有時述及資本累積乃是發展現代企業的先決條件。他的方案不免有些簡單化，甚至一廂情願，但仍不無所見。

他認爲理財爲迅速累積資本之鑰。一個合適的幣制和全國性的銀行制度爲貧窮帝國積蓄的最好辦法。

此乃他於戊戌年所取的主要立場，那時他簡述明治日本的銀行與貨幣制度，以應皇帝詢問有關舉財的辦法[42]。若干年前他提出一個銀行制度，有點像一八六四年成立的美國國家銀行。以康氏之見，私營銀行應將資本（銀子）存在戶部或省級庫存，作爲由戶部印發鈔票的預備金。全部鈔票的總值將是政府所存銀價的一又二分之一，在十八省流通的錢據康氏估計約一億兩。同時，爲了抵制外國銀錢流入中國，政府要自鑄銀元。他說，遠西各國都有銀錢，「如俄用盧布，德用馬克，奧用福祿林，英用喜林。」沒有一個西方國家允許外國錢在本國流通[43]。

戊戌之後，康氏繼續談論財政問題。他一直想運用他的方案：由準備金以及經由銀行發行的鈔票，以活絡財政。他說，這是「以無爲有」[44]。不過，他知道維持鈔票價值的必要；並堅持足

42 此辯難發生於六月十六日皇帝召見之時，康也提到印度之地稅。見 Lo, *K'ang Yu-wei*, p. 98.

43 「上清帝第二書」，翦伯贊等編，〔戊戌變法〕，第二册，頁一四〇—一四三。

44 見「復劉觀察士驥書」（寫於一九〇八年），〔萬木草堂遺稿〕（以下簡稱〔遺稿〕），卷四上，頁五〇。信中有謂：「銀行以無為有者也，銀鈔者以虛為實者也。」

够的銀子作準備金[45]。民國初年的財政紊亂促使他寫了「理財救國論」，除了重申以銀行發行鈔票的舊說外，他強調建立金本位和銀本位的需要[46]。

假如我們認爲康氏完全依賴幣制和銀行來積財，並不正確。他也見及政府公債以及合股股票爲舉財的方法，以爲農、工、商業之用[47]。除了發行鈔票外，包括中央銀行、地方銀行以及勸業銀行的銀行系統，將負責買賣股票與公債[48]。康氏也見及土地價值的升高爲一般經濟成長的原因和後果。他在一九〇八年寫道：

> 百業日興，地價日漲，公債可日增，地方應興之利可日舉，銀行可日多，數者互為因果，互為母子，同盛而並起，相扶而互成者[49]。

因此，他不同意孫中山所主張的，因經濟發展而增值的地價應該歸公[50]。

康氏深信幣制穩定的重要（特別是與外幣有關者），因此他主張金本位，認爲是改進財務紊亂的唯一途徑。他於一九〇四年至一九〇八年間所撰一系列文章中論及此事[51]，顯示他對這一問

45 〔金主幣救國議〕，頁二六—二八。在說明紙幣極有用之餘，康氏強調紙幣不能濫發，必須以黃金為儲備。此時他雖主金本位，但儲備之意未變。

46 「理財救國論」，〔不忍〕，二期，頁八。此文第二節談到稅收，作者未見。可能沒有寫成。

47 「復劉觀察士驥書」，〔遺稿〕，卷四上，頁五〇。

48 「理財救國論」，頁八以下。

49 「復劉觀察士驥書」，〔遺稿〕，卷四上，頁四八—五一。康氏認為土地和不動產為國家的主要財富。

50 此一觀點之最後定稿見「民生主義」第二講，見〔國父全集〕，第一冊，頁二〇三—二〇五；二〇九—二一二。

51 〔金主幣救國議〕，手稿藏胡佛圖書館，有王覺任序，撰於宣統二年元月（一九一〇年初），此書收二十三篇文字，附錄五篇論紙幣，可能是註45所引之著作初稿。康同璧，〔南海康先生年譜續編〕，頁六四—六五，指出康氏於一九〇八年撰寫這些文字，時居檳榔嶼。

題的歷史與實際都相當了解。他認爲利用錢幣爲商業發展的必然結果。金子很早就被認爲是最好的交易媒介。金幣最早出現於古埃及。後來，銀子也在幣制中佔重要地位。不過，近來因英國在一七九八與一八一六年的法案中採用金本位，一般趨勢不再金銀並行。世界各地乃輕「銀」而重「金」。他認爲此一趨勢早在中國出現，金銀的比例由秦漢之時的一比五到廿世紀初的一比三十。如果中國這樣繼續保持銀本位，無異是財政的自毁。

他認爲中國必須立卽採用金本位，固定金銀比例爲一比二十，鑄造不同價值的金幣，附以銀幣及銅幣。但是因中國沒有足够的黃金儲量以鑄造大量金幣，或可採用一過渡辦法，採用「法定金主幣」，略如印度的辦法，卽政府保持金儲備，規定金子與其他流通錢幣的兌換率[52]。

康氏對外債與外資的看法並不一致。前已述及，他有時與當時人同樣憂慮外資的侵入。截至一九一六年，他仍然認爲「不必徵引外人」來參與發展雲南及四川的經濟，不過他不反對向外國購買武器[53]。在一九一二年的仲夏，民國袁世凱政府議借外債，康氏強烈抗議。康氏說這種外債等於是把「中國分贈之與外國」[54]。

但在另一場合，康氏同意援用外資，只要能够有利於國家的經濟發展。因此，他雖徹底譴責袁政府考慮上述外債，但卻贊成在必要時，可借用外資來設置現代化的銀行和幣制。若干年前，在戊戌年之夏，他建議皇帝派遣容閎到美國商議巨額借款，相當於六億兩，以便儲存於中央銀行

52 「金主幣救國議」，第十一篇。
53 「致蔡松坡書」，「遺稿」，卷四上，頁六。
54 「大借債駁議」，「康南海文集」，卷三，頁三六—三九。

為紙幣百分之六十的儲備，可作為十億兩的資金之用。他說此足可作為現代化計劃以及刺激私人企業之用。他解釋道，過去的外債未能產生好的效果，因未曾眞正用到發展經濟上。這種未能增產的外債更加消耗經濟力，全不能發展經濟[55]。他在民國元年給袁世凱提了相同的建議，主張籌借外債十億元以上[56]。

以上簡述康氏大半發之於一八九〇年代與一九一〇年代對經濟改革的想法，給我們留下一種印象：他將中國未來發展的希望寄托在基於市場經濟的私人企業。他的思想似乎有重商主義和國家經濟的色彩[57]。他也可能被指責為「資本主義和地主階級」的代言人[58]。無論如何，作為一實際的改革者，在〔大同書〕中的理想主義社會設計對他全無用處，他亦不認為國家控制或國營經濟有效。他要求政府發動經濟改革，但他懷疑政府有能力推動農、工、商經濟到較高度的階段，這些他認為要讓私人企業來進行。他的目標不僅在維持現存政權，他希望能變之為憲政以便導致中國走向光明的經濟前程[59]。他不僅關心國家的富強，更主要的是要給他的同胞們富足的生活——一種西方人已享有的生活。

55 「請計全局籌巨款以行新政築鐵路起海陸軍摺」，翦伯贊等編，〔戊戌變法〕，第二册，頁二五五—二五八。

56 「致袁總統書」，〔遺稿〕，卷四上，頁七二。

57 侯外廬，〔近代中國思想學術史〕，第二册，頁六五〇—六五五，指出康之經濟思想（包括其徒梁、譚）回應了西方之重商主義。

58 閱 S.L. Tikhvinsky, *Dvizhenie za reformy v Vitae v kontse XIX veka i Kan Iu-wei* (Moscow, 1959), p. 193 謂康氏提供資本主義和地主階級改革者的最清楚徹底之見解。另參閱趙靖，「康有為的經濟思想」，頁三四。文中有謂一九〇二年前，康之思想反映新興資產階級發展工商的需求。

59 趙靖，「康有為的經濟思想」，頁四七責康混淆眞正的問題而欲挽救腐敗的朝廷。此說殊非確論。

第二節　同時代人的見解

康有爲經濟改革思想的理論上之有效性與實際上之可行性，容後再述，在此不妨將其與通行於一八七〇年代至一八九〇年代的經濟思想相證驗。下文所述將顯示，康氏與其同時代人所想的，有很多相同之處，我們只須舉出最具代表性的一些樣本。

李鴻章與張之洞的親信朱采似是最早重視科技敎育之人，他在一八七三年寫道，除非士大夫階級從事器數之學，中國不可能自造輪船。政府須嘉賞新機械的發明者以及新科學原理的發現者以鼓勵之，以致有才有志之人不再藐視科技知識與技能[60]。翌年，他建議在京師以及沿海各省設置科技學校，敎授造船、工程、數學、地理以及其他相關學科。學生在學期間給與薪俸，畢業後授與政府職位[61]。

御史李璠更主直接應經濟帝國主義的挑戰，「以商敵商」。他在一八七八年五月二十日上疏中認爲中國之患唯有一源，卽與外國通商。他說在西方，政府與商人携手從事商業，如此則商人得到很大的力量，並反助其本國的富強。近代西方國家不似過去的侵略者，爲了征戰勞民傷財，而從商業擴張來達到領土擴張的目的。中國的情況與此完全不同，政府不支援商人，而國家日

60 朱采，〈清芬閣集〉，卷二，頁二〇；收入中國史學會編，〈洋務運動〉，第一冊，頁三三一—三三二。朱氏浙籍，曾為山西汾州知縣，後為廣東瓊雷道觀察。

61 朱采，「海防議」，頁三四九。

弱，日窮。

李璠主張政府拿出辦法來鼓勵沿海省分的愛國人士效法外國商人的榜樣，組織股份公司，從事國際貿易。政府須幫助他們籌集必要資金組成合適公司，政府應給他們體恤，商人知道有所倚賴，無所顧忌從事「商戰」。李氏估計二十年後，中國可阻制外國兵力，「是不戰而屈人之兵也」[62]。

無工業則無商業可言。李氏認為外貿仍是進出口商，進口中國所需之物，出口國際市場所需貨品。中國商人須進口洋貨，中國的製造業者須製造商品，供銷外國之用。政府必須幫助私人企業家獲得科技，購買必須器械，以使中國的紡織業與其他工業現代化[63]。

李璠摺上清廷一年後，貴州候補道羅應旒對工商業有相同的建議，羅氏說西方人以商業為國策的基礎，而中國講究禮樂教化，成為西方經濟剝削的犧牲品，要改弦更張，中國必須追求富強——通過發展工商業的途徑，換言之，

> 中國地土之利，西人之所垂涎者……中國所需於外洋者，吾自製造之，外國之所需於中國者，吾自運販之。

質言之，中國須開礦，發展近代工業，築路造船，開拓外貿。為了培養企業精神，政府須鼓勵以及保護工商業的利益。對商業有特別成就者授與榮譽，採用保護關稅，進口稅重於出口稅，特別是在中國製造的外國貨，以及在外國設立領事館，如新加坡、檳榔嶼、舊金山、以及其他有相當

62 〈洋務運動〉，第一冊，頁一六五——一六七。李時為湖廣道監察御史。

63 同上，頁一六七——一六八。

數目中國僑民的商埠。很顯然的，指導原則乃是政府對發展私人企業要起領導作用[64]。

郭嵩燾在一八七〇年代後期駐節外國熟悉西國情事；響應李、羅二氏之說，倡導同一模式的經濟發展：政府鼓勵，私人營業。在致李鴻章一函中（大約寫於一八七八年），郭氏說西方因民商而致富強，民商奠立國家經濟的基礎，而政府只給與他們安全與保障。是則政府與人民携手共同發展經濟資源。在中國，官民之間太少共同的利益。郭氏以此爲數十年來自強措施失敗的原因[65]。

郭氏在約略同時致某友人的另一函中，提出另一值得注意的觀點。他說富強要基於社會和政治的穩定，實難想像人民困窮而國家能達到富強之事。他繼謂：

今言富强者，一視為國家本計，與百姓無與，抑不知西洋之富專在民不在國家也[66]。

當時另一著名的外交官薛福成更加贊成私人資本主義，他在一八九五年所上奏摺中（他當時仍駐節歐洲），指出：

泰西諸國競籌藏富於民之法，然後自治自強，措之裕如。

---

64 羅氏時官貴州，疏上於一八七九年七月廿三日，載〔洋務運動〕，第一册，頁一七〇—一八一；見頁一七七—一八〇。羅氏除主經濟現代化外；還促請政府作教育制度的改革，重振軍事結構。其疏廣受注目。直隸總督李鴻章，贊同他的經濟提議（〔洋務運動〕，第一册，頁二〇五）。兩江總督沈葆楨則懷疑中國之商人已能接受政府的領導（同上，頁一八三—一八四）。

65 「致李傅相書」，載〔養知書屋遺集〕，卷一三，頁一七。收入〔洋務運動〕，第一册，頁三一五—三一六。

66 「與友人論仿行西法書」，約寫於一八七〇年代之末。見〔養知書屋遺集〕，卷一三，頁三六；〔洋務運動〕，第一册，頁三二二。

發展商業乃是致富的主要途徑。爲了致富，政府應讓百姓投資築路（不必投入公款），用現代化方法從事紡織及其他工業（此可由政府協助私人公司成之）[67]。

薛氏在一八九一年所撰一文中說明「導民生財」之道。西方國家人口較中國爲密，而較中國富裕，此因他們能經由農、工、商的發展來開拓富源，中國再不趕緊效法西方，隨著人口增多，經濟上的苦難將日益加厲[68]。

翌年他又撰一文，指出西方經濟政策的主要目標。西方國家的政府比中國政府所抽的稅要重，但西洋人少覺稅重，只因「取之於民，用之於民」之故。卽使軍事費用亦認爲主要是爲民謀利。再者，當軍需製成、船艦造就、鐵路通車，許多技工和非技工都有了生路。更重要的，西方政府都努力要求其經濟事務將導致「藏富於商」的結果[69]。事實上，薛氏十分相信私營的想法，他甚至要私人繼政府之後來築鐵路。他說鐵路畢竟要以便民爲主要方針[70]。

更具興味的是，薛氏認識到謀利乃經濟生活的原動力。他在「論商務」一文中說，爲了解決中國貿易上長期的逆差，必須使國內工業現代化，特別是茶業、絲業和紡織業，以及發展現代化的交通。他認爲這些都由私營。像招商局那樣的官督必須廢止[71]。他論證他的看法說：

---

67 「强鄰環伺謹陳愚計疏」，〈庸庵內外篇〉（一八九八），〈海外文編〉，卷二，頁六；收入〈洋務運動〉，第一册，頁二六〇—二六一。

68 「西洋諸國導民生財說」，〈海外文編〉，卷三，頁五—六。

69 「西洋諸國為民理財說」，〈海外文編〉，頁七。

70 「創開中國鐵路議」，〈庸庵文編〉（〈庸庵全集〉本），卷二，頁一二—一三。在較早的一篇「代李伯相議請試辦鐵路疏」，〈庸庵文續編〉（〈庸庵全集〉本），卷一，頁六—七，薛謂邀集商股和外資築路是可行的。

71 「商政」，〈籌洋芻議〉（撰於一八八〇年），卷一，頁一〇—一二，見〈庸庵全集〉。

人之篤於私計者，情也。今夫市廛之內，商旅非無折閱，而挾貲而往者，何也？以人人之欲濟其私也。惟人人欲濟其私，則無損公家之帑項，而終為公家之大利[72]。

一位中國作者論薛氏之見，以為他雖對資本主義並不完全了解，他所談的商政完全是資本主義式的發展[73]。此為一公正的評斷。

薛福成知悉工商業之間的密切關係，以及工業化的重要性。在論述發展工業一文中，他批判傳統輕視技工的偏見。他指出西方國家的勃興乃是由於尊重工業（工為商之骨幹），且為國家的支柱。士人提出原理，工人運用原理達到技術上的成就。是則，學者與工人發生密切合作。政府亦參與其事，給與科學家和技師在重大發明上的嘉賞與認可。顯然的，中國必先解決古老的歧視工匠的傳統——此一偏見因科舉制度而益牢固——，然後才能作技術現代化的起步[74]。他警告國人，除非中國向前進，從手工製造到機械製造，否則決不能與外國平等貿易。他不贊成現代化的工廠將剝奪手工業者的生計之說，他認為要窮苦的百姓停留在手工業上，事實上是要他們更加窮困，更加無助[75]。

薛福成像許多他同時代的人一樣，以不開採中國的自然資源為貧窮之因。因此他建議政府積

72 同上，頁一一。
73 黃子通，「薛福成的思想」，頁五一—五六。
74 「振百工說」，〈海外文編〉，卷三，頁一六—一七。薛早已於一八七五年上疏中強調引入現代技器之重要，見「應詔陳言疏」，〈庸庵文編〉，卷一，頁一二；收入〈洋務運動〉，第一冊，頁一五七。類似之觀點可見其一八九〇年五月十七日日記。〈出使英法義比四國日記〉，卷二，頁一一—一二，見〈庸庵全集〉。
75 「用機器殖財養民說」，〈海外文編〉，卷三，頁八—九。

極開礦。他認爲政府與民間須共同參與[76]。另外，他也贊成當時人廢止釐金的主張[77]。

馬建忠由李鴻章派送到法國留學，他在一八七七年一函中報告他之所見。他說留學一年後，覺得歐洲國家保護商業的利益爲致富之基，而求強必須先得人民的支持[78]。他在一八九〇年春所寫的「富民」一文中，更進一步指出，爲使中國富裕必要增加出口減少進口。爲了實現此一計劃，必須使農工的生產方法現代化，然後中國貨才能贏得外國市場，使煤、鐵、銀、和金礦開發，以盡地利[79]。他也主張建築鐵路。爲了籌集築路資本，他建議向英、法的政府和私人銀行借款[80]。

馬氏對中國經濟發展的討論稍嫌簡略。作爲英商買辦達卅年之久的鄭觀應較有詳細的闡述。他藉個人的經驗以及書本上的知識，在所著〔盛世危言〕中提出發展中國經濟的遠大計劃[81]。他

76　「礦政」，〔籌洋芻議〕，卷一，頁一三—一五。

77　他早於一八六五年卽指出釐金之需裁，時太平軍之戰仍在進行。他於「上曾侯相書」（〔庸庵文外編〕，卷三，頁一一—一三）中說，釐金雖有用，但於民生無助。徵率須降低，而卒取消。數年後，他重申此說。見「應詔陳言疏」，〔庸庵文編〕，卷一，頁六。

78　「上李伯相言出洋功課書」，〔適可齋記言〕，卷二，頁六。

79　「富民說」，〔適可齋記言〕，卷一，頁三—六。馬氏誤以為西方工業之勃興由於在美洲發現黃金，顯指加州的淘金潮（同上，頁四）。

80　「鐵道論」以及「借債以開鐵道說」，俱見〔適可齋記言〕，卷一，頁六—九，九—一二。

81　Teng and Fairbank, *China's Response to the West*, p. 113. 述及鄭氏生平。他於一八八二年參與李鴻章之實業，主管中國電報局、招商局、李氏棉織廠等職。又曾任漢陽鐵工廠經理。在一八九〇年代，他是〔萬國公報〕的支援者和讀者。他喜讀麥氏（Robert Mackenzie）〔十九世紀史〕（*Nineteenth Century*）的中譯本，以致購買該書百冊分贈友人。他所撰有關各方面現代化的論著收入〔盛世危言〕，初出版於一八九三年，以後多次重印。一八九三年版實是修訂本。〔盛世危言後編〕十五卷收錄他在各種實業工作獨得的經驗，包括紡織、鐵路、輪船、鐵廠、採礦及電報。

認為一個妥善的政治體制乃是求致富強所不可少的。顯然不滿古老的專制政府，他建議設立議院，統治者與老百姓能藉此相互了解，為國家福祉共同努力。專制給統治者太多的權力，而在共和國則人民權力太大。唯有君民共治，權力才算均衡。他在確定所期望的政制之後，提出發展經濟的指導原則。中國追隨先進國家的先例，須致力於三事：「人盡其才，地盡其利，物暢其流。」[82]

鄭氏此書的極大部分涉及農、工、商、以及財政與交通等整個經濟領域[83]。他對中國經濟問題的討論較任何同時代人要徹底且有系統，但他的見解與細節常與同時代人相呼應。試略舉數則以見他的立場：鄭氏見及農業的重要並建議使其現代化。他借鏡西方模式擬設農部來籌劃農業政策，在各省設立永久性的展覽館，提高技術，設立農校來傳播新知識[84]。為了促使工業化，他建議設立專門學校來教授科技。下面是一段值得引述的話：

> 夫泰西諸國富強之基，根於工藝……不先通算法，格致諸學，亦苦其深遠而難窮……我國亟宜籌欵，廣開藝院，教育人材，以格致為基，以製造為用，庶製造日精，器物日備[85]。

當然，鄭氏對商業更有話可說。在「商務」與「商戰」兩文中，他重申以彼之道來對付西方的經濟侵略。他呼籲設立商部以給企業以指導與保護；他呼籲發展機器製造為發展商務的支柱。

---

82 〔盛世危言〕，序，作於一八九二（上海，一九〇五年版）。在孫中山之前，馮桂芬已有相似意見，Teng and Fairbank, *China's Response to the West*, p.53 略作比較。

83 即第二十三篇至四十六篇（五十五篇中之廿四篇）。再者，十篇中的六篇有附錄討論機器製造、紡織業、輪船、鐵路、電機，以及電報。

84 〔盛世危言〕，卷四，特別是第廿八篇「農工」，頁三九—四〇。

85 同上，卷三，第二十六篇「技藝」。

然他雖要政府提供經濟發展的大綱，卻堅持私營與私有企業。他本人的經驗所示，政府干預只有阻礙經濟成長。他舉出官吏如何用不同方式侵奪商人的錢財，擾亂商業經營。他特別反對讓毫無商業訓練或經驗的人來參預商事。這些人不僅是阻礙，而且多半會貪污作歹。由於這種干預，很少股東能獲利，而許多人在過去幾十年中蝕光了老本。一個補救的辦法是像西方國家一樣訂定商律，保護私人企業，不受官吏侵奪[86]。爲了進一步的商務發展，交通與資訊必須要發展[87]，一個現代化的銀行與幣制必須要建立[88]。

陳虬的〔治平通議〕曾列入梁啟超的〔西學書目〕之中，對經濟事務所述甚多[89]，涉及眾多項目，諸如有關農業現代化、工業化、商業發展、開中國之商埠以與通商口岸相競爭，以及銀行與紙幣等等。陳氏與其同時人一樣認爲私利是正當的。企業家製造，商人販運於市，各爲其本身之利。但同時他們都對國家有貢獻。因此，政府必須給私人企業以鼓勵，如給與官階等。更重要的，政府要讓他們在鐵路、郵電、礦業、紡織以及其他事業上盡展其才[90]。

在結束這一段論述之前，尚可一提另一更具代表性的作者——陳熾。陳氏爲戶部職員，曾積極參與康有爲的戊戌變法[91]，他從閱讀與旅行中熟悉時務[92]。陳氏強調農業現代化的重要性，與

86 第廿四、廿五兩篇，「商務」和「商戰」。
87 同上，卷四，第卅三篇「鐵路」、卅四篇「電報」，以及卅五—卅六篇「郵政」。
88 同上，卅七—卅八篇「銀行」和四十篇「鑄銀」。
89 〔治平通議〕（上海？，一八九三），作者自序撰於一八九二年。
90 閱〔經世博議〕四卷與〔救時要議〕一卷，俱見〔治平通議〕。
91 康有為，〔年譜〕，頁一三。
92 〔庸書〕與〔續富國策〕。

工業發展的迫切性不相上下。他至少含蓄地見及在經濟成長中農業有餘裕的價值。他指出在西方國家中發展工業並不忽視農業。事實上，由於應用新的耕種技術(由於科技的進步)，產量增加十倍，解除不斷的人口壓力。中國應設立一特別的政府機構，用合適的方式促使國家農業現代化[93]。

陳氏於近代工業對西方社會的衝擊有云：

> 自有機器之後，一人之工可當十人。而聚財後所建的工廠更可為成千窮人提供職業。富者雖取利之一、二十，但窮人工資可以倍增。因此機器製造實在主要有利於窮人[94]。

因此，工業化之後不會奪取中國百姓的生計。相反地可以解除長久的人口壓力，平息饑餓死亡與動亂。

他認為近代科學知識為工業的初基。他讚揚三百年來的西方科學。說西方科學家追根究源，從已知者求得未知者。並且運用這些知識來發展新的技術與機械，他們使國家與百姓都得到好處，結果產生了一個新世界[95]。陳氏總結道，中國採用西方科技不僅可自立，且可在新世界中得到應得的位置，以最後達到「聲教大同」[96]。

陳氏認為此一美好的目標可以獲致，因明治日本提供了線索：

93 〈庸書〉，卷二，「農政」與〈續富國策〉，卷一，「講求農學說」，頁一三—一四。另閱〈庸書〉，卷一，「水利」和卷二，「蠶桑」。

94 〈庸書〉，卷八，「養民」。

95 同上，卷七，「電學」，頁八。陳熾知保守派因科學為洋學而拒之，乃謂西洋科學來自古代中國，故採用現代科學不過是恢復舊學。見〈庸書〉，卷七，「格致」，頁九。

96 同上，卷五，「考工」，頁六。

夫日本東瀛小國耳，通商卅載，乃舉西人之所能者，而盡能之，舉華人之所不能者，而皆能之[97]。

日本既已走向現代文明之域，中國必卽踵其跡而前進[98]。科技教育甚要。西方國家的工業成長植基於劃時代的發明，如蒸汽機和電報，而這些東西又植根於自然科學[99]。他指出數學爲科學之鑰，而中國人不予重視，不知所有的科學原理和技術發明都有賴於數學[100]。當然，科學本身在學校中要認眞教學。化學（包括生化）、機械、光學、電學和地質學，都對農、工、商有直接關係，都應納入課程[101]。技術訓練也應該實施[102]。

陳氏撰寫有「工藝養民說」一文，以反駁機器製造將破壞手工業剝奪人民生計之說[103]。他責怪持此觀點之人爲導致中國貧弱的罪人。他引用英國的例子，說明手工業者在新建的工廠中工作來維生。他說沒有工業化，中國將不能與西方國家在商業上競爭，結果反而將毀滅手工業經濟，使無數的人民窮困。他繼續歌頌機械，說是具有超人的智能，實爲人類的福音。人類唯有擁有機械才足稱天、地、人三位一體[104]。這種對機器的膜拜態度使人想到陳獨秀的「賽先生」。不管如

97 同上，卷八，「自立」，頁四。

98 同上，頁四—五與〔續富國策〕，卷三，「勸工强國說」。文中陳氏追溯中國軍事與經濟之衰弱，乃由於輕工之故。並謂西方科學和工業的發達，由於政府提倡之故。他和康有為一樣地讚賞德國的克虜伯工廠。

99 〔續富國策〕，卷三，「藝成於學說」，頁三。

100 同上，第三文，「算學天學說」，頁三—四。據此，他建議凡應文官考試者都要通算學。

101 同上，第四文，「化學重學說」，頁四—五。以及第五文，「光學電學說」，頁五—六。

102 同上，第六—十三文論及金屬業、礦學、紡織和食品工業、以及製造器皿、機器製造、以及築路等，頁六—一四。

103 同上，卷三，「工藝養民說」，頁一四—一五。

104 同上，頁一五。像當時其他人一樣，他認為釐金為經濟成長的阻礙，故呼籲廢止。見〔庸書〕，卷二，「釐金」，頁三。

何，這種看法爲康有爲一九〇五年論工業之文作了先導。

以上所述八家之見都指向一個結論，卽他們所強調的或有異，然對大問題都甚一致：改善農業生產爲經濟成長所必需，工業化極爲迫切，爲了工農的現代化，科技知識必須由西方輸入，傳播於國中，由國內學者研究；鐵路、輪船、電報、郵政等爲現代經濟所必要，爲了累積與流通資本，現代化的銀行和幣制必須建立；最後，政府須鼓勵與幫助私人企業家在經濟各領域中開拓，但政府必不應介入經濟發展的實際過程。他們無一人贊成國家管制和經營企業。他們與一八六〇年代的自強派不一樣，他們更加重視人民的經濟福祉，而不如是強調富爲強國之本[105]。前已述及，康有爲同意這些看法。事實上，他的立場正反映了當時經濟思潮的大趨勢。

第三節　西學與經濟改革

不同背景和經歷的人而有相同的看法，可見他們大致得之於同一靈感的來源——「西學」，

105 趙豐田，〔晚清經濟思想史〕，頁三一五有謂咸同時期在追求强兵，而至光宣時期則重視富國。本書曾提及當時的另一些作者。我未論及張謇，因他是中國的早期的工業家，而不是經濟改革論者。不過，可閱其一八九六年，所撰「農會議」和「商會議」，文中建議設立全國性的農會和商會網以促進工商。他也主張私營企業，政府僅起鼓勵和保護作用。〔張季子九錄〕，「實業錄」，卷一。Samuel C. Chu, *Reformer in Modern China: Chang Chien, 1853-1926*, Chap. 3 述及張謇的實業。張之洞則依賴國營多於私營，如閱「札司局設局講求洋務」，（撰於一八八四年，時任山西巡撫）以及「札司道講求洋務」（撰於一八八六，時為湖廣總督）。二文俱載〔張文襄公全集〕，卷八九，頁二二；卷九三，頁二二。〔勸學篇〕，第九文，「農工商學」，論及農工商之重要，以及三者之間的關係，以及現代化的方式和辦法。

大都由傳教士譯介過來[106]，由日文轉譯而來[107]，由個人在通商口岸學習、或在外交接觸中得來[108]。

廣學會經由其出版品起了廣泛的影響，銷路在一八九三年與一八九七年之間，增加尤速[109]。積極的會員如林樂知（Young J. Allen）、艾約瑟（Joseph Edkins）、傅蘭雅（John Fryer）、慕維廉（William Muirhead）、韋廉臣（Alexander Williamson）及李提摩太等在〔萬國公報〕

---

106 閱 Teng and Fairbank, *China's Response to the West*, pp. 134-135 載傳教士對變法思想的影響。菊池貴晴，「廣學會と變法運動—廣學會の設立について」，〔東洋史學論集〕（東京，一九五三），頁三〇五—三一七可參閱。廣學會（成立於一八八八）中較活動分子，都對變法有影響。在〔萬國公報〕投稿的「古吳困學居士」在第八八號（約一八九六）上，讚譽該會出版了將近百種書刊，能融中西學術為一。此文「廣學會大有造於中國說」，可見翦伯贊等編，〔戊戌變法〕，第三冊，頁二一四—二一七。康有為受此會出版品的影響，見於 Timothy Richard, *Forty-five Years in China*, p. 253：「康奏上一摺……求皇帝變法……這些說詞與廣學會出版品極為相似。」李提摩太又指出，强學會的學報不僅用〔萬國公報〕之名，而且起初「主要係轉載本誌之文」（頁二五四）。

107 E.R. Hughes, *The Invasion of China by the Western World*, pp. 108-109, 指出在一八七〇年代之初，有三家譯館，一在北京，一在上海，第三家在廣州。所譯之書見 Tsuen-hsuin Tsien, "Western Impact on China Through Translation," pp. 305-327. So, "Western Influence and Chinese Reform" 有一般性的概述，但並不特別有見解。

108 上面提及諸人之中，馬建忠、鄭觀應、和薛福成最突出。康氏直接接觸到西方是他在香港（一八七九）和上海（一八八二）時，促使他「大肆研究西學」（〔年譜〕，頁五，六）。日本則為康梁西學的來源。閱 Philip C. Huaug, "A Confucian Liberal, Liang Ch'i Ch'ao in Action and Thought", Chap. 4.

109 此即從八一七元至二一一四六元，據〔知新報〕（康氏維新運動的機關報，澳門發行），第一〇三號（一八九九年九月十五日），頁九所載的報導。

110 趙豐田，〔晚清五十年經濟思想史〕，頁三〇五—三一一指出若干有關農、工、商的出版品。閱Henri Bernard, "Notes on the Introduction of the Natural Sciences into the Chinese Empire," pp. 220-241. 為一詳盡的綜述。另閱 Advian Arthur Bennett, *John Fryer: The Introduction of Western Science and Technology into Nineteenth-century China*, pp. 89-96 列舉傅氏有關製造、工程、農業以及器械的譯著。

（特別是一八七四年後）、及一些其他的出版品[110]上介紹了西方的科學、技器、經濟。康有爲在一八八三年就已是此一公報的讀者[111]。他同時還閱讀了一些有關經濟事務的著作[112]。李提摩太「可能是倡導變法而最具影響力的在華傳教士」[113]；他一定給康有爲留下深刻的印象。不管如何，康氏的許多想法似乎來自李提摩太，此可瀏覽李氏著作得知[114]。「新政策」一文

111 〈年譜〉，頁六。康謂他除注意歷史等書籍外，還注意「聲、光、化、電、數學」等。以下幾種刊登在〈萬國公報〉上的文章可能影響到康之經濟思想：韋廉臣的「治國要務」，第三章，載第四期（一八八九年五月），頁一六以下，討論煤礦諸事；艾約瑟，「鐵路宜擴充論」，五—十一期（一八八九年六—十二月），建議擴充現有鐵路；局外旁觀者（卽Robert Hart），「論通商大局」，十期（一八八九年十一月），頁三—五，謂外貿有利中國，鐵路、電力、礦業、輪船以及銀行，必須發展；花之安（Ernst Faber）「慎理國財」，十四期（一八九〇年三月），頁一九〇—一九一，介紹機器製造，發展交通事業，廢止釐金，保證政府公債；花之安，「自西徂東」，十五期（一八九〇年，四月），頁一八九—二九一，三〇七—三〇九，以及三一六—三一七，着重現代農技、機器製造、以及保障發明與專利法。此刊尚登載其他有關科學之文。曾紀澤序韋廉臣論西方科學之文「西學略述」，六期（一八八九年七月），頁一—二，與陳熾一樣熱心科學。

112 如其〈日本書目志〉所示。卷七、八和九所列有關農、工、商的著作。梁啓超的〈西政叢書〉中，收錄了傅蘭雅的〈工程致富論〉十二卷，〈考工紀要〉十七卷；艾約瑟之〈富國養民策〉十六章，以及傅氏的〈保富述要〉十七章。

113 Teng and Fairbank, *China's Response to the West*, p. 134. Richard, *Forty-five Years in China*, Chap 6, "Working among Officials and Scholars, 1881-84," Chap. 12, "The Reform Movement in China, 1895-1898," 述及他提倡變法的個人經驗。

114 Richard, *Forty-five Years in China*, p. 261, 謂當「強學會」於一八九八在上海發表時務新著時，包括他所寫三十一種作品，多涉及政府、經濟、教育、宗教、和軍事。李提摩太可能幫助康氏見及大同古意之重要。李氏於頁二五四寫道：「一八九五年十月十七日，我初與康有為見面……他帶來一本他所寫之書送給我，翌日他卽南下。他告訴我他相信上帝，以及我們在出版品中所稱的各國乃兄弟之邦，他希望我們能合作以振興中國。」李氏著作目錄見蔡爾康，〈中東戰紀〉附錄，包括「大同學」。李氏謂康氏信「兄弟之邦」之說似是可信，但說康信「上帝」則可疑，至少，不是宗教意義的「上帝」。

尤與此有關[115]。李提摩太於簡短的序文中提出，應付人口壓力挑戰的唯一辦法是發展商業，用武力來關閉商務往來是嚴重的錯誤。他界定了必須改革的四個領域：一為教民之法，二為養民之法，三為安民之法，四為新民之法[116]。養民之法一辭與康氏在一八九五年五、六月之間上疏中所言完全一樣[117]。此疏在內容上與「新政策」的相似程度令人驚訝。李提摩太所提十事：翻譯、郵政、開礦、丈量、工業、機械化、銀行與紙幣、銀元、商業和報館，只有最後一項不見於康疏之中[118]。比較李氏其他著作與康氏其他討論經濟之文，也有相同的結論。康氏幾乎完全接受了李氏對經濟改革的見解。李氏在一八九四年所寫的〈時務新論〉[119]等文，一部分涉及「養民」、「財源」、「科學」、「外交」、和「築路」。這些也都是康氏喜談的論題。在可能寫於一八九〇年代之初的「求儒救民說」中，李氏呼籲十八省中的讀書人研究中外養民之法，要求皇帝批准他們的發現，以付之實施。他所介紹的美法為康氏收入戊戌變法的計劃中，如丈量、開礦、築路、幣

115 此文作於一八九五年之秋，初見於〈萬國公報〉，八七期（一八九六年四月），重印於蔡爾康，〈中東戰紀〉，卷八。又收於翦伯贊等編，〈戊戌變法〉，第三冊，頁二三二—二四一。

116 「新政策自序」，收入翦伯贊等編，〈戊戌變法〉，第三冊，頁二三一—二三二。

117 即在「上清帝第二書」與「上清帝第三書」（一八九五年五月二日及六月三日）中所說（見翦伯贊等編，〈戊戌變法〉，第二冊，頁一四三，一六八）。李提摩太所提某些建議見於「富國之法」一文。李氏之文發表於康氏上書之後，但李之觀點很可能早傳達給康。

118 翦伯贊等編，〈戊戌變法〉，第四冊，頁二三四—二三六；第二冊，頁一四〇—一四七，一六八。康氏剔除了辦報，代以照顧殘弱和貧困者。

119 〈時務新論〉（有時作〈時事新論〉，如So, *Western Influence and Chinese Reform*, p. 56所引），十二卷（上海，一八九四）。此為發表於〈天津時報〉上的論文集。

制改革、郵政、以及工業化[120]。兩人都認爲農業現代化[121]，和移民爲解除窮困和人口過剩的辦法[122]。兩人也都同意改善人民福祉爲變法的首要目標。

我們不必要進一步追究康、李兩人的共同點，或其他提倡經濟改革者與廣學會的關係。不過有一點必須一提。如近人研究所示，在一八八九年組成廣學會中心的三十九人中大都來自英國，其次來自美國。很少德國人、法國人、或俄國人參與其事。在三十九人中，有十六人爲商人，九人爲傳敎士，八人服務於海關，一個律師，一個醫生，一個報人，其餘三人在外交界工作[123]。很自然的；中國的經濟問題是他們注視的焦點，而他們關心中國經濟發展應走的道路，充滿了英美的觀點。康有爲以及其他的變法人士大大地受到這些人的影響，他們自然反映十九世紀後期英美的看法，特別是私人企業、外貿的重商觀、以及依賴銀行業和幣制來籌集資本。不過，他們並不完全借自西方人士意見。日本現代化的驚人成績使康氏以及其他人相信，東鄰島國也大可借鏡。

第四節　明治日本爲經濟現代化的模式

戊戌變法正式開幕前幾個月，康有爲曾建議皇帝，中國大可採用明治日本的現代化模式[124]。

120 收入于寶軒，〔皇朝蓄艾文編〕（上海，一九〇二），卷二，頁一七—一九。
121 梁啓超將此小册收入〔西政叢書〕。
122 Richard, *Forty-five years in China*, pp. 137, 142.
123 王樹槐，〔外人與戊戌變法〕，頁三三—三四。
124 〔上清帝第五書〕，翦伯贊等編，〔戊戌變法〕，第二册，頁一九五。此未署日期之文可能上呈於一八九七年底或一八九八年初。

康氏有關明治維新後政經發展的知識得自他編纂〔日本書目志〕以及撰作〔日本明治變政考〕一書[125]。

略觀日本經驗卽知康氏何以選擇日本模式。島國的成就確是光輝。在十九世紀初，該國的經濟尙不及西方國家的中古時代，絕大部分的人沒有自由，窮困的農民支撐一個由將軍、大名和武士所組成的統治階層。年產量的百分之四十由大名和將軍支配。在這樣無望的基礎上卻迅速地興建了一個富強的國家[126]。維新一年多，年輕的武士改革派開始廢除他們起家的封建制度。在一八七一年，藩封取消，全國分爲縣。老大名們逐漸離開政界，他們之中有一些人成爲新進的資產階級。不接受新秩序的武士們起來造反，但一八七七年薩摩叛亂的失敗正式結束了封建社會。一種接近中產階級的人士出現了。商業家與金融家之中，有些是舊時代的武士和大名，對國家的經濟發展作了貢獻。後來，他們的下一代成爲政府官員、軍官、或商人。在商人中出了商業帝國的領袖——財閥[127]。近人有謂，「這些年輕的改革者自一八六六年起，致力使日本成爲與西方強權地

125 在康之〔日本明治變政考〕（始撰於一八八六，完成於一八九六年尾）中，敘述了自一八六八至一八九〇年間的日本變政。前已提到，他的〔日本書目志〕（印於一八九七年之冬），列舉有關農工商各方面之書籍（卷七、八、九）。當然，非僅康氏一人重視明治日本。一篇無名氏的論文「政令一新說」，載〔萬國公報〕，新編五期（一八八九年六月），頁一一—一二，述維新後的變政綱要，並作結道：中國也可與西方各國並駕齊驅，只要學習日本的模式卽可。艾約瑟，「日本革故鼎新之故」，〔萬國公報〕，十二期（一八九〇年元月），頁二九八，綜述並解釋日本的變政。黃遵憲，〔日本國志〕，有四十卷之多，成於一八九〇（可能在上海出版），涉及明治維新的各方面，起自一八六八年，迄於一八八〇年，末卷為「工藝志」，述工業的發展。

126 William W. Lockwood, "Foundations of Japanese Industrialism," in *The Economic Development of Japan: Growth and Structural Change, 1868-1938*, pp. 3-34.

127 Edwin O. Reischauer, *Japan, Past and Present*, pp. 119-156 對此一發展有扼要的敘述。

位等平的國家，終於在他們有生之年實現。」[128] 他們成為康有為等改革派的靈感，一點都不奇怪。

中國的改革者以明治日本為藍圖以設計自己的計劃。研究日本經濟史的學者指出，農業發展在國家成長中起了重要的作用。由於採用新技術耕種——擴大使用商用肥料，選種、分配稻種、改良用水，以及控制蟲害等——所有這些知識都來自政府設立的農校、研究與推廣服務中心，以及實驗站。再由於來自外國的專家和留學歐洲大學的本國學生之努力，農業在十九世紀末以及廿世紀初有了快速的發展[129]。更由於土地產量的增多，以及積蓄不用之於消費而投資經濟發展，日本因此累積資本來發展工業及其他設施[130]。康氏知道這些情況是完全可以理解的，他建議政府應

128 同上，頁一三四。

129 Bruce F. Johnston, "Agricultural Production and Economic Development in Japan," pp. 499ff. 此文作者估計日本自一八八一後三十年間，每人食物供應增加百分之二十，每一農人生產量增加百分之一〇六。Johnston 所見節錄於 William H. Nicholls, "The Place of Agriculture in Economic Development," in Kenneth Berrill, *Economic Development with Special Reference to East Asia*, pp. 352-353. James I. Nakamura, "Growth of Japanese Agriculture, 1875-1920," in William W. Lockwood, *The State and Economic Enterprise in Japan: Essays in the Political Economy of Growth*, pp. 249-324 把 Johnston 所估計的農業成長率調低，但指出農業增產為積蓄之主要來源，有利於早期的發展。Shūjirō Sawada, "Innovation in Japanese Agriculture, 1880-1935," in Lockwood, *State and Economic Enterprise*, pp. 325-51 指出「產量的穩定成長」是「長期而緩慢的技術革新的過程」所成就的，一壁保持地力，一壁節省勞力。但「日本農村的傳統結構及小農經營」，使後來幾十年的發展，日漸困難。

130 Gustav Ranis, "The Financing of Japanese Economic Development," pp. 440-454; 節略重印於 Supple, *Experience of Economic Growth*, pp. 399-412. 參閱 William McCord, *The Springtime of Freedom: The Evolution of Developing Societies*, p. 61. 資本累積是由於 Rains 所謂的「一個嚴厲的稅收制度」，以及有利有高收入者積蓄財富的穩定社會政治情況。Kazushi Ohkawa, "Agricultural Policy: The Role of Agriculture in Eavly Economic Development, A Study of the Japanese Case," in Berrill, *Economic Development*, pp. 322-335 綜合英語系國家學者，包括 Johnston, Lockwood, Rains, 及 H. Rosovsky 等人之見，並加上他自己據數字資料所作的分析。Johannes Hirschmeier, *The Origin of Entrepreneurship in Meiji Japan*, pp. 690-710 討論有利於日本農業成長的經濟和社會制度。

主動輸入農耕科技很可能源自他所知的日本經驗，當然他另外也從「西書」中得悉一二。

日本的農業成功可與工商領域的成功匹比。政府在現代化的初期扮演了重要角色，並繼續在國家經濟中起作用。有人認爲日本工業化的開始主要是一政治事件。卽使後來工業化已在各種領域中形成，政府仍然起領導作用[131]。經濟改革的有力領導大大刺激了成長。明治政府建了日本第一條鐵路，造了第一批輪船，設立第一條電報線，資助各種用外國顧問以及新方法的西式工廠，開辦了特別銀行，採用金本位，輸入各級專科教育，教授有關農、商、工技各種廣泛的知識。此外，政府在各方面幫助新企業、新工業[132]。成爲國家政策的主要目標[133]，當然在措施方面也考慮到建立軍權的重要[134]。政府在經濟企業中的投資與介入雖非絕對的普遍[135]，卽使有限的介入也足

---

131 Ichiro Nakayama, *Industrialization of Japan*, Introduction, p. 1.

132 如閱 Lockwood, in Supple, *Experience of Economic Growth*, pp. 381-382; Hirschmeier, *The Origin of Entrepreneurship*, pp. 127, 136-141; Nakayama, *Industrialization of Japan*, p. 35; G. C. Allen and Audrey G. Donnithorne, *Western Enterprise in Far Eastern Economic Development*, pp. 191-192; and McCord, *Springtime of Freedom*, pp. 60ff. 根據 Henry Rosovsky, *Capital Formation in Japan, 1868-1940*, p. 23所說，卽使在開創階段之後，政府仍然是「一八八七年至一九四〇年間經濟上最大、最主要的投資者」。

133 Allen and Donnithorne, *Western Enterprise*, p. 242. Hirschmeier 謂：「近代日本的航運……自始受到軍事上考慮的刺激。」*Originl of Entrepreneurship*, p. 142.

134 Reischauer, *Japan, Past and Present*, p. 130. 參閱 William W. Lockwood, "The Political Consequences of Economic Development in Japan," 此文在「日本研究討論會」上提出，引見 Nakayama, *Industrialization of Japan*, p. 4. Seymour Broadbridge, *Industrial Dualism in Japan*, p. 10 有謂：「明治時代日本的號聲是『富國强兵』。」

135 Hirschmeier, *Origin of Entrepreneurship*, p. 150. 另閱 Thomas C. Smith, *Political Change and Industrial Development in Japan: Government Enterprise, 1868-1880*.

以促使日本很快地成為一富強的現代化國家。

雖然明治初年實權操之於維新派之手，年輕的天皇仍是國家統一的主要象徵[136]。儘管「尊皇攘夷」一詞帶有保守色彩，他們的運動實際上是復興古時皇權以作為現代化的中心力量，天皇的象徵價值不能低估。有時天皇的名字就可破除工業化與現代化的阻礙[137]。

因舊式商人和製造業者缺乏知識與資本來開展現代企業，故政府積極採取經濟轉化的第一步[138]。然後再逐漸地靠私人企業來發展[139]。當政府遭遇到財政危機時，如當因工業大量投資引起通貨膨脹，取消封建體制的花費，以及一八七三年對臺灣用兵與一八七七年對高麗用兵的費用，不得不重大地改變經濟政策。一八八一年新任財政部長松方正義顯著地節縮政府開支，以及主動出售政府企業（經常以甚低之價格）。後者尤能阻止資財外流，即使政府仍然直接或間接補助工業家，並授予特權。此為趨向私人資本主義的決定性步驟[140]。

---

136 Reischauer, *Japan, Past and Present*, p. 113 指出，明治天皇繼統時只是十五歲的孩子，故不可能一開始就有能力和經驗來主持一切，儘管後來他確成為日本的偉人之一。他在一八六八年四月公布的著名五條誓文，表達國家決心拋開傳統，顯然是當時政治領導人研討的結果。

137 Hirschmeier, *Origin of Entrepreneurship*, pp. 118-119.

138 Hirschmeier 指出此事，並謂：「要更能克服落後，就需要更多的國家領導。」Ibid., p. 8.

139 Ibid., pp. 33-37. 作者看到在一八八一年政策大變動之前，政府早已徵收商人資本，但效果很小。在通產省主持下，貿易活動於一八六九年在若干主要城市展開，雖然商人的反應仍然不夠熱烈。

140 Ibid., 148-150, 152-156. Sung-jae Koh, *Stages of Industrial Development in Asia*, pp. 29-30 對明治政府在經濟發展中所扮演的角色，不似他人之樂觀。他說：「政府匆促地制定過於理想的計劃，未能作出符合實際的政策……經過多年反省，政府才知道理想的計劃無用，遂鼓勵新興的企業家……一八八一年新任財政部長（藏相）松方指出政府政策的缺失。」(Ibid., p. 33). William W. Lockwood, "Adam Smith of Asia," *Journal of Asian Studies*, 23, no. 3 (May 1964): 352, 有幾乎完全相反之論。他說：「最初，明治政府干預得很好……政策自始是建立私營部分，擴充之而非阻扼之。」

明治維新的領導者並未將整個國家經濟自由化。在明治時代的晚期，國家和財閥共同操作企業[141]。再者，明治的私人企業照英語世界的理解，並不是百分之百的「私有」。大企業家——即大資產家族的領袖——通常稱為財閥，並不是普通的商人。他們是所謂的「政商」。政府出售工廠、政府契約，以及政府津貼助成重工業和交通事業，集中於少數與政府中黨派有聯繫的家族。有時，財閥與藩閥有密切的關係，特別是在明治早期。這些人在一八九〇——一九一〇時期對日本近代資本主義的發達，貢獻尤大[142]。自一八九〇年代後，由於機械技術之吸收、銀行與工業資本的累積、以及世界繁榮的深切影響和物價上漲，日本的工商系統在產量與獲利方面有顯著的成長。兩次獲勝的戰爭更刺激了運輸、銀行、和戰略工業的發展，這都在政府和財閥雙重領導下獲致。雖然在一九一〇年代的早期，日本的工業資本主義仍然比先進的西方國家為弱，但無疑已進入形成的階段[143]。

---

141 Allen and Donnithorne, *Western Enterprise*, p. 194.

142 Broadbridge, *Industrial Dualism in Japan*, pp. 11-12, 引自土屋喬雄，〔日本の政商〕（東京，一九五六）以及 Smith, *Political Change and Industrial Development*, pp. 85-100. Broadbridge 同意 Lockwood 所說，政府角色不能過分强調，但也不能忽視。他認為若無政商，成長不會如此快速。五代友厚（一八三四—一八五）提供了有關政商的佳例。他是薩摩儒者之次子，一八五七年受命到長崎學習荷蘭文。後來被任命為其所屬藩之海事委員，一八六五年派往英國，聯繫訓練本藩青年。翌年回國，被維新派任命為官，為伊藤等人的得力助手。自政府退休之後，他從事航運、紡織、開礦，以及其他實業，並協助建立大阪交易所、大阪工商會，以及其他現代會社。Hirschmeier, *Origin of Entrepreneurship*, pp. 38-39, 122, 171-172, 251, 279; 五代龍作，〔五代友厚傳〕。

143 Lockwood, *Economic Development of Japan*, pp. 3-34; 一部分重印於 Supple, *Experience of Economic Growth*, pp. 372-397. 二次大戰的大破壞只暫時停止了日本的成長。至一九六六國民生產毛額已超越英國，僅次於美國、西德、和法國。見 *Japan Report*, vol. 13, no. 16 (Aug. 31, 1967, issued by the Japan Information Service, New York).（譯按：日本國民生產毛額現已超越西德、法國，僅次於美國。）

有人說英國的工業革命是一思想革命，更確切地說，工業的成長是與一羣在歷史上反教會的人有關[144]。明治日本的工業革命，也有一思想革命相伴，只是情況不同，方式有異。政府領導人覺得經濟發展有賴文化與思想，一如物質，採取了一系列的辦法來培養一種對生活的新看法。鼓勵旅遊西方各國。在一八七〇年制定義務教育。文部省依據福澤諭吉的教學經驗編定西式教科書[145]。整個大目標是傳播文明開化。西式樓房的建築、西式理髮與服飾的通行，更象徵了此一運動[146]。文明開化運動很是成功[147]。「心態上的進步」爲日本經濟發達的重要因素[148]。此種心態在英國是從本土產生的，而在日本是移植的。由於日本本土的接收以及歷史環境，新的心態很容易地紮了根[149]。對新技術和新工業的信仰先在企業家中形成，然後普及到所有的民眾。傳統武士的

---

144 T.S. Ashton, *The Industrial Revolution, 1760-1830*, pp. 1-22. 節略重印於Supple, *Experience of Economic Growth*, pp. 146-158, 作者指出思想上的分歧如何導致科技創新和企業發展。

145 福澤諭吉（一八三五—一九〇一）之生平與思想，見 Carmen Blacker, *The Japanese Enlightenment: A Study of The Writings of Fukuzawa Yukichi.*

146 Hirschmeier, *Origin of Entrepreneurship*, pp. 120-125. 康有為顯然受到日本的啓示，一八九八年夏，他在上疏中，建議採用西式髮型與服飾以及仿傚明治天皇之例，由光緒下詔變法，並以光緒廿四年為「維新元年」。見「請斷髮易服開元摺」，翦伯贊等編，〔戊戌變法〕，第二册，頁二六三—二六四。

147 G.B. Sansom, *The Western World and Japan*, 敘述日本從仇外到向西方學習之過程。由一羣知識分子在一八七三年創立的明六社，幫助傳播教育、政府、商業方式、以及其他方面的西洋理念。該社的許多著名會員為政府官員，福澤為該會最積極分子，扮演了主要的角色。此一組織可能啓發康氏及其同志對「會」的重視。另閱 *Hirschmeier, Origin of Entrepreneurship*, p. 120.

148 Hirschmeier, *Origin of Entrepreneurship*, pp. 111-113.

149 Ronald Philip Dore, *Education in Tokugawa Japan* (Berkeley: University of California Press, 1965), 認為明治維新後日本的進步心態大多可說是屬本土性的。吾人無以否認日本人的創造力，然日本人似乎特別能夠吸收外國文化，以組成為其傳統的一部分。儒學和佛教是明顯的例子。日本化的儒學很可能有功於 Dore所說的本土性進步心態的形成。Yasuzō Horie, "Modern Entrepreneurship in Meiji Japan," in Lockwood, *The State and Economic Enterprise in Japan*, p. 169, 將學習西方的心願歸之於儒學：「其理性主義孕育成有利於西方技器輸入的習性。」

輕視物質開始消失[150]。企業家們自稱爲實業家並以此自豪[151]。此一經濟成長的關鍵性看法[152]，對日本工業和商業的開拓具有實質上的貢獻。

康有爲等改革派略知近代經濟史，爲明治模式所吸引，自在意中。康氏的計劃與日本經驗相合之處，不止一端：諸如政府起領導作用，皇帝扮演重要角色，私人企業爲基本動力，以及教育與經濟現代化齊頭並進。康氏相信以日本成功的經驗爲引導，中國可以創建自身的經濟前途。不過，康氏未能見及，十九世紀中葉的中國與日本在某些地方大致可以比擬，但日本有若干有利因素，乃中國所未有的。日本成功的主要因素是顯而易見的。首先，德川時期的日本已具歷史轉化的有利因素。事實上，這一國家對迎接西方思潮並非全無準備。由於蘭學的存在，西方技巧已在十九世紀初廣泛傳播了，特別是在西藩武士之間。若干大名，如薩摩與長洲已著手現代化計劃[153]。在美國培理（Perry）於一八五三年率艦叩關之時，日本已經超過自農業經濟到重商經濟的初階，卽使是製造工業，諸如紡織、開礦、和造船，已經開展[154]。這一切都有利於明治改革派[155]。由於都市的快速成長以及交通的發達，株仲間（一種類似歐洲的專業組織）的形成，地主開始放

150 Hirschmeier, *Origin of Entrepreneurship*, p.50 轉引 Kiyooka Eiichi, trans., *The Biography of Fukuzawa Yukichi* (Tokyo, 1948), p.11指出，福澤渝吉拒絕遵循武士夜間蒙臉出門處理金錢事宜的舊習。
151 Hirschmeier, *Origin of Entrepreneurship*, p. 173; cf. p. 3.
152 Joseph A. Schumpeter, *The Theory of Economic Development*, pp. 128ff.
153 Allen and Donnithorne, *Western Enterprise*, pp. 188-190.
154 Sansom, *Western World and Japan*, p. 527.
155 McCord, *Springtime of Freedom*, p. 59.

棄舊業而從事貿易製造，都促成金融經濟的產生。這一切使最近一位研究亞洲經濟史的學者認爲：日本從封建到現代工業社會主要是德川時期工商業進步的結果。外來的壓力不是原因，只是偶然地促使明治時代的大變[156]。

另外一點也許更加重要。明治日本似特別能夠將舊社會的因子轉化爲新秩序經中濟發展的有利點。由於強有力的領導以及歷史機緣之助，不同階層的民眾有意無意、直接間接地完成共同目標。地主與農民，城鎮或鄉間的商人，自求與新環境相適應。許多不能適應的武士起事失敗，但同時許多低層武士自動進行思想改造，無論在明治維新運動之時，或在影響明治新秩序形成之時。即使大名也參與經濟的現代化[157]。封建倫理不僅未阻礙改變，甚且給予明治社會以道德上的支援，事實上成爲大規模政府和商業行政的基礎。正如一位日本經濟史學者所說：「尊重上級、羣體紀律和合作——封建制度的特色，並未防礙現代化的輸入。相反的，對整個現代化過程起了積極的振興作用。」[158] 儒教適應日本所需成爲一種「生活和思想的方式」，廣泛傳佈於社會的每一

---

156 Sung-jae Koh, *Stages of Industrial Development in Asia*, pp. 28-29. E. Sydney Crawcour, "The Tokugaua Heritage," in Lockwood, *The State and Economic Enterprise in Japan*, pp. 17-44 有謂：一八六〇年代的日本經濟雖不「特別具生產力」，但「比極大多數的傳統經濟更具適應力」，原因之一是具有「高度的積蓄潛能」，「一個妥善的全國市場系統」，人民「大都受過良好的教育並有經濟慾望」。

157 Horie, "Modern Entrepreneurship in Meiji Japan," pp. 194-195，指出明治工業先驅的社會背景很不相同，但以武士家庭為最要。有野心的少數武士，特別是下級武士，完成了維新」，之後，「由於對其精英身分與責任的自覺，他們出現於各個新的活動領域，包括企業在內」。Robert N. Bellah, *Tokugawa Religion: The Values of Pre-industrial Japan*, pp. 117-131，指出農人和商人如何回復傳統價值的功效，而在日本的現代化的過程中有所貢獻。Nakayama, *Industrialization of Japan*, p. 37. Nakayama 也注意到對「封建繼承、責任感和團隊精神」的堅持。

158 Ibid., p. 47.

層」，不但不阻擋進步，反而協助在平民與武士之間，培養出新的領導人[159]。其影響所及，更促成「一種關注人民經濟生活的思想基礎，此亦是德川時代的特色」[160]。

日本農村的社會特色也受其影響，特別是在經濟發展的最初階段。日本不分產業的傳統促使次子們抓住機會離開農村。人口移向城市不斷而快速。次子們從事工業，而長兄繼承家產，在緊急時可津貼工作者的低薪。此有助於工業資金的累積[161]。更有進者，富裕的商人和大地主們不在奢侈品上花費，而將積蓄投資於棉織工廠的現代化；有錢的農人也將他們的積蓄用之於紡織。如此就形成了一個富裕的階層，誠為「日本的工業發展提供了初步的條件」[162]。

政治穩定和有效的中央行政為明治維新的兩大成就，對經濟發展貢獻至鉅。但這些政治上的優越，卻有一部分來自過去的封建遺緒。有人已經指出，明治承繼了強而有力的德川政府[163]，因此在明治之初已有政治、社會、以及制度上的成規可以依據。這替早期的明治政府提供了強而有力的領導層，減少保守與改革二派人士間的異化與衝突[164]。君主復辟的確結束了將軍體制，但事實上多半是在統治階層內重新分配權力，而不曾摧毀原有的政治結構。故此乃一「貴族革命」，

159 Horie, "Modern Entrepreneurship in Meiji Japan," p. 196 討論武士和平民的「儒家教育」，指出儒學不僅是一「專門學問」，「而是一深入社會各階層的生活和思維方式」，已與原來在中國的儒學相當不同。

160 Ibid., pp. 108-117, 論及儒學對日本經濟的影響。據作者說，此一影響提供了「關懷人民經濟生活的有力思想基礎」，形成「日本式的」政治經濟觀點。凡此都强調「一心奪取目標，以及在爭取目標時無私地服從團體」。(吾人可更謂康有為勇敢地發展一新儒學，也强調「一心一意」，但一人的努力無以取代眾人的想法。) Bellah 也指出，卽使是在足利時代（一三三八—一五七三），禪師在商業上已扮演了重要角色 (*Tokugawa Religion*, p. 107)。日本的例子似乎已說明，傳統價值並不必然會阻礙經濟創新。

161 Tadashi Fukutake, *Asian Rural Society: China, India, Japan*, p. 5.

162 Sung-jae Koh, *Stages of Industrial Development in Asia*, pp. 52-53.

163 Reischauer, *Japan, Past and Present*, p. 117.

164 Nakayama, *Industrialization of Japan*, pp. 26, 34.

不會導致民主傳統的建立，但卻能使國家自農業走向工業社會，而無嚴重的內爭。其間在新舊之間、革新與保守之間，沒有階級與黨派的鬥爭。不論社會地位和職業，大家「多少都是改革派，多少都是傳統派，多少都是現代派」[165]。由於持續與穩定，日本雖經巨大的經濟改革，但沒有喪失社會的和諧[166]。「強迫的工業化」可能給日本經濟雙重性格，「大企業與上千的小企業共存」[167]。但這種與舊經濟的聯繫現象，對經濟的現代化並無障礙。

我們可以說，維新後的日本本身具有雙重性——新與舊的合璧，為傳統與創新的結合。最近一位學者曾說：「現代部分的成功乃是由於立腳於傳統部分之故。」[168]或者如另一位學者所說：「日本將其劍換作槍炮和蒸汽機以圖存……而以其菊花作為國家的認同和自尊。」[169]明快地說，此乃意謂：日本完成了經濟的現代化而不必經由文化上的全盤西化[170]。

---

165 Thomas Smith, "Japan's Aristocratic Revolution," pp. 381-383.

166 Allen and Donnithorne, *Western Enterprise*, p. 188. Kamishima Jirō 認為傳統「家」(*Ie*) 的觀念成為「建立明治新社會的動力」。閱其 "Modernization of Japan and the Problem of 'Ie' Conscionsness," pp. 1-54.

167 Broadbridge, *Industrial Dualism in Japan*, Preface, p. xi.

168 Ibid., p. 53.

169 Hirschmeier, *Origin of Entrepreneurship*, p. 114.

170 此乃眾多日本史學者之共見。如閱 McCord, *Springtime of Freedom*, pp. 62-64; James C. Abbeglan, *The Japanese Factory: Aspects of Its Organization*, p. 2有云：「日本……所有的工業都仍然是亞洲的」；Broadbridge, *Industrial Dualism in Japan*, pp. 23-24特別是討論到日本的「雙重工業結構」，以及與其社會和文化兩元性的關係；Nakayama, *Industrialism of Japan*, p. 32 註文中批評 W. W. Rostow 似乎在其所著 *The Stages of Economic Growth: A Non-Communist Manifesto* 中排斥「不同工業體系的可能性」的說法。Simon Kuznets 最近指出，由於經濟成長意指許多社會和經濟結構的迅速調適和改變。「一個社會經濟現代化的最大挑戰，是要能作出革命性的改變，而不潰敗，不讓因改變而來的衝突傷害社會的團結」。"Methodological Problems in the Study of Economic Growth," *Economic Papers, Special English Series*, no. 1 (The Institute of Economics, Academia Sinica, Taipei, Taiwan, March 1969), p. 2. 日本成功地接受了挑戰。

第五節　中國的情形：發展遲滯之一例

僅僅有正確的方向以及選擇正確模式，並不能保證成功的經濟現代化。事實證明，康有爲的建議只受到清廷一點點的注意。他夢想中國從停滯的農業經濟變成工商經濟因而甚是渺茫。我們不禁要猜測，在上一世紀結束時期那種歷史情況，即使清廷實施他的全部計劃，是否能像日本一樣成功，頗令人懷疑。很明顯的，造成近代日本的因素與動力並不存在於中國。

兩國最不相同的是：明治維新爲一個基本上健全的行政體制而注入了新觀點和新力量，戊戌變法時滿洲統治的中國則已因內在的衰弱而趨於死亡[171]。不管德川政府如何不好，卻能給國家大致上以和平、秩序，以及稱得上有效率的行政，這一切都成了明治日本寶貴的遺產。清政府的表現遠爲遜色。源自專制制度的弱點在朝代的全盛時期已見端倪，成爲長年積久的行政腐化[172]。滿漢之間的對立與猜忌，一八九〇年代和一九〇〇年代帝后的不和，無能、無知、腐化屢見於中央和地方政府，早已過時的行政程序和規範——這一系列的政治衰微的徵兆，雖引發康氏及其同時人要求改革[173]，卻不能給經濟改革帶來有利的條件。唯有西力東來不恰逢中國衰微之世，如在康

171 Reischauer, *Japan, Past and Present*, pp. 117-118. 作者繼謂滿清之亡無補於事。明治領導者承繼了德川日本的政治統一和有效的行政，而中華民國卻接收了清朝的「分崩局面和敗壞的中央政府」。

172 簡略參考 Kung-chuan Hsiao, *Rural China: Imperial Control in the Nineteenth Century*, pp. 503-510.

173 閱本書第七章「行政改革」，特別是前三節。

熙和雍正的時代，其結果才會不同。

與日本武士略等的中國士大夫階級，無論在知識上和道德上也有病兆。早在一八一〇年代，一位有名的學者早已提出警告，各階層人民的智力都在衰退，卽使是小偸也顯得笨拙[174]。一般人經常認爲中國的傳統意識，特別是儒家價值，傾向於阻擋革新，渺視功利，成爲經濟發展的消極力量[175]。這可能有點言過其實。明治日本也帶有傳統力量、以及儒家影響，但仍然能够有長遠的經濟變革，使舊勢力爲新目標所用[176]。中國經驗與日本經驗之異，似有別的原因。

顯然的，維新的力量來自具有活力的傳統，而決不能得之於已經喪失活力的傳統。封建日本的價值系統之所以能在心理上或道德上支援明治維新，乃因直至德川時代的最後時期，一般人民仍然尊其傳統爲實際上的行爲規範。但中國的儒家傳統卻未能如此。政治上的鈎心鬭角、派系傾軋、官員貪污、以及官僚失職[177]，在在不符儒家教條，可視爲菁英分子在朝代末期道德淪落的指標。嘴巴上仍然稱頌儒教，但實際上經常是空言不實，毫無信念。中堅分子中絕少具有相當於「

174 龔自珍，「乙丙之際著議」，第九，在〔龔定菴全集類編〕（臺北，一九六〇），頁六八—六九。此文有不同題目（「乙丙之際塾議」，第二），收入同書卷六，頁一一六—一一七。

175 Albert Feuerwerker, *China's Early Industrialization*, p. 8. 謂中國之未能轉變為工業社會由於制度和思想上的阻礙。費孝通，「中國工業化與鄉村工業」，載〔中國經濟研究〕，第二册，頁六一六—六三二以傳統態度和制度為經濟停滯的原因。

176 Hirschmeier, *Origin of Entrepreneurship*, p. 174. 引澀澤榮一（一八四〇—一九三一尊王攘夷時代之武士，後為明治和大正時代有名的商人企業家）為傳統和現代相結合的佳例。澀澤以維持現狀的儒家觀點幫助國家經濟的現代化，用孔子〔論語〕來理財。Hirschmeier 之書乃據土屋喬雄的〔日本の經營者精神〕，頁七六。另參考上列註[158]至[168]所引資料。

177 此時代人所留下的某些日記為甚佳之一手資料，特別有用者為趙烈文的〔能靜居日記〕、李慈銘的〔越縵堂日記〕、以及翁同龢的〔翁文恭公日記〕。

武士精神」者[178]。雖然公開講論傳統價值，但他們少能保存這些價值。他們不能力行，事實上已使傳統價值式微。改革派亦因而難能找到積極的人員來推行新法。卽使光緒皇帝授權給他們，也無用處，所謂「朽木不可雕也，糞土之牆不可杇也」[179]。衰亡的傳統無法擔當復興的重任。當然，這並不是說，傳統必定會阻礙創新。當我們討論傳統與變革之間的關係時，應有明治維新的例子在胸。

領導人的素質自爲現代化成功的要素[180]。中國改革派領袖的能力頗令人懷疑[181]。不過話又說回來，中國雖無武士階級，但一些變法人士確有某種程度的識見和毅力。康有爲和他的同道們可能對中國傳統經濟以及經濟發展的問題，並不全然了解。但就當時歷史環境而言，他們的變法議論，並非完全錯誤。戊戌六君子（至少如譚嗣同）不下於吉田松陰之願意犧牲奮鬥。我們不得不想到中日兩國面積的差異（中國本土約二二七九二三四平方哩，日本僅有一四二七二六平方哩）以及人口的差異，可能對中國不利。少數人的影響力在億萬人之中自然顯得微弱，而明治領導階

178 Hirschmeier, *Origin of Entrepreneurship*, p. 44, 描述「武士道精神」不僅決定官方政策，而且成為一種公眾的態度，是「尚武的愛國精神和經濟上理性化的儒家德義的美好結合」。

179 〔論語〕「公冶長」第九章。

180 Allen and Donnithorne, *Western Enterprise*, p. 190.

181 Feuerwerker, *China's Early Industrialization*, pp. 39-40. 認為變法領袖不了解傳統經濟結構和傳統價值影響，因其影響到他們所提計劃所需資本之不足，也未認識到農業積蓄之必須以助工業初步的發展，也未理解到清政府之日益衰敗，仍賴諸政府來推行他們的改革計劃。這些評論雖然有據，但並不十分公允，特別是提到康有為之時。因康氏希望以私營為中國新經濟的支柱，並且十分關注行政和政治改革。至於說在現代化開始時賴諸政府之力，我們不禁要問：不這樣，該怎麼辦？

層可能比康黨還多，在島國自會起一定的影響力。最近有人指出，在經濟發展的初期，需要建立一公眾行政的機構，以及有教育的一羣，才能進一步啟蒙大眾[182]。在中國，啟蒙的工作——「培養創新的精神」[183]——必定是較日本困難得多。當然，我們不能忽視中國的識字率遠較德川日本為低。不僅是領導人的素質，一般羣眾素質之低對中國也有消極的影響。國土廣大對經濟發展也有不利的情況。小巧的國家如日本，一點點的創新便可變革整個經濟結構。日本在明治初年的成就，若移之於中國，可能也只有一點一滴而已。相反的，中國在一九一二年到一九四九年間的成就[184]，如移之於明治初年，也可能有更驚人的成就。

在此可簡略地觀察一下當時中國的經濟大勢。中國經濟的遲滯發展無庸諱言，不過自一八六○年代以來，有限度的工業化已經開始[185]。十九、二十世紀之交，許多不同的工業計劃也已著手，有的是由本地人推動，有的由通商口岸的洋人推動。這些未能使整個經濟結構起變化，但「

182 John Kenneth Galbraith, *Economic Development* (1964), p. 46. 此書為 *Economic Development in Pespective* (1962) 的增修本。

183 Robert J. Alexander, *A Primer of Economic Development*, p. 142, 認為要觸發經濟改進，必先在經濟結構中發展一批能夠創新和傳播此種精神之人。

184 John K. Chang, "Industrial Development of Mainland China, 1912-1949," 特別看 pp. 65-81. 吾人可以「啟新」水泥公司為例，說明此點。Albert Feuerwerker, "Industrial Enterprise in Twentieth-century China: The Chee Hsin Cement Co," p. 341, 指出該公司的「主要對象」（為中國鐵路、工廠、以及通商口岸之其他建築提供水泥），不過是「沸騰社會之洋中的一點一滴」。吾人可更謂，較小規模的企業易在社會和政治都較安定的臺灣（一個一萬三千八百九十六平方哩之島）獲致經濟上的成功。

185 Feuerwerker, *China's Early Industrialization*, pp. 1-2.

成長的信號」已在一八九〇年代出現[186]。棉織業的成長尤其顯著。一八九一年開始時只有十一個廠（六萬五千匹），到一九二八年增至一百二十個廠（三百萬另八十五萬匹）[187]。除了農業因持續災荒和政治不穩而停頓外[188]，在其他部門都有所發展[189]。「買辦資本」與私人企業，大多數在

---

186 R.S. Gundry, *China's Present and Past*, pp. 85-116. 作者為〔倫敦時報〕之記者，對「工業和資源」作了調查。pp. 116-140.

187 Franklin L. Ho and H.D. Fong, "Extent and Effects of Industrialization in China," p. 8.

188 Walter H. Mallory, *China, Land of Famine*, pp. 1-4, 189, 指出在西元前一〇八年與西元一九一一年之間，中國發生一八二八次饑荒，而政治的混亂也使經濟情況更加惡化，此乃中國農業停滯之原因。

189 兵工業可閱王爾敏，〔清季兵工業的興起〕。鋼鐵工業可閱方顯庭、谷源田，「我國鋼鐵工業之鳥瞰」，載〔中國經濟研究〕（長沙，一九三九），第二冊，頁六三三—六五一。侯厚培，〔中國近代經濟發展史〕，頁一二〇—一三二；孫毓棠，〔中國經濟史資料〕，第一冊，頁七四三—八九二。水泥工業可閱侯厚培，〔中國近代經濟發展史〕，頁一三二—一三九；另閱 Feuerwerker, "The Chee Hsin Cement Co." pp. 304-341. 化工業可閱侯厚培，〔中國近代經濟發展史〕，頁一三九—一四七。礦業可閱孫毓棠，〔中國經濟史資料〕，第二冊，頁五六七—六六九（煤），頁六七〇—七四三（金屬）；李恩涵，〔晚清收回礦權運動〕。紡織業可閱 Han-sheng Ch'uan, "The Cotton Industry in Kiangsu before the Opium War,"〔清華學報〕，新一卷三期（一九五八年九月），頁二五—五一；Allen and Donnithorne, *Western Enterprise*, pp. 166-167, 174-179; 孫毓棠，〔中國經濟史資料〕，頁八九三—九五六（絨），頁九〇五—九三七（棉絲）；侯厚培，〔中國近代經濟發展史〕，頁八九—一〇八（棉），頁一〇三—一一二（毛）。麵粉工業可閱侯厚培，〔中國近代經濟發展史〕，頁一一二—一二〇；Allen and Donnithorne, *Western Enterprise*, p. 174. 鐵路可閱李國祁，〔中國早期的鐵路經營〕；P.H. Kent, *Railway Enterprise in China*; 侯厚培，〔中國近代經濟發展史〕，頁二九一—三〇五；Chang Kia-ngau, *China's Struggle for Railroad Development*. 航運可閱呂實強，〔中國早期的輪船經營〕（臺北，一九六二）；孫毓棠，〔中國經濟史資料〕，頁三七五—四四三。金融業可閱侯厚培，〔中國近代經濟發展史〕，頁一五五—一九一（錢幣），頁一九一—二〇三（銀行）。汪敬虞，〔中國近代工業史資料〕（為上引孫毓棠所編之續篇），收錄許多有用之資料。

通商口岸和沿海省分，都有一些進展[190]。這一切仍不足以與日本的成就相比[191]。但無論如何，中國已開始走向康有爲及其同時代人所企望的道路。

不過進展是既緩慢又遲疑的，經常不走陽關大道，而走羊腸小路。一位研究近代中國經濟史的學者將工業發展分爲三期：一九一四—一九二〇，一九二六—一九三六，一九三八—一九四二。其間既無長期的停滯，也無持久而快速的發展。中國在一九三三年的工業生產（大約百分之十一成長率）與一八八〇年日本的百分之九可相比擬，但與一九〇〇年日本的百分之二十二相較，則望塵莫及矣[192]。自一八六二年至一九一一年，官商以及中外企業不能說無成，但未能改變經濟的主要性格[193]。

這就引出了兩個問題：一是如何能逃過經濟停滯；二是中國的現代化努力爲何不能持久發展並導致經濟結構的改變？

在回答第一個問題時，應該指出，一些導致經濟發展的條件，如創新的能力、經商的精神、

190 Feuerwerker, *China's Early Industrialization*, pp. 16-21. Y. C. Wang, *Chinese Intellectuals and the West*, pp. 471-496, 綜述商人、銀行家、以及企業家之活動，並指若輩為「私人企業成功的例子」。孫毓棠，〔中國經濟史資料〕，第二册，頁九五七—一一七三；汪敬虞，〔中國近代工業史資料〕，提供更多私營企業成長和限度的資料。

191 此為 Reischauer 之詞。閱其 "Time is on Our Side in Asia," pp. 55-60.

192 Chang, "Industrial Development of Mainland China," pp. 73-74, 78. Albert Feuerwerker, *The Chinese Economy, 1912-1949*, 不認為有此種「突進」。

193 龔駿，〔中國新工業發展史大綱〕，頁一三—一四，四九—五〇，六五—六九。谷源田，「中國新工業之回顧與前瞻」，載方顯庭，〔中國經濟研究〕，第二册，頁五八一—六〇二，以一九一四—二二年為中日投資企業的「黃金時期」，以一九二三至三五年為華資式微時期。

技術的智能，中國並不缺乏，但愚昧尚在。「保守的態度」似乎不一定排除創新。英國的例子最爲顯著。當鐵路系統在一八三〇年代提出時，許多不同階層的人，包括律師和醫師在內，都大聲反對。他們認爲如讓像魔鬼一樣的火車頭馳過原野，將有嚴重的後果。但他們的反對並未使創新沉寂，也未阻止英國修建鐵路，對經濟成長作出貢獻[194]。中國歷史也可支持這種推測。在宋朝時就有一些儒家官僚暗中從商[195]。法律和道義上的責難並未阻止十九世紀的官紳從事商業，他們之中較成功者成爲「紳商」[196]，可說是後來官僚資本家的先驅。張謇的成功說明傳統理念和現代企業並不一定水火不容。他是當時感到必須改變，並立即放棄舊式的製造方法，而改用機器的人之一[197]。

中國人無論保守與否都具有企業精神和才能，在南洋的經濟成功[198]，現代資產階級在內地的

---

194 Harold E. Gorst, *China*, pp. 106-107, 評論一八九〇年代的中國情況，當時許多士大夫反對引進西方技術。

195 全漢昇，「宋代官吏之私營商業」，頁一九九—二五三。

196 Chung-li Chang, *The Income of the Chinese Gentry*, Chap. 6.

197 〔北華捷報〕一八八六年九月十八日發表英國駐寧波總領事之報告，有謂工業發展雖少有進展，但一個現代化棉織機器的設置明顯地可見「中國老百姓」…… Chu, *Reformer in Modern China: Chang Chien, 1853-1926*; 張孝若，〔南通張季子先生傳記〕，皆可資參閱。

198 中國商人在很早以前已經與極遠的外國經商。一個突出的例子可閱 Frederick Hirth 和 W. W. Rockhill, *Chau Ju-kua: His Work on the Chinese and Arab Trade in the Twelfth and Thirteenth Centuries, Entitled* Chu-fan-chi. 桑原隲藏，〔蒲壽庚の事蹟〕，頁八四—九六，簡述中國與阿拉伯、波斯、和印度等地的貿易。據謂在九世紀末和十世紀初之時，阿拉伯商人搭中國船隻到東方來。至十四世紀中葉，航行於中、印之間的船隻，大都為中國人所有，最大之船可載千人。明清兩朝的海禁中止了此一發展。雖然很多海商為住在中國的阿拉伯人和其他西亞人，而蒲壽庚為一華化的波斯人，但他們的企業精神和技巧不會在中國當地人中失傳。在西亞貿易式微之後（約十三世紀末葉時），中國人自己發展了「南洋」貿易。閱 Wang Gungwu, "The Nanhai Trade: A Study of the Early History of Chinese Trade in the South China Sea," *Journal of the Malayan Branch of the Royal Asiatic Society*, vol. 31, no. 2 (June 1958).

興起，以及上海買辦資本家的崛起，都可爲證。

中國現代資產階級的發展恰在歐戰之時。在此之前，外國的公司覇佔了沿海各省的工商中心。大戰改變了此一情勢。本地的企業家大多受過西式教育，或在現代工廠和公司中學到經驗，繼承了洋人留下的事業。由於現代工業技術和管理方法，他們的努力獲得豐碩的成果[199]。買辦在洋大人面前不能忘記自卑，卻從他們那裏學到工商知識，有效應用於本人或國家企業之上[200]。

在上一世紀中最有名的買辦資本家有唐廷樞、徐潤和鄭觀應[201]。唐廷樞（字景星）並未完全擺脫傳統色彩，但他在上海一英商那裏當了十年買辦，使他獲得足够的知識和技巧來主持中國初創的航業，特別是招商局（他當總辦）和中國沿海商船公司（他當經理）。他對現代方法的充分了解，以及高超的管理才能，使一個外國商人說唐某人的想法完全像一個外國人，而不是中國人[202]。徐

199 Shih Kuo-heng, "The Early Development of the Modern Chinese Business Class," in Marion J. Levy and Shih Kuo-heng, *The Rise of the Modern Chinese Business Class*, pp. 54-55. 施氏在有成就的工商人士中，提到榮宗敬、穆藕初、范旭東、盧作孚和張嘉璈。另閱 P'eng Chang, "The Professional Merchants in China, 1842-1911," Chap. 4, sec. 2.

200 Y. C. Wang, "Tu Yüeh-sheng (1888-1951): A Tentative Political Biography," *Journal of Asian Studies*, 26, no. 3 (May 1967): 434-435.

201 Yen-p'ing Hao, "Cantonese Campradore-Merchants: A Study of Their Functions and Influences—1842-1884," 論及他們的先驅。他們先驅—廣東行商，勃興於一七六〇至一八四〇年代—之事，在梁嘉彬，〔廣東十三行考〕中，有詳細的描述。

202 劉廣京，「唐廷樞之買辦時代」，頁一四三—一八〇；英文摘要，頁一八一—一八三；唐氏為廣東香山人，生於一八三二年，早年在莫理遜學校讀書。在香港做了若干年與商業無關之事後，加入一英國商行，並於一八六三年在上海當了買辦。他在一八七三年當上招商局的總辦，並酬以福建省候補道的官銜。他死於一八九二年。引文見〔洋務運動〕（上海，一九六一），第八冊，頁四〇一，譯自 H. H. Shore, *The Flight of the Lapwing: A Naval Officer's Jottings in China, Formosa, and Japan* (London, 1881).

潤（字愚齋）在上海的洋行當學徒時僅十四歲。在十年之中，他在公司中取得領導地位。他相信與政府掛鈎的重要性，乃在一八六二年買了光祿寺卿的官銜，翌年又買了員外郎一官銜。同時，他著手自己的商業，不久政府卽要他協辦招商局，並爲開萍煤礦的協辦[203]。鄭觀應卽〔盛世危言〕的作者，其見解前已述及，也在洋行中學到經商。像其他一些買辦一樣，他經營茶、絲、和航運事業。一八七七年他三十六歲時，被任命爲津滬電報滬局總處，不久其職權又包括其他地方。此外，他又受命建立機器織布局、造紙廠、和上海造船廠[204]。

中國也不缺少具有現代技術知識和能力之人。雖說在近代科技都落後於人，卻在從前曾對這方面有過貢獻[205]。在十九世紀末和二十世紀初所做的努力也並非全無結果。華蘅芳和徐壽曾成功地爲曾國藩建造了一台蒸汽機[206]。留學美國的詹天佑成爲北京——張家口鐵路及其他鐵路的主要工程師，並在一九一一年在上海成立中國工程師協會[207]。事實上，在一九三〇年代中國的技工已

203 徐潤，〔徐愚齋自叙年譜〕，收入〔洋務運動〕，第八册，頁八八—二二七。

204 引自鄭氏致一官員信中自述的履歷，「復考察商務大臣張弼士侍郎」，〔盛世危言後編〕，卷八，收入〔洋務運動〕，第八册，頁八三—八四。

205 Joseph Needham, *Science and Civilisation in China,* 特別是第四册，有關機械和土木工程、紡織工程、和化工等部分。他估計中國的成就如下：「中國於人類對自然界的了解和控制有貢獻，而且此一貢獻是相當偉大的。」Ibid., 1:9.

206 曾國藩，〔曾文正公日記〕，同治元年七月四日條（一八六二年七月卅日）。Arthur W. Hummel, *Eminent Chinese of the Ch'ing Period,* 1:540有華（一八三三—一九〇二）、徐（一八一八—一八四）、以及徐氏之子徐建寅（一八四五—一九〇一）之小傳。建寅曾於一八七九—八四訪問歐洲工廠，並在不同之時期掌管天津、濟南、南京和漢陽等地兵工廠。

207 詹氏於一八七八至八一年間在耶魯讀土木工程。建築北京至張家口一段艱巨的鐵路為其最輝煌的成就。閱關綠茵，「詹天佑與中國鐵路」，頁四—五，三五。

可替代從前指揮他們如何經營鐵路的外國人。其中一些本國人員足能操作大規模的土木工程[208]。當時一個外國觀察家就覺得，中國工人已經可以學習複雜的機器運作[209]。

有了企業和技術的人才，雖然不多，情況並非無望，然而何以中國經濟成長未能達到現代工商業經濟的地步？

第六節　有關的政治因素

經濟的成長不會在社會眞空狀態下產生。在任何一社會中，必須要有若干條件才能發展經濟。假如一個國家能够「建立一個能促使新型企業產生的社會結構」，實屬幸運[210]。一個健全的政府應具有這些結構的基本要素[211]。

日本在短期內完成了經濟的現代化，乃得力於若干有利的因素，有一些因素早見之於德川時代。除了其他一些重要因素外，最主要的是明治政府起了決定性的歷史作用。當然，僅靠新的政治秩序，不足以將農業社會轉化成現代國家；但同樣可以說，沒有此一政治秩序，日本不可能成

208 Allen and Donnithorne, *Western Enterprise*, pp. 141-142.
209 Gorst, *China*, pp. 108-109.
210 Lockwood, *Economic Development of Japan*, p. 499.
211 Galbraith, *Economic Development*, p. 42 提到新興非洲國家與一部分拉丁美洲國家，指出行政效率對經濟發展的重要性。他說：「我們不能想像發展計劃可以由一個不良政府制定和執行。當行政方面漠視以及無能時，技術協助和有訓練的技師也無能為力。」

爲一全盤的工商經濟。不錯，明治領導人不過是在維新後草創工業，而且逼於經濟上的需要在一八八〇年代之初以政府企業來取代私人企業[212]。然而，假如沒有政府的領導，日本是否能產生具有特性的經濟革命，甚可懷疑。

中國則完全不能表現有效政府與經濟轉型之間的關係。中國雖有一些促進經濟發展的因素，但卻沒有武士階級。假如士大夫階級中主張改革者有權位的話，也許可以像明治官員一樣，執掌一個有效的行政系統。中國沒有「大名」作爲國家工商業的先驅，但一些封疆大吏也做了一些同樣的工作。中國沒有產生「財閥」，但也有一些具有企業才能的人運用西法製造與經營，贏得外人的讚賞。不過，由於兩國政情的大不同，中國阻礙了工業發展，而日本迅速成爲近代強權[213]。中國比日本大得多，需要更多的時間將農業經濟轉化爲工商經濟。日本需要幾十年完成「明治奇蹟」，「歐洲一線文明得以在日本口岸上發生有建設性的影響」[214]。中國需要更多的幾十年以滲透廣大的腹地，使帝國經濟轉變。不管如何，沒有決定性的政治改良而要使經濟成功地轉變，誠可懷疑[215]。

---

212 Lockwood, *Economic Development of Japan*, pp. 506-508. 參閱 Eijiro Honjo, *The Social and Economic History of Japan*, Chap. 12, sec. 1, "Financial Distress of the Meiji Government."

213 Kenneth Berrill, "Historical Experience: The Problem of Economic Takeoff," in Berrill, *Economic Development with Special Reference to East Asia*, pp. 243-245 有謂：「印度人、希臘人、中國人、以及勒范提人，當移居別地時，都大顯企業能力。他們不能在本國得到發展，因情況未備。」又說：「發明引動經濟『起飛』之重要性，常易被渲染。與幾世紀前中國的技術和發明相比，英國棉織業的機器發明實不足道……。」

214 Lord Charles William de la Poer Beresford 之句。見所著 *The Break-up of China*, p. 443.

215 Chu, *Reformer in Modern China: Chang Chien*, p. 179 論及康有為和孫中山，有謂：「他們都認為，沒有根本的政治改革，中國基本的社會和經濟轉變不會有指望。」

當中國逼於西力而現代化時，國勢已迅速地走下坡，最後導致國內權威的破產[216]。歐洲工業革命及其擴張時期正值中國衰微之時。這是中國的不幸，當時中國的皇帝遠不如他們的前任有才幹[217]。衰弱的政府及其無精打彩的官僚，無法帶領經濟與其他方面的改革。事實上，甚至連維持基本的秩序與安定都辦不到。

研究經濟發展的學者大都認爲政府領導的重要。他們指出，較後發動的工業化不能像先進國一樣從容不迫。後進者必須依賴政府的計劃與指導——「政府主持的強制」——以導致快速而有秩序的發展[218]。只要有良好的工業化計劃與其他經濟設施，不管政府的主義如何，都可促進成長[219]。公家計劃自不必涵蓋經濟的全面，而不予私人一點機會。不過，政府須明確地規定國家的目標，動員與分配主要的資本和勞力，開拓公家部分的經濟，引導私人企業[220]。

政府至少要能提供促進經濟成長的政治條件，法治必須維持，制定規章以便商人決策與推廣業務，保護私人權益不受侵奪。沒有法律與程序，工商業不可能平穩地發展[221]。政府也要在公眾

---

216 Beresford, *Break-up of China*, p. 448. 他建議英國幫助中國促成軍事、幣制、和財政的改革，並建築鐵路、水道、以及電報線。Ibid., pp. 449-50.

217 Allen and Donnithorne, *Western Enterprise*, p. 13.

218 Alan B. Mountjoy, *Industrialization and Underdeveloped Countries*, p. 81. 政府計劃與那些並非視「增强國力甚於人民經濟福祉」的國家也有關係。Ibid., p. 97.

219 Alexander, *A Primer of Economic Development*, p. 68. 作者引帝制德國、以及明治日本爲例，說明國家扮演了創新中的主要角色。Ibid., pp. 142-145. 參閱 Galbraith, *Economic Development*, pp. 64-68.

220 Gerhard Colm and Theodore Geiger, "Public Planning and Private Decision-making in Economic and Social Development," in Richard J. Ward, *The Challenge of Development: Theory and Practice*, pp. 5-7.

221 Bert F. Hoselitz, "The Entrepreneurial Element in Economic Development," in Ward, *Challengs of Development*, p. 126. 參閱 Edward P. Holland, "Principle of Simulation," in Ward, *Challenge of Development*, pp. 19-20, 作者另提出若干政府政策可以貢獻的目標。

事業上投資，從公路、鐵路、水運、電報、電話到電力廠、學校與醫院都要顧及。沒有這些設施，發展便有障礙；在這方面私人資本不足以產生大效果[222]。當然，不聰明的以及過度的政府干預也有礙經濟[223]。但一個沒有法度的政府當行不行也足以阻扼經濟。適當的政府領導經常是有利的[224]。

一位研究中國經濟史學者提醒大家，需要有一個經濟發展的全國性方向。他不否認地方官吏對現代化作出的貢獻，但認爲像李鴻章那樣地區性的權力不足以取代全國性的權力，不能與明治當政者之總領全國相比。假如戊戌變法有較好的結果，經濟情況可能改善[225]。另一位學者贊同此一說法，說是「中央政府在經濟改革中大都扮演重的角色」[226]。（康有爲會全心贊同此見，他甚

---

222 Ragnar Nurkse, *Problems of Capital Formation in Underdeveloped Countries and Patterns of Trade and Development*, p. 125.

223 Crauley Onslow, *Asian Economic Development*, p. 225 調查亞洲六國：緬甸、錫蘭、印度、馬來亞、巴基斯坦、和泰國，作出結論。馬來亞和泰國是「誠實的例外」。

224 Berrill, "Historical Experience: The Problem of Economic Takeoff," p. 238. 根據英國（一七八〇）、美國（一八四〇）、德國（一八七〇）、日本（一八八〇）、俄國（一八九〇）、和澳洲（一九〇〇）的資料作結道：「歷史告訴我們，在每一『起飛』例子中，政府都扮演了主要的角色。」他更進一步評論道（頁二三八—二三九），國家的意圖並不重要，重要的是其迫切感、「奮鬪感」、以及「高效率」。「就意圖而言，日本政府和百日維新時的中國政府並無太大不同。」作者可能高估了清政府的意圖。無論如何，明治領袖和慈禧太后及其周圍保守分子之間的差異，固甚易知之。

225 Feuerwerker, *China's Early Industralization*, pp. 246, 並略觀全書。

226 Galbraith, *Economic Development in Perspective*, p. 13. 作者以為經濟成長多半始於歷來政治統一的國家，因經濟發展之初期需要建立公眾行政系統，以及要有一小羣受過教育者。在目前的許多開發中國家，似乎沒有像明治日本那樣的統一。不夠統一造成經濟成長的困難。

重視中央領導，以至主張廢省[227]。）

簡言之，有利的政治條件爲經濟發展所不可或缺的。中央行政要足以保障政治統一和社會穩定，官僚基本上要誠實，能確實贏得工商人士的信賴，而且政治菁英分子要有足夠的智慧和知識來引導大家——這一切將構成一經濟發達的整個環境。不幸的是，這些都非十九世紀的中國所具備。式微的政權無能追求有意義的經濟政策，或執行任何有成效的實際計劃[228]。某些地方或私人興辦實業，但政府不能指導或控制。相反地，政府只有讓錯誤的計劃、不善的管理、經濟上的浪費、官吏侵奪、或不公平的外國競爭，自食其果，而毫無辦法[229]。

清政府連提供企業的最基本條件都沒有。大小起義在各地不斷發生，從鴉片戰後連遭外國的羞辱，無論實力與聲譽都大受損害。太平天國之亂嚴重威脅到朝代的生存。

辛亥革命推翻了腐敗的政權，但民國政府並未能提供較好的經濟發展的環境（可能更壞）。

227 特別參閱康之「裁行省議」，〈康南海先生文鈔〉，第四册，頁二八—四六。

228 Allen and Donnithorne, *Western Enterprise*, pp. 165-166. 中國的絲織業提供了具體的例子。施敏雄，〈清代絲織工業的發展〉，頁一三二—一三三指出：「由於沒有足夠的政治支援，一度興隆的絲織業為日本人所奪。」

229 Gorst, *China*, pp. 264-265, 引美國漢口領事有關漢陽鋼鐵廠的報告：「如果能完成，將是全世界最完備的工廠之一，而在建立此一龐大工廠時，費用似乎已是次要的考慮。」Gorst 評論道：「張之洞的龐大的支出與浪費做法，結果似乎全難令人滿意。 Beresford 伯爵在長江流域巡視時，在一八九八年十一月訪問了此鐵工廠發現，由於地方官的行政十分紊亂，幾乎毫無效率可言。」Beresford 也說道（*Break-up of Chins*, p. 303）：「我在訪問兵工廠後發現，一大筆錢化在軍需物品上，其中極大部分是絕對沒用的。」 Allen and Donnithorne, *Western Enterprise*, p. 68 指出絲織業的難局：㈠沒有一個中央單位有權或有興趣建立一個管理蠶繭生產的制度；㈡內部沒有安全感；㈢沒有中央監督，也無政府的重點支援。「中國沒有一個有能的政府來執行監督，就因此而將大部分絲業，拱手讓給日本。」無效的行政和無能的官員也阻礙「官督商辦」制的運作。 James Morrell, "Two Early Chinese Cotton Mills," pp. 43-98, 指出兩個基本弱點，其中之一是官督不善。軍事工業由各省官員建立與維持，有一些好的結果，特別在協助輸入現代技術和管理，並向一些新建置的非軍事工業提供人才。但影響至微，閱王爾敏，「清季兵工業畧論」，頁一五—一九。

不斷的內戰連政治秩序和社會安定都談不到。多少年中，中央政府雖未漠視國家所遭遇的經濟難題，但無力起領導作用，即使有關國家安全的方面也是如此[230]。中華民國不如明治日本之幸運，沒有承繼到一個有能的行政機構。負債累累的政府足以阻嚇長期投資，使老百姓只敢用傳統的老辦法來賺錢，避免將「財富暴露」，以致招忌招禍[231]。即使最有膽量的人，要在重要而有利的工業計劃上投下資財，也要三思[232]。在這種情況下，「企業精神」難以發生。幾乎不可避免的，這方面都讓給了外國人，特別是通商口岸裏的外國人[233]。

官吏和政府本身（至少在清朝時如此）是工商企業的障礙。中央和地方機關侵漁奪取[234]。其中最有害的是讓親友干擾實業的經營和管理。不够格的人員不僅有礙，而且使士氣低落，專事逢迎，而不好好做事[235]。雇用無能之人不是好的商業做法[236]。即使官方影響力存在的本身也可以抑

---

230 Allen and Donnithorne, *Western Enterprise*, pp. 197, 243; 另閱 pp. 149-164, 247-248.

231 Shih Kuo-heng, "Early Development of Modern Chinese Business Class," in Levy and Shih, *Rise of Modern Chinese Business Class*, pp. 38-39:「在一個未定的情況下，他們（商人）覺得沒有經濟安全感。不露財乃成「自保之道。」

232 Feuerwerker, *China's Early Industrialization*, p. 187 指出：由於政治、社會、和經濟情況不穩定，招商局將其短期而鉅額的利潤撥歸其經理人等，且以存底購買不動產，而不進一步在其本身企業上投資。

233 Allen and Donnithorne, *Western Enterprise*, p. 19 有云：「在西方勢力保護下的安全感，與其他地方不安全感的對比，產生一連串的後果，使得外國人的政治立場比中國政府來得更强。」

234 Ibid., p. 15.

235 Shih, "Early Development of Modern Chinese Business Class," pp. 45-47. 官營企業常受到監查者的傷害，假如他們未被好好地「招待」或給以賄賂，他們將寫不合事實的壞報告。Ibid., p. 48.

236 Gorst, *China*, pp. 104-105 引一篇有關長江流域棉織工廠的報告，有云：「……看到工廠各部門中一些穿着整齊、溫文儒雅之人，或在那裏閒散，或在看書。問了英籍經理，始知這些人是控制工廠官員的朋友，雖然他們完全不知做些什麼……他們都領薪水，給與總管、監察等名義。」此一報告繼謂在當地人擁有，歐洲人管理的工廠之中，這些「寄生蟲」除了浪費開支外，並無別的害處；但當一切都由中國人管理時，經常機器受到漠視，執行者毫無訓練，帳簿亂七八糟，害處多矣。

止企業的發展。著名的中國企業家張謇曾抱怨說官員干涉，商民袖手，任何有希望的事業可隨時失敗[237]。從事企業的商人可能想勾結官方以自保，而卒成官方的附庸[238]。但這種做法對企業精神毫無裨益。而且將官場伎倆用之於企業有更進一步的壞處，容易養成官僚的生活方式，結果是：

> 中國商人未能建立自己的行為模式，而只是效法官僚作風，並在他們的行業中，輸入官僚式的做法。於是各種各樣的壞習慣，如無效率、官樣文章和營私，來自政界，而出現於商界[239]。

當然有許多例外，但中國的「政治式商人」畢竟不同於明治日本的「政商」，未能成爲財閥，給國家帶來極多的經濟發展[240]。再者，我們不能忽視有些商人不曾與官員勾結，對官員無信心，經常也不願或不能大事投資[241]。

政治因素有關經濟發展更可見之於一事實，即在中國某些地方以及在某一時期中，當政府能提供某種程度的領導和穩定，經濟便向前進。有人已經指出，在一九三〇年代早期，中國政府的行政較前幾十年穩定，經濟情況大爲好轉，對國家前途有了信心，信心由於穩定顯著地生長——

---

237 Shih, "Early Development of Modern Chinese Business Class," p. 38 所引。

238 此為帝制中國下的老玩意。晚明人所見可閱朱謙之，〔李贄：十六世紀中國反封建思想的先驅者〕，頁二一，引李贄以見商人必須與高官友善，以保財免禍。

239 Shih, "Early Development of Modern Chinese Business Class," pp. 48–50. 指出三種對私營企業有害的政治勢力。

240 見註142。

241 *Chinese Maritime Customs Decennial Report, 1892–1901* (Chungking): 135 （引自孫毓棠，〔中國近代工業史資料〕，第一冊，頁九八二），有一啓人深思的例子——一個棉織工廠想以四十萬兩銀子起家而未成。

無論在政治、財政和經濟事務都有改進。這種有希望的情況未能持久。一九三七年中日戰爭爆發後，經濟成長的希望隨著難得的國家安定一起消失[242]。

南京國民政府不僅僅達成穩定。事實上，它「在經濟上也扮演了肯定的角色，並帶來制度上的改變，長遠地影響了中國的工業化和現代化」。在一九三〇—一九三六短短幾年中，實施了幾項主要的經濟措施，包括關稅自主（一九三〇）、取消釐金（一九三一）、改革幣制（一九三五），以及決定四年經濟發展草案（一九三一）。計劃雖未實施，但證實政府要工業化的決心。在這幾年中，中國雖仍遠落後於日本，但成長率上升甚速[243]。

政治因素的重要也可見之於近年來的香港[244]、東北[245]、和臺灣[246]。當然我們不能高估政治因

---

242 Allen and Donnithorne, *Western Enterprise*, pp. 28-29.

243 Chang, "Industrial Development of Mainland China," pp. 73-81. 據張氏的估計，成長率在一九二五—三〇年是四點七，到一九三一—三六年為九點三（頁七三—七四）。他把「共產黨掌權後，中國的生產量顯著的增長」，歸因於「公共秩序取代了混亂」。並作結道，「任何政府能維持國內和平，便能使中國經濟成長」。吾人自不必採用此一過於簡單化之說，來强調政治因素的重要。

244 英督 David Trench 接受記者訪問，載於 *The U.S. News and World Report*, May 29, 1967，在解釋香港之所以繁榮時說：「香港的中國人有其特色—勤儉的生活習慣。以他們的能力，若給與一點自由的經濟氣氛，可以完全克服困難而成功。」當然他也歸功於香港政治和經濟的穩定。他進一步說，「穩定自然提供投資的有利環境」。

245 Allen and Donnithorne, *Western Enterprise*, p. 181：「這些在東三省工業的成長，可能是由於那裏的政府能維持秩序，並想要培養工業長成。」作者並未要維護「帝國主義的侵略」，見及「東北的經驗……顯示為什麼在中國本部的經濟大都進步緩慢，特別是現代化製造企業的落後，這完全是由於沒有一個上軌道的政府和夠水準的經濟管理所致」。

246 Melvin Gurtor, "Recent Developments on Taiwan," pp. 59-95 述及此一情況，指出四年計劃成功地實施，「一九六六年（四年計劃之第二年）的成長率為百分之八點一，超出預定的百分之七成長率」。而此率乃亞洲第二高者，僅次於日本（頁七四）。Charles Hsi-chung Kao, "An Analysis of Agricultural Output Increase on Taiwan, 1953-1964," pp. 611-626 有謂：「完善的政府農業政策可以加速農業發展……此外，自一九五三年後另有三個四年計劃。這些計劃的最主要目標為確定農業及工業的成長。」再者：「自一九五三至一九六四間，每年農產品增產率為百分之四點六。此種紀錄與已開發或開發中國家相比，都令人矚目。」（頁六二六）。

素。在缺少其他有效因素時，有效政府不一定促進經濟成長。但有理由可以設想，如果沒有政治穩定和適當的政府領導，卽使有其他有利因素，也不會有持久不斷的經濟發展[247]。康有爲請求中國政治和行政的重整（特別在一八九〇年代和一九〇〇年代）時，可能已經知道這一情形[248]。他相信有結果的工業化有賴於健全的財政管理、有效的行政。他更進一步宣稱，一個妥善的政治秩序如果不能建立，他所說的一切改革毫無實際意義[249]。此一程序從未出現，他的工業化中國前景，一直是政局衰敗和社會混亂中的幻想。

第七節　一個備取的途徑

康有爲現代化的方案一部分取法於十九世紀的歐美，一部分取法於明治日本。在此之前，帝國政府必須重生，像明治政府一樣，發動經濟發展，以達成一個依賴私人企業的工商經濟。此一計劃本身看來合理而誘人，但造成現代日本的環境不存在於晚清。光緒皇帝就不是明治，不論他個人的能力，他所處的情況大不如明治。戊戌之後沒幾年，他就去世，不久朝代也被推翻。孫與康主要的不同被稱爲國父的孫逸仙採取了一個不同的途徑，來解決經濟現代化問題。

247　此令人憶及〔墨子〕之語：「小故有之不必然，無之必不然。」引見Fung Yu-lan, *A History of Chinese Philosophy*, p. 258.

248　特別是其一九〇三年的〔官制議〕與一九〇五的〔物質救國論〕。

249　〔物質救國論〕，頁八九。

點，可以簡單地說是：康寄望於私人企業，而孫傾向社會化。孫氏有關經濟發展的早期見解，可見之於一八九四年上李鴻章書之中[250]。當時他的立場與改革派雷同。他認爲歐美富強之基，並不全在堅船、利砲、強壘、和勁旅，而且也在人盡其才和地盡其利。他特別主張設置農局以幫助農人，輸入現代化的農業機械，並設立農校發展科學知識和技巧。科技乃是工業的基石。盡量利用自然資源才能工業化。商業生成可使貨暢其流。政府必須扮演雙重角色：給私人企業以幫助和保護，以及發展航運和鐵路交通[251]。

不久之後，孫中山的看法就已改變。他看到當時的政府不願也不能改革，乃決心革命，創建民國。整個環境逼迫他辭掉新建民國的臨時大總統（時在一九一二年的四月一日）。當年八月二十四日他接受袁世凱之邀到北京，與新總統討論建築鐵路和發展工業的問題。接著的幾個月中，他在一些演講和文章中發表他的意見。在這個時候，他雖已明白道出社會主義的意向，但並未祛除工業化中私人企業的一席之地。因此，十月十日在〔中國新聞〕（*China Press*）發表的一篇文章中指出，爲了實現全國的鐵路網，必須要利用外資，即邀請個人或私人公司在與政府無關的企業上投資，乃是「純商業性」的[252]。不過，在同一篇文章之後，他又說：

> 蓋實業主義為中國所必需，文明進步必賴乎此，非人力所能阻遏……近世資本主義之天

250 見〔國父全集〕，第五冊，頁一—二。

251 上李鴻章書，見〔國父全集〕，第五冊，頁一—九。孫氏繼謂，有鑒於中國的人口壓力，農業發展甚至較其他現代化措施更為重要。因此，他在夏威夷已作了有希望的實驗，乃要求李氏支持他周遊列國，考察與農業有關之科技（同上，頁一一—一二）。

252 此文原用英文撰寫，此處所用中文本，題目是「中國之鐵路計劃與民生主義」（〔國父全集〕第六冊，頁八）。

然演進，對于勞動者常與以不平之待遇，故吾人當力避之。閒嘗熟思深慮以求解決此問題之策，其策維何？民生主義是已[253]。

「民生主義」仍是他爲社會主義所選取的獨特招牌。他並不要將所要財產都重新分配，他認爲這樣做是荒謬的。他不過是要能與勞動充分報酬的經濟制度。這樣的話，所有的鐵路、公共設施、運河、和森林必須國有，以及所有來自土地和礦產的收入要歸國有，以支付行政所需與社會福利的支出[254]。

同樣的想法也可見之於別處。民國元年稍早，孫氏就承認工業是外國富強的根基，故工業化乃中國的緊要課題。不過他說：「所惜者，社會主義未能明了，以致貧富不均，實業不易發達。」因此中國講求實業者必要得此教訓，學習社會主義[255]。當一個記者批評他主張鐵路國有時，他反駁說，反對者乃基於資本壟斷的經濟理論，而他所採用的乃是民生主義[256]。此後他的想法大致未變[257]。

253 同上，頁一〇—一一。
254 同上，頁一一—一二。
255 「興發實業爲救貧之藥劑」，爲一九一二年四月十七日在上海工業協會中之演說（〔國父全集〕，第三册，頁二九—三〇）。參閱撰於辭去臨時大總統（四月一日）後之另一文：「中國之第二步」（〔國父全集〕，第六册，頁二五六—五八）。
256 「修築鐵路乃中華民國存亡之大問題」（〔國父全集〕，第二册，頁七七）。
257 如閱〔三民主義〕（一九一九），其中抨擊西方資本主義經濟，因其不公平與剝削。以及「中國實業當如何發展」（一九二〇），其中他反對獨佔以及「資本之專制」（〔國父全集〕，第六册，頁二七二—二八三，三〇一）。參閱「中國國民黨宣言」（一九二三年元月一日），載〔國父全集〕，第四册，頁九二—九五，其中吸取社會主義思想於黨章之中，特別是說所有的大型工商企業都應歸國營。

「民生主義」乃是孫中山和康有爲及其他改革派不同之處。然而孫氏計劃中所包含的經濟現代化項目大致與康氏相似。孫在一九一三年替國民黨所擬政綱的經濟部分尤其可見。他要求農業、工業、商業和財政的現代化，更詳細地說，他要求政府的計劃應包括開墾荒地、國家森林的設立、洪水控制、開礦製造、推廣外銷、以及發展交通和通信系統。此外，他認爲必須徹底整頓財政制度，建立中央銀行，得以全權發行紙幣，並採用金本位[258]。

孫中山不曾明白地排除私人企業，不過他予人的印象是要全心全意的社會主義，或用他的名詞：「國家產業主義」[259]。他說話像是共產主義者，而心目中並不要極權的共產主義，而是一種混合的制度，結合某些有節制的民主因素和國家社會主義。這一立場不能爲傾心於西方政治經濟自由主義者所接受[260]，也不能爲對私人企業更有信心的康有爲所接受。

孫氏在〔實業計劃〕一書中說得尤其清楚（寫於歐戰之後）[261]。他認爲中國的實業發展須經兩個途徑，一是個人企業，二是國家經營。他接著爲此兩個途徑作界說。國家經營包括具獨佔性

---

258 「國民黨政見宣言」（一九一三年，見〔國父全集〕第四冊，頁七七—八〇）。參閱「錢幣革命」（一九一二年之通電，見〔國父全集〕，第六冊，頁一—五）；「政見之表示」（此為一九一二年十月在上海報業大會之演說，載〔國父全集〕，第三冊，頁九三）；以及「建設以修治道路為第一要著」（一九一六年八月十六日，見〔國父全集〕，第三冊，頁四八）；有更多他對金融與貨幣改革之意見。

259 例如，他於一九二三年元月廿日有謂：「在歐美，因機器之出現而有經濟不均現象……因此，在比較各種學說利病之後，乃覺『國家產業主義』最妥善實在。」（見「中華革命史」，載〔國父全集〕，第六冊，頁五一〇）。

260 Shao Chuan Leng and Norman D. Palmer, *Sun Yat-sen and Communism*, pp. 179-180. 孫氏談及共產主義可另閱「祭列寧文」（〔國父全集〕，第六冊，頁三一六—三一七）。

261 參見〔實業計劃〕，為一冗長之文獻，包含「導論」、六個包涵工業化主要部門的計劃，以及「結論」，另有附錄六篇（見〔國父全集〕，第二冊，頁一〇一—二七八）。原為英文，由其四位信徒譯為中文。

而不能讓私人插手的行業，其他則爲個人企業。但政府並不高高在上，它必須鼓勵和保護個人企業。廢止一切不利經濟的稅收，改正不良的幣制，排除其他有礙成長的一切。政府應提供有效的交通設施以利個人企業的推進[262]。但他明確地強調國家經營，在此一長文的結論處，他發出自由企業危險的警報。他深怕經濟發展將不免產生大企業家，導致經濟上的不均——與民生主義不符的發展。因此，所有由經濟發展導致的大企業都應收歸國有；僅讓小企業由個人經營。他的實業計劃之最終目的是利用「外國之資本主義來建設中國之社會主義」[263]。結果，在孫中山的心目中，國家經營和個人企業原是雙管齊下的經濟發展，而終是兩個層次的發展，以社會主義爲最高的成效。

孫氏的廣泛計劃，包括全國鐵路網、公路、運河、電報、電話、無線電設備、鋼鐵水泥工廠的設立，各種礦產的開放，總之包羅了先進西方國家重工業的每一部門，自不必細表。輕工業也受到他的重視。他見及製造消費品的「工業本部」之需要，以供家庭之需，生活之舒適[264]。（在此可指出他與康有爲在工業化最終目標上，相當一致，卽改善人民的經濟生活，而不汲汲於國家的「富強」。）

262 同上，頁一〇六。
263 同上，頁二六三—二六五。
264 同上，頁二四二。「工業部門包括㈠食品工業，㈡成衣工業，㈢築屋業，㈣旅行業（造車、公路、油料供應等），㈤印刷工業等。孫氏用了一四一頁之篇幅討論重工業，僅用十四頁論輕工業，因其覺得重工業乃是主要的和基本的，並相信一旦重工業全面發展，輕工業馬上可以跟進（同上，頁二四一）。

孫氏寄重望於外資來實現其志願[265]。他一度估計，如中國能每年有一千萬元的資金，將需六十年完成二十萬里的鐵路。因此，開放門戶吸引外資以投向鐵路，是聰明的辦法[266]。他曾說，由於外國資本以及外國技術，日本在幾十年中成爲強國[267]。歐戰後的情況使他深信，國際合作來發展中國工業，完全是可行的[268]。

孫氏認爲政府的積極行動，爲發動工業化之所必須。無論如何，政府必須主動推動基本工業，如礦業和機械製造[269]。即使在中國已經現代化之後，政府仍須扮演重要角色，擁有以及管理這些工業，使其國有化[270]。顯然的，政府爲了執行國家企業，必須熟悉技術與管理方法，且要有高度的行政效能。

有點奇怪的是，孫氏至少在一處曾辯稱，中國在未能改善經濟情況之前，政治問題不可能解決。他在一九一二年八月寫道：

265 同上，頁二六一—二六五。他並未放棄國內債的可能性，特別是在省級（頁一八二）。他於十年前（一九一二）接受袁世凱之請，擬出一全國的鐵路計劃，即持此種看法。如閱「速修鐵路以立富强之基」，爲一九一二年九月二日之演說（〔國父全集〕，第三册，頁六五）。

266 「政見之表示」（〔國父全集〕，第三册，頁八九—九一）。他於「實現鐵路政策須取開放門戶主義」（一九一二年十月二十二日在南京之演說），意見與上文基本相同（〔國父全集〕，第三册，頁九九—一〇〇）。

267 「再復李村農論外債書」（一九一七年，〔國父全集〕，第五册，頁二七五—二七六）。孫氏進一步說，外債不一定僅指現款……中國現缺者不是金銀，而是生產器械。」

268 「國際共同發展中國實業計劃書」（一九二〇年，〔國父全集〕，第六集，頁二九三—二九八）。此一計劃受到美國駐華公使芮恩施（Paul S. Reinsch）高度讚揚，後來作為〔實業計劃〕之「緒言」（〔國父全集〕，第二册，頁一〇一—一〇五）。

269 同上，頁二五五。

270 同上，頁一〇二；「既廢手工採機器」，則必須「統一而國有之」。

民國大局，此時無論何人執政，皆不能大有設施……若只從政治方面下藥，必至……每況愈下而已。必先從根本下手，發展物力，使民生充裕，國勢不搖，而政治乃能活動[271]。

但我們難以理解，如無健全的政治秩序，工業化又從何開始？

這並不是說孫氏的計劃未盡妥善。如他所說的發展港口、水道、鐵路、通訊網等，都是現代經濟建設的要務[272]。不管列寧的殖民地理論以及從左而來的反對外國公司呼聲，仍有接受外資以及外國技術協助未開發地區的餘地[273]。但不論計劃如何妥善，斷不能在缺乏政治能力的情況下實施。不穩定的民初政局畢竟使經濟無以發展，也未能鼓勵外資和國際合作。當政治情況在一九二〇年代末和一九三〇年代初略為好轉之際，經濟開始上升。但中日戰爭接著而來，中國必須為生存而戰，暫時將經濟建設置諸腦後。戰後的大部時間用在重建以及與共產黨力爭控制已經貧窮的中國。

就此看來，孫中山解決中國經濟現代化的方案（不止一點與康有為的相同），並不比康氏的

---

271 「論籌築鐵路事致宋教仁函」（「國父全集」，第五冊，頁一五五）。或者為孫氏接受袁世凱之邀討論鐵路計劃的自解之詞。

272 如閱 Richard J. Ward, *The Challenge of Development*, part 5, "The Challenge in Developing Infrastructure."

273 如閱 McCord, *Springtime of Freedom*, pp. 148-168. 參閱 Galbraith, *Economic Development*, pp. 28-29; Alexander, *A Primer of Economic Development*, pp. 105-111, 119-136. Allen and Donnithorne, *Western Enterprise*. pp, 134-142 論及自一八六〇年代至一九三〇年代以外債築路之不利情況。西非小國象牙海岸說明外資發展經濟之可能性。該國脫離法國獨立（一九六〇年八月）後八年，在總統 Felix Houphonet-Boigny 領導下大力發展。其他非洲國家講究模糊的社會主義，而他經由公開吸取海外資本與技術，達成了國家的轉型。如閱一九六八年三月八日「時代周刊」中之報導。

方案成功。之所以如此，大都是因政治環境不佳。康氏想重振衰敗的帝國來實施現代化，而孫氏理解到現代化必有賴於一個新的政治秩序。戊戌變法以及後來立憲的失敗，使革命難以避免。但中華民國並未能提供有利發展工商業的環境。此足以證明政治因素與經濟發展的相關性。

第八節　對極權方式的看法

孫中山和康有為都不贊成用極權方式來從事經濟現代化。但這種方式在今日為開發中國家的領袖們所樂用，尤其是馬克思主義國家。問題是：極權方式會比孫、康的方式更有效嗎？

開發中國家的領袖們無疑是反殖民地主義的，他們經常懷疑殖民主義者，如英、法等國所施用的方法（這些國家正好是民主國家）。這些領袖人物多少都是民族主義者，亟思迎頭趕上工業化，但並不要抄襲英美資本主義模式。他們對西方議會政府的失望，又受到馬克思主義對資本主義批評的影響，遂傾向接受共產主義所信仰的，以極權方式來完成現代化[274]。

274 蘇卡諾之言可作為一例子：「我一再說我們的政治氣氛是不健康的，那是一自由政治氣氛……我們必須完全放棄此種自由競爭的主義，以求正確地發展和成長。」引自給哈山奴丁大學學生之演說辭（一九五八年十月卅一日），收入於 Paul Sigmund, Jr., *Ideologies of Developing Nations*, p. 60. 編者引言（頁一——二八）可參閱。問及迦納國Nkrumah政府的高壓手法是否必要時，McCord 得到如下的答覆：「我們不得不治理一未受教育、迷信而暴戾之民族，而國又為宗教和經濟上的紛爭而分裂……我們特別希望能現代化我們的社會，終止貧窮……然假如我們讓每一農民都有權決定是否建立佛達水壩、或接受增加稅收，或同意減少消費品的進口，我們又如何能夠達到目的？」(*Springtime of Freedom*, p. 57).

有一些研究經濟發展的學者最近試圖解釋此一極權取向。有一位提供了歷史原因。經由「自由企業」推動工業成長的十九世紀，其條件已不存在於二十世紀，更不存在於今日的開發中國家。隨著歷史環境的改變，人們的思想和態度也隨之改變。工業革命基本上是一演進過程，而非事前可計劃的。這些國家的領導人看到工業經濟之必要，而想強力以行。當然也就取極權的計劃求成長。再者，他們不知個人乃是其利益的最佳判斷者，以及個人的企望與社會福利之一致性，自不必理會「自由的傳統」，而採取極權方式來解決經濟問題[275]。另一位作者的結論大致相同。他深信「民主資本主義的經濟與政治模式，不可能行之於西方之外，至少是在這一代行不通」。為達成經濟現代化的「大躍進」，「落後國家」也許必須犧牲人身自由，甚至於犧牲人命[276]。

這種議論未嘗無理。落後國家的人民對現代經濟生活所知不多，對民主價值也不太在乎。大眾的無知和漠然正好使領導人自求獨裁。孫中山和康有為未能達成他們的目標，也可以證實用極權方式現代化的論點。

不過另外的一些經濟學者有不同的看法。例如他們指出貧窮國家的領袖，在尋求政治穩定和經濟進步時，用了各種不同的極權方式，但並未實現夢想。此一問題的解答不必遠求。「極權並不比較為鬆懈的議會政制更能排除保守的歷史因素，而促進工業的進展。」[277]

另外一種看法是：現代化用不著政治恐怖與經濟集中，極權統治只會阻礙，而不是促進成

---

275 Karl de Schweinitz, Jr., *Industrialization and Democracy: Economic Necessity and Political Possibility*, pp. 272-279. Maurice F. Neufeld, *Poor Countries and Authoritarian Rule*, 有較為詳盡之分析。

276 Robert L. Heilbroner, *The Great Ascent: The Struggle for Economic Development*, pp. 148-149.

277 Neufeld, *Poor Countries and Authoritarian Rule*, p. 144. 此書之第十一章特別討論到極權統治之問題。

長。經濟成長是可以在民主統治下發生的。當然，極權主義並非無利，如能強制轉移經濟盈餘以累積資本[278]，能不顧一切地執行計劃[279]。事實上，導致十八、九世紀西歐工業革命的力量和環境並不存在於今日開發中國家，此自然成爲一種說法，認爲蘇俄而非漢諾佛英國，乃是經濟發展的模式[280]。但極權統治仍有某些不利處。實際經濟顯示，極權主義和獨裁政治並未提供解決經濟問題的最佳方案。不理會人身自由，經濟上的成功也無保障，濫用政治權威可以導致愚笨的經濟策略。權力不一定腐敗，但一旦在不懂經濟事務者的手裏，想改善經濟，卻反而害之。有無限制權力的人不一定是對國家和經濟有可靠識見的人。嚴格的控制和設計不能鼓勵企業創新，或對經濟發展所必要的發明精神。蘇俄的確在工業化上有相當的成功，但我們也可以說：「較多的自由很可能避免史達林對農業作強制增產的惡果」，而「較多的變通可能避免因中央控制所造成的極大浪費」[281]。我們可以說，毛澤東強逼中國老百姓工業化達於極點，但並沒有解決中國現代化的問題[282]。

---

278 McCord, *Springtime of Freedom*, pp. 68-69.
279 Ibid., p. 13.
280 Ibid., pp. 52-53.
281 Ibid., pp. 69-70, 242-243.
282 中國共產統治的第一個十年，由於剛剛完成政治一統以及行政上的效率，獲得相當成功。除此之外，經濟情況並不一直令人滿意。不僅愚蠢的政策導致不必要的錯失，而且有可能造成「政治權力的高漲導致經濟出產的減少」(Alexander Eckstein, "Economic Planning, Organization and Control in Communist China," *Current Scene: Development in Mainland China*, 4, no. 21 (Nov. 25, 1966): 11). 另閱 Werner Klatt, "Communist China's Agricultural Calamities (1949-1961)," pp. 64-75. Li Ming-hua, "The Industrialization Problem on the Chinese Mainland," *Issues and Studies*, 6, no. 5 (Feb, 1970): 34-36 有謂：「毛氏在處理工農關係、輕重工業之間關係，一直搖擺不定，乃由於毛氏主觀需要—備戰—與人民基本需求之矛盾。毛之政策和辦法既不一致，也非無可爭議。」無論如何，「用工業化來備戰是錯誤的，因其與經濟的客觀原則相衝突。」我們可進一步說，毛之立場與自強派領導人有相似處，即經濟現代化的目標在求「富强」。

研究亞洲六國情況使當代一位學者相信，遲滯以及不智的政府決策（不管是否極權）證明有礙經濟成長。由不變通和不能批評的計劃而產生的政策——如把資源投向不具經濟價值的計劃，不合理的限制私人工業、商業，設限阻礙外國私有企業，以及忽視農業所需等等，都有害進步[283]。完全依賴國有經濟將會自取失敗。

至少在理論上，我們不能排除用多元方式來解決發展的問題，一種「公私雙方合作」的方案，使經濟權與政權盡量分散到社會之中[284]。「民主方法」甚至可與社會主義經濟共存。即使資本主義在先進國家中功成而亡，也不會過時。「普選、政黨、議會、內閣以及首相，仍可能是處理日常工作最便捷的工具。」[285]

政治因素與經濟建設相關，並不支持極權方式的說法。預測政府控制的有效，一如傾向於自由經濟，都可能犯錯。政府行動和個人努力應該合起來，而不必相互排斥。兩者乃互相配合，而不能任選其一的[286]。明治日本的經驗顯示一種可能性，即政府經常主持現代化，同時妥善地讓私

283 Onslow, *Asian Economic Development*, pp. 225-226.

284 McCord, *Springtime of Freedom*, pp. 6, 76; cf. pp. 69-70.

285 Schumpeter, *Capitalism, Socialism and Democracy*, pp. 269, 300-301, 415.

286 Nurkse, *Problems of Capital Formation in Underdeveloped Countries and Patterns of Trade and Development*, pp. 154-156. 已故 Nurkse 教授持有此見：「唯有在理解資本之地區，資本累積才能永遠成功。」並謂：「人民的素質最為重要」。個人的習性與運用資本有關，諸如「主動、勤奮、創新和遠見等，給予一個國家經濟發展以深厚穩定的基礎，遠比計劃委員會的藍圖來得重要」。提到明治日本時，他贊成政府在開始時採取行動，成功後逐漸退出。

人企業參與行列[287]。極權領袖們以爲不會有錯[288]，他們實難以自制，或允許私人創業。

在此不能評判此兩種方式——極權與民主——對經濟發展的優劣。專家們意見並不一致。但有一點必須指出：康有爲和孫中山使中國工業化的努力失敗，並不證明民主方式缺乏其本身的價值。蘇俄、中共、以及一些亞非國家的經驗似乎告訴我們，極權主義方式並不是對付經濟落後的萬靈藥。

---

287 Robert T. Holt and John E. Turner, *The Political Basis of Economic Development: An Exploration in Comparative Political Analysis*, pp. 100, 105-111, 237, 246.

288 Harry R. Davis, "Toward Justifying Democracy," *The Key Reporter*, 32, no. 2 (Winter 1967-68): 3.

第九章　教育改革

第一節　康氏提出的建議

康有爲的變法運動旨在改變「國家的極端保守心態和行動」，一如他要重振過時而衰敗的政治結構[1]。因此，教育改革爲戊戌變法中不可分割的一部分。

有鑒於傳統的科舉制度造成士大夫的無知和偏悖，康氏乃於其建議中首先要求皇帝廢止八股。他對此一主張十分堅定：

學八股者，不讀秦漢以後之書，更不考地球各國之事……今羣臣濟濟，然無以任事變者，皆由八股致大位之故。故臺遼之割，……膠州、旅大、威灣、廣州灣之割……（皆）割

[1] Ma Te-chih, *Le Mouvement réformiste et les événements de la cour de Pékin en 1898*, p. 9.

於八股[2]。

在其他人士也要求改革科舉之後，皇帝終於採取行動[3]。他於戊戌年六月廿三日下詔廢除八股，並要求應試士子熟習「時務」，以及策對經史[4]。康氏十分重視此事，他於是年十月到東京時，告訴一日本友人，變法雖然失敗，廢止八股在中國士大夫心目中已無可動搖，思想上的解放終將實現[5]。

為了鼓勵此一革新，康氏建議熟習時務者可入翰林，或授予正規政府職務[6]。他教嚴修上奏，請皇帝設特別考試，期使在政府行政、大眾財政、外交、軍事、科學、技術等實學上有成就

---

2 康有為，〈自編年譜〉，頁一九。康同時代的一些人贊同此見，如嚴復曾說，廢八股為變法之首要（見「救亡決論」，收入翦伯贊等編，〈戊戌變法〉，第三冊，頁六〇—七一）。梁啓超在致康氏信中，認為改變考試制度為變法最重要之務（見「與康有為書」，載葉德輝，〈覺迷要錄〉，卷四，頁二一—二二）。參閱本書第七章之第一節，討論到康氏建議經由重整教育來達到行政改革的目的。

3 例如張之洞和陳寶箴在一八九八年六月四日的合奏中提到，要解決國家當前的難局，首先要培養人才。在培養人才之前，先要改變考試制度。接著他們詳論八股之害。（原文見〈張文襄公全集〉，卷四八，「奏議」，頁二—九）。徐致靖之上疏，「請廢八股書」，由康氏起草，請求皇帝廢止八股。翦伯贊等編，〈戊戌變法〉，第二冊，頁三三九載此疏之摘要。一八九八年前若干年，已有人注意考試制度的缺陷，如薛福成，「選舉論」（一八六四），〈庸盦文內外編〉（上海，一九〇一），「外編」卷一，頁一—六；李慈銘，〈桃花聖解盦日記〉，壬集，頁一四—一五。

4 〈大清歷朝實錄〉（光緒），卷四一九，頁五—六。

5 康氏致岡田正樹（未署月日）函，「致岡田正樹書」，〈萬木草堂遺稿〉，卷四上，頁三二。

6 康氏初在一八九六年之「與試策」，載〈南海先生四上疏記〉，頁四七中作此建議。一八九八年他為宋伯魯起草奏摺，要求歲試中包括「實學」（見宋伯魯，「奏請經濟歲舉……摺」（一八九八、七、一），載朱壽朋，〈東華續錄〉（光緒），卷一四五，頁六—七；翦伯贊等編，〈戊戌變法〉，第二冊，頁三四七—三四八）。

的人，能够登用[7]。此奏上於戊戌元月六日。卒有同年元月廿七日和七月十三日兩次上諭，詔設經濟特科[8]。

康氏和他同時代的許多人一樣，認爲發展新式教育制度十分緊要。他認爲只有考試制度而無學校制度，只是徵求人才，而不能培養人才，人才終有枯竭之一日。他向皇帝報告他所見到的外國情形，如德、法、英、日等國。他對德國的教育制度印象尤其深刻。他說佛雷特列克大帝創立了現代化學校，教授從歷史到科學各種課程。小學在使兒童成爲國民；高中訓練青年各種職業；大學則爲領袖與教師的養成所，形成彼邦的士大夫。決定普法之戰的是教育制度的優越，而不是軍事的優越。然而，康氏繼謂，我們則強迫舉國寫八股文，以致扼殺人才。中國雖有四億人口，而無足够有知識之人，使國家獨立於世。康氏的結論不言而喻，中國必須效法普魯士建立一完整的現代學校系統[9]。

在一八九八年之前，中國已有若干西式學校[10]，但在康氏及其同仁看來，這些學校並不充

7 嚴修，「奏請設經濟專科摺」（翦伯贊等編，〔戊戌變法〕，第二册，頁三二九—三三二）。據謂嚴氏此摺由康氏促成。戊戌前若干年，薛福成已有相同的建議，閱其「應詔陳言疏」（一八七五），〔庸盦文編〕，卷一，頁一—一二。盛宣懷在上疏中建議為「新學」在考試制度中另立項目（「條陳自強大計摺」，載翦伯贊等編，〔戊戌變法〕，第二册，頁四四二；參閱本書第七章註16）。

8 閱〔德宗實錄〕，卷四一四，頁四—五，以及卷四二〇，頁一二。Paul Pelliot, "Le réforme des examens litéraires en Chine" 參閱。

9 康有為，「請廣開學校以養人才摺」（一八九八年六月下旬），〔康南海先生文鈔〕（以下引作〔文鈔〕），第五册，「奏議」，頁六—八；翦伯贊等編，〔戊戌變法〕，第二册，頁二一七—二一九。

10 Knight Biggerstaff, *The Earliest Modern Government Schools in China*, 綜述自一八六一至一八九四年間所採之步驟，並詳述同文館（江南製造局的外語學校）和馬尾船政學堂。另參閱 Meribeth E. Cameron, *The Reform Movement in China, 1898-1912*, Chap. 4.

實。課程大都限於語文，有關致富強的學識很少介絡，學生沒有機會用實驗室，也不能到外國旅行。且在十八省中，只有少數此類學校，決不敷全國之用[11]。更多的現代學校應該設立，課程與教學方法也要大大改進。

戊戌變法人士特別強調在京師設立大學，以為發展現代學制的前導。在「請廣開學校摺」[12]中，康氏請皇帝盡速設立大學。他提到李端棻戊戌夏天的奏摺，並指出經過廷臣商議之後，李氏設立京師大學堂的建議原則上可行[13]。兩年之後，在孫家鼐領導下，大學堂終於出現，康氏必然覺得快慰[14]。

為了加速在各省發展學校制度，康氏建議將舊書院改為「中學」，以「淫祠」為小學校舍，六歲以上兒童都必須入學。中學校需有西式課程，康氏引用明治日本的例子來支持其說法。日本

11 李端棻，「請推廣學校摺」（一八九八年六月廿日），翦伯贊等編，〈戊戌變法〉，第二冊，頁二九二—二九三。李氏接著建議在全國設立一個學校網。他的建議在細節上雖與康氏有異，但大方向是一致的。李與梁啓超為姻親，是支持變法的少數高官之一。康有為〈自編年譜〉手稿本（見微捲三）有一段有趣的眉批，略謂乙未冬（一八九五或一八九六初）為李端棻起一奏稿，要求設大學堂。李氏建議設大學的奏摺上於一八九六之夏（見以下註13）。可以想見，李氏戊戌之疏若非出於康梁之手，也受到二人之影響。稍早以前，於一八九八年四月九日，李盛鐸御史請求皇上令各省在半年內普設學堂（〈德宗實錄〉，卷四一六，頁一三）。

12 見註9。

13 一八九八年六月十一日上諭有謂，京師大學堂為各省的典範，將先行設置（〈德宗實錄〉，卷四一八，頁一五；翦伯贊等編，〈戊戌變法〉，第二冊，頁一七）。

14 在一八九六年奏疏—「議覆開辦京師大學堂摺」之中，孫家鼐對組織、課程和聘任教師以及招收學生等事，作了具體的建議（沈桐生，〈光緒政要〉，卷二二，頁二一—二四；翦伯贊等編，〈戊戌變法〉，第二冊，頁四二五—四二九）。孫氏復於一八九八年八月九日在疏中報告進展情況—「奏籌辦京師大學堂大概情形摺」（朱壽朋，〈東華續錄〉，卷一四六，頁一四—一五；翦伯贊等編，〈戊戌變法〉，第二冊，頁四三五—四三七）。

由於現代教育之賜，其領導人乃具有外國政治、文學、技術等知識。島國日本遂能打敗中國[15]。光緒皇帝在七月十日上諭中，完全接納了康氏的建議[16]。

為了提供新式學校適當的教材和參考書，以及為社會大眾提供閱讀材料，康氏呼籲已在上海、福州、廣州[17]等地的譯書事業，要大大擴充[18]。過去的譯事不够理想有二個原因：範圍太窄

---

15 康有為，「請飭各省改書院淫祠為學堂摺」（翦伯贊等編，「戊戌變法」，第二册，頁二一九—二二二）。大約兩年之前，陳熾曾建議改書院為學堂，見其「庸書」，卷二，頁五九。胡聘之與錢駿祥在致皇上的合摺中（約一八九六年晚春或初夏），要求採納數學、天文、農業等「有用之學」於書院課程之中（「請變通書院章程摺」，翦伯贊等編，「戊戌變法」，第二册，頁二九七—三〇〇）。參閱本書第七章，註27。張之洞於一八九八年九月三日致總理衙門電稱，他已改湖北省所有的書院為學堂，講授外語、數學、天文、地理、自然科學、技術，以及中國歷史和儒家經典（「張文襄公全集」，卷八〇，頁四—六）。謝國楨，「近代書院學校制度變遷考」（胡適，「張菊生先生七十生日紀念文集」，頁二八一—三二二）述及改書院為學堂之經過。

16 「德宗實錄」，卷四二〇，頁九。如所預料的，此一行動引起强烈的反對。曾廉自認為保守派，譴責改書院為學堂，以西學將有害於聖道（「應詔上封事」，寫於一八九八年八月二日之後，翦伯贊等編，「戊戌變法」，第二册，頁四九三—四九四）。吳敬恆（稚暉）回憶道，公眾意見反對改祠堂為學堂，據謂一小販憤慨地說祠廟自古就有，怎能取消？引自陳恭祿，「甲午戰後庚子亂前中國變法運動之研究」，「文哲季刊」，三卷一期（一九三三），頁一〇四。Renville C. Lund, "The Imperial University of Peking" 一文論及京師大學堂的創辦經過。

17 康氏心中所思乃上海的譯書局（建於一八六三，後屬江南製造局）、廣州譯書局（建於一八六四）、以及福州譯書局（建於一八六六，屬福州船廠）。奇怪的是，他未提建於一八六二年，由恭親王所建議的北京同文館。康氏也許不知同文館所譯書中包括 Fawcett 的 *Political Economy*, Wheaton 的 *International Law*, De Marten 的 *Guide diplomatique*, Tytler 的 *Universal History*。這些書康氏一定會重視，或至少覺得有用。丁韙良於一八六九年主同文館事，有謂：「所譯之書包括國際法、政治經濟、化學、自然哲學、地形學、歷史、法國以及英國法……外交以及領事手册等項目……這些譯著乃是「槓桿」，經由槓桿點，必能移動一些東西。」*Cycle of Cathy*, pp. 319-320. 另閱 Biggerstaff, *Earliest Modern Government Schools*, Chapter 2, 以及 "The T'ung Wen Kuan," pp. 307-340.

18 康氏並非獨自或最先强調翻譯西方有關政府、法律、敎育、以及相關課目之人。如閱馬建忠，「擬設翻譯書院議」（一八九四年冬），「適可齋記言」，在梁啓超之「西政叢書」，卷四，頁六—八。清廷採御史胡孚宸之言，設官書局於一八九六年之初（「德宗實錄」，卷三八二，頁七）。此局由孫家鼐主持，執行幾種任務：常設圖書館；譯印有關司法、國際法、商務、農業、工業等書；設博物院展示科學儀器；為京城官員子弟辦學校。見孫氏奏摺「官書局章程疏」（翦伯贊等編，「戊戌變法」，第二册，頁四二二—四二四）。

和速度太慢。譯爲中文的書，大多數已過時，涉及一些無關緊要的農業和技術，很少能夠促進智慧和人類的瞭解。這種錯誤必須糾正。再者，所選譯的書都是西方原籍，譯事自然艱巨而緩慢。日本在三十年之內，幾乎譯全了有關政府、文學、軍事等的英美典籍中的「好書」。因此，將日譯譯成中文不失爲聰明的辦法。日中兩文字較爲近似，譯事既較易而快速。爲推行譯事，京師以及各省必須設立譯館[19]。

中國必須像日本一樣，選派學生出洋，獵取近代西方的第一手知識。物質之學在歐美最稱發達，因此赴歐美較赴日本爲佳。這些課目不像政治、歷史和哲學，可從書本上、或中國學校中學到。在開始時，十八省中的每一縣都要派送一至三名優秀生到外國留學，數目應與日俱增。到德國留學較到法國爲佳，因德國不僅學術最爲發達，而且和中國一樣是君主政體。同時應鼓勵私人留學日本，因費用不高，無需政府津貼[20]。在此可略一提，康氏並不是第一個見到留學重要之人，清政府早已實施，只是規模甚小[21]。

---

19 康有為，「請廣譯日本書大派遊學生摺」（〔戊戌奏稿〕，頁一五—一八；〔文鈔〕，第五册，「奏議」，頁八—九；翦伯贊等編，〔戊戌變法〕，第二册，頁二二二—二二五）。康未明言譯何種書可達其目的，但從其書院課程可猜想到，大概是有關社會和人文書籍。參閱下注35。

20 同上（〔戊戌奏稿〕，頁一七；〔文鈔〕，頁九；翦伯贊等編，〔戊戌變法〕，頁二二四）。然奇怪的是，康氏未提到美國。他可能認為美國的政治制度不適合中國。

21 由於曾國藩與李鴻章的合奏（一八七一年十二月廿三日），第一批的一百二十名學生於一八七二年抵達美國。此一遊學延續至一八八一年。閱 Teng and Fairbank, *China's Response to the West*, pp. 91-94. 遊歐學生事可閱同書頁九五—九七。參閱舒新城，〔近代中國留學史〕。李端棻為支援此一想法的高官之一（〔德宗實錄〕，卷三九〇，頁一）。

第二節　基本設想

康氏的建議似有三個構想：㈠教育至少是小學要普及和強制；㈡教育不僅提供有用的知識，而且培養新的思想觀，新的想法，不受傳統約束；㈢追求西方知識的同時，不應放棄中國的文化遺產。

上文已述及，康氏的普及教育思想借自普魯士。他說到佛雷特列克大帝在各鄉都設立學校，命令所有滿六歲的兒童上學，家長如不從此令，將要受到處罰[22]。中國也應使所有平民子弟入學[23]。我們不禁要猜想，假如變法略有所成，中國必可在幾十年內大大地減少文盲。

康氏以教育改革爲轉變中國人世界觀的憑藉，從習俗的保守觀到新的進步觀，可從他的「上清帝第四書」中見之：

泰西當宋明之時，大為敎王所愚，屢為回國所破。英人倍根當明永樂時，創為新義，以為聰明鑿而愈出，事物踵而增華，主啓新，不主仍舊，主宜今，不主泥古……數十年間，哥倫布尋得美洲萬里之地……哥白泥發現地之繞日……至近百年來，新法益盛[24]。

---

22 康有為，「請開學校摺」(一八九八)(〔戊戌奏稿〕，頁一二；翦伯贊等編，〔戊戌變法〕，第二冊，頁二一七)。

23 康有為，「上清帝第二書」(一八九五年五月二日)(翦伯贊等編，〔戊戌變法〕，第二冊，頁一四九)。

24 康有為，「上清帝第四書」(一八九八年六月卄日)(翦伯贊等編，〔戊戌變法〕，第二冊，頁一七五—一七六)。康氏對於歐洲史的年代並不謹慎。他所提到的英國人很可能是培根(Francis Bacon, 1561)，而不是Roger Bacon (Ca. 1214-94)，兩培根各有千秋，但皆非永樂(一四〇三—二四)時人。哥倫布於一四九二—九三間發現美洲，Roger 已死二百年，而培根還要七十年才出生。哥白尼的不朽著作約於一五三〇年完成，一五四三年出版，Roger已死二百五十年，Francis出生前三十年。

據此，康氏建議皇帝鼓勵創新，授榮譽給對新學理有發明的人、對新機械有發明的人。可以擴大學子視野的課目，如史地等，須在小學時就講授[25]。康氏顯然希望中止中國「教皇」的有氣無力的影響，而歡迎一個中國「培根」，以開創一開明的新時代。他本身似亦不反對扮演此一角色。

康氏仰慕西方的進步精神，並認識到科技的重要，但是他並不崇拜科學，以爲萬能，以爲是人類的救星[26]（五四新文化運動的主將們卽有此種崇拜之心）[27]。他並不要放棄中國的道德價值。在他看來，全盤西化和打倒孔家店，與保守主義一樣有害。就這一點看，他是溫和派，或如梁啟超所說的，「既進步又保守」[28]。作爲一保守者，康氏依附國粹，以其所認爲的眞經爲最高表現。他不止一次地強調此一立場。例如，在一八九五年，他上疏建議皇帝尊重儒學，鼓勵有學問之人推行儒教於域外[29]。他在一八九八年建議以儒教爲國教[30]。在民國初年，他仍然推崇儒教，並推廣其影響[31]。不過他所提倡的儒教與傳統的有異[32]。他是一儒教改良派，因此不能夠簡

25 同上，頁一八〇。
26 R.G. Owen, *Scientism, Man and Religion*, p. 20.
27 見本書第十一章第四節討論現代化的思想問題。
28 梁啟超，〔南海康先生傳〕，〔飲冰室合集〕，〔文集〕六，頁八八。
29 康有為，「上清帝第二書」（一八九五）（翦伯贊等編，〔戊戌變法〕，第二冊，頁一五〇）。
30 康有為，「請尊孔聖為國教立教部教會以孔子紀年而廢淫祠摺」（一八九八）（翦伯贊等編，〔戊戌變法〕，第二冊，頁二三三）。
31 康有為，「中華救國論」（一九一二）（〔不忍雜誌彙編〕，初集（上海，一九一四），卷一，頁一五—一七）。
32 見本書第四章。

單地稱其爲「儒者」[33]。

康氏確實相信，健全的教育乃是中西合璧的。他於一八九一至一八九三在他廣東的私學中[34]，講授西方哲學、社會學、政治學說、及中外歷史，同時講授儒學、宋明理學、佛學、以及晚周諸子學[35]。他極力介紹西學，但同時要求他的學生給與中國的文化傳統適當的注意。

康氏認爲中國文化仍有其價值，因此值得保存。康氏有其同道，例如丁韙良對此有這樣的說法：

> 丁韙良不似其他傳教同仁，對基督教義作極狹窄的看法，故不避忌異教中國有吸引力的哲學，以及令人愉悅的中國文學。事實上，傳教士中的學者們，自十七世紀的耶穌會士以來，大都傾慕博深的中國文化，那個使中國成為遠東最有學術國家的文化，（當然，由於政策的關係，他們常常不敢明言）[36]。

---

33 Benjamin Schwartz, "The Intellectual History of China: Preliminary Reflections," in *Chinese Thought and Institutions*, ed. John K. Fairbank (Chicago: University of Chicago Press, 1957), p. 19.

34 康有為，〔自編年譜〕，頁一〇。

35 康同家，〔康有為與戊戌變法〕，頁二六—二七。作者又謂，課程尚包括音樂與體育。梁啓超，〔南海康先生傳〕，頁六四—七〇。探討康氏的教育理想以及長興里私學課程的指導原則。

36 Esson M. Gale, *Salt for the Dragon: A Personal History of China, 1908-1945*, p. 23, Gale 遇丁韙良於一九〇八年，時後者已八十四歲。在古時，中國未嘗對歐洲思想毫無影響，如閱 Geoffrey Hudson, *Europe and China: A Survey of Their Relations from the Earliest Times to 1800*; Levis A. Maverick, *China, A Model for Europe*; D.F. Lach, *Contributions of China to German Civilization, 1648-1740*; 以及 A. Reichwein, *China and Europe: Intellectual and Artistic Contact in the Eighteenth Century*. 一些中國學者的研究也可一提：何炳松，「中國文化西傳考」，載包遵彭等編，〔中國近代史論叢〕，第一輯（臺北，一九五六），第二冊，頁三三—六二；方豪，〔中西交通史〕，第四冊，頁五；朱謙之，〔中國思想對於歐洲文化之影響〕。

約六十年前，一個在中國服務的美國外交官有以下的看法：

的確，中國必須學習其他民族的良好方式，並考慮他們成功的道德因素，否則不能成為一有效率的國家。但中國也必須認真對待其自身文化的菁華……拋棄過去的逆流，中國仍可以新面貌而不失國性，而成強國[37]。

有趣的是，卽使身爲新文化的先知胡適，有時也表現對中國「舊文化」的欣賞。以下一段話尤其値得注意：

假如接受偉大的西方文明必須採取斷然取代的方式，而不是有機融合的方式，則將是人類的巨大損失。因此，真正的問題是：如何才能吸取現代文明而不廢止自己本身的文明？……對此一大問題的解答完全依賴有遠見和歷史感的中國思想領袖們，以及依賴機智和技巧使他們能成功地銲接中西文化中最好的部分[38]。

康氏也關心此一問題的解決，並提出取新而不廢舊的獨特看法。他所認爲的中西文化中最好部分並不一定正確。在運用他的方案時也不一定很機智，很有技巧。但他對待問題的方法斷不能說不合理。康氏頗懼貶低中國文化將導致「斷然取代」，而傷害了一個健全傳統的一致性。此一結果，很可能使中國大變，而仍然不強。研究廿世紀新興國家的學者，得出這樣一個結論，在不惜一切保存傳統文化與摧毀傳統社會的整個結構之外，尚有第三條路可走，卽「使舊社會走向現

37 Paul S. Reinsch, *Intellectual and Political Currents in the Far East*, p. 186.

38 Hu Shih, *The Development of the Logical Method in Ancient China* (Written in 1917, Published in Shanghai, 1922), Introduction, pp. 6-7. 胡氏晚年又回到此一立場，見本書第十一章，註220和221。

代化而逐漸修正，並保持一些傳統的因素」[39]。大致而言，此乃德川日本所走之路，也是康有為所希望走的路。

前已述及，胡適以「實驗」作為文化革命的支柱，背離了詹姆士和杜威的心意。詹姆士說：

新真理永遠是「中間物」，是轉變中的潤滑劑，使舊觀念和新事實相結合，儘量不使其脫節，儘量使之銜接……我現在特別要你們注意的是舊真理部分……對舊真理的忠誠是第一義。

在杜威看來，「一個人或一個社會的每一個問題的理性討論，必須使舊習慣、舊風俗、舊制度和舊信仰與新情況相銜接」[40]。我們提到過，胡適曾經相信歷史延續的重要，以及中西文化需要「有機地」融合。他因而似也附合詹姆士和杜威定下的原則。但令人沮喪的民國情況可能使他感覺到舊文化已無可救藥，因而使他改變「實驗者」的立場。他在一九一八年寫道：很明顯的，我們的政府充滿了貪官污吏，但我們仍然要歌功頌德[41]。至此，不再強調歷史之延續，而主張與過去

---

39 Max Milikan and Donald Blacker, *The Emerging Nations* (Boston: Little Brown, 1961), quoted in William McCord, *The Springtime of Freedom*, pp. 146-147; and I.R. Sinai, *The Challenge of Modernization*, p. 215. 這些作者皆涉及經濟現代化，但他們的結論與教育改革未嘗無關。

40 William James, *Pragmatism and Four Essays from the Meaning of Truth* (New York: Meridian Books, 1955), p. 51; John Dewey, *Intelligence in the Modern World: John Dewey's Philosophy*, ed. Joseph Ratner (New York: Modern Library, 1939), p. 452. 此兩段見 Jerome B. Grieder, *Hu Shih and the Chinese Renaissance: Liberalism in the Chinese Revolution, 1917-1937*, p. 118.

41 胡適，「易卜生主義」，〔胡適文存〕，第四集，頁九〇四；引見 Grieder, *Hu Shih and the Chinese Renaissance*, p. 94.

斷絕關係。傳統社會的支柱——家庭受到攻擊，因其養成「依賴性」。變局使所謂不變之道顯得荒謬[42]。他承認「道德」並非中國苦難之故，而是未能力行。他不曾說過仁、義、禮，以及其他主要的儒家德行本身，與現代西方國家在道德上和社會上毫不相干。

康有爲也批評儒家的道德傳統，僅是口說而不能力行。他將腐朽的中國傳統與值得保留以及與新形勢結合的傳統分開，以便在現代化過程中減少脫節，保持高度延續。我們可以想見，就這點說來，康有爲比胡適更像一堅持的實驗主義者。

第三節　戊戌政變之後

康氏對於革新教育制度的努力，雖未臻預期的效果，卽經由輸入新血而達到思想解放，但也並未完全徒勞無功。他的一些教育思想並未隨戊戌失敗而消逝，反而溶入拳亂後的改革計劃之中，特別是張之洞與劉坤一的計劃。他們在「江楚三摺」的第一摺中有云：

> 竊謂中國不貧於財而貧於人才，不弱於兵而弱於志氣。人才之貧，由於見聞不廣，學業不實；志氣之弱，由於苟安者無履危救亡之遠謀，自足者無發憤好學之果力[43]。

---

42 胡適，「實驗主義」，〔胡適文存〕，第二集，頁四三五—三六；引見Grieder, *Hu Shih and the Chinese Renaissance*, pp. 114-115, Grieder 有云：「在胡適的手裏，實驗主驗變成了反傳統的武器」。又云：「中國人對結合舊意見和新事實並不太感興趣，他們的目的乃是以新事實來打擊舊意見。反求過去的經驗，然而過去已大遭否定。卽使胡適的『超越一切價值』之說也不在銜接過去，而是為新開始的依據」。

43 朱壽朋，〔東華續錄〕（光緒），卷一六九，頁七。

此摺又謂泰西學校除了教學生「道」之外，另授有用之學，使習知中外時務。中國欲改善，必須要學習外國榜樣，革新教育制度[44]。

「西法」必須採用，在江楚第三摺中提出選擇性的西化：

> 今環球各國，日新月盛，大者兼擅富強，次者亦不至貧弱。究其政體學術，大率皆累數百年之研究，經數千百人之修改，成效既彰，轉相仿傚。美洲則採之歐洲，東洋復採之西洋[45]。

劉坤一與張之洞的其他建議更易採行：諸如選派大批學生留學，大量翻譯日本與西方國家的書籍以及設立農工學校[46]。其中一些辦法與康氏若干年前的建議甚爲相似。張劉二氏雖可能知道相似之處，卻強調他們的建議和康有爲的亂法絕對不同[47]。

戊戌政變後十年，張之洞和孫家鼐爲溥儀設立課程，包括四書、中國史、西洋史、明治維新史、以及憲政原則[48]。康有爲必然贊同此一課程。民國之後京師大學堂改爲北京大學，成爲新文化運動的中心、中國共產主義的搖籃。在二十世紀中，翻譯日本和西方書籍速度大增。過去對自然和應用科學的熱忱，轉變爲社會科學和人文學的興趣[49]，爲康氏在一八九〇年代所期望的。他

44 同上，卷一六九，頁八。上疏者繼籌劃出三三學制，並建議州縣設小學校，府設中學校，省城設高等學校。儒家經典、中國歷史、西學（法律、科學、技術等），皆需納入課程（同上，頁八—一〇）。

45 同上，頁二七—二八。

46 同上，頁二八—四一。

47 同上，頁四〇。

48 許桐華，〔張文襄公年譜〕，卷十，頁一〇以及編者識語。

49 Tsuen-hsuin Tsien, "Western Impact on China Through Translation," pp. 318-319. 作者指出一九〇二—四年之間，五三三種譯書中，人文科者佔百分之六〇點八，而科學方面僅佔百分之三一點五。

所倡導的其他教育改革，特別是設立學堂、開辦報館，以及組織學會，卻於一九〇一年設施行，對中國知識分子起了啟蒙的影響力[50]。

不過康氏的中心目標遠未達到。新教育大大貶低中國的傳統價值，且未能吸取有建設性的西方思想成果，而不是他所想像的融合中西，作為社會、政治和經濟改革的思想基礎[51]。許多知識分子被捲入文化的旋渦。由於膚淺的西化以及本土價值的式微，中國幾乎喪失自我認同。一個英國人在一九〇九年作了如下的觀察，似非故意的誇張：

> 中國基本上已改變了。以前是世界上最保守之國，而今似有許多的激烈改變。當我問一傳教士的看法，他說已離開中國三個月，所見可能已經過時，不足信賴[52]。

接著他預測儒教將亡：

> 西方思想甚是強勁，其控制自然界之力使其聲譽極盛……儒教必在西方物質主義之前衰亡。中國將失去其宗教、舊思想，而不能換取新的，在無限的痛苦與恥辱中徘徊，其罪惡可能帶給全人類[53]。

此有如末日的預言。所說顯然帶有傳教士的偏見。他希望中國能拒斥西方的科技，而擁抱基督教。當時很少中國知識分子會同意他（康氏即不會同意）。不過，後來的發展竟證明他的悲觀預言相當的正確。

---

50 有關學會可閱本書第六章，註71—79。

51 沈雲龍，〔現代政治人物述評〕，頁一—一〇，以及湯志鈞，〔戊戌變法簡史〕，頁五〇。

52 Gascoyne Cecil, *Changing China*, p. 4.

53 Ibdi., pp. 40-43.

我們懷疑在當時的情況，康氏希望經由教育改革以臻中西文化價值的綜合，會有實施的可能性。最重要的是中國文化本身的問題。長久以來，古代聖人的道理大都是空言，而不能力行。希望高官厚爵的士人當然讀過儒家經典，並據以作文。官員必尊崇聖人，以免不好的後果。但一般而言，儒學並不是一活生生的學說，能够指導知識界的言行。在一個僅僅一部分儒化的中國[54]，國魂面臨消亡。

至少在康氏生長的晚清時代，確是這般情況。慈禧太后像歷史上許多君主一樣，知道「帝國儒教」可作思想工具之用，不會遲疑不用。

李劍農說過，慈禧雖不會太注意儒家德行，她總是運用儒家德目中的皇權來對付他人[55]。李氏還可以進一步說，雖然她所應付諸人少能眞正力行儒術，雖然他們知道儒家德目不過是他的思想工具，但少有人敢公開懷疑其力量。一切似是在作僞，表面上依附傳統規矩，以及口頭上講究五常，並不足以證明此乃眞心服膺。傳統雖未盡亡，但士大夫之中少有眞正力行儒教德行者。少數的例外不能改變大局，到民國時代，這些少數也都消失了。名詩人徐志摩提醒人們，仁義禮智信猶如屍體，飄浮在污濁的人文之河上[56]。張君勱描述近百年來爲精神眞空時代，因中國思想在此一時期中沒有信仰，無論學者和羣眾都不能據之以生存和戰鬬[57]。

張氏責怪康有爲、胡適、和陳獨秀造成眞空。他坦白說，儒學和理學經十九世紀中葉迭遭攻

54 Kung-chuan Hsiao, "Legalism and Autocracy in Traditional China," pp. 108-191.
55 Li Chien-nung, *The Political History of China, 1840-1928*, p.99.
56 徐志摩，「毒藥」，〔志摩的詩〕，頁一四〇。
57 Carsun Chang, *The Development of Neo-Confucian Thought*, 2: 410.

擊之餘，已成僵屍，康氏乃是製造「眞空」的第一人[58]。

我們不敢說張氏對康氏的評論是公允的，卽使對胡、陳似也過分。「眞空」的形成乃是由於長久的歷史因素，早在康氏出現之前。他要改良儒學正是要挽救僞儒學之弊[59]。他力求把新生命注入式微的舊傳統，而不是摧毀舊傳統。要責怪他破壞儒學價值，無異責怪一個醫生未能救活垂死的病人。有一小羣的中國知識分子的確要埋葬儒學。他們（也許除了胡適以外）是不妥協的西化者，他們提倡「文化全錄」（cultural decalcomania），把近代西方文化全盤移植到中國社會中來。我們可以批評他們對待現代化問題，過於簡單，以及過於崇拜外國[60]。我們甚至可以責備他們加速文化的衰微（康有爲受到同樣的責備）。但是他們並沒有消滅中國道德傳統的能力。有生命的價值經由複雜的歷史因素積久而成，不可能一下子出現，也不可能被一小羣知識分子的激烈言論所銷毀。再者，其活力一旦消沉；少數人也不能立卽使其復甦。

中國的新知識分子爲新教育的製造者或成品，自覺或不自覺地捲入了文化衰微的過程。此一過程的速度與日俱增，他們對舊傳統的態度也日漸仇視，他們的「仇視」更加快了傳統的凋零[61]。

58 Ibid., pp. 410, 415. 張君勱以康氏無意，而胡、陳二氏有意。張氏在書中較前處曾說：「一小羣中國知識分子有意摧毀儒家傳統為害尤大。兩方面尤其顯著。一是陳獨秀導致共產黨的出現，另是作為杜威學生的胡適發明了打倒孔家店的口號且獲得一定的成功。」(Ibid., p. 6.)

59 參閱本書第三章第一、二節，以及第四章第三節。

60 Henri Baudet, *Paradise on Earth: Some Thoughts on European Images of Non-European Man*, p. 50.

61 參閱 Benjamin Schwartz, "The Intelligentsia in Communist China: A Tentative Comparison," in *The Russian Intelligentsia*, ed. Richard Pipes, p. 172.

這些知識分子已經有好幾代了。第一代是十九世紀和廿世紀的過渡人士，他們仍然植根於舊學，但由於關心本國的未來，使他們感到必須採取新思想。康有爲、梁啟超、嚴復等是這一代的著名代表。接著有廿世紀初留學的一代，他們之中許多人可說是近代中國最先「失落」的知識分子。這些人是康氏以及其他人所促成的新敎育之產品，雖然仍熟悉舊學，但對傳統道德和價值一般已不深信。胡適和陳獨秀卽在其中，雖然二人的思想並不一致。他們之後，年輕的知識分子對傳統文化知之甚鮮，對西方文明也不一定曉得很多——他們是五四的一代——「這些年輕人出身現代學校和大學。一大批具有現代頭腦的人給與他們同情並鼓勵他們去反對家庭」[62]。

鑄造此一代人的態度似有兩個因素。淸廷之倒臺不僅損及「帝國儒敎」的威信，同時造成動盪和不安，自易使民國時代的知識分子將政治、社會、以及道德上的毛病都歸罪於儒家。他們既把儒家視作中國文化的整體，自然會要求整個舊價值的激烈轉變。

另一直接影響到年輕一代態度的因素是新敎育的本身，比想像的要西化得多。民國政府成立不久，學校卽不要求研讀儒家經典，學生們全力致知於非中國的課目。到了一九二〇年代之初，

---

62 Bertrand Russell, *The Problem of China*, pp. 76-77. Martin Malia, "What is the Intelligentsia?" in the *Russian Intelligentsia*, p. 12. 指出了俄國的兩代知識分子。一八四〇年代的「父輩」們大都是鄉紳，而一八六〇年代的「兒輩」，則不擁有土地。「父輩」為俄國介紹了人文的大理想，和理性、自由、民主等，而「兒輩」則欲將理想予以實施。但是代溝發生了。「兒輩」們沒有「父輩」們那樣有安全感，以致不滿現實。中國與俄國的情況迥異，但前一代和後一代知識分子態度上的變化卻甚為相似。Tsi C. Wang, *The Youth Movement in China* 綜述自一九一一到一九二五年間青年運動領導人物的思想轉變。

不僅大學的教科書是外文書，教師們說明原理的例證也大都來自西方[63]。年輕的一代失去了獲得本土文化足够知識的機會[64]。未經深思地接受了民主與科學，不足以消除中國社會混亂之害[65]。從西方引來的自由主義雖籠罩學界於一時，但由於自由主義者不能製造他們所需求的機會，很快便過了時[66]。提倡移植西方頭腦到中國社會之軀中的胡適，被指責為「造成中國之病的毒素之一」[67]。

許多年輕一代之人由於失去共同思想和行動的標準，變成了「心理上和社會上失落的人」[68]。混亂的政局加深了他們的痛苦。他們在思想上感到迷惘，在情緒上感到挫折。茅盾曾寫道：「不知什麼是對的，整個世界變得太快，變得太複雜，太矛盾，實在令人感到迷失。」[69]

63 Y. C. Wang, *Chinese Intellectuals and the West*, p. 372 引自 *The Reorganization of Education in China* (Paris: International Institute of Intellectual Cooperation, 1932), p. 165. 此一巴黎出版品為一九三一年國聯專家代表團訪華的結果。以下一段也頗值得注意：「一個訪問者檢視一些中國大學有關歷史、政治、或經濟的課程，若他感到這些課程似乎是給留華的西方學生學習之用，或是給在西方留學的中國學生之用，我們不能怪他」（同上）。據筆者所知，在內陸省分，西化沒有這樣顯著。

64 參閱 Wang, *Chinese Intellectuals and the West*, pp. 378-421 述及現代教育使中國知識分子在「政治上十分軟弱」。

65 蔣夢麟，「談中國新文藝運動」，〔中國文藝復興運動〕（臺北，一九六〇），轉載於〔傳記文學〕，十一卷三期（一九六七年九月），頁一〇五。

66 Grieder, *Hu Shih*, p. 343.

67 Ibid., p. 359.

68 John Israel, *Student Nationalism in China, 1927-1937*, p. 1. 此書作者似乎過於強調中國知識分子對歷史的影響力：「在一個文盲眾多而政治環境十分傳統式的國家之中，受過教育的學者羣無異是『人民之聲』……學生示威不止一次地影響到實力軍人和政客的決策」（頁九）。但我們也可以說不止一次，他們並未被有實力者理睬，用Grieder之語，他們未能夠「製造所需的機會」，以使他們所想的付諸實施。

69 茅盾（沈雁冰），〔茅盾文集〕，卷一，「動搖」，頁一六三。茅盾借方太太之口說出。

道德上的痲木造成思想上的迷惘。茅盾描繪出無目標而僞善的知識分子：「每人都只顧目前……每人追求個人的好處……沒有道理，沒有目的，沒有原則。然每人所說的似乎都很好。」[70]此與舊時代人人說孔子一樣的好，又有何不同！

茅盾的判斷也許過於以偏蓋全。無人可以否認，在廿世紀的中國知識分子中有許多人眞誠地憂慮國家的前途，決不亞於上世紀九十年代的前輩。由於時代不同了，他們救國的辦法也大不相同。「選擇犧牲傳統文化以換得現代化的國家主義者，取代了希望現代化而毋須拋棄國粹的文化主義者」[71]。在這種情況下，康有爲想把「孔教」從低潮中激揚起來的努力，注定不會有效。但是要完全打倒過時的傳統之人也沒有成功。自由主義者要打倒一切舊的，倡導西方價值，但一大部分年輕一代的知識分子還沒有做好準備工作，還不了解他們所說的。造成本土傳統式微的傳統心態和行爲，不能够爲「民主」、「科學」、「自由主義」，提供生長的沃壤。若有和平和從容的時間，這些西方價值未嘗不能生根並逐漸生長。可是不僅沒有和平，也無時間。一九二〇年代之末，內戰暫時停頓，但外患卻日見顯著。到一九三〇年代後期，整個國家的生存都成了問題。在危急之時，不論中國和西方的價值，似乎都無關宏旨。迷惘和失望的年輕人亂抓主義，就像溺水之人亂抓可見的浮木一樣。馬克思主義由於具有肯定的教條，提供一種可資慰藉的信仰，同時也提供了一種新秩序的保證，對年輕人尤其有吸引力。比較而言，「維新主義」牽涉到過去，他

70 茅盾，「追求」，頁五—六。
71 此詞借自 Stuart R. Schram, *The Political Thought of Mao Tse-tung* (New York: Frederick A. Praeger, 1963), p. 6. 作者在此用於不同之上下文。

們並不熟悉；「自由主義」要求他們對每一事深思，而無一事可資保證；他們自然都傾向馬克思主義了。此爲「毛澤東主義」舖了路，終要消除所有的「封建」（傳統）文化、所有的「資本主義」（西方）文化[72]。

近有人說，像中國那樣的社會很難現代化，因爲傳統太強。「中國注定要比傳統之根較淺的國家難以獲得外國模式的好處」[73]。此一普遍認定的看法不是完全無理。不過，例外也是很顯著的。例如十九世紀的日本就是一很傳統的社會，但現代化卻有光輝的成績。從德川轉化到明治大致是由於當時傳統價值和建設性創新的結合之果。武士道以及當地的儒學爲「文明開化」提供了基礎[74]。

也許我們需要分辨活的和死的傳統。一個活的傳統在長時間中，每一代的人都能身體力行其價值。因此，一個社會維持其舊傳統的能力乃是其本身活力的指標，顯示社會中之人大都能關心

---

72 Richard L. Walker, *China Under Communism: The First Five Years*, p. 193 指出，商務印書館與中華書局自世紀之初所出版之書，有百分之八十六遭毀棄。自一九五一年元月至十二月，僅在上海一地，有二百三十七噸的書銷毀或售作廢紙。湖南省政府在湘潭焚毀一萬七千箱珍藏之書。在汕頭，搜三十萬册書焚之，火煙三月不盡，時在一九五五年的五月。燒書僅是共產政權消除國性的方法之一。我們不必接受「中國的馬克思革命完全接受世界共產主義」的說法，或謂毛澤東思想之起乃是「中國的俄羅斯化」。均見於 Guillan 之 *600 Million Chinese*, p. 27 以及第十七章。不過，很明顯的，作為一種學說或一種生活方式，共產主義是不適合中國的。我們難以接受「紅色中國乃是較帝制中國更加時髦，更加暴虐，更加有效」的說法（Amaury de Riencourt, *The Soul of China*, p. 264). H.A. Van Oort 所說，「就物質層次來看毛澤東主義和中國文化，毛澤東思想很顯然與傳統中國文化的菁華相衡突」（"Chinese Culture-Values, Past and Present" p. 34），則較近真相。

73 Michael Gasster, *Chinese Intellectuals and the Revolution of 1911*, pp. 246-247.

74 閱本書第八章第四節。

到眼前以外的事。在這種社會中，當環境迫使改變以圖存時，保守派（傳統為他們道德存在的根本）會扮演創新的角色。相反的，在一古老社會中，大部分人已不能掌握傳統。反對改變的並不是眞正出於希望維持式微的傳統，而是不願改變習俗，或者懼怕傷害到既得利益。傳統成了文化上的「餘痛」，自不能形成爲向上的動力。「保守主義」並不包括個人的信念，而常常被用作藉口。像這樣一個社會，不會有任何建設性的成果，無論是要發展一新社會秩序，還是要保存既有的社會結構。

此一情形似乎出現於帝制中國的末年和共和中國的早年。所有改革的努力都會受挫。胡適是一不可救藥的樂觀主義者，深信民主的生活方式和新文化，但在一九二六年之夏給徐志摩一信中，卻對他自己在現代化上所作的努力，有十分悲觀的看法。

> 究竟我回國九年來，幹了一些什麼！成績在何處？眼見國家政治一天糟似一天，……我們固然可以自我卸責，說這都是前人種的惡因，於我們無關，話雖如此，我們種的新因卻在何處？滿地都是「新文藝」的定期刊，滿地是淺薄無聊的文藝與政談，這就是種新因了嗎[75]？

胡氏在同年稍後又說，每一個制度在西方實行得好好的，一到中國就覺得乖異難行。

> 議會制度只足以養豬仔，總統制只足以擁戴馮國璋、曹錕，學校只可以造飯桶，政黨只可以賣身。你看，那一件好東西到了咱們手裏不變了樣子了[76]？

胡適及其自由主義者同道未能顯示有效的結果，迫使沒有耐心的知識分子們另尋其他的方

75 胡適，「歐遊道中寄書」（之四，與徐志摩；巴黎，一九二六年八月廿七日），〈胡適文存〉，第三集，卷一，頁七七—七八。

76 胡適，「歐遊道中寄書」（之五，與徐志摩；一九二六年十一月十四日），〈胡適文存〉，第三集，卷一，頁八五。

向。其中的一些人投向「無用的過激主義」[77]。當「孔丘、朱熹的奴隸」事實上已被消滅之時，「馬克思、克洛泡特金的奴隸」應時而生，並不值得驚異[78]。康有爲的改良主義和胡適的自由主義都未能達到他們預期的目標。不過，人們會覺得康氏診斷中國之病的藥方要比胡適的正確。康氏認識到文化衰微的症狀，並思加以緩和。而胡適未能見到「孔家店」已無多少顧客，要打倒它，無異是打一死老虎。

第四節　作爲改良派的康有爲

康有爲是戊戌變法的設計人，當然要負失敗的責任。半世紀來，不同的作者對他作了各種各樣的抨擊。反對變法者的論調明顯有偏激，毋需加以分析[79]。不過，簡略地檢視其他評論者的看法，或可幫助我們對改良者康有爲作一公平的評價。

[77] Gasster, *Chinese Intellectuals*, p. 243. Joseph A. Schumpeter 在不同場合用這些字。他在談到一九〇五年俄國的情況時說，「正因為社會結構的基本穩定，知識分子知道不可能用正當手段成功，乃走向不擇手段的過激主義，走向罪惡的暴亂。他們所為的過激主義毫無達到目的的可能性，是謂無能的過激主義。」(*Capitalism Socialism, and Democracy*, p. 328).

[78] 胡適，「我的歧路」（一九二二），〔胡適文存〕，第二集，卷三，頁一〇二。

[79] 蘇輿，〔翼教叢編〕，收集了當時的一些反變法文章。主張革命者自然也不會說康黨的好話。例如章炳麟譴責康氏有不軌存心，以及「戊戌新黨」不講品德，不過他甚讚譚嗣同和楊深秀為勇者（「駁康有為論革命書」，〔太炎文錄〕，卷二，頁二九—三〇；「箴新黨論」，〔太炎文別錄〕，卷一，頁二四）。

康氏的計劃未加深思而冒然倡行，一直被認爲是變法運動失敗的主因。最近一位作者指出，康氏未能理解到理想和社會力之間的關係，爲其最大缺陷[80]。另外一個作者說，康氏的建議不可能實施，因他完全低估了這一工作的困難性[81]。更有甚者，康黨沒有實際的政府經驗，迷於不切實際的理想，要求太多，冒然躁進，因而遭遇到強大的抵制和反感[82]。

一些康氏同時代的人則認爲他的策略損害了他的使命。英國駐華公使麥唐努（Sir Claude M. MacDonald）在戊戌政變後評論道，這個明正言順的變法爲康氏及其同道不聰明的行動所毀[83]。同情康氏及其變法的李提摩太一再勸導改良派不要「操之過急」[84]，並在九月政變後感到他們未經深思熟慮而遽廢已行制度，覺得遺憾[85]。赫德（Robert Hart）在與莫斯（H. B. Morse）的通訊裏，表達了如下的感想：

> 光緒皇帝所走的路是對的，但他的顧問康有為等人沒有經驗，他們簡直是因好心而扼殺了進步。他們可說是因狼吞虎嚥而死，不知消化，想要在三個月內喫三年的食糧[86]。

---

80 Andrew T. Roy, "Modern Confucian Social Theory: Social Change and Its Concept of Change," p. 126.

81 陳恭祿，「甲午戰後庚子亂前中國變法運動之研究」，〔文哲季刊〕，頁四八六。

82 陳恭祿，〔中國近代史〕，卷下，頁四八六。

83 *London Times*, Nov. 23, 1898 引述 Sir Claude McDonald 之語。

84 W.E. Soothill, *Timothy Richard of China*, p. 242.

85 〔萬國公報〕，十二卷，一三五期，頁二，報導了李提摩太在廣學會十二週年會上的講話。

86 H.B. Morse, *The International Relations of the Chinese Empire*, 3:155. 此信寫於一八九八年十月二十四日。F. L. Hawks Pott, *A Short History of Shanghai*, p. 145 也引用這封「致友人」的信。

巴銳士福（Charles Beresford）於一八九八年九月下旬訪問康有爲後說，康氏雖是一愛國者，他之失敗因爲搞錯了方向以及操之過急[87]。古德雷區（Joseph K. Goodrich）於一九一一年曾寫道：

> 康有為不是一個政治家，實是光緒皇帝以及全中國的不幸。假如康氏的謹慎能像他的熱情那樣，他也許能在十三年前展開維新，早就帶來了「未來的中國」……但是他的熱情誤了他自己以及他的皇上[88]。

幾年之後，莫斯又報導「外國輿論大致贊同康有爲的計劃，但譴斥他的冒進」[89]。值得注意的，是與康氏同時代，並持有相同觀點的中國人[90]。嚴復的批評，是最嚴厲的。嚴氏在早年像康一樣熱心變法。但於一九二二年，他責怪康梁的魯莽滅裂實在導致清廷的傾覆。假如他們有點耐心，等到慈禧太后死去，使光緒皇帝擁有一致的權威，再逐漸變革，則結果將完全不同[91]。即使是積極參與戊戌一事的康廣仁，也認爲他的兄長變法野心太大，熱情太多，並勸他早日離開情勢險惡

---

87 Charles Beresford, *The Break-up of China*, pp. 194-195.

88 Joseph K. Goodrich, *The Coming China*, pp. 92-93.

89 Morse, *International Relations*, p. 154. 本書第六章論及百日維新。

90 如閱劉坤一，「復馮莘垞」（一八九八年十一月三日），〔劉忠誠公遺集〕，「書牘」十三；翦伯贊等編，〔戊戌變法〕，第三冊，頁六三四；費行簡，〔慈禧傳信錄〕（翦伯贊等編，〔戊戌變法〕，第一冊，頁四七六）；匿名，「康有為論」，〔新聞報〕（上海，一八九八年十月十二日），以及〔國風報〕（一八九八年十一月五日）（翦伯贊等編，〔戊戌變法〕，第三冊頁三六八—三七一）。

91 嚴復，「與熊純如書」，〔學衡〕，第八期（一九二二年八月）；節錄於翦伯贊等編，〔戊戌變法〕，第二冊，頁六〇〇。

92 康廣仁，「致（何）易一書」，引自丁文江編，〔梁任公先生年譜長編初稿〕，頁五八。參閱康有為，〔自編年譜〕，頁二二。

的北京[92]。約略同時，梁啟超也勸說康氏暫停變法，先從事教育工作[93]。

批評康氏操之過急未嘗無理。他的確是要求廣泛而快速的變革。他不切實際地妄想在幾個月內「綱紀一變」，在幾十年中達到永久的轉變[94]。他告訴皇帝「能變則全，不變則亡，全變則強，小變仍亡」[95]。小變顧小失大，徒勞無功[96]。據此，康氏一派提倡許多大規模和有長遠影響的措施。他們相信這些措施是必須的，並不是不合理的[97]。他們並不是獨具此見。與變法運動無關的文景（Wen Ching）在戊戌之後有謂：「在不徹底的改革無效以後，一羣新興的改革者採用大膽和全面的舉國維新，目標不在增加一些新的衙門，而是要植下大樹之根。」[98] 威廉士（E. T. Williams）給與康氏的努力一部分的贊許。他寫道：「戊戌當年每一改革都是可行的，為國家的現代化作了高瞻遠矚的計劃，但在實行之際，速度太快，技巧太缺。」[99]

康氏心急因為他怕西方列強和日本即將瓜分中國。他的恐懼並非完全無據。拉托雷（Kenneth Scott Latourette）在評論馬關條約時有謂，「列強馬上開始要求租界，建立勢力範圍，此一情形

93 梁啟超，「與康有為書」（翦伯贊等編，〔戊戌變法〕，第一册，頁五四四）。
94 康有為，「上清帝第一書」（一八八八秋）（翦伯贊等編，〔戊戌變法〕，第二册，頁一二九）。
95 康有為，「上清帝第六書」（一八九八年元月二十九日）（翦伯贊等編，〔戊戌變法〕，第二册，頁一九七）。
96 康有為，「敬謝天恩並統籌全局摺」（一八九八年元月十九日）（翦伯贊等編，〔戊戌變法〕，第二册，頁二一五）。
97 此論見於未署名之「論中國變政並無過激」，〔知新報〕，第七四、七五、七六期（一八九九年十二月十三、廿三日），收入翦伯贊等編，〔戊戌變法〕，第三册，頁二九〇—三〇四。〔知新報〕在澳門發行，起自一八九八年初，停刊於一九〇〇年末，為維新運動機關報。
98 Wen Ching, *The Chinese Crisis from Within*, pp. 29-30.
99 E. T. Williams, *China Yesterday and Today*, p. 415.

大似一八八〇年代與一八九〇年代的非洲，爲歐洲各貪心的政府所分割」。「中國獨立與領土完整的前景，實甚暗淡」[100]。蔔塞爾（Victor Purcell）則提醒大家注意西方列強與日本在中國的領土爭奪。他寫道：「中國很可能被分割，德、俄、法、日、甚至『新興』的義大利，像兀鷹一樣在中國之屍上大啃。」[101]

康氏據公羊三世之說，在哲學上原是一漸進主義者。在一八九八年前不久，他申言制度的改革需採溫和的方式，不應該強行或遽行[102]。事實上，他經過廿年才覺悟到非徹底改革不足以救中國[103]。以前有限的改革的不足與無效，已被證實[104]。除了最後「孤注一擲」，他看不出還有別的辦法，於是乃想愈快愈好。

一位英國觀察家的意見是，使中國政治制度改觀是一「不可能的改革」，但有鑒於「當前的道德情況」，改革法制、幣制等是「可以行得通的改革」[105]。以後的事實發展顯示，不論是全面

---

100 Kenneth Scott Latourette, *A History of Modern China*, p. 88.

101 Victor Purcell, *The Rise of Modern China*, pp. 15-16. 應還記得美國國務卿海約翰為免中國瓜分，於一九〇〇年七月三日發表「門戶開放」政策，宣布美國願保持中國領土與行政的完整。

102 康有為，〔春秋董氏學〕，卷六下，頁三二。

103 他自一八七九年起研讀西書；於一八八二年他盡棄舊見，並決心致力於中國的轉變（〔自編年譜〕，頁五，六）。

104 Immanuel C. Y. Hsu, *The Rise of Modern China*, p. 423：「自馬江敗後，有限改革之不足已甚明顯。甲午戰敗證實自強運動失敗。」Wen Ching 於七十年前即指出，自強運動沒有成就，見本章註98。李鴻章與伊藤博文於一八九五的對話十分露骨。伊藤說：「十年前在天津時，與大學士談及變法。為何至今未改一事？」李答稱：「當我聽你所說，十分欣佩，尤佩你能大變日本習俗，以至有成。而我國之事囿於傳統，我實不能完成所願見的改革。」(Teng and Fairbank, *China's Response to the West*, p. 126.) 李氏未能完成改革，應責怪的是愚笨無能，而非傳統。

105 F.S.A. Bourne, "Possible and Impossible Reforms," p. 4.

的改革，還是一點一滴的改革，是快的，還是慢的，對國家物質建設都沒有帶來好處。到一八九〇年代之末，帝制已敗壞到不可救藥的地步，不久就被革命運動所推翻[106]。任何的改革都已不可能，批評康氏太具野心、太急躁者，實在都未中肯。

康氏知道變法並不容易。他知道皇帝無全權，所以告訴他盡力而為[107]。一個日本作者嘲笑康有為希望借上諭來掃除「三千年的積垢」[108]。這一批評意指他把希望寄托在一個無權無能的皇帝身上[109]，「一個沒有經驗的弱者」[110]，「一個有病而帶憂鬱的年輕人」[111]，笨到想向慈禧太后的大權挑戰[112]，太后的大權乃是三十年的積威。無人能依賴這樣的一個皇帝，來執行廣泛的變法計劃[113]。

康氏對光緒皇帝的看法並不相同，他一再說皇帝為「聖主」[114]。一位在西方受教育的滿洲女子德齡有很多機會就近觀察皇帝，發覺他是「一極為聰明而記性極好之人」[115]。皇帝於一九〇三

---

106 蕭公權，〔翁同龢與戊戌維新〕，頁一四三。
107 康有為，〔自編年譜〕，頁一九。
108 宮崎寅藏，〔三十三年の夢〕，頁一四四。此評並不公平，因康尚求其他途徑維新。閱本書第六章第三節。
109 P. Leroy-Beaulieu, *Awakening of the East*, p. 278.
110 Morse, *International Relations*, 3:153.
111 S.L. Tikhvinsky, *Dvizhenie za reformy v Kitae v kontse XIX veka Kan Iu-wei*, p. 231, 引用俄國部長給外交部的報告（一八九四年十一月十二日）。對年輕皇帝的另一看法，請閱蕭公權，〔翁同龢與戊戌維新〕，頁五六—五七。
112 Tikhvinsky, *Dvizhenie za reformy*, p. 282. 引 *London Times*, Nov. 23, 1898.
113 錢穆，〔國史大綱〕（六版，臺北，一九五八），頁六四九。
114 如閱康致劉坤一函（一九〇〇秋）（康同璧，〔南海康先生年譜續編〕，頁一一—一二）。
115 Der Ling, *Two Years in the Forbidden City*, p. 374. 須知翁同龢對他皇帝學生的聰慧，印象深刻（閱〔翁文恭公日記〕，卷一五，頁三二；卷一五，頁七六；卷一六，頁二；卷一八，頁五二；卷一九，頁九八；卷二三，頁一〇一。

年對德齡說的話，可以看出他對政治情況有正確的認識：

> 我有很多發展這個國家的想法，但由於我不能自主，以致無法實現。我不以爲太后有足夠的力量來改變中國的現狀……想要改革恐怕還需要很長的時間[116]。

光緒皇帝雖不如康氏所說的「聖明」，似也不愚笨。

且不論皇帝的素質，康有爲除了靠皇帝來從事全國的改革外，實在別無選擇。光緒乃是一合法的最高統治者，又全心贊助康氏的思想。太后有實權，她所許可的有限改革雖然失敗，仍然不喜康氏的變革。在此可以指出，康氏並未全賴上諭；他還覓求其他辦法來助成變法。辦法之一就是倡導「學會」。最重要的例子是一八九五年在北京創立的「強學會」[117]。他希望這些學會能夠激發學者行動，爲變法造成新的支援。但是強學會以及其他學會的行動，不能替代政府的決策行動。

有些史家像康氏一樣相信：假如光緒皇帝確實掌握國家的命運，戊戌的結果會大不相同。當然，這會帶來好的結果，但是否定康氏所預期的，實難決言。在現代化的道路上，仍有許多難以清除的障礙。在此僅舉一端：當變法在政治、經濟、和教育制度上有了重要的變革時，其中要有相當多有才識、且有擔當的人來執行這些變革。光緒皇帝（或康有爲）從那裏去找這些人？康氏曾建議皇帝不顧仕進的正途，進用低級官員來推行改革[118]。但是問題仍然存在：在一士氣極爲低

---

116 Der Ling, *Two Years in the Forbidden City*, pp. 190–191.

117 Kwan-wai So (Su Chun-wei), "Western Influence and the Chinese Reform Movement of 1898," pp. 251-252. 蘇氏尚提到導致變法失敗的其他因素。康氏對强學會的說法見〔自編年譜〕，頁一三—一四。

118 康有為，〔自編年譜〕，頁一九。

落的政府中，又如何保證能徵調足夠有用之人？十一世紀的中國大變法家王安石，獲得宋神宗充分的信任，仍覺難以獲致足以信賴的官員[119]。在一九〇一年之春，張之洞與劉坤一上奏，提出拳亂後的改革計劃。榮祿在看過奏摺後說，建議雖好，但無人能行之[120]。我們難以知道榮祿在說這些話時的想法。僅從字面上看來，確是指出推行新政的嚴重障礙。

阻礙新政更嚴重的是沒有希望的政治結構本身。我曾在別處寫過這樣的一段：

> 皇朝體系——充斥着個人恩怨與黨派衝突、苦於行政的無能與腐敗，加上接踵而至的內憂外患，——正一步步地走向崩潰的末路。它無法提供有利的條件來完成任何對自身有積極利益的事；變法這劑特效藥無補於垂死的王朝……一個高貴的理想注定要變成爲一個失落的目標[121]。

在戊戌變法時扮演次要角色的張元濟，在五十年後回憶道：「當時我們這些人要藉變法來挽回我們的國運，到後來才知道是一個夢想。」[122] 康有爲在晚年作其「天游」之時，必定有同樣的想法。「天游」者，乃是一種白日夢式的漫想，他漫想已往的歲月，豈不眞是「南柯一夢」[123]？不過，不嘗試而失敗，總不能與經嘗試而失敗相比。這種想法也許會給他一點安慰。

---

119 James T.C. Liu, *Reform in Sung China: Wang An-shih (1021-1086) and His New Policies*, Chap. 4 討論到官僚政治不符儒家標準的問題。

120 許同莘，〔張文襄公年譜〕，卷七，頁二〇，編者注。

121 蕭公權，〔翁同龢與戊戌維新〕，頁一四一。歷史家們對變法失敗提供各種不同的因素。如閱 Hsu, *The Riseof Modern China*, pp. 530-536. 黃大受，〔中國近代史〕，第二册，五九一—五九八；以及Tikhvinsky, *Dvizhenie za reformy*, p. 343.

122 張元濟，「戊戌政變之回憶」，張氏談話錄載〔新建設〕，一卷三期（一九四九年十月六日），收入翦伯贊等編，〔戊戌變法〕，第四册，頁三二九。

123 閱本書第二章註[85]。

第四編　大同理想

第十章　到大同之路

第一節　思想的層次和階段

康有爲的社會思想有兩個層次。一個是關注實際事務，在晚清時冀圖挽救帝國危亡，在民國時抨擊風雨飄搖的政局。另一個是神馳於理論與想像的領域，超脫現實。康氏常來往於兩層次之間，有時同時立足於兩層次。他可說是扮演了雙重角色：實際的改革家與嚮往烏托邦的思想家。

有人說康氏自謂其學三十歲時已成，不求再變[1]。此說與事實不合，康氏一生中不止一次轉變[2]，但就其社會思想而言，則非無據。綜觀其著作，凡涉及人和社會的基本信念，見諸於一八

1　梁啓超，〔清代學術概論〕，頁一四九。

2　錢穆，〔中國近三百年學術史〕，頁六三四—六六二，六八九—七〇九；蕭公權，〔中國政治思想史〕，第五冊，頁七〇四—七一〇（聯經版，頁七三一—七三六）；Kung-chuan Hsiao, "K'ang Yu-wei and Confucianism," pp. 136-162；本書第三章第四節。

八〇年代的，歷久不變[3]。惟當親身經歷證實不可行時，仍適應時勢，突出可行者，擱置不可行者。是以，他來往於不同的思想層次。他的思想也因而有不同的階段。但一階段與另階段之間並不是眞正的思想發展，而是不同思想層次的轉換。

有幾個階段顯而易見。在一八七八—八四之間，經過研讀儒家經典、佛典、中國制度、西書之後，得以獨立思考，奠定了他的社會思想初基[4]。他在兩部未刊稿——〔實理公法〕和〔康子內外篇〕[5]——中，提出了他的思想綱要。於此處女作中，他特別關懷道德價值與社會關係。在此時他並不注意實際事務，而注意他所信仰的「眞理」和「原則」。他尚未能建立烏托邦之說，但他的烏托邦理論的最早基石於此奠立。

到一八八八年，他開始要求政府注意變法，遂暫時中止空洞理論的追求[6]。自此之後直到戊戌之秋，他日益捲入變法運動，至「百日維新」達到高潮。在這段時間內，他當然還有其他的活動，如爲一小羣年輕學生講課，以及重新評價儒學[7]。但在追求普遍眞理上，至少是暫時停頓下

3 這個固執部分可能是由於他不尋常的自負（見本書第二章第一節）。

4 康有為，〔自編年譜〕，頁四—六。

5 康氏在年譜中稱前書為〔人類公理〕，見〔自編年譜〕，頁七，八。康氏在〔自編年譜〕中提到的〔萬身公法〕、〔人類公理〕、及〔實理公法〕，可能都是〔大同書〕（一九〇二）的草稿。參見 Kung-chuan Hsiao, "K'ang Yu-wei and Confucianism," pp. 106-115. 及本書第三章第二節。

6 一八八八年底，他給清帝上了一通很長的奏摺，一般稱為「上清帝第一書」，收入翦伯贊等編，〔戊戌變法〕，第二冊，頁一二三—一三一。

7 即〔新學僞經考〕，一八九二年着手撰寫，一八九六年完成，及一九〇一—一九〇二年間對各種儒家經典所作的一些評註。見〔自編年譜〕，頁一〇，一一，一四；及康同璧編，〔南海先生年譜續編〕（以下簡稱〔年譜續編〕），頁一二—三三。

來。

變法失敗之後，他流亡外國乃得機以重續一八八八年中斷的思想路線。至一九〇二年，他完成了烏托邦理論著作——即「大同書」[8]。有鑒於書中某些思想的深遠影響，他暫不印行，直到一九一三年才在「不忍」雜誌上刊載前三部[9]。他在一九一九年重刊此三部，並另寫一短序和三首詩，可見他一直認爲他的大同理想是有價值的[10]。

同時，他有另一個方向。一九〇三年的「官制議」顯示他對實際事務感興趣的第二階段[11]。他撰述了一系列論述中國當前問題（一九〇三—一九一二）的文章，其中可述者有「物質救國論」（一九〇五）；「中國顛危在全法歐美而盡棄國粹說」（一九一三）；「中國還魂論」（一九一三）[12]。康氏此時從烏托邦的高峯走下來，回到與上個世紀末馮桂芬、王先謙、張之洞等人一樣的立場[13]，即中國的未來有賴於西式的工業化，以及固有精神文明的保存。

---

8 「年譜續編」，頁二二。

9 全書一直沒有出版，直到一九三五年，即康死後八年才梓行。

10 第二首詩的結尾兩句如下：「大同猶有道，吾欲度生民。」他在序言中說：「吾年二十七，……著「大同書」，以為待之百年，不意卅五載而國際聯盟成，身親見大同之行也。」此兩詩及序言見一九三五年版，但在北京一九五六年版及臺北一九五八年版中均被刪除。

11 「年譜續編」，頁三四。康氏此書於一九〇一年著成，一九〇五年由上海廣智書局出版。此書的部分，曾在梁啓超主編的「新民叢報」上刊載（一九〇二—一九〇三）。

12 「物質救國論」係一九〇五年康氏在洛杉磯時所撰。曾收入「歐洲十一國遊記」作為附錄，一九一九年成書印行（上海：長興書局）。「中國顛危在全法歐洲而盡棄國粹說」，載「不忍」，第六、七期（一九一三年七月、八月）。「中國還魂論」，載「不忍」，第八期（一九一三年十一月），頁一—八。

13 馮桂芬，「校邠廬抗議」（一八六〇）；王先謙，「復畢永年書」，收入蘇輿，「翼教叢編」（一八九八），卷六；張之洞，「勸學篇」（湖北官書局版，一八九八）。此書部分由 Samuel I. Woodbridge 譯成英文，題為 *China's Only Hope* (Edinburgh and London: Oliphant, Anderson and Ferrier, 1901).

戊戌以後的政局對康有為打擊甚大，他的救國努力一再遭到挫折，終感心灰意冷。他乃逐漸漠視迷惘的世界，而轉向超脫的領域，甚至超越「大同」。至此，他不再是一社會思想家或烏托邦思想家，而扮演了「無邦」(outopia)[14]的先知角色。無邦乃是一「無何國」，其中完全沒有道德價值和人際關係的牽掛。假如康氏晚年的〔諸天講〕(撰於一九二六)[15]可說是烏托邦之書，則照曼畝福(Lewis Mumford)的說法，那是「逃避的烏托邦」(utopia of escape)，而不是「重建的烏托邦」(utopia of reconstruction)[16]。

第二節　世界化與西化

晚清知識分子對西方文明的衝擊大致有三種反應。保守派不認為中國傳統有何問題，且完全厭惡效法夷學[17]。另一極端派是認為中國傳統一無是處，要無條件地西化[18]。在這兩派之間有兩

---

14 Lewis Mumford, *The Story of Utopias* 序言：「utopia 來自希臘字 "eutopia" 意即好地方，或 "autopia" 意即沒有這地方。」

15 一九三〇年自印本。羅榮邦博士惠贈一份這本迷人的書及〔自編年譜〕和〔年譜續編〕，僅此致謝。此書部分內容的討論，參見Kung-chuan Hsiao, "K'ang Yu-wi's Excursion into Science," in Jung-pang Lo (ed.), *K'ang Yu-wei: A Biography and a Symposium*, pp. 32-45.

16 Lewis Momford, *The Story of Utopias*, p. 15 指出，「逃避的烏托邦」是「讓外在的世界保留原樣」；而「重建的烏托邦」則是「設法改變外在的世界，以便按自己的條件與它交通」。〔大同書〕便是這種意義下的「重建的烏托邦」。

17 倭仁最能代表這種觀點。見Document 19, "Wo-jen's Objection to Western Learning, 1867," in Ssu-yü Teng and John K. Fairbank, *China's Response to the West*, pp. 76-77.

18 何啓與胡禮垣接近這種態度。見所編〔新政真詮〕，尤其是「前總序」及「曾論書後」。

羣人，一大羣人多少感到「中國之學」有些問題，乃建議一部分的西化[19]；而一小羣人認爲中西之別僅是表面的，因此變革過時的政治、經濟、教育制度不是西化，而是世界化——不過是把中國文化提昇到世界共同的水平[20]。這種說法有說服性，因實在與宋儒所說天理相通、四海同心[21]一樣。今日的政治家也說，「文明人的理想是相同的」[22]。不論主張世界化之人的動機及基本信念是什麼，他們在中國思想史上有相當的重要性。因他們有意或無意在作思想上的綜合。他們對西方文明的瞭解有限，自不免粗疏浮淺。但在社會思想領域內，他們畢竟要比純傳統派和西化派體面得多。

康有爲社會思想的一面，以及其一生中某些時刻，可歸入上述最後一小羣人之中。事實上他可說是這羣人中的翹楚。當然在另一方面，康氏必須被稱作「半西化派」。不過作爲「綜合」者的康有爲，才使他青史留名。

西方對康氏的衝擊頗值注意。此一衝擊不僅決定他社會思想的形態，而且導致他用西學來重

---

19 Ssu-yü Teng and John K. Fairbank, *China's Response to the West* 摘錄了不少主張部分西化論者的著作。

20 如湯震卽接近這種態度。照湯氏的看法，「西人的政敎制度大體基於〈周禮〉，而科技則源於先秦諸子」（〈危言〉，卷一，頁一一）。

21 陸九淵（象山，一一四〇—一一二五）。引自 Fung Yu-lan, *A History of Chinese Philosophy*, 2: 573, 574.

22 聯合國秘書長 U. Thant 語（載 *NEA Journal*, National Education Association, Washington, D.C., July 1962）：「似乎有一種假定，說東方有一個文明，西方亦有一個截然不同的文明，因此，在不同地域間的人民，不可避免地會有緊張或衝突的關係。我認為這種觀念是錯誤的。一個文明的緬甸人和一個文明的美國人，並沒有什麼根本的差異，但兩者與其較不文明的同胞間則有很大的差別。任何地方的文明人都具有共同的理想，這些理想是他們聯合在一起的力量。」

估他所熟知的本土文化。康氏的思想歷程實在開啟了一個歷史趨勢；此一趨勢的結果為導致二十世紀前半葉一連串思想變遷的第一步。

康有為二十歲時開始與西方文明有所接觸。在一八七九年前，他的思想領域未超過儒學、佛學、及道家之書。但自這一年以後，他開始閱讀「西書」[23]。一本西書中說到紐約、華盛頓、倫敦和巴黎的政治、社會、及物質情況，必然引起他的好奇心。不久他訪問了香港，對他印象十分深刻，證實了他在西書中所讀到的。至此他乃熱心搜讀西書[24]。一八八二年在上海時，他買了大批的西書，舊觀念盡改。改變後的一個結果是放棄應試，以便全心致力於「新識深思」[25]。他之棄古文經而從今文經也可能由於熱心西學之故。遲至一八八〇年他仍信奉古文經，並為文攻訐今文經一名著的謬誤。但不久自認錯誤而罷。〔新學偽經考〕於一八九一年出版[26]，顯示此一轉變。同時他演繹自己的社會思想。在一八八五—八七年撰述了上文提到的兩部未刊稿，他不再是

---

23 包括林樂知（John Young Allen）等所編，〔西國近事彙編〕，主要是翻譯外國報紙的新聞紀略。李圭，〔環遊地球新錄〕，一八七八年出版，有直隸總督李鴻章序。這本四卷的書有三個主要部分：㈠「美洲紀略」，講述一八七六年五月十日至十一月十日，在費城舉行的百年紀念萬國博覽會；㈡「遊覽隨筆」，報導他遊歷所經的費城、華府、哈特福（Hartford）、康乃狄格（Connecticut）、紐約、倫敦和巴黎；哈特福中國留學生及舊金山中國移民的狀況；蘇伊士運河的歷史；與一位外國討論商人在外國居留的問題；西方國家的生活等。㈢「東行日記」，記述他取道日本赴美的旅程，藉一張世界地圖來說明他的行程。此書收入汪錫祺輯，〔小方壺齋輿地叢鈔〕（上海：一八七七—九七），第十二帙，頁七八—九〇，九一—一二五，略有更動。

24 〔自編年譜〕，頁五。

25 〔自編年譜〕，頁六。次年（一八八三），他買了一些〔萬國公報〕，並認真的研習數學、自然科學、西方各國歷史、及外國遊記。

26 〔自編年譜〕，頁五，一〇。

「最後的儒者」[27]，卽使他後來仍然維護他所了解的儒教。

從一八八〇年代初到一九〇〇年代，他對西方文明的態度似有多次轉變。最初，由於驚羨西方科技和制度的成就，康氏傾向西化少有保留。他不曾提倡過拋棄中國傳統，但事實上力求改變它。改變一部分經過撰述〔實理公法〕與〔康子內外篇〕，提出不從習尚的思想。

錢穆曾說，康氏重詁儒學實際上是「用夷變夏」[28]。此說有其見地。不過必須強調，康氏含蓄地附和西方思想並非要西化，而是認爲中西有共通之處。儒家本身也可贊成此說。天下的觀念卽有普及的意思。其他如聖王不分內外，以及天下大同等觀念，都爲此說提供了實例[29]。此種古典看法實是理學家所說天理相通的捷徑。康氏熟悉儒家經典和宋儒之學，自易獲致眞理不分內外的結論。作爲社會思想家，也就只講究制度和價値是否符合共同標準，而不必論本國或外國了。從此一立場出發，他自然拒斥某些不可接受的中國制度和價値，而把西方思想納入其普及的思想架構。

康氏深入儒家傳統，經西潮初度衝擊之後，卽有此新的思想立場，値得注意。他的某些思想開了一九二〇年代和一九三〇年代的先聲，特別是社會主義思想和有關民主與科學的思想。不過仍有異同。後來的過激思想家對中國傳統所知甚少，所以不惜打倒「孔家店」[30]，一心西化。而

---

27 Lin Mousheng, *Men and Ideas*, p. 215.
28 錢穆，〔中國近三百年學術史〕，頁六六〇。
29 Chiang Monlin, *Tides from the West: A Chinese Autobiography*, p. 75.
30 See Tse-tsung Chow, "The Anti-Confucian Movement in Early Republican China," in Arthur F. Wright, *The Confucian Persuasion*, pp. 288-312; Andrew T. Roy, "Modern Confucian Social Theory," Chap. 4; and Kung-chuan Hsiao, "K'ang Yu-wei and Confucianism," p. 206. 參閱本書第四章。

康氏要用普及的方式來綜合，而此方法亦植根於儒家傳統。

康氏並非獨自發現普及的方式。當時熟習中國傳統而同時接觸到西方的思想家，也都想彼此影響以達到中西相通之域[31]。較康氏年輕一代的蔣夢麟，在美當學生時，正值日俄戰爭之後，對他自身的思想經歷有這樣的描述：

> 我開始了解東西方的整體性，同時也更深切地體會到宋儒陸象山所說的：「東海有聖人出焉，此心同，此理同。西海有聖人出焉，此心同，此理同。」……孟子和陸象山告訴我們，做學問要抓住要點而捨棄細節，要完全憑我們的理智辨別是非。於是我開始發展以理解為基礎的判斷能力，不再依賴傳統的信仰[32]。

康氏研讀「西書」後顯然也有相似的經歷，不過他所獲致的「理智」促使他在社會思想上比他同時代的年輕人，作更勇猛的試驗。不管如何，康、蔣二人都是「世界主義者」，而非「西化者」[33]。

就康氏而論，此一「世界化」階段使他不僅批判中國傳統，同時也批判西方文明。此一轉變可見之於一八九八年以後流亡國外期間的著作中。直接觀察西方社會使他得到較親切的體會，即使他的了解並不一定正確。就近觀察消除他對西方政治和社會的膜拜心理，但也增長他對西方物

---

31 Chiang, *Tides from the West*, pp. 43-44. 幾年以前，王韜即已指出人類思想與文化基本的共同點。見「原仁」及「原道」，收入〔弢園文錄外編〕，卷一，頁四—五及頁二。

32 Chiang, *Tides from the West*, p. 62.

33 他們的立場因而與德川以後的日本「第一代知識分子」有別，後者被認為是「盲目地跳進」西方「進步與侵略性的文明」而且「盲目地學習」。Makato Oda, "Third-Generation Intellectuals", pp. 101-106. Oda 是東京大學的學生。

質文明的欽羨。在二十世紀第一個十年中所完成的兩部著作，可見此一轉變。在一九〇二年的〔大同書〕中，他蓄意譴責中西兩方面的基本制度——諸如國家、家庭、和私有財產，但指出科技的進一步發展爲人類獲得極樂境界的基礎[34]。在一九〇五年寫的長篇〔物質救國論〕中，強調西方之強全在物質文明，而中國之弱全在缺少現代科技，故中國求生存、求強大的唯一途徑，乃是採用西方技巧，以及保存自己的精神文化[35]。據此，他在民國初年，大力倡導以儒教爲國教[36]，呼籲國人不要「全盤西化」，以維國性——中國傳統的政治、社會、以及道德價值。

康氏在遊歷東西兩個世界之餘，給國人指出極不相同的路，不是未來大同之路，而是目前可以強盛祖國之路。但他不再像戊戌時代倡行制度和思想的改革，而僅僅倡導積極工業化。如此，他的立場表面上近似張之洞的〔勸學篇〕，而〔勸學篇〕原是爲了駁康而作[37]。

第三節　在兩個世界中摸索

34 康氏對現存社會隱含而毫無保留的批評，在〔大同書〕前九部中隨處可見，而他對科技「天真的信心」，則清楚的暗示在第十部。「天真的信心」（"naive confidence"）是Derk Bodde 的用語。見Fung, *History of Chinese Philosophy*, 2: 690 譯者註。

35 此文為康氏在加州洛杉磯時所撰，收入〔歐洲十一國遊記〕（上海：一九〇六）作為附錄，撰於一九〇四年的序文，清楚的說明康氏深為西方工業發展的成就所感動。此文後來單獨重印，第六版由上海長興書局在一九一九年印行。

36 Hsiao, "K'ang Yu-wei and Confucianism," pp. 175-196, 討論康有為的「孔教」運動；參閱本書第四章。

37 關於這一點，本章稍後將再詳論。前文已提到，張氏之書部分已由Samuel I. Woodbridge譯成英文，但不盡令人滿意。

一八八五到一八八七年間所寫的〔康子內外篇〕和〔實理公法〕[38]，代表他對西方文明反應的具體結果。他自謂西方科學與西方社會思想都對他有決定性的影響。他從〔萬國公報〕[39]以及其他資料中，獲得一些數學、天文、地理、物理、化學、以及西方歷史的知識[40]。他特感趣味的幾何學，向他提示了研究人和社會的新方法[41]。顯微鏡和望遠鏡向他展示了嶄新的思想觀點[42]。這些西方知識導致他的若干重要轉變，使他擺脫傳統觀點的束縛，引導他趨向綜合，成爲他此後社會思想的根本。另外還提供研究哲學的科學方法，使他近乎以物質來解釋人生。這一切或多或少在他的第一部大書〔康子內外篇〕中表達了[43]。

---

38 〔自編年譜〕，頁七—八，康氏給人的印象是，他在一八八五年開始撰寫〔人類公理〕（大概與〔實理公法〕是同一書）而於次年着手撰寫〔康子內外篇〕，直到一八八七年才同時完成這兩部著作。但是，根據內證顯示，〔康子內外篇〕可能是較早完成的，因為它代表了康氏較早期的思想。而在〔實理公法〕中，也有明顯的線索，在「夫婦門」中，他稱一八九一年為「本年」，而這一年是他一八八九年底由北京返鄉後，開始在廣州「長興里」講學之始，他並在書中引用了所謂一九八一年的「巴黎版籍」。

39 康氏此時可能至少參考了卷十四（一八八一—八二）及十五（一八八二—八三）。這份期刊出到十五卷即停刊。

40 〔自編年譜〕，頁六。

41 〔自編年譜〕，頁七。康氏在〔康子內外篇〕「肇域篇」中，提到偉烈亞力（Alexander Wylie）和李善蘭在一八五二—五五所譯歐幾里得（Euclid）的〔幾何原本〕（*Elements*），這可能是他數學知識的主要來源。偉氏與李氏所譯〔談天〕（John F. W. Herschel, *Outlines of Astronomy*, 1851 ed.），在一八五五年後出版，可能豐富了康氏對西方天文學的知識。

42 〔自編年譜〕，頁六—七。在〔康子內外篇〕「覺識篇」中，康氏提到顯微鏡及望遠鏡；在「肇域篇」中，則顯示了一些天文知識。

43 這個包含十五篇的集子稱為〔康子內外篇〕。康氏稱「內篇言天地人物之理，外篇言政教藝樂之事」（〔自編年譜〕，頁七）。

全書十五篇並未提出一有系統的哲學，但畢竟指出了康氏此時的思想大概。他像其他的社會思想家一樣，一開頭就提出有關人性的一些前提。他認爲人的智慧是由於宇宙和生物的演進。道德感和自覺心是大腦、小腦和「腦氣筋」所起的作用[44]。這就是康氏所說的，人之行爲乃取決於精神生理的運作。

根據康氏所說，人類能有感官上和情緒上的經驗，因爲人由陰陽二氣所生。凡人皆喜愛其感覺上所諧和者，而厭惡不諧和者。故喜惡早存於心靈之中，構成演發其他一切的基本心理狀態。康氏說：

> 欲者，愛之徵也；喜者，愛之至也；樂者，又其極至也。哀者愛之極至而不得，即所謂仁也，皆陽氣之發也。怒者，惡之徵也；懼者惡之極至而不得，即所謂義也，皆陰氣之發也[45]。

不論是中國人還是歐洲人，人性略同，愛惡之心亦人人相同。即無感性之物如磁石亦能迎拒。人與物之異只是等級的不同，物之愛惡少於人而已[46]。

康氏重視欲望，因其存在於一切感性之物中。他說：「凡爲血氣之倫必有欲，有欲則莫不縱之，若無欲則惟死耳。」[47]此令康氏有樂利的看法，即聖人雖有節制也不能不享樂，如穿華貴的衣服和住高雅的房子[48]。因此，社會和政治制度乃普遍存在於世，不論中外或歐亞，都是限制人

44 〈康子內外篇〉「理氣篇」。
45 〈康子內外篇〉「愛惡篇」。
46 同上。比較「濕熱篇」，他將善和惡分別與源自陰陽之氣的「濕熱之氣」及「乾冷之氣」相聯結。
47 〈康子內外篇〉「不忍篇」。
48 〈康子內外篇〉「人我篇」。

們欲望的自然結果[49]。

不過制度普遍存在，並不保證某一個國家的制度可臻完美，或免於衰敗。事實上，康氏指出當時的中國正受衰敗制度之害。康氏說：

> 中國之俗，尊君卑臣，重男輕女，崇良抑賤，所謂義也。……習俗既定以為義理，至於今日，臣下跪服畏威而不敢言，婦人卑抑不學而無所識。臣婦之道，抑之極矣，此恐非義理之至也，亦風氣使然耳。物理抑之甚者必伸，吾謂百年之後必變三者，君不尊，臣不卑，男女輕重同，良賤齊一[50]。

康氏以此見等同「佛氏平等之學」。他也可能從西方社會和政治書籍中獲致啟示。但若據此而說康氏揚棄整個中國價值，是不正確的。實際上他在寫作〔康子內外篇〕時，對他的基本觀點尚無把握，以致徬徨於兩極之間。一方面他採取世界化的「趨向」，影響到他大部分的社會思想；另一方面他隱約的或無意間仍然依戀中國傳統的某些部分。他與整個人類認同，宣稱以天為家[51]。同時他認為調和中國價值和制度是應該的，因絕對正確和合理的事物是難以確知的。以下一段話說得特別露骨：

> 先王制為君臣父子兄弟夫婦朋友，吾生于其中，則循其故常，君者吾君之，臣者吾臣之，父者吾父之，子者吾子之，兄弟夫婦朋友猶是也，衣服宮室正朔文字義理猶之人

---

49 〔康子內外篇〕「性學篇」。

50 〔康子內外篇〕「人我篇」，第三段。「良」與「賤」指的是平民與「賤」民。見 Ch'ü T'ung-tsu, *Law and Sciety in Traditional China*, pp. 128–135.

51 〔康子內外篇〕「覺識篇」，第一段。

也，所謂行也[52]。

有時康氏甚至讚揚傳統的專制政府。他贊同中國帝王的至上權力，以及由此權力而來的絕對控制。康氏解釋帝王之所以能有此控制，

> 非以其地大也，非以其民眾也，非以其物產之豐也，以其君權獨尊也。其權之尊，又非勢劫之，利誘之，積於二帝三王之仁，漢唐宋明之義，先聖群賢百千萬人，百千萬年講求崇獎激勵而成之[53]。

很自然的，康氏對普通百姓的智慧，沒有多大信心：

> 民不可使知，故聖人之為治，常有苦心不能語天下之隱焉。其施于治也，意在彼而迹在此，不能無畸輕畸重之迹焉。其始為也，可以犯積世之清議，拂一時之人心，蒙謗忍垢而不忍白焉。……其操縱啓閉，當時不能知，後世亦或不能知[54]。

在此康氏似依從孔子之教，首句所引〔論語〕[55]的話，可以為證。但此一孔子之教，由荀子而非孟子發揚光大。而荀子乃康氏認為是「污染」聖人之教的第一人。作為一獨立思考者，康氏

---

52 〔康子內外篇〕「理學篇」。

53 〔康子內外篇〕「闔闢篇」，第二段。康氏接着指出，以這樣的威權，求中國之治強，將易如反掌。這個觀點部分解釋了康有為依賴光緒皇帝的威權，以推動一八九八年的全面改革，康氏也因此遭到宮崎寅藏的批評。見其〔三十三年落花夢〕（〔三十三年の夢〕的匿名中譯本），頁四〇。

54 〔康子內外篇〕「闔闢篇」，第四段。

55 〔論語〕「泰伯」第九章，子曰：「民可使由之，不可使知之。」比較〔韓非子〕「顯學」：「民智之不可用，猶嬰兒之心也」；「夫民智之不足用亦明矣」。參閱 W. K. Liao, *The Complete Works of Han Fei Tzu,* 2: 309, 310.

完全拒斥荀子所承受傳遞的學說，並決心要超越它[56]。

奇怪的是，至少在一處，康氏的立場極似法家。他維護管仲和商鞅的作法，並強調權勢的功用。康氏事實上在辯稱為了目的可以不擇手段[57]。只要人主對其子民關顧，他可以用任何適當的方式來達到他的目的。例如用賞罰來驅使百姓走君主想走的路，是可以的，也是必須的。康氏重視思想控制，並認為是合法而有效的政治工具：

> 天下移人最巨者何哉？莫大於言議覺識矣。父子之親，天性也；而佛氏能奪之而立師徒。身命之私，至切也；而聖人能奪之而徇君父。夫以其自有之身，及其生身之親，說一法立一義而能奪之，則天下無有不能奪者矣[58]。

不過康氏不認為文字和思想本身具有如此大的力量。思想控制的有效性取決於「開塞」（意即賞勸、罰禁）技巧的運用[59]。康氏引用歷史事例，包括清初君主所採用的方法，來說明此一技巧的成功運用，以證實其說[60]。康氏也相信，為了應付當時國家的特殊情況，必須採用特別嚴厲

---

56 見 Hsiao, "K'ang Yu-wei and Confucianism," p. 118.

57 〔康子內外篇〕「闔闢篇」，第三段。

58 同上，第一段。在「知言篇」中，康氏指出，為文詳贍是因為忠愛之心，欲使讀者能了解；而為文高簡則是由於有「裁制之心」。康氏顯已了解口號和口令的心理功效。

59 有趣的是，「開塞」一詞及其思想，均來自古代法家商鞅。見〔商君書〕「開塞篇」。參閱 J.J.L. Duyvendak, trans., *The Book of Lord Shang*, pp. 225-233.

60 「闔闢篇」，第六段。康氏指出康熙十七年（一六七八）開博學鴻詞之科，「明之耆宿，既盡網之，則天下之民歸心矣」的方法之一。在下一段（第七段）中，他聲稱日本明治天皇（他認為是「日本太子 Mutsuhito」）運用同樣的「開塞」之術來推動改革。有關博學鴻詞，參閱張其昀等編，〔清史〕（臺北，一九六一），第一冊，頁七五。

的高壓手段，全面執行，而先從親近君主的高官大吏開始[61]。

〔康子內外篇〕中，康氏對人的看法相當悲觀。他相信有聰明智慧的人各自有抱負；而對世間榮譽和財富不太感興趣的人，不會熱衷於統治者的要求。因此，統治者必須要採恩威並施的方法，以獎賞激烈雄心，以懲罰嚇阻渙散。此乃統治者要達到其目的必採的手段[62]。在此也可一提的是，康氏實際上主張「強力就是道理」的原則：

> 人事之義，強弱而已矣。有以力為強弱，有以智為強弱。……勢者，人事之祖，而禮最其曾玄也[63]。

很明顯的，康氏對獨裁統治的飾美與同書別處所論的正義、平等，很不調和。康氏很可能無意間自我矛盾。但此種不一致可以有別的解說：康氏因無嚴格的邏輯訓練，不覺得在兩個不同層次的思想中思考有何不妥。在一個層次中，他關注如何弄好眼前的情況；而在另一個層次中，他瞻望一個與現在完全不同卻遠比現在好的將來。是以，早在一八八〇年代，他已隱約地預示社會進步的階段，後來即據此演成「三世」說[64]。

這本康氏早期的著作頗帶悲觀色彩，他在論述「未濟」[65]卦結束〔易經〕一書時，有謂：

---

61 〔康子內外篇〕「闔闢篇」，第九段。

62 同上，第十段。這也使人聯想到法家。見〔韓非子〕「二柄」。參見 W. K. Liao, *The Complete Works of Han Fei Tzu*, 1: 46-47.

63 〔康子內外篇〕「勢祖篇」。

64 康氏對此一理論的論述之一，見〔大同書〕，乙部，第四章，頁一三六。

65 有關此卦的意義，參見 Richard Wilhelm, *The I Ching*, 1: 265-269; and 2: 367-371. 康氏對此卦有不同的解釋。

天不能使人皆為聖賢，卽使人皆聖賢，不能使無疾病貧夭。人之願望無窮，則人之望治無已，然則徒喚奈何而已。況天之生，善人少而惡人多，風雨寒暑之不時，山川物質之不齊，……爭欲相熾，心血相構，奈之何哉？躁者不知察此，急于一時以赴事功。事功有天焉，卽天眷助之，其成也，于人之益無幾矣[66]。

不過此種悲觀尚不致使康氏絕望。康氏多少順從儒家敎義，以爲一個有德行之人，應不計成敗爲同胞盡心盡力，他道出了這樣的信念：

> 天地生於世極之中，至渺小也。人生於天地之中，又渺小之至也。以為身則七尺，以為時則數十年，而又疾病困之，境域限之，少嬉老衰蝕之蠹之，中間有爲之日亦幾矣。……極其功業之大，不過數千里，極其名聲之遠，不過三千年，置于無極之中何如乎？……誠如是，則吾何所學也？曰盡予心之不忍，率吾性之不舍為之，非有所慕于外也，……前乎我者數千年之治敎，吾辨考而求之，存其是非得失焉；後乎我數千年之治敎，吾揣測而量之，聽其是非得失焉。夫非有所為己，心好之而已，亦氣質近之爾。若使余氣質不近是，則或絕人事，入深山，吾何戀乎哉[67]？

這一段話極可注意，因爲它暗示了康有爲未來扮演的一連串角色——諸如實際改革家、烏托邦思想家、以及天游者。

康氏在撰寫〔康子內外篇〕時猶疑不決之處，已不見於他的第二部早年著作——〔實理公

66 〔康子內外篇〕「未濟篇」。

67 〔康子內外篇〕「不忍篇」。

法」之中[68]。此書顯示康氏已斷然致力於「世界化」的觀點[69]。他揚棄了基本的傳統社會與政治價值，而接受了受西方啟示的思想，諸如博愛、自由、平等、和民主。這些思想將是構成共同社會理想的素材，也是他在〔大同書〕中所細述的。

康氏於凡例和界說之後，接著討論基本人際關係和社會制度[70]。他的世界化傾向幾乎隨處可見，在此他對人和人性作了較為寬懷的看法。他獲致如下的「實理」：「天地生人，本來平等」；「人各合天地原質以為人」；「人各具一魂，故有知識，所謂智也」；「人之始生，便具愛惡二質」；「人之始生，有信而無詐，詐由習染而有」[71]。再由這些實理，康氏推演出若干普及的原則：「人有自主之權」；「以平等之意，用人立之法」；「以興愛去惡立法」；「重賞信罰詐之法」[72]。然後康氏立下了他認為應該統御各種人際關係的「公法」。其中最不同凡響的是他對婚姻的看法。他的「實理」一開頭說：

今醫藥家已考明，凡終身一夫一婦，與一夫屢易數婦，一婦屢易數夫，實無所分別[73]。

---

68 Hsiao, "K'ang Yu-wei and Confucianism," pp. 112-113 曾略論此書與〔康子內外篇〕及〔大同書〕的關係。康有為在〔自編年譜〕頁七說他「手定」〔人類公理〕。以〔實理公法〕為名的較長的手稿，可能即是此一著作的最後定本。

69 康氏企圖將〔實理公法〕當作一系列總題為〔萬身公法書籍〕的第一本。他說，〔實理公法〕為萬身公法之「根源」。此一系列的第二本是〔公法會通〕，僅殘存若干片段。其他各書包括：〔禍福實理全書〕、〔地球正史〕、〔地球學案〕、〔萬國公法〕、及〔各國律例〕。

70 此書共分十六章，其中六章論人倫關係，四章論禮儀、刑罰、教育與政府，也有一章論社會與道德判斷，最後一章是康氏對整理「地球書籍」的建議。

71 〔實理公法〕「朋友門」，「實理」第一條。

72 〔實理公法〕「總論人類門」，「公法」第一——第四條。

73 〔實理公法〕「夫婦門」，「實理」第一條。

緊接上述的「公法」之後，康氏有如下的說法：

> 凡男女如係兩相愛悅者，則聽其自便，惟不許有立約之事。倘有分毫不相愛悅，卽無庸相聚[74]。

換言之，康氏主張自由戀愛。此一觀點大致保留到〔大同書〕中[75]。他自然會非難傳統的一夫一妻制，因此一制度牽涉到一個永久性的束縛，除非「有故」，不容離婚，康氏乃稱「其不合實理，無益於人道」。再者，一夫一妻制常因夫婦不能獲致結合之道，而成為假婚姻。康氏引用了一八九一年巴黎的統計資料，說明那年法國共有五千七百五十二件離婚案，而且在同年新生的八十六萬六千三百七十七名兒童中，有七萬三千九百三十六是非婚姻所生。他認為這些數字顯示，在一夫一妻制下有很多是怨偶。進而言之，這七萬三千九百三十六名私生子女證實法國至少有十四萬七千八百七十二名男女實行自由交配，暗中附合了支配性關係的「公法」[76]。

對康氏來說，一夫一妻制已夠壞了，但更糟的是父母之命的婚姻，以及兩性間的不平等和納妾制度等等。而比這一切更壞的是獨身不婚[77]。

康氏對親子之間關係的看法亦大異於中國傳統。他盡量減少父母的重要性，以便子女從儒家經典所決定的孝道義務中解放出來。依他之見，子女不欠父母什麼，因此不必順服他們。此種觀

---

74 〔實理公法〕「夫婦門」，「公法」。

75 〔大同書〕，戊部，第九章。然參閱〔實理公法〕「夫婦門」，「比例」第一條，則康氏指出：凡男女相悅者則立約，以三月為期，期滿之後，任期更與他人立約。

76 〔實理公法〕「夫婦門」，「比例」第三條及註。

77 〔實理公法〕「夫婦門」，「比例」第五條。

點可見於下引「實理」。首先，

原質是天地所有，非父母之所生，父母但能取天地之原質以造成子女而已。……子女之魂與父母之魂，其性大約不相同者為多，久處則其魂亦各不相合，其相愛之性亦易變[78]。

其次，每人的靈魂既能死後轉世，「故父母死後，其魂亦能爲其子之子孫」。第三，物質既在世人之間經由呼吸、飲食和排泄的生理過程，以及「氣化」的化學過程，不斷交流，「父母與子女，其質體亦互相輪迴」[79]。因此，父母與子女在體質上是相同的，前者並不優於後者。

假如父母並非神聖，則社會要求子女順服父母是錯誤的。可用於此的第一條「公法」乃是：

公法於父母不得責子女以孝，子女不得責父母以慈，人有自主之權焉[80]。

於是據康氏之見，社會將有教養兒童的職責。公共托兒所必須建立，爲補償父母生育之勞，並將給與適當的報酬，以清除子女欠父母之債。

約略基於同一理由，康氏摧毀了支配長幼關係的傳統倫理。以否認年幼者應無條件地尊從長者，否則將違反兩者基本平等的「公法」。康氏說：

長幼特生於天地間者，一先一後而已。……若年之長幼，則猶器物之新舊耳。輪迴之實理，則長復為幼，幼又成長[81]。

從此引出的「公法」顯然是：「長幼平等」[82]。

78 「實理公法」「父母子女門」，「實理」第一條。
79 同上，第二條及第三條。
80 同上，「公法」。
81 「實理公法」「長幼門」，「實理」第一及第二條。
82 同上，「公法」。

我們不禁要問，康氏爲什麼在此時會有這樣反傳統的觀點？他幾乎要完全否定傳統的家庭觀念！我們沒有確切的答案。可以猜想到的是，他對西方社會制度和風俗之興趣[83]，他之厭惡中國家庭制度的陰暗面[84]，以及他充沛的想像力[85]，都可能助成此一不尋常見解的產生。

康氏以同樣態度來對待君臣關係。他一反傳統（亦一反他在〔康子內外篇〕中的觀點），他不僅否認君主擁有絕對的權威，也否認專制獨裁之必須。依他之見，政府官員乃是人民選出的仲裁者或行政人員，「以爲己之保衞者也」。唯一眞實的政府必由議院主持公眾事務，一切的政府人員由人民選舉。如此，雖共和還不是理想的，君主立憲也不值得介紹；絕對王權當然是最不足取的[86]。凡此都顯示康氏所喜好的乃是民主——一種極其「民主」的政治結構，其中所有在政府服務者，包括低層人員在內，都可稱爲「統治者」。

康氏進步觀念與平等觀念一併注入他對思想生活的見解之中。他宣稱眞理來自本性，藉人類的智慧而發現。繼續不斷地發現，人類對宇宙的知識亦與日俱增。康氏因而寫出如下樂觀的看法：

> 後人知識必勝于前人，因後人不勞而獲前人之所有，後人但能於前人之所發明者，盡知之，又能於天地之理，更發明一二分，則其知識已實實勝前人一二分矣[87]。

83 一八九二年，康氏長女同薇編〔各國風俗制度考〕，以驗「人羣進化之理」——當然，是由康氏指導的（〔自編年譜〕，頁一一）。

84 參見本書第二章結語。

85 康氏如何有此自由戀愛的觀念，已無從考知。

86 〔實理公法〕「君臣門」及「治事門」。

87 〔實理公法〕「師弟門」，「實理」第四條。

康氏認爲此乃有關思想自由。發現眞理既非個人或一小羣人的特權，「人有自主之權」。因此像傳統中國那樣剝奪學生的思想獨立、要求他們無條件聽從教師，是錯誤的[88]。卽使是聖人，是萬世師表，也不應有絕對權威。總之，眞理本身足爲不同意見的正確準則。康氏論此事說：

> 聖不秉權，權歸于眾，古今言論以理爲衡，不以聖賢爲主，但視其言論如何，不得計其爲何人之言論[89]。

康氏當然不是一懷疑論者。如上所述，他相信客觀眞理的存在，而眞理是由人發現，由公眾確定。他建議若干無可爭議的「聖經」，每五年由公眾投票選定，以供尚未能獨立思考的年輕人誦讀[90]。

此話意指思想成熟後才能享受自由思想。依康氏之見，教育和宗教的目標就正在幫助人們獲致此種「成熟」。他未區分兩個同樣的「教」字，然界定其不同目標如下：

> 教之實理有二：一則卽其人之智與才力而增長之，且使其能增長愛性及篠守信性也。一則以五洲眾人所發明之精理及有益之制度與其人，使其人享受利益……，然後智與才力不致誤用也[91]。

康氏反對權威集中，並可能受到西方經驗的啟示，而立下劃清政治和宗教權威的「公法」，

88 〔實理公法〕「師弟門」，「公法」第二條。
89 〔實理公法〕「師弟門」，「公法」第一條。
90 〔實理公法〕「整齊地球書籍目錄公論」，第二條。
91 〔實理公法〕「教事門」，「實理」第一條。

使兩者互不侵犯。他強烈譴責僧侶干涉政治權威，一如譴責政治領袖侵奪「教士應得之權」[92]。

〔實理公法〕中所述大都來自他閱讀西書後所獲致的歐洲思想，他是從一八七九年開始搜閱西書的。西方對他的影響似未產生仇外感，而為戊戌變法時康氏政敵所具有的。不過，康氏不認為他自由採用的進口思想是外來的，而是屬於普及有效的眞理。是以我們不能說他故意要「走私西方思想到中國傳統中來」[93]。因康氏在此並不關心保存或維新中國傳統，而是要建立超越地域或國界的社會思想。他並不是要把西方價值注入中國傳統，而是要拋棄一些中國價值於普及價值之外。他眞正相信有效的原則是放諸四海而皆準的。在他看來，「世界化」並不是一種方法上的設計，而是一種思想上的信念——此一信念成為著名的〔大同書〕（一九〇二）的中心論旨，以及他的社會思想的指針。

「世界化」已是康氏一八八五——八七年間所撰〔實理公法〕一書的主題。書中提出人類和諧地生活在一起，說共同語言，在同一政府治理之下。為了打破由不同政治和宗教制度而產生的

92 〔實理公法〕「敎事門」，「公法」及「比例」第一條。康氏並沒有嚴格意義下的宗教概念，這可以從他對「上帝稱名」的討論看出；他提到「上帝」的很多稱呼，包括：氣化、元質、大主宰、造物主、地烏斯（Deus）、及耶和華。並加以評論，認為只有前三者合宜而切當，其餘則不合「實理」（〔實理公法〕「禮儀門」，「上帝稱名」節）。有關康氏宗教觀點的討論，參見本書第四章第二節。此處必須注意的是，康氏並不相信靈魂在人死後仍繼續存在，並堅持活人與死者之間無法交通，因此，喪祭禮儀只有從活人的觀點來看才有意義（〔實理公法〕「治事門」，「葬」、「祭」兩節）。

93 Joseph R. Levenson, *Liang Ch'i-ch'ao and the Mind of Modern China* (Cambridge, Mass.: Harvard University Press, 1953), p. 48.

特殊性，康氏非議任何以聖人或賢君生辰爲紀年的曆法，而主張採用全世界人共用的曆法[94]。

簡言之，此乃康氏在〔實理公法〕和〔康子內外篇〕二書中的一些主要思想。我們很容易看出，他在撰寫此二書時思想已有重要的轉變——從明晰的傳統觀點考察社會制度和道德價值到幾乎摧毀傳統的理論探討。在一八七九年當他初接西學與一八八七年當他完成〔實理公法〕之間，他似已獲致一個頗爲自豪的新立場，而此一立場維持了好多年。

此一立場並非輕易獲致，而是經過一番深思苦慮。由於厭惡繼續涉足於傳統學問的死水之中，康氏在一八七八年中經歷了巨大的精神危機，幾幾乎震脫了他辛勤學得的每一事[95]。接著，在研究佛學與道家之書後，他於一八七九年轉攻西書，因此展開他思想生命的新階段[96]。從一八七九到一八八七年，他經歷了強烈的思想醞釀，導致他擺脫經典的一部分束縛，而大大地傾慕西方思想。他把自己投入許多新奇事物的長期研求[97]。他有時不免因閱讀不同的書籍，引起概念上的衝突而生迷惘。幸而他積極而有活力的想像，使他在兩個世界交織的混亂中尋出一些頭緒。但

94 〔實理公法〕「禮儀門」，「紀元紀年用歷」節。此一世界化的提議與他後來對這些事的看法形成一有趣的對比。在一九〇〇年代及其後，他建議以孔子誕生那年為「元年」，並且在這段期間的某些著作上，實際採用此種紀年方法，如〔禮運注〕，可能完成於一九〇一—二年，記為「孔子二千四百三十五年，即光緒十年」；〔論語注〕，完成於一九〇三年，記為「孔子生二千四百五十三年，即光緒二十八年」；〔不忍〕雜誌第一期（一九一三年二月），記為「孔子二千四百六十四年首月」。

95 〔自編年譜〕，頁四—五。

96 〔自編年譜〕，頁五。

97 〔自編年譜〕，頁五—七。

在最初由於不敢確定，他在兩種不同的立場間搖擺，一是植根於東方，另一個是偏向西方。此一雙重趨向只能導致思想迷惑。因此很可能康氏在此時的許多「思考」[98]，集中在尋找走出困境之途。不久他理解到中西之間並無不能逾越的鴻溝，因而亦無「雙重趨向」。他藉此「世界化」的思想路線寫作「實理公法」，他找到了社會理論，同時爲他的大同理想奠立了基礎。他找到了可以取代西化的另一途徑。

康氏畢竟是够格的思想家，他不輕易地使自己擺脫思想上的困境。思想上和社會上的改革既不可緩，西方文明的價值既已被實際成績所證明，一個愛國而開明的中國人大可逕取西化。要尋求不論何種形式的中西綜合，就需要更高的識見。但是這種見解爲那些喜歡走捷徑的人所不感興趣。即使是他的得意門生梁啟超也懷疑經由世界化綜合的價值。他責怪康以及支持康氏此一論點的人，爲了愛孔子而不顧眞理。梁在一九〇二年寫道：「今之言保教者，取近世新學新理而緣附之……然則非以此新學新理釐然有當於吾心而從之也，不過以其暗合於我孔子而從之耳。是所愛者，仍在孔子，非在眞理也。」[99]康氏既大大修訂儒教價值和體制，梁氏的責怪難以成立。此乃梁氏未能體會到康氏的用心，也因此不能或不願承認綜合的可能性。因此，就此而論，梁啟超可說是一西化派。他在一九一五年藉一譬喻來說明他的立場：

吾雅不願採擷隔牆桃李之繁葩，綴結於吾家杉松之老幹，而沾沾自鳴得意；吾誠為桃李

---

98 「自編年譜」，頁六。

99 梁啓超，「清代學術概論」，頁一四四－一四五。這段是梁氏引自一九〇二年的「新民叢報」。

也，惟當思所以移植之，而何必使與松杉淆其名實者[100]。

讓我們重看〔實理公法〕，它雖預告了康氏〔大同書〕，然兩者仍有不同之處。前書一貫採個人主義觀點，譴責一切違反個人欲望的制度，認為與「實理」或「公法」不符。而後書卻重視可稱為社會主義或共產主義的思想和理想。不過，此一主要的不同並不減低早期作品的價值——使他成為一獨立的社會思想家的最早證據。

第四節　到烏托邦之路

梁啟超比喻康有為〔大同書〕的影響為「其火山大噴火也，其大地震也」[101]。康氏知道此

100 梁啟超，〔清代學術概論〕，頁一四六。此段是梁氏引自一九一五年的〔國風報〕。顯然，梁氏在一九二〇年仍持此種看法，因為他在一九二〇年底完成的〔清代學術概論〕中仍引述上列文字。在一九〇二年以前，特別是一八七三與一八九八年之間，梁氏大致追隨康氏的綜合之論。閱 Levenson, *Liang Ch'i-ch'ao*, pp. 34-41. 但我不能同意李文孫氏的基本觀點及其許多結論，諸如他以「文化成長模式類推」和「文化價值類推」（閱 p. 41）來解釋導致梁氏變法觀念的思想歷程，實與梁氏的心態「不符」，且有違「文明之精神」（參 Arthur W. Hummel's review of Levenson's book, *Far Eastern Quarterly*, 14, no. 1 (November 1954): 111.）如 Hummel所正確指出的，梁氏致力於將中國文化中的變動部分從永久部分分辨出來，及解釋來自西方的新知識。「那是梁氏深思的經驗，而非辯證習題」。(ibid., p. 110.) 此對康而言亦然，唯康經歷那個經驗早於梁，且引梁而入。參閱梁氏自述初遇康氏之經過，「三十自述」（撰於一九〇二年），載〔飲冰室合集〕，〔文集〕十一，頁一六——一七；部分錄於丁文江，〔梁任公先生年譜長編初稿〕，卷三，頁一五。

101 梁啟超，〔清代學術概論〕，頁一二九。

書會有深遠的影響，故堅不出版此書，以免其內容未到時機就披露，將「陷天下於洪水猛獸」[102]。當康氏的確認爲他的此一思想有危險性，因其與幾千年來維持中國社會的傳統價値幾無不相反。當然，「大同」一詞從儒家經典而來[103]。但康氏給予此詞嶄新的意義，與儒家原意已面目全非[104]，足令人懷疑〔大同書〕的作者是否可稱作聖人之徒[105]。

不論康氏與儒學是何種關係，他在寫作〔大同書〕[106]之時，顯然沉醉於烏托邦境界之中。烏托邦思想雖由不滿現實而產生[107]，然要其成熟尚需有開濶境界的思想家超脫現實作哲學的思考。不滿現實可能促使改革；唯有對遙遠未來作超越的觀察始能有烏托邦的建立。就康氏而言，從變法到烏托邦的轉變不過是一八九八年後幾年內的事。遊歷歐美使他有仔細觀察西方文明的機會。一九〇〇年推翻慈禧太后的起義失敗後，康氏改革的希望亦隨之破滅。他在檳榔嶼與大吉嶺有三

---

102 同上，頁一三六。據梁氏說：「其弟子最初得讀此書者，惟陳千秋、梁啓超。」

103 卽〔禮記〕「禮運篇」。

104 梁啓超，〔清代學術概論〕，頁一三三。梁氏謂康氏把「禮運」所含的觀念，「發展」為「民主」與「社會主義」。

105 Richard C. Howard, "K'ang Yu-wei (1858-1927): His Intellectual Background and Early Thought," p. 295有云：「康氏重訂儒學，不僅加以轉化，抑且超越之，在〔大同書〕中，儒學不再是真正文明世界中的唯一教理，控制人們的思想和精神生活，而僅是走向更高一層『大同』世界的基石。」另參閱 Hsiao, "K'ang Yu-wei and Confucianism," pp. 97-103, 及本書第三章第一節。

106 Karl Mannheim, *Ideology and Utopia: An Introduction to the Sociology of Knowledge*, p. 192:「烏托邦之態乃由於與現存社會不相宜而起。」

107 康有為，〔自編年譜〕，頁六指出在一八八四年初夏，因法軍佔安南且將進兵閩臺而戒嚴，乃自廣州返鄉。此為康氏親歷外國侵略的第一次。

年清靜的時間從容深思人生和社會[108]。他因而具備了走向烏托邦之路的心理條件。他不顧眼前敗壞的制度和社會，而展望在完美制度和理想之下的想像中的社會，終於描寫出他的大同見解[109]。他足可稱爲中國第一個烏托邦作者，他的大膽設想足令他與其他國家的偉大烏托邦思想家並駕齊驅[110]。

一如書名所指出的[111]，康氏在此並不關注維護中國價值或移植西方思想，而是要爲全人類界定一種生活方式，使人人心理上感到滿足，在道德上感到正確。在此，他的社會思想中的「世界化」階段表露無遺。

(一)理論觀點

108 康同璧，〔年譜續編〕，頁一○三三。

109 Joyce O. Hertzler, *History of Utopian Thought*, pp. 259-260.

110 除上引書外，另閱 Marie Louise Berneri, *Journal Through Utopia*; Mumford, *The Story of Utopias*; 以及 Raymond Ruyer, *L'utopie et les Utopies*. 關於康氏在烏托邦思想界之地位容後述。

111 「大同」一詞的英譯不易，各家所譯不同。Thompson (*Ta T'ung Shu*, pp. 29-30) 列舉下列譯法："The Great Unity" (Fung Yu-lan), "Grand Union" (Elbert D. Thomas), "Cosmopolitan Society" (Teng and Fairbank), "The Great Commonwealth" (Lin Mousheng), "The Great Communion" (Richard Wilhelm and John H. Reece), "Grand Harmony" (Tseng Yu-hao). 我所譯者又與各家不同—"The Great Community," "Community" 一詞有若干優點：它包含了許多意義，使它與康氏所用的「同」字較近似。*Webster's New International Dictionary of the English Language*, 2nd ed. (Springfield: G.C. Merriam, 1951) 列舉了七種定義，其中只有第四種與「同」字涵意不合。

康氏在建立烏托邦之初，爲道德作了世界化的解釋。他對「仁」或「不忍」性質和淵源的理論頗帶唯物的色彩。他是這樣說的：

夫浩浩元氣，造起天地。天者一物之魂質也，人者亦一物之魂質也；雖形有大小，而其分浩氣於太元，……孔子曰：「地載神氣，神氣風霆，風霆流形，庶物露生。」[112]神者有知之電也，光電能無所不傳，神氣能無所不感……無物無電，無物無神，夫神者知氣也。……有覺知則有吸攝，磁石猶然，何況於人！不忍者，吸攝之力也。故仁智同藏而智為先，仁智同用而仁為貴矣[113]。

這些觀點全屬想像，十分虛幻，禁不起實驗科學和基礎哲學的證驗，但卻爲康氏的倫理和社會思考提供了一形而上的基礎。

康氏認爲所有生物都有天生之仁，故同類相愛乃是生命的根本法則，而此一愛必須普及，否則無愛之可言。對人類來說，尤其如此：

生於大地，則大地萬國之人類皆吾同胞之異體也，既與有知，則與有親。

他繼謂此一愛植根而強化於一基本羣體生活之中，無國界和人種之別：

凡印度、希臘、波斯、羅馬以及近世英、法、德、美先哲之精英，吾已嘬之飲之，蓆之枕之，魂夢通之；於萬國之元老、碩儒、名士、美人，亦多執手接茵，聯袂分羹，而致其親愛矣。凡大地萬國之宮室、服食、舟車、什器、政教、藝樂之神奇偉麗者，日受而

112 引自〔禮記〕「孔子閒居」。
113 〔大同書〕，上海版（一九三五），頁四；北京版（一九五六），頁三；臺北版（一九五八），頁三。

用之，以刺觸其心目，感蕩其魂氣。其進化耶，則相與共進；退化則相與共退。其樂耶，相與共其樂，其苦耶，相與共其苦[114]。

康氏解釋道，世界各地之人有共同的生活，因其生理和心理性格基本相同。此種相同也構成他們在態度上和行為上的相似。

康氏在「康子內外篇」中說得很清楚，道德感與自覺乃腦和神經系統的作用，情緒與感覺經驗（如愛與恨）乃是對外界刺激的神經反應，可正可反。而在「大同書」中，他發揮此義為心理上以及倫理上的享樂主義：

夫生物之有知者，腦筋含靈。其與物非物之觸遇也，即有宜有不宜，有適有不適。其於腦筋適且宜者，則神魂為之樂；其與腦筋不適不宜者，則神魂為之苦。況於人乎？腦筋尤靈，神魂尤清，明其物非物之感入於身者，尤繁夥精微。急捷，而適不適尤著明焉。適宜者受之，不適宜者拒之。故夫人道只有宜不宜，不宜者苦也，宜之又宜者樂也。故夫人道者依人以為道。依人之道，苦樂而已。為人謀者，去苦以求樂而已，無他道矣[115]。

康氏認定樂即是善，而人所欲者乃可欲者。此一認定遂成為評判一切社會制度和道德教訓的準繩。

立法創教，令人有樂而無苦，善之善者也。能令人樂多苦少，善而未盡善者也。令人苦

114 「大同書」，上海版，頁四—五；北京版，頁三—四；臺北版，頁三—四。此種想法顯與王陽明在「大學問」中所表現的觀點相同（部分譯文載 Fung, *A History of Chinese Philosophy*, 2: 599-601)。具體的含義是博愛與天下一家的概念，可能來自康氏自我放逐時，與遊歷所經各國人民接觸的親身體驗。

115 「大同書」，上海版，頁七；北京版及臺北版，頁五。

多樂少，不善者也[116]。

根據此一標準，則墨子之教並不完善。教人「尚同」與「兼愛」固「善」，但要人們尚儉節用則「不善」[117]。「印度教」棄身煉魂，基督教樂在天國而「土木其身」，都不適宜人類。因此康氏所謂的樂主要是使人舒暢的感官享受[118]。

人間制度的好壞也應據此標準判斷。康氏遂建立一社會制度淵源與發展的理論，與當時行之已久的儒家觀點，大異其趣。他寫道：

蓋原出世法之立創於强者，無有不自便而陵弱者也。國法也，因軍法而移焉，以其遵將令而威士卒之法，行之於國，則有尊君卑臣而奴民者矣。家法也，因新制而生焉，以其尊族長而統卑幼之法，行之於家，則有尊男卑女而隸子弟者焉。雖有聖人，立法不能不因其時勢風俗之舊而定之。大勢既成，壓制既久，遂為道義焉。於是始為相扶植保護之善法者，終為至抑壓至不平之苦趣，於是乎則求樂免苦之本意相反矣。印度如是，中國亦不能免焉。歐美略近升平，而婦女為人私屬，其去公理遠矣，其於求樂之道亦未至焉[119]。

烏托邦倡導者爲其當世的批判者[120]，如上文所示，康氏也確實具有批判性。他不僅批評傳統

---

116 「大同書」，上海版，頁九；北京版及臺北版，頁七。

117 康氏顯指「墨子」「尚同」、「兼愛」、「節用」、「節葬」、「非樂」各篇。

118 「大同書」，上海版，頁九—一〇，四四一—四五一；北京版及臺北版，頁七，二九三—三〇〇。

119 「大同書」，上海版，頁一〇—一一；北京版及臺北版，頁七—八。康氏對不平起源之說，令人想起葛洪「抱朴子」，卷四八，鮑敬言所說的話。

120 Hertzler, *History of Utopian Thought*, p. 260.

中國制度，也批評他所知的西方制度。孔子的「教訓」既長久影響了傳統中國的政制，康氏的批判無異批判到這些「教訓」的本身。的確，康氏在控訴中國制度之後，確曾接著讚美孔子：

神明聖王孔子早慮之憂之，故立三統三世之法，據亂以後，易以升平、太平，小康之後，進以大同[121]。

但是不言而喻，康氏所讚美的孔子並非中國傳統中的孔子。康氏在〔大同書〕以及其他著作中，顯然將孔子世界化了，孔子不再是中國的至聖先師，而是全人類大同理想中的先知。因此康氏神化孔子，似也同時降低了孔子的中國性格。作爲〔大同書〕的作者，康氏當然並不特別關懷如何榮耀孔聖，而是要如何使人間制度完美，以指出通往全人類快樂之路。〔大同書〕的結論也能看出康氏不以某派儒者自居，他於結論中預見儒教與其他由個別文明所產生諸教，都將消蝕。

有幾個主要思想爲康氏評論現存制度及建築烏托邦理想提供概念上底根據。前已指出，樂而無苦乃是人類生存於世的至高與唯一的目標[122]。此一享樂前提與「仁」之原則相結合，康氏無疑從儒家傳統中得來，並可能從基督教中得到印證。康氏也認爲既然所有的人都一律平等，無人應被剝奪快樂和自由的機會。因此「享樂主義」、「人道主義」、以及「平等主義」，似構成了康氏社會思想的主要支柱，從此衍發的思想大致是「民主」、「社會主義」、和「科學」——民主

121 〔大同書〕，上海版，頁一一；北京版及臺北版，頁八。有關「三統」與「三世」的意義，請閱 Hsiao, "K'ang Yu-wei and Confucianism," pp. 136-62. 及本書第四章。

122 在〔大同書〕，上海版，頁一一—七七；北京版及臺北版，頁八—五一中，康氏將「苦」歸納為六大類，並加以詳盡說明，可謂中國文獻中敘述人類之苦最完備者。

從平等而來，社會主義自人道主義而來，科學從享樂主義而來。這所有的思想可說是他思想的組成部分。此外，進步思想也很顯著，成爲一極重要的運作原則，據此人類的社會生活可視爲步步向前的動態過程，在自主的努力下，使不完善的臻於至善。

(二)抨擊傳統制度

從「大同書」中有關社會和政治制度（特別是帝制中國的制度）的議論，可知康氏確是他所屬時代的一個嚴厲批判者。他「總諸苦之根源，皆因九界」[123]。

首先是「國界」[124]。康氏確認由於自然的發展，以及主要是爲了自保，人類自太古以來，都以各種羣居的方式居住——如家庭、家族、部落和國家。這些制度雖有用而不可避免，並非盡善。它們所帶來的不幸之一是造成羣體間的衝突，其中最致命的，是隨著目前所知人類最大組織羣體——國家的建立而帶來的征服戰爭。戰爭來自政治組織的本質，因國家和帝國乃用武力兼併小國而來。因此，國家一日存在，戰爭不會停止，不僅是地球上如此，在宇宙星河之間想亦如是[125]。文明並不能阻止戰爭，只令戰爭更兇猛，更具破壞性。

123 康氏提及九「界」：(一)國界，(二)級界，(三)種界，(四)形界，(五)家界，(六)產界，(七)「亂」界，即「有不平、不通、不同、不公之法也」；(八)「類」界，即「人與鳥獸蟲魚之別」；(九)苦界，即「以苦生苦，傳種於無窮無盡」。康氏之區分並無邏輯，非所有之苦皆有「界」，最後一項甚至並非「界」。

124 康氏以整章之篇幅（乙部第一章）論「有國之害」。

125 「大同書」，上海版，頁八二；北京版及臺北版，頁五四。康氏在同一段中說，「火星人類」國土之相爭，死人數千百萬道種奇怪的描述顯然是因為康氏誤解羅馬神話所致。

古之爭殺以刄，一人僅殺一人；今之爭殺以火以毒，故師丹數十萬人可一夕而全焚。嗚呼噫嘻，痛哉，慘哉！國界之立也[126]。

康氏接著抨擊社會階層。社會等級損害人們平等之權，正如政治組織干涉人們生活之權一樣。康氏堅稱平等乃「公法」所主張的自然權利。

夫人類之生，皆本於天，同為兄弟，實爲平等，豈可妄分流品，而有所輕重，有所擯斥哉[127]？

不平雖不似戰爭般毀滅人類生命，但其後果仍具毀滅性。康氏宣稱：「人類之苦不平等者，莫若無端立級哉！」[128]

不幸的是，不平等的制度在世界上各時代各地區中蔓延，以各種不同的形式出現於古代的埃及、巴比倫、希臘、中古歐洲、封建日本、以及印度。印度的世襲階級最爲惡劣，中國與美國在進向社會平等先於其他各國。康氏對美國很讚揚：

美之人民至平等，既不立君主而為統領，自華盛頓立憲法，視世爵為叛逆，雖有大僧，而不得入衙署，干公事。林肯之放黑奴也，動兵流血，力戰而爭之，故美國之人，擧國皆平民，至為平等，雖待黑人未平，亦升平世之先聲矣，故至為治強富樂[129]。

126 《大同書》，上海版，頁一〇二；北京版及臺北版，頁六八。

127 《大同書》，上海版，頁一七〇；北京版及臺北版，頁一一〇。同樣的情懷亦可見之於早年的著作《實理公法》。《大同書》丙部論去「級界」，為全書最短的部分之一，有倉促落筆（及草率編排）的痕跡。此部以及丁至癸部，康氏逝世時（一九二七年）猶未刊印。

128 《大同書》，上海版，頁一六七；北京版及臺北版，頁一〇八。

129 《大同書》，上海版，頁一六九；北京版及臺北版，頁一〇九。

而最高的讚美卻意外地留給中國，更具體地說是留給孔子——康氏所製造的孔子。據康氏說，社會和政治的不平等，在孔子前和孔子之世勃興，造成一種與封建日本和中古歐洲一樣的情況，而較印度情形為佳。但孔子藉其學說一掃所有的不平等。

自孔子創平等之義，明一統以去封建，譏世卿以去世官，授田制以去奴隸，作〔春秋〕立憲法以限君權，不自尊其徒屬而去大僧，於是中國之俗，階級盡掃……無階級之害。此真孔子非常之大功也，蓋先歐洲二千年行之，中國之強盛過於印度，皆由於此[130]。

可惜中國未全依孔子學說。奴隸仍在，還有「蜑戶」、「樂戶」等下等民眾。這種弊害不在漢人之錯，而是由於元朝蒙古人奴役被征服之民，滿洲人又繼蒙古人的傳統，建立契役，遂使中國回到孔子之前的傳統，違反了孔子學說中的「公法」[131]。

依康氏所見，種族歧視為人類痛苦的第三個淵源，但有些不一致的地方。他在宣揚「公法」時譴責社會不平等，即人人皆是兄弟，完全平等，但他不認世界上各種族的智力和體力是平等的。他明確地認為白人和黃人比黑人和棕色人優秀：

於全世界中，銀色之人種橫絕地球，而金色之人種尤居多數，是黃白二物，擁有全世界。白種之強，固居優勝，而黃種之多而且智[132]。

康氏同樣明確地認為黑棕二色民族無論智力和體力都較低劣。「棕色者，目光黯然，面色昧然，

130 〔大同書〕，上海版，頁一六九—一七〇；北京版及臺北版，頁一〇九—一一〇。
131 〔大同書〕，上海版，頁一七二—一七三；北京版及臺北版，頁一一一—一一二。
132 〔大同書〕，上海版，頁一七八；北京版及臺北版，頁一一四。上海版與北京版及臺北版，文字略有不同。

神疲氣薾，性懶心愚」，僅略勝黑人一籌，黑人乃最劣之種[133]。康氏對黑人作了十分侮辱性的描述：

> 其黑人之形狀也，鐵面銀牙，斜頷若豬，直視若牛，滿胸長毛，手足深黑，蠢若羊豕，望之生畏[134]。

康氏繼謂，他可以理解為何林肯不惜流血以解放黑奴後，美國人仍不以平等待之：

> 美國人言平等，而不肯擧黑人入仕，不許黑人入客店，不許黑人坐頭等車……實色不同也[135]。

康氏不譴責種族歧視，而想解釋它，但他的解釋無異證實它：

> 夫大同太平之世，人類平等，人類大同，此固公理也。然物之不齊，物之情也。凡言平等者，必其物之才性、智識、形狀、體格有可以平等者，乃可以平等行之。非然者，雖强以國律，迫以君勢，率以公理，亦有不能行者焉[136]。

當然，康氏並不讚同種族的不平等，但下文將會提到，他的消除種界之法不僅僅是立法而已。

康氏對另兩個苦難的來源——「形界」及「家界」的批評，則要來得更為嚴厲。他對這些問題的看法，在他表達出來的那個時候，顯然是最新奇且具有挑撥性的。他用極強烈的字眼來譴責

133 〔大同書〕，上海版，頁一八六；北京版及臺北版，頁一一五。
134 〔大同書〕，上海版，頁一八〇；北京版及臺北版，頁一一八；另參閱上海版，頁一八七；北京版及臺北版，頁一一五。康氏以類似的字眼來形容其「至蠢極愚」。
135 〔大同書〕，上海版，頁一八七；北京版及臺北版，頁一一五—一一六。
136 〔大同書〕，上海版，頁一七九—一八〇；北京版及臺北版，頁一一八。

對婦女的屈抑。以下是一段激昂慷慨的文字，他說：

> 天下不公不平之事，不過偏抑一二人，偏重一二人，則為之訟者助者紛紜矣。……若夫經歷萬數千年，鳩合全地萬國無量數不可思議之人，同為人之形體，同為人之聰明，且人人皆有至親至愛之人，而忍心害理，抑之、制之、愚之、閉之、囚之、繫之，使不得自立，不得任公事，不得為仕官，不得為國民，不得預議會，甚且不得事學問，不得發言論，不得達名字，不得通交接……不得出室門，甚且斵束其腰，蒙蓋其面，刖削其足，彫刻其身，偏屈無辜，偏刑無罪，斯尤無道之至甚者矣！而舉大地古今數千年號稱仁人義士，熟視坐觀，以為當然，無為之訟直者，無為之援捄者，此天下最奇駭，不公不平之事，不可解之理矣[137]！

康氏對女子不能自由擇偶特爲注意。他嚴厲抨擊「父母之命」的婚姻及終生守寡；二者都是早已奠定的儒家道德規範。此種罪惡由於缺少「婚姻自由」，此一名詞在晚清時最早出現，而爲民國以及共產中國所習用[138]。不能自由擇偶經常導致婚姻的不合，而女子因其在家庭與社會中低下的地位，尤爲不滿婚姻的犧牲者。有時女子尚未出生已被婚配；一年輕女子被允嫁配一年輕男子僅僅因爲男家有名有錢，而經常男子無論在身體和性格上都有嚴重的缺陷，並不值得婚嫁，或者在氣質上也難與妻子匹配。康氏舉這些自己有親身經驗的例子，來強調歷來所謂「嫁雞隨雞，

137 〈大同書〉，上海版，頁一九三；北京版及臺北版，頁一二六。康氏顯然不知十九世紀後半葉在西方發生的婦女選舉權運動，也不知穆勒 (J.S. Mill) 在 *Subjection of Women* (1869) 一書中所提出的看法。

138 閱C. K. Yang, *The Chinese Family in the Communist Revolution* (Cambridge: Harvard University Press, 1959), Chap. 2, "Freedom of Marriage," 略論傳統式婚姻到一九五〇年中共實施新婚姻法之間婚姻的變遷。

嫁狗隨狗」的惡果[139]。

這一切都不合理性和正義。康氏宣稱：

人人有天授之體，卽人人有天授自由之權。……禁人者，謂之奪人權，背天理矣[140]。

男女有性別之異，但並不准許壓制較弱的一性。事實上康氏指出兩性之異並不一定強者屬於男性。就心智來說，就有許多愚笨的男人及聰明的女人。當然女人中沒有學術上傑出者如揚雄、張衡、哥白尼和牛頓。但無可否認的，若女人有同等機會，未嘗不能有如此貢獻[141]。康氏認爲女子對文明的貢獻雖有所不同，卻與男子的貢獻一樣重要[142]。因此，不予女子平等，犯了雙重不公平：既犯了人類平等的原則，又忽略了女子在文明史上所起的重要作用。

康氏追溯男女不平的淵源至男人以體力決勝的時代。後來由於社會制度和價值的發展，壓制女子變本加厲成爲積習，女子也就失去獨立人格之權，表面上是男人的「匹配」，事實上是奴僕。結果丈夫猶如君王，「三綱」的巨權也隨之建立[143]。

康氏要宋代理學家負壓制中國女子之責。那種規範，尤其要求女子守貞，雖給男人帶來喜悅，卻是造成女子難言的苦痛。康氏說：

宋儒好為高義，求加於聖人之上，致使億萬京陔寡婦，窮巷慘悽，寒餓交迫，幽怨彌

139 〔大同書〕，上海版，頁二〇六—二一〇；北京版及臺北版，頁一三六—一三九。

140 〔大同書〕，上海版，頁二〇六；北京版及臺北版，頁一三六。康氏在此乃重述他所了解的西方「天賦人權」的觀念。

141 〔大同書〕，上海版，頁二二九—二三〇；北京版及臺北版，頁一五〇—一五二。

142 〔大同書〕，上海版，頁二二四—二二六；北京版及臺北版，頁一四七—一四八。

143 〔大同書〕，上海版，頁二三一—二三六；北京版及臺北版，頁一五二—一五六。

天，而以為美俗[144]！

值得注意的是，康氏對女子境遇之見解開了一九二〇年代許多作者的先聲，他們特別大聲譴責傳統道德價值以及女子貞操[145]。說康氏首先發動了一種潮流，繼續於民國時代，積成於共產中國，並非沒有道理[146]。

不過，康氏最驚人之見在於全書最長的第六部，論及家庭此一社會制度的罪惡。他首先探討家庭的淵源和基礎。他深信在生民之初，並無家庭，因那時男女雜交，猶如狐狗，兒童只知母，而不知父，沒有後日父權家庭的痕跡。到後來由於一些男子對他們的伴侶特別喜愛，乃用強力佔有，而漸有婚姻制度。夫妻關係建立之後，才有父子關係，以至於家庭和家族制度的出現[147]。

家庭和家族在據亂世尚有用處。高度發達的家庭制度和明確的家庭倫理頗有功於過去的中國。康氏承認，家庭制度存在一日，孝道乃是子女對父母愛心的最好回報。康氏斥責歐美人「忘父母之恩」。基督教之所以不及儒教，即由於前者崇拜神而「輕父母」。康氏宣稱：「吾從孔子

144 〔大同書〕，上海版，頁二四一；北京版及臺北版，頁一五九。

145 特別是胡適，「貞操問題」，〔新青年〕，五卷一期（一九一八年七月），頁五—一四；唐俟（魯迅），「我之節烈觀」，〔新青年〕，五卷二期（一九一八年八月），頁九二—一〇一。

146 閱 Yang, *Chinese Family in Communist Revolution*, pp. 45-54 簡述在傳統時代，國民政府時代，以及共產統治時期寡婦再嫁問題。

147 〔大同書〕，上海版，頁二五五—二五八；北京版及臺北版，頁一六八—一七〇。康氏所引僅是中國史前史之例證，似對西方學者對此題目的見解毫無所知，例如莫根（Lewis Henry Morgan）之說。

也」[148]。

然不幸的是，中國的孝道講得多，行得少。私心和經濟情況使大多數人無法回報他們的父母。在心理上也愛護小孩要比博父母歡心爲易。小孩的可愛很少人能拒絕，而很多人不能容忍父母與自己的「意見迥多不同」。因此，此一儒教大德目仍然是「空言」[149]。父母與子女關係中的嚴重缺憾亦因而損害到家庭制度。缺憾在中國雖顯較西方爲少，但無家無之。

子女既難以對父母顯愛心，家庭中其他成員血緣較疏，則更難相愛。傳統強制大家住在一起，親戚們乃經常因忌妒、厭惡、意志薄弱或利害衝突，造成人際爭鬪，很可能導致吵架、打架、謀殺，或自殺。在康氏眼中，中國家庭生活是一悲悽的情景。

蓋國有太平之時，而家無太平之日。……名為兄弟娣姒而過於敵國，名為婦姑叔嫂，而怨於路人。……其富貴愈甚者，其不友孝愈甚；其禮法愈嚴者，其困苦愈深[150]。

大多數的家庭並不因紛爭而破裂，至少暫時維持表面的和諧。但是沒有一個家庭可永久遮掩眞相。康氏說他三十年在鄉居住期間，婆媳爭吵，妯娌啎啐不絕於耳，他並親見兄弟間的打鬪，對這些人而言，「先聖格言，徒虛語耳」[151]。他作結道：家庭使大家永遠住在一起，只會帶來無盡的痛苦。

148 〔大同書〕，上海版，頁二七一；北京版及臺北版，頁一七九。參閱康氏於〔實理公法〕中「父母子女門」的「公法」所說：「父母不得責子女以孝。」另參閱本章前一節「在兩個世界中摸索」。

149 〔大同書〕，上海版，頁二七一—二七六；北京版及臺北版，頁一七九—一八二。

150 〔大同書〕，上海版，頁二七八—二七九；北京版及臺北版，頁一八三—一八四。

151 〔大同書〕，上海版，頁二七九；北京版及臺北版，頁一八四—一八五。

家庭此一社會組織尚有更可拒斥之處：其繼續存在爲社會公共利益的阻礙，也是人類進步的阻礙，因其爲自私的溫床，罪惡之源，以及養成依賴性與永久的不平等。因此，家庭在太平世中實無置足的餘地[152]。故康氏斥之甚堅。

這種說法顯然有其重要性。他在痛斥家庭之餘，事實上已毀滅了傳統中國社會結構的基石，以及儒教道德系統的中堅。他雖明確表示要「從孔子」，也不能易此事實。當然，康氏知道此一立場的極端反傳統性，所以他堅拒印行書中類似此種令人震驚的建議。

前已述及，康氏在一八八〇年代已具有對父母子女之間以及夫婦之間關係不同凡俗的看法[153]。但他並未持此見不變，在一八九〇年代完成的一本討論今文經的書中，他對傳統中國價值堅信不移，特別是孝道和友愛，認爲孔子之教與「天理」相合。他強調「三綱可求於天」[154]。值得注意的是，康氏在他一生中絕大部分時間尊行傳統家庭的價值，他對祖父和父母盡孝，對他的兄弟和子女盡愛護之責[155]。這一切與他在「大同書」中所寫的極不一樣。

什麼是導致康有爲對家庭的態度轉變，以至於向中國素來尊重的道德傳統作最嚴厲的批判？我在別處已經提到，一些不同的因素的結合導致此一轉變[156]。此外，他在海外長久旅行所見歐美社會，益信所有的社會制度，包括他敬慕的國家在內，都有嚴重缺憾，因此，必須要有一與中國

152 「大同書」，上海版，頁二八六—二八八；北京版及臺北版，頁一八六—一九一。
153 閱本章前一節「在兩個世界中摸索」。
154 康有為，「春秋董氏學」，卷六下，頁一；卷六上，頁二四；卷一，頁七—八。
155 參閱本書第一章。
156 同上，結論部分。

和西方都不同的社會秩序，人類才有快樂。於是，康氏成為第一個不妥協的反對傳統價值觀念者[157]。

康氏認爲私有財產是另一阻礙人類快樂的錯誤制度。私有財產與家庭一樣都能製造紛爭。值得一提的是，康氏抨擊家庭主要基於他對中國情況的觀察，而反對私有財產大都來自他所知的西方工業社會情況。康氏顯然關切近代工業技術社會所產生的道德問題，尚無解決之道。他說：

> 人生之所賴，農出之，工作之，商運之。……至於近世，……凡農、工、商皆有學校。農耕皆用機器化料，若工事之精，製造之奇，汽球登天，鐵軌縮地，無線之電渡海，比之中古有若新世界矣。商運之大，輪舶紛馳，物品交通，徧於五洲。……文明日進，誠過疇昔，然新業雖瓌瑋，不過世界之外觀，於民生獨人之困苦，公德之缺乏，未能略有補救也[158]。

康氏道出主題之後，繼續展示私人企業在農、工、商中的缺點。他的討論雖未盡合邏輯，但他很清楚地表達他的思想。他追究在農業上的不均和困難，都因「許人買賣田產」。除了「新開闢」的美國之外，其他國家都無足够的耕地。這種情況在中國已很嚴重，其他「亞洲各舊國」更加嚴重。一些解決的方案曾經提出。在中國，孔子曾「創井田之法」以求達成「均無貧」的原則[159]。但這種「方格」式的土地分配，僅能行之於初開發的國家。王莽一意妄行平均，結果搞得

---

157 在民國成立之前，康氏攻擊傳統社會價值之兇猛，唯譚嗣同可比擬。譚氏自認為康氏門徒，為戊戌死難「六君子」之一。譚氏於〔仁學〕中響應康之非難「三綱」，閱頁一—四，七一—一〇。

158 〔大同書〕，上海版，頁三五三；北京版及臺北版，頁二三四。

159 〔論語〕「季氏」第一章。

奇糟[160]。在西方，「英人傅氏」曾建議一種大「井田」制以調民生，但此爲另一立意雖好而不切實際的設想[161]。這一切改革的方法都無效，因其未能觸及罪惡之源。

> 蓋許人民買賣私產，旣各有私產，則貧富不齊，終無由均[162]。

康氏提到傅立葉（Fourier），足證他在日本小住時已接觸到社會主義思想[163]。當然，在當時的情況下，康氏對社會主義的認識必然是模糊的、片斷的。說他已理解或已接受馬克思主義的主要思想，自然是沒有根據的[164]。但是他對社會主義或共產主義思想的掌握雖然不足，仍可說是最早認識到此種思想並形諸文字之一人，比中國搞革命者倡導早期的社會思想還要早若干年[165]。

康氏於診斷資本工業制度病症時，尤傾向於社會主義思想，他曾寫道：

> 若夫工業之爭，近世尤劇。蓋以機器旣創，盡奪小工。……而能作大廠之機器者，必具

---

160 王莽於西元九—二二年簒位，其間曾作全面的經濟與社會改革。閱班固，〈漢書〉，卷九九。王莽於西元九年禁止土地買賣，完全廢止土地私有制。Thompson 把這段話譯成：「王莽沒有遵從這個理想，而不顧一切地放棄它。」實誤解了康氏的原意。

161 〈大同書〉，上海版，頁三五三；北京版及臺北版，頁二三四—二三五。康氏稱之為「傅氏」的傅立葉（一七七二—一八三七），乃法國人而非英國人。有關傅立葉烏托邦社會主義的簡論，可閱 W. A. Dunning, *Political Theories from Rousseau to Spencer*, pp. 352-354.

162 〈大同書〉，上海版，頁三五四；北京版及臺北版，頁二三五。

163 卽一八九八年十月廿六日至一八九九年三月廿二日（〈自編年譜〉，頁二九；〈年譜續編〉，頁四）。

164 康氏在〈大同書〉中偶用「共產」、「均產」等詞，如上海版，頁一〇五，三五四，三五六；北京版及臺北版，頁七〇，二三五，二三六。他用這些詞顯指「共產主義」。康氏與共產主義之關係後文將提到。

165 閱 Robert A. Scalapino and Harold Schiffrin, "Early Socialist Currents in the Chinese Revolutionary Movement: Sun Yat-sen and Liang Ch'i-ch'ao," pp. 321-342. 文中指出：「梁氏在一八九九年〈清議報〉上發表了可能是中文有關社會主義的第一篇文章。」康氏也對社會主義感興趣，可能由梁氏介紹。

大資本家而後能為之。故今者一大製造廠、一大鐵道輪船廠、一大商廠乃至一大農家，皆大資本家主之，一廠一場，小工千萬仰之而食，而資本家復得操縱輕重小工之口食而控制之或抑勒之，於是富者愈富，貧者愈貧矣[166]。

猶有進者，康氏預測幾十年之後，由於資本主義工業的繼續發展，貧富益爲不均，整個人類將遭遇到無可估計的災禍。卽在眼前，禍端已見：

近年工人聯黨之爭，挾制業主，騰躍於歐美，今不過萌蘗耳。又工黨之結聯，後此必愈甚，恐或釀鐵血之禍。……從此百年，全地注目者必在於此。故近者人權之說益昌，均產之說益盛，乃為後此第一大論題也[167]。

此幾若預言，雖時效有誤。他在撰寫上文時尚不知馬克思主義的第一波卽將衝擊到中國的知識界，且將於五十年內宰割整個國家。

康氏在討論商業時，改變了他的看法。他關懷的並非經濟的不平等，而是自由競爭的阻礙。商人爲了發財，不可避免會有不合倫理的作法：如以賤貨售高價以欺大眾，或悍然破壞同業競爭者等等。這一切都顯示道德的敗壞。康氏將競爭精神歸罪於達爾文主義，他譴責道：

近自天演之說鳴，競爭之義視為至理，故國與國陳兵相視，以吞滅為固然。……以才智由競爭而後進，器藝由競爭而後精，以為優勝劣敗乃天則之自然，而生計商業之中尤以競爭為大義，此一端之洗耳，豈徒壞人心術，又復傾人身家[168]。

166〔大同書〕，上海版，頁三五五；北京版及臺北版，頁二三五。
167〔大同書〕，上海版，頁三五六；北京版及臺北版，頁二三六。
168〔大同書〕，上海版，頁三五七；北京版及臺北版，頁二三六—二三七。康氏在〔孟子微〕中重覆他反對達爾文主義的論調。載〔新民叢報〕，十三期（一九〇二），頁五三。

康氏繼謂，競爭對社會影響之壞，工商都一樣。無論那一種競爭都導致不均[169]。

康氏更提出反對自由或私有企業的理由，大都是經濟性的。私有農夫不能預計產品的市場，不知種多少，種那些農作物，他經常會遭遇到產量不够或過剩的問題。而私營製造業者也有許多問題，諸如消費者需求的波動、勞力供應、費用、以及成品的質量等。他無力解決這些問題，以致浪費物力人才。私營商業也有同樣困難，不但害到自己的利益，也損害消費者的利益[170]。康氏雖然欣賞社會主義，似對資本主義制度有相當的了解。

以上結束了康氏對某些社會制度的批評。他於本世紀之初提出如此看法，我們不得不承認他思想的革命性。梁啟超比之「火山」、「地震」，並非虛言[171]。值得指出的是，康氏所批評的，都是中國和西方具代表性的。假如他拒斥專制國家以及男人中心的家庭（在儒家道德中所謂的「三綱」）是針對傳統中國，那麼他譴責種族歧視和資產不均乃是針對近代西方。康氏思想的普及性格於此可見。但在此他不求普及眞理，僅指出制度缺陷的普及事故。這些在中國以及西方文明中的不良因素必須排除。換言之，他要求滅華滅洋以徹底改造人類的制度。唯有如此才能建造大同社會——世界化的最終結果。

㈢大同的體系

169 〈大同書〉，上海版，頁三五七；北京版及臺北版，頁二三七。
170 〈大同書〉，上海版，頁三五八—三六二；北京版及臺北版，頁二三七—二四〇。
171 見本章註1。

康有爲的烏托邦構想可約略述之如下。那是一個在民主政府領導下的世界國，一個沒有親屬、民族、或階級分別的社會，一個沒有資本主義弊病而以機器發達來謀最大利益的經濟。簡言之，經由人類的團結和平等，將出現完全的快樂。到極樂之路，須經過人與社會四方面的轉變——政治、社會、經濟、以及民族。

康氏轉變世界上政治制度的計劃係取消所有單獨的國家、專制制度，建立一個民主的世界政治組織。這些並不是他的烏托邦思想中最驚世駭俗者。這不過令人想起古代中國人所說的「天下爲公」[172]，或「天下如一家」[173]。這也令人想到康德所說的「嚮往永久和平」（Project for a Perpetual Peace）[174]，當然康有爲和康德在理論觀點上是極不相同的。康氏先認定國界的存在不可避免會有國際的武裝衝突，故唯有消除國界後，人類才能享受長久的和平。康氏認爲一個主權國家的意志是難以扼制的：

> 國者人民團體之最高級也；自天帝外，其上無有法律制之也，各圖私益，非公法所可抑，非虛義所能動也[175]。

然則國界必破。但此非由突發的革命可成，乃需漸變而成。康氏對此感到樂觀。他以天理人

---

172 引自「禮運」。

173 王守仁，〔大學問〕，〔王文成公全書〕（四部叢刊本），卷二六，頁七三六；另見〔陽明全集〕（四部備要本），卷二六，頁一。

174 Immanuel Kant, *Project for a Perpetual Peace*.

175 〔大同書〕，上海版，頁一〇三；北京版及臺北版，頁六九。

心肯定大勢趨向世界的統一與和平[176]。兩個政治發展可爲證明。其一，許多國家結合爲更大的政治實體，在亞洲和西方的歷史上都有這種結合的例證。例如中華帝國初建於西元前三世紀，由許多小國逐步結合而成。又如阿育王（Aśoka）在同時統一印度，相同的情形發生在古羅馬、近代德國和義大利。雖說甚受戰爭之苦，但結果足滿人意。康氏說：

> 蓋分幷之勢乃淘汰之自然，其強大之幷吞，弱小之滅亡，亦適以為大同之先驅耳。而德、美以聯邦立國，尤為合國之妙術。……他日美收美洲，德收諸歐，其在此乎，此尤漸致大同之軌道也[177]。

其二，政權逐漸移到平民，也是走向世界統一與和平的趨勢。美國革命首創民主運動，傳播到其他國家，見諸後來諸國的革命。政治民主帶來社會的運動，倡均產之說，促進大同。康氏解釋道，民主既可除政治之私，共產可卻經濟之私[178]。袪除人類之私乃能實現全球和睦。

康氏雖承認過去的政治統一由於軍事征服，但他仍希望能用和平方式達此目的。人類進向大同可有三個初步階段：

> 今欲至大同，先自弭兵倡之，次以聯盟國緯之，繼以公議會導之，次第以赴，蓋有必至

---

176 〔大同書〕，上海版，頁一〇四；北京版及臺北版，頁六九。在這一段中，康氏提到各種烏托邦時，包括了「達爾文之烏託邦」，Thompson 對此頗感迷惑。康有為顯然指的是達爾文天擇之說最後必將演為「一元世界」。詳閱下文。

177 〔大同書〕，上海版，頁一〇四—一〇五；北京版及臺北版，頁七〇。

178 〔大同書〕，上海版，頁一〇五；北京版及臺北版，頁七〇。

大同之一日焉[179]。

康氏樂觀地估計在二三百年之間可以完成「三世」的進展。他在一小注中提到，有鑒於「飛船」（飛機）的發明[180]，他覺得大同之世也許在一世紀中就可實現[181]。

康氏認爲設置世界性的「公議政府」乃是走向大同的第一個具體步驟。此一機構的代表由各國每年公平地選出。雖不設總統來統馭各國主權，但應由多數的代表選出一發言人，一切事務都由多數決定。康氏指出，此種安排與瑞士相似，但與美國的制度絕異。此一全球性的立法機構有權處理一切所能處理之事，其他事則由個別國家處理[182]。

世界議會將執行國際間交往的統一事務，包括制訂國際法，調停國際糾紛，統一稅率以及度量衡，以及發展萬國語以替代現有各種語言。它有權控制不屬單獨國家的人民、土地和海洋。它將切實執行（必要時可用武力）其規章，要求各國報告軍備狀況，並限制武裝的數量。爲達此目的，它可徵調個別國家的軍隊，或自設武力[183]。然則康氏所設計的世界議會，其權力遠超過今日

179 〔大同書〕，上海版，頁一〇五；北京版及臺北版，頁七〇。康氏指一八九九年的海牙和平會議（由俄皇尼古拉二世召開，有廿六國與會，其中四國在亞洲）為走向大同之先機。但康氏沒有注意到，由於德國一再反對裁軍，而使會議之目的未能完全達到（〔大同書〕，上海版，頁一一二；北京版及臺北版，頁七五）。

180 立此存照：黎連騷（Otto Lilienthal）於一八九一年創造第一架滑翔機；蘭格雷（Samuel P. Langley）於一八九二年試驗其標準舟；萊特兄弟（Wilbur and Orville Wright）於一九〇三年發明第一部動力機器。因此，康氏在書中提到「飛船」，可為其書不能像他宣稱的，成於一八八四年之內證。

181 〔大同書〕，上海版，頁一一三；北京版及臺北版，頁七五—七六。

182 〔大同書〕，上海版，頁一一三—一一四；北京版及臺北版，頁七六。

183 〔大同書〕，上海版，頁一一四—一一八；北京版及臺北版，頁七六—七九。

的聯合國。用萬國語的想法尤具興味，它暗示康氏有意廢止民族文化和民族情感，並顯示他的烏托邦思想中的極端國際性[184]。

當情況許可設立共同的「公政府」時，大約是世界議會設立數十年之後，第二階段（即康氏所說的中間階段）便可到來。到那時，康氏相信各國的權力逐漸式微，一國欺侮另一國的私心逐漸減輕，而「民主組織」日增，並更為堅實。世界遂可出現與美國聯邦制相似的政府。

康氏條列出世界政府的主要性能為可促使世界走向統一。第一個性能就是逐年裁軍，直至各國都無常備軍。另一種任務是消除國家，連國家此一名詞也要廢止[185]。然後全球將分為「省」或「區」，各有其地方自治政府。為了方便整合。世界政府將另用曆法[186]，另用度量衡，另用同一

184 康氏並未堅持此一看法，至少對語言是如此。據〈大同書〉的編者說，當此書前兩部於一九一九年出版時，康有為在文尾有註語曰：「中國文乃有韻味者，不易去也」（〈大同書〉，上海版，頁一一六；北京版及臺北版，頁七七）。康氏早年即有志改良文字。他在一八八七年（〈自編年譜〉，頁八）說：「以為養兵學語言，皆於人智人力大損」，又說：「欲立地球萬音院之說，以考語言文字。」他似曾習外語。已故賴福了（Erwin Reifler）教授曾示我二本有關埃及文字之書，上有康氏手批。一本是：〈埃及文初階〉(*First Steps in Egyptian: A Book for Beginners*, London: Kegan Paul, Trench, Trübner and Co., 1875)；另一本是：〈埃及文初階選讀〉(*An Egyptian Reading Book for Beginners*, London: 1895)。在卷首，康氏寫道：「古埃及文，孔子二千四百六十年己亥二月，購於開羅，更生。」「更生」是康氏於戊戌政變後所用之筆名。此處所寫時間或有誤。己亥為一八九九年，三月間康氏正自日赴歐美。他於五月廿一日從渥太華航向歐洲，於五月卅一日到達倫敦。他的第二次歐遊才曾自君士坦丁堡到埃及，時在一九〇八年（戊申，孔子紀年二四六〇）三月。參閱康同璧，〈年譜續編〉，頁四，六〇。康氏記時日雖然有誤，但他對外語的興趣由此可知。

185 湯普森英譯本〈大同書〉誤以為康氏要廢除國文。Thompson, *Ta T'ung Shu*, p. 99.

186 〈自編年譜〉，頁七指出，當康氏二十九歲時，他也發明一新曆法，即大同紀年法，以一九〇〇為元年，凡以帝王教王為號者一概廢除，然則他應亦有廢止孔子紀年之意。

語言，以求一致[187]。康氏似認爲此一世界政府乃是建立烏托邦的主要工具[188]。

值得注意的是，康氏將現有世界走向完美世界的三個發展階段比作公羊三世之說：「據亂世」、「升平世」、和「太平世」[189]。此爲全書中唯一顯示他與儒學的思想關係，也許他是無意的。

當全世界合併爲一國時，所有的人都成爲「世界公民」，以「公議爲權」[190]，選世界議會的代表和治理地方政府。康氏所說的政府結構實甚簡單，其議會爲兩院制，上院議員由各地區的居民選出，下院議員則由全民選出，無需議長，一切由多數票決定。上院除立法權外，尚可聽取民眾控訴並處罰有罪官員。世界政府的行政部門有若干行政官與一行政長官，由兩院選出。全球的每一區都享有自治，有權在其範圍內立法和行政[191]。

康氏未見政黨之用，他辯稱競爭卽使可以導致進步，畢竟敗壞人性，並不值得。政黨的存在必會捲入政治，政治卽是競爭。康氏對助選極不以爲然：

今立憲之政體，其行政之諸長皆出於全國政黨競爭。……喧走道途，號召黨徒，密謀相

187 康氏在一八八七年年曾作同樣建議（〔自編年譜〕，頁八）。另參閱註84。

188 康氏於〔大同書〕中，發揮此一論點，見上海版，頁一一八—一三六；北京版及臺北版，頁七九—九〇。

189 〔大同書〕，上海版，頁一三六—一六五；北京版及臺北版，頁九〇—一〇七。公羊學對康氏之影響，請參看本書第三章第四節結論。

190 湯普遜於英譯本中對此詞翻譯可疑，見 Thompson, *Ta T'ung Shu*, p. 196.

191 〔大同書〕，辛部，第四章。上海版，頁三八八—三九一；北京版及臺北版，頁二五八—二六〇。大同政府由二十部組成包括福利、農業、工業、財政、交通、道德宗教、娛樂等。但無外交與國防，因絕對和平之世，又無國別，自無外交與國防之需要。

> 攻，或至動兵行剌，若選舉之先，兆人萬眾旁皇奔走，大羅酒食以媚庶人，所取既未必公，卽公亦出大爭，壞人心術[192]。

以康氏之見，此種行爲不會見諸大同之世。大同之世雖有選舉，但將是公平與嚴肅地舉行，不會有競爭助選，相比之下，當前的選舉顯得野蠻和荒謬。康氏自亦不滿意他當時的議會制度，認爲大同之世的議員舉止無訛，與「今政黨議員，互攻激刺，大笑喧嘩」絕不相同。此種「野蠻之至」的行爲在太平之世必爲清議不齒，必糾議彈之[193]。

除了世界中央政府之外，另有地區性的政府以及地區自治政府。康氏建議將地球區分爲一百度，每一度設一與中央政府相似的政府，主要的分別只是：地方政府無權處理通訊和交通事務。每一度更分爲較小的單位，每一單位也享有自治。

康氏地方政府的構想頗有新意。他預測世人終將居住公共樓宇以從事農、工、交通、發展等行業，或居住在公家院舍如學校、醫院、老年或少年院，遂無私人住宅，亦不作離散的鄉居。人口集中之地非農卽工，分別集中於大農場或大工廠。地方自治政府的區分應以性質而不以土地分。每一農場或工廠爲一自治政府的單位，農場或工廠的總管卽爲地方政府的首長，所有的工人參與決策。每一農場或工廠要有自設的教育和福利事業，如學校、公共育嬰院、醫院、老人院、窮人收容院、以及公共設施和經濟事務的官署。每一地方自治單位自成一自足社區，全以民主方式運作[194]。

---

192 《大同書》，上海版，頁三九一—三九二；北京版及臺北版，頁二六〇。
193 《大同書》，上海版，頁三九二—三九三；北京版及臺北版，頁二六一。
194 《大同書》，辛部，第八章。上海版，頁四〇一—四〇五；北京版及臺北版，頁二六六—二六九。

因此，依康氏之見，大同之世有三級政府：世界政府、「各度」政府、以及農工自治政府。三者皆爲人們所需。在此種政府之下，平等原則徹底實現，權威原則減至最低。一切人都成爲大同社會的成員，按照分工原則，人人同享平等福祉。康氏寫道：

> 故大同之世，無有民[195]也。擧世界之人，公營全世界之事，如以一家之父子兄弟。無有官[196]也。其職雖有上下，但於職事中行之，若在職事之外。則全世界人皆平等，無爵位之殊，無輿服之異，無儀從之別[197]。

政治組織僅是康氏大同構想的一部分。在大同之世完成之前，必先有基本的社會轉變。康氏在抨擊現有制度時（前已述及），明確指出無階級的共產世界社會將逐漸演變而成，決不是突然和暴力革命的結果，他描述出轉變的主要趨向。

首先是取消社會階級。康氏深信無論在中國或在西方國家，這一方面的趨向已有相當的進展，不過中國雖有孔子，仍較落後，仍然允許奴隸制度存在。廢止奴隸完全恰當與必要，其理由不言而喻。他聲稱：「人爲天所生，民爲國所有，非一家一民所能私有。」[198]。不過政府立即下令廢奴將召奴主之怨恨，不如逐漸廢止[199]。一則，經年爲奴者償付奴主一些錢財以獲自由之身。

---

195 原文是「民」字。（譯按：原書英譯作 subjects）。
196 原文是「官」字。（譯按：原書英譯作 rulers）。
197 〔大同書〕，上海版，頁三九三；北京版及臺北版，頁二六一。
198 〔大同書〕，上海版，頁一七三—一七四；北京版及臺北版，頁一一二。湯普遜譯文有問題，見 Thompson, *Ta T'ung Shu*, p. 137.
199 〔大同書〕，上海版，頁一七三；北京版及臺北版，頁一一二。湯普遜未譯此段。康氏在此提及其祖父任職廣東連州時，曾購一奴而釋之，讚其仁。

二則，新買之奴須給予僱傭身分，以無償勞動若干年作爲補償。三則，制定完全禁止奴隸買賣的日期[200]。

更加根本的是改變長期製造血親和婚姻關係人間不平等的家庭制度。康氏特別關切中止性別間的不平等。他指出兩個階段的進展。在第一個階段，使女性逐漸平等和自立[201]。女子與男子一樣接受教育，同樣運用政治權力，自由社交和婚配，不再有纏足、整臉、穿耳、束腰等痛苦和腐敗的習俗。已婚女子無須服從丈夫，或用夫姓。所有的女子宜穿與男子同式衣服，以示獨立與平等[202]。

到第二個階段，男女都將獲得更多的自由，屆時婚姻制度即將消失，以自由擇配以替代婚嫁。相配男女將立「交好之約」。此種結盟不稱夫婦，而雙方都處完全平等之地，因康氏認爲結合雙方之約有如兩國的條約，並不影響任何一方的主權。康氏強調：若稍有高下即「違天賦人權平等獨立之義」[203]，又將趨於尊男抑女之風。

爲了防止重新回到舊式婚姻，康氏建議所有交好之約須設一時限，因而終身許配的合同可以宣稱無效[204]。康氏指出暫時婚約的進一步好處可使不相愛者不必勉強繼續住在一起，因人性各

200 〈大同書〉，上海版，頁一七四；北京版及臺北版，頁一一二—一一三。湯普遜未譯此段。
201 此為戊部第八章的標題，為〈大同書〉，上海版所無，但見於北京版及臺北版，頁一六二。
202 〈大同書〉，上海版，頁二四六—二四八；北京版及臺北版，頁一六二—一六四。
203 〈大同書〉，上海版，頁二四八；北京版及臺北版，頁一六四。原文有「天賦人權平等獨立之義」語。康氏可能有西方 natural rights 之概念。
204 康氏在一八八〇年代寫的〈實理公法〉「夫婦門」的「比例」所說與此略同。在這部早期的著作中，他限婚約為三個月，到期可與別人相配。當然也有續約的自由。

異，卽使是極爲相愛之人，仍然不可能有相同的感覺、欲望、和志向，若強使他們終身結合在一起，必然有害。而且，人是多變的，結合過久必會厭倦對方，自然想與更有才智、更加俊美、更具財富的新異性交往。如硬要繼續婚約，雙方都將不樂。在亞洲，男子可納妾而女子必須守貞，終身婚約實給妻子們帶來更多的不平與痛苦。

最根本的婚姻制度不容於大同之世。在人類社會發展史中，婚姻有其地位。在據亂世中，父權家庭乃是社會結構的中堅，若無永久性的婚約，父子之間的關係便無法維持。但在大同之世，父權必須消除以臻普遍的自由和平等。父權家庭既失，以父爲主的婚姻亦無存在的理由。康氏的建議實甚簡明：

> (一)婚姻限期，久者不許過一年，短者必滿一月，懽好者許其續約。(二)立媒氏之官，凡男女合婚者，隨所在地至媒氏官領收印憑，訂約寫券，於限期之內誓相懽好[205]。

此種建議與載於「周禮」中儒教婚姻觀完全相背，康氏並不以爲意。「禮記」有云：

> 婚禮者，將合二姓之好，上以事宗廟，而下以繼後世也，故君子重之[206]。
>
> 壹與之齊，終身不改，故夫死不嫁[207]。

然康氏不顧這些原則，道出他所認爲可以作大同社會婚姻的眞正基礎：

205 「大同書」，上海版，頁二五二；北京版及臺北版，頁一六七。對未入學以及未能在經濟與其他方面獨立的女子，康氏不與婚姻的自由（上海版，頁二五三；北京版及臺北版，頁一六七）。

206 「禮記正義」（臺北：啓明書局重印本，一九五九）「婚禮」，頁四五二。

207 同上，「郊特牲」，頁二二五，有謂婦女必須從一而終。有關傳統婚姻的法律規定，請閱 T'ung-tsu Ch'ü（瞿同祖），*Law and Society in Traditional China*, Chap. 2.

男女之事，但以徇人情之懽好，非以正父子之宗傳[208]。

因此，自宋以來所崇尚的女子貞節在康氏的思想中毫無重要性可言。在他看來，符合快樂的原則較好，讓人們遵守自己的良心。離婚既無需要，通姦之罪也不存在。康氏立場激烈到極端，要知道他寫此在世紀之初，早在陳獨秀、胡適等提倡婦女解放和排除貞操之前，而康氏似更有過之[209]。不過，康氏並非無視其主張的危險性，因此他在終結婚姻一章時有這樣的警告：

從上所論，專為將來進化計，若今女學未成，人格未具，而妄引婦女獨立之例以縱其背夫淫欲之情，是大亂之道也。夏葛冬裘，各有時宜，未至其時，不得謬援比例，作者不願敗亂風俗，不欲自任其咎也[210]。

婚姻廢止之後，阻礙大同實施的傳統父權家庭也就消失。因基本人倫如夫婦、父子、兄弟，當男女暫時交媾之時，便無以辨認。康氏建議由公家機構來替代家庭的角色，這些機構將解決人們自生至死的需求，要勝過近代任何福利國家所能做到的。在此無需詳述康氏的計劃[211]，但可指出其中的一些特點。

康氏首先說出他的理論基礎，他說：

208 〈大同書〉，上海版，頁二五〇；北京版及臺北版，頁一六五。
209 參閱本章下文，「從歷史觀點看大同」節。
210 〈大同書〉，上海版，頁二五三；北京版及臺北版，頁一六七。
211 康用極大篇幅（大約全書的七分之一）討論此一計劃（〈大同書〉，上海版，頁二九〇—三五二；北京版及臺北版，頁一九二—二三三）。

> 人非人能為，人皆天所生也，故人人皆直隸於天[212]。而公立政府者，人人所共設也，公立政府當公養人而公教之、公恤之[213]。

據此，有三種公家機構作三類服務：公養、公教、公恤。公養的機構包括照顧妊婦、嬰兒、以及小孩；公教機構從嬰兒學堂到大學；公恤機構包括照顧老人、窮人、病殘、以及公眾火葬場。因此，每人生命中的任何一個階段從生到死，都由政府經由這些機構來安排，其結果將是：

> 父母之與子女，無鞠養顧復之劬，無教養糜費之事。且子女之與父母隔絕不多見……不相認，是不待出家[214]而自然無家[215]。

在此不能詳述康氏所提出這些機構運作的法則和原理。有些法則很有趣，但最重要的是指引教育機構者。他對教育的想法顯然受近代西方工業國家的影響。他強調知識專業的重要性，特別是大學：

> 大同之時，無一業不設專門，無一人不有專學，世愈文明，分業愈眾，研求愈細，究辨愈精……其門目之多，與時遞增[216]。

此種加強專業正與傳統中國的學問理想相反——「天下事」無所不知。同樣重要的是，康氏以實驗之學爲重要，而反對空泛的書本知識。因此，研究農業要到田裏工作，研究醫術要到醫院見

---

212 此為〔實理公法〕「父母子女門」「實理」第一條的進一步發揮。
213 〔大同書〕，上海版，頁二九〇；北京版及臺北版，頁一九二。
214 「出家」乃佛家語。康氏加以反對，因將導致人類的絕種。
215 〔大同書〕，上海版，頁三二八；北京版及臺北版，頁二一七。
216 〔大同書〕，上海版，頁三二八；北京版及臺北版，頁二一七。

習，研究法律要到法院實習。康氏認爲教育不是「虛文高論」[217]。此也遠不似傳統理想：「坐而論道」。也許康氏不自覺地提倡近代西方的科技教育，而非自由人文教育。在此須一提的是，此一想法在三年後的〔物質救國論〕中以更強烈的字眼表達出來。

大同預期經濟和社會的轉變。康氏經濟理想在實質上，不論生產和分配，都是共產式的。經濟生活的各面都是國有或共有；農、工、商都爲「公」有。在烏托邦之中，一切私有財產、土地與其他，都將消失[218]。政府將設立適當機構來管理世界經濟事務。

農業需有中央部門以及若干地方機構來計劃、規範、管理各方面，諸如耕種、森林、漁業、以及礦業。政府將全部控制，不容一點私人的選擇和異同，一切從事農業之人，出身公眾教育訓練部門，組織起來，幾如軍管：

> 其耕耘、收穫、牧養、漁取，皆有部勒程度，其每日作工皆有時限。……然作工之時，坐作進退幾如軍令矣[219]。

每一農場將是一自治的生產單位。農場的主管也是地方政府的首腦，領導與農場相關機構（諸如公養、公教、公恤）的主事者。地方事務將由農場成員公議。公家宿舍、食堂、以及其他設施使

---

217 〔大同書〕，上海版，頁三三〇；北京版及臺北版，頁二一八。在另一處（上海版，頁四一八；北京版及臺北版，頁二七八），康氏勾勒出這些學校的功課：「德教智教體教之外，以實用之教為最重。……古史則略備博學者之溫故而已，為用甚少。……若名理之奧，靈魂之虛，則聽學者自為之。……非公學之所急，則不待公學之教之也。」康氏又說，外國語文也應排除。如此，日力既省，則「學人之進化，過今不止千萬倍矣」。湯普遜的翻譯，完全沒抓住要點。有趣的是，節省時間却成了民國時期主張「文字革命」者的主要論據之一。

218 〔大同書〕，上海版，頁三六二；北京版及臺北版，頁二四〇。

219 〔大同書〕，上海版，頁三六八；北京版及臺北版，頁二四四。

私人住宅沒有用處[220]。康氏此一計劃與共產中國的農村公社相像得無庸評述。

「公工」與「公商」也照同樣模式。每一工廠為自主生產單位；工廠主管亦為「地方」政府首腦，而所有工人都參與地方事務的決策[221]。工人獲得技術突破和榮譽將得獎金，新發明與逐步機械化將減少工作時間，每一工人終將一日僅作一或二小時之工。工人既全無家累與匱乏之虞（家庭與私有財產皆已廢止），自由享用充足的共同文化和休閒設備，皆「極樂天中之仙人也」。供應和需求既由世界政府精確地控制，自無因勞力過剩而生產過量或失業等事[222]。

商業有如農工，將屬公有、公辦。中央商務部將指導分布世界各地的工廠製造一定數量的物品，以應一年中全人類所需，並將分配這些物品到批發商店。政府規定所有價格，商品將由快速便捷的自動化方式送到顧客手中。商店中的所有員工都屬公務員。既無「謀利」之心，中間剝削自也取消，也無稅收，商品價格自然十分低廉[223]。

康氏不認為有官府貪污的可能性。他辯稱家庭既已消除，社會制度和人們心理既已完全改觀，不僅弄假作弊的客觀條件不存在，而且偷竊的欲念也不會發生。康氏因而作結道，取消家庭實為轉變整個經濟社會所必須[224]。

綜上所述可知，康氏實在要徹底地規範人際關係和經濟生活。但尚要另外一種轉化，人類才能獲得烏托邦的境界，那便是消除「種族」。康氏在涉及種族時，曾謂白人和黃人較棕人和黑人

220 《大同書》，上海版，頁四〇一；北京版及臺北版，頁二六七。
221 《大同書》，上海版，頁四〇二；北京版及臺北版，頁二六七。
222 《大同書》，上海版，頁三七一—三七五；北京版及臺北版，頁二四九—二五一。
223 《大同書》，上海版，頁三七五—三七九；北京版及臺北版，頁二四九—二五一。
224 《大同書》，上海版，頁三八〇；北京版及臺北版，頁二五二。

優秀。他指出達到種族平等的兩個途徑：一是讓「天演」[225]完成其任務，終將淘汰「劣」種，或合各種爲一種。「優勝劣敗之理」將於千百年後消滅非洲的黑人[226]，但較理想較人道的乃是經由種族統一以達到種族平等。

康氏的建議揭露他對生物知識的無知，他認爲種族之異可經由四個方法消除，那是「遷地之法」、「雜婚之法」、「改食之法」、和「沙汰之法」。第一步以大同公政府之力，遷移居住在赤道及其附近的黑人至較冷地區，如加拿大、波羅的海、黑海、以及南美三、四十度之間。第二步是鼓勵雜婚，「凡有男子能與棕、黑人女子交，女子能與棕、黑人男子交者，予以仁人徽章」。康氏不贊同張伯倫（Houston Stewart Chamberlain）等種族主義者所謂雜交將導致整個種族轉劣，而深信不同種族的後代將遺傳較淡的膚色。同時，改變劣種人的食物可加快同化，甚至幾代之後可除其身中腥臭之氣。最後，棕、黑人中有「性情太惡、形貌太惡或有疾者」，宜絕其傳種，以免人種退化[227]。

康氏期待這四種方法會生奇效。他深信雜婚可令膚色變白，因此，

> 速則七百年，遲則千年，黑人亦可盡為白人矣。……故經大同後，行化千年，全地人種，顏色同一，狀貌同一，長短同一，靈明同一，是謂人種大同[228]。

換言之，康氏要求種族平等並非視各種族平等，而是要轉變「劣」種，以與「優」種無別。

---

225 康氏此詞可能取之於嚴復所譯〔天演論〕（一八九六。Thomas Henry Huxley, *Evolution and Ethics*, 1893）.

226 〔大同書〕，上海版，頁一七八—一七九；北京版及臺北版，頁一一七—一一八。

227 〔大同書〕，上海版，頁一八四—一八九；北京版及臺北版，頁一二一—一二二。兩種版本行文略有異。

228 〔大同書〕，上海版，頁一八八；北京版及臺北版，頁一一六。

這倒像一位美國作者所建議的：中止歧視的最好辦法是「將每一個黑人變成頭等公民」，使他們不再像一個黑人[229]。康氏同樣要幫助黑人不再是黑人，以使每個黑人成爲人類的頭等成員。

㈣太平樂境與無尚喜悅

社會既已完成其變化，人們的態度與行爲亦將有顯著的改變。人們的天性既無所掩遮，烏托邦社會之前所有罪惡也盡拋棄。大同之世誠無犯罪可言，因無瑕的社會才有完人，而完人才能建立無瑕的社會。

依康氏之見，人之所以犯罪，乃因有挫折：社會制度制壓了他們天賦的欲望，特別是國家、家庭、和私有財產等制度，具有阻礙與壓迫的效果。袪除這些限制，就等於除去導致通姦、強姦、盜竊、傷害、反叛、及戰爭的不利情況。公衆教育將帶來自由、平等、博愛等原則，有利每一個人，可更加保證正當的行爲。

因此，當大同之世，法律與法庭都無需要，僅僅有用的規模屬於行政與生產的管理部門[230]。在康氏看來，即使是固定的道德規範也不恰當，因善惡的標準難以建立。

229 John Fischer, "What the Negro Needs Most: A First-Class Citizen's Council," *Harper's*, July 1962.

230 〔大同書〕，上海版，頁四一九—四二六；北京版及臺北版，頁二七九—二八三。康允許老百姓到公共議會去告官員，並特指明世界議會要有法官（上海版，頁一五八—一五九；北京版及臺北版，頁一〇三）。古老的儒家理想顯然使康氏感到法律與法庭都可有廢止的一日。閱〔史記〕（中華書局本），卷四，「周本紀」，頁一三。有謂在成康之世，刑措不用凡四十年。

> 夫公理本無善惡是非，皆聽聖者之所立。……故知善惡難定，是非隨時，惟是非善惡皆由人生，公理亦由時定[231]。

但是道德的相對性應不阻止人們具有公同而有效的規則來指導行動。康氏在此引用其〔大同書〕前幾部所說的話：「我儀圖之，凡有害於人者，則爲非；無害於人者，則爲是。」

康氏提出四項規則以保大同之世的綿延，卽偸嬾、崇拜個人、競爭、及墮胎都應禁絕。生育痛苦，撫養麻煩，康氏以爲在大同之世，婦女必然要求墮胎，故若不禁之，人終將消逝於世[232]。嬾怠必須禁止，因爲在極樂世界，人們必將縱情享樂，他們會拒絕工作，卒將返回據亂世而後止[233]。禁止崇拜個人的理由也很顯然，因平等乃大同世的基本原則，也是人類快樂不可或缺的條件。若給予個人過多的重要性，則通往不平與亂世之路就敞開了[234]。競爭不能允許，因將導致衝突與紊亂。康氏在此所說對人性頗爲悲觀，顯然與他認爲人心在大同之世可大大改觀的說法不相一致[235]。他說人類一開始就有私心，因有私心，乃有人與人間、家庭與家庭間、國家與國家間、種族與種族間的競爭和鬪爭，「以強凌弱，以眾暴寡」。康氏就此對達爾文主義大施攻擊：

> 其妄謬而一知半解如達爾文者，則創天演之說，以為天之使然，導人以競爭為大義，於是競爭為古今世界公共之至惡物者，遂揭日月而行，賢者皆奉之而不恥，於是全地莽莽，

231 〔大同書〕，上海版，頁四二四；北京版及臺北版，頁二八二。
232 〔大同書〕，上海版，頁三〇六—三一二；北京版及臺北版，頁二〇三—二〇六。
233 〔大同書〕，上海版，頁四二六—四二七；北京版及臺北版，頁二八四。
234 〔大同書〕，上海版，頁四二七—四二八；北京版及臺北版，頁二八四—二八五。
235 閱〔康子內外篇〕「闔闢篇」，第十段。

皆為鐵血[236]。

這一切都違反和諧與互助的原則——「禮運」的精妙原則，康氏引其名句道：

貨惡其棄於地也，不必藏於己；力惡其不出於身也，不必為己[237]。

然而競爭不能完全沒有，否則便無進步，停滯必導致社會衰敗，因此世界政府必須鼓勵人們努力求精良，求知識，求道德。不斷的進步才能使人類生存於完善的境界，遠超過舊時代的情況[238]。

康氏所描述的大同世界似是一眞實的天堂，每人都能充分獲得所需、所欲，而無痛苦或不安，生命乃是一連串的樂事。衣、食、住、行不僅提供高度的舒適，而且給與十分美感。音樂處

---

236 〔大同書〕，上海版，頁四二九；北京版及臺北版，頁二八五。湯普遜譯文（p. 258）並不理想。「鐵血」，一如湯普遜所說，乃暗指俾斯麥的「鐵血」政策。約在康氏撰成〔大同書〕的同時，他的學生及戊戌變法的同志梁啓超，並不同意他的看法。梁氏在「天演學初祖達爾文之學說及其畧傳」（〔飲冰室合集〕，〔文集〕五，頁三—一八）中，認為「物競天擇適者生存之理」乃是普遍適用的，並指出「競爭進化」將完全支配二十世紀。在另一篇文章「新民說」（一九〇二）的第四節，梁啓超將白人之優於他種人及盎格魯撒克遜民族（英美兩國）之最優歸因於「適者生存」原則運作的結果，並建議中國取法盎格魯撒克遜民族。（「新民說」，〔全集〕三，頁七—一一）但是大約二十年後，梁啓超回到康有為的立場。第一次世界大戰使梁氏察覺西方文明有些問題，他認為部分應歸咎於達爾文主義。他說：「此次歐洲大戰幾乎毀滅了人類文明，雖然原因很多，但須指出達爾文進化論有相當大的影響。」「老子哲學」，〔飲冰室文集〕，卷六三，頁一四。引見 Levenson, *Liang Ch'i-ch'ao and the Mind of Modern China* (Cambridge, Mass.: Harvard University Press, 1953), p. 203.

237 〔大同書〕，上海版，頁四三〇；北京版及臺北版，頁二八六。康氏認為人甚至不應與其他生物相競，因人不過是生物之一種，並無與其他物種爭鬥的權利。故人不應殺害鳥獸，應停止食肉。科學發明將可提供比肉食更鮮美之物。康氏說，「婆羅門佛者」以堅持素食而為至仁。

238 〔大同書〕，上海版，頁四〇七—四一八；北京版及臺北版，頁二七一—二七八。

處聞；桌、椅、床、以及其他家具都屬高貴品質。政府時時注意醫藥衞生，事事都機械化或自動化，十分精到。故人們決不會像舊時代那樣希望旅行，不願定居一處，因「行室」與「飛船」可帶他們到任何想去的地方[239]。

這一切都期望於經科技發展而產生的高度工業化。康氏的社會理想因而也是對近代西方工業社會的理想化和批判[240]。香港、上海等現代化都市常引起他的興趣和欽仰[241]。但同時他也理解到面對西方工業化的社會和道德問題。他的大同之世，顯然意指人類與經濟關係的社會化，可以認爲是要來解決這些問題的。在此，他不自覺地與近代西方烏托邦主義者並駕齊驅，他們的背景不同，詳略有異，但都指向共同的烏托邦潮流[242]。

是以，康氏的烏托邦理想紮根於兩大原則：工業化與社會化。他還深深依據第三個原則，即政治結構的民主化。有太多的古典烏托邦基於權威主義的概念，而趨向專制，造成過於集中、過於僵化的政治系統，而難於改變[243]。康氏一如其同時的西方人，不能完全免除權威的偏見，特別

---

239 〈大同書〉，上海版，頁四四二—四五一；北京版及臺北版，頁二九四—三〇〇。康氏已預見廿世紀美國是一個「以車代步」和住在船宅的國家。

240 閱林克光，「論大同書」（撰於一九五六年十一月），〈中國近代思想家研究論文選〉，頁一九，有謂大同乃建築於高度物質文明之上。

241 〈自編年譜〉，頁五，六；參閱康同璧，〈年譜續編〉；及康有為，〈歐洲十一國遊記〉。康氏於一九〇五年三月訪問洛杉磯後，益信「（西方）各國物質文明」的重要。此一信念促使他寫〈物質救國論〉。

242 閱 Glenn Negley and Max J. Patrick, *The Quest for Utopia.*

243 Mumford, *Story of Utopias*, p. 4.

是在經濟結構觀點。例如，在社會化的的農場中，農耕者將要集體化，有如在軍管之下[244]。不過，康氏不顧自相矛盾，一再強調個人自由與平等的價值。事實上，他所預見的大同之世，政治系統是基於公衆意願的共和政體。他並不主張訓政過渡時期，以使人充分運用政治權利。個人將不是社會工具。相反的，快樂永遠是一切社會制度的最終最切目標。經濟集體制畢竟只是保證充分生產，以使生活愉快，不爲其他。當他對人類的責任完成之後，他可脫離社會，不受社會控制，而追求個人的超越存在，像道家的成仙或佛家的菩薩，連大同之世也不一顧[245]。在此沒有社會權威主義意味。

再者，大同之世本身並不是要封閉社會，阻礙人類的成長[246]，而是孕育於進步思想之中。康氏堅持社會制度和生活條件不斷改良的必要與可能。康氏說，能够增進人之快樂，減少人之痛苦，就是進步[247]。爲達此目的，他認爲不僅要使社會結構完善，而且要使科技無限制的發展。進而言之，人尙不能自限於完美的社會中，大同之世的大門永遠是敞開的——有能力的個人可進而羽化成仙、成佛，終於翱遊天國，享受徹底超脫的自由[248]。假如權威主義果然是大多數西方烏托

244 在其早期著作〔康子內外篇〕「闔闢篇」第二段及第四段中，康氏對君主政治的效率仍予肯定，而懷疑一般人民的能力。但在一八九八年之後當他開始尋求更多人的支持時，他的看法已逐漸改變。在環境逼迫之下，他成為首創大衆政治運動者之一（參閱康同璧，〔年譜續編〕）。

245 〔大同書〕，上海版，頁四五一—四五三；北京版及臺北版，頁三〇〇—三〇一。

246 Mumford, *Story of Utopias*, p. 4.

247 〔大同書〕，上海版，頁四四二；北京版及臺北版，頁二九三。湯普森譯本（頁二七一）未譯此段。

248 〔大同書〕，上海版，頁四五三；北京版及臺北版，頁三〇一。在這一點康與大多數西方烏托邦主義者有異，後者「對於他們所設想的理想國之外，再無進展」(Hertzler, *History of Utopian Thought*, p. 307)。

邦的性格，那麼康有爲的大同構想倒是一個高貴的例外[249]。

(五)從歷史觀點看大同

我在此章開頭曾提到康氏的大同理想不是隨便說說的，而是認眞設計的社會轉化的可行計劃，用適當方式逐步付之實施。但其他人，包括他的學生在內，則別有所解。梁啟超自認不解乃師何以演成精妙的理想而又「不願其實現，且竭全力以抗之遏之」[250]。名史學家錢穆則謂中國旣無實施大同的客觀條件，康氏的描述實爲「無端發此奇想」[251]。中國大陸的學者認爲大同不比烏托邦社會主義更有價值。毛澤東在一九四九年說康氏寫了〔大同書〕，但他不曾也不能尋得通往大同之路[252]。大陸的學者大都附和此議。其中有人認爲康氏的理想是毫無社會現實基礎的零碎想法；另有人指爲乃是一種幻想式的農村社會主義；還有人斥之爲純粹的空想；甚至有人指控康氏想藉此欺騙羣衆以阻擋人民革命的高潮[253]。

---

249 値得注意者，康氏在其書中未提到無政府主義。無政府主義對當時的中國知識分子影響頗大。

250 梁啓超，〔清代學術概論〕，頁一三六。

251 錢穆，〔中國近三百年學術史〕，頁六六四。

252 Mao Tse-tung, *Lun Jen-min min-chu chuan-cheng* (Hong Kong, 1949), p. 6; "On the People's Democratic Dictatorship" (June 30, 1949), in *Selected Works*, 4:414. 毛之文字使人想起恩格斯所謂理想社會主義的有效性。閱 *Socialism: Utopian and Scientific*, trans. by Edward Aveling, pp. 74-75. S.L. Tikhvinsky, *Dvizenie za reformy v Kitae v kontse XIX veka i Kan Iu-wei*, Chap. 14 述及〔大同書〕，並附和毛氏之說(p. 341)，齊氏書有中譯本，一九六二年北京出版。

253 李鋭，「毛澤東同志的初期革命活動」，〔中國青年〕（一九五三），十三期，頁九。林克光，「論大同書」，頁二六。嵇文甫，「游離了的學說」，〔新史學通訊〕（一九五三年六月），頁六。毛健予，「問題解答」，〔新史學通訊〕（一九五三年五月），頁一九。

這些人都未注意到康氏的主觀意圖，他是盡力理解自己思想的歷史意義的。他十分自信地認為大同乃是指引人類社會前進的可行理想。在一九一九年，他顯然認為實行理想中的政治部分時機已到，乃出版了〔大同書〕的前一二部分。他在書前以三首詩為介，並有序言。在其中一首詩中，他說：

大同猶有道，吾欲度生民[254]。

事實上，康氏至少在兩處暗示，大同之世的政治方面已在他有生之年成其雛型。一八九九年第一次海牙和會，在他看來乃是世界一統大事的開端[255]。當他在一九一九聞說國聯成立，高興地說他將及身而見大同之實現[256]。不過，他仍覺得大同的其他方面，實施之日仍很遙遠[257]。

然則，〔大同書〕可說是實際行動的指導[258]。它除了詳解社會制度的正式結構和運用原則之外，還提出逐步方案，肯定地邁向大同。轉變的過程有如「一件件的烏托邦工程」[259]。〔大同書〕的作者決無意立即重組社會，或在白日夢中想到華胥之境[260]。

---

254 〔大同書〕，上海版，頁五—六。

255 〔大同書〕，上海版，頁一三五；北京版及臺北版，頁九〇。

256 〔大同書〕，上海版，頁八—一〇。另見本章，「在兩個世界中摸索」，註10。

257 參閱本章註250。

258 Mannheim, *Ideology and Utopia*, p. 40.

259 Karl Popper, *The Open Society and Its Enemies* (Princeton: Princeton University Press, 1950), vol. 1, Chap. 9.

260 「華胥」乃道家的理想國，唯神遊可得之，見於〔列子〕。閱 A.C. Graham, *The Book of Lieh-tzu*, p. 34, 及 Lionel Giles, *The Book of Lieh-tzu*, p. 35.

指責康氏的社會理想與現實脫節亦值得商榷。他對現有制度的嚴厲批評涉及十九世紀中西雙方所面臨的一些問題的核心。他解決問題所作的建議與歷史趨向一致。他的一些激烈主張顯然超越時代，因而得不到回應。但其他一些觀點終結於一九〇二年，為後來許多知識分子所樂道，而且成為社會現實。在一九一〇年代與一九二〇年代，自由與平等在知識界成為家喻戶曉的名詞；民主和科學得到熱情和大聲的支援。中國家庭制度雖未消失，但在民國已大大地革了命[261]。一個女權聯盟於一九二二年在北京成立[262]。一年之後，一羣大學生在南方提倡「家庭民主」以及婚姻自主[263]。男女平等以及擇偶的自由終於得到政府的法律保障[264]。

這些發展並不是受了康氏的影響。在那一時代的知識分子只知道康之頑抗民國，想恢復舊朝，建立孔教，以及在動亂的一九一〇與一九二〇年代中的一些反對西化的論點；他們不曾看到

261 例如 Olga Lang, *Chinese Family and Society* (New Haven: Yale University Press, 1946); Marion J. Levy, *The Family Revolution in Modern China*; Yang, *Chinese Family in the Cultural Revolution*, especially pp. 16-17; and Chow Tse-tsung, *The May Fourth Movement: Intellectual Revolution in Modern China*, Chap. 10.

262 Zung Wei Tsung, "The Woman Movement in China," *The Y.W.C.A. Magazine* (Shanghai, June 1923), pp. 2-3, quoted in Tsi C. Wang, *The Youth Movement in China*, p. 236. 比較 Chow Chung-cheng, *The Lotus Pool*, trans. from the Original Germans by Joyce Emerson (New York: Appleton-Century-Crofts, 1961). 為一背叛傳統中國女子的自述。

263 閱嶺南大學學生暑期會議決議，一九二三年七月二日—八日，載 *The Chinese Recorder*, Aug. 1923, p. 435. 引見 Wang, *Youth Movement in China*, pp. 237-238. 另閱 Chow, *The May Fourth Movement*, pp. 257-259; "The Emancipation of Women"; Kao Chung Ju, *Le mouvement intellectual en Chine et son role dans la révolution chinoise*, pp. 49-52, "L'emancipation féminine dans le domaine intellectual (1860-1919)."

264 閱 *The Civil Code*, Part IV, "Family Relations", promulgated May 5, 1931, 特別是論婚姻的第二章。

他的〔大同書〕，該書到一九三〇年代中期才發行。因此，這些人鄙視他，認為他反動地抗拒「新文化」的潮流，自不足怪。他們走的是他多年前所指出的路，但他一直是未被認識的先知。事實是，康氏及其不知情的跟隨者反映了共同的歷史變局；毫無選擇地把中國從傳統主義中解放出來，在幾十年中將其推向陌生的現代化之途。不過，康氏首先見及此一潮流，指出確切的社會轉化的趨向。此一歷史重要性不因他未被同時代人認可而減色。

因此，康氏的「大同」乃是一「有效的烏托邦」，而不是脫離社會發展與近代中國思想路向的白日夢[265]。他一生之中目擊中國思想與制度的根基受到一再的抨擊，深知劇烈轉變之需要以及可行性。他對中國傳統的知識以及對西方的認識，使他能看到中國的問題以及如何改變。在戊戌變法期中，他僅企圖作小規模的重建工作，只是他的最起碼的想法。在〔大同書〕中，他則定下極大的改革計劃，其影響的深遠，非同時代的任何人可相比擬。他的烏托邦構想極具想像力與挑戰性，他足列世界上偉大烏托邦思想家之林[266]。有人可以指出若干不當之處，如有關家庭與財產部分，但無人可以忽視他整個社會思想的歷史意義[267]。

265 Mannheim, *Ideology and Utopia*, p. 207; and "Utopia", an article in the *The Encyclopedia of the Social Sciences*, ed. Edwin R. A. Seligman and Alvin Johnson (New York: MacMillan Co., 1930-35), 15:200-203.

266 詳見後文。有關"utopist"一詞，閱 Negley and Patrick, *The Quest for Utopia*, Introduction.

267 中國大陸上有些學者承認此點。例如毛健予，「在維新變法運動過程中康有為為什麼著新學偽經考孔子改制考和大同書」，〔史學通訊〕（一九五三年五月），頁一六；林克光，「論大同書」，頁一—二。嵇文甫，「游離了的學說」，〔史學通訊〕（一九五三年六月），頁三，六。

「大同」與「新文化」

新文化運動領導者在一九一〇年代與一九二〇年代所提到的一些見解，值得在此作一簡述。陳獨秀和胡適當然是其中最主要的領袖。陳氏自認早年受到康氏在戊戌前言論的啟導，使他的視界超脫傳統中國，但反對康氏不贊同民國，以及想要建立「孔教」[268]。陳氏未見〔大同書〕，至少未見及全書，所以不知康氏在一九〇一——〇二年所提出的社會轉化思想不僅預言陳氏所言，且有過之而無不及。

陳氏在一九一五年發表的一文中，呼籲中國青年擁抱六項適合現代的原則，第一項是要「自主的而非奴隸的」，他解釋道：

> 世稱近世歐洲歷史為「解放歷史」，破壞君權，求政治之解放也；否認教權，求宗教之解放也；均產說興，求經濟之解放也；女子參政運動，求男權之解放也。解放云者，脫離乎奴隸之羈絆，以完其自主自由之人格之謂也[269]。

陳氏所列其他「原則」也甚具興味，與康氏所說者近似。陳氏說必須要「進步的而非保守的」，因保守者遲早會懊傷，而進步者必得無限報償；「進取的而非退隱的」，即最好作哥倫布，不要作托爾斯泰或泰戈爾；「世界的而非鎖國的」，即不同的國家必將逐漸走向精神上的一致；

268 陳獨秀，「駁康有為致總統總理書」，〔新青年〕，二卷二期（一九一六年十月），頁一二七—一三〇；「孔子之道與現代生活」，〔新青年〕，二卷四期（一九一六年十二月），頁二九五—三〇一。

269 陳獨秀，「敬告青年」，〔新青年〕，一卷一期（一九一五年九月），頁一—六。另參閱〔新青年〕，二卷四期，頁三。

「科學的而非想像的」，因科學乃促成現代歐洲的優越，最後是「實利的而非虛文的」，因唯有實學才具有眞正的價值[270]。

陳氏依據這些「原則」來大力攻擊傳統，歌頌「德先生」和「賽先生」[271]。但陳氏並不宣傳要揚棄過去的一切業蹟。他在〔新青年〕中的「宣言」中，匯集了其他編輯與撰稿人的意見，很明顯地指正：

> 一面拋棄此等舊觀念，一面綜合前代聖哲、當代賢哲和我們自己所想的，創造政治上、道德上、經濟上的新觀念，樹立新時代的精神，適應新社會的環境。

此一新社會將是進步的、自由的、平等的、和平的、合作的、以及喜樂的。人們在此新社會中將超越莽衝與佔有的本能，而對世界上所有的種族都表現友愛與互助。在此一新社會中，民主也將實現；政權由所有的人，包括女人，來分享[272]。顯然的，這一切的想法都不出康氏「大同」的範疇。

胡適在美完成學業回國後不久，即發表對社會和思想改造的意見，胡氏雖認爲康氏的見解已

---

270 〔大同書〕，上海版，頁三三三；北京版及臺北版，頁二一八。另閱本章註217。

271 陳獨秀，「本誌罪案之答辯書」，〔新青年〕，六卷一期（一九一九年元月），頁一〇。

272 陳獨秀，「本誌宣言」，〔新青年〕，七卷一期（一九一九年十二月），頁一—四。此「宣言」有十二條。除了此處已提到的以外，還有：譴責「軍人政府與金權的原則」；承認「勞動神聖」，認為勞動不只是謀生的手段，也是「一件神聖的事」；經由羣眾運動以達成社會重建；承認社會進步與物質需要是一切努力的中心目標；拒絕所有不合一個新社會需要的文學與道德；肯定自然科學是進步的必要因素；斥責「絕對懷疑論」顯然是受了社會思想的影響。同期刊載陳氏另一文：「實行民治的基礎」，頁一三—二一。文中引杜威之見，認為人民自己必須團結以發展自治，有二途可循：鄉村自治組織與貿易自治組織。在此可提供康氏地方自治思想之一個有趣的比較，康氏以農場與工廠為基本組織。

太陳舊，但所說與康說卻甚類似[273]。胡氏在刊登「宣言」的那期〔新青年〕中，想對新思潮的內容有所指陳。他說一切價值的轉變須經過對具體問題的研究。儒教以及整個中國傳統必須徹底檢驗，一切過時的都要揚棄。新潮流的眞正目標乃是「文化重建」——一方面輸入西方知識，另一方面重估傳統[274]。

胡適所要介紹給中國的最主要西方知識乃是實驗主義[275]。另一項他要介紹的是「易卜生主義」。他在一九一八年寫的一篇文章中，特別提醒讀者易卜生劇作中的隱示：社會有礙個人的獨立精神、個人的自由和社會的進步。胡氏還注意到易卜生的世界主義觀，他引用一封一八八八年易氏寫的信說，聰明的人多少會不滿意「國家性的舊觀念」，此種舊觀念必然會被「全人類的新觀念」所取代[276]。

胡氏重估中國傳統價值的方法最可見之於「吳虞文錄序」（撰於一九二一年）。他贊同吳氏與陳獨秀的憤怒譴責儒學。胡氏在讚揚他們努力掃除思想上的障礙之餘，認爲吳虞事實上已運用「實驗標準」來評估儒學了。他問道：

> 儒學產生了怎樣的制度？這些制度增進還是傷害到人類的快樂？它們所形成的是怎樣一種民族性格？它們促進還是阻礙進步[277]？

---

273 胡適，「歸國雜感」（撰於一九一八年元月），〔胡適文存〕，初集，卷四，頁一〇—一一。
274 胡適，「新思潮的意義」，〔新青年〕，七卷一期（一九一九年十二月），頁五—一二。
275 胡適，「實驗主義」，〔新青年〕，六卷四期（一九一九年四月），頁三四二—三五八。
276 胡適，「易卜生主義」（初稿撰於一九一八年五月；一九二一年四月定稿），〔胡適文存〕，初集，卷四，頁二四，二九—三一。
277 胡適，「吳虞文錄序」，〔吳虞文錄〕；亦見〔胡適文存〕，初集，卷四，頁二五八。

對胡氏及其友人而言，這些問題的解答是不言而喩的。儒學所產生的制度是阻礙進步，以及給歷代的中國人帶來無數災害。我們無須指出胡氏及其同黨所責難的「儒學」即是康氏所責難的「僞經」，而且責難的理由也相同：有違人類幸福與社會進步原理。〈新青年〉的作者們只是比康有爲更向前走了一小步。康氏還要尊重眞正的儒學，而胡氏等認爲孔教乃二千年來吃人禮教的招牌，「不能不拿下來，搥碎，燒去」[278]。

康氏與〈新青年〉那一羣人對人際關係的相同看法，實在十分相似。康氏和陳、胡等都譴責傳統價值和制度。陳獨秀認爲中西之間在態度上最根本的不同乃是西方人重個人，而東方人重家庭[279]。陳氏在一九一六年一文中指出，中國與歐洲文明接觸之後，產生一連串的政治和社會危機。每一危機都觸發知識分子的覺醒，特別是徐光啟（一五六二——一六三三）在明代中葉接受西方的科學和宗教，康有爲在甲午戰後的變法運動，以及在辛亥革命之前共和與君憲的論爭。最後的覺醒將是共和憲法實施之時。政治覺醒固然重要，更重要的是「道德覺醒」，即無條件的拋棄傳統價值；諸如三綱之類。若無個人的自由、平等與獨立，斷無政治民主之可言[280]。相信傳統家庭制度與專制政府不可分[281]，陳獨秀及其同志乃極力攻之。就此而言，胡適之見

---

278 胡適，「吳虞文錄序」，頁二五九。不過，胡氏提出下列原因以贊許孔子：他是個「知其不可而為之」的人（〈論語〉「憲問」，第三十九章），也「不知老之將至」（〈論語〉，「述而」，第十九章）。胡繼謂，若知此真孔子，則可不理〈論語〉其他部分。見「白話詩」，〈新青年〉，二卷六期（一九一七年二月），頁六。

279 陳獨秀，「東西民族根本思想之差異」，〈新青年〉，一卷四期（一九一五年十二月），頁一—四。

280 陳獨秀，「吾人最後之覺悟」，〈新青年〉，一卷六期（一九一六年二月），頁一—四。

281 吳虞之見具有代表性。閱其「家族制度為專制主義之根據論」，〈新青年〉，二卷六期（一九一七年二月），頁一—四；「對於祀孔問題之我見」，〈吳虞文續錄〉，頁一三—二八。

最值得注意，他在「我的兒子」一文中，故意暗示孝道此一觀念之過時。他說「樹本無心結子，我也無恩於你」。他希望他的兒子做有尊嚴的人，但不要他做孝順的兒子[282]。這一段話令人想到康有爲在上一世紀末葉所述公法之一：

公法於父母不得責子女以孝，子女不得責父母以慈，人有自主之權焉[283]。

胡適及其同志提倡婦女解放。他要中國婦女效法美國女人的獨立精神，超越賢妻良母型，認眞追求自己的事業，甚至不結婚[284]。他強烈反對強制中國婦女履行的單方面貞節[285]，而應自由求偶，不必符合父母的意願[286]，在道德上說，自由戀愛並無錯處，卽使導致不穩定的擇配現象。唯一可提出的正當問題是：兩人的分手是否合理。不過，胡適並未追隨康有爲到底，他沒有要求廢止婚姻與家庭制度[287]。

這些話要留待另一位〔新青年〕作者來說。沈兼士在一九一九年發表的一文——「兒童公育：徹底的婦人問題解決法處分新世界一切問題之鎖鑰」——中說，解決婦人問題的最大障礙是家庭制度——人類傳下來的有害制度，與可惡的私有財產制度不可分的。因爲有家庭，社會進步

282 胡適，「我的兒子」，引見汪長祿致胡適函，〔胡適文存〕，初集，卷四，頁九六—九七。

283 康有爲，〔實理公法〕「父母子女門」。參見本章「在兩個世界中摸索」節。

284 胡適，「美國的婦人」（北京女子師範學校演說辭，一九一八年九月），〔胡適文存〕，初集，卷四，頁三九—六一。

285 胡適，「貞操問題」，〔胡適文存〕，初集，卷四，頁六三—七七。參閱唐俟（魯迅），「我之節烈觀」，〔新青年〕，五卷二期（一九一八年八月），頁九二—一〇一。魯迅在結論中宣稱要讓全人類享有眞正的快樂。

286 胡適，「終身大事」，一齣以喜劇收場的嘲諷劇，劇中一女子與其愛人私奔，留給她父母一句話，說：「這是我的終身大事，必須由我自己做主。」〔新青年〕，六卷三期（一九一九年三月），頁三一一—三一九。

287 胡適，「胡適答藍志先書」，〔新青年〕，六卷四期（一九一九年四月），頁四二二。

的每一因素都受到抑制。流毒所至遍及各地，亞洲尤較歐洲為厲。歐戰之後，民主將是社會重建的唯一原則。但除非掌握此一時機摧毀家庭制度，婦人仍然在束縛之中，將與的民主便無著落。因此，沈氏提出四點計劃：第一，婦人將與男子接受完全一樣的教育；第二，婦人將在財力上自立，服務社會；第三，現有的家庭制度必須廢止；第四，兒童全部「公育」，設兒童診所、嬰兒院、幼稚院、小學、兒童醫院等，來替代家庭制度。婦人從家庭完全解放之後，才能獲得完全的自由和眞正的平等。沈氏綜結道：

> 據此則家庭制度、專制政府、以及經濟上的階級都可永遠廢止。然後才能徹底解決勞力問題，達到經濟上的平等[288]。

吾人不得不懷疑沈氏曾見康氏的〔大同書〕，並覆述他在一九〇二年所寫的文字[289]。當然，沈氏並無抄襲之嫌，因沈氏不可能看到康氏自己拒絕出版之書。

康氏及其反對者之間尚有相同之見，但不必再提。我徵引陳獨秀以及〔新青年〕其他撰稿者的言論，以說明康有為的徹底社會轉化思想是具有歷史意義的。康氏及其他人既然關切大致相同的問題（經由社會與思想改造促成中國的現代化），反映大致相同的歷史趨勢（從傳統到近代中國），又從大致相同的淵源獲得靈感（近代西方文明），他們必然會獲致大概相似的立場，即使他們之間的思想背景、學術方法、個人品質有所差異。此一差異說明了康氏「大同」與〔新青

288 沈兼士，「兒童公育：徹底的婦人問題解決法處分新世界一切問題之鎖鑰」，〔新青年〕，六卷六期（一九一九年十一月），頁五六三—五六七。

289 即〔大同書〕，丁至庚部，康氏談及男女平等、家庭，以及私有財產等。

年」所標榜的「新社會」之間的許多不同。但兩者相似之處足以說明，康氏之見雖不爲當時的知識分子所重視，但其見解的實質並未完全落空。

大同與社會主義

有人說，烏托邦思想爲近代社會主義的先驅[290]。康有爲在西方社會主義出現之後著書立說，他又自一八七九年後努力追求「西學」，社會主義影響到他的烏托邦思想，自無可怪[291]。

近年以來，中國大陸上的學者雖不完全贊同〔大同書〕，卻給予相當的注意。史學家范文瀾指出，康氏著此書的目的是要爲中國的資產階級指路[292]。康氏意圖將階級鬥爭的現實隱藏於大同之中，以助此一階級的延續[292]。著名的哲學家馮友蘭也指責康氏否認階級鬥爭的重要。康氏所說似乎是左派的理論都是該書反動內容的煙幕。總之，「大同」不過是一理想的資產階級社會[293]。大陸學者湯志鈞總結地斥責康氏此書在內容上的反動[294]。

290 Hertzler, *History of Utopian Thought*, p. 298, puoted from Karl J. Kautsky, *Die Vorlaufer der neuren Sozializmus*, p. 466.

291 Thompson, *Ta T'ung Shu*, p. 52, 謂康氏對共產主義的看法很含混：「他認為共產主義是一種經濟民主的形式。……他確實了解，那是因為『不平的』勞動及窮人團體對資本家富有團體鬥爭所引起的一個運動。（附帶一提的是，他預見了這種鬥爭在未來的重要性。）」某些中國大陸的學者部分贊同此說，如胡濱，〔戊戌變法〕，頁二二—三九。

292 范文瀾，〔中國近代史〕，頁三二二。

293 馮友蘭，「康有為的思想」，〔中國近代思想史論文集〕，頁一二三—一二四。

294 湯志鈞，「關於康有為的大同書」，〔文史哲〕一九五七年第一期，頁四三。其他作者對康也有類似批評，如陳周業，「試論康有為空想理論（大同書）的階級基礎」，〔中學歷史教學〕，一九五七年十一期，頁四，認為康之烏托邦思想乃是中國未成熟資產階級思想的產品。朱謙之，「大同書十卷」，〔讀書月報〕，一九五七年第一期，頁二二—二三，謂康之「理想國」代表了想從封建漸進到資產階級制度的企圖。李澤厚，「論中國十九世紀改良派變法維新思想的發展」，〔新建設〕，一九五六年第五期，頁五八—五九；「論康有為『大同』理想」，〔康有為譚嗣同思想研究〕，頁一〇二，以康之理想為一資產階級自由派改良主義者的烏托邦。

這些學者也許必須服從既定的思想路線，所以對康氏書中極其明顯的社會主義趨向，只好視而不見。但有一些大陸學者，由於明顯的理由，雖然認爲康氏的社會主義不是「科學的」，多少接受他的社會主義思想。有一位說康是「改良的社會主義」派，然則所顯示的是「階級合作」，而非「階級鬥爭」。此一作者又說，康氏不僅攻擊中國的封建制度，同時暴露歐美資本主義制度的謬誤[295]。另一作者將康氏的「三世說」與馬克思的三階段說相比，卽康氏以「據亂世」、「升平世」、「大同世」來說明「封建主義」、「資本主義」、「共產主義」的發展[296]。又一位作者見及康氏烏托邦中的經濟思想有轉變。在〔大同書〕的初稿中，他抨擊封建制度，嚮往資本主義；但在其定稿中則嚮往共產主義社會[297]。果如此，康氏顯然不一致[298]。一般而言，這些作者對康的評估較近眞相。他們至少承認康氏對早期中國社會主義思潮的貢獻，且認爲他是近代中國社會運動的先驅。

眾所周知，爲本世紀之初社會主義思想的影響可見之於留日的中國知識分子間，特別是追隨孫中山的一羣革命黨人。一九〇五年發刊〔民報〕之後[299]，社會主義成爲主要的政綱，只要翻閱

295 林克光，「論大同書」，頁七—一九；三〇—三一。

296 黎澍，「論社會主義在中國的傳播」，〔歷史研究〕，一九五四年第三期，頁二。

297 張玉田，「關於大同書的寫作過程及其內容發展變化的探討」，〔文史哲〕，一九五七年第九期，頁五五—六〇。不過，張氏同意范文瀾的其他論點。

298 張豈之等，「關於康有爲大同思想實質的商榷」，載侯外廬，〔戊戌變法六十周年紀念集〕，頁七八。對康氏思想有不同的看法或許並不表示這些作者在思想上有分歧，而是想從馬列觀點來省察，以決定康氏思想在歷史過程上的意義之不同的努力，就像其他作者想決定孔子的歷史意義一樣。閱 Joseph R. Levenson, "The Place of Confucius in Communist China," *The China Quarterly*, no. 12 (Oct-Dec. 1962), pp. 1-18.

299 〔民報〕，自一九〇五至一九一〇年，共發刊二十六期。一九五七年，北京影印再版，計四冊。

早期〔民報〕即可知之。在創刊號（一九〇五年十月）中，孫文署名的發刊辭已正式提出有名的「三民主義」，即民族主義、民權主義、和社會主義（民生主義）[300]。前兩個主義早已在歐美實現，最後一個主義則猶待二十世紀人士的努力。中國須立即促成民族與民權主義，並同時於傷害西方各國的「經濟問題」在中國發生前，執行社會主義。孫氏說：

> 近時志士舌敝脣枯，惟企强中國以比歐美。然而歐美强矣，其民實困，觀大同盟罷工與無政府黨、社會黨之日熾，社會革命其將不遠。……吾國治民生主義者，發達最先，睹其禍害於未萌，誠可舉政治革命、社會革命畢其功於一役[301]。

此一說法，孫氏追隨者如胡漢民、馮自由、朱執信等一再附和。胡漢民撰「六大主義」以申此義[302]。胡氏以國有土地（第三個主義）爲「國家社會主義的一部分」並據以反對私有財產制（與康氏所見相同）。胡氏說土地乃經濟生產的主要因素，地主制度造成貧富不均，壓榨勞力。中國應記取西方的教訓，如不能於政治革命完成後取消土地的私有制，則「經濟階級」將取代「政治階級」，重蹈西方的覆轍[303]。馮自由則主張國家社會主義，即借自亨利・喬治的平均地權[304]。朱執信則追「社會革命」之根於造成自由競爭與絕對產權的不完善的社會與經濟制度。他並未建

300 〔民報〕，第一期（一九〇五年十月），頁一—三。在革命黨作者的用語中，「社會主義」就是「民生主義」的同意詞。見朱執信在「從社會主義論鐵道國有及中國鐵道之官辦私辦」一文標題所作之註解，載〔民報〕，第四期（一九〇六年五月），頁四五。

301 〔民報〕，第一期，頁二。

302 「六大主義」見〔民報〕第一期，是載在該期末尾的一項聲明。

303 胡漢民，「民報之六大主義」，〔民報〕，三期（一九〇六年四月），頁一—二二。

304 馮自由，「錄中國日報『民生主義與中國政治革命之前途』」，〔民報〕，四期（一九〇六年五月），頁九七—一二二。

議立即採用純粹的共產主義，但含糊地說不能全然拒斥「科學的社會主義」，更不能反對「國家社會主義」[305]。

其實康有爲的社會思想要比孫中山及其門徒更爲激烈。康氏反對資本主義的言論雖非其所創，卻要比〔民報〕所說早三年，且較有系統。只是他的社會主義一直未被注意；而孫氏的社會主義（正式的稱謂是民生主義），雖未見諸實施，但大聞於世。

社會主義思潮尚有另一渠道。在一九一〇年代末與二〇年代初，〔新青年〕成爲社會主義的喉舌[306]。早在一九一五年，陳獨秀即認爲社會主義、以及人權學說與進化學說爲近代文明的標誌，他當時心目中的社會主義不是馬克思，而是巴布夫（Babeuf）、聖西門，和傅立葉[307]。〔新青年〕作者們對其他社會主義流派的興趣，與日俱增，而終結於馬克思主義[308]。

---

305 懸解（朱執信），「論社會革命當與政治革命並行」，〔民報〕，第五期（一九〇六年六月），頁四三—六六。朱氏用蟄伸筆名又寫了「德意志社會革命家列傳」，〔民報〕，第二期（一九〇六年三月），頁一—一七（馬克思）；第三期（一九〇六年四月），頁一—一九（拉薩爾）。他對馬克思認為所有資本皆為掠奪而來的論點有所批評，並將拉氏置於馬氏之下。〔民報〕第五期（一九〇六年六月），頁七九—一〇五，有文曰：「萬國社會黨大會事略」，署名强齋，此文譯自日文加注。有關革命黨的社會主義思想，可閱 Scalapino and Schiffrin, "Early Socialist Currents in the Chinese Revolutionary Movement," pp. 321-342.

306 中國社會主義思想流派之簡述可閱 Li Chien-nung, *The Political History of China: 1840-1928*, pp. 439-440; Chow, *The May Fourth Movement*, passim (see Index under "Socialism," "Chiang K'ang-hu," "Chang Tung-sun," etc).

307 陳獨秀，「法蘭西人與近世文明」，〔新青年〕，一卷一期，頁一—四。

308 〔新青年〕中有關馬克思主義文章有：起明譯，「俄國革命之哲學的基礎」，四卷四期（一九一九年四月）；四卷五期（一九一九年五月）；顧兆熊，「馬克思學說」，六卷五期；凌霜，「馬克思學說批評」，六卷五期；劉秉麟，「馬克思傳略」，六卷五期；李大釗，「我的馬克思主義觀」，六卷五期、六期（一九一九年五月、十一月）；李大釗，「由經濟上解釋中國思想變動的原因」，七卷二期（一九二〇年元月）；「唯物史觀在現代史學上的價值」，八卷四期（一九二〇年十二月）；李季，「社會主義與中國」，八卷六期（一九二一年四月）；李達，「馬克思派社會主義」，九卷二期（一九二一年六月）（文中曾引用到 Lenin, *State and Revolution* 一書）；陳獨秀，「馬克思學說」，九卷六期（一九二二年七月）。值得注意者，第七卷第六期（一九二〇年五月一日）為紀念勞動節特刊。

陳獨秀在一九二〇年說，工業化爲中國的現代化所必需，只能在社會主義的原則上施行。資本主義發展了歐美以及日本的工業與教育，但同時使歐洲人、美國人、以及日本人貪婪、殘酷、欺詐、姦惡、與痲木。中國必須抓住機會在資本主義勃興前工業化[309]。李大釗於一九二〇年也根據馬克思主義抨擊中國的家庭制度。他指出每一個社會與思想運動都在摧毀傳統的儒家道德系統，及其相關的愚忠、愚孝、盲目服從與歧視女子。中國方與未艾的「勞工運動」尤能摧毀儒教將勞動者置於統治階層的剝削之下[310]的階級教條。當中國共產黨於一九二一年七月成立之時，馬克思主義已經成爲〔新青年〕先進知識分子的福音，說是馬克思的共產主義必能在中國實行[311]。據此，陳氏於一九二二年七月一文中，發揮馬克思主義的主要論點，諸如剩餘價值、歷史唯物論、階級鬪爭、「工人專政」等等[312]。

卽使是胡適，他的思想見解不可能是馬克思底，也對蘇俄的「大規模政治實驗」表示「敬佩」。他說此乃一史無前例的「龐大『烏托邦』計劃」，唯有公元五世紀的王莽以及千餘年後的王安石變法，略可相比。但胡氏對蘇維埃實施社會主義的方法不表贊同，他解釋道：

> 近代的歷史指出兩個不同的方法：一是蘇俄今日的方法，由無產階級專政，不容有產階級的存在。一是避免「階級鬥爭」的方法，採用三百年來「社會化」(Socializing) 的傾

---

309 陳獨秀，「關於社會主義的討論」，〔新青年〕，八卷四期（一九二〇年十二月），頁八。陳氏於致張東蓀一函中說，他深信外國資本主義為中國窮乏之唯一原因，因此必須要打倒外國資本主義（頁一八）。

310 李大釗，「由經濟上解釋中國近代思想變動的原因」，〔新青年〕，七卷二期，頁四七—五三。

311 存統，「馬克思的共產主義」，〔新青年〕，九卷四期（一九二一年八月），頁一〇。

312 陳獨秀，「馬克思學說」，〔新青年〕，九卷六期（一九二二年七月），頁一—九。

向，逐漸擴充享受自由享受幸福的社會。這方法，我想叫他做「新自由主義」（New Liberalism）或「自由的社會主義」（Liberal Socialism）[313]。

由此可見，在本世紀的前二十年，各種社會主義，從烏托邦社會主義到馬克思主義，從社會化的資本主義到全然的共產主義，都可見之於中國知識分子的著作之中。康有爲的「大同書」可能是最有系統、最有想像力的著作；它比胡適的「自由社會主義」更激進，可稱爲「民主共產主義」，在精神上與烏托邦社會主義較接近，與馬克思主義較遠。從康有爲到陳獨秀，有如從十八世紀的烏托邦社會主義發展到十九世紀的科學的社會主義。

以上的陳述已足可警惕我們，不要給康有爲過高的評價。最近某些作者似乎便是這樣，有一位認爲康氏的「大同」與「西方共產主義」全無區別[314]。另一位學者說，毛澤東的人民公社實借自康有爲的思想[315]。當然大同與共產除顯明的結構上相同外，尚有驚人的類似之處。兩者都是植基於人類發展是單線直行的假設，而提出來的普遍性的理想。但相似不應完全掩遮兩者相異之處。湯普遜（Laurence G. Thompson）已明確指出，康氏對人性的設想、獲致理想的方法、以

---

313 胡適，「歐遊道中寄書」，〔胡適文存〕，三集，卷一，頁七五—七六，八四。這些信撰於一九二六。

314 Kyoson Tsuchida, *Contemporary Thought of Japan and China*, p. 196. 認定康氏之大同是「與西方共產主義和無政府主義同樣的社會理想」。此顯然不確，因康之理想與此二者皆有異。「大同」與無政府理想儘管有相同之處，却有重要的差異：後者要取消政府，前者欲見一完整的世界政府。不過相同之處亦頗值得注意。無政府主義者與康氏都認為博愛是第一義。無政府主義者亦有以大同為歸宿者，譴責競爭與鬥爭，反對傳統價值與制度，提倡「雜交」（取消婚姻與家庭），以倡個人自由、平等與快樂。中國無政府主義思想可參閱 Robert A. Scalapino and George T. Yu, *The Chinese Anarchist Movement*, and Michael Gasster, *Chinese Intellectuals and the Revolution of 1911*, Chap. 5.

315 Huang Yen Yu, "Mao's People's Communes," *New York Times*, Jan. 11, 1959.

及烏托邦的指導原則，與馬克思主義者大不相同[316]。事實上，康氏的人道觀與共產黨人對人與社會冷酷的看法，是背道而馳的。因此，康、毛兩人是互不相容的。

像康有為、胡適、陳獨秀、以及其他近代中國人物在思想情感上極不相同，而同時傾向社會主義的道路；不僅僅是歷史的偶然。最近有位學者指出，今日開發中國家領導人，因積極要工業化，傾向用不同的社會主義方式，來加速經濟成長。他又說：「開發中國家的社會主義由既得利益階層指導，基於公正，而非利益；基於國家計劃，而非盲目的市場經濟。」[317]十九世紀末、二十世紀初的中國，固不同於今日的開發中國家，但我們不能不覺得，康氏及其同時代人也都知道工業革命在先進國家所造成的問題，他們也會注意到公正多於利益，也會看到「理想的計劃」勝於「盲目的市場經濟」。

我們可以簡略地追溯一下，中國自一八六〇年以來近代化的企圖：最初有自強運動以求西方的富強，接著是戊戌變法及其一系列的經濟措施，最後是革命黨設計的工業化計劃。毛澤東在一九四九年說，這些運動的領導者向西方求眞理[318]。這些領導者的確都向西方求眞理，但他們所見

---

316 Laurence G. Thompson, "Ta T'ung Shu and the Communist Manifesto," in Lo, *K'ang*, p. 351 有云：「對於建立共產理想的方法，康氏與馬克思看法完全不同。馬氏提倡無產階級革命奪取政權，將導致生產工具的集中以至整個國家在一大結合之中；而康氏相信以公共制度來替代家庭制度，理想政體將由自然演變而來。」康氏也許會不贊同梁啓超在一九二〇年代早期所說，中國須先發展一資本主義階級，作為工業化的動力，以後再實施社會化原則。梁氏認為可經由「社會立法」來矯正和監視，並同時發展國家企業與合作運動，以減少資本主義之惡。閱「復張東蓀書論社會主義運動」，〔飲冰室合集〕，〔文集〕三六（第十三册），頁一—一二。另閱梁之「無產階級與無業階級」（撰於一九二五），及「無業游民與有業貧民」，〔合集〕，〔文集〕四二，頁一—三；〔文集〕四三，頁一九—二〇。

317 Paul E. Sigmund, *The Ideologies of the Developing Nations*, editor's introduction, pp. 11-12.

318 Mao Tse-tung, *Selected Works*, 4 (Peking, 1961): 412.

的「眞理」並不相同。康有爲像他同時代人一樣，傾向工業革命後歐洲的資本主義方式[319]。但在本世紀之初，康氏在「大同書」中明確地提出社會主義；且有不同的回應。當時的歷史環境需要激烈的思想重建。社會主義既在，康氏不會不去吸它一口。他自然會像同時代的人一樣寄望於社會主義的方法。他對資本主義失望之後，提出通往烏托邦的新路向。這是一條可行之路。我們可以確切地說，康氏是近代中國社會思想簡史的撰寫人之一。

「大同書」與烏托邦傳統

齊赫文斯基（S. L. Tikhvinsky）在其討論戊戌變法的書中，有一整章討論「大同書」。他認爲佛學、道家、太平軍的共產思想、以及儒敎，都對康有爲的烏托邦思想有影響。不過，康氏的「純粹空想」使他的烏托邦理想終歸失敗，卽使它附和中國農民要推翻封建國家的希望，以及獲致經濟上的平等[320]。

齊赫文斯基的意識型態包袱太重，使他的論點難以正確。不過他確實指出康氏得益於各種不同的傳統思想因素，一些是可以實施的烏托邦，另外一些則是逃避現實的[321]。道家的理想近於後者，而儒家的理想近於前者[322]。

319 簡述可看趙豐田，「晚清五十年經濟思想史」（燕京學報專號第十八號）。
320 Tikhvinsky, *Divizenie za reformy*, pp. 331-332.
321 閱 Negley and Patrick, *The Quest for Utopia*, p. 5 and Mumford, *The Story of Utopias*, p. 15.
322 中國科學院哲學部中國哲學史組編成「中國大同思想資料」（北京，一九五九），選刊自「禮運」到孫中山之著作，但所選並非盡當。

道家對康氏的影響較小。「老子」第八章「小國寡民」[323]「莊子」的「至德之世」及「建德之國」[324]，「列子」中的「終北」與「華胥」[325]，都屬子虛；不食人間煙火，唯有在夢裏或想像中得之，倒合乎烏托邦一詞的原始意義，無何之鄉。這可以算是「逃避式的烏托邦」。此種道家傳統延續到後代。最可一提的是陶潛（三六五—四二七）[326]和康與之（十二世紀）[327]。

康有爲熟悉道家傳統，應無可疑[328]。他提到過「莊子」的「建德之國」以及「列子」的「終北」[329]。卽使後來康氏不取道家，但道家思想多少對他的烏托邦構想有些影響。因此，在建德之國中，人們勞動而不必貯藏，人們給與而不求回報。同樣，在「終北」之鄉，人們不知惠己。這種想法與影響康氏至深的「禮運篇」中利他思想一致，毫無自私之念。

康氏閱讀至廣，然不知是否看過康與之著作。不管如何，他會同意「昨夢錄」中所述的烏托邦想法：

> 凡衣服、飲食、牛畜、絲纊、麻枲之屬，皆不私藏，與眾均之，故可同處……計口授

---

323 譯本甚多，較好的有：J.J.L. Duyvendak, *Tao Te Ching*, p. 162; Lionel Giles, *Tao Te Ching* (London, reprint of 4th ed., 1943), p. 93; Arthur Waley, *The Way and Its Power* (1934. New York: Grore Press, 1958), p. 241; and Paul K. T. Sih, *Tao Teh King* (New York, 1961), p. 113.

324 「莊子」「山木」。

325 「列子」「黃帝」、「湯問」。

326 陶潛，「桃花源記」，「靖節先生集」，卷六，頁一—二。

327 「巨穴」據謂在洛陽附近，見「昨夢錄」，載自陶宗儀編，「說郛」（上海，一九二七），卷二一，頁二八—二九。

328 康氏曾研佛道，廿歲時就有評「老子」之作（康有為，「自編年譜」，頁四，五）。

329 「禮運注」，頁三。

地，以耕以蠶，不可取衣食於他人耳。

儒家對康氏的影響超過道家。他得自「禮運」尤多，可見之於下引〔禮運注〕中的一段話：

夫有國、有家、有己，則各有其界而自私之，其害公理而阻進化甚矣。……不獨不得立國界，以至强弱相爭，並不得有家界，以至親愛不廣，且不得有身界，以至貨力自為。故……祇有天下為公。……公者，人人如一之謂，無貴賤之分，無貧富之等，無人種之殊，無男女之異。……人人皆教養於公產而不恃私產。……此大同之道，太平之世行之[330]。

「禮運」雖重要，但非康氏烏托邦的唯一淵源。公羊三世之說幫助他建立大同於未來，而非過去。另外，西方思想諸如進步、民主、社會主義也影響了他的思維。是則大同並非全由改造儒家傳統而來，它是由許多不同來源的母題所拼湊而成的。在實現其世界化步驟方面（參本章論及世界化與西方化一節），康顯然將西方思想譯成漢詞，又以外國辭彙演繹傳統的儒、道思想[331]。因此，大同的思想與情懷，與近代西方及儒家中國都有親近的關係。結果是，他在中國思想史上創立了一最具想像力的烏托邦。

---

330 同上，頁二一四。康記此書成於「孔子二千四百三十五年卽光緒十年甲申冬至日」卽在一八八四—八五年著此書。錢穆，〔中國近三百年學術史〕，頁六九八—六九九認為，康氏可能至一九〇一—〇二年猶未完成此書，卽在完成撰寫〔大同書〕之時才完成，但因某些原因而把成書日期回寫。湯普遜在〔大同書〕譯本導論中拒斥錢說（見頁二七，三四—三五），因「大同」觀念確來自「禮運篇」云云。湯普遜顯然有誤解。可注意者，康在〔自編年譜〕中（頁六—八），首演大同之理，並列當時（一八八四—八七）所寫之書，但未提到〔禮運注〕，參閱本書第二章。

331 閱梁啓超，〔清代學術概論〕，頁一三三。

齊赫文斯基還有一個看法。他說太平天國的「天朝田畝制度」[332]對康氏有相當的影響。他說，此一文件所載共產與均產思想在康氏故鄉南海流布甚廣，鄉人十分同情太平軍，在康氏的〈大同書〉中仍可見此種思想餘波盪漾[333]。

此說與事實不符。康氏的個人經驗與哲學觀點不容許他尊重太平天國。他的若干親戚積極參與反對太平軍的戰爭，特別是他的叔祖康國器[334]，在江西、浙江、福建、廣東各省嶄露頭角，獲得高位。有為以其為家族之光[335]。効忠當時的政府幾是康家的傳統，並形成康有為的政治態度。他一直忠於朝廷。他在著作中從未提到太平天國的思想，因為政府所禁，他很可能根本未見亂寇的文件。

太平天國思想與康氏的烏托邦思想雖有相似之處，但不足為康氏受其影響的證據。相同之處可能來自相同的泉源——「禮運」。在太平天國早期的一項文件中，有人演繹統一之世，皇上帝為全人類之父，無人應視別人為寇仇。康氏據以推衍出「大同」觀念的儒家經典原文，此一文件也予全文照錄[336]。事實是，大同足以吸引背景極不相同之人，容許大大不同的解釋餘地。因此，

---

332 此一文獻「天朝田畝制度」，收入蕭一山，〈太平天國叢書〉；程演生，〈太平天國史料〉；中國史學會，〈太平天國〉（〈中國近代史資料叢刊〉，第二號，上海，一九五二）。

333 Tikhvinsky, *Dvizhenie za reformy*, p. 332.

334 閱本書第一章，註12及13。

335 康有為，「康氏家廟之碑」（羅榮邦藏手稿）。

336 「原道醒世訓」，引見程演生，〈太平天國史料〉，第二冊，頁五；〈太平天國詩文鈔〉（上海，一九三四），第一冊，頁一三；中國史學會，〈太平天國〉，第一冊，頁九一—九二。蕭一山，〈太平天國叢書〉，第一冊，頁五—七，所錄題作「原道醒世鈔」，為後來之修訂本，未含主要引文。

太平天國思想、中國的無政府主義、及孫逸仙所領導的革命運動[337]、以及康有爲的烏托邦思想之中，都可以引申，我們不能說誰影響了誰。

齊赫文斯基假設康氏知道西方的烏托邦思想，故將康氏的思想與湯姆士・摩爾（Thomas More）和傅立葉（Charles Fourier）相比擬[338]。他指出康氏與歐洲的同類思想家之間，整體而言異多於同，但仍有不同程度的相似之處。然齊赫文斯基或由於其馬克思主義的偏見，或由於對康有爲認識不足，以致所說不僅浮淺，而且錯誤。

例如，他說康氏與卡班（Etienne Cabet）[339]甚不相同，而與歐文（Robert Owen）[340]和傅立葉[341]近似。祇要略爲檢視便知眞相正好相反，卽康與卡班相似之處較多，而與另兩人相似之處少。歐文主張的家庭聚落，大致五百到三千人住在一處，或者傅立葉的五百家一大樓的「聚落」（phalanx），享有具約制的私有產權，與康氏大同之世取消家庭與財產的志趣，大相逕庭。而卡

337 大同一概念為中國知識分子所熟知，也常被引用，例如無政府主義者（見本章註314）與孫逸仙（見其一九二三年寫的「自傳」，謂民族主義為走向「大同」的第一步；一九二四年八月三日演講「民生主義」，謂「民生主義」與「社會主義」、「共產主義」、以及「大同原則」相同；在一未署年月的致犬養毅函中說，蘇維埃主義卽孔子所說的大同，然後又引「禮運」名句）。孫之自傳與講稿俱見〔孫中山全書〕，第二册。書信則見於〔中國大同思想資料〕，頁九四—九五。

338 Tikhvinsky, *Dvizhenie za reformy*, pp. 335-338. 其他被提及者尚有 Campanella, Morelly, Cabet, 與 Owen.

339 Etienne Cabet (1788-1856), *A Voyage to Icaria* (Paris, 1840); 一八四五年重印本之節譯見Negley and Patrick, *Quest for Utopia*, pp. 543-574.

340 Robert Owen (1771-1858), *Book of the New Moral World* (London, 1842) 以及其他許多著作。〔另閱 G. D. H. Cole, *Life of Owen*, 2nd ed. (London: The Macmillan Co., 1930).

341 Charles Fourier, 見本章註161。傅立葉思想之分析可閱 Harry Ross, *Utopias Old and New*, pp. 125-128, and Mumford, *Story of Utopias*, pp. 117-123.

班的「伊卡里亞」（Icaria），有一些項目倒與康氏的大同相似。例如相愛與利他是本性；不均違反自然法則；在烏托邦中人人完全平等；人人需要勞動，所有的職業都一樣重要；私有制完全取消，政府控制生產與分配；國家必須徹底民主；生活的每一方面都要有組織，為公眾服務；教育普及到每一人，全為公設；一度有用的〔聖經〕將要過時，而由一眞正的宗教來取代——「共同愉快生活的宗教」；這一切顯然與康氏的「大同」近似。「伊卡里亞」的最終目的幾與「大同」完全一樣。卡班說：

> 也請記住，我們所有的法律都為了使人快樂，最初取其必須，然後增益有用者，最後則採其可行而無須任何限制[342]。

此非謂兩人盡同，例如卡班允許國與家在「伊卡里亞」中存在。這樣看來，康氏較卡氏尤為激烈[343]。

說實在的，比較康氏與西方烏托邦思想家之間的相似，除了證明不懂外文的康氏能夠建立一媲美西方的烏托邦外，實無多大意義。他從中國傳統與西方同時取得靈感，應無可疑，但他能結合平常的思想因素而演成一獨特的整體，值得推崇。他自謂綜合印度、希臘、羅馬、以及當今英國、法國、德國與美國的最佳、最完美的智慧[344]。但他不僅僅是一仿傚者，他自由借鏡之餘，獲

---

342 Negley and Patrick, *Quest for Utopia*, p. 558.

343 此主要根據 Negley 與 Patrick 二氏之譯本。另閱 Sylvester A. Pietrowski, *Etienne Cabet and the Voyage en Ecarie*; Hertzler, *History of Utopian Thought*, pp. 204-208; M. Kaufmann, *Utopias*, pp. 123-142; Ross, *Utopias Old and New*, pp. 128-139.

344 見本章註114。

得一獨創的烏托邦智慧。

比較尚有另一好處；康氏在「大同書」中的幻想亦可見之於其他烏托邦思想家的著作中，縱然幻想的程度有異。

康氏在強調徹底社會轉化之必須時，無意之際贊同了許多西方烏托邦思想家的看法，特別是那些人相信人類理想的實現有賴於社會環境的適宜，而這種環境有賴於所有經濟活動的社會化[345]。湯姆士・摩爾在其「烏托邦」一書中說，「一切爲公，人人盡取所需」[346]；堪培尼拉（Tommaso Campanella）完全拒斥家庭制度與個人財產[347]；雷諾（James Reynolds）在其書中所說「再聽不到你的或我的」[348]；皮拉米（Edward Bellamy）深信資本主義將傾，設想出一個人人選其所適宜的勞動、均分經濟產品的社會[349]；以及前面已經提到的卡班。康氏可與這些人並駕齊驅。

---

345 Negley and Patrick, *Quest for Utopia*, p. 7.

346 閱 Thomas More, *Utopia* (Leyden, 1516); Ralph Robinson 英譯 London, 1551; Gilbert Burnet 英譯 London, 1684; 標準本在St. Thomas More, *The Complete Works* (New Haven: Yale University Press, 1961)，節錄見 Negley and Patrick, *Quest for Utopia*, pp. 258-283. 不過據George H. Sabine, *A History of Political Theory*, 3rd ed. (New York: Holt, 1961), pp. 436-437 說，摩爾真正是嚮往過去，因而對其所生存世界的貪得無饜表示厭惡。

347 Tommaso Campanella, *Civitas solis seu ides reipublicae philosophicae* (Written, 1602; Published, 1623); 英譯本作 *The City of the Sun*, in *Ideal Empires and Republics* (New York, 1901) and Negley and Patrick, *Quest for Utopia*, pp. 311-342.

348 擇要自 *Equality or a History of Lithconia*, attributed to James Reynolds (初版於 1802; Philadelphia, 1947), 載 Negley and Patrick, *Quest for Utopia*, p. 506.

349 Edward Bellamy, *Looking Backward: 2000-1887* (written in 1888; published in Chicago, New York, and Boston, 1888-1929.) 節要可見 Ross, *Utopias Old and New*, pp. 143-146.

康氏贊同許多西方烏托邦思想家，以均等爲完美社會的主要原則。他同意自柏拉圖以來的所有西方烏托邦主義者[350]，主張男女平等，指女子有權自由擇配。皮拉米釋之尤明，他甚至建議將來由女子向男子求婚[351]。重要的相異之處當然存在，較康氏年輕的威爾士（H. G. Wells）可爲佳例。威爾士深信男女之間的經濟不均完全消失之後，在烏托邦中的每一擇配都是愛的擇配，但他仍然強加貞節於女子[352]。這在康有爲來說，是不能接受的。

康氏最「驚人」的提議——廢止婚姻與家庭，也可見之於西人，如堪培尼拉、傅立葉、和雷諾。在堪氏的「太陽之邦」（City of the Sun）中，交配並非個人的自由選擇，而由政府規定：「碩美女子僅能與高大活躍的男子相配，胖女配瘦男，瘦女配胖男，以均衡之。」[353]傅立葉在其烏托邦中排除個人住宅，讓女子完全自由擇配[354]。在雷諾的烏托邦中，婚姻逐漸消失，兒童變成國有，無人需知某一兒童的生父，他說：只要在「婚姻註册」上註銷對方的名字，「婚姻制度」自然消失[355]。

---

350 Hertzler, *History of Utopian Thought*, p. 287 評及歐洲烏托邦主義者共有之觀點。

351 Ross, *Utopias Old and New*, p. 152.

352 H. G. Wells, *A Modern Utopia*, Chap. 6. 大意見 Ross, *Utopias Old and New*, pp. 129-180.

353 Campanella, *Civitas solis seu ides reipublicae philosophicae*, trans. by William J. Gilstrap, in Negley and Patrick, *Quest for Utopia*, p. 324.

354 Mumford, *Story of Utopias*, pp. 121-122.

355 引見 Negley and Patrick, *Quest for Utopias*, pp. 508-512. 英國無政府主義者 William Godwin 在其 *Enquiry Concerning Political Justice and Its Influence on Morals and Happiness* 一書中提倡性愛自由與廢止政府。吳敬恆爲無政府主義者時謂，愛既然是普天下一致的，不應由任何人抱持。婚姻制度毫無存在的理由，男女應該「雜交」，此爲走向人類進步的第一步（見「評鞠普君『男女雜交說』」，〔吳稚暉先生文粹〕，第三册，頁二七四—二八〇）。此二者均較康氏爲激進。

康氏於闡述大同的政治面時，至少是傾向民主的，而許多西方烏托邦主義者經常傾向極權。在此只提兩個人：摩爾一如康氏提出選舉，但他的烏托邦乃係一開明專制[356]。威爾士的「武士」，乃一羣亟想統治別人之人，實係一種菁英分子的觀念[357]。卡班的「伊卡里亞」爲少數與康氏民主大同構想相似的烏托邦。據卡氏說，「伊卡里亞之人在完全平等的基礎上組成其社會」，人民有主權，由選出的議會和行政機構來治理。「伊卡里亞」的政治結構因而是「幾乎純粹民主式的」[358]，康氏的大同似亦如此。

康氏的「一元世界」也可見之若干西方烏托邦著作之中[359]，最佳之例可見之於聖西門的「烏托邦社會主義」，他提倡「人道的宗教」(the religion of humanity)，他說此一宗教的目的是：

在於維持地球上所有人類的聯合，人人取得上帝所賦予的地位，以勞計酬[360]。

威爾士的「近代烏托邦」與康氏的「大同」一樣，意含全球性的組織與人類的合一，所取的途徑乃是經由普及教育、異族通婚、統一語言，然後

中國人與他的妻子說同一語言——不論她屬那一種族，而他將與歐洲人穿同一服飾，讀同樣的書，膜拜同一傳統[361]。

---

356 Ross, *Utopias Old and New*, pp. 57-58.
357 Wells, *A Modern Utopia*, p. 181. 第九章整章討論此事。
358 Negley and Patrick, *Quest for Utopia*, pp. 547-550.
359 Ibid., pp. 13-14. 作者指出，在工業革命前的烏托邦作品，大致傾向於一種閉關自守範圍很小的自足社會。不過到了十九世紀，當民族主義仍然高漲時，烏托邦主義者已覺悟到，卽使是國家也不足以成爲一自足的社會組織的單位。
360 Saint-Simon, 引見 Ross, *Utopias Old and New*, p. 124.
361 Wells, *A Modern Utopia*, p. 342.

康氏的享樂主義思想也可見之於西人著作。前已提及卡班所說：立法之目的在使人民快樂。半世紀之前，雷諾強調人類宜日增其享樂。雷諾說人總是追求快樂；唯有人類制度的偏差才抑止快樂。在摩爾的烏托邦中，人們享受身心兩方面的快樂[362]，包括眼、耳、鼻的享受，特別是音樂，時而可聞。摩爾認爲烏托邦主義者相信「我們一切的行動，以及所有的道德，都歸結於享樂」[363]。康氏重視的旅行之樂，也爲威爾士所樂道。他寫道：「在現代烏托邦中，旅行應爲日常生活的一部分。」[364]

這已足證康氏的主要思想俱在中國與西方烏托邦思想範疇之內。他有意無意借自前人，但他所借者融合得十分徹底，合之以極多的想像，遂成其獨創的思想。他創造了「一個新理想」[365]，因此他可自稱爲中國最偉大的烏托邦思想家，與西方傑出的烏托邦主義者匹敵[366]。

---

362 節要見 Negley and Patrick, *Quest for Utopia*, pp. 603–604.

363 More, *Utopia*, 英譯見 *Ideal Empires and Republics*, pp. 188–194; 參閱 Negley and Patrick, *Quest for Utopia*, p. 170.

364 *A Modern Utopia*, p. 43.

365 梁啓超之句（見〔清代學術概論〕，頁一三六）。

366 Francis L. K. Hsü,（許烺光）"Cultural Differences Between East and West and Their Significance for the World Today," p. 224 比較中西烏托邦之異，一尚貧，一尚富，引陶潛「桃花源記」爲中國唯一的烏托邦構想。許氏說此文乃最早例子，顯然不確。此外尚有許多，如「禮運」中的大同，〔老子〕中的小國寡民及前文所舉二、三例。奇怪的是，許氏完全不提〔大同書〕，不知他對此書的評價如何。

附錄：〔大同書〕與〔佐治芻言〕

齊赫文斯基（Tikhvinsky）說江南製造局所刊譯書中，傅蘭雅（John Fryer）的〔佐治芻言〕（一八八五年出版）對康氏有極大的影響，齊氏認為康氏在寫〔大同書〕時，取用了此書的大部分[367]。齊氏的猜測有一部分是正確的，康氏自謂對傅氏之書印象深刻，如〔自編年譜〕中有云（光緒十二年，一八八六）：

時張之洞督粵，春間令張延秋編修告之曰：「中國西書太少，傅南雅所譯西書皆兵醫不切之學，其政書甚要，西學甚多新理，皆中國所無，宜開局譯之，為最要事。」[368]

〔佐治芻言〕極可能是康氏認為具有「新理」的西書之一[369]。此書與其他各書很可能影響到康氏社會思想的形成，從一八八〇年代到一九〇〇年代初，在他的變法著作中，由不同的方式表達，如〔康子內外篇〕、〔實理公法〕，以及一九〇五年的〔物質救國論〕。但此並不是說他在寫〔大同書〕時，採用了傅蘭雅之書的主要論點。若檢視〔佐治芻言〕，即可知與〔大同書〕在觀點上有基本相異之處，前書要建立一理想的資本主義社會，而後者是代表一烏托邦社會主義的

367 Tikhvinsky, *Dvizhenie za reformy*, p. 397, note 65.
368 康有為，〔自編年譜〕，頁七。譯按：傅南雅，一般作傅蘭雅。
369 此處所用乃收入梁啓超〔西政叢書〕第四冊中之重印本。〔佐治芻言〕由傅蘭雅（John Fryer）「口譯」，Yin Tsu-hsi筆錄。本書之原著者及書名均未提及。

識見。在某些方面，康氏取傅氏之書作爲批判的對象，而非設計的模式。

兩書自亦有相同之處，此相同之點乃予齊赫文斯基謂康氏得自傅氏之說的論據[370]。「佐治芻言」「總論」一開頭就申述上帝的企望，

> 使地球上所有之人都豐衣足食，共同享受和平與快樂，一生無憂無慮，自幼至老[371]。

同書較後又謂：

> 任何一個社會或國家都難免有病痛或無一技在身之人，不能自食其力，必須依靠他人的慈善，因此所有强壯之人和有技術之人都應由不同方式幫助他們[372]。

這些說法與「禮運」和「大同書」都很近似。

照顧不幸者的義務並不否定勞動的義務。此爲兩書又一相同之處。上天要「人人努力追尋適合的職業」，社會要處罰偷懶犯罪之人[373]。此點立卽令人想到「大同書」中「禁止嬾怠」的規章[374]。

康氏認爲極其重要的獨立與平等的觀念也見諸「佐治芻言」之中：

> 天予人以生命，必令其有保全生命的能力。不論種族國籍，人人自主，不能讓別人宰制分毫。若非犯法，政府及其官吏不能剝奪任何人的獨立之權[375]。

---

370 Tikhvinsky, *Dvizhenie za reformy*, p. 397.
371 「佐治芻言」「總論」，第一節，頁一。
372 同上，第二章，第十二節，頁二。
373 同上，「總論」，第二節，頁一；第二章，第十四節，頁三。
374 「大同書」，上海版，頁四二六—四二七；北京版及臺北版，頁二八四。
375 「佐治芻言」，第二章，第九節，頁二。

一國之人以及全人類的每一成員都要平等，不論社會地位爲何。不平等既然存在，凡文明之人都要盡力達到人類的平等。

> 地球上之人各有異同，不文明人之中，不平等尤甚，以至强凌弱，造成更大的不幸。文明之國應給所有的人帶來平等，以掃除一切的壓迫與侵奪[376]。

奴隸制度直接危害自立與平等的原則，仍然存在於不文明的社會中，必須掃除乾淨。

> 文明既興之後，國家由公正平等的法律來治理。更加宗教的薰陶，人人彼此相愛，舊有的販買奴隸遂完全廢止[377]。

這一切都能使康有爲深信「禮運」所載天下爲公乃是眞正的儒教，也是「公法」。

康氏可能從〔佐治芻言〕中得知西方政府的形式，該書第十章中有云：

> 天下政府約有三類，君主、貴族（賢主禪位）、與共和。有的國家選擇其一，有的混合其中二、三，像英國乃三者的混合。

共和的政府形式是這樣的：

> 共和政府（民主之國）最基本的是定期選擧，選人代議，選賢任政。此制在美國行之已久，人民稱便[378]。

康氏在〔大同書〕中及宣揚變法的著作中，明顯地提到議院，此也可見之於傅蘭雅的書中，

376 〔佐治芻言〕，第四章，第二二節，頁四；第九章，第六四節，頁一一。
377 同上，第十一章，第八六節，頁一五。
378 同上，第十章，第七三、七四節。

認為「公議院之法」乃過去留下最重要的制度，是所有現存政治制度中的翹楚[379]。書中並述及英國議院的演變，並簡略解釋其組成與權力[380]。值得注意的是，康氏也用「公議院」一詞來指議院[381]。〔佐治芻言〕的第七、八兩章敍述國際關係以及戰爭與和平。所述的一些材料也對康氏有用，如從部落進化到國家的過程、幾百年來歐洲各國的發展、及其利弊等等[382]。公法（康氏一再用及）的發展與運用可助國際間的和平。國際貿易也可增進各國的友好關係。戰爭非必與文明俱來。國家愈文明，愈有能力維持友好。文明不斷發展終能為全球帶來太平[383]。再進一步，就是康氏的大同社會了。

康氏可能從傅氏之書中得到啟示或肯定社會進步的漸進發展，而非突變性的暴力革命。以下一段見之於〔佐治芻言〕尤可注意：

英國制度的精良並非一蹴而幾，而由小心謹守而成，發展好的，廢除壞的，卒能有秩序地進向完美。此時的英國政治制度與三百年前大異，其進步乃由三百年間逐步改進而來。如按此而行，任何國家的政治制度都可由循序漸進而臻於完善。如因一國之制不善而思以革命方式除之，則隨之而來的動亂不會有令人滿意和完美的結果[384]。

379 〔佐治芻言〕，第十一章，第九八節，頁一七。
380 同上，第十一章，第一〇五節，頁一七—一八。參閱，第二章，第十五節，頁三。
381 〔大同書〕，上海版，頁一三六—一六五；北京版及臺北版，頁九一——一〇七。康氏有時用公議會，有時用公議院。
382 〔佐治芻言〕，第七章，第四七—五三節，頁七—九。
383 同上，第八章，第六三節，頁一一。另參閱第六〇節，頁一〇有謂：總之戰爭非文明進步之指標；第六一，頁一〇有謂：文明日進，戰爭可逐步消滅。
384 同上，第一〇五節，頁一七—一八。

此種看法與康氏的社會改進觀，並無二致。

這些相同處不應掩遮基本觀點上的不同：康氏關切一社會主義的烏托邦，而傅氏則贊同一理想化的資本階級社會（更確切地說乃是一理想的維多利亞英國社會）。若然，則康氏不能不拒斥若干傅氏之見。

「自由企業」爲〔佐治芻言〕中社會結構的基石[385]。國家的適當任務在於維持和平，執行法律，以及運用外交。其他事則由人民自理。因爲：

> 人民可以自理之事若讓國家來處理，國家必將會做出有害人民之事[386]。

更確切地說：

> 有許多事與政府無關，硬要政府來管不僅傷害人民，而且於國家無益。首先，國家既不能養所有人民，自不能控制人民的經濟事業；其次，工人的工資、工作時間、每日工作量等等，不能由政府來規定；再次，每年物品的數量（如食品、衣服和其他日用品）、市場方法、貨品價格，也不能由政府來決定[387]。

凡此皆與康氏在〔大同書〕中所定經濟理論相反。

總而言之，〔佐治芻言〕拒斥社會主義思想：

> 曾有一著名法國工程師說，聚財成富與奪人之財而用之原無二致。另有一法人建議全國

385 主要是第十四—二四諸章。
386 同上，第十二章，第一〇七節，頁一八。
387 同上，第十二章，第一一八節，頁一九。

財富由全國人民均分，此乃唯一公平之法。如果此種見解得逞，則愚笨不講理之人都不要做工而希望分享他人所得。英國人都不會相信這種見解[388]。

但是〔大同書〕的作者顯然傾向「法國人」的說法，而非「英國人」的說法。

另一重要的不同是康氏以家庭為一無用的社會制度，而傅氏認為不可或缺。傅氏說，

國之本是家，上天予生命於人必使男女結成夫婦，組成家庭。及有兒女乃成父母，必隨天賦本性而養育下一代，至於成人，離家成家而後止。一切社會和政治規範皆由家而來[389]。

此與康氏所說在大同之世婚姻與家庭都將消失，實南轅北轍。

再者，傅氏接受階級之別亦與康氏有異。傅氏謂法律之前人人平等，但個人能力與成就不能平等，自古以來賢愚善惡之別一直存在。政府應予傑出者以官位勳階，甚至可讓後代繼承之[390]。同理，財產當然亦可承繼。

一人一生所聚之財不應於其死後奪之，故必傳給後人，世代罔替，此乃不易的原則[391]。

388 〔佐治芻言〕，第十八章，第一九六節，頁三〇。反對社會主義論點續見於一九七—二〇八諸節，頁三一—三二。第二三、二四兩章分別討論工資與資本，清楚表明了作者的立場。傅蘭雅在此段所說，可能有此種心情，即普魯東所謂「財產是搶來的」，見 Pierre Joseph Proudhon, *What is Property?* (1840. 英譯本由美國無政府主義者 Benjamin R. Tucker 於一八七六年譯成)。Dunning, *Political Theory from Rousseau To Spencer*, pp. 365-371, 對普魯東的觀點有簡短論述。

389 〔佐治芻言〕，第一章，第四節，頁一。參閱第六節，頁二有謂：夫妻關係事實上乃所有文明之源。

390 同上，第四章，第二二—二五節，頁四—五。

391 同上，第二六節，頁五。

而在「大同書」中全無私有財產的餘地。

有鑒於「大同書」與「佐治芻言」兩書基本觀點的重大區別，我們不能不對齊赫文斯基之說有所保留。

第十一章　到工業社會的迂迴路

第一節　言論隨時變而易輕重

〔大同書〕是在一特殊情況下寫成的。康有爲於一九〇二年一月到一九〇三年四月之間，住在印度北方的大吉嶺，受到英國殖民地當局的保護，過著平靜安定的生活。他想乘庚子拳亂推翻慈禧太后政權的企圖完全失敗。他暫時脫離現實世界，把注意力移向遙遠的過去和遙遠的將來。在此一情況下，他再拾重釋儒學之業，並且完成了烏托邦理想的建構。

不過環境很快又改變了。他的勁敵榮祿於一九〇三年的四月死了，他認爲可以安全地離開避風港，從事較爲積極的活動。他短暫地遊歷東南亞各地，並重訪香港探望母親之後，於一九〇四年三月二十二日動身赴歐美，主要是要推展君主立憲，以及看看西方各國的情況。此行結果大大地改變了他的社會思想。他不再注重社會的完美與人們的快樂，而重視如何把中國從二十世紀列強的壓力下解救出來。因此，在完成「大同書」三年之後，他寫了「物質救國論」[1]，平實地要求中國趕快工業化。

顯然的，康氏的西方之旅加深了他對近代工業文明的敬慕[2]（他第一次對西方的敬慕在一八七九年），也加深了列強滅亡中國的恐懼（此一恐懼刺激了他的戊戌變法運動）。他的結論是，中國除非獲得像西方一樣程度的工業化，則不能挽救危亡。

同時，他注意到另一值得憂慮之事。十九世紀之末，革命情緒在旅日的中國知識分子間勃興，到一九〇五年的七月，同盟會在東京成立[3]。同年，革命運動的機關報「民報」出版，與康黨梁啟超等展開思想上的鬪爭。康氏參與此一鬪爭，維護君主立憲之見，反對革命共和，見諸他所撰之文，談論如何避免滅亡，抨擊共和政體，均寫於滿清覆滅的前一年[4]。他於一九〇五年所撰有關物質建設諸文，也有阻扼革命浪潮之意，把注意力推向較具建設性，而少具危害性的現代化方向。

康氏在此文的序言中把此一立場說得很清楚。於指出曾國藩、李鴻章、以及其他「自強運

---

1 「物質救國論」。此書附徐高阮序言，見「世界評論」，第十年，十八、十九期（一九六三年二月十六日、三月十日），頁六—一五。

2 「物質救國論」，頁五四—五七，描述現代工業都市的富美，包括加州的洛杉磯、和英屬哥倫比亞的溫哥華。

3 參閱 Shelley H. Cheng, "The T'ung-meng-hui: Its Organization, Leadership, and Finances, 1905-1912," esp. Chaps. 1-3.

4 康同璧，「康南海先生年譜續編」，頁七三—七四（以下簡稱「年譜續編」）。另閱 Jung-pang Lo, *K'ang Yu-wei: A Biography and A Symposium*, p. 218.

動」領導人，因未認識到歐人富強的根本而不幸失敗後，他接著說：

> 至乙未東敗之後，知之漸進，以為歐、美之強在民智，而開民智在盛學校也，於是十年來舉國爭事於開學矣。至戊戌之後，讀東書者日盛，忽得歐、美之政俗學說，多中國之所無者，震而驚之……。以為歐、美致強之本在其哲學精深，在其革命自由，乃不審中國病本之何如，乃盡棄數千年之教學而從之。於是辛丑以來，自由、革命之潮瀰漫捲拍，幾及於負床之孫，三尺之童，以為口頭禪矣[5]。

此一重點之轉易，涉及康氏社會思想的大修正，然非其一般思想的劇烈改變。在此並無放棄其烏托邦理想的跡象——他仍寄望思想、制度、物質的強烈變化，可以導致完美的社會。他繼續向海外華僑（包括住在美國的僑胞）講說大同之理[6]。顯然地，他於完成大同學說之後，覺得有必要指明實現大同的方法，考慮到現實的環境。如已述及，若無極爲高度的科技進展，美好的大同之世是不可能到來的[7]。康氏於〔大同書〕中，著重非物質方面的烏托邦理想：在思想、社會和政治大轉變之後，黃金時代便會到來。但目前中國在走向太平世之前，面臨嚴重的民族生存問題，康氏遂積極重視工業化問題。

發展物質文明可以達成兩個目標：一則使中國成爲近代國家中有地位的成員，以保存之；二

---

5 見〔物質救國論〕序言。

6 康同璧，〔年譜續編〕，頁五一，提及康經常對憲政會洛杉磯分部會員「演述大同之義」，時在一九〇五年三月。

7 Fung Yu-lan, *A History of Chinese Philosophy*, 2:690. 譯者 Derk Bodde 註曰：〔大同書〕顯示「一種不切實際的自信，認為科技進步乃是人類幸福之鑰」，因而「不像是中國的」。

則為最後烏托邦世界的實現奠立物質基礎。對康氏說來，優秀的中國人不應也不會在發展中被淘汰。若無中國，世界社會就不完全。他呼籲保全中國實源自愛國之心，帶有民族主義色彩。但他並不是一單純的民族主義者[8]，因他對世界主義有太堅強、太深刻的信念[9]。保持國家乃是邁向太平世的必須步驟。換言之，工業化乃是使中國走向世界大同的迂迴路。

必須指出，在一九〇五年時，康氏固然縈心於工業化，但他對中國政治問題的關切，並未終止。他仍然夢想政治改造使中國強大，不止在一種場合，他提出夢想的大綱。例如，當他於一九〇四年在義大利時，他讚美加富爾（Cavour）統一義大利的成就，認為是眞正偉大的歐洲領袖，並在精神上與他相契[10]。稍後，在訪問柏林時，他憑弔「鐵血」宰相的功業，不僅發展工業使德國強大，而且以王權拯救了國家[11]，此正康氏本人在戊戌年所希望成就，而直至一九一七年仍然不能忘懷的。

多少年來，康氏一直深信光緒皇帝乃是中國近代化的關鍵。戊戌變法的最主要目標，乃是經由光緒的同意與合作，使中國的專制政體改成君主立憲。變政的失敗並沒有使康氏灰心，他仍然

8 *Webster's Third International Dictionary* (Springfield, Ill.: G. C. Merriam Co., 1963) 對民族主義者的定義：㈠真正提倡民族主義者（一個真正民族主義者視國家高於一切）；民族主義：對一個國家的忠誠與奉獻；特別是一種國家意識的態度、感覺、與信仰，以本國高於他國，强調對本國文化與利益的忠誠和提倡，以抵抗周遭地區、或其他國家、或超國家的集團。

9 〈大同書〉最能顯示此點。不過，康氏有時近乎「帝國主義者」，例如〈物質救國論〉，頁三三—三四，他要建一强大海軍，並建議中國應有一殖民政策，唯擴展才能自保。

10 康同璧，〈年譜續編〉，頁三五—三六。

11 同上，頁四五—四六。

向此目標奮鬥，並採用新策略應付變局。失去自由的光緒皇帝一日存在，康便想盡各種方法使他恢復帝位。在康氏的領導下，保皇會於一八九九年的七月二十日在加拿大的溫哥華成立，開始了延續多年的政治運動[12]。他代表立憲政府演說，在若干場合，如在洛杉磯分會，並講「大同之義」。約略同時，他撰寫了〔物質救國論〕[13]。他仍然未忘變法的重要。例如，一九〇三年十月當他在香港時，完成了〔官制議〕，指出中國若不先有行政現代化，整個國家不可能達成現代化[14]。凡此都顯示，康氏所呼籲的工業化，代表他對重點的調整，程序的修正，但並不意謂在整個社會思想上有劇烈的改變。

康氏在美國時，撰寫了〔物質救國論〕，可能並非偶然。一九〇五年，老羅斯福總統正開始他的第二任。在大有力的領導下，美國的加工業和世界霸權正如日中天。康氏雖不諳任何西方語言，並不能阻止他親眼看到彼邦工業中心的迅速發展，證實了他長久的信念：工業化乃是富強之本。他自己說，此乃他訪美的心情：

吾既徧遊亞洲十一國，歐洲十一國，而至於美。自戊戌至今，出遊於外者八年，寐寢臥

---

12 〔年譜續編〕，頁四。據伍憲子，〔中國民主憲政黨黨史〕，此一組織的英文名為 "Chinese Reform Association"（「維新黨」），分部迅在樸特蘭、舊金山、紐約、紐奧蓮、以及若干中南美國家設立。在一九〇六到一九一一年之間，名稱是「中國憲政黨」，以響應清廷宣布立憲。康同璧，〔年譜續編〕，頁三三說保皇會之名於一九〇二年改為憲政會。

13 即一九〇五年三月，見康同璧，〔年譜續編〕，頁五一。早在一九〇二年十二月，當他在印度時，他決定送康同璧到歐美演說「國事」（見康同璧，〔年譜續編〕，頁三三）。

14 康同璧，〔年譜續編〕，頁三四。〔官制議〕於一九〇三在上海出版，作者序文作於一九〇三，一九〇四年三版，一九〇五、一九〇六、一九〇七重印。另見於梁啓超所編的〔新民叢報〕，三五期及以下各期。

灌於歐、美政俗之中，較量於歐、亞之得失，推求於中、西之異同，本原於新世之所由，反覆於大變之所至，其本原浩大，因緣繁夥，誠不可以一說盡之。但以一國之强弱論焉，以中國之地位，為救急之方藥，則中國之病弱非有他也，在不知講物質之學而已。中國數千年之文明實冠大地，然偏重於道德、哲學，而於物質最缺。……哀我國人之空談天而迷大澤也，乃為「物質救國論」以發明之[15]。

此非一時的心情。遲至一九一九年，康氏重印此書時，他重申工業化的重要，並警告，「新奇的」政治原理在時機未成熟前，不便應用：

今經歐洲大戰之效，物質之發明益盛。五十六生的之巨礮可轟二百餘里，飛天之船可十六時而渡大西洋。德之强而欲吞全歐，以物質。英、法之能力抗四年，以物質。美之富甲全球，以物質。凡百進化，皆以物質。……然當吾昔欲發布此書時，吾門人梁啓超以為自由、革命、立憲足以為國，深不然之。……近者吾國上下紛紛知言實業矣，而不得其道之由……或進以社會至平之議，豈不持之有理哉？無若未至其時而誤行之，徒足以召亂也[16]。

須知在一九一九年，「新青年」已發行四年，許多熱情有餘、知識不足者正在大力倡導各種不同類型的社會主義。我們自不難發現這段引文結論的意義。

---

15 「物質救國論」序文。參閱康同璧，「年譜續編」，頁五一：「目覩各國物質文明一日千里，而中華守舊不改，難與世界爭鋒，作「物質救國論」。」

16 「物質救國論」後序，見一九一九年重印本。「社會至平之義」顯指社會主義，或見於早期「新青年」中的社會思想。

此一心情顯示，康氏所修正的，不僅是對「西學」，也是對中學的態度。他譴責「空談天」，此乃指國學的模式——從經典上承襲的書本知識。他教人不要輕易接受「社會至平之議」，此乃反對接受自西方輸入的「新理」。在強調物質建設之餘，他完全改變了對西方文明的見解。在一八八六年，他認爲有關科技的「西書」是「不切」之學，而重視有關西政之書[17]。此乃他在戊戌變法時的基本思想[18]。但在一九〇五（以及一九一九）年，他辯稱科技乃是中國應該以及能够向西方學習的唯一東西。

因此，〔物質救國論〕代表了康氏對中國近代化問題的新看法。在此，他不再強調（也未放棄）人類的基本價值沒有國界，而著重指出中國在物質文明上與西方相匹的必要性。換言之，在一九〇五年時，他覺得有必要將其社會思想降低一層次[19]；不再鼓吹文化大同，而提倡所謂有選擇性的西化。如此，他與張之洞等部分西化論派（不喜歡西方價值）及「新文化」派（不喜歡中國價值）都分道揚鑣。

---

17 康有為，〔自編年譜〕，頁七。

18 梁啓超，〔西政叢書〕序言之最簡明。

19 見本書第十章，第一節「思想的層次與階段」，第二節「世界化與西化」。參閱Joseph R. Levenson, "'History' and 'Value': The History of Intellectual Choice in Modern China," in *Studies in Chinese Thought*, ed. Arthur F. Wright, pp. 161-166; *Liang Ch'i-ch'ao, The Mind of Modern China* (Cambridge, Mass.: Harvard University Press, 1953), pp. 6-8. Meribeth E. Cameron, *The Reform Movement in China, 1898-1912*, p.42, 認為康有為與張之洞的「差異主要在氣質」，似未觸及要點。

第二節　工業化的論點：理論趨向

康氏的主要論點很簡單。一言以蔽之，西方國家既由科技的驚人發展而致強，中國必須要獲得同樣的發展以求生存和成長。

康氏當然知道西方工業化不僅僅是技術的創新——新機械的普及和工廠生產的推廣。他在〔物質救國論〕中有意味深長的一段，指出科學乃是近代物質文明的基礎：

故今日者無論為强兵，為富國，無在不藉物質之學。……故以其通貫言之，則數學及博物學也；以其實物言之，則機器工程學及土木工學也。……有此者為新世界，則日升强；無此者為舊世界，則日澌滅[20]。

康氏說，十九世紀的中國改革者未能達到目的，正因他們不了解科學乃物質文明的根本。他指出：

自光緒二十年以前中外大臣之奏牘、及一切檔案之在總署者，吾皆徧覽之，皆知講軍、兵、砲、艦而已，惜乎未及物質之學，一切工藝、化、電、汽機之事也[21]。

---

20 見〔物質救國論〕，頁四一—四二。博物學當時含有兩重意思。狹義言之，大致包括生物科學；但廣義意之，包括自然界的一般研究。見〔辭源〕（臺北，一九四九年十八版），「博物學」條；〔辭海〕（臺北，一九五八年三版），頁四八三只有狹義。康氏顯然採廣義。

21 〔物質救國論〕，頁一九—二〇。

儘管康氏對科學的概念必然模糊，他認識到「科學」為工業化根本，無乃全書中最重要的論點。此一認識為此一時期思想的轉捩點。使康氏超越十九世紀末自強運動的領導者，而使他成為二十世紀主張「科學主義」者的先驅[22]。

康氏在強調科技之餘，減低了「道德」與「哲學」的重要性。在撰寫此書前一年，他正在荷蘭訪問，看到彼得大帝學習近代工技之地，曾寫了一首長詩，其中有如下幾句：

> 歐人所由強，物質擅作器。
> 百年新發明，奇偉不可比。
> 遂令全地球，皆為歐人制。

他繼謂十九世紀的中國領導人，因為錯誤地自傲於本國的傳統道德，雅不願「降志」向歐洲學習[23]。在〈物質救國論〉中，他的同一心情有更坦白地表示：

> 夫百年來歐人之強力佔據大地者，非其哲學之為之也，又非其民權、自由致之也，以物質之力為之也。……魏默深謂「師其長技以制之」……然則魏默深之論至今猶為至論也[24]。

是以，康氏以「彼得學船工」為全書的第一節。他認為俄羅斯原「不文明」，政法均無足言。但彼得僅採西方物質文明，卒使其國現代化。中國有數千年的文明，應可較俄國尤為富強，

22 陳獨秀之見解將於本章稍後論之。

23 康同璧，〈年譜續編〉，頁四八—四九。

24 〈物質救國論〉，頁二一—二二。康提到魏源〈海國圖志〉序文（一八四二）：「是書何以作？曰：……為師夷長技以制夷而作。」

只要領導人能夠學學彼得的榜樣就行[25]。

其他先進國家，如英、德、美等的經驗，也足資借鏡。英國是歐洲最強大的國家，但在非物質文明上並不超越德、法二國。康德、黑格爾、孟德斯鳩、盧梭、和康多塞（Condorcet）等，都是偉大的德、法思想家；自由平等之說推翻了法國的舊制。但是英國卻打敗法國，奪取印度、加拿大、和澳洲，皆由於無敵的海軍和商業，歸功於英國的大力發展科學[26]。德、美兩國也有同樣的成功故事。德國從前致力於哲學，一直積弱不振，但自打敗法國之後，集中精力於物質的發展，在二十年間，幾更強於強大的英國。美國不曾產生一個偉大的哲學家，但在科技上有令人刮目相看的成就，其國力至強。而西方諸國凡漠視科學者，仍然弱小，看看義大利與西班牙，仍為宗教支配，沈迷於神學與哲學的幻想[27]。的確，康氏認為即使是最偉大的先知，如果不知物質之學，也不能面對國家的危難。

> 耶蘇能為歐人之教主，而無救於猶太之滅亡；佛能為東亞之教主，而無救於印度之滅亡[28]。

同樣的，孔子是中國的「教主」，並不能給中國以富強，反而讓幾千年的農業社會延續下去，不能與近代西方工業社會的富裕相比。不僅孔子學說沒有實質價值，而且問題是中國未能發展科技以補充儒術。

---

25 〈物質救國論〉，頁一—二，四九。
26 同上，頁二三—二四。
27 同上，頁四四。
28 同上，頁一〇。

康氏坦白承認，他本人的學說亦非「物質的」，也對中國無用：

> 吾於四萬萬人中亦為粗有知識，於中國之書既無不讀，即歐、美之學理、事蹟、風俗亦無不探撿而略通之。……然使物質不興，則即今四萬萬人者皆如我，然已無補於亡矣！蓋我雖略具熱誠，粗通學理，而於物質、實業不能成一藝，則於救國之實事，即為無用之尤[29]。

同一道理，任何不關心「實學」之人都於其國為無用。即使四萬萬人中之每一人都有「盧騷、福祿特爾、孟的斯鳩，或康德、斯賓塞、倍根、笛卡兒，進而人人為柏拉多、亞里士多圖、耶蘇與佛」的智慧，亦「皆供人宰割之具，奴虜之用而已」[30]。使中國現代化的努力已經做了一些，但方向都走錯了——把希望錯寄在「空名之學校」上[31]。（以康之見，任何與實際生活無關者，都是空談。）這些空談即使是「數千年之聖經賢傳」，還是沒有價值[32]。

空談有不同種類，有的無用亦無害，有的則既無用又有害。西式學堂的課程與舊時代的八股一樣無用，但卻是有害的無用，因其既不教授科技知識，卻教導學生放棄中國傳統，阻扼了道德

---

29 「物質救國論」，頁四九。

30 同上，頁一〇。

31 同上，頁一一。

32 同上，頁四六。無意間，康氏實已迴應王先謙（堅決反對康氏變法之人）在一八九八年說：「日本的維新起於工業，中國維新則起於空談」（見「致畢永年書」，載蘇輿，「翼教叢編」，卷六，頁七）。我們也會聯想到張之洞在同年所撰「勸學篇」中論農、工、商之重要性的結語。張氏說，一個只知研讀經書以應試，而對這些實學毫無所知的學者，是一個完全沒用的人，而非「有用之士」。（「勸學篇」，外篇第九，「農工商學」，頁三三）。Samuel I. Woodbridge 在 *China's Only Hope* (Edinburgh: Oliphant, Anderson, & Ferrier, 1901) 中未譯此篇。

修養。中國必須工業化，但現代化並不是要人不道德。儒家經典就不能提供物質生活而言，是無用；但就良好生活的指導而言，應在現代中國有其地位。因此，傳統價值不應作爲引進的新空談的交換品，新空談與科技無關，亦不適於現階段的國內發展。

顯然，此一思路襯出下引一段文字：

昔講八股雖不切於時用，尚誦聖經賢傳，得以修身寡過，其於風俗尚為有益。今乃掃棄中國之大教，經傳之格言，而後生新學稍拾一二自由、立憲之名，權利、競爭之說……叩以軍國實用之學，則無有……然則舉國志士奔走呼號所以改書院為學院，日謀所以籌經費延教師者何為焉[33]？

值得注意的是，一九〇〇年代的後生新學們所津津樂道的「陳腔舊調」，康氏深不以爲然，但與康氏在一八八〇年代熱心倡導的「新義」並無二致[34]。時代與環境都已改變，康氏的教育觀也改變了。廿多年前，他關心如何克服一大羣士大夫的「保守主義」，而現在他擔心新一代知識分子所帶來的「極端主義」。但是必須重申的是，他並沒有改變妥善而有步驟地使中國現代化的基本信念。此指在君主立憲成熟之前，不應拋棄國家信念。

前述康氏工業化的論點有其可取之處。可惜的是，這些論點未能謹愼而淸晰地提出，有時且自己陷入不一致的境地。在此可舉一特別顯著的例子，他於明確強調工業化的重要性時，辯稱「良風美俗」乃物質文明的副產品。他說此話似有美國的情況在胸，他說個人的性格和社會風尚在

33 〈物質救國論〉，頁四六—四七。

34 康有為，〈自編年譜〉，頁七。康氏引其友人語，並顯然表示同意。

舊日的美國十分腐敗，但工業化帶來道德上的改良。有錢人如洛克斐勒、史坦弗、和卡耐基固然無私地捐獻財富幫助同胞，卽使是普通工人的舉止也像是得體的君子[35]。不幸的是，中國未能工業化。因此，儘管有偉大的聖哲及其優越的學說，中國的風尙猶不及最糟糕的西方國家。沒有物質基礎，像美國在道德上那樣的成就，不可能見諸中國，「卽使堯、舜復生，伊、周執政」，亦無可望[36]。

康氏顯然沒有覺察到此話與他在同書中稍早所說的相衝突：

以歐、美人與中國比較……如以物質論文明，則誠勝中國矣。若以道德論之，則中國人數千年以來，受聖經之訓，承宋學之俗，以仁讓為貴，以孝弟為尚，以忠敬為美，以氣節、名義相砥，而不以奢靡、淫佚、爭競為尚，則謂中國勝於歐、美人可也[37]。

我們不禁懷疑，何以堯舜都不能相助的中國，會達到如此高尚、美好的境界。此乃明顯的不一致，我們只能猜想，康氏在考慮物質與非物質文明之間關係時，有不同的假設。從一方面說，他設想科學乃是道德進化與物質進步的關鍵。假如根據此一設想思考，其邏輯結果是：中國採用西方工業化之後，必然產生一種與現代西方相同的價值系統，換言之，卽沒有必要保存本國傳統，現代化也就是全盤西化。從另一方面說，康氏設想科學與道德乃文明中獨立

---

35 「物質救國論」，頁五〇。參閱大約寫於一九一二年後之函，康在信中重申此說，僅有細微變動。他說五十年前之歐美，不僅愚昧，而且不道德。但由於物質文明的迅速進展，他們「非徒富强日臻，而人心風俗亦漸以改良，……誠異事也。」他繼謂曾寫兩本書：㈠「物質救國論」，㈡「理財救國論」（一九一二），討論救中國最迫切的兩件工作，但中國優良的道德傳統必須保持（見「復劉觀察士驥書」，「萬木草堂遺稿」，卷四，頁四七—四八）。

36 「物質救國論」，頁五四。

37 同上，頁八。

而分割的兩面，任何國家都可能一方面有進展，而另一方面落後。因此，中國有可能在道德發展上優於歐洲國家，而在工業化上落後；相反地，歐洲人也可能在科學上領先，而在道德生活上落後。康氏有時強調前一種一元的假設，而有時又強調第二種兩元的假設，顯然並未自覺不一致。

康氏的不一致令人困擾，但未嘗沒有歷史意義。他於設想科學乃人類的基礎時，實已先言陳獨秀及其崇拜「賽先生」同志之所言。雖然，因他反對共和，他的〈物質救國論〉，對「德先生」而言，毫無用處（請參閱本書第十章論「大同與新文化」一節）。再者，他假設一個國家可以發展美好的價值系統，而仍然停留在極落後的物質文明上，乃發梁啟超和梁漱溟等人所倡反對全盤西化的一些論點的先聲（參閱本章第四節「現代化問題：對中西文明的評價」）。康氏事實上已初步地涉及後來熱烈討論的有關「科學與人生觀」，以及「中西文明」諸問題。他的兩種假設發了後日兩個陣營知識分子言論的先聲，他的〈物質救國論〉乃是一九一〇年代末與二〇年代論爭的預告。

第三節　工業化的計劃

康氏在〈物質救國論〉中的工業化計劃可簡單述之如下。在某些方面，此一計劃近似戊戌的變革計劃[38]。為了奠定工業發展的堅強基礎，他以培養人才為第一步。必須派遣留學生到外國學

[38] 見康氏於一八九八年上清廷疏有關學校部分，見翦伯贊等編，〈戊戌變法〉，第二冊，頁二一七—二一九，二二二—二二五，二五〇—二五一。

習科技，有名的外國專家要請到中國學校講學，他特別指名德國與蘇格蘭人專精機械工程，美國（特別是康乃爾、芝加哥大學、與柏克萊加大）爲派遣學生的最佳地方[39]。同時，科技院校與工業學校要在中國建立，教導應用機械的課程要在小學設立。當然，現代化的工廠必須隨時建立[40]。

他相信私人企業爲執行其計劃的適當途徑。因而他既反對「官辦」，也反對社會化。他反對前者基於實際的考慮：

> 同、光數十年來所開之新器局，所皆官辦也。夫一切待於官辦，無論財力不足，不能開也。卽使財力能多開，其能有競爭至美之心，以與歐洲列強敵乎？

康氏特別指出德國的克虜伯廠與英國的阿姆士莊廠爲私人企業成功的光輝例子，值得效法[41]。

他反對社會化則有所保留。他於後序中說：

> 近者吾國上下紛紛知言實業矣，而不得其道之由……或進以社會至平之義，豈不持之有理哉？無若未至其時而誤行之，徒足以召亂也[42]。

---

39 〈物質救國論〉，頁六六—八一。

40 同上，頁八一—八八。

41 同上，頁二〇。

42 同上，後序。據趙炳麟（〈趙柏巖集〉，〈柏巖感舊詩話〉，卷三，頁八）的記載，當康有為在一九二〇年代初期聽說山西督軍閻錫山尊重孔子傳統並計劃山西的工業發展，他派了兩個學生到山西告訴閻氏，工業化需自華僑資本始。趙說：「當是時，山西方欲以井田土地歸公遺意行之於礦務，一切礦產皆收歸公有，仍由個人經營，以免資本家之壟斷，故南海聞而贊之。」閻氏作為可見〈治晉政務全書〉，第十、十一冊（礦務）。閻氏對儒教之觀點參見「孔子是個什麼家？」（臺北，一九五〇），閻氏亦取大同之說，與康之〈大同書〉略似。見閻撰，〈世界大同〉。我們亦可見到提倡實業的張謇，基於傳統文化的現代化，成功地使南通由江蘇省較落後的縣分轉變為「模範縣」（參閱 Samuel C. Chu, *Reformer in Modern China, Chang Chien, 1853-1926*）。康氏未提及張謇，但他必定會同意張之想法與作法。（張氏早年工業化努力，可閱全漢昇，「甲午戰爭以前中國工業化運動」，頁五九—八〇； Albert Feuerwerker, *China's Early Industrialization: Sheng Hsüan-Huai (1844-1916) and Mandarin Enterprise.*）

不過，康氏在原則上並不反對社會主義，也不認爲私有企業爲永久性的經濟制度。私營企業不過是促使中國工業發展的過渡性安排[43]。物質建設將使中國自農業的、轉向現代工業的社會，而非脫離到大同社會之路。實際是走向大同的迂迴路。換言之，康氏並未放棄若干年前在〔大同書〕中所演繹的社會主義理想，而是警告，如過早應用，是違反社會進步與有規則發展之原則的。

康氏認識到資本化乃工業化的主要問題，但他並未忽視政治穩定的重要，而政治穩定必先有政治制度的現代化。中國古老的專制統治必須代之以君主立憲（他認爲其基礎植於地方自治），然後工業發展才能出現。他在〔物質救國論〕結尾說：

> 夫成物質學者在理財，理財之本又在官制，官制之本在人民自治。……不能行公民自治，開省、府、縣、鄉之議院，而欲理財，猶欲入而閉之門也[44]。

此說未嘗無理，然而康氏受驚於革命風潮，所說似乎是在反對憲政與自治，下引一段可以爲證：

---

43 康氏堅持私人企業，有別於今日前工業化國家的領袖，他們一般傾向「社會主義」的方式。閱 Paul E. Sigmund, *The Ideologies of the Developing Nations*, especially pp. 11-22. 不過，在强調工業化重要性時，康氏基本上與他們一致。如印度的尼赫魯認為「家庭工業」必須走向基於「大機器與工業化」的經濟，「兒童敎育須與技藝手工活動密切配合」，「陳言套語」旣無用，須棄之（錄自 *The Discovery of India*, 引見 Sigmund 之書，頁九三—九五）。徐高阮在重印〔物質救國論〕的導言中說，康氏工業化計劃與孫中山在〔建國方略〕中所說很相似，同有邁向科技發展的熱忱（見〔世界評論〕，十八期，頁六）。徐氏顯然指的是〔實業計劃〕。兩者在目標上確有若干相似之處，卽經由工業化以達現代化。但兩項計劃也有許多地方相去甚遠，例如，康有為堅持私人企業，而孫中山則認為「社會革命」必須與「工業革命」同時進行，換言之，某些現代工業必須國有化（見〔孫中山全書〕，第二册，頁五）。

44 〔物質救國論〕，頁八九。

蓋凡百政制皆可吾欲之則為之，惟物質之工業則非欲之而卽得，旋至而立效者也。由斯而談，然則假令政府立行發憤，舉國維新，議院立憲，卽成民權公議，而此六、七年之中外釁迭生，强鄰交迫，將何以禦之[45]？

此不僅掩遮了他的眞正立場，卽政治改革與經濟發展同樣必要，同時也影響到他提倡憲政的努力。他的挫折經驗斷不能給他如此樂觀的看法：「凡百政制皆可吾欲之則爲之！」

第四節　現代化問題：對中西文明的評價

世紀交替之際的中國現代化問題，至少部分總結於對中西文明的評價。每一主張現代化者或顯、或隱、或有系統、或作隨談，都有其說辭。一般言之，老一代傳統較深、西學較淺，自較傾向中國文明；而新一代與中國之過去無論在思想上或情感上聯繫較薄，頗願毫不保留地接受西方文化。這兩代人的歷史環境迥異，見解不同，所言幾不相類，彼此之間難以了解，老一代對新一代輕易接受現代西方感到擔心；而新一代不滿老一代盲目崇拜中國傳統。他們實在代表同一思想發展過程中的兩個不同階段。老一代開了路，而新一代將其推向極端。

康有爲爲第一階段最主要的代言人，雖然他的一些思想已發新一代的先聲。他在一八九〇年代至一九一〇年代所寫的大量著作中，曾指明中西二文明的優點與缺點。他認爲每一文明中都有

45 同上，頁四八。

共同的價值，值得採取與保存，然而也有阻礙人類幸福的因素，必須捨去。所以他不在中西之間劃一難以克服之線，而經常紮根於兩者，終久必可相遇於共同的文化落腳點。他喜歡把思想與制度聯繫到歷史情況上——即他所相信的人類發展階段說——而其評價則根據是否適合於不斷在變遷的實況。一個社會到了某一發展階段，必須採用適合此一階段的思想與制度，不管地理或民族的背景如何；在另一方面，則須排棄已過時的，同時也不要去試適合將來的階段，否則將帶來災禍。

因此，一個國家必須不時作文化上的調節。在各國之間關係日益密切的時代，又必須照顧到鄰國的適當調節。中國既在物質文明上落後於西方，則必須在科技進步上接近歐美的水平[46]。再者，西方既無以在道德發達上超過中國，中國宜保持其優越之傳統——儒教[47]，因其不僅對中國，同時對所有文明之人有益。

是以，所謂現代化乃指向進步的持續文化調節。文明之路乃是通向所有人類的幸福，並不是某一國家、或某一民族的特權。每一國家可給其他國家提供利益，但沒有一個國家應該取消本身的成就，以便效法其他國家。儒教非全屬中國，為中國之利，正如物質非全屬西方，僅有利於歐人、美人。西方不會愚蠢到放棄科技以交換中國的道德傳統，中國也不會丟掉本身的價值系統以迎合工業化。

此乃康氏對中西文明的一般立場。此一立場前已略為涉及，包括三個相關的主張：㈠凡在某

46 此乃康氏〔物質救國論〕的中心題旨。

47 康氏的儒學觀可閱梁啓超，〔清代學術概論〕，頁一二六—一二八。參閱 Kung-chuan Hsiao, "K'ang Yu-wei and Confucianism," pp. 136-166. 及本書第十章第二節「世界化與西化」。

一發展階段獲致的有效因素，適宜任何國家趨向或達到此一階段；㈡中國在物質成就上落後西方，然而在道德成就與西方相等或超越；㈢中國須在物質文化上與西方並肩，同時保持其道德傳統中最有價值者。我們可以懷疑康氏對中西文明估價的正確性，他的現代化計劃之可行性，或他的理論是否健全。但無人可以否認，他的一般性立場之具興味，值得思考。

在一八九〇年代到一九一〇年代之間，康氏不曾放棄過他的立場。唯一例外，可能是在建造大同構想一段時間。不過，當歷史環境改變，他的思想趨向也有所改觀，他毫不猶豫地變換他的重點立場。一般而言，他在早年強調第一個主張，而在晚年強調其他兩個主張。

康氏有鑒於頑固傳統派的愚昧，一再強調西方之所以富強，主要基於與中國聖賢所立的同一原則。例如，他在一八九七年說：

> 政治之學最美者，莫如吾六經也。嘗考泰西所以強者，皆闇合吾經義者也。泰西自強之本，在敎民、養民、保民、通民氣、同民樂，此〔春秋〕重人，孟子所謂與民同欲、樂民樂、憂民憂、保民而王也。……中國所以弱者，皆與經義相反者也[48]。

如前所述，這段話無異說中國的現行政治制度，完全不合儒家的要求[49]。

大約也在一八九〇年代，康氏在致友人書中，曾經籠統地陳述了社會價值世界化的信念。他說中國的眞理，全世界都會跟隨。中外人民之間，包括被誤稱的「西夷」在內，怎麼會有任何不

48 康有為，〔日本書目志〕，「國家政治學書提要」。

49 Otto Franke, "Der Ursprung der Reformbewegung in China," p. 22.

同[50]？遲至一九〇三年，他又重申此見而未變。他認爲孔子之道「大行于歐美，而反失于故國」[51]。

不過，康氏曾明白指出，德行之根本相同並不是說，不同的國家沒有獨特的文化形態。事實上，不同的地理與歷史因素經常產生不同的風俗，使得不同的國家在文明進步上有不同程度的成就[52]。因此，中國人有其特有的氣質，不同於西人，在道德方面有進展，而在工業上遠遠落後。康氏認爲若國人忽視科技，因而失去現代化的機會，將是愚不可及的；但若拋棄中國氣質願爲「化外西人」，也一樣的笨拙[53]。

在此我們可以看得很淸楚，康氏雖嚮往全世界人類的大同文明之到來，但他並不要消滅一個國家的文化認同，以達到此一目的。相反的，爲了烏托邦之到來，文明國家如中國須在致力世界化之時，不要失掉文化的個性。種性自裁不是進步。有鑒於此，康之反對全盤抄襲西方，並不構成一種保守主義，因他並不反對文化轉變。

事實上，康氏認可文化轉變的價值和必要，此乃各種族文化交流的結果。沒有一個文明可能

50 康有為，「與Ting-fu」(微捲)，此函未收入〔遺稿〕，參閱另一撰於一八九一函：「與洪右臣給諫論中西異同書」，見康有為〔萬木草堂遺稿〕，卷四上，頁九—一〇。在一八九一年函中，康以勢、俗之異來解釋中西之不同。幾百年來，中國一直是大一統的帝國，而歐洲自羅馬帝國崩潰後成為列國。結果，專制在中國盛行，法律與政制受制於保守主義。另一方面，歐洲列國相爭促成變革與進步，具積極性的公民有意阻扼獨裁。由於時勢大異，習俗亦異。在中國，「三綱」成為社會生活的準則；在西方，平等為大。康氏不以為西方已臻社會之完美，但他指出所認為的中國傳統政治社會制度中的嚴重缺陷。

51 康有為，〔論語注〕，卷八，頁六；卷十五，頁三。同一心情可見之於同時所寫的其他著作中。

52 「與洪右臣給諫論中西異同書」（見註50）。

53 「與Ting-fu」（見註50）。

在僵化孤立中發展和生存。一九〇二年遊印度時，他寫下了他的觀察所得：

夫物相雜謂之文，物愈雜則文愈盛，故文明者乃智識至繁，文物至盛之謂。……蓋娶婦必擇異姓而生乃繁[54]，合群必通異域而文乃備[55]。

此似是康氏文化綜合論的理論支柱，可經由中西兩文明中最進步的因子結合而成，亦即梁啟超所說的「構成一種『不中不西，即中即西』之新學派」[56]。

此種對文化問題所取的廣濶視野，得之於康氏對中西文明所採的欣賞態度。一位西方學者說：

康氏不僅讀過其他國家之歷史，知道中國乃『全球八十之一』。他並以此作為一個中國人的經驗。他並未被所讀到的西書眩惑或傾倒。相反地，他的心智受到啓發，並表現在他的文章裏，自然地神遊於中西史事之間，既不以中國歷史蔑視外國歷史，也不盲目崇拜西方[57]。

54 此典指古代中國外婚的原則。見〔左傳〕僖公二三年（啓明書局版，卷十五，頁一一三）。此一原則類似的敘述另見〔國語〕（一八七六尊經書院版），卷十，頁六。瞿同祖曾對此種原則有討論。見 T'ung-tsu Ch'ü, *Law and Society in Traditional China*, pp. 91-92.

55 康有為，「印度遊記序」，載康同璧，〔年譜續編〕，頁一八。

56 梁啓超，〔清代學術概論〕，頁一六一。另參閱本書第三章導論。

57 E. R. Hughes, *The Invasion of China by the Western World*, p. 114. 參閱p. 115：「從康有為的例子，我們見到的不是中西衝突，而是中國人的心靈，在面對全新的政治經驗時，能夠維持其主動並從中吸取靈感的方式。」李文遜氏可能對「中國人的心靈」所見不深，但仍暗示康並未主張簡單的西化，而主張世界化。李氏謂：「變法派既未藐視西方精神，也未忽視中國精神，而以兩者為貴，並欲相信兩者實在相同。」（見Levenson, "'History' and 'Value': Tensions of Intellectual Choice in Modern China," in *Studies in Chinese Thought*, ed. Arthur F. Wright, p. 162.）

這不是說康氏的趨向是獨特的。絕不是。康氏對人類價值的世界觀及其認爲文化適應的必要，在不同程度上，爲當時一些受到傳統影響而希望中國現代化者的共識。在這些人中，湯震尤接近康氏之見[58]。公羊學派的廖平曾說，文化間既無明確的界線，中西互相學習最爲有益[59]。譚嗣同與梁啟超可想而知，是附和乃師之說的[60]。即使蔡元培與蔣夢麟與康氏無思想上的淵源，也達到「眞理無國界」[61]，及「對某些問題的中西見解非常相似，甚至完全相同」[62]的結論。羅素顯然未能洞悉這些人（包括康氏在內）的觀點，所以他說中國的知識分子「沒有理解到人類道德到處都是一樣的」[63]。

然則，康氏的立場並非怪異或含糊，只是不幸地未被他同時代人所理解。總之，那些認爲中

---

58 湯震，「中學」，〔危言〕，卷一，頁一〇—一二。

59 廖平，「改文從質說」，載于寶軒，〔皇朝蓄艾文編〕，卷六，頁一四—一七。廖氏謂兩種文化，即「文」與「質」，兩者互相更替，不斷循環，故在某一時期，其中之一代表某一國家的文化。因此，在當時中國文化是「文」（道德的），而西方文化是「質」（物質的）。顯然，廖氏不認為中西文化有基本上的不同，只是代表同一文化周期的兩個階段。

60 譚嗣同，〔仁學〕，卷上，載〔譚瀏陽全集〕，第四册，頁一。梁啓超，「西政叢書敍」，〔飲冰室合集〕，〔文集〕二，頁六二—六三。

61 Levenson 所引，見 Wright, *Studies in Chinese Thought*, p. 174. 另閱 Robert K. Sakai, "Ts'ai Yüan-p'ei as a Synthesizer of Western and Chinese Thought," 此文所述可資參考，但略有不足。蔡之生卒年為一八六七—一九四〇。

62 Chiang Monlin, *Tide from the West*, p. 61. 蔣氏於一九〇八到美國讀書。

63 Bertrand Russell, *The Problem of China* p. 81. 羅素顯然了解陳獨秀及其他〔新青年〕作者等激烈西化派的觀點。不過，康氏馬上可以接受羅素所說的西方道德：「假如我們與中國人之間有道德上的不同，我們在壞的一面，因我們較為精力過賸，因而容易犯罪。」（p. 80.）康氏對下面一段話也絕不會反對：「我們所能教中國人的，不是道德或政府倫理，只是科學與技能。」（p.177.）

西不可能在共同或平等的條件下交流的人，自不會欣賞康說，而認為中國只能頑固地抓住舊傳統，或接受外來的一切。康氏抱怨道，「今新學者，則盡棄中國之舊，舊學則如三家村學究，太不知時」[64]。他的抱怨並非毫無根據。一方面，他遭到保守派攻擊，認定他要完全摧毀中國的制度和風俗，暗中把中國人轉化為西人[65]——此乃康氏堅決反對者。另一方面，西學派認定他由變法淪為反動，反對現代化[66]——亦乃康氏從未試圖之事。未悉康氏眞實立場的歷史學者，認定他是西方的膜拜者，而偽裝孔門之徒[67]。

康氏被視作反動，一部分咎由自取。僅舉一事，他經常不經意地自招誤解。民國初年在政治上、社會上、思想上所呈現的混亂情況使他震驚，以致不同意當時一些人認為劇烈的改變是「將會更好」[68]。他把這些劇烈改變視為自己理論的證言——未成熟的文化轉變總是破壞性的並為中國帶來災難。因此，他極力反對共和與「新文化」運動，經常禁不住說得過分，甚至與自己從前

---

64 康有為，「致章一山書」。函中有謂「〔大同書〕至今亦未布」，可知此未署年之信函應寫於一九一九年之前。

65 例如文悌，「嚴參康有為摺」（翦伯贊等編，〔戊戌變法〕，第二册，四八四—四八五）。

66 此乃胡適、陳獨秀等人之判斷。胡適在一九三四年說，康氏在戊戌變法時作為思想領袖確是光輝，但此後的徹底反動使全國覺得和平改革無望（*The Chinese Renaissance*, pp. 34-46）。閱陳獨秀，「駁康有為致總統總理書」，〔新青年〕，二卷二期（一九一六年十月一日），頁一二七—一三〇。

67 例如錢穆，〔中國近三百年學術史〕，第十四章。另閱 Charles Beresford, *The Break-up of China*, pp. 191-192. 謂康有功於「介紹西方思想」到中國，並欲使中國了解「適應西方思想的必要性」，換言之，卽單純西化。此說對康氏未盡妥貼。本書作者於撰寫〔中國政治思想史〕時，也誤以為康氏由變法派變成反動派。錯誤的原因，在於他當時未能見到康氏的未刊手稿，對〔大同書〕的注意不夠，以及輕易接受註66所提及諸人之見。

68 Hu Shih, *The Chinese Renaissance*, pp. 100-110. 指出「中國人民社會生活有三大轉變」，歌頌此乃「中國文明接觸到西方生活與制度後的最大收穫」。

所說的牴觸。爲了爭辯，他竟願違離一貫的維新的、世界化的立場，而取頑固保守立場。他不談全球文化觀，而強調文化的民族主義；不談中西精神，而見及「中西之爭」。他認爲中國道德優於西方；西方除了「科學與技藝外」，不能教導中國什麼。

康氏一反早期的信念，認爲西人雖有進步的工業文明，並不如其中國崇拜者所想像的那樣「文明」。在一九一六年，他譴責國人眩惑於西方工業重鎮的神奇：

其過巴黎者，驚其霸業，慕其繁華；其過紐約、芝加高、三藩息士高者，懾其二三十層之樓。觀飛，驚駭其製造之驚奇且偉大也。于是誤以為政治之美也。……若美之弊俗，則不知也[69]。

卽使在一九〇四年，在撰寫〔物質救國論〕前一年，他已不滿意歐洲的非物質文明。義大利增加了他的失望：

未游歐洲者，想其地若皆瓊樓玉宇，視其人若神仙才賢，豈知其垢穢不治詐盜徧野若此哉！故謂百聞不如一見也。吾昔嘗游歐美至英倫，已覺所見遠不若平日讀書時之夢想神遊，為之失望。今來意、普，登岸而更爽然！

他接著說，連義大利的建築都不如中國[70]。這種說法不僅是自一八九七年訪問香港後對西方文明所持態度的修正[71]，而且也違背他在〔物質救國論〕中的一些觀點。

---

69 康有為，「中國善後議」。此未刊稿見微捲，今收入〔萬木草堂遺稿〕，卷一。參閱「與鄧給諫鐵香書」，微捲一，此必撰於戊戌（一八九八）之前，康氏仍用其舊名祖詒。

70 康有為，「意大利遊記」，頁三，四九—五三，一〇〇—一〇四，一四二—一四八。

71 康有為，〔自編年譜〕，頁五。

在此有一個問題，康所認爲中西價值基本相同倒底是怎麼回事？他既修正他對西方文明的評價，是否也意指對此一信念的修正？

仔細閱讀康氏文字可知，他的世界立場並未改變，只是對存在於不同時間內的道德情況評估有異。他似含蓄地劃分理想的價值系統與實際存在的道德，劃分眞正的儒教與歷代所盛行的儒教，劃分西土聖人之教與實際歐美人的表現。人類既遠未臻完美，他們的表現自然不符理想，在不同時間有不同程度的不相符合。例如，中國在東漢時表現甚佳（見本章註75）；在近代西方人的表現，頗與孔子之教（以及西方聖人之教）相符。因此，西方的國際公法使康氏想到中國在春秋時代的情況[72]。但是整個來說，中國及其西鄰的表現，都令人失望，兩方面都未能超過「據亂世」[73]。

就品行而言，中西大致相當。但如拿中國最好的與西方最壞的比，吾人自不得不作取捨。結論是：中國可學自西方的乃是科技，或用康氏之詞——「形而下之物質學」，而與「形而上之道德」無關[74]。

康氏爲了維護道德傳統，暫時擱置經今古文之異，及其對今文的偏好。此一轉變的明證是他對「東漢」的讚美[75]，東漢是足以代表中國道德價值優越的時期，但東漢儒士多屬古文派，而今

72 「意大利遊記」，頁六八—六九。
73 同上，頁六五。
74 康有為，「參政院提議『立國之精神議』書後」，此未署日期之文刊於〔不忍〕第九期（一九一七），頁八。
75 同上，頁九。康氏說，在東漢時，「人知君臣父子之綱，家知違邪歸正之路。……晚清之害，乃在不能遵行孔道，而非孔道之失也。」

文顯然式微。此一觀點的改變自非意指康氏對儒學立場的根本改變。吾人須知，他雖以今文為完美，卻未以古文全無價值。相反地，他曾明言，古文適合「升平世」之人。更確實地說，他認為「帝國儒教」（理雅各語）中的道德因素，雖離理想甚遠，畢竟是可求之次，為引導人們從「據亂世」過渡到升平世之所必須。今文的價值系統（他認為實質上與西方的民主與社會主義相一致）只能在最後一階段實現，在當前還不是時候。傳統在尚未枯息失效之前，不應拋棄。

此乃康氏矛盾立場之所在：為了現代化，中國必須努力工業化，並同時保存固有道德傳統；換言之，中國不宜以「國粹」交換西方生活方式，此乃工業化的條件[76]。

康氏並不如批評者所說，要維持現狀或復古，要回到共和以前的社會與思想的狀況。他並不曾提倡「文化還原」（cultural atavism）之說。他雖曾因時而改變重點，卻未嘗移動變法維新立場，及經由適當途徑現代化以重整中華的終生目標。他反對共和，並不是要延續專制，而因其相信中國還不配實施共和[77]，何況共和不僅行政輭弱無能[78]，並因盲目西化帶來社會上以及思想

76 康氏在一九一〇年代及一九二〇年代的一些著作重申此見，其中最值得注意者是「中國顛危誤在全法歐美而盡棄國粹說」（以下簡稱「中國顛危」），〔不忍〕，第六、七期（一九一三年七月、八月），「政論」，頁一—四二；另見〔不忍雜誌彙編〕，第二編，卷一，頁一—一三。

77 康有為在，「中國顛危」，〔不忍〕，第七期，頁三九（〔不忍雜誌彙編〕，頁一二）說：「昔吾著三書，曰〔官制考〕，曰〔物質救國論〕，曰〔理財救國論〕，以為能舉三者，中國既富强矣，然後開國會焉。故一切政治平等之說，未敢發也。吾少著〔大同書〕，于世界將來之事，蓋無不思及焉。而于一切革命共和社會之說，未敢妄出也，豈不知他日之有然？而夏葛冬裘，非其時不宜用也。」

78 康氏無論在理論上或實際上都反對共和。在理論上，中國尚非施行共和之時；在實際上，共和失敗了。為了讓共和正常運作，康氏在一九一三年提出「擬中華民國憲法草案」，曾發表於〔不忍〕第三及第六期（一九一三年四月、七月），頁一—一九〇。

上的紊亂。不管對錯，他只是不願承認君主立憲之前可以施行共和，也不願承認爲了現代化，中國必須不再是中國的。

康氏強調保存中國「國粹」之餘，不免接近我所說的「文化民族主義」（cultural nationalism）。有人說，早期的民族主義傾向在過去傳統中找根據，喜談「國魂」[79]。康氏也許不是一般的、或標準的民族主義者。不管他取那一種民族主義，都帶有世界因素；在其思想中，甚是明顯。無論如何，他確熱心談過「國魂」，至少在本世紀之初談過。下面一段文字清楚地表達了他的意思：

凡為國者，必有以自立也。其自立之道，自其政治、教化、風俗，深入其人民之心，化成其神思，融洽其肌膚，鑄冶其羣俗，久而固結，習而相忘，謂之國魂。國無大小久暫，苟舍乎此，國不能立。……此立國之公理，未能有外之者也[80]。

一國的文化當然不宜停滯，必須因時而變，恰當地與環境適應。但沒有完全譴責舊文化的理由。康氏認爲拋棄「國粹」，無異淪爲文化奴隸，可謂最愚蠢之事。不幸的是，自民國成立以來，中國人正走這一條蠢路。他強烈地說：

今中國近歲以來，舉國狂狂，搶攘發狂，舉中國之政治、教化、風俗，不問是非得失，皆

[79] Hans Kohn, *Nationalism: Its Meaning and History* (Princeton: Van Nostrand, Anvil Books, 1955), p. 30. 參閱 Ernest Renan, "a nation is a soul" "Qu'est-ce qu'une Nation?"（普法戰爭後，於一八八二年三月十一在 Sorbonne 巴黎大學的演講稿），p. 308.

[80] 康有為，「中國顛危」，〔不忍〕，第六期（一九一三年七月），頁一；另見〔康南海先生文鈔〕（以下引作〔文鈔〕），第三冊，頁三二；〔康南海文集〕（以下簡稱〔文集〕），卷二，頁一。

革而去之，凡歐美之政治、風化、祀俗，不問其是非得失，皆服而從之[81]。如此發狂作文化自裁，「多行歐美一新法，則增中國一大害」。

自歐戰之後，康氏似更加反對效法西方的社會與道德價值。有時他公開抨擊西方文明，但他並不像梁啟超那樣對「科學」作輕蔑的攻擊。康氏認為此戰乃西方文明功利主義與達爾文主義的自然結果。此時乃是中西人士共同認可「孔教」價值之時[82]。據此，則康氏實際上是提倡文化民族主義的儒教先知。他宣稱「孔子之教」乃是中國之「國魂」[83]。為免於中國文化的死亡，必須重新振興儒教，此乃他一直努力而未能達到的目的——以儒教為「國教」[84]。至此，他覺得即使

81 康有為，「中國顛危」，〔不忍〕，第六期，頁一—二。參閱「中國還魂論」，〔不忍〕，第八期（一九一三年十一月），頁五。康氏也在「議院政府勿干預民俗說」一文中，強烈抗議干預民俗，見〔不忍〕，第二期（一九一三年三月），頁一—一四。康氏允許的「民俗」包括納妾、賭博、用舊曆、祭佛道，他後悔在一八九八年上奏清政府取消辮髮及改服（參閱「中國還魂論」，頁一—八）。

82 「致李忠鎬等書」，〔遺稿〕，卷五，頁四六。

83 「中國學會報題辭」，〔文鈔〕，第五冊，頁二八。

84 「中國還魂論」，頁三—四。另閱〔共和平議〕（作於一九一七復辟前不久），陳獨秀有駁文，「駁康有為共和平議」，〔新青年〕，四卷三期（一九一八年三月十五日），頁一九〇—二一一。康氏在此時的其他作品中，繼續他的「孔教」運動，如「孔教會序」，〔文鈔〕，第五冊，頁一三—一七；「以孔教為國教配天議」，〔不忍〕，第三、六、七、八各期（一九一三年四、七、八、十一月）；「覆教育部書」，〔不忍〕，第四期（一九一三年五月）；及上黎元洪總統、教育部長范源濂、以及議員等書函，見〔遺稿〕，卷四上，頁八二、八三—八四、八五—九〇（康氏欲建立孔教事，參閱本書第四章）。康氏及其同志的努力，僅有的結果是㈠建立孔教會（一九一二），發行〔孔教雜誌〕（月刊），一九一三年二月出版，另在其他各省如直隸、山東、河南、湖南，設有分會。㈡在「中華民國憲法草案」（卽一九一三年的所謂「天壇憲法」）中第十九條有謂：「國民教育，以孔子之道為修身大本。」在「中華民國憲法」（有時亦稱「曹錕憲法」）第十二條有謂：「中華民國人民有尊崇孔子及信仰宗教之自由，非依法律不受限制。」這些條文可見之於潘樹藩，〔中華民國憲法史〕，頁三四六—三六一。㈢袁世凱在一九一三年十一月廿六日下了一通總統令，全國人民尊崇孔子學說，並在一九一五年，袁氏成為「洪憲皇帝」後，他正式尊孔。（閱 Paul S. Reinsch, *An American Diplomat in China*, pp. 23, 26-27）.

是科舉（他在一八九〇年代曾抨擊之），至少有一好處，即強迫士子讀經，使他們有機會獲得好處，而民國學生就無此機會[85]。

康氏決心拯救中國國魂不計代價，甚至放棄一些令人讚賞的見解，並與宿敵袁世凱聯合。他雖反對袁氏「帝制運動」[86]，卻希望袁氏支援「孔教運動」。因此，孔教會被認為是帝制反動者的同盟，自非無故。他之參與一九一七年的復辟，更加損害了孔教的形象，以及他個人的立場[87]。如此，由於他本人絕望而不智的舉動，他的「救魂」事業一開始就不受人歡迎，而致無可挽救的失敗。

不過，說句公平話，康氏不是眞正的反動派，也無意當反動者。如前節所述，他認為中國必須採用西方物質文明以現代化，並沒有放棄烏托邦的理想，而是迂迴一下。他深信革命所造成的文化斷層只有阻陁有秩序的進步。他既擱置在〔大同書〕中所列社會文化轉化的最高日程表，乃提出社會文化重建的最低日程表——經由工業化而現代化（即一九〇五年〔物質救國論〕的主題）。他希望由滿洲皇室或孔子後裔來實行君主立憲，以代不穩定的共和；盲目的西化可代之以有選擇的文化適應。他寄望於此時，十分不現實，終證實為落空的希望。時潮對他不利，他有太多的敵人。不過力抗激烈潮流，他確具因信念而來的可佩勇氣。事實上，作為孔子的信徒，他不

85 「中國還魂論」，頁三—四。
86 康氏積極支持梁啓超軍事反袁，直接導致袁氏迅速傾覆。康並於最後時刻勸阻袁氏稱帝，見「致袁世凱書」，作於一九一六年年初，載〔遺稿〕，卷四上，頁七七—七九。
87 Hu, *The Chinese Renaissance*, pp. 89–90, 提及袁氏稱帝與滿清復辟，評道：「這些陰謀大大地損害了孔教運動，如激烈派所預料的，反動與帝制運動確實有關。」（閱 Chow Tse-tsung, *The May Fourth Movement*, pp. 291–293 簡要地討論到一九一二至一九一六的孔教會）。

過做了孔子已做過的，「知其不可而爲之」[88]。在某一意義上，康氏是一反動派，他反對破壞中國傳統，反對全盤西化（此在一九二〇年代已成爲中國「新青年」的信念）。康氏在一八九二年說過，與時相左乃是「遠于人」[89]。康氏反對激烈時潮，確已遠於人，對其維新主張既無補，對挽救文化解體也無助。眞正的悲劇並不在於康氏未能說服國人他的現代化計劃之益——工業化而不失爲中國，而在於他的敵對派想建立西化爲現代化的方法也失敗了。最後，中國不受「德先生」和「賽先生」的節制，而是受馬克思、列寧、與毛澤東的同夥節制。

「科學」與「玄學」之爭

上述康氏對中西文明的評價，開啟了後日知識分子間的思想論爭，到一九二三年的「科學」與「玄學」（或「人生觀」）及中西文明之爭而達高潮，初發之於歐戰之後，餘波盪漾直至一九三〇年代[90]。爲了從近代中國思想史來看康氏，把他與這些論爭者放在一起來討論，並非無端。除

88 〔論語〕「憲問」第三十九章。

89 〔長興學記〕，引見 Kung-chuan Hsiao, "The Philosophical Thought of K'ang Yu-wei," p. 150：「故其逆彌甚者，其學愈至，其遠于人愈甚。」

90 Carsun Chang, "Reflections on the Philosophical Controversy in 1923," pp. 19-22 回顧了論爭的背景與後果，大致是㈠清華學生會邀請張君勱講「人生觀」（張氏譯Eucken之 *Lebensans chauung* 一詞），他强調人事中的自由意志；㈡他的講稿發表後，胡適告訴他，丁文江與胡氏本人將要展開辯論；㈢大約有三十多位學者參與「科學與玄學論戰」，大部分人站在胡適一邊，一小部分人「中立」；㈣即使看起來好像張氏在辯論後「失敗」了，他重述並駁斥胡氏對科學知識萬能的論證。Chow, *The May Fourth Movement*, pp. 327-332, "The Controversy over Eastern and Western Civilizations," and pp. 333-337, "The Polemic on Science and Metaphysics," and Kao Chung-Ju, *Le mouvement intellectual en Chine et son rôle dans la révolution chinoise*, pp. 123-155 綜述這些論戰。T. W. de Bary, Wing-tsit Chan, and Burton Watson, *Sources of Chinese Tradition*, pp. 834-843 and 846-857 節譯了部分重要的文章。論戰文字後收入〔科學與玄學〕一書，大同書館出版，二册（上海，一九二三）；另見〔人生觀之論戰〕三册（上海，一九二三；三版，一九二八）。據胡適說，「收集部分論戰文字，即超過二十五萬字」。（*Chinese Renaissance*, p. 91）.

了少許例外，康氏與這些「新知識分子」的基本立場，實際上相距並不遠。

我們可從「科學」與「玄學」之爭談起。康氏在一九〇五年的〔物質救國論〕及其他同時期的著作中，承認文明中有兩個相等重要而不能分開的因素：可見及的物質科學（西人見長），與不可觸及的道德（中國見長）。須注意者，康氏雖信中國「道德」之優越——但並不以爲正確倫理比科學知識重要，然也不接受相反的論調，認爲科技高於一切，而道德無用[91]。他對待文化問題的綜合方法，獲致二元的立場，使他有別於衞護中國以抗拒「西方物質主義」的倫理中心的衞道者；也與視「中國道德」爲無用的科學主義論者不同。實際上，他預見了兩方面的內涵。

我已提到，康氏認爲「物質之學」取自物理、數學原理，爲西方科技的基礎，以及西方實力的秘方[92]。他在一八八〇年代開始欣賞西方科學的價值，二十五歲時已讀了許多有關數理之書[93]。不久他又努力研究天文，深切地影響到他的思想與人生觀[94]。當他在一八八五年重病時，他信任西醫[95]，可說是第一個中國知識分子作此嘗試。他對天文的興趣持續了若干年。他在死前一年仍利用望遠鏡，夜觀天象[96]。

因此，康氏對近代科學並非十分膚淺。他顯然從中獲得許多啟示，在一些早期著作中，傾向

---

91 Russell, *The Problem of China*, pp. 78-79.

92 康有為，「中國顛危」，頁四〇—四一。

93 康有為，〔自編年譜〕，頁六。

94 同上，頁六—七。

95 同上，頁七。

96 閱 Kung-chuan Hsiao, "K'ang Yu-wei's Excursion into Science," in Lo, *K'ang*, pp. 375-407.

對道德和人性作唯物性的解釋[97]。在後來的著作中，也有時提到，人的道德與思想進展受制於科技的進步。因此，他在一九〇五年寫道，現代西方國家由於物質進步，而令「道德、人羣皆一新」[98]。他說：「蓋從機器備文明。」[99]

康氏指出，現代技術和工業植根於科學與科學方法。著重科學的英國學派開啟了現代的紀元。他說：

> 撥千年黑暗而致萬星光明者，倍根創實驗學派為之先驅。而自洛克、霍布士、彌兒、以至於斯賓塞，凡英國之學派皆偏重物質，故能致此大效也[100]。

康氏對西方科學史的知識不免有限，但他足以見及若干對科學以及科學方法有貢獻的思想家，特別是霍布士以物質解釋人心，影響了英國人的思想。

康氏在陳獨秀之前，已認識到「賽先生」的重要。事實上，康尚不僅止此，在認眞研究科學之後，他將其所得（當然是不够深入）融入他的社會與哲學思想。他對人心、道德、以及宇宙觀機械式（如非物質的）的解釋，至少一部分是基於他對西方天文的知識[101]，基於他對哥白尼、伽

---

97 參閱本書第五章。

98 〈物質救國論〉，頁二四。

99 出自他一九〇五年十一月底訪遊落磯山時所作的一首長詩。見康同璧，〈年譜續編〉，頁五三—五四。大約七年前，康氏在請清帝鼓勵技術發明的奏摺上說，工業化不僅給西方帶來經濟繁榮，而且改變了心理的面貌，進步與開明取代了保守與無知。（翦伯贊等編，〈戊戌變法〉，第二冊，頁二二五—二二七）。

100 〈物質救國論〉，頁二四。徐高阮在〈世界評論〉，頁一五，註[10]指出，康氏心裏想的可能是James Mill 而非Milton。但我認為很可能是 J.S. Mill。

101 參閱本章註[96]與[97]。

利略、以及牛頓之瞭解[102]。的確，他的整個哲學觀受到他所知科學的影響，而對他一些同時人來說，似很陌生，他們指責他喪盡儒教精神[103]。

康氏之崇仰培根與霍布士，與陳獨秀之膜拜「賽先生」，相距不遠。但康氏不相信科學可解決一切有關人生的問題。他在一九〇五年的〔物質救國論〕，以及其他一九〇〇年代與一九一〇年代著作中，明顯地強調儒教，不下於科學。值得注意的是，在他最後一部大著〔諸天講〕之中，他批評拉布拉斯（Laplace）未能肯定上帝之存在，而堅持宗教之不可或缺[104]。康氏說，科學不能教人知道超物質世界。就此而論，康氏接近張君勱與梁啟超在科學玄學論爭中的立場。〔諸天講〕既寫於一九二〇年代中，康氏可能知悉此一論爭，但未知何以在全書未曾提及。也許他對拉布拉斯以及其他人不肯承認玄學的批評，可以答覆「賽先生」的崇拜者。假如的確如此，康氏事實上已參加了此一論爭。

張君勱與丁文江的「科學與玄學論戰」，起於張氏有關「人生觀」的演說（一九二三年二月十四日），以及丁氏於兩個月後發表「玄學與科學」一文。不過，論戰的主題在若干年前已經提出，並已有支持科學與支持玄學之分，只是尚未直接介入爭論。例如康氏在〔物質救國論〕中發表傾向科學的論調，而辜鴻銘力抗「歐洲物質文明中的破壞力量」，以保存中國的「眞文化」[105]。

102 康有為，〔諸天講〕，卷一，頁五；卷二，頁二。
103 梁漱溟，〔東西文化及其哲學〕，頁一三五。
104 〔諸天講〕，卷十一，頁三—四。本書第五章曾摘述其觀點。
105 Ku Hung-ming, *China Verteidigung gegen europäische Ideen*, p. 230. 同樣的看法見於他所著*Story of a Chinese Oxford Movement*, p. 99. 辜氏也强烈批評西方議院制度，見氏著「西洋議會考略」，〔張文襄公幕府紀聞〕，卷下，頁二一—三。

不過康、辜兩文沒有多少人讀到，直到一九二三年的論戰，「科學」與「玄學」的問題才首次引起廣泛注意。

陳獨秀及其同志們可能為論戰舖了路。陳氏在「敬告青年」（一九一五年九月十五日）一文中，要中國青年追求科學，不要冥想，他認為宗教、藝術與文學都是冥想時代的產品，盛行於舊時黑暗時代[106]。另在一九一九年寫的兩文中，他譴責舊文化，歌頌「賽先生」與「德先生」[107]。他認為若無自然科學與實驗哲學作工具，社會進步絕無可能[108]。

丁文江是留學英國的地質學家，在一九二三年成為科學主義的代言人。崇拜他的傅斯年雖把他形容為具有強有力的機器，以應用科學知識作為論戰的燃料[109]，但丁氏對待玄學問題的方法根本不能說是絕對客觀或科學的。他說玄學是一迷網，擾亂歐洲近兩千年，而今又引誘並愚弄中國人民，張君勱為其媒介[110]。事實上，玄學早已禍及中國，特別是理學中的陸王學派，對中國失去自主，以及思想上的僵化，必有其責任。他又說，歐戰不是由科學造成，而是由不科學的政客造成；西方人善用科學而發展工業，但西方社會與政府卻全無科學精神[111]。換言之，即使西方也需

106 「敬告青年」，〈新青年〉，一卷一期（一九一五年九月十五日）。

107 「本誌罪案之答辯書」，〈新青年〉，四卷一期（一九一九年元月十五日），頁一〇—一一。

108 「本誌宣言」，〈新青年〉，七卷一期（一九一九年十二月），頁四。

109 傅斯年，「我所認識的丁文江先生」，引自胡適，「丁文江傳記」，載〈中央研究院院刊〉，第三期（臺北，一九四五），頁一。

110 丁文江，「玄學與科學」，〈科學與人生觀〉，上冊，頁一—一九；最初發表於〈努力〉，第四八、四九期（一九二三年四月十五、廿二日）。

111 胡氏於「丁文江傳記」，頁四八、五四，綜述丁氏的論點。Chow, *May Fourth Movement*, pp. 333–335, and Hughes, *Invasion of China by the Western World*, pp. 196–228, 摘述丁文江、陳獨秀等人的部分論證。

要更多的科學。

更崇拜「賽先生」的吳稚暉，被稱爲近代中國「思想界的彗星」，以及「近代中國思想界的代表」[112]（更加當不起）。吳氏在一九一八年所撰的「機器促進大同說」一文，與康氏在〔大同書〕中所說，甚是相似。吳氏謂所有人力都將由機器替代，每人每日工作不必超過二小時，空下來的時間作爲休息、娛樂、自修、以及科技發明。世界將充滿美與善：

到那時候，人人高尚、純潔、優美。屋舍皆精緻幽雅，道路盡是寬廣九出，繁植花木。……全世界無一荒穢頽敗之區，幾如一大園林。……因行遠、升高、入地，皆有現成機器。……這並不是烏托邦的理想。凡有今時機器較精良之國，差不多有幾分已經實現[113]。

在吳氏思想中，「物質文明」乃是「精神文明」的根本。兩者以同一步調前進：物質文明愈進步，精神文明也愈發達。因此，他在民國五年說：「物質文明，與人類幸福，相驅而並進，於

112 蔣夢麟，「近世我國學術界的一顆彗星」，〔中央日報〕，一九六三年三月廿五、廿六日。另閱Alfred Forke, *Geschichte der neuren chinesischen Philosophie*, p. 646. D. Wynn-ye Kwok, "Wu Chih-hui and Scientism," pp. 160-185 對吳氏的觀點有很好的討論。Michael Gasster, *Chinese Intellectuals and Revolution of 1911: The Birth of Chinese Radicalism*, pp. 177-182論及「吳稚暉與無政府主義」。Gasster 未出版的博士論文"Currents of Thought in the T'ung-meng-hui" (University of Washington, 1962). 亦可參閱。吳氏自己有關無政府之論述，可參閱他的「談無政府主義閒天」，〔吳稚暉先生文粹〕，第二册，頁二八二—二八七。吳氏的「科學」觀，見 Gasster, pp. 179, 180-181, 189.

113 「機器促進大同說」，〔吳稚暉先生文粹〕，第二册，頁二三六。此文發表於〔新青年〕，五卷二期（一九一八年四月十五日），頁一五八—一六〇。此文與康之〔大同書〕，上海版（一九三五），頁二四一—二四四；北京版（一九五六）及臺北版，（一九五八），頁二七一—二七三，相映成趣。兩者主要的理論之異在於吳氏的無政府社會理想源自老莊哲學，而康氏拒斥道家。閱蔣夢麟，「近世我國學術界的一顆彗星」，〔中央日報〕，一九六三年三月廿五、廿六日。

是幸福中不能不含有巨大成分之物質文明。」[114]若干年後（一九二四）他重申對科技的信心：

> 造機器的原料，最重要的是鐵。中國不及外國，是不及在打鐵鬼身上。外國的打鐵鬼裏，着實有些有學問的。中國的聰明人却一個都不屑打鐵。

他不禁要問，中國能「專門考究精神文明嗎」[115]？康有爲所說也不過如此！

爲了要給這個觀點一個哲學基礎，吳稚暉在一九二三年，撰寫了七萬字的「一個新信仰的宇宙觀與人生觀」[116]，投入了科學與玄學論戰。他既認爲精神不能離物質而存在，乃鈎劃出他的物質的以及機械的宇宙觀。他說宇宙間的一切，可由科學來解釋。近代物質文明所植根的科學，乃是解決所有人類問題之關鍵。因爲

> 物質文明愈進步，物質愈多，人類也益趨統一，複雜的問題也愈易解決。

吳氏反對梁啟超所說西方物質文明已「破產」的悲觀看法，他預計由於科學知識的發達，西方文明仍然會不斷地向前發展，直至無窮[117]。

吳氏並沒有排除「道德」於文明之外；相反地，他認爲道德乃是「文明的結晶」。正因科技爲社會所必需，道德乃是個人自律所必需[118]。不過，道德仍有科學的根源。吳氏有點像康氏，提出對心理的機械式解釋。他說，現實的存在，因其有能量與實質。據此，則「宇宙乃一大生命」，

---

114 「青年與工具」（一九一六年六月十一日），〔吳稚暉先生文粹〕，第二册，頁二三九。
115 「科學週報編輯話」（一九二四年八月十八日），〔吳稚暉先生文粹〕，第二册，頁二一〇—二一一。
116 「一個新信仰的宇宙觀及人生觀」，見〔科學與人生觀〕，下册，頁二四—一三七；收入〔吳稚暉先生文粹〕，第二册，頁一一—一二；另有黃埔小叢書單印本（南京：中央政治學校政治系出版，一九二七）。
117 同上，見〔吳稚暉先生文粹〕，第二册，頁七八—七九，八一—八二，九三。
118 同上，頁八八—九三。

其力量產生「意志」，「意志」在某一情況中產生人類。人類卽由此獲致「機械式之生命」。人之意志既然是表現能量，其反應是先定的。

> 當內在意志與外界接觸時，產生感覺；當感覺或被接受、或遭拒斥時，產生情感。欲知情感是否正確，而產生思想。……凡此作用都由神經系統產生[119]。

吳氏於是作結道，靈魂之說完全沒有必要，對解釋人心毫無助益[120]。

吳氏的「新宇宙觀與新人生觀」，與康氏之見十分相似。早在一八八〇年代，康氏卽相信人有智慧，乃因「人有大腦小腦，腦氣筋之有靈也」。感覺、情緒、以及智能本身，據康之見都生自物質，對外界刺激有不同的反應，人所喜好的乃因與自己的感覺一致，不一致的就不喜歡[121]。康氏也不認爲物質是死的，而是有動力的，如他對「神氣」的觀念所示[122]。

康氏與吳氏之間最大的不同，似是吳未曾如康一樣，建立一根據機械哲學觀的樂利主義。

另一値得注意的相同點是，康氏在一九〇五年的〔物質救國論〕中譴責「空言」，對「哲學」評價不高。吳氏同樣對物質科學以外的價值，很少重視。他在一九二四年說，「玄學家、美學家是精神不健全而懶惰的」，因爲他們「反對征服自然」[123]。兩年後，他又說「文學家是瘋子，

---

119 同上，頁一六—二〇。
120 同上，頁二一。
121 〔康子內外篇〕，「理氣篇」及「愛惡篇」。同一見解亦見於〔大同書〕，上海版，頁七—八；北京版及臺北版，頁五—六。
122 〔大同書〕，上海版，頁四；北京版及臺北版，頁三。
123 「科學週報編輯話」（一九二四年五月十八日），〔吳稚暉先生文粹〕，第二冊，頁一五〇。另見〔吳稚暉文集〕，頁三四三。

專門胡說八道」。他對那些介乎文學家與科學家之間、談論的「大概都是超乎人們的常識」的哲學家較仁慈。這三種人都是需要的。但是因為「要救中國，非科學不可」，知識分子自應「於文學哲學之外，再學一點科學」[124]。因此，胡適雖努力倡導「科學方法」，卻被吳氏嗤為「洋八股的創造人」，顯然是因為胡氏把太多的時間放在「文學革命」與「新文化」上，而忽視自然科學的研究。吳氏說，中國不能有太多像胡適這樣的人[125]。

康、吳之間還有一重要的不同點。康氏雖接受一機械式的人生觀，但仍認為宗教與哲學都與之相關[126]；他雖仰慕西方科技，但仍視中國傳統有巨大價值。而吳氏則渺視玄學、宗教、與中國傳統。他對中國傳統的評價是：

> 這國故的臭東西，他本同小老婆吸鴉片相依為命。小老婆吸鴉片又同升官發財相依為命。國學大盛，政治無不腐敗。因為孔、孟、老、墨，便是春秋戰國亂世的產物，非再把他丟在毛廁裏三十年。現今鼓吹成一個乾燥無味的物質文明。人家用機關槍打來，我也用機關槍對打，把中國站住了，再整理什麼國故，毫不嫌遲[127]。

吳氏強調工業化來自與康氏撰寫〔物質救國論〕相同的信念。康氏雖不如此鄙視「國粹」，但二人都贊成當務之急的事應該先辦。不同之處並不大，因吳氏仍然允許在中國經由工業化而現

124 「科學與人生」，〔吳稚暉先生文粹〕，第二冊，頁一一四—一一五，一一八；〔吳稚暉文集〕，頁一三一—一三七。
125 「箴洋八股化之理學」，〔吳稚暉先生文粹〕，第三冊，頁三二二。
126 見本書第五章論宗教與上帝存在的部分。
127 「箴洋八股化之理學」，〔吳稚暉先生文粹〕，第三冊，頁三一九。在另一撰於一九四二年五月四日之文，吳氏認為至少對學生而言，所有線裝書都應扔入毛廁，才能專心致志於科學（〔吳稚暉先生文粹〕，第二冊，頁一四五）。

代化後，再研究傳統文明。沒有證據顯示吳氏曾讀過康有爲的〔物質救國論〕，不過，吳氏在一九二四年曾讚賞康氏：

> 二十年前，張之洞、王先謙、李文田之徒，重張顧、王、戴、段的妖燄……暗把曾國藩的製造局主義夭折了，產出了遮醜的西化「國粹」。……幸虧有康祖詒要長過素王，才生出一點革命精神[128]。

兩人之間另一不同也應注意。大概而言，康氏較注重科學的結果，而吳氏以及其他擁護「賽先生」的人較強調「科學精神」與「科學方法」。吳氏在一九二四年寫道：

> 人們的思想，總容易疏忽，容易籠統。受着科學的訓練，對於環境一切，都有秩序的去觀察整理；對於宇宙也更有明確的了解；因此就能建設出適當的人生觀來[129]。

這段話由蔣夢麟等響應，他們認爲「自然科學的方法」有功於所有近代歐洲史上的偉大運動，同時啟蒙了表現在五四運動上的中國「知識解放」[130]。

胡適可能是提倡科學方法最有力者。他接受一切現代科學的產品，並根據這些歸結爲十點「信條」（有一些傳教士幽默地稱之爲「胡適的十誡」）[131]。但更有名的是他的做學問的實證方法：「有一分證據說一分話」；「大膽假設，小心求證」。康有爲的思想模式遠非如此。前已言

---

128 〔吳稚暉先生文粹〕，第二冊，頁三一九。關於王先謙與李文田，閱 Arthur W. Hummel, *Eminent Chinese of the Ch'ing Period*, pp. 140, 349, 401, 483, 494-495; 關於顧、王、戴、段，參閱梁啓超，〔清代學術概論〕，頁六一─八〇。

129 「科學週報發刊語」，〔吳稚暉先生文粹〕，第二冊，頁一二七；〔吳稚暉文集〕，頁三一三─三一四。

130 「改變人生的態度」，〔新青年〕，一卷五期（一九一八），引見梁漱溟，〔東西文化及其哲學〕，頁五八─五九。

131 Hu Shih, "What I Believe," *Living Philosophies*, pp. 260-262.

之，康氏對「科學」的概念是模糊的，「科學方法」也不是他的思想重點。他多年來沈浸於公羊經學，微言大義遠較客觀眞理顯著，因而對歷史事實不太重視。胡適推重的「漢學」，認爲是人文研究科學方法運用的突出實例，在康氏看來，則是「含混而瑣碎」[132]。不過，此一重要不同也不應掩遮一項事實：康、胡都對科學研究的適當項目，基本上相互贊同。康氏在〔物質救國論〕中，承認研究「物質之學」的切要。在二十年後撰寫的〔諸天講〕之中，他認爲傳統的中國天文學，並未基於精良儀器所觀察到的事實，錯誤不堪[133]。胡適對此有同樣意見，他認爲有了科學方法的知識還不够，還必須要應用到物質的研究上，以獲致實利。顧炎武以及其他漢學家用科學方法，但他們只用在文字資料上，因而他們的成績很可憐。而他們同時代的歐洲人，如伽利略、喀卜勒、哈維、波義耳、牛頓等，應用同樣方法研究實際的物體，「創造了新科學與新世界」[134]。胡氏的結論是，選擇研究題目的不同，導致了中西文明之異[135]。康氏對此一結論不會有異議。

與康氏立場甚是接近的，尚有一意想不到之人。在中國文學領域中提倡西化的先知魯迅，在一九〇七年曾寫了未受注意的一篇文章[136]（當時他僅是二十六歲的年輕人），在文中，他討論到文明問題，結論是：中國最應該走的路是「取今復古」。此一看法與他於一九一八年所寫「狂人

---

132 參閱本書第三章，及 *Monumenta Serica*, n.s., 18 (1959):138–141.

133 〔諸天講〕，卷一，頁一—七。

134 Hu, *Chinese Renaissance*, pp. 70–71. 同一心情可見之於較早一文：「治學的方法與材料」，〔胡適文存〕，三集，卷二，頁一八七—二〇五。

135 「科學與人生觀序」，〔胡適文存〕，二集，卷二，頁二。胡適讚賞吳稚暉對生活的物質看法。胡氏並不接受物質主義，值得注意的，他自認受到嚴復與梁啓超的影響。("What I Believe," pp. 247–249).

136 「文化偏至論」，〔魯迅全集〕，第一冊（〔墳〕），頁三八—五四。

日記」所說、及在一九二二年與友人談話所言[137]，大不相同。

魯迅在一九〇七年的論證與康氏在一九〇五的想法，極爲接近。魯迅說，中國的自大乃舉世所知，並被嘲笑爲頑固，是一個不肯改革而情願滅亡的國家，但現在聽到「一點新學」，中國人突然決定要變了。

> 言非同西方之理，弗道；事非合西方之術，弗行。掊擊舊物，惟恐不力，曰：將以革前繆而圖富強也[138]。

魯迅接著解釋中國之所以自大及停滯的原因。中國人由於創造了輝煌的文明，而四鄰落後，自然養成自大的心態。一個驕傲的種族必然堅持尊重其傳統，終成西方侵略的受害者。不幸的是，許多有心人「近不知中國之情，遠復不察歐美之實」，就一頭栽向西化、隨和「物質也」（科學）、「眾數也」（民主），而不知這些已非西方文明中的有力因素，更非中國現時所需。西方文明並非直線發展，而是迂迴前進。事實上，「文明無不根舊跡而演來，亦以矯往事而生偏至」。「物質」與「眾數」代表十九世紀西方文明，即是對前一時期政教獨裁的反應。十九世紀末，反對物質與眾數的反應亦已開始，齊克果、易卜生、尼采、施提納（Stirner）等人的作品中，強調各種不同形態的「個人主義」[139]。

137 「狂人日記」，〔新青年〕，四卷五期（一九一八年五月十五日）。與金心異談話見之於一九二二年所寫的「吶喊自序」，〔魯迅全集〕，卷一，頁二七四－二七五。魯迅看法轉變的跡象可見於論文學一文，寫於一九〇七年，文中讚美果戈里（Gogol），並謂一個新興國家，即使文化不發達，但比一個過去具有光輝文化而與現時脫節的古老國家有希望（「摩羅詩力說」，〔魯迅全集〕，卷一，頁五七）。

138 「文化偏至論」，頁三八。

139 同上，頁四一，四四，四七，五二。

有一點像康有爲，魯迅也以爲不能用固定而極端的標準來衡量文明，而要衡量文明在特定時間內所起的特定作用。但他並不和同康氏對進步的樂觀看法。他相信的是，文化發展的每一階段，都包含產生反作用的因素。在當時文明的迂迴前進中，衆數政治逼迫寡頭政治，但衆數之治迅卽露出毛病，羣衆鮮能分辨是非。「惟超人出，世乃太平」。此乃「個人主義」[140]。同樣的，物質主義也引起直接的反動。當十九世紀之末，「靈明日以朽蝕，旨趣流於平庸」，「神思宗徒」乃重視「主觀」或「意力」，以袪物質主義所帶來的惡潮。二十世紀將愈見「精神生活之光耀」[141]。因此，在他看來，中國的明途乃是：

> 當稽求旣往，相度方來，掊物質而張靈明，任個人而排衆數，人旣發揚踔厲矣，則邦國亦以興起，奚事抱枝拾葉，徒金鐵國會立憲之云乎[142]？

魯迅並不反對變易，但他反對拋棄本國傳統的變易，他說得十分露骨：

> 今敢問號稱志士者曰，將以富有為文明歟，則猶太遺黎，性長居積，歐人之善賈者，莫與比倫，然其民之遭遇何如矣？將以路礦為文明歟，則五十年來非、澳二洲，莫不興鐵路礦事，顧此二洲土著之文化何如矣？將以衆治為文明歟，則西班牙、波陀牙二國，立憲且久，顧其國之情狀又何如矣[143]？

「物質」與「衆治」對這些國家好處不多，因缺少了一項重要因素——精神價值，此乃一文明性

---

140 同上，頁四八—四九。

141 同上，頁四九—五二。

142 同上，頁四一。魯迅把 "industry" 譯為「金鐵」，可能是用以象徵「物質主義」。

143 同上，頁五三—五四。

格之所在，一文明中人性格之所寄。此可為中國的殷鑒，應知必須現代化以適存於激爭之世，但明哲之士要能在變化之際，

> 外之旣不後於世界之思潮，內之乃弗失固有之血脈，取今復古，別立新宗。人生意義，致之深邃，則國人之自覺至，個性張，沙聚之邦由是轉為人國。……乃始雄厲無前，屹然獨見於天下[144]。

我認為這非常接近康氏保存「國魂」以及保證個人獨立之說。此不約之同可以略知兩人思想經驗有相似處。兩人在早年都曾沈浸於國學之中，又都受到研究科學的廣泛影響[145]。當然我們不應太過強調此一相似之處。不到幾年，魯迅就拋棄傳統，而康氏卻日益呼籲保存國粹。各人皆持己見。魯迅由古入今，而康氏一直認為在烏托邦到來之前，中國走向工業社會，必須維護適當的現有制度和價值。我們很難說倒底是一九〇七年的魯迅，還是一九一五年的魯迅，所作的評論才是正確的。但我們可以猜想，假如他活得較長，假如一九二〇年代以後的中國不那麼糟，他很可能會再由今入古。

間接肯定康氏之見者，卻並不令人感到意外。據康氏說，梁啟超不贊成發表於一九〇五的「物質救國論」，因其減輕了民主思想與制度的重要性。但到一九二〇年代卻接近乃師的立場。歐戰使梁氏覺得現代西方文明有毛病。他的一九一八年底的歐洲之行（同行者有張君勱等），得與

144 同上，頁五三。
145 蔡元培，「魯迅先生全集序」，《魯迅全集》，卷一，頁一。據蔡氏說，「魯迅原致力於清儒學術，但也深入科學」。魯迅在日所研讀的科學是醫學。康有為則對數學與天文特別感興趣，但無專門訓練。

一些哲學家如歐肯（Eucken）與柏格森（Bergson）等相接。歐、柏各以其本人的觀點反對物質思想。他們肯定了梁氏對西方的失望。梁氏在接著的一年中，把他的想法寫入著名的「歐游心影錄」之中[146]。梁氏說，西方科學的顯著成效，導致一個「純粹是物質的、機械式的人生觀」（用胡適語），而犧牲了「理想的傳統」。人們歌頌「科學萬能」，追尋「賽先生」（陳獨秀語）的迷夢。但是他們發現科學並沒有帶來快樂，而帶來災難。歐洲人也從「科學萬能的大夢」中覺醒，宣布它破產[147]。

梁氏在反對「新青年」派的極端科學主義之餘，並不否認科學在現代世界的重要性。他說他決不承認科學已經破產，雖然他也不承認科學萬能[148]。與他的老師康有為一樣，梁氏此時所關心的是如何善用現代科學文明、如何保存中國的優良精神文明，並使兩者導致文化綜合。他像康氏一樣見及中國文明中的價值，此一覺察由柏格森的老師波崔烏（Boutreu）所加強。梁氏也部分同意魯迅[149]，認為西方文明「太偏」。有時理想主義流行，另一時物質主義盛行；此時宗教主義者又強調未來生命的重要，理想主義的哲學家潛心於玄學妙諦。接著又有「科學主義者」出現，要求人們拋棄他們「崇高的理想」。有鑒於西方文明中的不規則發展，梁氏認為中國搞思想的人如果沈迷於西方的影響，以為中國的一切都無價值，將是大錯。把中國最好的道德傳統和西方近

146 梁啓超，「歐遊心影錄」，節錄見「飲冰室合集」，「全集」廿三。
147 同上，頁一〇—一二。
148 同上，頁一二，作者註。
149 梁氏對歐洲文明的描述，使人想到魯迅的文化偏至論。

代科學「調和並擴大」而獲致之文化，將不僅有利於中國，而且有利於全人類[150]。

當然，上述各人之見，不無礙難之處。但我們不應忽視主張科學主義者的弱點。崇拜「賽先生」者把複雜的問題過於簡單化，他們僅僅以物質的重要性（特別是吳稚暉），以「科學」為西方文化的精華（特別是丁文江），毫不猶豫地認為中國人必須去除國性才能獲致科學。他們的激烈反傳統觀點，對不滿現實之人，以及以「舊傳統」為替罪羔羊之人，很有吸引力。這許多人所知道的「非科學」本國文明，實甚淺浮，使他們不能認識到已過時價值系統與制度中的任何好處。再者，除了極少數之外，他們對西方科學（與文明）的知識也是半生不熟的，也難能使他們透視到「科學文明」中不完善之處。他們的激奮之詞很受年輕人歡迎，年輕人的中外知識比他們更脆弱，而情緒更高昂，要擺脫一切討厭的傳統約制[151]。「新文化」、「科學的人生觀」，加上

150 〈歐遊心影錄〉，下篇，一三節，頁三五—三六。下面一系列文字重點雖然有異，都表達同一見解：「科學精神與東西文化」（作於一九二二），《飲冰室合集》，《文集》三九，頁一—九；「什麼是文化」，《飲冰室合集》，《文集》三九，頁九七—一〇四；「研究文化時的幾個重要問題」（作於一九二三），《飲冰室合集》，《文集》四〇，頁一七七；「東南大學告別辭」（一九二二年八月廿日），《飲冰室合集》，《文集》四〇，頁七—一五；以及他為科學玄學論戰而作之文字：「關於玄學科學論戰之『戰時國際公法』—暫時局外中立人梁啓超宣言」（一九二三年五月五日），《飲冰室合集》，《文集》四〇，頁二七—二八；「人生觀與科學：對於張丁論戰的批評」（作於一九二三），《飲冰室合集》，《文集》四〇，頁二一—二七。我在此未討論到張君勱之觀點，有兩個理由：其一，其觀點已眾所周知，毋庸在此說明；其二，其觀點與梁氏之見解甚為近似。下引一段張氏「人生觀」的論述（引見胡適的「丁文江的傳記」，《中央研究院院刊》第三輯，頁四二），足以顯示其思想的大要：「自孔孟以至宋元明的理學家，側重內心生活之修養，其結果為精神文明。三百年來之歐洲，側重以人力支配自然界，故其結果為物質文明。……一國偏重工商，是否為正當之人生觀？是否為正當之文明？……在歐洲人觀之，已大成疑問矣。」他說歐洲文明是純物質的，張氏自易為胡氏攻擊的目標。

151 Martin Malia, "What is the Intelligentsia?," in Richard Pipes, *The Russian Intelligentsia*, p. 12. 閱新一代的俄國知識分子似也有像「科學主義」這種傾向。

「科學」與「民主」兩個口號，給他們提供了反叛舊道德的可喜理由，因此要求放逐儒學與「玄學」。西方工業文明對他們心智的衝擊，以及民國初年混亂的痛苦經驗，似乎把他們染上了對中國過去的「文化健忘症」。

主張科學主義者缺乏科學知識，不太了解工業化的含義，自無補於事。例如，批評陳獨秀對「科學」一詞的認識不足，並無不公平之處[152]。他的同道們，在作品中痛罵「玄學」與「傳統」的多，而對科學研究上與方法上的貢獻少[153]。一位作者在一九二六年評論說，新文化運動「尚未幫助許多人獲致科學思維的習慣」，「今日的絕大多數著作不過是自言自語」[154]。「賽先生」的崇拜者加速了「文化流失」，而未能成功地流布外來的科學精神，可說是爲無論在精神上與內容上都不科學底「科學的社會主義」開了路。陳獨秀本人從「科學的人生哲學」僞信者[155]轉到半馬克思主義信徒，就是一個現成的例子。

這並不是譴責科學主義者及其熱情的信徒。歷史學家會同意，此乃對當時思想情況最明顯的自然反應。不過，最明顯的常是最一廂情願的。當時較有知識、較有修養的作者，對問題的看法較爲平和。他們指出眞相：自然科學對人生許多主要目的有貢獻，但並不包攬一切。此卽何以「玄學鬼」仍然擾亂歐洲，並且如丁文江所說的，還要經過媒介來迷惑中國人。廣泛言之，持此一

152 胡適之話，見 Vincent Y. C. Shih, "A Talk With Hu Shih"（一九五九年之春）。

153 〔新青年〕自一卷三期到九卷三期共登載了二十一篇與科學有關的文字，六篇論一般科學（科學的性質與方法），十五篇論生物學與地質學——在所有〔新青年〕刊載的文字中，有關科學者實居極少一部分，涵蓋科學的部門也極有限。

154 Timothy Tingfang Lew, "The New Culture Movement and Christian Education in China," pp. 60-61.

155 胡適用辭。〔胡適文存〕，二集，卷一，頁一三九。

立場之人有如張君勱、梁啟超、以及一九〇七年的魯迅。此亦基本上是康氏的立場。康氏在一八八〇年代受到西方科學影響之後，形成他自己的人生哲學，此一哲學是他的社會思想的主要基礎。他清楚地表明「救國」（以及烏托邦）需要科學，在美麗的新世界出現之前，要有科學與工業爲物質基礎，「玄學」也有其地位，而中國的最佳文化遺產也包括在其中。張謇在南通的地方現代化計劃，成功地融合西方「科學」與中國傳統，說明文化重建是可行的。值得注意的是，張氏在他的教育理論中，對科技有健全的看法，而同時他也重視「中文」。他說一個學校如不重視中文，儘管有充分的科學課程，也不能算是一份均衡的學程表[156]。

這種見解雖一時爲狹窄的科學主義所掩遮，並不能抹殺其眞價值。「格里先法則」（Gresham's law）未嘗不可能在二十世紀的中國思想界發生：劣質的思想錢幣驅逐良質的。不過，沒有多久，另一種也由西方輸入但完全不同的貨幣，開始在中國泛濫，有意驅逐原有的兩種。

東方與西方

「科學」與「玄學」之爭實在是中西文明論戰的一部分。這並不是閒散的學術爭辯。參與論戰的人，不論有意或無意，都企圖對中國所遭遇的兩大問題提出解答：㈠中國如何面對部分由列強帶來的社會、經濟、與政治危機，以保存國家獨立？㈡如何處理在西方文明衝擊下的殘餘本土

---

156 〔張季子九錄〕，序，頁三；第一章，頁四，一四—一六，一七；第二章，頁一六—二七。另閱彭澤益，「張謇的思想及其事業」，〔東方雜誌〕，四〇卷，十四期（一九四四年七月），頁五四—六〇。另參閱本章註42。

傳統？對第一個問題的答案似乎大部分是改革建議；而對第二個問題的答案，多見之於文化論爭。

在科學、玄學之爭中，最長最烈的交戰並不在堅持無條件保存中國傳統的極端保守派與主張全盤西化的極端激進派之間，而是在激進派與主張中西折衷的第三派之間。許多譴責指向康有爲的反動社會思想。前已提及，這種譴責大都由於對康氏見解了解不够，因而無據。康氏並不反對創新。他是絕對主張改革中國現存價值與體制，向現代西方國家學習經驗，而不喪失文化認同。他對文明問題未多寫作，但他的著作足够稱他爲上述的第三派人，而且他不止一次預見一些較成熟而脫離全盤西化的激進派之立場。

爲了更清楚地顯示康有爲的立場，我擬分別簡述典型「保守的」與「激進的」見解，然後分析那些見解與康氏相近卻仍責難康氏者的觀點。

極端保守派並未積極參與論爭，由於他們中的大部分人當時已死亡，而仍然存在的可能不屑參與[157]。辜鴻銘曾在歐洲受教育，又熟悉西方文明，使他成爲最有資格維護中國傳統之人[158]。他

157 Mu Fu-sheng, *The Wilting of the Hundred Flowers*, p. 76 有云：「中國人視優越的西方武力為恨，但更討厭追求西方文化的本國人。」此一評論若專指「保守派」較為正確。

158 閱 Andrew Tod Roy, "Modern Confucian Social Theory," pp. 75ff. 辜氏的生平與思想，略見 Hummel, *Eminent Chinese of the Ch'ing Period*, p. 28; 胡適，「記辜鴻銘」，〔大公報〕，副刊一六四期（一九三五年八月）；林語堂等在〔人間世〕中也有一些論辜文字，如第十二期（一九三四年九月）、第十八期（一九三四年十二月）、第廿八期（一九三五年五月）、第卅四期（一九三五年八月）。辜氏的主要著作序列是：*The Discourses and Sayings of Confucius*（〔論語〕譯本）(1898); *Papers from a Viceroy's Yamen: A Chinese Plea for the Cause of Good Government and True Civilization in China* (1901); *The Conduct of Life, or, The Universal Order of Confucius*（〔中庸〕譯本）(1906)；〔張文襄公幕府紀聞〕（約一九〇一）；*The Story of a Chinese Oxford Movement* (1910); *Chinas Verteidigung gegen europäische Ideen* (1911); *The Spirit of Chinese People* (1915); *Le catéchisme de Confucius: Contribution à l'étude de la sociologie chinoise* (1927). 他的一些短文收入〔讀易堂文集〕。

對現代西方文明完全看不順眼，而覺得中國的文化傳統並無差池。假如要指一「最後的儒者」，辜在當時是最够資格者之一[159]。

辜氏反對「歐化」或西化，反對強加中國以「民主」與「科學」，是絕對而毫不動搖的[160]。他所要維護的「眞文明」是理雅各（James Legge）所稱的「帝國儒教」。在帝制中每一傳統價值，依他之見，都是不能冒犯的[161]。他指責張之洞的改革運動，而讚揚他支持清流黨（他稱之爲「中國的牛津運動」）[162]。他說「中國的牛津運動」也是針對自由主義的，反對近代歐洲進步思想[163]。當然，辜氏會譴責康有爲的不合舊制的思想：

阿諾德（Matthew Arnold）說：「憤怒譴責過去，抽象的改革運用到全面，細瑣不堪而黑白分明的新理論，以及一個未來的理性社會：這些都是雅格賓主義(Jacobinism)的辦法。」這也正是自稱為中國之友的李提摩太等外國人所欽慕的康有為所採的辦法[164]。

---

159 Lin Monsheng, *Men and Ideas: An Informal History of Chinese Political Thought*, pp. 215ff. 稱康氏為「最後的儒者」。而辜氏正好死在康氏後一年——一九二八。

160 George Young, "Europeanization," *Encyclopedia of the Social Science*, 5:623.

161 辜氏在*Papers from a Viceroy's Yamen*中為滿清朝廷及慈禧太后辯護。

162 Yen-p'ing Hao, "A Study of the Ch'ing-liu Tang: The 'Disinterested Scholar-Official Group' (1875-1884)," Harvard University, *Papers on China*, 16 (Cambridge, 1962): 40-65. 辜氏稱「清流黨」為："die Partie der nationalen Reinigung," 見 *Chinas Verteidigung gegen europäische Ideen*, p. 32. 又稱為："the Party of National Purifications," 見 *The Story of a Chinese Oxford Movement*, p. 5. 辜氏的譯詞與原詞「清流」較為接近。

163 *The Story of a Chinese Oxford Movement*, Introduction, p. 3. 此書以反西方為主。

164 Ibid., pp. 25-26; cf. *Chinas Verteidigung*, pp. 56-57.

此一對康氏完全錯誤的評價，極清楚地顯示了辜氏極端的中國中心立場。

辜氏以爲估量文明的正確辦法是看看由此文明所產生之人。一個優越的文明並不見之於科技、及其所產生的充裕物質，而見之於由優越生活方式所培養出的優秀種族。因而，他在一九一五年，當「新青年」初發刊時，寫道：

> 為了衡量文明，……我們所要問的，不是什麼大都市、大製造廠、以及所建設的大道，……我們所必須問的是怎麼樣的人文，能產生怎麼樣的男男女女[165]。

中國文明之所以優於歐洲正由於儒教，它不是宗教卻能取代宗教之地位，它給中國產生了優秀的人民，爲西方人所難以理解[166]。中國人在物質以及抽象的科學上，諸如數學、邏輯、以及玄學，沒有多少進步，但此不足以爲恥。他們在不重視知識與科學之餘，能夠有順心的生活，尊崇孔子之教，熱愛全人類[167]。

康氏視爲眞正儒教價值的自由與平等，在辜氏看來，毫無價值。辜氏說：「服從就是比獨立好。」[168]「三從」、「四德」所概括的女性理想，以及使中國人成爲好公民的中國「忠貞大憲章」，歐洲人至今仍然不解[169]。不過，不幸的是，辛亥革命（由於「自由與憲法的大憲章」）把一切都改變了。「現代無辮而時髦的中國人，歸國的留學生」，喪失了賦予他們「道德自由」的

165 *The Spirit of the Chinese People*, Preface, p. 1.
166 Ibid., p. 20.
167 Ibid., pp. 10-11, 17.
168 Ibid., p. 167.
169 Ibid., pp. 78-79.

忠貞美德，而「向歐美人學習如何亂作非爲」[170]。人們要知道，不是自由與憲法，而是「正直與機智」，才能有「良民健國」。辜氏贊同地徵引歌德的話："*Es gibt zwei friendliche Gewalten auf der Welt: Das Recht und die Schicklichkeit.*"接著又評論道：

> 正直與機智（*das Recht und die Schicklichkeit*）是好公民的要素，正是孔夫子給中國人的；這種機智，尤其是中國文明的要素[171]。

辜氏對中國文明的前途毫不悲觀，像一般頑固的保守派一樣，他深信因它是道德的，所以有放諸四海皆準的價值。他在一九二〇年寫道：

> 現在很多人相信中國的舊事物已經過時了，他們歡呼新學時代的來臨，以及進步文明的輸入。但我就是不相信舊事物過了時。理由是，我覺得舊事物——中國的文明和中國的社會秩序——是一道德文明，一真正的社會秩序，因此就事物的性質而言，不可能過時。

中國文明是「道德的」，因爲它是「儒家的」。他說儒教使責任感在人類行爲上具現，爲文明與人類社會所必需[172]。

辜氏以爲中國文明不可能過時，對「時髦的中國人」以及「留學生」來說，必定是荒謬的。

---

170 Ibid., pp. 7-8, 168.

171 Ibid., p. 16. 辜氏讚美中國的一切，包括語文上的大差別。他認為語言是沒受教育人用的，文字是受過教育者所用。「因此，這個國家裡沒有受過半吊子教育之人」。在歐美，由於拉丁文廢而不用，因而出現一些受過半吊子教育的人，他們「高談文明、自由、中立、武力、泛斯拉夫主義，而不知所云」。

172 *The Conduct of Life*, Introduction, p. 9. 參閱伊藤博文在武昌與辜氏的談話：「伊藤侯謂余曰：『聞君素精西學，尚不知孔子之教能行於千年前，不能行於今日之二十世紀乎？』余答曰：『孔子教人之法，譬如數學家之加減乘除，前數千年，其法為三三如九，如今二十世紀，其法亦是三三如九。』」（見〔張文襄公幕府見聞〕，序文，頁一二）。

不過，還是有人對辜氏所說以爲然，不僅有中國作者，還有外國學者。例如，有一位著名的現代科學家仰慕「中國情調」，他不但不要強加西方思想於中國人，而且堅持「中國人在思想上、政治上、美學上、以及社會上的自主權」[173]。我們應記得，這種欣賞態度早見之於歐洲的啟蒙時代[174]。特別是萊布尼茲認爲中國在抽象科學、以及戰爭藝術上不如歐洲，但在「實用科學」上超勝之[175]。後來，歐戰結束後不久，有一些歐洲思想家重申舊情：「聖人乃在東方」[176]。事實上，就是這些肯定科學不能解決一切人生問題的說法的思想家，間接的引發科學與玄學的論戰。

我在此頗引辜氏之說，並非必然相關，而是它明確地代表一種與康有爲很不同的立場。康氏雖尊崇孔子，重視國粹，但並不忽視西方在文化上的貢獻。絕對反對「極端激進派」（一九一〇年代及二〇年代反孔及全盤西化派）者，是像辜氏的人，而非康有爲。

譴責中國文明，像歌頌它一樣，部分是對辛亥革命後挫折經驗的反應。維護傳統者以民國爲罪；對新秩序寄望之人，把一切罪過都加諸舊傳統上。簡言之，此即是「新文化」運動領導人及

---

173 George H. and Annina Perian Danton, Preface to Their Translation of Wilhelm's *Confucius and Confucianism*, p. iii.

174 有關中國典籍對歐洲思想與政府的影響，可參閱方豪，〔中西交通史〕，第五冊，頁一八三—二〇四；五來欣造，〔儒教對於德國政治思想的影響〕；Lewis A. Maverick, *China, A Model for Europe* 與 Adolf Reichwein, *China and Europe*, trans. J.C. Powell.

175 方豪，〔中西交通史〕，第五冊，頁一九九。辜氏所引到的歌德，對中國書的譯本有所知（同上，頁二〇三）。H. G. Creel, *Confucius, the Man and the Myth*, pp. 254-278 討論到儒家思想對西方思想家，諸如伏爾泰、萊布尼茲、奎內等人的影響。

176 Chow, *May Fourth Movement*, p. 328.

支持者極力要求全盤西化的理由[177]。

這些人的見解爲眾所周知，不必在此贅述[178]。一般而言，他們將中國文明等之於「儒教」，再將儒教與專制政府或袁世凱相連[179]。「牽連之罪」(guilt by association) 如此建立，一切中國的或非西方的事物，便都是不好的。他們不曾想到，中國文明除了儒教外，尚有別的因子，而儒教也不能爲專制政府或袁世凱所包攬[180]。魯迅（自一九一八年後）、陳獨秀（特別是一九一五——二〇年）、以及陳序經（一九三二——三六年），分別是全盤西化的最佳代表。胡適一開始是西化的熱心支持者，但後來顯然修正了早年的衝動。因此，他提供了自西化到文化綜合思想轉變的線索。以下就是要討論這一轉變。

魯迅在一九〇七年提出「取今復古」的建議，但十年之後改變了主意，加入了〔新青年〕的一羣，極力譴責舊傳統。他在一九一八曾寫道，中國歷史書上充斥的「仁義道德」，事實上只是「吃人」的美言。他接着又說：「沒有吃過人的孩子，或者還有，救救孩子！」[181]

因此，依魯迅之見，「保存國粹」無異自殺[182]！要保存中國人文化的特點，乃是自我剝奪參

---

177 參閱 Mu, *Wilting of the Hundred Flowers*, pp. 91-92. 在此可以指出，此種要求在上一世紀之末已由何啓、胡禮垣在〔新政真詮〕，「前總序」，頁七—八及一二中提出，有謂中國經典已不適合現代世界，康氏所說儒教最精彩之處與西方政府原理相合，是錯誤的。

178 Chow, *May Fourth Movement*, pp. 300-313. 綜述他們的見解，並摘錄他們的著作。

179 如陳獨秀在其文「袁世凱復活」中所說，見〔新青年〕，三卷四期（一九一六年十二月一日），頁一—四（一九六二年重印本，頁三一一—三一三）。

180 Chow, *May Fourth Movement*, p. 311 正確指出「不同的强調與歪曲可使孔子面目全非」。

181 「狂人日記」，〔新青年〕，四卷五期（一九一八年五月十五日）；重印於〔魯迅全集〕，第一册，頁二八一，二九一。

182 唐俟（魯迅），「隨感錄」，第卅五，〔新青年〕，五卷三期（一九一八年十月）；一九六二重印本，頁五一三—五一四。

與現代世界的機會。他的論點是：

> 想在現今的世界上，協同生長，掙一地位，卽須有相當的進步的知識、道德、品格、思想，才能够站得住脚。……國粹太多，……便太特別。太特別便難與種種人協同生長，掙得地位[183]。

消除中國的特質很簡單，只要毫無保留地採行西方人的辦法，因西方的辦法總是勝過中國的辦法，卽使是「偶像」也是一樣。當然，偶像決不如「自立」。假如一定要崇拜偶像，崇拜西洋的要比本國的好。魯迅說：

> 與其崇拜孔丘、關羽，還不如崇拜達爾文、易卜生。與其祭祀於瘟將軍五道神，還不如祭祀阿波羅[184]。

他參與吳稚暉的反線裝書運動，一點也不奇怪。魯迅要年輕的中國人讀洋書，而不要把時間浪費在中國書上。他說中文會把讀者與現實隔離，因而使他們毫無作爲與用處。

> 中國的書雖有勸人入世的話，也多的僵屍的樂觀；外國書卽使是頹唐和厭世的，但卻是活人的頹唐與厭世[185]。

他自己在一九二六年後悔，由於讀了太多的中國書，使他不能排脫「使人氣悶的重負」——古人之鬼一直騷擾他[186]。

183 同上，一九六二年重印本，頁五一四。
184 同上，第四六，「新青年」，六卷二期（一九一九年二月十五日），頁二一三。
185 「青年必讀書」（一九二五年二月十日），「魯迅全集」，第三冊（「華蓋集」），頁一八。
186 「寫在墳後面」（一九二六年十一月十一日），「魯迅全集」，第一冊，頁二六三—二六四。魯迅又說韓非與莊周的毒素仍然在他的思想中，但孔孟已不能再干擾到他。

陳獨秀贊同魯迅之崇拜西方文明，且有過之而無不及。像當時的反儒人士一樣，他把中國文明中最壞的成分歸咎於「孔教」。爲了使他的攻擊更有力，他視「孔教」爲帝制所支撐的傳統道德價值，否認「三綱」、「五常」來自「緯書」，由宋儒發揚，因而並非是眞正的孔子之道（康有爲早有此說）的說法。因此，他認爲原始儒教與宋明理學都是同一樣東西：都是在教導單方面的責任，不平等的道德與社會階層[187]。

陳氏總結認爲「孔教」與「現代生活」（傳自西方的民主生活）完全不相稱[188]。因此，取捨之間是十分清楚的，不是儒教就是民主與現代生活：

> 吾人倘以為中國之法、孔子之道，足以組織吾之國家，支配吾之社會，使適於今日競爭世界之生存，則不徒共和憲法為可廢，凡十餘年來之變法維新、流血革命，設國會、改法律，及一切新政治、新教育，無一非多事，且無一非謬誤，應悉廢罷，仍守舊法，以免濫費吾人之財力。萬一不安本分，妄欲建設西洋式之新國家，組織西洋式新社會，以求適今世之生存，則根本問題不可不首先輸入西洋式社會國家之基礎，所謂平等人權之新信仰。對於與此新社會、新國家、新信仰不可相容之孔教，不可不有徹底之覺悟，勇猛之決心，否則不塞、不流、不止、不行[189]。

此卽全盤西化論。陳氏暗示民主與科學卽現代西方文明，在他著名的一九一九年一文總結道：

187 陳獨秀，「憲法與孔教」，〈新青年〉，二卷三期（一九一六年十一月一日）；重印本，頁二〇一—二〇二。

188 陳氏更進一步說，孔教反映「封建時代」的生活，因而不適合現代人。「孔子之道與現代生活」，〈新青年〉，二卷四期（一九一六年十二月一日），頁二九五—三〇一。

189 「憲法與孔教」，〈新青年〉，二卷三期（一九一六年十一月一日），頁二〇三。

要擁護那德先生，便不得不反對孔教、禮法、貞節、舊倫理、舊政治；要擁護那賽先生，便不得不反對舊藝術、舊宗教；要擁護德先生又要擁護賽先生，便不得不反對國粹和舊文學[190]。

陳氏崇拜賽先生，但奇怪的是，他又堅持迷信的宗教在現代生活中仍有其重要性。當賽先生解除舊宗教之後，基督教應被接受爲西化節目之一。他深信信仰與愛心乃是基督教的精髓。他要求國人培養那種高貴的風格，敬愛耶穌，因而使我們不致墜入冷酷黑穢的深淵[191]。

陳氏顯然不知其間的矛盾，所以禮讚「精神力量」，以爲是中西文明的共同泉源。下面一段話不像是出自高喊「打倒孔家店」之人所說的：

> 支配中國人心底最高文化，是唐、虞三代以來倫理的道義。支配西洋人心底最高文化，是希臘以來美的情感和基督教信與愛的情感。這兩種文化的源泉相同的地方，都是超物質的精神衝動。

不過，陳氏繼謂，既然道德（中國文明之菁華）與思想有關，且是理性的，在中國文明中缺少一種純美的、純宗教的情感，而這種情感存在於西方文明[192]。這些話出自一深信「科學」（與「社

190 「本誌罪案之答辯書」，〔新青年〕，六卷一期（一九一九年元月十五日），頁一五。

191 「基督教與中國人」，〔新青年〕，七卷三期（一九二〇年二月），頁一六—一七。在這一方面，贊同陳氏的中國年輕知識分子並不多。事實上，此文發表不久，另一群知識分子發動反基督教運動，並於一九二二年之春演成反宗教運動，李石曾為主要人物。閱 Tsi C. Wang, *The Youth Movement in China*, pp. 181-188 and 201-203. 據作者曰，有一些基督教人士在廣州出版的浸信會期刊 *The True Light Review* 上有所反應。(Ibid., pp. 201-212).

192 陳獨秀，「基督教與中國人」，頁一七—一八。

會主義」）[193]之人，實在可驚異。陳氏的評論中西文明，以及愛好「美感與宗教」甚於「理性的」（即道德的）情感，也許反映他的主觀偏愛，而非成熟思考的結果。

上述魯迅與陳獨秀之見，指向一個結論，即整個中國文明應代之以全盤西化（胡適謂「全盤」或「全心全意」西化）。此一結論，陳序經在一九三二年刊行的〔中國文化的出路〕一書中，明顯承受[194]。

陳序經最主要的論點是，中西文明之異是由於發達的程度有別，而非性質有異。中國文明並非完全「精神的」，而西方文明也非完全「物質的」。中國對物質文明曾有貢獻：如絲衣、美食、長城、運河。這些貢獻經由〔馬可波羅遊記〕的介紹，使歐洲人羨慕。西方也並不是沒有文明，除了汽船與飛機外，還有文學、哲學和宗教，著名的有盧梭、黑格爾、愛迪生和福特等[195]。事實上，精神與物質實為文明不可分隔的兩面，因此沒有一個國家會在一面發達，另一面大為落後。說中國精神文明優於西方是錯誤的。事實上，中國不僅在物質上落後於西方，「精神文明」也一樣落後。陳序經解釋道：

原來文化本身上，因為沒有精神物質之分，所謂某種文化的物質方面，不外是精神方面

---

193 在一九一五年，陳獨秀以社會主義、人權學說、以及生物進化論為「近代西方文明的顯著標誌」（見〔新青年〕，一卷一期（一九一五），頁一—四）。

194 〔中國文化的出路〕，作者序，作於一九三二年元月廿八日。陳氏後於一九三六年說，十年前他與 Lu Kuan-wei 及陳受頤「已覺全盤西化的必要。」他們於一九二八年到廣州嶺南大學執敎，不斷宣揚此說，發表了十幾次演講。此外，在一九三〇到一九三四年間，陳氏在廣州其他各校講演此理，引起另一强烈文化論爭，許地山、謝扶雅、張君勱等曾參與。見〔一年來國人對於西化態度的變化〕（廣州，一九三六），頁一。

195 陳序經，〔中國文化的出路〕，頁五二—五三，一〇六—一〇七。

的表現，又必賴物質以為工具。歐洲的物質文化發達到這樣，完全有賴於歐洲的精神文化[196]。

陳氏爲了加強西化論點，顯然不知自陷不一致之境。陳氏說中國文明並不是不可分的個體，而是包含兩個分別而很不相同的部分，「北方」與「南方」文明。北方文明是中國的土產，源自北方，向南傳布，實卽「儒家文明」。南方文明來自中國與西方文明接觸的結果。包含經濟、思想、以及宗教生活的新趨向。此一「南方文明」爲中國的「新文明」，有別於「北方的」或「舊文明」[197]。因此他的意思是，西化既在中國南方植根，實在不必反對。陳氏說：

從西洋輸入來的西洋文化，一到我們的手裏，這便是我們自己的，因為是我們自己的，而且是我們目前所急需的，為什麼我們不努力去提倡、去發展呢[198]？

陳氏特別指出「個人主義」爲現代西方文明的「決定力量」。他引洛克、穆勒、梭羅（Henry David Thoreau）等西方思想家，來說明「個人主義」。依他所見，個人主義乃是承認個體的重要、以及個人的責任，因而也是反對傳統主義以及僵滯文化的利器。陳氏說「全盤西化」之鑰卽在於此[199]。

陳氏發現胡適乃是他提倡全盤西化最有力的同道，不過我將在此提及，胡氏在一九四〇年代已修改其看法，脫離陳氏而趨向認可中國文明的價值。胡氏在一九三五年曾寫道：

---

196 同上，頁五三。
197 同上，頁一二四—一四五。值得注意的是，陳序經以康有為代表「南方文明」的「知識面」（同上，頁一四四）。
198 同上，頁一四〇。
199 同上，頁一〇九—一二三。

現在的人說「折衷」，說中國本位[200]，都是空談。此時沒有別的路可走，只有努力全盤接受這個新世界的新文明。……我是完全贊成陳序經先生的全盤西化論的[201]。

胡氏在一九三五年前，曾經一度接近陳氏之見。胡氏認爲精神並非中國文明的特點。在一篇寫於一九二六年六月廣泛傳閱的文章中[202]，他曾強調他的觀點說：

> 今日最沒有根據而又最有毒害的妖言是譏貶西洋文明為唯物的（Materialistic），而尊崇東方文明為精神的（Spiritual）。

他接著說這是一種很老的說法，至今又有復燃之勢。從前東方人受到西方人的欺侮，用這種說法來顧全面子，自我安慰。最近歐洲之禍使一些西方人反對現代科學文化。因而常聽到西方學者歌頌東方的精神文明。這種談論不過是一種暫時性的心理表現，而在東方人間變成一種無稽的誇大狂式的虛榮[203]。

胡氏隨即建構他自己的「基本概念」。他解釋「文明」乃是「一民族面對環境所作努力的整個成果」，因而，像陳序經後來所說的一樣，他說，文明的發達牽涉到兩個相關的因素：物質的（自然環境中的力量）與精神的（人的聰明、情感、與靈感）。因此無所謂純精神的、或純物質

---

200 胡適指的是「中國本位文化建設宣言」，由薩孟武、何炳松、以及其他八教授連署，刊於〔文化建設〕，一卷四期（一九三五年元月），頁三—五。

201 「編輯後記」，〔獨立評論〕，一四二期，引見陳序經，〔一年來國人對於西化態度的變化〕，頁二〇—二一。

202 「我們對於西洋近代文明的態度」，初發表於日本期刊〔改造〕，重刊於〔現代評論〕，八三號（一九二六年七月十日）及〔東方雜誌〕，廿三卷十七期（一九二六年九月十日）。收入〔胡適文存〕，三集，卷一，頁一—三七。英文本載 *Contemprary Review* (July 1926) 及 *Peking Leader Reprints*, no. 24 (1929).

203 胡適，「我們對於西洋文明的態度」，〔胡適文存〕，三集，卷一，頁一。

的文明[204]。西方文明不同於中國的或東方的文明，不在於物質或非物質，而在於兩者發達的程度。他把「精神」作爲廣泛的功利與實證解釋，認爲現代西方文明斷不是物質的：

這樣充分運用人的聰明智慧求真理以解放人的心理，來制服天行以供人用，來改造物質的環境，來改革社會政治的制度，來謀人類最大多數人的最大幸福。這樣的文明，……是真正理想主義的文明，決不是物質的文明[205]。

他認爲卽使是科學——「現代西方文明最明顯的標誌」——也是「精神的」。

科學的根本精神在於求真理。人生世間受環境的逼迫，受習慣的支配，受迷信與成見的拘束，只有真理可以使你自由，使你强有力，使你聰明理智，……使你堂堂地做一個人[206]。

追求眞理，乃人類最大的內心精神所需，在西方得到充分的發展，而在東方受到壓制。結果，科學盛行於西方，而東方的聖人延續思想上的偸惰，以生有涯、學無涯作藉口，認爲以有涯追求無涯是終究要失敗的。因此，東方文明不僅缺乏科學，而且缺乏精神。牛頓、巴士特、或愛迪生所經驗的愉悅，全非偸惰的東方聖人們所能想像[207]。

胡氏毫不掩飾地以情感爲生活中無價值的一面，而將理智視爲實際的精神生活。因此，在他看來，宗教信仰與道德情感都在精神之外。他說現代西方文明確切地已脫離舊宗教與舊道德，因

204　同上，頁四。
205　同上，頁二〇—二一。
206　同上，頁八。
207　同上，頁九—一〇。所引「吾生也有涯」句，出自《莊子》。

科學日進，所有植根於信仰與情感的宗教與道德，都將被植根於理性的新宗教、以及被植根於社會化的新道德所取代[208]。

換言之，科學與社會主義乃是現代西方精神文明的主要因子。在他看來，這種趨勢是正確的。教導最大多數人最大幸福的樂利主義，隨工業革命而來，而有功於社會化的趨向。造成蘇俄工農階級獨裁的社會主義，仍然在發展，成就不凡。他在一九二六年作結道，這種文明將能完成人類的精神需要，這種文明乃是精神文明，一種眞正理想主義的文明，根本不是物質文明[209]。

胡適認爲科學比社會還要「根本」。用他的話來說，科學乃是歐洲自十六世紀以來最重要的發展：

> 工業革命接着起來，生產的方式根本改變了，生產的能力更發達了。二三百年間，物質上的享受逐漸增加，人類的同情心也逐漸擴大。……所以樂利主義（Utilitarianism）的哲學家便提出「最大多數的最大幸福」的標準來做人類社會的目的[210]。

再者，除了盡可能達成人道的（或社會主義的）理想外，科技的進展給予人前所未有的富裕生活，給與人類追求更高生活目標的機會——在科學發達前所不能有的。胡適說，可以深信精神文明必然建築於物質基礎之上。因此，現代西方文明認可物質基礎的重要，以及提供此一基礎，在

208 胡適，「我們對於西洋文明的態度」，〈胡適文存〉，三集，卷一，頁一一一—一一八。
209 同上，頁二一一。
210 同上，頁一一六。

任何一方面都勝過中國文明，在精神滿足上是如此，在科學進展上，也是如此[211]。

胡氏對中國道德傳統所視甚微，因其雖揭爲天下行善的理想，但如何使理想變爲實踐，並未提出方法。結果中國的思想家們將注意力指向內心，完全投入個人的道德修養之中。他們愈如此，愈難與外在世界接觸，愈難面對實際問題。這種道德不免失敗得可憐。胡氏舉例說，中國八百年的理學一直對不仁道的纏腳，視若無覩。明心見性到底對人們的苦難的解決，有何貢獻[212]？他在另一場合，對同一問題再作追究：

> 讓所有為東方精神文明辯護的人想一想：一個文明允許極不人道的奴役如黃包車苦力，有什麼精神可言？我們難道相信在那群可憐的、在奴役束縛中的苦力，既不知最低工資也不知工作時限，有什麼精神生活可言[213]？

我們可以理解爲什麼胡氏與吳虞等一同參與打倒「孔教」的運動[214]。

胡氏並未說，造成這樣沒有精神文明的中國人，生來就是不仁道的。他的責怪在於未能發展科技，未能採用現代生產方式。他說東西文化之異，在於所用工具之異。在東方，文明以人力爲基礎，而在西方以機器的力量爲基礎[215]。結論便很顯然：今日中國必先達到物質文明，然後才能

---

211 同上，頁六一八。胡氏在「東西文明」一文頁三四—三八重申此義。胡氏在社會主義之外，另加「民主宗教」(the religion of democracy) 為近代西方文明的精神面貌之最（同上，頁三七—三八）。他也許會贊同阿虛頓 (T.S. Ashton) 所說，「工業革命也是一種思想革命。」(*The Industrial Revolution, 1760-1830*, p. 22).

212 胡適，「我們對於西洋文明的態度」，〔胡適文存〕，三集，卷一，頁一五。

213 胡適，「東西文明」，頁二八—二九。

214 「吳虞文錄序」，〔胡適文存〕，初集，卷四，頁二五五—二五九。

215 「東西文明」，頁二七。

談精神文明[216]。

胡氏附和「機器生產」、「社會主義」與「民主」，使人想起康有爲在一九〇二年〔大同書〕中的基本主張，以及一九〇五年的〔物質救國論〕，實不必細表。康氏必然會同意胡氏的附和，在某一意義上，也會同意胡氏說中國文明沒有「精神」。康氏在一九〇二年之書中，豈不是也同樣嚴厲地、甚至更詳盡地譴責「僞儒學」乃是人類痛苦的泉源？他在一九〇五年的〔物質救國論〕中豈不也辯稱（雖然比較不十分確切）若無物質文明，沒有先知能够對人的福利、精神、以及其他有貢獻？當然，康、胡二人間有不同的見解。最明顯的是，胡氏在中國文明中見不到眞有價值的東西，而康氏則認爲除了那些沒有用的以外，仍有一些有效成分應予保存。

不過，必須指出，胡氏對中國文明的譴責態度並不是一貫的。當他深入觀察之後，他的評斷便較溫和。早在一九一九年，他已對本國傳統有了一些興趣，以至於吳稚暉強烈反對他把重整國故包括在「新思想運動」之中[217]。後來在一九二七年，胡氏斷然否認全盤反對國故，他仍然研究國故的某些方面[218]。胡氏在一九四二年的聲明中，十分明顯地承認傳統價值。他說古代中國的思想傳統包含可資爲民主中國哲學基礎的因素，諸如道家中的放任理想、墨子天下太平的理想，以及儒家思想中的無階級理想與均富的理想。中國文明畢竟還是有精神的，它代表一種値得保存的

216 林語堂，「機器與精神」，〔胡適文存〕，三集，卷一，頁三六。

217 Chow, *May Fourth Movement*, pp. 319-320.

218 「整理國故與『打鬼』」，〔胡適文存〕，三集，卷二，頁二〇九—二一二。胡氏的〔中國哲學史大綱〕上卷，以及許多有關中國思想史的著作，代表重估工作的部分結果。

「生活方式」[219]。再後來在一九五九年，他暗示未曾介入打孔之事，否認參與打倒孔家店，並說他之支持吳虞，由於他想給所有的哲學家作沒有偏見評價的公平機會。他不過是要減弱孔子的過分影響，並不是要消滅他。他也否認贊同陳獨秀的「私見」——儒教主義與現代主義不相稱。相反的，他認爲含有「人權」與品操的儒家「仁」的觀念，乃「中國傳統」的核心，並非不適合現代之用[220]。最後在一九六〇年，他再宣布此一樂觀的看法，確實地肯定了中國文明的永存。不管過去幾百年的轉變，其基本性質和菁華未變。現代西化的挑戰，使中國在新世界適存成爲急務，但這一急務不能用單純的西化來解決。實際上，中西文化的衝突會促使中國文化的重生——吸收西方的東西而不喪失文化的認同。用胡氏自己的話說：

> 此一重生的產品看起來像是西方的。但往深裏看，可知基本上還是中國的，風吹雨打只使它更加清楚——人文的以及理性的中國接觸到新世界科學與民主的文明而重生[221]。

康氏會欣然同意此一心態。胡氏對中國文明態度的大轉變，可能部分由於對此一文明的重新估價。自一九一〇年代後，四十多年的研究和反省終於使他相信中國文明之中畢竟有磐石在，可資爲適當的文化重建的基礎。

值得注意的是，胡氏早年的西方哲學訓練與後日對中國思想的研究似引導他成爲一世界主義者。西方哲學使他不可能自陷於天朝觀，而中國研究沒使他成爲一天眞的西化者。中國必須與世

219 Hu Shih, *China, Too, Is Fighting to Defend a Way of Life*, pp. 3-5.
220 Vincent Y. C. Shih, "A Talk with Hu Shih," pp. 158-159, 160, 161.
221 "The Chinese Tradition and the Future," pp. 21-22.

界上其他國家齊進。但人類進步既不能以雙重標準來衡量，而西方的成就既已鋪了路，中國本身的進步必須基於自己的力量，甚至以自己的風格[222]。

胡氏對中國文明態度的轉變，從某一個程度說，重複了康有爲在世紀交替之際所發表的見解。康氏在一八八二年自己承認他初次接觸到西學時，要「盡棄舊見」，就像若干年後胡適要拋棄中國傳統，作爲對西方文明的反應。也像胡適在一九六〇年高唱人文與理性中國因接觸新世界科學與民主文明而重生，康氏在一九〇五年堅持儒教中的永久價値（卽康氏之謂人文與理性中國），以及求助於西方的科學與民主，使之成爲現代中國在道德生活與社會制度中的有效力量。成熟的思考使康氏（以及胡氏）相信中國的現代化不能由簡單的西化來達成（簡單地抓住國故更不能達成），而必須由理性思考的綜合與世界化來達成，以使中國文明的程度與西方已得水平相齊，而同時不失本身的文化認同，不棄仍與新世界相干的國粹。在康氏的思想中，此種計劃可由中國政制革新或思想生活革新來達成（他在一八九八年曾作此建議）或先經由工業化而立下必需的物質基礎（如他在一九〇五年建議的）。胡氏似未見康氏論述這些問題的主要著作，也未曾仔細地考慮過這些論點。假如他曾考慮過，他很可能會對康氏有較高的評價。

我們當然不應小視這兩個人見解的不同處。康氏有意強調中國文明的重要，以及落實保存它的必要；而胡氏覺得保存不成問題，在他看來，把新的吸收到舊的之中乃一自然的程序，用不著特別費力氣去做[223]。他的樂觀並不會爲後來的發展所支持，在一九三〇年代他宣稱中國已經完成

---

222 Jerome B. Grieder, "Hu Shih: An Appreciation," p. 96.

223 Shih, "A Talk with Hu Shih," p. 161.

文化轉變，並達到一種與新世界精神相配的新文化[224]。稍後，他以同樣的樂觀說，文化綜合乃是適者生存的自然發展，用不著什麼有意的指導。他更辯稱，本土文化的保守性質無以消除。中國採用科技世界文化及其背後的精神文明，將必然地在其文化中產生巨大的變化；但是在未來，此一變化的結晶將是一以中國為根本的文化[225]。換言之，康氏傾向有目的、有計劃的文化綜合，而胡氏情願接受在文化衝突中依賴達爾文的天擇程序。第二次大戰後的發展顯示，這兩種趨向都得不到實際的成就。不過，在方法上的不同雖然重要，卻不應掩遮一項事實，即在康、胡二人較成熟的思想中，都達到基本上相同的見解：「全盤西化」不是中國現代化問題的答案。

在當時還有一些重要的思想家，儘管背景與趨向甚為不同，也傾向經由世界化而達到綜合，而不傾向全盤西化。例如，有名的教育家蔡元培主張調和世界上所有不同的因素乃是生存的最後目標[226]。梁啟超用西方文明來豐富中國文明，截長補短，以綜合與轉變兩者而創立一新文化[227]。梁漱溟在表達意見上有點「含混和武斷」[228]，但他的論點很明白地指向同一方向。他的意見是，

---

224 Hu, *Chinese Renaissance*, pp. 1-26考出文化反應的兩種形態：一種由「中央控制」的改進（如明治日本），另一種是「分頭滲透」或「分頭同化」（如中國）。他見後者之不利，但他相信經由「演化而漸進」的變革——雖然慢得難過，且零碎——但可能使中國達到不下於歐美的新文明。胡氏未預料到一九四九年以後的發展。

225 「評『中國本位文化建設宣言』」，〔胡適文存〕，四集，卷四，頁五三五—五四〇。

226 引自一九一九年的一篇演說，引見 Robert K. Sakai, "Ts'ai Yüan-p'ei as a Synthesizer of Western and Chinese Thought," pp. 179-185.

227 梁啟超，〔歐游心影錄〕，〔飲冰室合集〕，〔全集〕二二，頁三五。

228 胡適，「讀梁漱溟先生的〔東西文化及其哲學〕」，〔胡適文存〕，二集，卷一，頁五七—八五。閱 Chow, *May Fourth Movement*, pp. 331-332 對胡氏評論有所評價。

中國文明非僅不落後於西方（如陳序經所指控的），而且更爲進步，其未發展科技以滿足人們之需（如現代西方文明），乃是超越第一發展階段，而躍進到第二階段，專注於自我的適應。沒有必需的物質基礎，一個未成熟的文明在面對現代西方文明時，便孤立無助。補救的辦法不是拋棄那未成熟的文明，而是重尋文明的道路，拾取西方的科學——民主文明。梁氏又說，最後的任務，不僅僅是保證中國過去成就的長存（卽康氏所說的國粹），而且眞正地把它引到世界的範圍中來[229]。

此一觀點在若干年後見之於薩孟武等十教授的宣言：

> 中國本位的文化建設，是一種創造。其創造目的是使在文化領域中因失去特徵而沒落的中國和中國人，不僅能與別國和別國人並駕齊驅於文化領域，並且對於世界的文化有最珍貴的貢獻[230]。

蔣夢麟也在一九四〇年希望經由現代科學與中國寶藏相混合，以產生一新文明[231]。

馮友蘭的見解尤具趣味。他在一九四〇年出版的一本書中，提出文化普及論，與康氏的說法

---

229 梁漱溟的觀點見其〔東西文化及其哲學〕，為一九二一年八月在山東濟南省教育會所作的一系列演講。閱頁九，二四，三〇—四二，五三—五五，六四—六八，一九九—二〇〇。梁氏觀點的摘要，參見 Chow, *May Fourth Movement*, pp. 329-330 以及 Harry J. Lamley, "Liang Shu-ming: The Thought and Action of a Reformer," pp. 88-140.

230 薩孟武等，「中國本位文化建設宣言」，〔文化建設〕，一卷四期（一九三五年元月），頁三—五。

231 Chiang, *Tides from the West*, p. 272. 蔣氏的一般見解為近人所附和。如 Francis L. K. Hsü, "Cultural Differences between East and West and their Significance for the World Today,"〔清華學報〕，新二卷一期（一九六〇年五月），頁二三一—二三四，以及孫麟生，「為什麼要發揚中國文化」，〔新聞天地〕，三卷十期（一九六三年十二月一日），頁二。孫氏之文為駁 Richard M. Pfeffer 於一九六三年八月五日在臺北一項討論會的談話而寫，錢穆、一些大學教授及美國留學生曾參加該討論會。Pfeffer 認為採行西方的民主與科學而同時施行儒教幾乎是不可能的。見〔新聞天地〕，二卷九期（一九六三年十一月一日），頁七—八。

極爲相似，不過多了些哲學用詞，也表現得更有系統。馮氏說一個文化不爲發源地或創造的民族所界定，而是由其質量與特性而定。因此「西洋文化」是如此，非因其是「西洋的」，卽導源於西方世界以及由西方人民所主持者，而是因其包含若干特性（諸如科學、工業、與民主），使其成爲一種稱得上「現代」的文化。某一國某一時的文化是一具有不同性質的複雜體，有些能決定文化的形態，叫作「主要性質」；而非決定性者叫作「偶然性質」。偶然性質的特殊結合給一個文化提供個性、或特性。因無主要性質，偶然性質仍然具有通性。由於決定形態的性質可爲同一形態的所有文化來承受，故尚未具有這些性質的國家都有可能去獲取一部或全部性質。但是一國的文化旣是一個體，不可能爲另一個國家全部接受，不論是主要還是偶然性質[232]。

因此，談「全盤西化」、或「西化」，都無甚意義。中國所能且應該做的，是獵取「現代文化」的「主要性質」，並同時維持與現代不相干的偶然性質。這樣的話，文化轉化將是「全盤底」，因爲「照此一方向來改變我們的文化，卽是將我們的文化自一類轉入另一類」[233]。換言之，此乃現代化，而非西化、也非漢化。

最有趣的是，馮氏認爲康氏對待文化問題的態度與其相似：

> 在民初人的心目中，康有為是一個國粹論者，是一個「老頑固」。在清末人的心目中，康有為是一個維新論者，是一個叛徒。……從他的思想上說，他是從類的觀點以觀文化。他知各類文化都是公共底；任何國家或民族均可有之，而此各種文化又是中國先聖所已

232 馮友蘭，〔新事論〕（又名〔中國到自由之路〕），頁八——一八。

233 同上，頁一五——一六。

說明者。所以中國雖自一種文化變為另一種文化，而仍不失其為中國，仍是行中國先聖之道[234]。

馮氏接著說，他對康有爲之說一半贊同，一半不以爲然。可同意之點，馮氏當即明言。他說，近代人知道兩種形態的文明，即手工業文明與工業文明。前者爲家庭事業，而後者乃「社會」事業[235]。

> 經過產業革命底生產方法，主要是用機器生產，用機器生產必需大量生產。……旣需大量生產，則須大量用工人，……集中工作。這樣卽打破了以家為本位底生產制度[236]。

馮氏繼謂，中國爲了現代化，必須完成西方自工業革命以來所有的改變。但這並不是說中國應放棄本土文明中的次要因素，或者（用康氏的話來說）不再師法古代聖人。

---

234 同上，頁一八。

235 同上，頁五六－五七。馮氏大致追隨康氏在一九〇五年〈物質救國論〉的思路，馮氏比較農業（「鄉下人」）社會與工業（「城裏人」）社會：後者享有經濟繁榮且發展出高度知識與技能，而前者仍然貧窮愚昧－常為工業社會「盤剝」的犧牲者。「東方底鄉下，……如果不想受西方底城裏盤剝……惟一底辦法，卽是亦有這種底產業革命，……卽以機器生產，替代人工生產。……英國先有這種產業革命，最先取得現在世界上城裏人的資格。其次德國，其次日本」（同上，頁三八－四八）。不過，馮氏不像康對自由企業有信心，而傾向社會主義（同上，頁四九－五五）。參閱氏著〈人生哲學〉，乃據其博士論文（哥倫比亞大學，一九二一年）而成（上海，一九二六），論文中透露他早年傾向社會主義之意。另閱 Robert H. G. Lee, "Fung Yu-lan: A Biographical Profile," pp. 142-143.

236 馮友蘭，〈新事論〉，頁五八－五九。另閱頁六五－六六，一七九－一八二，一八六，馮曾贊同馬克思之觀點，略謂「生產方法」決定社會組織與人類道德的形式。馮氏也接受馬克思經濟階級的理論，但認為「階級鬥爭」僅是口號，共產黨藉此激起民眾，以從事革命行動（同上，頁一三〇，一五一－一五四）。

工業化終究將走向社會化，然後再進入世界性的共產主義[237]。社會化生產到來、及私有財產取消之後，家庭的重要性就會急劇下降，到最後變成完全沒有需要。馮氏解釋道，在共產主義社會中，個人所需都由社會供給，全部在社會中生活[238]。男女都有婚姻自由，婦人由妻母之職責中解放出來。兒童由非營利社會機構教養。人妻不再是家庭中的一員，而是社會中的一員。妻子如其夫一樣有自己的專長，與夫同居只是完成性生活[239]。婚姻實際上並不像以家為主的社會那樣具永久性[240]。

不過，馮氏明言，這種情況唯有在社會變化的物質基礎充分建立之後。他像康有為一樣地警惕不要浪費時間空談，在時間未到之前，不要作心急的社會變動。

> 中國現在最大的需要，還不是在政治上行什麼主義，而是在經濟上趕緊使生產社會化，這是一個基本[241]。

馮氏批評新文化運動的領導者。他說他們所要的，並不是新文化，而是西式文化。例如「新文學」實際上是歐化文學，比他們所稱的「舊文學」還僵化[242]。反孔乃是由於天真與無知。想要摧毀「舊道德」的人想像那是「幾個愚昧無知底人，如孔子、朱子等」，「憑著他們的偏見」而

237 同上，頁七二。
238 同上，頁六四—六五。
239 同上，頁九八—一一一。
240 同上，頁一六二。
241 同上，頁一八四。
242 同上，頁一四八—一五一。

立下要別人服從的道德規範。這些反孔人士沒有理解到，一個國家在某一時期的道德價值乃取決於流行的生產模式。在一個以家庭作爲生產單元的社會，就像在傳統中國，孝道乃是一切道德的核心與根本。只要情況不變，其他形式的道德便不可能在此一社會中出現以應時需。只有當社會轉變到新形態，家庭及其相適的道德價值才會變成進步的障礙[243]。此乃康氏特定階段社會進化論的翻版，馮氏僅注入了一些馬克思觀點的解釋，不必細表。

馮氏像康氏一樣地主張在國家邁向現代化時，應重視「國粹」的維護。照抄外國文化特點（不管多先進）不僅沒有必要，更是不足取的，馮氏因而確切地說：

英國是生產社會化底文化，德國也是生產社會化底文化，……英國德國在此方面是相同底。但我們並不能說德國已為英國所同化了。因為從文化方面看，德國與英國還有其異在。這些異，……在區別英國之為英國，德國之為德國，却是很重要底。

馮氏更說，這些文化特點包括文藝在內，並不代表先進的程度，而是風格之異[244]。從此引出的結論顯然是：

一民族所有底事物，與別民族所有底同類事物，如有程度上底不同，則其程度低者應改進為程度高者，不如是不足以保一民族的生存。但這些事物，如只有花樣上底不同，則各民族可以各守其舊，不如是不足以保一民族的特色[245]。

243 馮友蘭，〔新事論〕，頁八九—九一。
244 同上，頁一三五—一三六。
245 同上，頁一三八。

康有爲不能說得比這些話更清楚、更強烈了。康氏可能也會同意馮氏對「體用」說的解釋：

如所謂「中學為體，西學為用」者，是說：組織社會的道德是中國人所本有底，現在所須添加者是西洋的知識技術工業，則此話是可說底。……自清末至今，中國所缺底，是某種文化底知識、技術、工業。所有底是組織社會的道德[246]。

從上文可得到一個印象：馮氏對文明的看法除了一些細節外，與康氏在「大同書」以及「物質救國論」表達的意見，十分相像。文化形態說疑與世界化原則貌異神同；在馮氏的社會變化觀念中，甚至有康氏三世說的迹象；以家庭爲單元的手工業文明（如據亂世）、工業化或社會化的文明（如升平世）、世界性的共產主義（如大同世）。如馮氏所明顯表示的，他同意康氏見解的一半，足見他曾研讀過「大同書」（全文發表於一九三五年）、以及「物質救國論」（一九一九年六版），可能還讀了康氏其他的著作。相似恐非巧合，很可能康氏對這位在美受教育的哲學家有直接的影響。

我用了相當長的篇幅來陳述陳序經、胡適、與馮友蘭的見解，是爲了說明康氏思想立場與當時一些著名作者的關係。結果是，他的社會思想、他的文明觀、以及對中國現代化問題的解答，並非乖異無理，也非如經常所說的，他的見解只有一小撮反動派和守舊派附和。相反的，這些見解雖遭到許多「新青年」的猛烈攻擊，但有意或無意地被許多思想進步的人士所接受。

辜鴻銘所代表的極端保守派愈來愈沒有人支持，當然偶然還會碰到一些傳統儒教價值的護法。

246　同上，頁二二八—二二九。

被稱爲「自由派改革家」[247]的嚴復，在一八九〇年代呼籲西化，並預計中國文化無以自救[248]，但在一九一〇年代改變了觀點，寄其希望於「儒家經典」以及古賢王的風範[249]。另一方面，主張全盤西化人士並未（如陳序經在一九三六所說的）激增[250]，當然，相信經由文化綜合來現代化的人常強調接受西方文明多於保存國粹。事實上，在一九三〇與四〇年代也不太聽到像在一九一〇年代以及一九二〇年代初的「打倒孔家店」的呼聲。

五四時代的一些西化狂熱者、與情緒式保護國粹者，似乎都是在西化文化衝擊下，以及舊政治、社會、道德、與思想秩序解體下，所作的天眞反應。他們都關心國家的前途，但對當時環境的反應表現在兩個不同方向。頑固的保守派譴責民國政府，要求道德的以及思想的復興（也許還要政治的復興）；而新文化派惑於他們所知的現代西方文明，把一切罪過都加諸「儒教」。他們對西學的「狂熱」[251]，與狂熱的衞道之士一樣，都是文化錯亂的病候。

想從西化得救並非新見。容閎早已表示中國可從西式教育重生[252]。許多在本世紀初出國的留學生也很容易受制於外國理論與革命思想[253]。此乃實際環境下很自然而不可避免的發展。不過，

---

247 周策縱之語，見 *May Fourth Movement*, p. 64, note t.
248 閱嚴復，「原强」，見〔嚴幾道文鈔〕及〔嚴幾道先生遺著〕。參閱〔法意〕，卷二四，第廿六章按語。嚴氏政治思想的梗概可閱蕭公權，〔中國政治思想史〕，頁八〇六—八〇八。
249 「書札」卅九、四九，引見蕭公權，〔中國政治思想史〕，頁八〇八。
250 陳序經，〔一年來國人對於西化態度的變化〕，頁一—三。
251 John Fryer, *Admission of Chinese Students to American Colleges*, Introduction, p. Xi.
252 Yung Wing, *My Life in China and America*, 引見 Tsi C. Wang, *The Youth Movement in China*, p. 50.
253 C.S. Walker, "Army of Chinese Students Abroad," p. 8472.

並未改變一項事實，卽無條件的西化乃是對複雜問題作簡單而浮淺的解決。西化派抓住西方文明而未能作足够的省察。有的崇拜個人主義，而無暇看一看個人主義制度的先決條件；有的散佈自由主義學說，但不去提供自由主義所必需的基本條件。他們的勇猛做法引起了青年人的熱情[254]，但不僅未能給問題提供有效的解答，反而把問題弄得混淆或複雜化了。他們的極端反傳統措施有效地進一步消減了國粹的影響力。其結果並不是很愉悅的。誠如一位作者所說：「思想之錨雖已起碇，但仍無引導航向的南針」[255]。

另一方面，保守派的論點也不實際。劉師培、辜鴻銘[256]、嚴復（晚年）等對新文化的猛烈攻擊，更加情緒化，而少冷靜的思考。這些人對西方的態度並不一定相同。他們反西方的態度也可能來自對西方的失望，特別是嚴復對西方文明，無論在物質上或精神上，都有親切的知識。他自西化退卻似乎矯枉過正，以至於幾幾乎成了頑固的傳統派。

在一九二〇年代初期，兩位留美的中國學生對西方文明的反應，可略爲說明一種比反西化與反儒教主義較平衡的反應之可能性：

> 對國內事務的不滿乃是我到美國來的最大動力。但我所見到的美國，並不是我所預想的理想國家，在許多地方比我們還落後[257]。
>
> 我深以爲我們的文明應吸收西方文明而重建，然後會有一新文明的產生。……我對我們

---

254 Y. C. Wang, "Intellectuals and Society in China, 1860-1949," pp. 403-404, 425.

255 Mu, *Wilting of the Hundred Flowers*, p. 97.

256 Chow, *May Fourth Movement*, pp. 61-69 總結此數人之見。

257 訪問記，引自 Tsi C. Wang, *The Youth Movement in China*, p. 74.

文明態度的改變可能由於與美國朋友接觸之後。他們總以為他們的文明是最好的，不必向任何人學習。我不喜歡這種偏見而自覺，我不要像他們那樣具有狹隘的地域觀，而理智地面對事實[258]。

我認爲此乃胡適（晚年時期）、馮友蘭以及康有爲本人各以其特別方式發展文化重建學說的開始，此種學說不基於偏狹的文明觀，而是基於願意「理智地面對事實」。

我們也許可以這樣說：康氏有關中西文化的見解乃是在半世紀中於不同的場合針對歷史環境所作的各種迴異的反應。他一開始是一傳統學者，所持的見解與十九世紀末和二十世紀初的保守派並無顯著的不同。自於一八七九與西方文明接觸之後，促使他廣泛地探究西學，並放棄舊見。有一時期他對西學的狂熱不亞於一些五四「新青年」。他埋首於譯自西方有關自然與人文學科之書。在當時他極有可能成爲一全盤西化的主張者，他抨擊整個思想與道德傳統；宣揚此一傳統的儒家經典，他亦以爲僞，以爲浮泛。他可說是比陳獨秀早一個世代的「新青年」。不過，他對儒學的重詁也開啟了他的思想生命的另一新階段：不斷努力經由世界化而創造文化綜合。他終於達到一種立場，至少一部分影響到後來宣揚以中國本位爲基礎的現代化主張者，以及採取更新、更激進西方思想之人。因此，在一八八〇年代與一九二〇年代之間，康氏反映了從一九一〇年代到一九四〇年代各種不同有關文化重建見解的全部。不論他所持見解的價值與實效如何，他無疑是從帝制中國轉至共產中國時期中最具代表性的思想家。綜結他的思想等於是回顧整個時期思想的主流。

258 引自私人信札，Ibid., p. 76.

代表過渡思想自不免喪失說最後一句話的機會。在他死後許多年所出現的「新中國」，與他的理想以及反對他的人的理想，都很少相似。如果他知道，有一些「新青年」多少同意他的看法，甚或在他死前，西化已顯得過時，他將不會感到舒服。自稱西化者反對他的世界化思想，卻被自稱馬克思主義者——既不要傳統也不要西化者——所反對。陳獨秀在一九一〇年代熱心宣揚的西方價值，特別是個人主義與議會民主[259]，被譴責爲「資產階級心態」，有礙社會主義建設[260]。即使在一九二〇年代，西方在青年心目中已漸式微。大學教授讚揚美國，也被學生指責，說是就像老學究歌頌堯舜禹湯等聖人一樣無聊[261]。

胡適在反對薩孟武等人的中國本位文化宣言之餘，很樂觀地說，文化本身是保守的，再劇烈的變化決不能完全袪除本土文化的保守性[262]。中共奪取政權後三年，他再一次樂觀地說，「鐵幕文化」不能維持很久[263]。此一預測很可能是正確的。同時，中共全面消除舊時代的道德與思想傳統[264]。胡適本人的思想也遭清算。問題是中國文化中的保守性到底有多少力量可以對抗此種有意

---

259 如陳氏所撰「東西民族根本思想之差異」，〔新青年〕，一卷四期（一九一五年十二月）。

260 Paul Hollander, "Mores and Morality in Communist China. Privacy: A Bastion Stormed," *Problems of Communism*, 12, no. 6 (Washington D.C., Nov-Dec. 1963):3.

261 天津南開大學一學生曾作一文曰「輪迴教育」，引見 Y.C. Wang, "Intellectuals and Society in China, 1860-1949," p. 414. 輪迴乃佛教用語，閱 W.E. Soothill and L. Hodous (eds.), *A Dictionary of Chinese Buddhist Terms*, p. 445. 據作者所知，此學生為周恩來，卽因此文而遭開除。

262 「評『中國本位文化建設宣言』」，〔胡適文存〕，四集，卷四，頁五三五—五四〇。

263 「三百年來世界文化的趨勢與中國應處的方向」，〔胡適言論集〕，甲集，頁六四—七一。

264 Tooshar Pandit, "Totalitarianism vs. Traditionalism," pp. 10-11. 作者似忽略新文化運動以後流行的價值與思想。

的摧殘？

最近有人說，胡適參與的思想革命所產生的結果，比胡氏所預想的要粗厲[265]。在他的早年，特別在五四時期，胡氏全心想消除他以爲的僵屍文化來重建中國，即使是蘇俄的「實驗」，他都有興趣。但若干年後，他對本土文化的態度緩和多了。在他死前不久，據說他不再認爲新舊融合是不可能的[266]。我以此爲他自認中國傳統畢竟未全死亡，而全盤西化並不是現代化最理性的辦法。我懷疑他被思想革命的「粗厲」所困，而他自己是此一革命最主要的領導者。

也許要認可康有爲一點，卽他有勇氣提出前所未有的世界觀與中國觀，他也有智慧見及施行新觀點的危險，並很謹愼地防止過激行動。此乃他反對全盤西化最緊迫的理由。他深信突然而全盤的反其道而行，不管如何急需，是錯誤而危險的，沒有一個穩定的社會能建築在舊廢墟上的[267]。他因而警告不要化解中國的國粹。假如康氏未能發現一條眞正通往大同之路[268]，他至少見及文化毀滅的陷阱，等待著那些想一躍而達天堂福地的粗心人。

此並非說康氏是不會犯技術上的錯誤的。歷史環境如此，他的見解不可能被廣泛接受而付諸實施。但他自己的行動使他的見解更難獲得公平的聽證。像他的反對者一樣，他錯誤地把「儒

---

265 Grieder, "Hu Shih: An Appreciation," p. 92.

266 見本章註223。

267 Sir Rutherford Alcock 之語，引自 *Parliamentary Papers, China*, no. 5, "Correspondence Respecting the Revision of the Treaty of Tien-tsin," pp. 137-138, 見 Mu, *Wilting of the Hundred Flowers*, p. 118.

268 Mao Tse-tung, "On the People's Democratic Dictatorship" (June 30, 1949), *Selected Works of Mao Tse-tung*, 4:414 有謂：康有為寫了〔大同書〕，但不曾也未能找到實現大同之道。

教」（僅指道德而言）等同整個中國文明，忽視非儒家的學說。不幸的是儒教與帝制相結合，以致被康氏的反對派指為與現代民主社會不相稱。康氏有其聰明知道此一結合是最不幸的；他事實上想給儒教以新解釋，俾從帝制傳統中分出以與現代西方價值相接。但他於極力挽救國粹之時，卻又將儒教與袁世凱的帝政相結合，太阿倒持，授攻擊他的人以利器。因此，儘管他對文明的一般立場是合理的，他的論點對批評者而言，甚多難以信服，以致抵抗文化崩解毫無成效可言。

跋：現代中國與新世界

有人說：「中國的知識階層不過是要維護中國在現代世界中的地位，為適應此一地位，擬對整個思想、政治、經濟、以及社會結構作全面的調整。」[1] 大略言之，這也是康有為所想做到的事。不過，他不僅做了這些。他有鑒於現行制度（包括現代西方的制度在內）在某些方面並不完善，於是想建立一種未來的新秩序，令人人都生活在充分的和諧與快樂之中。因此，他除了界定中國在現代世界中的地位外，更界定一種理想的新世界。

康有為心目中的現代中國為一獨立自主的國家，經由現代化而獲致充分的財富與武力，以保障在國際中應有的地位，同時具有特殊文化風格的立國基礎。因此，他的此一立場與主張全盤西化的知識分子，大不相同，他們認為毫不保留地西化乃是現代化的唯一途徑，中國不必要保留其

[1] Michael Gasster, *Chinese Intellectuals and the Revolution of 1911*, p. 248.

原有的文化。修斯（E. R. Hughes）對康氏立場的評估大致是正確的：

> 我們知道康氏不僅讀過其他國家的歷史，同時了解「中國不過是全世界的八十分之一」。而且他把此事作為一個中國人的經驗。他對所讀到的事既不五體投地，也不覺得眼花撩亂。相反地，他的心智受到啓發，可見之於他所寫的文章中，翱遊於中外歷史之間。他並不壓抑外國歷史以揚中國，也不一味崇揚西方。

修斯接著指出，康氏對西方文明的兩個方面——卽民主與工業——特別重視。他熱烈要求採行，但不要抛棄中國的文化遺產[2]。

康氏不是一味只關心其本國利益的民族主義者。儒家學說以及外國歷史的影響，使他成爲一國際主義者，以至於大同主義者。他的「大同」乃是全人類（包括中國人在內）的終極目標。現代文明的要素——民主與工業——繼續發展，爲導致完美社會的動力。現代世界與未來的新世界之間有其持續性。

這當然會導致劇烈的變化。古代與近代的社會與政治制度最終都無需要。所有國家的國界消失之後，個體國家便不再存在。在統一的民主的世界政府之下，所有的男女都是平等自由的公民。一切財富由所有的人來創造與享用。兒童由公共機關扶養與教育，孤老殘疾者也由公家照顧。自古已有的家庭與私有制都會消失。人既不受錯誤制度的束縛，自也不需要宗教的慰藉，孔教、基督教和回教也都會消失。人道與理性既普遍接受，也無政治、社會、道德上的問題需要解決。生活將永是幸福的。

---

[2] E. R. Hughes, *The Invasion of China by the Western World*, pp. 114-115.

有人說康氏的理想國基本上是以「漢族爲中心的大一統思想」[3]。他在建構此一思想時，不過是把傳統的儒家天下觀作哲學的加工。換言之，康氏具有大漢文化帝國主義之嫌。但我們仔細檢視他的思想，覺得並非如此。他很明顯地認爲不僅國家，就是民族文化也都會消逝。既然所有的人種都混合爲一，自不會再有特殊的中國人的存在。既然大家都說同一語言，所謂母語與父母之邦都將消逝。中國的國粹儒敎在近代中國要保存，但在新世界中亦無立足之地。事實上，康氏不是主張國家主義或帝國主義，而是純粹的世界主義[4]。

這並不是說康氏的烏托邦思想是完美的。例如，我們可以批評他所認爲的科學、民主、和社會主義本身，可以使人類帶來負面的後果——諸如空氣和水的污染——影響到人類的生存[5]。進而言之，「科技精神的勝利」會鬆弛人們所具的宗敎與道德價值[6]。西方的民主社會已遭遇到物質上、社會上、以及道德上的各種問題，總之並沒有走上和平與和諧的大一統之途。社會主義國家也遭遇到本身的問題，遠非「工人的天堂」。他們說是願意與民主社會共存，但實際行動並非如此。這個世界仍然分裂得厲害，沒有合一的希望。

我們也可以批評康有爲未注意到社會問題的複雜性，不能作單純的解決，問題的答案常常又變成其他問題的根源。他的樂觀使他不能理解到世上無完美的制度，因爲制作的人類原非完

3 Mary C. Wright, *The Last Stand of Chinese Conservatism*, p. 223.

4 參閱 Klaus Mehnert, "The Social and Political Role of the Intelligentsia in the New Countries," pp. 125-126.

5 參閱 Athelstan Spilhaus, "The Next Industrial Revolution," p. 1273.

6 參閱 Will Herberg, "What Keeps Modern Man from Religion?," pp. 5-11.

美[7]。既無法去除人類的缺點，終有缺點的制度，終有痛苦[8]。人們永遠不斷地會去設法消除缺失。

不過，我們不能否認，作爲改革者和理想主義者的康有爲有其意義，他忠實地設法免除人們的痛苦。留華多年的美國教育家兼外交家司徒雷登在一九五〇年代初曾說：

> 在一個以理性、正義、與國際友好為基礎的新世界秩序之下，中國會作極大的貢獻，……保全中國的國家自由與民族文化與整個太平洋地區的和平，以及全人類的福祉，是不可分的[9]。

司徒雷登說此話時，並無戊戌變法在胸，但他卻無意間支援了康有爲創造現代中國的努力。著名的德國漢學家傅朗克（Otto Franke）在本世紀初也說：

> 雖然儒家所教導的世界和諧與和平將是遙遠的美夢；……但是我們不應喪失更高更好目標的信念。因為沒有信念，我們的努力便無目標，這個世界的歷史也無意義[10]。

傅朗克說此話時，不可能見到「大同書」手稿。不過，假如他見到此一一元哲學，也許會讚美此一作者，獨自努力爲人類建一目標，爲歷史賦以意義。

---

7 摩爾曾說：「當人類完美時，所有的事情才有可能完美。」（Thomas More, *Utopia*, trans. Paul Turner, p. 64.）

8 Günter Grass, *Local Anaesthetic*, pp. 86, 284.

9 John Leighton Stuart, *Fifty Years in China*, p. 289.

10 Otto Franke, "Was lehrt uns die Ostasiatische Geschichte der letzten fünfzig Jahre?," pp. 70-71; 英譯見 Lonan Wang Grady, "Germany's Role in the Boxer Movement," p. 135. 引文略異動。

引用書目

甲、康有為編著之部

「丁巳美森館幽居詩卷」，〔康南海先生墨跡〕，第四冊。

「上帝篇」，〔諸天講〕。

「上清帝第一書」、「上清帝第二書」（公車上書）、「上清帝第三書」、「上清帝第四書」、「上清帝第五書」、「上清帝第六書」（「應詔統籌全局摺」），均見翦伯贊等編，〔戊戌變法〕，第二冊。

「久亡還鄉祭先廟告祖文」、「久亡還鄉告先墓文」，〔哀烈錄〕，卷二。

〔大同書〕，錢安定編（上海：一九三五；一九三六年再版，一九五六年北京重印，一九五八年臺北重印，稿本見微捲）。

「大借債駁議」，〔文集〕。

〔大學注〕（上海？一九一三）。

〔不忍〕（月刊，創刊於一九一三年初，最後一期（第十期）印於一九一七年底，均於上海發行）。

〔不忍雜誌彙編〕，二輯（上海：一九一四）。
〔不幸而言中不聽則國亡〕（上海：一九一八）。
「中國以何方救亡論」，〔不忍〕，二期（一九一三年三月）。
「中國佈新除舊論」，〔遺稿〕，卷一。
「中國善後三策」，載康同璧，〔南海先生自編年譜補遺〕。
「中國善後議」，〔遺稿〕，卷一。
「中國學會報題詞」，〔文鈔〕；〔文集〕。
「中國還魂論」，〔不忍〕；〔不忍雜誌彙編〕。
「中國顛危誤在全法歐美而盡棄國粹說」，〔不忍〕，第六、七期；〔不忍雜誌彙編〕，二輯。
〔中庸注〕（上海：一九〇一）。
「中華民國元老院選舉法案」（微捲三）。
「中華民國國會代議員選舉法案」（微捲三）。
「中華帝國憲政會歌」，〔南海先生詩集〕（梁啓超手寫）。
〔中華救國論〕，載〔不忍〕，一期（一九一三年二月），頁一—五八；〔不忍雜誌彙編〕，卷七，頁一六一—一八；〔文鈔〕，第一册，頁一—二二；〔文集〕，卷一，頁一—二一九。
〔公車上書記〕（北京：一八九五）。
「壬子致各埠書」，〔遺稿〕，卷四。
〔孔子改制考〕（上海：一八九七；一九二二年北京重印；一九五八年北京、上海重印）。
「孔教會序」，〔文鈔〕。
「巴西」，〔文集〕，卷六。

「巴西遊記」，〔文鈔〕。
「巴黎登汽球歌」，〔康南海先生詩集〕（崔斯哲寫本）。
〔日本明治變政考（記）〕（稿本，見微捲）。
〔日本書目志〕（上海：一八九七？）。
「以孔教爲國教配天議」，〔不忍〕，三、四、七、八期；〔文鈔〕。
「布加利亞遊記」，〔不忍〕，五期。
「戊戌舟中絕筆及戊午跋後」，翦伯贊等編，〔戊戌變法〕，第一册。
〔戊戌奏稿〕，見〔南海先生戊戌奏稿〕。
「民功篇」（微捲一）。
「仲姊羅宜人墓誌」，〔哀烈錄〕。
「先妣勞太夫人行狀」，〔哀烈錄〕。
〔共和平議〕（上海：一九一八）。原載〔不忍〕，九、十期（一九一七）。
「共和建設討論會發刊詞」（微捲一）。
「共和政體論」（微捲二）。
「印度遊記序」，載康同璧，〔年譜續編〕。
「各國今日之目的」（微捲二）。
「有欲」，〔春秋董氏學〕。
「朱九江先生遺文序」，〔不忍〕。
〔自編年譜〕（羅榮邦藏稿本，微捲一、三；北京油印本，一九五八；另見翦伯贊等編，〔戊戌變法〕，第四册；沈雲龍輯，〔近代中國史料叢刊〕，第二輯，臺北，一九六六）。

「君與國不相干……論」，〔不忍〕，七期（一九一三年二月）。
「告國人書」，〔遺稿〕，卷四。
「希臘遊記」，〔文鈔〕，第十一冊；〔文集〕，卷六。
〔孟子微〕（上海：一九一六）；初刊於〔新民叢報〕，一三期（一九〇二）；含「孟子微序」、「孟子總論」；另見〔文鈔〕。
〔官制議〕（又稱〔官制考〕）（上海：一九〇四；一九〇五、一九〇六、一九〇七重印）。部分刊載於〔新民叢報〕（一九〇二—三）。此書含「中國今日官制大弊宜改論」、「中國漢後官制篇」、「中國古官制篇」、「分增行政部」、「析疆增吏篇」、「選近地人爲官」、「各國官制篇」、「官制議序」、「官制原理」、「供奉省置論」、「公民自治篇」、「宋官制最善篇」、「存舊官論」。
〔法國革命記〕（撰於一八九八年，似未刊）。
〔波蘭分滅記〕（撰於一八九八年，未刊）。
〔物質救國論〕（上海：一九一九）；又見〔世界評論〕，第十年，十八、十九期（一九六三年二月十六日、三月十日），有徐高阮導言。
〔金主幣救國議〕（上海：一九一〇）。
〔長興學記〕（上海：思求闕齋，一八九一）。
「保國會章程」，翦伯贊等編，〔戊戌變法〕，第四冊。
〔南海先生七上書記〕（上海：一八九八）。
〔南海先生四上書記〕（上海：一八九五）。
〔南海先生戊戌奏稿〕（麥仲華編，橫濱：一九一一）。
〔南海先生詩集〕（梁啓超書，上海：一九〇八）。

〔哀烈錄〕（康有霈輯，廣州：未註出版年代）。
「奏爲國勢危急……合請……歸政皇上立定憲法……摺」，〔遺稿〕，第三冊。
「奏請開國會摺」（微捲三）。
〔春秋董氏學〕（上海：一八九八）。
〔春秋筆削大義微言考〕（未註出版地，一九一三）。
「春秋筆削大義微言考發凡」，〔文鈔〕；〔文集〕。
「查中國事當辨黨派說」，〔遺稿〕，第一冊。
〔突厥削弱記〕（一八九八，未刊）。
「突厥遊記」，〔文鈔〕，第十一冊；〔文集〕，卷六。
「拳匪之亂爲復聖主而存中國說」（微捲二）。
「致朱師晦書」，〔遺稿〕，卷四。
「致李忠鎬等書」，〔遺稿〕，卷四。
「致岡田正樹書」，〔遺稿〕，卷四。
「致袁世凱書」（二函：一八九八，一九一六），〔遺稿〕，卷四。
「致袁總統書」（一九一二），〔遺稿〕，卷四。
「致章一山書」（微捲一）。
「致蓮珊書」（微捲一）。
「致蔡松坡書」，〔遺稿〕，卷四。
「致黎元洪書」，〔遺稿〕，卷四。
〔桂學答問〕（北京大學，一九二九）。

「海外亞美歐非澳五洲二百埠中華憲政會僑民公上請願書」，〔不忍〕，四期（一九一三年五月）；〔文鈔〕，第五册。

「流星歌」，〔諸天講〕。

「留芬集序」，〔文鈔〕；〔文集〕。

「參政院提議立國精神議書後」，〔不忍〕，九、十期。

「問吾四萬萬國民得民權平等自由乎」，〔不忍〕，六期（一九一三年七月）。

〔康子內外篇〕（稿本，微捲二）。此書包括「愛惡篇」、「肇域篇」、「知言篇」、「覺識篇」、「闔闢篇」、「性學篇」、「人我篇」、「理氣篇」、「理學篇」、「不忍篇」、「濕熱篇」、「勢祖篇」、「王霸篇」、「未濟篇」。

〔康工部五上書稿〕（未註出版時地）；〔知新報〕，四五期。

「康氏建元以後世系表」（羅榮邦藏稿本）。

「康氏家廟之碑」（羅榮邦藏稿本）。

〔康有爲詩文選〕（北京：一九五八）。

〔康南海文集〕（上海：一九一五？）。

〔康南海先生文鈔〕，十二册（上海：一九一四；一九一六年三版）。

〔康南海先生戊戌遺筆〕（上海：一九一八）。

〔康南海先生書牘〕（上海：一九二一）。

〔康南海先生詩集〕，康同薇、康同璧編，崔斯哲書，四册（長沙：一九四一）。

〔康南海先生墨蹟〕，俠安居士編，四册（上海：一九三四）。

〔康南海先生講演錄〕（西安：一九二二？）。

〔康南海梁任公二先生文集合刻〕（上海：一九一五）。

〔康南海梁任公文集彙編〕（上海：一九一七）。
〔康梁文鈔〕（上海：一九一四）。
〔康梁詩鈔〕（上海：一九一四）。
「強學會序」，〔文集〕，卷八；翦伯贊等編，〔戊戌變法〕，第四册。
「條陳商務摺」，翦伯贊等編，〔戊戌變法〕，第二册。
〔理財救國論〕（上海：約一九一四）；原載〔不忍〕（一九一三年）。
「祭朱鼎甫侍御文」，〔文鈔〕。
「連州遺集序」，〔文鈔〕；〔文集〕。
「復大隈侯爵書」，〔不忍〕，九、十期（一九一七年十二月或一九一八年元月）。
「復教育部書」，〔不忍〕，四期。
「復劉觀察士驥書」，〔遺稿〕，卷四。
「爲亡媵謝唁致沈乙老書」，〔遺稿〕，第四册。
「答朱蓉生書」，〔遺稿〕，卷四上。
「答朴君大提學論孔學」（微捲）。
「裁行省議」，〔文鈔〕。
「裁省議」（微捲三）。
「跋戊戌致李提摩太書」，〔康南海先生墨蹟〕，第三册。
「跋戊戌與門人書」，〔康南海先生墨蹟〕，第三册。
「進呈日本明治變政考序」，〔戊戌奏稿〕；翦伯贊等編，〔戊戌變法〕，第三册。
「進呈法國革命記序」，〔戊戌奏稿〕；翦伯贊等編，〔戊戌變法〕，第三册。

「進呈波蘭分滅記序」，〔戊戌奏稿〕；翦伯贊等編，〔戊戌變法〕，第三册。
「進呈突厥削弱記序」，〔戊戌奏稿〕；翦伯贊等編，〔戊戌變法〕，第三册。
「進呈俄羅斯大彼得變政記序」，〔戊戌奏稿〕；〔南海先生四上書記〕；〔不忍〕，二期；翦伯贊等編，
　〔戊戌變法〕，第三册。
「開歲忽六十」，見康同璧，〔南海康先生自編年譜補遺〕。
「雅典遊記」，〔不忍〕，六期。
「勦王亂匪辨」，〔遺稿〕，卷一。
「塞耳維亞遊記」，〔文鈔〕，第十一册；〔文集〕，卷六。
「意大利遊記」，〔歐洲十一國遊記〕，卷一。
「敬謝天恩並請統籌全局摺」，翦伯贊等編，〔戊戌變法〕，第二册。
「新世界爭國爲公有……說」，〔不忍〕，七期。
〔新學僞經考〕（上海：一八九一；北京：一九一七；北平：一九三一；上海：一九三六；北京：一九五六）
「新黨賊黨辨」，〔遺稿〕，卷一。
「殿試策」，〔南海先生四上書記〕。
「與沈子培刑部書」（微捲一）。
「與徐太傅書」，〔不忍〕，九、十期（一九一七年）。
「與教育部總長范壽生勸改禁讀經書令」（微捲二）。
「與無名者書」（微捲一）。
「與甥女譚達印書」，〔遺稿〕，第四册。
「與黃仲弢編修書」（微捲三）。

「與黨人論鄂敗」（微捲三）。
〔萬木草堂遺稿〕，康同璧編，四冊（北京油印本，一九六〇；臺北：成文，一九七八）。
「補德國遊記」，〔不忍〕，七、八期；〔文鈔〕，第十一冊；〔文集〕，卷六。
〔實理公法〕（稿本，微捲）。含「長幼門」、「整齊地球書籍目錄公論」、「教事門」、「治事門」、「君臣門」、「禮儀門」、「夫婦門」、「朋友門」、「比例」、「上帝稱名」、「師弟門」。
「滿的加羅遊記」，〔歐洲十一國遊記〕；〔不忍〕，九、十期。
「漢族宜憂外分勿內爭論」（微捲三）。
「誦芬集序」，〔文鈔〕，第五冊；〔文集〕，卷八。
「廢省論」，〔不忍〕，一、二、四期；〔不忍雜誌彙編〕，二輯。
「歐東阿連五國遊記」，〔不忍〕，五期；〔文集〕。含「布加利亞遊記」。
〔歐洲十一國遊記〕（上海：一九〇五；一九〇六、一九〇七重印）。
「請君民合治滿漢不分摺」，翦伯贊等編，〔戊戌變法〕，第二冊。
「請定立憲法開國會摺」，翦伯贊等編，〔戊戌變法〕，第二冊。
「請定法律摺」，〔戊戌奏稿〕。
「請計全局籌巨款以行新政築鐵路起海軍摺」，翦伯贊等編，〔戊戌變法〕，第三冊。
「請莊士敦代奏游說經過」，〔康南海先生墨蹟〕，第四冊。
「請設新京摺」，翦伯贊等編，〔戊戌變法〕，第二冊。
「請尊孔聖爲國教立教部教會以孔子紀年……摺」，〔戊戌奏稿〕；〔文鈔〕；翦伯贊等編，〔戊戌變法〕，第二冊。
「請開制度局議行新政摺」，翦伯贊等編，〔戊戌變法〕，第二冊。
「請開國民大會公議立憲書」，〔遺稿〕，卷四。

「請開清江浦鐵路摺」（微捲三）。
「請開農學地質局摺」，翦伯贊等編，〔戊戌變法〕，第二册。
「請開學校摺」，〔戊戌奏稿〕；翦伯贊等編，〔戊戌變法〕，第二册。
「請飭各省改書院淫祠爲學堂摺」，翦伯贊等編，〔戊戌變法〕，第二册。
「請廢八股試帖楷法試士改用策論摺」，翦伯贊等編，〔戊戌變法〕，第二册。
「請廢漕運改以漕款築鐵路摺」，翦伯贊等編，〔戊戌變法〕，第二册。
「請廣開學校以養人才摺」，〔文鈔〕，第五册；翦伯贊等編，〔戊戌變法〕，第二册
「請廣譯日本書大派遊學摺」，〔戊戌奏稿〕；翦伯贊等編，〔戊戌變法〕，第二册。
「請勵工藝奬創新摺」，翦伯贊等編，〔戊戌變法〕，第二册。
「請斷髮易服改元摺」，翦伯贊等編，〔戊戌變法〕，第二册。
「請勸農摺」，〔戊戌奏稿〕。
「論中國必分割」（微捲一）。
「論共和立憲」，〔遺稿〕。
「論自治」，〔遺稿〕，卷一。
「論省府縣鄉議院以亟開爲百事之本」，〔文鈔〕，第四册。
〔論語注〕（北京：一九一七）。含「論語注序」，〔文鈔〕；〔文集〕。
「論羅馬立國得失」，〔歐洲十一國遊記〕。
〔諸天講〕（上海：一九三〇）。
〔憲法草案〕（上海：長興書局，未註出版年代）。
「憲政黨章程」（微捲三）。

「辨言」，〔春秋董氏學〕。

〔擬中華民國憲法草案〕（上海：廣治書局，一九一六年二版）；初刊於〔不忍〕（一九一三）。

「擬答朱蓉生先生」（微捲）。

〔禮運注〕（上海，一九一二）。含「禮運注序」，〔文鈔〕。

「議院政府勿干預民俗說」，〔不忍〕，二期。

「續撰不忍雜誌序」，〔不忍〕。

乙、中日文著作之部

丁文江，「玄學與科學」，〔科學與人生觀〕（上海：一九二三），上册。

——編，〔梁任公先生年譜長編初稿〕，三册（臺北：世界書局，一九五八）。

于寶軒編，〔皇朝蓄艾文編〕（上海：一九〇三）。

土屋喬雄，〔日本の經營者精神〕（東京：一九五九）。

〔大清歷朝實錄〕（光緒朝）。

小野川秀美，「康有爲の變法論」，〔近代中國研究〕，二輯（東京：一九五八）。

——，〔清末政治思想研究〕（京都：一九六〇）。

中國史學會編，〔洋務運動〕，八册（上海：一九六一；一九六二年重印）。

中國科學院哲學研究所中國哲學史組編，〔中國大同思想資料〕（北京：一九五九）。

〔中國郵報〕，收入翦伯贊等編，〔戊戌變法〕，第三册。

中國歷史教研室編，〔中國近代思想家研究論文選〕（北京：一九五七）。

中華書局編，〔清史列傳〕（臺北：一九六二）。

五代龍作，〔五代友厚傳〕（東京：一九二三）。

五來欣造，〔儒教對於德國政治思想的影響〕，劉百閔、劉燕容譯（上海：一九三八）。

孔廣森，〔春秋公羊通義〕，收入阮元編，〔皇清經解〕。

文　悌，「嚴參康有爲摺」，收入翦伯贊等編，〔戊戌變法〕，第二册。

方　豪，〔中西交通史〕，五册（臺北：一九五四）。

方孝孺，〔遜志齋集〕（四部叢刊本）。含「民政篇」、「宗儀第九・體仁」。

方顯廷編，〔中國經濟研究〕，二册（長沙：一九三九）。含「中國工業化與鄉村工業」；方顯廷、谷源田，「我國鋼鐵工業之鳥瞰」；谷源田，「中國新工業之回顧與前瞻」。

毛健予，「問題解答」，〔新史學通訊〕，一九五三年五月號。

——，「在維新變法運動過程中康有爲爲什麼著新學僞經考孔子改制考和大同書」，〔新史學通訊〕，一九五三年五月號。

王　照，〔方家園雜詠記事〕（未註出版地，一九二八）；另見〔水東集初稿〕（王氏家刻，一九三一）。

王先謙編，〔皇清經解續編〕（江陰：南菁書院，一八八八）。

王守仁，〔王文成公全書〕，四册（上海國學基本叢書本，一九三六；臺北，正中書局，未註出版年代；上海：商務印書館，四庫叢刊本，未註出版年代；另見〔陽明全集〕，四部備要本，上海：中華書局，未註出版年代）。含〔傳習錄〕、〔大學問〕、「答顧東橋書」。

王其榘編，「學會等組織」，收入翦伯贊等編，〔戊戌變法〕，第四册。

王　韜，〔韜園文錄外編〕（香港：一八八三），卷一，含「原仁」、「原道」。

王爾敏，〔清季兵工業的興起〕，（臺北：一九六三）。

——，「清季兵工業略論」，〔大陸雜誌〕，卅五卷九期（一九六七年十一月十五日）。
王樹槐，〔外人與戊戌變法〕（臺北：中央研究院近代史研究所專刊第十二號，一九六五）。
包遵彭、李定一、吳相湘編，〔中國近代史論叢〕，第一輯，十册（臺北：一九五六）。
古吳困學居士，「廣學會大有造於中國說」，收入翦伯贊等編，〔戊戌變法〕，第三册。
司馬遷，〔史記〕（上海：中華書局，未註出版年代）。
〔四庫全書總目提要〕，見永瑢。
〔左傳正義〕，收入阮元編，〔十三經注疏〕（臺北：重印本，一九五九）。
市古宙三，「保教と變法」，載仁井田陞編，〔近代中國の社會と經濟〕（東京：一九五一）。
〔民報〕（北京：科學出版社翻印，一九五七）。
永　瑢等，〔四庫全書總目提要〕（上海：萬有文庫本，一九三一）。
「甲子清室密謀復辟文證」，載〔故宮叢刋〕（北平：一九二九）。
皮錫瑞，〔經學通論〕（上海：一九二三），閱「春秋通論」章。
矢野仁一，「戊戌の變法及び政變」，〔史林〕，三卷一、二、三期（京都：一九二三）。
任卓宣，「國父的革命思想」，〔革命思想〕，一卷一期（一九五五年七月廿五日）。
伍憲子（伍莊），〔中國民主憲政黨黨史〕（舊金山：世界日報，約一九六三）。
全漢昇，「甲午戰爭以前中國工業化運動」，〔中央研究院歷史語言研究所集刋〕，第廿五本（臺北：一九五四）。
——，「宋代官吏之私營商業」，〔中央研究院歷史語言研究所集刋〕，第七本第二分（一九三六）。
——，「清末漢陽鐵廠」，〔社會科學論叢〕，第一輯（臺北：一九五〇年四月）。
——，「鴉片戰前江蘇的棉紡織業」，〔清華學報〕，新一卷三期（一九五八年九月）。

〔列子〕（上海：宏文書局，一八九三）。含「黃帝」、「湯問」。
向　達等編，〔太平天國〕，八册（上海：一九五二）。
存　統，「馬克思底共產主義」，〔新青年〕，九卷四期（一九二一年八月）。
安維峻，「請毀新學僞經考片」，收入蘇輿，〔翼教叢編〕。
朱　采，〔清芬閣集〕（未註出版地，一九〇八）。
——，「海防議」，見〔洋務運動〕，第一册。
朱　熹，〔朱文公文集〕（四部叢刊本，上海：未註出版年代），含「答陳同甫書」、〔朱子語類〕，賀瑞麟編（一八七六）。
朱一新，「答康有爲第一書」、「答康有爲第二書」、「答康有爲第三書」、「與康有爲第一書」、「與康有爲第二書」、「與康有爲第三書」、「與康有爲第四書」，均見蘇輿，〔翼教叢編〕。
朱執信，見蟄伸、懸解。
朱傑勤，〔龔定庵研究〕（上海：一九四〇）。
朱經農，「結束訓政的時間問題」，〔獨立評論〕，第七號（一九三二年七月）。
朱壽朋，〔東華續錄〕（光緒朝）（上海：一九〇九）。
朱謙之，〔中國思想對於歐洲文化之影響〕（上海：一九四〇）。
——，「大同書十卷」，〔讀書月報〕，第一期（一九五七）。
〔老子〕（上海：宏文書局，一八九三）。
艾約瑟，「日本革故鼎新之故」，〔萬國公報〕，新一卷十二期（一八九〇年元月）。
——，〔富國養民策〕，收入梁啓超，〔新政叢書〕。
——，「鐵路宜擴充論」，〔萬國公報〕，新一卷五—一一期（一八八九年六月—十二月）。

何　休，〔春秋公羊解詁〕，見阮元校刻〔十三經注疏〕（南昌：一九一六；臺北：一九五九重印）。

何　啓，胡禮垣，〔新政眞詮〕（上海：一九〇一）。含「前總序」、「勸學篇書後」、「曾論書後」。

——，〔新政論議〕（香港：一八九五）。

何炳松，「中國文化西傳考」，載包遵彭，〔中國近代史論叢〕，第二册；錄自〔中國新論〕，第三期（一九三五）。

何炳棣，「張蔭桓事迹」，見包遵彭，〔中國近代史論叢〕；錄自〔清華學報〕，十三卷一期（一九四一）。

谷源田，見方顯廷。

吳　虞，〔吳虞文錄〕（上海：一九二二；一九二五年四版）。

——，〔吳虞文錄續〕（成都：一九三三）。含「對於祀孔問題之我見」。

——，「家族制度爲專制主義之根據論」，〔新青年〕，二卷六期（一九一七年二月）。

吳　澤，〔康有爲與梁啓超〕（上海：一九四八）。

吳相湘，〔民國政治人物〕（臺北：一九六四）。含「康梁與復辟運動」。

吳稚暉（敬恒），〔一箇新信仰的宇宙觀及人生觀〕（南京：黃埔小叢書，一九二七）。

——，〔吳稚暉文集〕（上海：一九三六）。

——，〔吳稚暉先生文粹〕，樂勤編，四册（上海：一九二九）。含「箴洋八股化之理學」，第三册；「機器促進大同說」，第二册；「青年與工具」，第二册；「科學週報發刊語」，第二册；「科學週報編輯話」，第二册；「科學與人生觀」，第二册；評鞠普君「男女雜交說」、「談無政府主義閑天」，第二册。

〔宋元明清四朝學案〕，四册。第一、二册：黃宗羲、全祖望，〔宋元學案〕；第三册：黃宗羲，〔明儒學案〕；第四册：江藩，〔漢學師承記〕、〔宋學淵源記〕；唐鑑，〔清學案小識〕。

宋雲彬，〔康有爲〕（上海：一九五一）。

局外旁觀人（赫德），「論通商大局」，〔萬國公報〕，新一卷十期（一八八九年十一月）。
李　圭，〔環遊地球新錄〕，載王錫祺輯，〔小方壺齋輿地叢鈔〕，十二（上海：一八九七）。
李　季，「社會主義與中國」，〔新青年〕，八卷六期（一九二一年四月）。
李　達，「馬克思派社會主義」，〔新青年〕，九卷二期（一九二一年七月）。
李　銳，「毛澤東同志的初期革命活動」，〔中國青年〕，一九五三年十三期。
李大釗，「由經濟上解釋中國近代思想變動的原因」，〔新青年〕，七卷二期（一九二〇年元月一日）。
——，「我的馬克思主義觀」，〔新青年〕，六卷五、六期（一九一九年十一月）。
——，「唯物史觀在現代史學上的價值」，〔新青年〕，八卷四期（一九二〇年十二月一日）。
李公佐，「南柯記」，載兆熙輯，〔唐人說薈〕（未註出版地，一八六四）；又見馬駿良輯，〔龍威秘書〕（大酉山房，一七九四）。
李守孔，「光緒戊戌前後革命保皇兩黨之關係」，〔大陸雜誌〕，二五卷一、二期（一九六二年七月十五、卅一日）。
李恩涵，〔晚清收回礦權運動〕（臺北：一九六三）。
——，「清末金陵機器局的建設與擴展」，〔大陸雜誌〕，三三卷一二期（一九六六年十二月卅一日）。
李國祁，〔中國早期的鐵路經營〕（臺北：中央研究院近代史研究所專刊，一九六一）。
李提摩太，「求儒救民說」，載于寶軒編，〔皇朝蓄艾文編〕。
——，「時事新論」（上海：一八九八）。
——，「新政策」，〔萬國公報〕，八七期（一八九八）；另見蔡爾康編，〔中東戰記〕；翦伯贊等編，〔戊戌變法〕，第三冊。
李慈銘，〔越縵堂日記〕，五一冊（北京：一九二二）。含〔荀學齋日記〕、〔桃花聖解庵日記〕。

李端棻，「請推廣學校摺」，收入翦伯贊等編，〔戊戌變法〕，第二册。

李澤厚，〔康有爲譚嗣同思想研究〕（上海：一九五八）。

——，「論中國十九世紀改良派變法維新思想的發展」，〔新建設〕，一九五六年第五期。

——，「論康有爲的哲學思想」，〔哲學研究〕，一卷一期（一九五七年二月）。

汪敬虞編，〔中國近代工業史資料〕，第二輯（一八九五—一九一四），二册（北京，一九五七）。

汪精衞，「民族的國民」，〔民報〕，第二期（一九〇五年十一月）。

沈兼士，「兒童公育：徹底的婦人問題解決法處分新世界一切問題之鎖鑰」，〔新青年〕，六卷六期（一九一九年十一月）。

沈桐生，〔光緒政要〕（上海：一九〇九）。

沈雲龍，〔康有爲評傳〕（臺北：一九六九）。

——，〔現代政治人物述評〕（增訂本）（臺北：一九六七）。

沈精芬輯，〔國朝文滙〕（上海：一九〇九）。

阮元輯，〔皇清經解〕，三六〇卷（廣州：學海堂，一八二九）。

孟　祁，「記辜鴻銘翁」，〔人間世〕，十二期（一九三四年九月）。

「政令一新說」，〔萬國公報〕，新一卷五期。

板野長八，「康有爲の大同思想」，〔近代中國研究〕（東京：一九四八）。

林克光，「論大同書」，載中國人民大學歷史教研室編，〔中國近代思想家研究論文選〕（北京：一九五七）。

林語堂，「辜鴻銘」，〔人間世〕，十二期（一九三四年九月）。

——，「機器與精神」，載〔胡適文存〕，三集，卷一。

〔知新報〕（澳門：一八九七—一九〇〇）。
花之安，「自西徂東」，〔萬國公報〕，十四期（一八九〇年三月）。
——，「慎理國財」，〔萬國公報〕，十四期（一八九〇年三月）。
金　梁，〔光宣小記〕（未註出版地，一九三三）。
——，〔近世人物志〕（未註出版地，一九三四）。
侯　堮，「廖季平先生評傳」，〔大公報〕「文學副刊」，一九三二年四月一日。
侯外廬，〔近代中國思想學說史〕（上海：一九四七）。
——編，〔戊戌變法六十週年紀念集〕（北京：一九五八）。
侯厚培，〔中國近代經濟發展史〕（上海：一九二九）。
思黃（陳天華），「論中國宜改創共和政體」，〔民報〕，第一期（一九〇五年十一月）。
施敏雄，〔清代絲織工業的發展〕（臺北：一九六八）。
柯劭忞，〔清史稿列傳〕（北京：一九二七）。
〔洋務運動〕，見中國史學會。
〔皇清經解〕，見阮元。
〔皇清經解續編〕，見王先謙。
〔科學與人生觀〕（胡適編？）（上海：一九二三）。
胡　適，〔胡適文存〕，初集、二集、三集、四集（臺北：一九五三）。以下所引〔文存〕各文均出自初集：
「貞操問題」，〔文存〕，卷一；「整理國故與打鬼—給徐浩先生的信」，〔文存〕，卷三；「記辜鴻銘」，〔大公報〕「文學副刊」一六四期（一九三五年八月）；「治學的方法與材料」，〔文存〕，卷三；「終身大事」，〔新青年〕，六卷三期（一九一九年三月）；「新思潮的意義」，〔新青年〕，七卷一期（一九一九年十二月）；「胡適答藍志先書」，〔新青年〕，六卷四期（一九一九年四月）；「易卜生主義」，〔新青年〕，六卷六期（一九一九年六月）；〔文存〕，卷一；「科學與人生觀序」，〔文存〕，卷二；「歸國雜感」，〔文存〕，卷一；「美國的婦人」，〔文存〕，卷一；「我們對於西洋近代文明的態度」，〔東方雜誌〕，二三卷十七期（一九二六年九月十日）；〔文存〕，卷三；「白話詩」，〔新青年〕，二卷六期（一九一七年二月）；「編輯後記」，〔獨立評論〕，一四二號（九三五）；「評中國本位文化建設宣言」，〔文存〕，卷四；「三百年來世界文化的趨勢與中國應取的方向」，〔言論集〕；「實驗主義」，〔新青年〕，六卷四期（一九一九年四月）；〔文存〕，卷二；「讀梁漱溟先生的東西文化及其哲學」，〔文存〕，卷二；「吳虞文錄序」，〔文存〕，卷一。

——，〔胡適言論集〕，甲集（臺北：一九五三）。

胡　濱，〔戊戌變法〕（上海：一九五六）。

胡君復輯，〔當代八家文鈔〕（上海：一九二五）。

胡思敬（退隱居士），〔戊戌履霜錄〕（南昌：一九一三）；收入翦伯贊等編，〔戊戌變法〕，第一冊，

胡聘之、錢駿祥，「請變通書院章程摺」，收入翦伯贊等編，〔戊戌變法〕，第二冊。

胡漢民，「民報之六大主義」，〔民報〕，第三期（一九〇六年四月）。

胡應漢，〔伍憲子先生傳記〕（九龍：一九五三）。

范文瀾，〔中國近代思想史〕，上編，第一分冊（香港：一九四九）。

茅　盾（沈雁冰），〔追求〕，〔蝕〕第三部（上海：一九三〇）。

——，「動搖」，〔茅盾文集〕（北京：一九五八）。

韋廉臣，「治國要務」，〔萬國公報〕，一卷四期（一八八九年五月）。

凌　霜，「馬克思學說批評」，〔新青年〕，六卷五期（一九一九年五月）。

唐　俟（魯迅），「我之節烈觀」，〔新青年〕，五卷二期（一九一八年八月）。

——，「隨感錄」，〔新青年〕，五卷五期（一九一八年十月）。

夏敬觀，「康有爲傳」，〔國史館館刊〕，一卷二期（一九四八年三月）。

孫　文（孫逸仙），「民報發刊詞」，〔民報〕，第一期（一九〇五年十月）。

——，〔建國方略〕，〔國父全集〕（臺北：正中文庫本，一九五四），第二册。

——，〔國父全集〕，六册，中央黨史史料編纂委員會編輯（修訂版，一九五七；二版，臺北：一九六一）。〔孫中山全書〕（上海：一九三七年，二版）所收略同。〔國父全集〕含：「制定建國大綱宣言」、「政見之表示」、「祭列寧文」、「建設以修治道路爲第一要義」、「錢幣革命」、「中華革命史」、「中國之第二步」、「中國之鐵路計劃與民生主義」、「中國國民黨宣言」、「中國必先革命而後能達共和主義」、「中國實業當如何發展」、「興發實業爲救貧之藥劑」、「修築鐵路乃中華民國存亡之大問題」、「革命成功箇人不能有自由」、「國際共同開發中國實業計劃」、「國民政府建國大綱」、「國民黨政見宣言」、「論築鐵路事致宋教仁函」、「駁保皇報」、「三民主義與中國民族之前途」、「實現鐵路政策須取開放門戶主義」、「實業計劃」、「速修鐵路以立富強之基」、「孫文學說」、「地方自治開始實行法」、「地方自治爲建國之礎石」、「再復李村農論外債書」、「自傳」。

孫家鼐，「奏……請嚴禁悖書疏」，收入翦伯贊等編，〔戊戌變法〕，第二册。

——，「奏籌辦大學堂大概情形摺」，收入翦伯贊等編，〔戊戌變法〕，第二册。

——，「議復開辦京師大學堂摺」，收入翦伯贊等編，〔戊戌變法〕，第二册。

孫毓棠編，〔中國近代工藝史資料〕，第一輯，二册（上海：一九五七）。

——編，〔中國經濟史資料〕，第一輯，二册（北京：一九五七）。

孫麟生，「爲什麼要發揚中國文化」，〔新天地〕，三卷十期（一九六三年十二月一日）。

宮琦寅藏（宮琦滔天），〔三十三年の夢〕（東京：一九〇二；東京：一九四三年重印）。
徐　潤，〔徐愚齋自敍年譜〕（香山：一九二七）；收入〔洋務運動〕，第八冊。
徐志摩，「毒藥」，〔志摩的詩〕（一九二八；上海：一九三三年六版）。
徐樹錚，〔視昔軒遺稿〕，收入徐道鄰編，〔徐樹錚先生文集年譜合刊〕（臺北：一九六二）。含「上段執政書」。
徐蘇佛，「致任公先生書」，見丁文江編，〔梁任公先生年譜長編初稿〕。
桑原隲藏，〔蒲壽庚の事蹟〕（東京：一九三五）。
班　固，〔漢書〕（上海：中華書局，未註出版年代）。
素　癡（張蔭麟），「康有爲戊戌政變之新史料」，〔大公報〕「史地週刊」，一九三六年七月廿四日。
翁同龢，〔翁文恭公日記〕，四十册（上海：一九二五）。
〔荀子〕（宏文書局，一八九三）。含「非相」、「富國」、「顯學」、「天論」、「王制」。
袁　昶，「議復寄諭事件條陳」，收入翦伯贊等編，〔戊戌變法〕，第二册。
袁振英，「辜鴻銘先生的思想」，〔人間世〕，第三四期（一九三五年八月）。
起明譯，「俄國革命之哲學基礎」（原文爲 Angelo S. Ropport 所撰，載 *The Edinburgh Review*, 一九一七年七月號），譯文見〔新青年〕，六卷四、五期（一九一九年四、五月）。
馬建忠，〔適可齋記言〕，收入梁啓超，〔西政叢書〕。含「借債以開鐵道說」、「富民說」、「擬設翻譯書院議」、「上李伯相言出洋功課書」、「鐵道論」。
高　勞，「帝制運動始末記」，〔東方雜誌〕，十三卷八、九、十期（一九一六年八至十月）。
商　鞅，〔商君書〕（上海：宏文書局，未註出版年代）。
〔國語〕（成都：尊經書院，一八七六）。

康同家，〔康有爲與戊戌變法〕（香港：一九五九）。
康同璧編，〔南海康先生自編年譜補遺〕（油印本，北京：一九五八）。
———編，〔南海康先生年譜續編〕（油印本，北京：一九六〇）。
———編，〔補康南海先生自編年譜〕（羅榮邦藏稿本，北京：約一九五四）。
「康有爲論」，收入翦伯贊等編，〔戊戌變法〕，第三冊。
康與之，「昨夢錄」，載陶宗儀編，〔說郛〕（上海：一九二七）。
康廣仁，「致何易一書」，見丁文江編，〔梁任公先生年譜長編初稿〕。
康贊修，「聞長孫有爲生」，載〔康南海文集〕。
張　謇，〔張季子九錄〕，廿九冊（上海：一九三一）。含：「農會議」、「商會議」、〔實業錄〕。
———，〔嗇翁自訂年譜〕（上海？一九二五）。
張之洞，〔張文襄公全集〕，一二〇冊（北平：一九二八）。含「札司道講求新學」、「札同局設局講求洋務」、「致總署電」。
———，〔勸學篇〕（武昌：一八九八）。
張元濟，「戊戌政變之回憶」，收入翦伯贊等編，〔戊戌變法〕，第四冊；錄自〔新建設〕，一卷三期。
張玉田，「關於大同書的寫作過程及其內容發展變化的探討」，〔文史哲〕，第九期（一九五七）。
張西堂，「廖平古學考序」，見廖平，〔古學考〕。
張伯楨，〔南海康先生傳〕（北平：一九三二）。
張君勱（張嘉森），「人生觀」，收入〔科學與人生觀〕，上冊。
———，「人生觀論戰之回憶」，〔東方雜誌〕，卅一卷十三期（一九三四年七月）。
張孝若，〔南通張季直先生傳記〕（上海：一九三〇）。

張廷玉等，〔明史〕（上海：中華書局，未註出版年代）。

張其昀，〔孔子學說與現代文化〕（臺北：一九五八）。

張朋園，〔立憲派與辛亥革命〕（臺北：一九六九）。

——，〔梁啓超與清季革命〕（臺北：一九六四）。

張若谷，〔馬相伯先生年譜〕（上海：一九三九）。

張豈之等，「關於康有爲大同思想實質的商榷」，見侯外廬，〔戊戌變法六十週年紀念集〕。

梁啓超，〔戊戌政變記〕（上海、橫濱：一八九九；香港、紐約：一九五八年十六版；臺北，一九五九）。另見〔飲冰室合集〕〔全集〕一。

——編，〔西政叢書〕（上海：一八九七）。含「西政叢書序」，亦見〔合集〕〔全集〕二。

——編，〔西學書目表〕（愼始基齋叢書，未註出版地，一八九七）。

——編，〔南海康先生傳〕（上海：一九〇八）；收入〔合集〕〔文集〕六；亦見翦伯贊等編，〔戊戌變法〕，第四册。

——編，〔清代學術概論〕（上海：一九二一；一九三〇年第八次印行）。

——編，「與康有爲書」，見翦伯贊等編，〔戊戌變法〕，第一册。

——編，〔飲冰室合集〕，林志鈞輯，四十册（上海，一九三六）。含：「復張東蓀書論社會主義運動」，〔文集〕卅六；「新中國建設問題」，〔文集〕廿七；「新民說」，〔全集〕四；「人生觀與科學：對於張丁論戰的批評」，〔文集〕四十；「開明專制論」，〔文集〕十七；「科學精神與東西文化」，〔文集〕卅九；「關於玄學科學論戰之『戰時國際公法』——暫時局外中立人梁啓超宣言」，〔文集〕四十；「論學會」，〔文集〕一；〔歐遊心影錄〕，〔全集〕廿三；「保敎非所以尊孔論」，〔文集〕九；「闢復辟論」，〔全集〕卅三；「變法通議」，〔文集〕一；「什麼是文化」，〔文集〕卅九；「代段祺瑞討張勳復辟通電」，〔文集〕卅五。

梁嘉彬，〔廣東十三行考〕（上海：一九三七）。
梁漱溟，「究源決疑論」，〔東方雜誌〕，十三卷（一九一六年五、六、七月）。
——，〔東西文化及其哲學〕（上海：一九二二；一九三〇年第八次印行）。
梅　影，「戊戌政變珍聞」，〔人文月刊〕，七卷八期（一九三六年十二月十五日）。
望月信亨，〔佛教大辭典〕（東京：一九三六）。
〔清史稿〕，見柯劭忞。
清史編纂委員會，〔清史〕，八冊（臺北：一九六一）。
〔清議報〕（橫濱：一八九九—一九〇一）。
〔清議報全編〕（橫濱：未註出版年代，一九〇〇年代初期）。
盛宣懷，「條陳自強大計疏」，收入翦伯贊等編，〔戊戌變法〕，第二冊。
章炳麟，〔太炎文錄初編〕、〔太炎文別錄〕，收入〔章氏叢書〕，第十六—十九冊（上海：一九二四）。
〔文錄〕含：「信史上」、「駁建立孔教議」。
脫脫等，〔宋史〕（上海：中華書局，未註出版年代）。
莊　俞，「張季直先生教育談」，〔教育雜誌〕，第九期（一九一七年元月）。
莊存與，〔春秋正解〕，收入阮元編，〔皇清經解〕。
許同莘，〔張文襄公年譜〕（上海：一九三九；重慶：一九四四；上海，一九四六）。
郭湛波，〔近五十年中國思想史〕（北平：一九三五；一九三六年重印）。
郭嵩燾，〔養知書屋文集〕，見〔養知書屋遺集〕（未註出版地，一八九二）。含：「致李傅相書」、「復姚彥嘉」、「與友人論仿行西法書」。均收入〔洋務運動〕，第一冊。
陳　立，〔公羊義疏〕，收入阮元編，〔皇清經解〕。

陳虬，〔治平通議〕，見〔蟄廬叢書〕（甌雅堂，一八九三）。另含：〔經世博議〕（卷一）、〔救時要義〕（卷一）。

陳壽，〔魏志〕（上海：中華書局，未註出版年代）。含「管輅傳」、「管輅別傳」（卷二九）。

陳熊，「戊戌政變前後湖南維新運動的社會基礎和思想的演變」，〔歷史教學〕，一九五九年七月號。

陳熾，〔庸書〕，收入梁啓超，〔西政叢書〕（上海：一八九五）。〔庸書〕含：「考工」（卷五）、「格致」（卷七）、「釐金」（卷二）、「農政」（卷二）、「水利」（卷一）、「電學」（卷七）、「蠶桑」（卷二）、「自立」（卷八）、「養民」（卷八）。

——，〔續富國策〕，收入梁啓超，〔西政叢書〕。〔續富國策〕含：「講求農學說」（卷一）、「勸工強國說」（卷三）、「化學重學說」（第四文）、「藝成於學說」（卷三）、「光學電學說」（第五文）、「工藝養民說」（卷三）、「算學天學說」（第三—五文）。

陳鍪，「戊戌政變時反變法人物之政治思想」，〔燕京學報〕，第二五期（一九三九年六月）。

陳天華，見思黃。

陳冷汰，「丁巳復辟記」，〔暢流〕，三〇卷一〇期（一九六五年元月一日）。

陳序經，〔中國文化的出路〕（上海：一九三四）。

陳周業，「試論康有爲空想理論（大同書）的階級基礎」，〔中學歷史教學〕，一九五七年第十一期。

陳昌華等，「我所知道的辜鴻銘先生」，〔人間世〕，十二期（一九三四年九月）。

陳恭祿，〔中國近代史〕（上海：一九三五；一九三六年第六次印刷）。

——，「甲午戰後庚子亂前中國變法運動之研究」，〔文哲季刊〕（武漢大學），三卷一期（一九三三年）。

陳獨秀，「孔子之道與現代生活」，〔新青年〕，二卷四期（一九一六年十二月）。

陳獨秀，「本誌宣言」，〔新青年〕，七卷一期（一九一九年十二月）。
——，「本誌罪案之答辯書」，〔新青年〕，六卷一期（一九一九年七月）。
——，「吾人最後之覺悟」，〔新青年〕，一卷六期（一九一六年二月）。
——，「東西民族根本思想之差異」，〔新青年〕，一卷四期（一九一五年十二月）。
——，「法蘭西人與近世文明」，〔新青年〕，一卷一期（一九一五年九月）。
——，「袁世凱復活」，〔新青年〕，二卷四期（一九一六年十二月）。
——，「馬克思學說」，〔新青年〕，九卷六期（一九二二年七月）。
——，「基督教與中國人」，〔新青年〕，八卷三期（一九二〇年二月一日）。
——，「敬告青年」，〔新青年〕，一卷一期（一九一五年九月）。
——，「實行民治的基礎」，〔新青年〕，七卷一期（一九一九年十二月）。
——，「駁康有爲共和平議」，〔新青年〕，四卷三期（一九一八年三月）。
——，「駁康有爲致總統總理書」，〔新青年〕，二卷二期（一九一六年十月）。
——，「憲法與孔教」，〔新青年〕，二卷三期（一九一六年十一月）。
——，「關於社會主義的討論」，〔新青年〕，八卷四期（一九二〇年十二月）。
陳夔龍，〔夢蕉亭雜記〕，收入翦伯贊等編，〔戊戌變法〕，第一册。
陳寶箴等，「奏請釐正學術造就人才摺」，收入葉德輝，〔覺迷要錄〕。
陳寶琛等纂，〔德宗皇帝實錄〕，見〔大清歷朝實錄〕，第一〇七一—一一八〇册（東京：翻印本，一九三七—三八）。
陶　模，「覆陳自強大計疏」，收入翦伯贊等編，〔戊戌變法〕，第二册。
陶　潛，「桃花源記」，〔靖節先生集〕（江蘇書局，一八八三）。

陸乃翔、陸敦騤，〔康南海先生傳〕，上編（上海：一九二九）。
麥仲華編，〔皇朝經世文新編〕（上海：一八九八）。
——編，〔戊戌奏稿〕（未註出版地，一九一一）。
麥孟華，「論中國宜尊君權抑民權」，收入翦伯贊等編，〔戊戌變法〕，第三冊。
傅蘭雅，〔考工記要〕、〔工程致富論〕、〔保富述要〕、〔佐治芻言〕，均收入梁啓超，〔西政叢書〕。
勞乃宣，〔桐鄉勞先生遺稿〕（桐鄉：一九二七）。含：「君主民主平議」、「續共和正解」、「韌叟自訂年譜」、「共和正解」。
嵇文甫，「游離了的學說」，〔新史學通訊〕，一九五三年六月號。
彭澤益，「張謇的思想及其事業」，〔東方雜誌〕，四〇期（一九四四年七月）。
曾　廉，「應詔上封事」，收入翦伯贊等編，〔戊戌變法〕，第二冊。
曾國藩，〔曾文正公日記〕，收入〔曾文正公全集〕（上海：一九二八；據一八七六年傳忠書局版重印）。含〔求闕齋日記〕，王定安編。
曾頡剛（曾紀澤），「西學略述序」，〔萬國公報〕，一卷五期（一八八九年六月）。
湯志鈞，〔戊戌變法人物傳稿〕，二冊（上海：一九六一）。
——，〔戊戌變法史論〕（上海：一九五五）。
——，〔戊戌變法史論叢〕（武漢：一九五七）。含：「戊戌變法時的學會和報刊」、「康有爲的新政建議和光緒帝的新政上諭」。
——，〔戊戌變法簡史〕（北京：一九六〇）。
——，「關於康有爲的大同書」，〔文史哲〕，第一期（一九五七）。
湯　震，「中學」，〔危言〕（上海：一八九〇）。

程演生編，〔太平天國史料〕（北平：一九二六）。

舒新城，〔近代中國留學史〕（上海：一九二七）。

菊池貴晴，「廣學會と變法運動——廣學會の設立について」，〔東洋史學論集〕（東京：一九五三）。

費行簡，〔慈禧傳信錄〕，選錄見翦伯贊等編，〔戊戌變法〕，第一冊。

辜鴻銘，「西洋議會考略」，〔張文襄幕府紀聞〕（未註出版地，一九一〇？）。

——，〔讀易堂文集〕，辜能以、辜文錦編（臺北：一九五六）。

馮友蘭，〔人生哲學〕（上海：一九二六）。

——，「康有爲底思想」，載北京大學哲學系中國哲學史教研室編，〔中國近代思想史論文集〕（上海：一九五八）。

——，〔新事論〕（又名〔中國到自由之路〕）（重慶：一九四〇；上海，一九四六）。

馮自由，〔中華民國開國前革命史〕，三册（重慶：一九四四）。

——，「錄（香港）中國日報民生主義與中國政治革命之前途」，〔民報〕，第四期（一九〇六年五月）。

馮桂芬，〔校邠廬抗議〕（廣仁堂刻，未註出版年代，序一八六一；豐城余氏，一八九七）。含「採西學」。

黃濬，〔花隨人聖庵摭憶〕（北京：未註出版年代，約一九四三；臺北：聯經出版公司，一九七九）。

黃大受，〔中國近代史〕，三册（臺北：一九五五）。

黃子通，「薛福成的思想」，〔中國近代史論文集〕（上海：一九五八）。

黃宗羲，〔宋元學案〕（〔四朝學案〕本）。

——，〔明夷待訪錄〕（〔海山仙館叢書〕本）。含「原臣」、「原君」。

——，〔明儒學案〕（〔四朝學案〕本，上海：一九三六）。

黃遵憲，〔日本國志〕（浙江書局，一八九八）。含「工藝志」（卷四十）。

勥　齋，「萬國社會黨大會史略」，〔民報〕，第五期（一九〇六年六月）。
嗣　鑾（筆名），「辜鴻銘在德國」，〔人間世〕，第十二期（一九三四年九月）。
愛新覺羅溥儀，〔我的前半生〕（香港：一九六四）。
〔新世紀〕（上海：重印本，一九四七）。
〔新民叢報〕（橫濱：一九〇二—五）。
〔新民叢報彙編〕（橫濱：一九〇二—五）。
〔新青年〕（上海、北平：一九一五—二一；廣州：一九二一）。
楊復禮，〔康梁年譜稿本〕，三卷（成於一九二八，稿本）。
〔萬國公報〕（上海：一八六八—一九〇四）。
葉德輝，「長興學記駁議」，收入蘇輿，〔翼敎叢編〕。
——，「答友人書」、「輶軒今語評」、「與許恪士觀察書」、「與劉先端黃郁文兩生書」、「與南學會皮鹿門孝廉書」、「與石醉六書」、「與段伯猷茂才書」，俱見蘇輿，〔翼敎叢編〕。
——，〔覺迷要錄〕（長沙？一九〇五）。
董仲舒，〔春秋繁露〕（抱經堂本，一八九三；上海：宏文書局重印，一八九三）。含：「楚莊王」、「三代改制質文」、「深察名號」、「爲人者天」。
〔解放與改造〕（北京：一九一九。一九二〇年改名爲〔哲學〕）。
廖　平，〔六譯館叢書〕（成都：一九二五）。含「致某人書」、「知聖篇」、「闢劉篇」、「世界哲理進化退化」。
——，〔古學考〕，張西堂點校並序（北平：一九三五）。
——，「改文從質說」，收入于寶軒，〔皇朝蓄艾文編〕，第六册。

〔管子〕（上海：鴻文書局，一八九三）。
蒙文通，「井研廖季平師與近代今文學」，〔大公報〕「文學副刊」，第二四一期（一九三二年八月十五日）。
赫　德，「局外旁觀論」，載文慶等編，〔籌辦夷務始末〕（同治朝，共四十卷）（北平：一九二九—一九三〇）。
趙　靖，「康有爲的經濟思想」，〔經濟研究〕，六七期（一九六二年五月）。
趙炳麟，〔栢嚴文存〕（泉州：一九二四）。
——，〔趙栢嚴集〕（未註出版時地），含〔栢嚴感舊詩話〕。
趙烈文，〔能靜居日記〕，六册（臺北：一九六四）。
趙爾巽，〔清史稿〕（瀋陽版，一九二七，卷一〇七，頁五；香港翻印本，一九六〇，下册，頁一三七七）。
趙豐田，「康長素先生年譜稿」，〔史學年報〕，二卷一期（一九三四）。
——，〔晚清五十年經濟思想史〕（燕京大學中國研究叢刊第十八號，北平：一九三九）。
〔儀禮注疏〕（臺北：重印本，一九五九）。
劉　昫，〔舊唐書〕（上海：中華書局，未註出版年代）。
劉坤一，〔劉忠誠公遺集〕（未註出版地，一九〇九），收入沈雲龍輯，〔近代中國史料叢刊〕，第二五一—五七册（臺北：一九六七）。含：「復馮莘垞」、「復歐陽潤生」、「書牘」十三及十二。
劉秉麟，「馬克思傳略」，〔新青年〕，六卷五期（一九一九年五月）。
劉逢祿，〔公羊春秋何氏釋例〕，收入阮元，〔皇清經解〕。閱「張三世例」。
劉廣京，「唐廷樞之買辦時代」，〔清華學報〕，新二卷二期（一九六一年六月）。
〔德宗實錄〕，見陳寶琛。

歐榘甲，「論中國變法必自發明經學始」，〔知新報〕，三八期。
歐陽修，〔新唐書〕（上海：中華書局，未註出版年代）。
潘樹藩，〔中華民國憲法史〕（上海：一九三四）。
翦伯贊等編，〔戊戌變法〕，四册，〔中國近代資料叢刊〕第八種（上海：一九五三）。
蔡元培，「魯迅先生全集序」，〔魯迅全集〕（初版本）。
蔡尚思，〔中國傳統思想總批判〕（上海：一九四一；一九五〇年第二次印刷）。
蔡爾康編，〔中東戰紀〕，三編（上海：一八九七）。
蔣廷黻，「國民黨與國民黨員」，〔獨立評論〕，一七六期（一九三五年十一月）。
蔣夢麟，「改變人生的態度」，〔新教育〕，一卷五期（一九一八年）。
———，「近世我國學術界裏的一顆彗星」，〔中央日報〕，一九六三年三月廿五、廿六日。
———，「談中國新文藝運動」，〔中國文藝復興運動〕（臺北：一九六〇）。
「論中國變政並無過激」，收入翦伯贊等編，〔戊戌變法〕，第三册。
鄭潭洲，「十九世紀末期湖南的維新運動」，〔歷史研究〕，一九五五年元月號。
鄭觀應，〔盛世危言〕（一八九二；上海：華英書局，一九〇五）。一九〇五年版含：「技藝」（第二六文，卷三）、「鑄銀」（第四十文）、「農工」（第二八文，卷四）、「商戰」（第二五文）、「商務」（第二四文）、「鐵路」（第三三文）、「電報」（第三四文）、「銀行」（第三七—三八文）、「郵政」（第三五—三六文）。
———，〔盛世危言後編〕（未註出版地，一九二〇）。含「復考察商務大臣張弼士侍郎」（卷八），收入〔洋務運動〕，第八册。
震　瀛（筆名），「記辜鴻銘先生」、「補記辜鴻銘先生」，〔人間世〕，第一八、二八期（一九三四年十二月，一九三五年五月）。
魯　迅，（參見唐俟），「狂人日記」，〔新青年〕，四卷五期（一九一八年五月）。
——，〔魯迅全集〕（上海：一九三八，一九四六年二版）。含：「青年必讀書」（第三冊，〔華蓋集〕）；「寫在〔墳〕後面」（第一冊，〔墳〕）；「摩訶波羅多羅摩衍那詩力說」（第一冊）；「吶喊自序」（第一冊）；「文化偏至論」（第一冊）。
黎　澍，「論社會主義在中國的傳播」，〔歷史研究〕，一九五四年第三期。
蕭一山編，〔太平天國叢書〕，第一輯，十冊（上海：一九三六）。
蕭公權，〔中國政治思想史〕，二冊（上海：一九四五—四六；二版，六冊，臺北：一九五四；臺北：聯經版，精裝一冊，一九八二）。
——，「低調談選擧：地方民意機構的初步檢討」，〔憲政與民主〕（上海：一九四八；臺北：聯經版，一九八三）。
——，「吳康，春秋政治學說」（書評），〔清華學報〕，八卷一期（一九三二年十二月）。
——，〔翁同龢與戊戌維新〕（臺北：聯經出版公司，一九八三）。
錢　穆，〔中國近三百年學術史〕（上海：一九三七）。
——，「孔子與春秋」，〔東方文化〕，第一期（一九五四）。
錢玄同，「重印新學僞經考序」，載康有爲，〔新學僞經考〕。
錢實甫，〔清季中國重要職官表〕（上海：一九五九）。
閻錫山，「孔子是什麼家？」，〔治晉政務全書〕，十二冊（臺北：一九六〇）。
——，〔世界大同〕（臺北：一九六〇）。
繆荃孫編，〔續碑傳集〕（江楚編譯書局，一九一〇）。

薛福成，『庸盦全集』（上海：一九〇一）。內含：『庸盦文編』、『續編』、『內外編』、『海外文編』、『籌洋芻編』、『出使英法義比四國日記』。

——，『庸盦全集』又含：「振百工說」、「強鄰環視謹陳愚計疏」、「創開中國鐵路議」、「西洋諸國導民生財說」、「西洋諸國爲民理財說」、「選舉論」、「礦政」、「商政」、「上曾侯相書」、「代李伯相議請試辦鐵路疏」、「應詔陳言疏」、「用機器殖財養民說」。

蟄　伸（朱執信），「德意志社會革命家列傳」，『民報』，第二、三期（一九〇六年三、四月）。

謝國楨，「近代書院學校制度變遷考」，載胡適等編，『張菊生先生七十生日紀念論文集』（上海：一九三七）。

『韓非子』（上海：鴻文書院，一八九三）。含「顯學」。

儲玉坤，『中國憲法大綱』（增訂本，上海：一九四八）。

戴　震，『孟子字義疏證』（臺北：世界文庫本，一九五九）。

『禮記正義』，見阮元編，『十三經注疏』（臺北：翻印本，一九五九）。含：「祭義」四七、「郊特牲」二五、「昏義」六一、「孔子閒居」五一、「禮運」二一、「檀弓上」六、「檀弓下」九。

薩孟武等，「中國本位文化建設宣言」，『文化建設』，一卷四期（一九三五年元月）。

魏　收，『魏書』（上海：中華書局，未註出版年代）。

魏　源，『春秋繁露注』、『公羊古微』，俱見『皇清經解續編』。

「羅文仲諱昌先生行狀」（羅榮邦藏手稿）。

譚嗣同，「界說」，『仁學』（上海：一九一七）。收入『譚瀏陽全集』（四版，上海：一九二五）。

關綠茵，「詹天佑與中國鐵路」，『暢流』，三五卷八期（一九六七年六月一日）。

嚴　修，「奏請設經濟專科摺」，收入翦伯贊等編，『戊戌變法』，第二冊。

嚴　復，「原強」，〔嚴幾道文鈔〕（上海：一八九八）；〔嚴幾道先生遺著〕（新加坡：一九五九）。
——，「救亡決論」，收入翦伯贊等編，〔戊戌變法〕，第三册。
——，「與熊純如書」，收入翦戌伯贊等編，〔戊戌變法〕，第二册。
——譯，〔赫胥黎天演論〕（序一八九六；上海：商務，一九三〇）。
嚴中平編，〔中國近代經濟史統計資料選輯〕（北京：一九五五）。
——編，〔中國棉紡織史稿〕（北京：一九五五）。
——編，〔中國棉業之發展〕（重慶：一九四三）。
懸　解（朱執信），「從社會主義論鐵道國有及中國鐵道之官辦私辦」，〔民報〕，第四期（一九〇六年五月）。
——，「論社會革命當與政治革命並行」，〔民報〕，第五期（一九〇六年六月）。
蘇　輿，〔春秋繁露義證〕（未註出版時地）。
——編，〔翼教叢編〕（武昌：一八九八）。
蘇繼祖編，〔清廷戊戌朝變記〕（中壩：一九三一），收入翦伯贊等編，〔戊戌變法〕，第一册。
顧兆熊，「馬克思學說」，〔新青年〕，六卷五期（一九一九年五月）。
顧頡剛，「自序」，〔古史辨〕，第一册（北京：一九二七）。
龔自珍，〔定奄全集〕。〔文集〕三卷；〔續集〕四卷；〔文集補〕一卷。（四部叢刊本，上海，未註出版年代）。含：「京師樂籍說」（〔續集〕）、「撰四等十儀」（〔續集〕）、「乙丙之際著議」（〔文集〕）、「乙丙之際塾議」（〔文集〕）、「古史鈎沉論」（〔續集〕）、「五經大義終始問答」（〔續集〕）。
龔　駿，〔中國新工業發展史大綱〕（上海：一九三三）。
鷲尾義直，〔犬養木堂傳〕，三册（東京：一九三八—三九）。

三、西文著作之部

Abbeglan, James C., *The Japanese Factory: Aspects of Its Social Organization* (Glencoe, Ill.: Free Press of Glencoe, 1958).

Aisin-Gioro Pu Yi, *From Emperor to Citizen* (English version of *Wo-ti ch'ien-pan sheng*). (Peking: Foreign Languages Press, 1964).

Alexander, Robert J., *A Primer of Economic Development* (New York: Macmillan Co., 1962).

Allen, George Cyril, *Japan's Economic Expansion* (London and New York: Oxford University Press, 1965).

———, *A Short Economic History of Modern Japan, 1867-1937* (Rev. ed. London and New York: Allen and Unwin, 1962).

———, and Donnithorne, Audrey G., *Western Enterprise in Far Eastern Economic Development: China and Japan*(London: Allen and Unwin; New York: Macmillan Co., 1954).

The Analects of Confucius. Translated by Arthur Waley (London: Allen and Unwin; New York: Macmillan Co., 1938).

Apter, David E., *The Politics of Modernization* (Chicago: University of Chicago Press, 1965).

Aquinas, Saint Thomas, *The Basic Writings*. Edited by A.C. Pegis (New York: Random

House, 1945).

Aristotle, *Metaphysics*. Translated by John Warrington (New York: J.M. Dent, Everyman's Library, 1913).

———, *On the Heavens*. Translated by K.C. Guthrie (Cambridge, Mass.: Loeb Classical Library, 1939).

Ashton, T.S., *The Industrial Revolution, 1760-1830* (New York: Oxford University Press, 1948).

de Bary, William; Wing-tsit Chan; and Burton Watson (eds. and trans.), *Sources of Chinese Tradition* (New York: Columbia University Press, 1960).

Bashford, James W., *China, an Interpretation* (New York and Cincinnati, 1916. 3rd. ed. New York: Abingdon Press, 1919).

Baudet, Henri, *Paradise on Earth: Some Thoughts on European Images of Non-European Man*. Translated by Elizabeth Wentholt(New Haven and London: Yale University Press, 1965).

Becker, Carl Lotus, *The Heavenly City of the Eighteenth-Century Philosophers* (New Haven: Yale University Press, 1932).

Bellah, Robert N., *Tokugawa Religion: The Values of Pre-Industrial Japan* (Glencoe, Ill.: Free Press, 1957).

Bennett, Arthur, *John Fryer: The Introduction of Western Science and Technology into Nineteenth-Century China*. Harvard East Asian Monograph, No. 24. (Cambridge, Mass.: Harvard University Press, 1967).

Beresford, Lord Charles William de la Poer, *The Break-up of China, with an Account of its Present Commerce, Currency, Waterways, Armies, Railways, Politics, and Future Prospects* (New York and London: Harper and Bros., 1900).

Bergson, Henri, *Creative Evolution*. Translated by Arthur Mitchell (New York: Henry Holt & Co., The Modern Library, 1911; Random House, 1944).

———, *The Two Sources of Morality and Religion*. Translated by Ashley Audra and Cloudesley Brereton, assisted by W. Horsfall Carter (New York: Doubleday, 1935).

Bernard, Henri, "Notes on the Introduction of the Natural Sciences into the Chinese Empire," *Yenching Journal of Social Studies*, vol. 3, no. 2 (Aug. 1941).

Berneri, Marie Louise, *Journey Through Utopia* (London: Routledge and Paul, 1950).

Berrill, Kenneth (ed.), *Economic Development with Special Reference to East Asia*. Proceedings of a Conference held by the International Economic Association (New York: St. Martin's Press, 1964).

Bhagwati, Jagdish, *The Economics of Underdeveloped Countries* (London: World University Library; New York: McGraw-Hill Book Co., 1966).

Biggerstaff, Knight, *The Earliest Modern Government Schools in China* (Ithaca, New York: Cornell University Press, 1961).

———, "The T'ung Wen Kuan," *Chinese Social and Political Science Review* (Peking), vol. 18 (1934).

Bingham, Woodbridge; Hilary Conroy; and Frank W. Iklé, *A History of Asia*. 2 vols.

(Boston: Allyn and Bacon, 1965).

Blacker, Carmen, *The Japanese Enlightenment: A Study of the Writings of Fukuzawa Yukichi* (Cambridge, Mass.: Harvard University Press, 1964).

Blakney, R.B. (trans.), *The Way of Life* (New York: New American Library; London: Muller, 1955).

Bland, John O.P., and Edmund Backhouse, *China under the Empress Dowager: Being the History of the Life and Times of Tz'u Hsi* (Philadelphia, 1910. 2nd ed. Peking: N. Vetch, 1939).

Boorman, Howard L., and Richard C. Howard (eds.), *Biographical Dictionary of Republican China*, vols. 1, 2. (New York: Columbia University Press, 1968).

Borton, Hugh, *Japan's Modern Century* (New York: Ronald Press, 1955).

Bourne, F.D.A., "Possible and Impossible Reforms," *Journal of the North China Branch of the Royal Asiatic Society*, N.S., vol. 33 (1900-1901).

Brière, O.,S.J., *Fifty Years of Chinese Philosophy, 1899-1950*. Translated by Laurence G. Thompson (London: Allen and Unwin, 1956).

Broadbridge, Seymour, *Industrial Dualism in Japan. A Problem of Economic Growth and Structural Change* (Chicago: Aldine Publishing Co., 1966).

Brunnert, H.S.; and V.V. Hagelstrom, *Present Day Political Organization of China* (Peking, 1911. Reprinted, Hong Kong, n.d.).

Bryce, James, *Modern Democracies*. 2 vols. (New York: Macmillan Co., 1921).

Cameron, Meribeth Elliot, *The Reform Movement in China, 1898-1912* (Stanford: Stanford University Press, 1931).

Cecil, Gascoyne (Assisted by Lady Florence Cecil), *Changing China* (London: J. Nisbet, 1912).

Chan, Wing-tsit (Trans.), *The Way of Lao-tzu* (Indianapolis: Bobbs-Merrill Co., 1963).

Chang, Carsun, *The Development of Neo-Confucian Thought.* 2 vols. (New York: Bookman Associates, 1957, 1962).

———, "Reflections on the Philosophical Controversy in 1923," *The Chung Chi Journal* (Hong Kong), vol. 3, no. 1 (Nov. 1963).

Chang, Chung-li, *The Chinese Gentry: Studies on their Role in Nineteenth-Century China* (Seattle: University of Washington Press, 1955).

———, *The Income of the Chinese Gentry. A Sequel to The Chinese Gentry: Studies on their Role in Nineteenth-Century China*(Seattle: University of Washington Press, 1962).

Chang, John K., "Industrial Development of China, 1912-1949," *Journal of Economic History*, vol. 27, no. 1 (March 1967).

Chang, Kia-ngau, *China's Struggle for Railroad Development* (New York: John Day Co., 1943).

Chang, P'eng, "The Professional Merchants in China, 1842-1911" (Ph. D. dissertation, University of Washington, Seattle, 1958).

Ch'en, Ch'i-t'ien [Gideon Chen], *Modern Industrial Technique in China* (Peiping: Yenching

University, 1934-1935).

———, *Tso Tsung-t'ang, Pioneer Promoter of the Modern Deckyard and the Woolen Mill in China* (Peiping: Paragon Press, 1938).

Chen, Chi-yun, "Liang Ch'i-ch'ao's 'Missionary Education': A Case Study of Missionary Influence on the Reformers," Harvard University East Asian Research Center. *Papers on China*, vol. 16 (1962).

Cheng Lin, *The Chinese Railways: An Historical Survey* (Shanghai: China United Press, 1935).

Cheng, Shelley H., "The T'ung-men-hui: Its Organization, Leadership, and Finance, 1905-1912," (Ph. D. dissertation, University of Washington, 1962).

Cheng, T'ien-hsi, *China Molded by Confucius. The Chinese Way in Western Light* (London: Stevens and Sons, 1947).

Chiang, Monlin, *Tides from the West: A Chinese Autobiography* (New Haven: Yale University Press, 1947).

Ch'ien, Tuan-sheng, *The Government and Politics of China* (Cambridge, Mass.: Harvard University Press, 1950).

Chinard, Gilbert (ed.), *The Correspondence of Jefferson and Du Pont de Nemours*. With an Introduction on Jefferson and the Physiocrats (Baltimore: John Hopkins Press, 1931).

The Chinese Classics. Translated by James Legge. 5 vols., 2nd ed. (Hong Kong: Hong Kong University Press, 1960).

Chow, Tse-tsung, *The May Fourth Movement: Intellectual Revolution in Modern China* (Cambridge, Mass.: Harvard University Press, 1960).

Chu, Samuel C., *Reformer in Modern China: Chang Chien, 1853-1926* (New York and London: Columbia University Press, 1965).

Ch'u, Ta-kao (trans.), *Tao-te Ching* (London: The Buddhist Society, 1937; reprinted, 1948).

Ch'ü, T'ung-tsu, *Law and Society in Traditional China* (Paris and The Hague: Mouton, 1961).

———, *Local Government in China under the Ch'ing* (Cambridge, Mass.: Harvard University Press, 1962).

Ch'ü Yüan, *Li Sao and other Poems of Ch'ü Yüan*. Translated by Yang Hsien-yi and Gladys Yang (Peking: Foreign Languages Press, 1955).

Cohen, Paul A., *China and Christianity. The Missionary Movement and the Growth of Chinese Antiforeignism, 1860-1870* (Cambridge, Mass.: Harvard University Press, 1963).

The Contemporary Review, vol. 76, July-December, 1899 (London: A. Strahan).

Creel, H.G., *Confucius and the Chinese Way* (New York: Harper, 1960. Published in 1949 by John Day as *Confucius: The Man and the Myth*).

Dai, Shen-yu, "Mao Tse-tung and Confucianism" (Ph.D. dissertation, University of Pennsylvania, 1953. Ann Arbor, Michigan, University Microfilms, 1953).

Davidson, Martha, *A List of Published Translations from Chinese into English, French, and German.* Part I. Literature. Tentative editon (Washington, D.C.: American

Council of Learned Societies, 1952).

Davies, Godfrey, *The Early Stuarts, 1603-1660* (Oxford: Clarendon Press, 1937).

Der Ling, *Two Years in the Forbidden City* (New York: Dodd, 1929).

Descartes, René, *The Philsophical Works of Descartes*. Translated by E.S. Haldane and G. R.T. Ross (Cambridge: Cambridge University Press, 1931).

Doig, Peter, *A Concise History of Astronomy* (New York: Philosophical Library, 1951).

Dubs, Homer H., "The Failure of the Chinese to Produce Philosophical Systems," *T'oung Pao*, ser. 2, vol. 26 (Leiden: E.J. Brill, 1929).

——— (trans.), *The Works of Hsüntze* (London: Arthur Probsthain, 1928).

Dunning, W.A., *A History of the Political Theories from Rousseau to Spencer* (New York: Macmillan Co., 1922).

Duyvendak, J.J.L. (trans.), *The Book of Lord Shang* (London: Arthur Probsthain, 1928; Chicago: University of Chicago Press, 1963).

——— (trans.), *Tao Te Ching*: *The Book of the Way and Its Virtue* (London: John Murray, 1954).

Elwes, R.H.M. (trans.), *The Ethics of Spinoza* (London: M.W. Dunne, 1919).

Engels, Friedrich, *Socialism*: *Utopian and Scientific*. Translated by Edward Aveling (Chicago: C.H. Kerr, 1905).

Ergland, F.E., *Kant's Conception of God. A Critical Exposition of Its Metaphysical Development* (London: Allen and Unwin, 1929).

Fairbank, John K., *The United States and China* (1948. Rev. ed. Cambridge, Mass.: Harvard University Press, 1958).

Fang, Hsien-t'ing, *China's Industrialization: A Statistical Survey* (Shanghai: China Institute of Pacific Relations, 1931).

Ferm, Vergilius (ed.), *An Encyclopedia of Religion* (New York: Philosophical Library, 1945).

Feuerwerker, Albert, *China's Early Industrialization. Sheng Hsüan-huai (1844-1916) and Mandarin Enterprise* (Cambridge, Mass.: Harvard University Press, 1958).

———, *The Chinese Economy, 1912-1949*. Michigan Papers in Chinese Studies, no. 1 (Ann Arbor: University of Michigan Center for Chinese Studies, 1968).

———, "Industrial Enterprise in Twentieth-Century China: The Chee Hsin Cement Co.," In *Approaches to Modern Chinese History*, edited by Albert Feuerwerker; Rhoads Murphey; and Mary C. Wright(Berkeley and Los Angeles: University of California Press, 1967).

Forke, Alfred, *Geschichte der neuren chinesischen Philosophie* (Hamburg: De Gruyter and Co., 1938).

Franke, Otto, "Der Ursprung der Reformbewegung in China," *Ostasiatische Neubildungen* (Hamburg, 1911), pp. 20-35.

———, "Was lehrt uns die ostasiatische Geschichte der letzen fünfzig Jahre?" *Ostasiatische Neubildungen* (Hamburg, 1911), pp. 70-71.

Franke, Wolfgang, *Chinas kulturelle Revolution: Die Bewegung vom 4 Mai, 1919* (Munich: R. Oldenbourg, 1957).

———, "Der Kampf der chinesischen Revolution gegen den Konfuzianismus," Gesellschaft für Natur-und Völkerkünde Ostasiens. *Nachrichten*, 74 (Hamburg, 1953).

———, "Die staatspolitischen Reformsversuche K'ang Yu-weis und Seiner schule," *Mitteilungen des Seminars für Orientalische Sprachen an der Universität Berlin, Ostasiatische Studien* 38 (Berlin, 1935).

Fryer, John, *Admission of Chinese Students to American Colleges* (Washington, D.C.: United States Government Printing Office, 1909).

Fukutake, Tadashi, *Asian Rural Society: China, India, Japan* (Seattle: University of Washington Press, 1967).

Fung Yu-lan, *A History of Chinese Philosophy*. Translated by Derk Bodde. 2 vols. (Princeton: Princeton University Press, 1953).

Furth, Charlotte, *Ting Wen-chiang: Science and China's New Culture.* Harvard East Asian Series, no. 42 (Cambridge, Mass.: Harvard University Press, 1970).

Galbraith, John Kenneth, "Capitalism, Socialism, and the Future of the Industrial State," *The Atlantic*, vol. 219, no. 6 (June 1967).

———, *Economic Development* (Cambridge, Mass.: Harvard University Press, 1964).

———, *Economic Development in Perspective* (Cambridge, Mass.: Harvard University Press, 1962).

Gale, Esson MacDowell, *Salt for the Dragon: A Personal History of China, 1908-1945* (Ann Arbor and East Lansing: Michigan State College Press, 1953).

Gasster, Michael, *Chinese Intellectuals and the Revelution of 1911: The Birth of Chinese Radicalism* (Seattle: University of Washington Press, 1969).

Giles, Lionel (trans.), *The Book of Lieh-tzu* (London: John Murray, 1912; reprinted, 1959).

Godwin, William, *Enquiry Concerning Political Justice and Its Influence on Morals and Happiness*. 2 vols., 3rd ed. (London: G.G. and J. Robinson, 1798).

Golden, Harry, *Only in America* (New York: Permabooks, 1959).

Goodrich, Joseph King, *The Coming China* (Chicago: A.C. McClurg and Co., 1911).

Gorst, Harold, *China* (New York: E.P. Dutton and Co., 1899).

Grady, Lonan Wang, "Germany's Role in the Boxer Movement" (Master's Thesis, University of Washington, Seattle, 1964).

Grafer, T.W., "Apologetics," In *Encyclopedia of Religion and Ethics*, Edited by James Hastings, vol. 1. 2nd Impression (Edinburgh: T.T. Clark, 1930).

Graham, A.C. (trans.), *The Book of Lieh-tzu* (London: John Murray, 1960).

Grass, Günter, *Local Anaesthetic*. Translated by Ralph Manheim (New York: Harcourt, Brace & World, 1969).

Grieder, Jerome B., "Hu Shih: An Appreciation," *The China Quarterly*, no. 12 (1962).

———, *Hu Shih and the Chinese Renaissance: Liberalism in the Chinese Revolution, 1917-1937* (Cambridge, Mass.: Harvard University Press, 1970).

de Groot, J.J.M., *Religion in China; Universism, a Key to the Study of Taoism and Confucianism* (New York and London: G.P. Putnam's Sons, 1912).

Guillain, Robert, *600 Million Chinese.* Translated by Mervyn Savill (New York: Criterion Press, 1957).

Gundry, R.S., *China Present and Past* (London: Chapman and Hall, 1895).

Gurtov, Melvin, "Recent Developments on Taiwan," *The China Quarterly*, no. 31 (1967).

Hao, Yen-p'ing, "The Abortive Cooperation Between Reformers and Revolutionaries(1895-1900)," Harvard University East Asian Research Center. *Papers on China*, vol. 15 (1961).

———, "Cantonese Compradore-Merchants: A Study of Their Functions and Influences, 1842-1884" (Ph. D. dissertation, Harvard University, 1966).

Hastie, William (ed. and trans.), *Kant's Cosmogony* (Glasgow: J. Maclehose and sons, 1900).

Hastings, James (ed.), *Encyclopaedia of Religion and Ethics.* 2nd Impression (Edinburgh: T. & T. Clark, 1930).

Hawkes, David (trans.), *Ch'u Tz'u: The Songs of the South* (Oxford: Clarendon Press, 1959. Boston: Little, Brown and Co., 1962).

Heilbroner, Robert L., *The Great Assent: The Struggle for Economic Development in Our Time* (New York: Harper & Row, 1963).

Herberg, Will, "What Keeps Modern Man from Religion?" *The Intercollegiate Review: A Journal of Scholarship and Opinion*, vol. 6, nos. 1-2 (Winter, 1969-70).

Hertzler, Joyce O., *A History of Utopian Thought* (New York: Macmillan Co., 1926).

Hidemi, Onogawa, "K'ang Yu-wei's Idea of Reform," *Studies on Modern China*, no. 2 (Tokyo, 1958), pp. 112-113.

Hinton, Harold C., "The Grain Tribute System of the Ch'ing Dynasty," *Far Eastern Quarterly*, 11, no. 3 (May 1952): 339-354.

Hirschmeier, Johannes, S. V. D., *The Origins of Enterpreneurship in Meiji Japan* (Cambridge, Mass.: Harvard University Press, 1964).

Hirth, Friedrich; and W.W. Rockhill, *Chau Ju-kua: His Work on the Chinese and Arab Trade in the Twelfth and Thirteenth Centuries, Entitled Chu-fan-chi.* Translated from the Chinese and Annotated; reprinted from the St. Petersburg, 1912, edition with Chinese text (Amsterdam: Oriental Press, 1966).

Ho, Franklin L.; and H.D. Fong, "Extent and Effects of Industrialization in China," Presented at the 3rd Biennial Conference of the Institute of Pacific Relations, Kyoto, October 1929. vol. 9, *Publications and Data Papers* (Tientsin, 1929).

Ho, Ping-ti, "The Salt Merchants of Yang-chou: A Study of Commercial Capitalism in Eighteenth-Century China," *Harvard Journal of Asiatic Studies*, vol. 17, nos. 1 and 2 (June 1954).

———, "Weng T'ung-ho and the 'One Hundred Days of Reform.'" *Far Eastern Quartely*, vol. 11, no. 2 (Feb. 1951).

Holt, Robert T.; and John E. Turner, *The Political Basis of Economic Development. An Exploration in Comparative Political Analysis* (Princeton: Princeton University Press, 1966).

Honjo, Eijiro, *Economic Theory and History of Japan in the Tokugawa Period* (Translation of *Nihon keizai shiso shi*) (Tokyo: Maruzen, 1943).

———, *The Social and Economic History of Japan* (Kyoto, 1935; New York: Russell and Russell, 1965).

Houn, Franklin W., *Central Government of China, 1912-1928: An Institutional Study*. 2 vols. (Madison: University of Wisconsin Press, 1957).

Howard, Richard C., "K'ang Yu-wei (1858-1927): His Intellectual Background and Early Thought," In *Confucian Personalities*, Edited by Arthur F. Wright and Denis Twitchett (Stanford: Stanford University Press, 1962).

Hsiao, Kung-chuan, "The Case for Constitutional Monarchy: K'ang Yu-wei's Plan for the Democratization of China," *Monumenta Serica* 24 (1965): 1-83.

———, "Economic Modernization: K'ang Yu-wei's Ideas in Historical Perspective," *Monumenta Serica* 27 (1968): 1-90.

———, "In and Out of Utopia: K'ang Yu-wei's Social Thought. (1) Path Finding in Two Worlds. (2) Road to Utopia. (3) Detour to Industrial Society," *The Chung Chi Journal*, vol. 7, no. 1 (Nov. 1967); vol. 7, no. 2 (May 1968); vol. 8, no. 1 (Nov. 1968).

———, "K'ang Yu-wei and Confucianism," *Monumenta Serica* 18 (1959): 96-212.

———, "K'ang Yu-wei's Excursion into Science: *Lectures on the Heavens*," In *K'ang Yu-wei: A Biography and a Symposium*, Edited by Jung-pang Lo (Tucson: University of Arizona Press, 1967).

———, "Legalism and Autocracy in Traditional China," *Tsing Hua Journal of Chinese*

Studies, n.s., 4, no. 2 (Feb. 1964): 108-122.

———, "The Philosophical Thought of K'ang Yu-wei: An Attempt at a New Synthesis," *Monumenta Serica* 21 (1962): 129-193.

———, *Rural China: Imperial Control in the Nineteenth Century* (1960. Seattle: University of Washington Press, 1967).

———, "Weng T'ung-ho and the Reform Movement of 1898," *Tsing Hua Journal of Chinese Studies*, n.s., 1, no. 2 (April 1957): 111-245.

Hsieh, Pao Chao, *The Government of China, 1644-1911* (Baltimore: John Hopkins Press, 1925).

Hsü, Francis L.K., "Cultural Differences Between East and West and Their Significance for the World Today,"*Tsing Hua Journal of Chinese Studies*, n. s., vol. 2, n. 1(May 1960).

Hsü, Immanuel C.Y., trans. Liang Ch'i-ch'ao, *Intellectual Trends in the Ch'ing Period* (Cambridge, Mass.: Harvard University Press, 1959).

———, *The Rise of Modern China* (New York: Oxford University Press, 1970).

Hu Shih, *China, Too, is Fighting to Defend a Way of Life* (San Francisco: Grabhorn Press, 1942).

———, *The Chinese Renaissance.* Haskell Lectures, 1933. (Chicago: University of Chicago Press, 1934).

———, "The Chinese Tradition and the Future," Address delivered July 10, 1960, at the Sino-American Conference on Intellectual Cooperation, University of Washington,

July 10-15, 1960. Sino-American Conference on Intellectual Cooperation, *Reports and Proceedings* (Seattle: University of Washington Press, 1960).

———, "The Civilizations of the East and the West," In *Whither Mankind: A Panorama of Modern Civilization*, edited by Charles Austin Beard (New York, London, and Toronto: Longmans, 1928).

———, *The Development of the Logical Method in Ancient China* (Shanghai: Oriental Book Co., 1922).

———, "Our Attitude Toward Western Civilization," *Contemporary Review*, no. 83 (July 10, 1926); *Peking Leader Reprints*, no. 24 (Peking: Peking Leader Press, 1926).

———, "What I Believe," *Living Philosophies, by Twenty-two Representative Modern Thinkers. Forum*, Jan. and Feb., 1930. (New York: Simon and Schuster, 1931).

Huang, Joe Chou, "The Political Theories of K'ang Liang School and Their Application to the Reform Movement in China, 1895-1911" (Ph. D. dissertation, Southern Illinois University, 1963).

Huang, Philip C., "A Confucian Liberal: Liang Ch'i-ch'ao in Action and Thought" (Ph. D. dissertation, University of Washington, 1966).

Hudson, Geoffrey F., *Europe and China: A Survey of Their Relations from the Earliest Times to 1800* (London: E. Arnold & Co., 1931).

Hughes, E.R., *The Invasion of China by the Western World* (New York: Macmillan Co., 1938).

Hummel, Arthur W., *Eminent Chinese of the Ch'ing Period, 1644-1912*(Washington, D.C.: United States Government Printing Office, 1943).

Hummel, William F., "K'ang Yu-wei, Historical Critic and Social Philosopher, 1858-1927," *The Pacific Historical Review*, vol. 4 (1935).

The I-Ching. Translated by James Legge (New York: Dover Publications, 1953).

Ideal Empires and Republics. With an Introduction by Charles M. Andrews (New York: Aladdin Book Co., ca. 1901).

Ikei, Masaru, "Japan's Response to the Chinese Revolution of 1911," *The Journal of Asian Studies*, vol. 225, no. 2 (Feb. 1966).

Israel, John, *Student Nationalism in China, 1927-1937* (Stanford: Stanford University Press, 1966).

Jansen, Marius B., *Changing Japanese Attitudes Toward Modernization* (Princeton: Princeton University Press, 1965).

———, *The Japanese and Sun Yat-sen* (Cambridge, Mass.: Harvard University Press, 1954).

Japan Information Service, *Japan Report*, vol. 13, no. 16 (New York, Aug. 31, 1967).

Johnston, Bruce F., "Agricultural Production and Economic Development in Japan," *Journal of Political Economy*, vol. 59, no. 6 (Dec. 1951).

Johnston, Reginald F., *Confucianism and Modern China*. The Lewis Fry Memorial Lectures, 1933-1934 (New York: D. Appleton-Century Co., 1935).

———, *Twilight in the Forbidden City* (New York: D. Appleton-Century Co., 1935).

Jones, W.T., *A History of Western Philosophy* (New York: Harcourt, 1952).

Kamishima, Jirō, "Modernization of Japan and the Problem of 'Ie' Consciousness," *Acta Asiatica*, Bulletin of the Institute of Eastern Culture (Tokyo), vol. 13 (1967).

K'ang Yu-wei, *Ta T'ung Shu: The One-World Philosophy of K'ang Yu-wei*. Translated by Laurence G. Thompson (London: Allen and Unwin, 1958).

Kant, Immanuel, *Critique of Practical Reason and Other Works on the Theory of Ethics*. Translated by Thomas Kingsmill Abbott (4th ed., London, 1889. 6th ed., London, New York, and Bombay: Longmans, Green and Co., 1927).

———, *Critique of Pure Reason*. Translated by Norman Kemp-Smith (London: The Macmillan Co., 1929).

———, *Project for a Perpetual Peace* (London, 1976).

Kao, Chung Ju [Bernard], *Le mouvement intellectuel en Chine et son rôle dans la révolution chinoise (entre 1898 et 1937)*. (Aix-en-Provence: Saint-Thomas, 1957).

Kao, Hsi-chung [Charles], "An Analysis of Agricultural Output Increase on Taiwan, 1953-1964," *Journal of Asian Studies*, vol. 26, no. 4 (Aug. 1967).

Kaufmann, M., *Utopias* (London: C.K. Paul, 1879).

Kent, Percy Horace Braund, *Railway Enterprise in China* (London: E. Arnold, 1908).

Klatt, Werner ("W.K."), "Communist China's Agriculture Calamities," *The China Quarterly*, no. 6 (April-June 1961).

Koh, Sung Jae, *Stages of Industrial Development in Asia. A Comparative History of the*

Cotton Industry in Japan, India, China, and Korea (Philadelphia: University of Pennsylvania Press, 1966).

Kohn, Harold E., *Thoughts Afield* (Grand Rapids, Michigan, 1959).

Kou Hong Ming [Ku Hung-ming]; and Francis Borrey, *Le catéchisme de Confucius. Contribution à l'étude de la sociologie chinoise* (Paris: M. Rivière, 1927).

Ku, Chieh-kang, "The Autobiography of a Chinese Historian: Being the Preface to a Symposium on Ancient Chinese History," Translated by Arthur W. Hummel., *Ku-shih pien*, vol. 1 (Leiden: E.J. Brill, 1931).

Ku, Hung-ming, *Chinas Verteidigung gegen europaïsche Ideen* (Jena: E. Diederiches, 1911).

———, *The Conduct of Life. Or, The Universal Order of Confucius.* Translation of the *Doctrine of the Mean* (London, 1906. Reprinted, London: John Murray, 1920).

———, *The Discourses and Saying of Confucius* (Shanghai, 1898).

———, *Papers from a Viceroy's Yamen: A Chinese Plea for the Cause of Good Government and True Civilization in China* (Shanghai: Shanghai Mercury, 1901).

———, *The Spirit of the Chinese People* (Peking: Peking Daily News, 1915).

———, *The Story of a Chinese Oxford Movement* (Shanghai: Shanghai Mercury, 1910. 2nd ed., 1912).

Kung-sun Yang, *The Book of Lord Shang.* Translated by J.J.L. Duyvendak (London: Arthur Probsthain, 1928. Chicago: University of Chicago Press, 1963).

Kwok, D.W.Y., *Scientism in Chinese Thought, 1900-1950* (New Haven and London: Yale University Press, 1965).

———, "Wu Chih-hui and Scientism," *Tsing Hua Journal of Chinese Studies*, n.s., vol. 3, no. 1 (May 1962).

Lach, D.F., *Contributions of China to German Civilization, 1648-1740*(Chicago: University of Chicago Press, 1944).

Lamley, Harry J., "Liang Shu-ming: The Thought and Action of a Reformer" (Master's thesis, University of Washington, 1960).

Lang, Olga, *Chinese Family and Society* (New Haven: Yale University Press, 1946).

Latourette, Kenneth Scott, *The Development of China* (1st ed., 1917; 4th ed., Boston and New York: Houghton Mifflin Co., 1929).

———, *A History of Modern China* (Melbourne, London and Baltimore: Penguin Books, 1954).

Lee, Robert H.G., "Fung Yu-lan: A Biographical Profile," *The China Quarterly*, no. 14 (April-June 1963).

Leibniz, Gortfried Wilhelm von, *The Monadology and Other Philosophical Writings*. Translated with an Introduction and notes by Robert Latta (London, New York, etc., 1898. 2nd impression, London: Clarendon Press, 1925).

Leng, Shao Chuan; and Norman D. Palmer, *Sun Yat-sen and Communism* (New York: Frederick A. Praeger, 1960).

Leroy-Beaulieu, Pierre, *The Awakening of the East* (New York: McClure, Phillips Co., 1900).

Levy, Marion J., Jr., *The Family Revolution in Modern China* (Cambridge, Mass.: Harvard University Press, 1949).

Levy, Marion J.; and Shih Kuo-heng, *The Rise of the Modern Chinese Business Class; Two Introductory Essays* (New York: Institute of Pacific Relations, 1949).

Lew, Timothy Tingfang, "The New Culture Movement and Christian Education in China," *China Today Through Chinese Eyes*. 2nd ser. (London: Student Christian Movement, 1926).

Lewis, Charlton M., "The Reform Movement in Hunan (1896-1898)," Harvard University East Asian Research Center, *Papers on China*, vol. 15 (1961).

Li, Chien-nung, *The Politcal History of China, 1840-1928*. Translated by Ssu-yü Teng and Jeremy Ingalls (Princeton: Van Nostrand, 1956).

Liao, W.K. (trans.), *The Complete Works of Han Fei Tzu*. 2 vols. (London: Arthur Probsthain, 1939).

Liang Ch'i-ch'ao, *Intellectual Trands in the Ch'ing Period*. Translated by Immanuel C.Y. Hsü (Cambridge, Mass.: Harvard University Press, 1959).

Lin, Mousheng, *Men and Ideas: An Informal History of Chinese Political Thought* (New York: John Day Co., 1942).

Liu, D.K., *The Growth and Industrialization of Shanghai* (Shanghai: Institute of Pacific

Relations, 1936).

Liu, James T.C., *Reform in Sung China: Wang An-shih (1021-1086) and His New Policies* (Cambridge, Mass.: Harvard University Press, 1959).

Liu, Ta-chün; and S.T. King, *China's Cotton Industry. A Statistical Study of Ownership, Capital, Output, and Labor Conditions*(Shanghai: Institute of Pacific Relations, 1929).

———, *China's Industrial Development* (Honolulu: Institute of Pacific Relations, 1927).

———, *The Silk Industry of China* (Shanghai: Kelly and Walsh, 1940).

Liu, Wu-chi, *A Short History of Confucian Philosophy* (Baltimore: Penguin Books, 1955).

Living Philosophies. By Twenty-two Representative Modern Thinkers, Forum, 1930 (New York: Simon and Schuster, 1937).

Lo, Jung-pang (ed.), *K'ang Yu-wei: A Biography and a Symposium* (Tucson: University of Arizona Press, 1967).

Lockwood, William W., *The Economic Development of Japan: Growth and Structural Changes, 1868-1938* (Princeton: Princeton University Press, 1954).

——— (ed.), *The State and Economic Enterprise in Japan. Essays in the Political Economy of Growth* (Princeton: Princeton University Press, 1965).

Loh, Pichon P.Y., "The Popular Upsurge in China: Nationalism and Westernization, 1919-1927" (Ph. D. dissertation, University of Chicago, 1955).

Lund, Renville C., "Imperial University of Peking" (Ph. D. dissertation, University of Washington, 1956).

Lung, Cheng-fu, "The Evolution of Chinese Social Thought" (Ph. D. dissertation, University of Southern California, 1935).

Ma, Te-chih, *Le mouvement réformiste et les événements de la cour de Pékin en 1898* (Ph. D. dissertation, l'Université de Lyon, 1934).

MacNair, Harley Farnsworth, *China* (Berkeley and Los Angeles: University of California Press, 1946).

Mallory, Walter H., *China, Land of Famine* (New York: American Geographical Society, 1926).

Mannheim, Karl, *Ideology and Utopia: An Introduction to the Sociology of Knowledge* (New York: Harcourt, Brace & Co., 1946; Harvest Books ed., n.d.).

______, "Utopia," In *Encyclopedia of the Social Sciences*, Edited by Edwin R.A. Seligman and Alvin Johnson (New York: Macmillan Co., 1950).

Mao Tse-tung, *On New Democracy* (Peking: Foreign Languages Press, 1954), *Selected Works*, vol. 3 (New York: International Publishers, 1955).

______, *On the People's Democratic Dictatorship* (Peking, 1959), *Selected Works*, vol. 3 (Peking: Foreign Languages Press, 1961).

Martin, William Alexander Parsons, *A Cycle of Cathay; or China, South and North, with Personal Reminiscences* (Edinburgh, 1896. 3rd ed. New York and Chicago: F.H. Revell, 1900).

Maverick, Lewis A., *China, a Model for Europe* (San Antonio: Paul Anderson Co., 1946).

McCord, William, *The Springtime of Freedom: The Evolution of Developing Societies* (New York: Oxford University Press, 1965).

Mehnert, Klaus, "The Social and Political Role of the Intelligentsia in the New Countries," In *New Nations in a Divided World*, edited by Kurt London (New York and London: Frederick A. Praeger, 1963).

Michael, Franz; and George Taylor, *The Far East in the Modern World* (New York: Holt, 1956).

More, Thomas, *Utopia*. Translated by Paul Turner (Baltimore: Penguin Books, 1965).

Morison, Samuel E., *The Oxford History of the American People* (New York: Oxford University Press, 1965).

Morrell, James, "Two Early Chinese Cotton Mills," Harvard University East Asian Research Center, *Papers on China*, vol. 21 (1968).

Morrison, Esther, "The Modernization of the Confucian Bureaucracy" (Ph.D. dissertation, Radcliffe College, 1959).

Morse, Hosea Ballou, *The International Relations of the Chinese Empire*. 3 vols. (London and New York: Longmans, Green, and Co., 1910-1918).

———, *The Trade and Administration of China* (3rd ed., rev. London: Longmans, Green, and Co., 1921).

Mountjoy, Alan B., *Industrialization and Underdeveloped Countries* (London: 1966. 2nd ed. Chicago: Aldine Publishing Co., 1967).

Mu, Fu-sheng [pseud.], *The Wilting of the Hundred Flowers. The Chinese Intelligentsia under Mao* (New York: Heinemann, 1962).

Mumford, Lewis, *The Story of Utopias* (New York: Boni & Liveright, 1922. Compass Book ed., 1962).

Makayama, Ichiro, *Industrialization of Japan* (Honolulu: East-West Center Press, 1963).

Needham, Joseph, *Science and Civilisation in China.* 5 vols. (Cambridge: Cambridge University Press, 1954-1965).

Negley, Glenn; and Patrick J. Max, *The Quest for Utopia. An Anthology of Imaginary Societies* (New York: Henry Schuman, Inc., 1952. Garden City: Anchor Books ed., 1962).

Neufeld, Maurice F., *Poor Countries and Authoritarian Rule* (Ithaca, N.Y.: Cornell University Press, 1965).

North China Herald (*Pei Hua Chieh Pao*), Sept. 18, 1886, and Sept. 19, 1898.

Nurkse, Ragnar, *Problems of Capital Formation in Underdeveloped Countries and Patterns of Trade and Development* (New York: Oxford University Press, 1967).

Oda, Makato, "Third-Generation Intellectuals," Translated from Japanese by Ki Chang Lee, *Atlas*, vol. 3, no. 2 (Feb. 1962).

Onslow, Cranley, *Asian Economic Development* (London: G. Allen and Unwin; New York: Frederick A. Praeger, 1965).

van Oort, H.A., "Chinese Culture-Values, Past and Present," *Chinese Culture: A Quarterly Review* (Taipei), vol. 11, no. 1 (March 1970).

Owen, R.G., *Scientism, Man, and Religion* (Philadelphia: Westminster Press, 1952).

Palmer, Norman D., "Makers of Modern China. I. The Reformers: K'ang Yu-wei," *Current History*, vol. 15 (Aug. 1948).

Pandit, Toshar, "Totalitarianism versus Traditionalism," *Problems of Communism*, vol. 12, no. 6 (Nov-Dec. 1963).

Peake, Cyrus H., "Some Aspects of the Introduction of Modern Science into China," *Isis*, no. 22 (1934).

Pelliot, Paul, "La réforme des examens littéraires en Chine," Comité de L'Asie-Française, *Bulletin mensuel* (Paris, April 1903).

Pepper, Suzanne, "Rural Government in Communist China: The Party-State Relationship at the Local Level" (Master's thesis, University of Washington, 1963).

Pietrowski, Sylvester A., *Étienne Cabet and the Voyage en Écarie* (Washington, D.C., 1935).

Pipes, Richard (ed.), *The Russian Intelligentsia* (New York: Columbia University Press, 1961).

Pokora, T., "Review of S. L. Tikhvinsky, *Dvizhenie za reformy v Kitae v kontse XIX veka i Kan Iu-wei*," *Archiv Orientálni* (Prague), vol. 29, no. 1 (1961).

Pott, F.L. Hawks, *A Short History of Shanghai: Being an Account of the Growth and Development of the International Settlement* (Shanghai: Kelly and Walsh, 1928).

Purcell, Victor, *The Rise of Modern China* (London: Routledge & Kegan Paul, 1962).

Pusey, James R., "K'ang Yu-wei and *Pao-chiao*: Confucian Reform and Reformation," Harvard University East Asian Research Center, *Papers on China*, vol. 20(Dec. 1966).

Ranis, Gustav, "The Financing of Japanese Economic Development," *Economic History Review*, 2nd ser., vol. 11, no. 3 (April 1959).

Reichwein, Adolf, *China and Europe, Intellectual and Artistic Contacts in the Eighteenth Century*. Translated by J. C. Powell(London: Kegan Paul, Trench, Trubner & Co., 1925).

Reinsch, Paul S., *An American Diplomat in China* (Garden City, N.Y.: Doubleday, Page and Co., 1922).

———, "Cultural Factors in the Chinese Crisis," *Annals*. The American Academy of Political and Social Science, vol. 16 (1900).

———, *Intellectual and Political Currents in the Far East* (Boston and New York: Houghton Mifflin Co., ca. 1911).

Reischauer, Edwin O., *Japan, Past and Present* (3rd rev. ed. New York: A. A. Knopf, 1967).

———, "Time Is on Our Side in Asia," *The Reader's Digest*, vol. 90, no. 538 (Feb. 1967).

Renan, Ernest, "Qu'est-ce qu'une nation?," *Discourses et Conférences* (Paris: Colmann-Levy, 1887).

Renouvin, Pierre, *La question d'extrnme-orient, 1840-1940* (Paris: Hachette, 1946).

ReQua, Eloise G.; and Jane Statham, *The Developing Nations: A Guide to Information Concerning Their Economic, Political, Technical and Social Problems* (Detroit: Gale

Research Co., 1965).

Richard, Timothy, *Forty-five Years in China* (London: T. Fisher Unwin, 1916).

Rickett, W. Allyn (trans.), "The *Kuan-tzu*: An Annotated Translation of Eight Representative Chapters" (Ph. D. dissertation, University of Pennsylvania, 1960).

de Riencourt, Amaury, *The Soul of China* (1958. Rev. ed., New York: Harper & Row, 1965).

Rosovsky, Henry, *Capital Formation in Japan, 1868-1940* (Glencoe, Ill.: Free Press, 1961).

Ross, Harry, *Utopias Old and New* (London: Nicholson and Watson, 1938).

Rostow, Walt W., *The Process of Economic Growth* (2nd ed. Oxford: Clarendon Press, 1960).

———, *The Stages of Economic Growth: A Non-Communist Manifesto* (Cambridge, Mass.: Harvard University Press, 1960).

Roy, Andrew T., "Modern Confucian Social Theory: Social Change and Its Concept of Change" (Ph.D. dissertation, Princeton University, 1948).

Russell, Bertrand, *The Impact of Science on Society*. Matchette Foundation Lectures, no. 3 (New York: Columbia University Press, 1951).

———, *The Problem of China* (New York: The Century Co., 1922).

Russell, Frances Thérésa, *Touring Utopia: The Realm of Constructive Humanism* (New York: L. MacVeigh, Dial Press, 1932).

Ruyer, Raymond, *L'utopie et les utopies* (Paris: Presses universitaires de France, 1950).

Sakai, Robert K., "Ts'ai Yüan-p'ei as a Synthesizer of Western and Chinese Thought," Harvard University East Asian Research Center, *Papers on China*, vol. 3 (1949).

Sansom, Sir George Baily, *A History of Japan*. 3 vols. (Stanford: Stanford University Press, 1958-63).

———, *The Western World and Japan* (New York: Alfred A. Knopf, 1951).

Scalapino, Robert A.; and George T. Yu, *The Chinese Anarchhist Movement* (Berkeley: Center for Chinese Studies, University of California, 1961).

Scalapino, Robert A.; and Harold Schiffrin, "Early Socialist Currents in the Chinese Revolutionary Movement: Sun Yat-sen versus Liang Ch'i-ch'ao," *The Journal of Asian Studies* 18, no. 3 (May 1959): 321-342.

Schumpeter, Joseph A., *Capitalism, Socialism, and Democracy* (1942. 3rd ed. New York: Harper, 1950).

———, *The Theory of Economic Development* (English Version of the 1911 German ed.) (Cambridge, Mass.: Harvard University Press, 1955).

Schwartz, Benjamin, "Ch'en Tu-hsiu and the Acceptance of the Modern West," *Journal of the History of Ideas* 12 (1951): 61-74.

———, *In Search of Wealth and Power: Yen Fu and the West* (Cambridge, Mass.: Belknap Press, 1964).

———, "The Intelligentsia in Communist China: A Tentative Comparison," In *The Russian Intelligentsia*, edited by Richard Pipes(New York: Columbia University Press, 1961).

De Schweinitz, Karl, Jr., *Industrialization and Democracy: Economic Necessity and Political Possibilities* (New York: Free Press of Glencoe, 1964).

Shapley, Harlow, *Of Stars and Men: Human Response to an Expanding Universe* (Boston: Beacon Press, 1958).

Sheldon, Charles David, *The Rise of the Merchant Class in Tokugawa Japan, 1600-1868: An Introductory Survey* (Locust Valley, N.Y.: J.J. Augustin, 1958).

Shih, Vincent Y.C., "A Talk with Hu Shih," *The China Quarterly*, no. 10 (April-June 1962): pp. 149-165.

Sigmund, Paul, Jr., *The Ideologies of Developing Nations* (New York: Frederick A. Praeger, 1963).

Sinai, I. R., *The Challenge of Modernization. The West's Impact on the Non-Western World* (London: Chatto & Windus, 1964).

Smith, Thomas C., "Japan's Aristocratic Revolution," *Yale Review*, Spring 1961.

———, *Political Change and Industrial Development in Japan: Government Enterprise, 1868-1880* (1955. Stanford: Stanford University Press, 1966).

So, Kwan-wai, "Western Influence and the Chinese Reform Movement of 1898" (Ph. D. dissertation, University of Wisconsin, 1950).

Soothill, William Edward, *Timothy Richard of China: Seer, Stateman, Missionary, and the Most Distinguished Adviser the Chinese Ever Had* (London: Seeley, Service & Co., 1924).

Soothill, William Edward; and Lewis Hodous (eds.), *A Dictionary of Chinese Buddhist Terms*

(London: Kegan Paul, Trench, Trubner & Co., 1937).

Spence, Jonathan, *To Change China: Western Advisers in China, 1920-1960* (Boston: Little, Brown, and Co., 1969).

Spilhaus, Athelstan, "The Next Industrial Revolution," *Science*, vol. 167 (March 27, 1970).

Spinoza, Baruch, *Improvement of the Understanding, Ethics, and Correspondence*. Translated by R.H.M. Elwes (New York and London: M. Walter Dunne Co., 1901).

Stuart, John Leighton, *Fifty Years in China* (New York: Random House, 1954).

Sun Yat-sen, *San Min Chu I. The Three Principles of the People.* Translated by Frank W. Price; edited by L.T. Chen (Shanghai: Commercial Press, 1927).

Supple, Barry E. (ed.), *The Economic Development of Japan: Growth and Structural Change, 1868-1938* (Princeton: Princeton University Press, 1954).

———(ed.), *The Experience of Economic Growth. Case Studies in Economic History* (New York: Random House, 1963).

Teng, Ssu-yü; and John K. Fairbank, *China's Response to the West. A Documentary Survey, 1839-1923* (Cambridge, Mass.: Harvard University Press, 1954).

Thompson, Laurence G. (trans.), *Ta T'ung Shu: The One-World Philosophy of K'ang Yu-wei* (London: G. Allen and Unwin, 1958).

Tikhvinsky, S.L., *Dvizhenie za reformy v Kitae v kontse XIX veka Kan Iu-wei* (Moscow: Izdatelstvo vastochnoi literatury, 1959).

Tobar, Jérôme, S.J., *Koang-siu et Ts'e-hi, Empéreur de Chine et Impératice-Douairière:*

Décrets impériaux 1898. Série d'Orient, no. 4 (Shanghai: Imprimerie de la Presse Orientale, 1900).

Tse, Tsan-Tai, *The Chinese Republic: Secret History of the Revolution* (Hong Kong: South China Morning Post, 1924).

Tseng, Yu-hao, *Modern Chinese Legal and Political Philosophy* (Shanghai: Commercial Press, 1930).

Tsien, Tsuen-hsuin, "Western Impact on China Through Translation," *Far Eastern Quarterly*, vol. 13, no. 3 (May 1954).

Tsuchida, Kyoson, *Contemporary Thought of Japan and China* (New York: A.A. Knopf, 1927).

U.S. News and World Report, May 29, 1967.

Walker, C.S, "Army of Chinese Students Abroad," *World's Work*, vol. 13 (Jan. 1907).

Walker, Richard L., *China Under Communism: The First Five Years* (New Haven: Yale University Press, 1955).

Wang, Gungwu, "The Nanhai Trade: A Study of the Early History of Chinese Trade in the South China Sea," *Journal of the Malayan Branch of the Royal Asiatic Society*, vol. 31, no. 2 (June 1958).

Wang, Teh-chao, "The Role of the Chinese Intellectuals in the Revolution of 1911," *Chinese Culture* (Taipei), vol. 7, no. 3 (Sept. 1966).

Wang, Tsi D., *The Youth Movement in China* (New York: New Republic, 1927).

Wang, Y.C., *Chinese Intellectuals and the West, 1872-1949* (Chapel Hill: University of North Carolina Press, 1966).

———, "Intellectuals and Society in China, 1860-1949," *Comparative Studies in Society and History*, vol. 3, no. 4 (July 1961).

Ward, Richard J. (ed.), *The Challenge of Development: Theory and Practice. A Sourcebook* (Chicago: Aldine Publishing Co., 1967).

Watson, Burton (trans.), *Hsün Tzu: Basic Writings* (New York: Columbia University Press, 1963).

Webb, Clement C.J., *Kant's Philosophy of Religion* (Oxford: Clarendon Press, 1926).

Weber, Max, *The Theory of Social and Economic Organization.* Translated by A.M. Henderson and Talcott Parsons (New York: Oxford University Press, 1947).

Wells, H.G., *A Modern Utopia* (London: Chapman and Hall, 1905).

Wen Ching [Lim Boon Keng], *The Chinese Crisis from Within* (London: Grant Richards, 1901).

Wilhelm, Richard, *Confucius and Confucianism.* Translated by George H. and Annina Periam Danton (New York: Harcourt, Brace & Co., 1931).

———, trans., *The I Ching or Book of Changes.* English translation by Cary F. Baynes (1950. 2nd ed., New York, 1952. London: Routledge & Kegan Paul, 1965).

Williams, E.T., *China Yesterday and Today* (1923. Rev. ed., New York: Thomas Y. Crowell Co., 1927).

Wright, Arthur, *Buddhism in Chinese History* (Stanford: Stanford University Press, 1959).

———(ed.), *The Confucian Persuasion* (Stanford: Stanford University Press, 1960).

———(ed.), *Studies in Chinese Thought* (Chicago: University of Chicago Press, 1953).

Wright, Mary C., *The Last Stand of Chinese Conservatism: The T'ung-chih Restoration, 1862-1874* (Stanford: Stanford University Press, 1957).

Young, George, "Europeanization," In *Encyclopedia of the Social Science*, edited by Edwin R.A. Seligman, vol. 5 (New York: Macmillan Co., 1931).

Yung, Wing, *My Life in China and America* (New York: H. Holt and Co., 1909).

索　　引

一　劃

二　劃

三　劃

四　劃

五　　劃

六 劃

七　劃

八　劃

九　劃

十　劃

十 一 劃

十 二 劃

十　三　劃

十 四 劃

十五劃

十六劃

十七劃

十八劃

十九劃

二十劃

二十一劃

二十二劃

二十三劃

蕭公權先生全集7

康有為思想研究

1988年5月初版　　　　定價：新臺幣500元
2019年1月二版

著　者　蕭公權
譯　者　汪榮祖

出版者	聯經出版事業股份有限公司	總編輯	胡金倫
地址	新北市汐止區大同路一段369號1樓	總經理	陳芝宇
編輯部地址	新北市汐止區大同路一段369號1樓	社長	羅國俊
台北聯經書房	台北市新生南路三段94號	發行人	林載爵
電話	(02)23620308		
台中分公司	台中市北區崇德路一段198號		
暨門市電話	(04)22312023		
郵政劃撥帳戶第	0100559-3號		
郵撥電話	(02)23620308		
印刷者	世和印製企業有限公司		
總經銷	聯合發行股份有限公司		
發行所	新北市新店區寶橋路235巷6弄6號2F		
電話	(02)29178022		

行政院新聞局出版事業登記證局版臺業字第0130號

本書如有缺頁，破損，倒裝請寄回台北聯經書房更換。　ISBN 978-957-08-5264-6 (平裝)
聯經網址 http://www.linkingbooks.com.tw
電子信箱 e-mail:linking@udngroup.com

國家圖書館出版品預行編目資料

康有為思想研究 / 蕭公權著．汪榮祖譯．
二版．新北市．聯經．2019.01
672面；14.8×21公分．(蕭公權先生全集；7)
ISBN 978-957-08-5264-6（平裝）
[2019年1月二版]

1.康有為 2.學術思想 3.中國哲學

128.2 108000463